U0015833

愛德華·吉朋像

羅馬帝國衰亡史

第四卷

THE HISTORY OF THE DECLINE AND FALL OF THE ROMAN EMPIRE

VOLUME IV　IN SIX VOLUMES

吉朋〔Edward Gibbon〕◎著

席代岳◎譯

卡拉卡拉浴場頹圮有如廢墟

這很多富麗堂皇的建築物可以改變用途
成為倉庫、作坊或公眾集會的場所；
還有一些廟宇的牆壁經過神聖的儀式予以淨化，
古老的偶像崇拜罪行獲得救贖以後，
可以在裡面禮拜真神上帝。

目次

第四卷插圖目次

1.愛德華・吉朋像／扉頁

2.卡拉卡拉浴場頹圮有如廢墟／書前

3.圖拉眞廣場的拱廊和屋頂花園／四十章章末

4.圖拉眞征服達西亞紀功柱／四十二章章末

5.尼祿在巴拉廷山的華屋／四十四章章末

6.哈德良的宮殿成爲海關大樓／四十六章章末

7.禁衛軍營區的圓形劇場／羅馬帝國歷代皇帝年表前

說明：編號1.吉朋像爲賀爾平(Patrick Halpin)的版畫作品，其餘皆爲皮拉內西 (Gioyanni Battista Piranesi)作於十八世紀之蝕刻版畫作品。

第三十九章

東羅馬皇帝季諾和阿納斯塔休斯　東哥德人狄奧多里克
的家世、教育和功勳　進犯意大利及征服的行動　意大
利的哥德王國　西羅馬帝國其餘地區的情況　文人政府
的軍事統治　狄奧多里克臨終前各項舉措(455-526A.D.)

　　等到西羅馬帝國敗亡以後，繼承君士坦丁堡寶座的季諾(Zeno)、阿納
斯塔休斯(Anastasius)和賈士丁一世(Justin I)這幾位皇帝，在五十年的統
治期間(476-527A.D.)，不僅缺乏名望也毫無建樹，要到查士丁尼一世
(Justinian I)接位以後才能重振聲威。這個時期的意大利在哥德國王的治
理下，恢復原有的繁榮富足，狄奧多里克(Theodoric)的作爲眞可置身古
代羅馬明君勇將之列，而毫無愧色。

一、狄奧多里克的出身和東哥德人初期的狀況(455-488A.D.)

　　東哥德人(Ostrogoth)狄奧多里克是阿瑪利(Amali)皇族[1]第十四代直系
後裔，阿提拉(Attila)死後第二年出生在維也納[2]附近地區，東哥德人靠著

1　喬南德斯(Jornandes，六世紀時哥德人歷史家，著有《哥德史》)推算出狄奧多里
　　克的家譜，可以溯到圖密善時代的蓋普特(Gapt)，這是一種半人半神的安西斯
　　(Anses)。卡西多流斯(Cassiodorius, 480-575A.D.，狄奧多西大帝和東哥德人統治
　　時代的政治家和歷史學家)最早說他具有阿瑪利皇室血統，狄奧多里克的孫子是第
　　十四代直系後裔。佩陵契奧德(Peringsciold)花很多精力，把狄奧多里克的譜系與
　　本鄉本土的神話與傳統，硬湊在一起。
2　更爲精確的位置是在皮爾索(Pelso)湖畔靠近卡努堂(Carnuntum)，馬可斯・安東尼
　　當年就在這個地方寫出他的《沉思錄》。

新近的勝利獲得獨立的地位。瓦拉米爾（Walamir）、狄奧德米爾（Theodemir）和威地米爾（Widimir）三兄弟，分別紮營在肥沃卻荒蕪的潘農尼亞（Pannonia）行省，用聯合商議的方式統治黷武好戰的民族。匈奴人對反叛的臣屬始終多方威脅，倉卒之間發起攻擊，瓦拉米爾僅靠著一支兵力就將他們擊退。等到勝利的信息傳到他兄弟遙遠的營地，就在這幸運的時刻，狄奧德米爾所寵愛的侍妾給他生下一個兒子，就是未來的繼承人（455A.D.）。到了狄奧多里克八歲的時候，他的父親為了公眾的利益，以每年獲得補助三百磅黃金的代價，答應與東部的皇帝李奧一世（Leo I）建立聯盟關係，並且宣誓訂約。他成為皇室的人質，在君士坦丁堡接受教育，獲得很好的安排和妥善的照應。他的身體經得起各種戰爭的訓練活動，習慣於慷慨的交談，養成開闊的胸襟。他經常到學院接受明師的教導，但是對希臘的藝術並不重視，始終停留在科學的入門課程，顯示自己是多麼的無知，以致於用一個粗俗的記號來代表簽名，讓人認為他是大字不識的意大利國王[3]。就在他到達十八歲的年紀，皇帝渴望獲得東哥德人的幫助，為了表示寬厚和信任，就將他送回去以滿足東哥德人的意願。瓦拉米爾這時已在戰場陣亡，最年輕的兄弟威地米爾帶領一支蠻族軍隊，進入意大利和高盧。

整個民族把狄奧多里克的父親視為他們的國王，兇狠的臣民羨慕年輕王子的體力和身材，而且大家立刻知道他的勇氣能與祖先一比高下。他率領六千志願軍很祕密的離開營地，進行遠程的冒險活動，順著多瑙河抵達辛吉都儂（Singidunum）或貝爾格勒（Belgrade）。他擊敗並殺死一位薩瑪提亞（Sarmatian）國王，很快帶著戰利品回到父親的身邊。不過像這樣的勝利只能獲得虛名，所向無敵的東哥德人缺乏衣物和糧食，陷於極度悲慘的境

3　他姓名的前四個字母被刻在一面金牌上，當羊皮紙蒙在上面的時候，國王用筆在行列之間劃過。這些可信的事實經過樸洛柯庇斯（Procopius，六世紀初期拜占庭歷史學家）的證明，至少也有當代哥德人的認可，遠勝過英諾狄斯（Ennodius）和狄奧菲尼斯（Theophanes, 752-818A.D.，神父、教士、神學家和教會編年史家）捕風捉影的稱頌。

地。他們一致決定不願在難以維生的潘農尼亞紮營，非常勇敢向著溫暖而富裕的鄰近地區前進。這些都是拜占庭宮廷的領地，駐紮很多隊伍，是由同盟的哥德人組成，他們保持驕縱的心態，過著奢華的生活。東哥德人產生一些敵對的行動，證明他們是危險的敵人，至少也會帶來很多的麻煩。拜占庭宮廷爲了和解以及獲得他們的忠誠，用高價收買東哥德人，賞賜他們土地和金錢。東部帝國把下多瑙河的防務交付給他們，全部由狄奧多里克指揮。這時狄奧多里克已經在他父親死後，繼承阿瑪利人傳下來的王座[4]。

　　只要是身爲王族後裔的英雄人物，一定會藐視那個卑賤怯懦的艾索里亞人（Isaurian），因爲他既沒有出眾的稟賦和才華，又欠缺皇家的血統和良好的出身，竟然被授與羅馬人的紫袍，成爲皇帝。狄奧多西（Theodosius）的胤嗣斷絕以後，只要是馬西安（Marcian）或李奧一世這樣的對象，無論是帕契麗婭（Pulcheria）還是元老院的選擇，一般而言還很適當。但是後者在統治期間最讓人詬病之處，是忘恩負義謀害阿斯帕（Aspar）和他的兒子，也是他們的言辭不留餘地，才給自己帶來殺身之禍。李奧和東部帝國的傳承，在平靜的狀況下授與年幼的孫兒，是他的女兒亞歷迪妮（Ariadne）和幸運的艾索里亞女婿所生的兒子。這位女婿的名字是特拉斯卡利修斯（Trascalisseus），改變蠻族的音調，換用希臘語稱呼爲季諾。年長的李奧一世逝世後，季諾一反常情，極爲尊敬兒子李奧二世的帝座（474年2月9日-491年4月9日），用謙遜的態度接受帝國一人之下的地位，當成恩賜的禮物。等到年輕的同僚未成年突然死亡，他的野心已經完全達成，這樣一來立刻就引起公眾的猜疑。君士坦丁堡的皇宮爲女性的勢力所統治，也爲女性的情緒所掌握。李奧的孀婦維里娜（Verina）聲稱她有權處理帝國的傳承，只有她能將東部的權杖授與季諾。現在她反對那個一無是處而又不知感恩的奴僕，於是公開宣布一份廢位的判決書。等到她這番深痛

4　東哥德人的狀況和狄奧多里克早年的事蹟，可以在喬南德斯和馬爾克斯（Malchus）的作品裡找到，但是馬爾克斯誤以爲他是瓦拉米爾的兒子。

惡絕的言辭傳到季諾的耳中，他只有倉卒逃到艾索里亞山區。

維里娜的兄弟巴西利斯庫斯(Basiliscus)在阿非利加的遠征中弄得臭名滿天下，這時在聽命於人的元老院提出繼位的要求，經過表決獲得一致的贊同。但是篡位者的統治不僅短促，而且動亂不已。巴西利斯庫斯膽大包天刺殺他妹妹的面首，而且竟敢觸怒他妻子的情人，就是虛榮而傲慢的哈瑪久斯(Harmatius)。這個傢伙處在亞洲的奢華環境之中，喜愛模仿阿奇里斯(Achilles)的服飾和舉止，僭用他的姓氏。不滿分子發起陰謀活動，季諾從放逐中復位，軍隊和首都被出賣，巴西利斯庫斯和整個家族被定罪，毫無人性的皇帝要他們飽受寒冷和饑餓的痛苦。須知季諾缺乏勇氣迎戰敵人，更不敢寬恕他們的過失。生性剛毅的維里娜不甘雌伏也不願認命，有位受到恩寵的將領被季諾罷黜，她就激起他的敵意，在敘利亞和埃及擁立一位新皇帝，徵集七萬人的一支大軍，把沒有成效的叛亂堅持到她生命最後一刻。要是按照那個時代的風尚，基督教的隱士和異教的術士早就預言會有這種結果。就在維里娜的私心為東部帶來苦難的時候，她的女兒亞歷迪妮個性溫和而且忠貞自持，女性的德行為眾人所景仰。她跟隨丈夫過放逐的生活，等到他復位以後，懇求他大發慈悲之心善待她的母親。季諾過世後，身為皇帝的女兒、母親和寡婦的亞歷迪妮，嫁給皇宮一位年老的家臣阿納斯塔休斯，連帶授與他最尊貴的稱號(491年4月11日-518年7月8日)。阿納斯塔休斯即位後又活了二十七年，人民對他的歡呼是「願吾皇的統治天長地久，永垂不朽」，可以證實他的人品和德行。

季諾賞賜東哥德國王諸如大公和執政官的高位、內衛軍部隊的指揮權、樹立騎馬的雕像、數千磅黃金和銀兩的財富、收為養子賜給姓名、同意賜他富有而尊貴的妻子等等，無論是出於畏懼或感激，都過分浮濫。狄奧多里克自從甘願效力以來，用勇氣和忠誠來支持恩主的事業，採取迅速的行動，有助季諾的復位。在第二次的叛變事件中，人們所稱的「瓦拉米爾部隊」進剿和鎮壓亞洲的叛徒，直到皇家的軍隊能夠獲得輕易到手的勝利。但是忠誠服務的下屬突然成為不共戴天的敵人，燃起的戰火從君士坦丁堡蔓延到亞得里亞海，許多繁榮的城市化為灰燼。哥德人的行為惡毒殘

酷，把被擄農夫的右手砍掉，使他們不能扶犁耕種[5]，幾乎絕滅色雷斯（Thrace）的農業。在這種情況之下，狄奧多里克承受了似是而非的大聲指責，說他違犯誓言、忘恩負義和貪得無饜。這僅僅是他的處境很艱苦才會如此，就統治方式看來不像君王，只能算是一個兇惡民族出身的官員。東哥德人的精神不會屈服在奴役之下，無法忍受真正或想像的侮辱。他們的貧窮已到難以為繼的地步，再慷慨的賞賜立刻被浪費在無益的奢侈上面，最肥沃的產業到他們的手裡也會完全荒廢。他們對於勤勞的省民雖然藐視但還是很嫉妒，等到缺乏維持生存的必需品，只能靠戰爭和掠奪這種最常用的謀生方式。狄奧多里克的意願（至少他有這樣的說法）是領導他的族人，在錫西厄（Scythia）的邊界過著和平自由、與世無爭的生活。然而拜占庭宮廷用好聽但不一定可靠的承諾，引誘他攻擊哥德人部落組成的聯盟，只因為他們參加巴西利斯庫斯所屬的派系。

狄奧多里克從駐紮的地點瑪西亞（Maesia）開始進軍，得到非常正式的保證：在到達亞得里亞堡（Adrianople）之前會獲得大批給養和糧食，還有八千騎兵和三萬步卒的增援部隊，同時亞細亞的軍團會進駐赫拉克利（Heraclea），以支援他的作戰行動。雙方之間產生猜忌，這些安排受到阻礙，無法實現。等他進入色雷斯地區以後，狄奧德米爾的兒子發現這裡遭受兵刀蹂躪，是充滿敵意的殘破之地。追隨他的哥德族人帶著騾馬和大車所編成的輜重行列，被嚮導出賣留在桑德斯（Sondis）山區的懸巖絕壁之間。特里阿流斯（Triarius）的兒子狄奧多里克[*6]對他大肆抨擊，排出隊伍要與他決戰。他那富於心機的敵手從鄰近的高地，對著「瓦拉米爾部隊」的營地破口大罵，用無知的童子、瘋狂的頭目、偽誓的叛徒以及民族的仇敵這些可恥的稱呼，汙衊他們的領導者。特里阿流斯的兒子大聲疾呼：

羅馬人一貫的政策就是用自相殘殺來毀滅哥德人，難道你不知道？

5　殘酷的行為都怪罪到特里阿流斯部隊，看來不像瓦拉米爾部隊那樣野蠻，但是狄奧德米爾的兒子仍被指控，說他摧毀很多羅馬城市。

*6　[譯註]這是兩個不同的人物，只是名字相同。

這種有違天理的鬥爭，即使勝者也會陷入冤冤相報的仇恨之中，難道你不清楚？這些武士都是我的親戚和你的親戚，當他們的寡婦在哀泣的時候，豈不是你那輕率的野心將他們的性命斷送？你的士兵受騙離開家園參加你的隊伍，他們所得的錢財現在都在哪裡？他們之中每一個人在過去都是三、四匹馬的主人，現在追隨你像奴隸一樣步行，好通過色雷斯的曠野。這些人受到引誘說有希望可以獲得一大袋黃金，真正的勇士不愛錢財，像你一樣自由和高貴。

　　哥德人聽到這番合情合理投其所好的言辭，馬上產生不滿，到處發出鼓噪的聲音。狄奧德米爾的兒子擔心孤掌難鳴，逼不得已只有擁抱自己的同胞以示和好，背叛拜占庭宮廷，效法羅馬人不忠不義的行徑。

二、狄奧多里克遠征意大利擊敗並殺害奧多瑟(489-493A.D.)

　　無論是領導聯盟的哥德人威脅君士坦丁堡，還是率領忠誠的隊伍退到伊庇魯斯(Epirus)的山區和海岸，狄奧多里克的運道一直很好，其實他最引人注目兩大特點就是謹慎和堅毅。特里阿流斯的兒子終於意外死亡[7]，權力的平衡被破壞，羅馬人一直對此極為關切。整個民族承認阿瑪利世系的最高權力，拜占庭宮廷只有簽訂屈辱而嚴苛的條約。公眾為了維持哥德人的聯合武力，已經不勝其煩。元老院宣布他們的構想，選擇其中的一部分給予兩千磅黃金的補助金，這對一萬三千人而言是很大的一筆酬勞。這種做法一定要考慮自己的軍隊有何意見[8]，因為艾索里亞人要保護的對象是皇帝而不是帝國，除了有掠奪的特權外，每年的恩俸是五千磅黃金。狄奧多里克有明智的頭腦，立即了解這樣一來會被羅馬人憎恨，也引

7　當他在自己的營地疾馳而過的時候，從所乘那匹難以駕馭的馬上摔下來，身體撞到架在帳篷或裝在大車上的長矛。

8　在單獨一次作戰行動中，由於薩賓尼安的將道和紀律發揮決定性的效果，狄奧多里克損失五千人馬。

起蠻族的疑慮。臣民在寒冷的木屋忍饑受凍的時候，要是國王喪失鬥志在
希臘過奢華的生活，就會使群眾普遍產生不滿。同時他要事先預防做出痛
苦的選擇，不是成為季諾的打手與哥德人接戰，就得領大家到戰場與季諾
的部隊為敵。狄奧多里克預備從事的偉大事業，能夠發揮他的勇氣和滿足
他的野心，於是他對皇帝說出下面一段話來：

> 雖然皇上極為慷慨，為你服務能獲得優渥的待遇，還是要請你傾聽
> 我內心的意願！意大利是你祖先的遺產，羅馬也是世界的首都和尊
> 貴的皇后，時運不濟受到外籍傭兵奧多瑟(Odoacer)的凌虐和壓
> 榨。現在請下令，命我帶著我的部隊去征討這位僭主。如果我失
> 敗，你可以擺脫一位費用昂貴而又專惹麻煩的朋友；要是蒙神的恩
> 典我能成功，會用你的名義來統治。獲勝的軍隊把羅馬元老院和位
> 於意大利的共和國，從奴役中解救出來，將所有的榮譽歸給你。

　　狄奧多里克的提議被接受，這件事可能就是拜占庭宮廷的授意。但是
核定或批准的形式為審慎起見，從外表看來好像很曖昧，事件的本身或許
可以說明一切。到底意大利的征服者是以東部皇帝的部將、家臣或盟友的
身分來統治，還是讓人百思不解。
　　領袖和戰爭都享有盛名，引發普遍的熱烈情緒。哥德人蜂擁而來，要
加入服務的行列，或是在帝國的行省定居，使得「瓦拉米爾部隊」的實力
倍增。那些膽大的蠻族只要聽過意大利的財富和美麗的景色，雖然要經歷
最危險的行動，還是忍不住想要據有這些令人著迷的東西。狄奧多里克的
出兵要看成是一個民族的遷徙，哥德人的妻子兒女、年邁雙親和貴重財
物，全都妥善運送。他們的打算是組成綿長的輜重行列，跟隨在營地的後
方。在伊庇魯斯的一場戰事中，就損失兩千輛大車，由此可想見他們的輜
重有多少。至於用來維生的給養和糧食，哥德人依靠庫儲的穀物，婦女用
輕便的手磨將它磨碎，牛羊牲口提供奶類和鮮肉，加上臨時獲得的獵物。
此外，任何人膽敢阻礙他們的前進，或是拒絕給予友好的支助，他們就會

強迫徵收所需的物品,使補給不致短缺。儘管有這些準備工作,行軍的路程長達七百哩,開始在隆冬之際,當然會遭遇危險,饑饉的苦難幾乎不可避免。自從羅馬人的勢力衰落以後,達西亞(Dacia)和潘農尼亞不再有人煙稠密的城市、耕種不輟的田地和交通便利的道路,無法展現出一片繁榮的景象。再度盛行野蠻的統治,使得大地生機絕滅。保加利亞人(Bulgarians)、吉皮迪人(Gepidae)和薩瑪提亞人的部落占據空曠孤寂的行省,他們受到天生兇狠性格的激發,或者是聽從奧多瑟的懇求,要阻止敵人的前進。在很多不為人知但卻犧牲慘重的作戰中,狄奧多里克奮鬥不息,打開一條血路,靠著卓越的指揮能力和過人的英勇行為,終於克服萬難通過朱理安・阿爾卑斯(Julian Alps)山,在意大利的邊界展現所向無敵的旌旗[9]。

　　成為敵手的奧多瑟並非泛泛之輩,他在靠近阿奎利亞(Aquileia)遺址的松提烏斯(Sontius)河畔,率領戰力強大的隊伍,占領有利的位置和良好的陣地。那些獨立自主的國王[10]或是各個部落的首領無法善盡屬下的本分,對於審慎的滯敵作為更是不屑採用。狄奧多里克經過短暫的休息,疲憊的騎兵部隊恢復體力,立即對敵軍的防壁發起勇敢的攻擊。東哥德人為了獲得意大利的土地,比守備的傭兵更加奮不顧身,首次接戰就贏得勝利(489年9月28日),占有整個威尼提亞(Venetian)行省,一直遠抵維洛納(Verona)的城牆。水勢湍急的阿第傑(Adige)河在這個城市鄰近地區流過,狄奧多里克在陡峭的河岸上,對抗敵軍一支新到的增援部隊,對方不僅兵力強大而且作戰勇氣十足,他經過一番苦戰,獲得決定性的戰果。奧多瑟逃進拉芬納(Ravenna),狄奧多里克向米蘭進軍,被擊敗的部隊用歡呼的聲音迎接征服者,表示他們的尊敬和效命之意。但是這種歸順既不夠持久,也沒有信心,他很快就大禍臨頭。有幾位哥德人的伯爵擔任前鋒,

---

　9　狄奧多里克的行軍經過英諾狄斯的補充說明以後,演說家泛泛之言反而變成誇耀之辭。

　10　我們必須知道有很多皇家頭銜到處亂用,完全是有名無實,何況意大利的傭兵部隊,是由很多部落和民族的人員所組成。

竟然行事大意，完全相信一個逃兵，受到誤導和背叛，在法恩札（Faenza）
附近被出賣，慘遭殲滅。奧多瑟再度主宰戰局，入侵者在敵軍掘壕包圍之
下，困守在帕維亞（Pavia）的營地，四面楚歌之際只好懇求同宗的族人，
要高盧的西哥德人（Visigoths）給予援手。這段歷史的過程是戰亂四起的多
事之秋，對於幽暗和殘存的史料也毋須感嘆，不可能讓我如實記述意大利
的災變以及雙方激烈的衝突，最後還是取決於哥德國王的能力、經驗和英
勇。在維洛納會戰開戰之前（490年8月），他進入母親[11]和妹妹的帳幕，認
為這一天是他生命中最重要的日子，要求像參加盛宴一樣裝扮。她們將親
手縫製的華麗錦袍給他穿上，這時他說道：「我們的榮譽骨肉相連而且命
運生死與共，世人都知道妳是狄奧多里克的母親，因而我要證明自己是英
雄人物的後裔，絕不能有忝所生。」狄奧德米爾的妻子或侍妾真不愧是日
耳曼的貴婦，認為兒子的名譽重於生命。據說在最危險的關頭，狄奧多里
克隨著潰退的人潮蜂擁退下，她在營地的入口勇敢迎上前去，發出義正辭
嚴的指責，要他們轉身與敵人拚個你死我活[12]。

　　從阿爾卑斯山直到卡拉布里亞（Calabria）的盡頭，狄奧多里克用征服
者的權力統治這塊領土。汪達爾人的使臣獻出西西里島，成為王國合法的
屬地。他是羅馬的救星，被元老院和人民所接受，他們曾關上城門反對逃
走的篡賊。只有拉芬納仗著深溝高壘形勢險要，仍能抗拒圍攻達三年之
久。奧多瑟發起大膽的突擊，哥德人的營地死傷狼藉，驚慌不已。最後由
於缺乏糧草和援救無望，不幸的君王屈從於臣民的呻吟和士兵的鼓噪。拉
芬納主教出面商談和平條約，允許東哥德人進入城市。兩位敵對的國王同
意立下誓言，用對等和不容分割的權力共同統治意大利的行省。類似的協
定很容易預測會產生哪些後果。以後的日子從外表看來，到處充滿歡樂和

11　要是演說家能當著國王的面提及與推崇他的母親，我們認為狄奧多里克的確心胸
　　開闊，並不會因為他的母親是侍妾，或說他是私生子而受傷害。

12　現代很受尊敬的作家西格紐斯（Sigonius）提到這段軼事，他的用語很奇特，像是
　　「你會回來嗎？」等等。看來他母親有這樣的表現，狄奧多里克的成功是有所
　　本。

友誼,奧多瑟在一次正式的宴會中被他的敵手刺殺(493年3月5日),至少也應是狄奧多里克幕後指使。狄奧多里克事先發出機密而有效的命令,背信和貪婪的傭兵毫無還手之力,同時被殺戮殆盡。哥德人正式宣布狄奧多里克擁有統治的王權,東部皇帝的同意不僅遲緩、勉強而且含混其辭。依據一般的方式,陰謀活動安在認輸的僭主頭上,但是奧多瑟的無辜和征服者的罪行,從有利的條約中可以完全證實。強者只要沒有產生異心,弱者自然不會莽撞違犯。可以聯想到更適當的藉口,就是權力的嫉妒和爭執的災難。謀殺異己罪行的判決並不嚴厲,因為有了這樁罪行,意大利才有一整代的公眾幸福可言。幸福的創造者在活著的時候聽取厚顏無恥的頌辭,基督教和異教的演說家[13]當面大聲奉承。然而歷史並沒有留下正式記載,顯示狄奧多里克的德行,或者認定是過失行為而損害他的名譽[14]。有份資料與他的聲望有關,還留存到現在,一卷全部由卡西多流斯(Cassiodorius)用皇室的名義寫成的信函,看來讓人更相信確有其事[15]。他的政府所展現的只是形式,並非實質的內容。我們想要從一位哲人的聲明和學識之中,找出蠻族純潔和出於自發的情操,這是徒然無用的事。至於羅馬元老院議員的意願和官員的先例,更是如此。何況不論在哪一個宮廷,發生任何狀況時,含糊不清的表白成為謹慎大臣常用的措辭。狄奧多里克的名聲更值得信賴之處,是三十三年統治期間眾所目睹的和平與繁

---

13 英諾狄斯的演說誇大其辭而且奴顏婢膝,是公元507或508年在米蘭或拉芬納公開
    發表,過了兩、三年以後,演說家被畀以帕維亞主教的職位,一直到521年過世為
    止。

14 樸洛柯庇斯和華倫西安(Valesian)的斷簡殘篇中,偶然出現的暗示文字才是最有價
    值的史料。色蒙德(Sirmond)發現原文,並刊印在阿米努斯‧馬西利努斯
    (Ammianus Marcellinus,四世紀羅馬軍人和歷史學家)作品的後面,作者的姓名不
    詳,但是帶有野性未馴的風格,從他敘述的各種事件中,顯示出他對當時的狀況
    非常熟悉,而且不為個人的情緒所左右。孟德斯鳩(Montesquieu, Baron de la Brede
    et de, 1689-1755A.D.,法國啟蒙思想家、法學家、哲學家)校長計畫要為狄奧多里
    克作傳,從有段距離的地方來看這是一個生動有趣的題材。

15 他們認為最好的編纂是馬菲(Maffei, Francesco Scipione, Marchesi, 1675-1755A.D.,
    意大利戲劇家、建築家和學者)侯爵,應該是在維洛納出版,《蠻族的文雅之士》
    這本書的內容不會簡單,還是很難交代得清楚。

榮，在那個時代受到異口同聲的尊敬。他的智慧、勇氣、公正和仁慈，銘記在哥德人和意大利人的心田。

三、哥德國王在意大利的統治策略和施政作為(493-526A.D.)

狄奧多里克分配意大利的土地，把其中三分之一奉送給他的士兵，受到無可厚非的指責，說是他一生之中唯一不公之處。要是照奧多瑟的榜樣來說，這種行動更是通情合理。要考慮到征服者的權利和意大利人真正的利益，尤其是他負有神聖的責任，要維持整個民族的生存，這個民族對他的應許有信心，才會追隨他前往遙遠的異國[16]。狄奧多里克的統治之下，哥德人在意大利這片樂土，很快增加到二十萬男丁，成為勢不可當的群體[17]。要是計算總數，另外還要加上婦女和兒童。他們所侵占的財產有一部分是用巧取豪奪的方式，為了慷他人之慨，就假借「親善」的名義來滿足私欲。這些不受歡迎的外來者任意散布在意大利各地，每個蠻族分到的部分要能適合本人的出身和職位、追隨者的人數以及農村的富裕程度，特別是為了獲得所需的奴隸和牛隻。大家承認貴族和平民應有區隔[18]，每位自由人的產業都免徵田稅，臣民只要遵守國家的法律，就能享受無上的特權。當地人的服飾更為雅緻，不僅式樣新穎而且穿著舒適，立刻使征服者採用。他們堅持使用母語，瞧不起拉丁人的學校。狄奧多里克讚許族人甚至自己的成見，同時公開宣稱，兒童要是害怕老師的教鞭，就沒有膽量去舞槍弄刀[19]。悲慘的災難難免會激起一無所有的羅馬人，擺出

16　馬菲對哥德人的偏頗行為有浮誇不實的記載，他有意大利貴族的身分而痛恨他們。身為平民的穆拉托里(Muratori, Lodovico Antonio, 1672-1750A.D.，意大利古物學家和歷史學家)屈服於哥德人的壓力。

17　英諾狄斯敘述哥德人的軍事技術和增加的兵力。

18　狄奧多里克將妹妹許配給汪達爾國王，她出閣坐船到阿非利加的時候，有一千名地位很高的哥德人擔任侍衛，每個人跟著五個武裝隨員。可見哥德的貴族階層不僅勇敢，而且人數眾多。

19　羅馬的男童學哥德人的語言。哥德人對拉丁文一無所知，阿瑪拉桑夏(Amalasuntha)是例外，她是女流之輩，所以在學的時候不會感到羞恥。還有就是

兇狠好鬥的姿態；享受富裕和奢華生活的蠻族[20]，在不知不覺中放棄暴虐粗魯的習性。

君王的政策並不鼓勵相互之間的轉換，他堅持意大利人和哥德人應有區別，前者要保留和平生活的技藝，後者要從事戎馬征戰的行業。他為了貫徹企圖，煞費苦心保護勤勉的臣民，更要能節制士兵的暴力而又不會喪失他們作戰的勇氣，因為還要靠軍隊防衛國家的安全。他們保有土地和福利當作軍職的薪俸，聽到號角的聲音，會在行省官員的指揮下完成行軍的準備。整個意大利分為幾個區域，都有設備良好的營地。在皇宮和邊疆的服役要經過挑選或者實施輪調，特別辛苦的工作用增發加給或經常的賞賜作為補償。狄奧多里克說服英勇的作戰夥伴，帝國的開創和守成要運用同樣的技術和手段。在國王做出榜樣以後，他們對於戰勝敵人的工具，訓練時務求熟能生巧而且日益精進，不僅是長矛和刀劍，還有各種投射武器，一般而言他們對後者非常注重，絕不忽視。戰爭最鮮明的景象展現在哥德騎兵的每日訓練和年度校閱之中，以堅定而合理的軍紀要求灌輸謙遜、節制和服從的習性。哥德人受到教誨要愛護民眾、尊重法律、了解自己在文明社會的責任，放棄格鬥審判和報復私仇的野蠻行徑[21]。

狄奧多里克的勝利給西部的蠻族帶來莫大的驚恐。但是，等到看來他已滿足征戰的成就、渴望和平的時候，人們對他的畏懼變成尊敬，願意聽命他所具有的強大仲裁力量，何況他總是用力量來調解相互的紛爭，改善彼此的行為。歐洲最遙遠的國家都經常派遣使臣前往拉芬納，他們欽佩國王的智慧、豪爽[22]和謙虛。要是他接受送來的奴隸、武器、白馬和異獸，

(續)————
　　狄奧達都斯(Theodatus)，他的學問淵博，使得族人感到氣憤和不齒。
20　這是狄奧多里克的經驗之談：「羅馬人變成哥德人是他的不幸，這樣做有利於哥德人成為羅馬人。」
21　從卡西多流斯的書信中，可以看到哥德人在意大利所建立的軍事組織和制度，博學的馬斯庫(Mascou, Johann Jacob, 1689-1761A.D.，德國法學家和歷史學家)特別詳加說明。
22　甚至就是在他的餐桌上和皇宮裡，異鄉客的欽佩之辭還是有合理的動機，一方面是證明待客之道的花費很值得，再者可以激起官員的重視。有人在旁美言，君王就會委以行省的高位。

回報的禮物是日晷、水鐘和一位音樂家，他要讓高盧的君王知道，意大利臣民不僅技術過人，而且極爲勤奮。狄奧多里克的家庭包括一位妻子和兩個女兒，還有一個妹妹和一個姪女，通過聯姻[23]和法蘭克人、勃艮地人（Burgundians）、西哥德人、汪達爾人和圖林基亞人（Thuringians）的國王建立家族關係，保證大家和諧相處，至少能夠維持西部龐大共和國之間的實力平衡[24]。在日耳曼和波蘭陰暗的大森林裡，要想制止赫魯利人（Heruli）的遷徙確有困難。兇狠的民族作戰不用冑甲護身，對於死去丈夫的寡婦和失去行動能力的父母，無情的加以指責爲何還要偷生苟活下去[25]。率領這些蠻橫武士的國王乞求狄奧多里克的友誼，按照蠻族的儀式集合軍隊完成認養的手續，就晉升更高的地位，成爲他的義子[26]。

　　伊斯提亞人（Aestians）和黎弗尼亞人（Livonians）來自波羅的海沿岸，他們聽到這位君王的名聲如日中天，不辭辛勞完成一千五百哩前所未有的旅程，將當地的琥珀[27]奉獻在他的腳前。他與哥德民族發源地所在的國家[28]，經常維持友好的通信連繫。意大利人竟能穿著瑞典極爲奢華的黑貂[29]服飾；遙遠北國的一位統治者在自願或不得已被迫禪位以後，還能在

23　哥德國君與勃艮地人、法蘭克人、圖林基亞人和汪達爾人公開和私人的結盟，見卡西多流斯的書信集，裡面蒐集很多當時的書信，對於蠻族的政策和行爲，提供非常奇特的知識。

24　從卡西多流斯、喬南德斯的著述和華倫西安的殘卷中，可以觀察到狄奧多里克的政治體系。和平而且是光榮的和平，一直是他追求的目標。

25　好奇的讀者對樸洛柯庇斯所描述的赫魯利人，會沉思他們的行爲是否合理；有耐心的讀者會陷入布瓦（Buat）悲觀而詳盡的研究之中。

26　卡西多流斯注意到這種軍事制度的精義和形式，但是他好像只把哥德國王的感想，譯成羅馬人極爲雄辯的用語。

27　卡西多流斯引用塔西佗（Tacitus, Gaius Comelius，一世紀羅馬史學家）所提到的伊斯提亞人，說他們是波羅的海沒有文字的野蠻人，敘述他們的海岸盛產琥珀，是樹木的樹脂被太陽曬得乾硬以後，經過波濤的純化和冲刷而成。這種奇特的物質被化學家分解以後，產生植物油和無機酸。

28　喬南德斯和樸洛柯庇斯描述過斯堪濟亞（Scanzia），也就是突利。無論是哥德人或希臘人都沒有造訪這個國度，但是他們在拉芬納和君士坦丁堡，與被放逐的當地土著談過話。

29　在喬南德斯那個時代，黑貂棲身在蘇塔斯（Suethans），實在說就是瑞典，但是那些美麗的獸類逐漸被趕到西伯利亞的東部。

拉芬納的宮廷找到舒適的隱退之地。斯堪地那維亞是個巨大的島嶼或半
島,有時會很含糊的稱做突利(Thule)。在這個北國之地,十三個人口眾
多的部落耕種小部分的土地,他在當時統治著其中一個部落。這塊北部地
區一直到北緯六十八度都有人居住,也都經過探勘。北極圈內的原住民
在每年的夏至和冬至,都有四十天的時間是陽光普照或不見天日[30]。太陽
消失的長夜是人們悲傷的季節,帶著哀悼和不安的心情在等待,直到派往
山頂的使者送來第一線陽光露面的信息,向著山下的平原宣告,歡樂已經
重臨。

　　狄奧多里克的一生在壯年就獲得常勝英名,竟能收起手中兵刀,這在
蠻族而言倒是少見的事,特別值得表揚。三十三年的統治(493年3月5日-
526年8月30日)全用來改進施政作為,雖然有時會涉及運用武力的敵對行
為,但靠著部將的指揮、軍隊的訓練、聯盟的兵力,甚至個人的威望,很
快能夠結束戰事。他的行事非常謹慎,很不放心將意大利的邊防交付給兵
微將寡而又紛爭不已的鄰國。同時基於正義的原則,他要求歸還被強占的
疆域,有些是他的王國原有的領土,也有他父親所繼承的封地。所以他才
征服雷蒂提亞(Rhaetia)、諾利孔(Noricum)、達瑪提亞(Dalmatia)和潘農
尼亞這片多事的國土,把從多瑙河的源頭和巴伐利亞(Bavaria)地區[31],一
直到吉皮迪人在色米姆(Sirmium)的廢墟上實力微弱的王國,全部置於一
個強有力政府的統治之下。狄奧多里克名義上還是東羅馬的臣屬,現在建
立偉大的事功,難免驚醒阿納斯塔休斯皇帝產生猜忌之心,把他的成就視
為不忠不義的行為。何況人事的變化真是興衰無常,阿提拉的一位後裔竟
然要求哥德國王的保護,這樣就在達西亞的邊區引起一場戰事。薩賓尼安

30　在貝利(Bailly)的神話體系和傳奇中,艾達(Edda)的浴火鳳凰、以及阿多尼斯
　　(Adonis)和奧塞里斯(Osiris)每年的死亡與復活,是帶有寓言意味的象徵,用來說
　　明北極地區太陽的消失和重現。這位有創作天才的作者,是布豐(Buffon, Georges
　　Louis Leclerc, comte de, 1707-1788 A.D.,法國自然科學家)大師評價極高的門人。
　　即使是最冷靜的理智,也很難抗拒這套哲學的魔法。

31　布瓦是法國的大臣,在巴伐利亞的宮廷服務。他那自由開放的心靈充滿求知欲,
　　促使他探索這個國家的古老事蹟,完成十二卷受人激賞的鉅著。

(Sabinian)是一位眾望所歸的將領，不僅靠著父親的功勳，而且自己能力高強，率領一萬羅馬人奔殺而來。無數大車裝載著給養和武器，編成長列輜重，全部交由最驍勇的保加利亞部落來護衛。東部的大軍在瑪古斯(Margus)戰場被哥德人和匈奴人的弱勢兵力所擊潰，羅馬部隊的精英甚至希望全部都被摧毀，整個局勢落到無法挽回的地步。狄奧多里克一直教導獲勝的部隊要能審慎克制，領導人沒有下達掠奪的命令之前，敵軍豐富的戰利品散落在腳前也沒有人敢動。拜占庭宮廷惱羞成怒，竟然派出兩百艘船帶著八千人馬，前往卡拉布里亞和阿普里亞(Apulia)一帶海岸燒殺搶劫，進襲古老的城市塔倫滕(Tarentum)，破壞這片安樂國土的貿易和農業，然後才回航海倫斯坡(Hellespont)海峽。他們曾把這裡的人民視為羅馬人的兄弟[32]，現在對這種海盜行為的勝利，竟然感到自豪不已。他們的撤離可能是狄奧多里克採取行動所致，意大利受到一千艘輕型船隻的艦隊給予掩護，建造速度之快真是難以相信(509A.D.)。

堅定的意志帶來的報酬是確切而光榮的和平，他用強勢的雙手維持西部的平衡，直到最後被克洛維斯(Clovis)的野心推翻。雖然狄奧多里克無力幫助輕率和不幸的親戚西哥德國王，但是對於他的家族和人民在遭受劫難以後，還能拯救倖存的人員，阻止法蘭克人在勝利中的進展。我沒有意思要重複述說這些軍事行動，要點部分還是狄奧多里克的統治狀況，最多只能提及阿里曼尼人(Alemanni)受到保護[33]，對勃艮地人的入侵給予嚴厲的懲處。他在攻占亞耳(Arles)和馬賽以後，與西哥德人建立一條不受妨礙的交通線，而且阿拉里克(Alaric)那未成年的兒子不僅身為外孫，受到他的監護，也把他當成自己國家的攝政一樣尊敬。意大利國王處於這樣極為高貴的地位，在高盧恢復禁衛軍統領的職務，糾正西班牙民事政府一些弊端。西班牙的軍事總督很有見地，並不信任他派往拉芬納宮廷的人

32　參閱卡西多流斯書信集中的皇家命令與指示。這些加上武裝的船隻，比起阿格曼儂(Agamemnon)用來圍攻特洛伊的一千艘戰船，看來要小很多。

33　英諾狄斯和卡西多流斯用皇室的名義，把狄奧多里克要保護阿里曼尼人這件大事記錄下來。

員[34]，於是狄奧多里克接受他每年的貢金做爲表面上的降服。哥德人建立的主權從西西里到多瑙河，從色西姆或貝爾格勒到大西洋，就連希臘人自己也都承認，狄奧多里克所統治的區域是西部帝國最精華的部分。

　　哥德人和羅馬人只要團結起來，可以使意大利轉眼消失的幸福能夠世代相傳下去，一個新興的民族有自由的臣民和文明的士兵，在相互尊重的德行激勵之下，就會逐漸成爲一個蒸蒸日上的國家。但引導或支持變革的蓋世功勳，並沒有出現在狄奧多里克的統治期間。他缺乏立法者所具有的天分和機遇[35]，僅有的作爲只能放縱哥德人享受隨心所欲的自由而已。他一味模仿原來的規章制度，甚至濫用君士坦丁和他的繼承人所創設的政治架構。羅馬的滅亡可以做爲前車之鑑，蠻族拒絕接受皇帝的名號、紫袍和冠冕；但是在國王這個世襲頭銜之下，可以享用全部的皇室特權，不僅非常實際而且更爲富足[36]。狄奧多里克在提到東部君主時，用語非常尊敬，但是表現的意義很曖昧，拿誇張的辭句來稱頌兩個國家的和諧，炫耀自己的政府所具有的形象，是獨一無二、不容分割的帝國。他雖然自稱高於世上所有的國王，但是很謙虛的表示，阿納斯塔休斯同樣擁有最高的地位。每年都會宣布東部和西部的聯盟，由雙方無異議選出的執政官負責傳達。看來像是由狄奧多里克提名的意大利候選人，要獲得君士坦丁堡君主的正式批准[37]。

　　拉芬納的皇宮與狄奧多西和華倫提尼安(Valentinian)的宮廷毫無差

34　哥德人在高盧和西班牙的作爲，卡西多流斯、喬南德斯和樸洛柯庇斯的敘述使人感到困惑。有關勃艮地的戰事，都博斯(Dubos, Jean Baptiste, 1670-1742A.D.，法國歷史學家和評論家)神父和布瓦伯爵之間產生冗長而且相互矛盾的爭執，我既不願與聞，更無意加以調解。

35　樸洛柯庇斯肯定表示，狄奧多里克和繼位的意大利國王都沒有頒布任何法律。他的意思一定是說用哥德人的語文，因爲狄奧多里克的拉丁文詔書直到現在還存世，有一百五十四項條款。

36　狄奧多里克的錢幣上刻著他的像，對於他那謙遜的繼承人而言，能把名字加在統治皇帝頭像的旁邊，就已經感到滿足。

37　卡西多流斯和樸洛柯庇斯都曾提到皇帝和國王的聯盟，對阿納斯塔休斯和狄奧多里克的友誼大爲稱許，但是君士坦丁堡和拉芬納對於祝賀的象徵性文體，解釋起來有完全不同的感受。

別，同樣設置禁衛軍統領、羅馬郡守、財務大臣和御前大臣，以及管理國庫和皇室經費的財務官員。他們的功能被卡西多流斯華麗的修辭描述得光采奪目，仍舊繼續執行國家大臣的職務。有關地方政府的司法和稅務授與七個總督、三個巡撫和五個省長，按照羅馬法律體制的原則和形式[38]，由他們管理意大利的十五個地區。征服者的暴虐行為因為法律程序的緩慢，加以巧妙的運用，可以獲得化解或規避。政府的行政工作以及隨之而來的榮譽和薪資，全部限定由意大利人擔任。人民仍然保有他們的服飾、語言、法律和習慣，以及個人的自由和三分之二的田產。奧古斯都對於改行君主制度的事實要加以隱瞞，狄奧多里克的政策則是要掩飾蠻族的統治。要是他的臣民感到何其有幸，有時還是會從羅馬政府的幻象中清醒過來，得知哥德君王在實事求是解決問題，有決心要追求自己和公眾的利益，他們就會從這種品格中獲得更大的安慰。狄奧多里克自詡他所具有的德行，對於所欠缺的才能也感到滿意。萊比流斯(Liberius)能晉升到禁衛軍統領的高位，是因為他對不幸的奧多瑟一直懷有不可動搖的忠貞之心。狄奧多里克的大臣像是卡西多流斯[39]和波伊昔烏斯(Boethius)，在他的統治之下都能顯示出才能和學識的光采。卡西多流斯比起他的同僚更為審慎也更有福分，始終沒有喪失君王的寵信，永保盛名於不墜，在世上享受三十年的榮華富貴以後，又在斯奎拉契(Squillace)的退隱生活中，度過同樣漫長的勤學和寫作歲月。

38　《職官志》的記載是十七個行省，保羅·武尼弗瑞德(Paul Warnefrid)輔祭加添亞平寧行省成為第十八個。但是在這些行省中，薩丁尼亞和科西嘉為汪達爾人據有，還有兩個雷蒂提亞行省以及科蒂安·阿爾卑斯轉讓給一個軍事政府。當前四個行省組成那不勒斯王國的狀況，嘉諾內(Giannone, Pietro, 1676-1748A.D.，意大利歷史學家)基於愛國的熱誠加以詳盡的分析。

39　這兩個意大利人的名字都叫卡西多流斯，父親和兒子陸續為狄奧多里克重用。兒子生在公元479年，從他的書信上知道他擔任過財務大臣、御前大臣及禁衛軍統領，時間是從509年一直到539年，後來有三十年的時間他出家成為教士。

四、狄奧多里克巡視羅馬及意大利的繁榮景象(500A.D.)

　　哥德國王成爲共和國的庇主，有義務也有責任要獲得元老院和人民的擁戴。羅馬的貴族爲了表示尊敬，用動聽的頭銜和公開的言辭大加奉承，實際上在顯現祖先的勳績和權威。民眾毋須產生畏懼或警惕之心，在首都可以享受秩序、富裕和娛樂三方面的好處，然而從發放實物的數量來說，明顯看出人口已經減少[40]。阿普里亞、卡拉布里亞和西西里有大量當作貢金的穀物，不停運到羅馬的糧倉，可以發給貧窮的市民麵包和肉類的配給品。任何職位只要關切到人民的生活和幸福，就可以獲得很高的榮譽。公眾有各種競技活動，就連希臘的使臣基於禮貌也會大聲叫好。雖然模仿起來力有不逮，但隱約之間還能表現出凱撒當年的雄風，就是音樂、特技和啞劇表演，也還沒有完全被人遺忘。非洲的猛獸在圓形競技場上，仍舊可以磨練出獵人的勇氣和技術；生性豁達的哥德人，對於賽車場的藍黨和綠黨相互之間競爭引發的喧囂和流血的搏鬥[41]，不是一味縱容就是好言勸阻。狄奧多里克在和平統治的第七年巡視世界的古老首都(500A.D.)，元老院和人民排出莊嚴的隊伍，前往迎接被稱爲圖拉眞第二或新一代的華倫提尼安。他用高貴的姿態保證政府的公正廉明[42]，公開發表的宣告可以鑴刻在銅牌上面永垂後世。羅馬在這場莊嚴的儀式中，顯現出榮譽即將沒落的迴光返照。一位聖徒曾目睹壯觀的場面，只能虔誠的盼望，新耶路撒冷的宗教慶典會更盛於此刻。

　　哥德國王在羅馬居留的六個月中，他的名聲、儀表和禮賢下士的態度，激起羅馬人的敬仰和欽佩。他觀賞體現古代偉大事蹟的紀念碑，同樣

40　配給的糧食沒有超過十二萬摩笛，也就是四千夸特。

41　從卡西多流斯的編年史和書信中知道，狄奧多里克非常關切賽車場、競技場和劇院的狀況，不惜花費鉅款維持原有的壯觀。卡西多流斯對於這個題目下了一番功夫，他的學識本來就好，何況還要刻意的表現。

42　就建立豐功偉業的事蹟來說，哥德征服者自認雖不如圖拉眞，但遠在華倫提尼安之上。

表現出好奇和驚訝的情緒。他在卡庇多（Capitoline）丘重履征服者當年的足跡，非常坦誠的承認，每天看到圖拉眞廣場和高聳的圓柱，都有一番新的感受。龐培（Pompey）劇院儘管已經傾圯，仍舊像一座大山那樣，經過人工的挖空和粉刷，再加上勤奮的工作加以修飾。他概約計算一下，修建提圖斯（Titus）巨大的圓形競技場，要花費一整條河的黃金[43]。十四條供水渠道的出口處，有清澈而充足的用水流向全市各個區域。其中一條是克勞狄安（Claudian）水道，從三十八哩外的薩賓（Sabine）山區，用連續微微傾斜的結實拱形水道橋，將水流引到阿溫廷（Aventine）丘的山頂。修建寬廣而綿長的地下拱室作爲排水之用，經過十二個世紀仍能保持原始的強度，這種深藏地下的渠道，更勝於所有羅馬地面可見的奇妙建築物。哥德國王在過去爲毀損古蹟受到嚴厲的指責，後來都會注意保存所征服民族的紀念物。皇家的詔書一再重申禁止公民破壞、損傷和拆毀，特別設置一位專業建築師，每年有兩百磅黃金的款項、二萬五千塊磚瓦，加上盧克林（Lucrine）港口的關稅，撥作城牆和公共建築物的修繕費用。各種人類和動物的雕像，無論是用金屬或大理石製作，同樣給予妥善的照顧。昆林納爾（Quirinal）山的馬匹雕像後來取一個現代名字，神韻和氣勢深獲蠻族的讚許[44]；神聖大道兩旁的銅象非常用心加以修復[45]；名聞遐邇的邁隆（Myron）小母牛雕像眞是栩栩如生，那些被趕過和平廣場的公牛都會受騙上當[46]。狄奧多里克把他們當成王國最高貴的裝飾，特別設置一位官員來保護這些藝術精品。

---

43 卡西多流斯用華麗不實的文體描述圖拉眞廣場、馬塞拉斯劇院和提圖斯競技場，他的寫作方式不值得讀者細讀。巴多羅買（Barthelemy, Jean Jacques, abbe de, 1716-1795A.D.，法國貨幣收藏家和古物學家）神父經過計算得知，圓形競技場僅就磚砌和泥瓦的部分，現在就要花費法國幣值兩千萬個里弗赫（livre）銀幣，就這個巨大而華麗的結構而言，磚瓦又何其微不足道？

44 蒙特·卡瓦洛（Monte Cavallo）雕塑的馬匹，是從亞歷山卓運到君士坦丁浴場，都博斯神父對它不屑一顧，但是溫克曼（Winckelman）譽爲神品。

45 這些作品可能是凱旋式使用的戰車，只有拖車的銅象殘留下來。

46 樸洛柯庇斯提到邁隆的母牛這愚蠢的故事，倒是被人誤以爲甚爲機智，編入三十六個希臘諺語之中，流傳到後世。

　　狄奧多里克仿效帝國最後幾位皇帝的做法,把住所安置在拉芬納,自己親手在那裡建立一個果園。只要王國的安全受到蠻族的威脅(至今還未遭到入寇),他就把朝廷遷往位於北方邊界的維洛納[47]。現在還留存一種錢幣,上面有他所居宮殿的圖像,代表最古老的哥德建築物眞正的形式。這兩個都城以及帕維亞、斯波列托(Spoleto)、那不勒斯和其餘意大利城市,在他的統治期間,興建壯觀的教堂、水渠、浴場、柱廊和皇宮[48],到處裝飾得花團錦簇。但是眞正表現出臣民的幸福,在於人人都有繁忙的工作和奢華的生活,在於國家財富的增加和成果的享受。羅馬的元老院議員在寒冬季節,總是從陰漠凄冷的泰布爾(Tibur)和普里尼斯特(Praeneste)[*49],搬到陽光普照溫暖如春的貝宜(Baiae)。他們的莊園像一道堅固的堤防深入那不勒斯海灣,可以遠眺藍天、大地和海洋變化無窮的景色。在亞得里亞海的東岸,美麗和富裕的伊斯特里亞(Istria)行省,就像新開發的康帕尼亞(Campania)地區,和拉芬納的交通連繫極爲便利,海上的航程只有一百哩。物產豐富的盧卡尼亞(Lucania)和鄰近行省在馬西利安(Marcilian)泉進行交易買賣,每年舉辦人客眾多的市集,提供各種通商購物、宴飲歡樂和宗教活動。因爲出了一位個性溫和的天才人物普里尼(Pliny),荒涼的科門(Comum)曾經有一度興起,拉里安(Larian)湖的岸邊修建的村落,沿著清澈的水流絡繹不絕長達六十哩。坡度平緩的山丘,滿布著橄欖、葡萄和栗樹這三種植物所形成的樹林。太平歲月的庇護使得農業復甦,贖回的俘虜增加農夫的人數[50]。達瑪提亞的鐵礦,還有布魯提姆

---

47 狄奧多里克非常喜愛這個城市,甚至被稱爲「維洛納人」和傳說中的英雄人物,由此可見一斑。馬菲也得到伯恩(Bern)的第特理區(Dietrich)這個蠻族名字,他很高興在家鄉用自己的知識來敘述哥德國王的事蹟。

48 馬菲把這些歸功於哥德人的建築術,就像語言和文字的沒落,責任在於意大利人自己,不應怪罪蠻族。不妨比較一下他與提拉波契(Tiraboschi, Girolamo, 1731-1794A.D.,意大利文學家和歷史學家)的觀點。

*49 [譯註]泰布爾現稱提弗利(Tivoli),普里尼斯特現稱帕勒斯垂納(Palestrina),兩個小城都位於羅馬的東南方約十到十五哩,坐落在亞平寧山的山麓,是羅馬的屏障和門戶。

50 聖伊壁費紐斯(St. Epiphanius)用祈禱或金錢,從里昂(Lyons)和薩伏衣(Savoy)的

(Bruttium)發現的金礦，都經過詳盡的探勘和全力的開採。私人出資排除龐普廷(Pomptine)和斯波列托附近沼澤地區的積水，土地經過耕種獲得利潤，能夠促進地方的繁榮[51]。只要年時不利和發生災害，就採取開設穀倉、限定價格和禁止輸出等措施，雖然不一定有效，至少可以證明國家的恩惠和關懷。勤勞的民眾在肥沃的土地上獲得收成是如此豐富，有時一加侖葡萄酒的售價，在意大利不過是三個法尋[*52]而已，一夸特的小麥也只賣五先令六便士[53]。一個國家擁有大量可供貿易的物品，立即吸引世界各地的商人。狄奧多里克心靈開放，對於便利流暢的交通提供鼓勵和保護。各行省之間陸上和水面的來往可以通行無阻，不僅完全恢復，還繼續擴展，市鎮的城門日夜不閉。當時的說法是一袋黃金留在田野也不會丟失，可以表明居民有極大的安全感[54]。

五、蠻族信仰阿萊亞斯教義引起的宗教迫害(493-526A.D.)

宗教信仰的不同對君王和人民的和諧關係，產生不利的影響，帶來致命的後果。哥德征服者接受阿萊亞斯(Arian)教義的薰陶，意大利一直熱誠皈依尼西亞(Nicene)教條。狄奧多里克的堅定信念並沒有受到宗教狂熱的刺激，只是虔誠追隨祖先的異端邪說，根本不會想到在形而上的神學方面要對微妙的爭論加以平衡。阿萊亞斯教派在私下奉行寬容的作風，使他感到滿意，理應當然認為自己是公眾宗教信仰的保護人，即使對所厭惡的迷信也表現出外表的尊敬，就像政客或哲人在心靈中孕育出適得其分的冷

(續)————————————————————
　　　勃艮地人手裡贖回六千俘虜，這種功德可說是最大的神蹟。
51　狄奧多里克施政作為的經濟成效方面，在卡西多流斯的編年史中列入幾個不同的
　　　項目，像是鐵礦、金礦、龐普廷的沼澤、斯波列托、穀物、貿易、琉柯索
　　　(Leucothoe)的市集或是聖西普里安(St. Cyprian)在盧坎尼亞的市集、豐收、商旅
　　　或公用驛站、弗拉米亞大道。
*52　[譯註]farthing，英國貨幣，值四分之一便士。
53　穀倉配售糧食大約是一個金幣十五到二十五摩笛(譯按：羅馬的固體容量單位，
　　　相當於一個配克或九公升)，價格始終保持平穩。
54　國王送給凱撒流斯三百金幣，以及一塊重達六十磅的銀錠。

漠態度。在他統治之下的正統基督徒，帶著幾分勉強還是認同教會的和平。他們的教士依照職位和才識，都在狄奧多里克的皇宮接受優容的款待。凱撒流斯(Caesarius)和伊壁費紐斯(Epiphanius)分別是亞耳和帕維亞正統基督教會的主教，神聖不可侵犯的職位甚受尊重[55]。狄奧多里克親自到聖彼得的墳墓呈獻祭品，完全不考慮這位使徒的信條。對於與他關係密切的哥德人，甚至就是他的母親，他都容許他們繼續保持和奉行阿泰納休斯(Athanasius)的教義。在他漫長的統治期間，找不到一位正統基督徒要改信征服者的宗教[56]，無論是出於自願或是受到逼迫。所有人民包括蠻族在內，接受教導都熟悉禮拜儀式的場面和程序。政府官員奉到指示，要保護教會人員和財產，讓他們在法律上有豁免的權利。主教可以參與宗教會議，大主教有權依法實施司法審判，聖所的特權依據羅馬法的精神，通常都會保持，只在必要時予以限制。狄奧多里克保護教會，對於教會擁有合法的最高權力，經由堅強的行政作為能夠重新恢復或擴大，尤其有一部分教會的特權，為西部軟弱的皇帝所忽略。他非常清楚羅馬大主教擁有的權勢和地位的重要，現在已經加上教皇最尊貴的稱號。一位家財萬貫為民愛戴的主教，憑著他的作為可以決定意大利的和平或動亂。他在天上或人間都擁有至高的統治權，也可以多次在宗教會議上宣布，自己純潔無瑕未犯罪過，從所有的審判中獲得豁免[57]。敘馬克斯(Symmachus)和勞倫斯(Laurence)爭奪聖彼得的寶座，聽從狄奧多里克的召喚，前來阿萊亞斯派君王的法庭，受到明確指示要選出最受尊敬以及聽命服從的候選人。狄奧多里克出於猜忌和憤怒的心理，不願讓羅馬人擔任此一職位，到了生命的

---

55 伊壁費紐斯的奉獻不過是兩個重約七十磅的銀製蠟燭架，遠不如君士坦丁堡和法蘭西的黃金和寶石。

56 我們也不會相信那個極其荒謬的故事，說是有一個正教輔祭改信阿萊亞斯教派，結果被他斬首。為什麼狄奧多里克的綽號叫做「阿非利加人」(Afer)？難道是來自狡猾(Vafer)這個意義？這只是胡亂推測。(譯按：當時阿非利加為汪達爾人據有，而汪達爾人虔誠信奉阿萊亞斯教義，所以稱他「阿非利加人」，就是指他是阿萊亞斯派的信徒。)

57 羅馬人召開一場會議，用來證明並登錄他的罪狀。

末期，竟在拉芬納的宮廷提名一位教皇，教會產生分裂的危機和激烈的鬥爭，花很大的力氣才能制止。元老院在最後頒布敕令，要盡其可能，消除在教皇選舉中賄賂買票的行爲。

我已經詳述意大利幸福歡樂的情況，但是在我們的想像之中，絕不能匆忙認定：在詩人所歌頌的黃金時代，只是有一群人過著無憂無慮的生活，而且是哥德人的征服所實現的成果。光明的前途不時會被烏雲遮住，狄奧多里克的智慧遭到矇騙，權勢蒙受抵制。君王到了晚年的時候，爲民眾的仇恨和大公的鮮血所污染。勝利使他首次產生侮慢無禮的心態，打算要剝奪奧多瑟那一派人的公民權，甚至於一切與生俱來的權利[58]。戰爭的災禍之後要把不合理的賦稅強加在人民頭上，就會摧毀黎古里亞(Liguria)新興的農業。他採用一種優先預購穀物的嚴厲規定，目的雖然要解決公眾的糧食問題，卻給康帕尼亞帶來極大的苦難。靠著伊壁費紐斯和波伊昔烏斯的德行和辯才，才能除去這些爲禍不淺的計畫。他們當著狄奧多里克的面前，爲民眾的利益進行辯護，竟能獲得成功[59]。然而，即使君王願意傾聽眞理的聲音，不見得會有聖徒或哲人在身旁提醒。無論是地位、職務或君王恩寵所帶來的特權，經常會被意大利人的狡詐和哥德人的暴虐所濫用。國王的姪兒爲人貪財好利，發生無理強奪托斯坎(Tuscan)鄰居的產業，後來又被迫歸還的情況，曝光以後有損狄奧多里克的盛德。二十萬名連主子都感到畏懼的蠻族，被安置在意大利的腹地，受到和平與紀律的限制而氣憤不已。他們的行動不守法度，經常讓人身受其害，有時只能多方打點。須知天生的兇狠習性發作以後，施以懲罰可能會引起危險，明智的作法是假裝不知其事。狄奧多里克有惻隱之心，特地減免黎古里亞人三分之二的貢金。他爲了避免產生不良的影響，親自出面向蠻族解釋當前處境的困難，

58　狄奧多里克剝奪他們的生存能力，使得整個意大利怨聲載道。我倒認爲制定這些刑罰是爲了對付叛徒，這些人違犯忠誠的誓言。但是英諾狄斯的證詞很有分量，因爲他在狄奧多里克的統治下過了一生。

59　對於這位聖徒和元老院議員的愛民之心，我們雖然表示尊敬，但是也要再做考量。卡西多流斯曾經多方暗示，波伊昔烏斯的作法會加強或緩和大家的怨言。

說明國家的安全至為重要，強把沉重的負擔加在他們身上，自己感到甚為遺憾。意大利這些不知感恩圖報的臣民，對於哥德征服者的家世、宗教甚至德行，始終無法優容接納。他們已經遺忘過去身受的災難，當前過著幸福的日子，感覺或疑慮自己受到傷害時，痛苦變得更難以忍受。

甚至就是推行到基督教世界，讓狄奧多里克深感自豪的宗教寬容，對意大利正統教會的狂熱信徒而言，卻給他們帶來苦惱，引起反感。哥德人的武力可以維護異端邪說，倒是博得正統基督徒的尊敬。他們虔誠的怒火很安全的指向富於資財和無力自保的猶太人，這些異教徒在那不勒斯、羅馬、拉芬納、米蘭和熱那亞，經由法律的認可，為了貿易的利益建立居留區。猶太人的人身受到羞辱，財產遭到劫掠，會堂被拉芬納和羅馬的瘋狂群眾放火燒毀，事件的引發完全是任意妄為所致，而且毫無理性可言。政府不應坐視不管，否則就會自食惡果。當局立即進行合法的調查程序，暴亂的倡導分子可以藏匿在人群之中，政府只能判處整個社區負責損害的賠償。有些極為頑強的教徒拒絕出錢，就被用刑的禁卒拉到街上鞭打示眾。像這樣簡單的執法行為激起正統基督徒的不滿，他們為神聖的受害人能夠堅持信仰不畏強勢而歡呼，有三百個布道講壇為教會受到迫害表示哀悼之意。要是維洛納的聖司蒂芬禮拜堂的確是狄奧多里克下令摧毀，那真可以說是一種奇蹟。在如此神聖的地點，竟然可以用這種方式來詆毀他的名聲和權威。光榮的一生即將結束時，意大利國王竟然發現，畢生辛勞為人民增進幸福，所得到的只是仇恨。當然他會對沒有回報的愛深感痛苦，內心充滿氣憤和猜疑。對於這些不諳戰事的意大利土著，哥德征服者下令解除他們的武裝，除了家庭使用的小刀以外，禁止他們擁有攻擊性的武器。狄奧多里克身為羅馬的救星，要是懷疑元老院議員與拜占庭宮廷進行勾結，犯下叛國的罪行，等於在指控他與下賤的告發者密謀，好奪取這些議員的性命。

阿納斯塔休斯去世以後，東部的皇冠落在一位衰弱老人的頭上，但是政府的權力掌握在他的姪子查士丁尼的手裡。這個人存著絕滅異端的念頭，並且要征服意大利和阿非利加。君士坦丁堡頒布嚴苛的法條，在教會

的範圍之內用懲處的手段來消滅阿萊亞斯教派，這種做法使狄奧多里克憤怒不已。他要求東部遭受苦難的弟兄，如同長期在他統治下的正統基督徒那樣，能夠獲得宗教信仰的自由。在他的堅持之下，教皇和四位德高望重的元老院議員組成使節團，然而他們對於任務的失敗和成功同樣感到惶恐不安。首位訪問君士坦丁堡的教皇受到極為崇敬的接待，結果被猜忌的國君當做罪行加以懲處。拜占庭宮廷玩弄翻雲覆雨的花樣，最後還是斷然拒絕，對方當然也會如法炮製，甚至採取更大的報復行動。那時意大利準備要執行一項命令，從規定的日期起完全禁止正統基督徒的禮拜儀式。由於他的臣民和敵人這種固執己見的行為，逼得最為寬容的君王不惜採取宗教迫害的手段。狄奧多里克在位的時日何其漫長，有生之年竟會懲治品德高尚的波伊昔烏斯和敘馬克斯[60]。

六、波伊昔烏斯的人品學識和定罪遭到處決(524-525A.D.)

元老院議員波伊昔烏斯[61]是眞正的羅馬人，就是加圖(Cato)和塔里(Tully)[*62]在世也會把他視為自己的同胞。他是個富有的孤兒，繼承阿尼西安(Anician)家族的產業和榮譽，那個時代的皇帝和國王都恨不得能有這種出身，加上孟留斯(Manlius)的名號，使人相信他是執政官和笛克推多的後裔。根據傳說，他的祖先曾將高盧人逐出卡庇多神廟，還有一位為了共和國的軍紀不惜犧牲自己的兒子。在波伊昔烏斯年輕時，羅馬對學術研究工作沒有完全放棄，有位詩人的文采有如魏吉爾，作品經過執政官親

---

60 我從華倫西安的殘卷以及狄奧菲尼斯、阿納斯塔休斯和歷史家米斯西拉(Miscella)那些難懂而又簡短的資料和各種暗示中，盡力採用合情合理的敘述，稍微修改他們的文字應該不算冒犯。我也像穆拉托里一樣，參考兩位帕吉所著的編年史和祈禱書，他們兩位是叔姪。

61 勒‧克拉克(Le Clerc, Jean, 1657-1736A.D.，亞美尼亞學者)寫成《波伊昔烏斯的重大功業和哲人生活》一書，提拉波契和法比里修斯(Fabricius, Johann Albert, 1668-1736 A.D.，學者和語文學家)也是有用的參考資料。波伊昔烏斯大約生在470年，死於524年，未邁入老年就過早喪生。

*62 [譯註]西塞羅的全名是Marcus Tullius Cicero，有時就用Tully來稱呼他。

手修改，還能流傳到現在。那些文法、修辭和法學教授，由於哥德人的慷慨大方，還能享有他們的特權和薪俸。拉丁文的學識無法滿足波伊昔烏斯極為熱切的求知慾，據說他曾在雅典的學院攻讀十八年之久[63]。樸洛克盧斯(Proclus)和門人[*64]用熱情、知識和勤學，對他的教導不遺餘力支持。這位羅馬學生倒是非常幸運，靠著自己的理性和信仰的虔誠，沒有受到當時學院盛行的玄學和巫術所污染。他卻吸取過世和現存大師的學說精義，仿效他們的行為模式，能夠把亞里斯多德高深和精微的理念，與柏拉圖沉思和崇高的想像，融會貫通綜合成為一體。

等波伊昔烏斯回到羅馬，身為好友也是大公的敘馬克斯將女兒嫁給他。這時他仍舊在象牙和大理石的府邸裡，孜孜不倦進行學術研究[65]，用深奧的辯辭維護正教的信條，反對阿萊亞斯派、優提契斯(Eutyches)派和聶斯托利(Nestorius)派的異端邪說，使得教會在這方面得益不淺。他寫出一篇正式的論文，充分說明基督教的統一性，對於三個神格同體而又有差異的關係並不怎麼重視。他為了使僅懂拉丁文的讀者也能領悟高深的學識，對於自己的才華毫不珍惜，竟用來教導希臘藝術和科學最基本的知識，像是歐幾里德(Euclid)的幾何學、畢達哥拉斯(Pythagoras)的音樂、尼柯馬克斯(Nicomachus)的數學、阿基米德(Archimedes)的機械學、托勒密(Ptolemy)的天文學、柏拉圖的神學以及經過波菲利(Porphyry)註釋的亞里斯多德邏輯學，都由這位羅馬元老院議員日夜寫作不停的筆，全部給翻譯和註釋出來。大家認為只有他能說明各種學門的精妙之處，像是一座日晷、一個水鐘、或是用一個球體來說明行星的運動。

---

63 波伊昔烏斯在雅典攻讀的疑點很多，尤其是長達十八年更難讓人相信，但是要說他到雅典遊學倒是事實，也能在國內找得到證據，像是他的朋友卡西多流斯就表示過（雖然含糊而且閃爍其詞），說他「在雅典停留甚久」。

*64 [譯註]樸洛克盧斯，410-485A.D.，拜占庭哲學家，在雅典的柏拉圖學院求學，是當代最知名的新柏拉圖主義分子。

65 英諾狄斯和卡西多流斯的書信提供很多證據，說他在那個時代享有很高的聲望。這倒是真有其事。帕維亞主教要向他購買在米蘭的一所古老房屋，他接受用讚賞來代替付款。

　　波伊昔烏斯從獲得深奧的學識著手，不惜屈就世俗的職位，來善盡公眾和私人生活中的社會責任，當然要說他盡力向上發展倒也是事實。他的為人慷慨無私，能使貧者得到救濟，人們恭維他的辯才可以媲美笛摩昔尼斯（Demosthenes）和西塞羅（Cicero），一直用來幫助無辜和主持公道。這種眾所周知的操守德行，為知人善任的君主所賞識和重用，波伊昔烏斯的高位又加上執政官和大公的頭銜，憑著才華擔任御前大臣這個重要的職務。儘管東部和西部對加蔭的做法沒有多大差別，但他的兩個兒子在年紀幼小時，同一年被授與執政官的名銜[66]。他們就職那令人難忘的日子，舉行莊嚴的儀式以後，從皇宮來到廣場接受元老院和人民的歡呼。那位歡笑顏開的父親、羅馬真正的執政官，發表演說頌揚皇家的恩主以後，在賽車場的競賽中發給獲勝御車手一份厚禮。波伊昔烏斯的名聲和運道、榮譽和關係、學識和品德，已經到達顛峰，從這些方面來看，一生可以稱得上幸福。如果「幸福」這個並不牢靠的形容詞，只是用在他晚年以前大部分時日的話，這種說法真是沒有錯。

　　哲人重視時間勝過黃金，野心的誘惑和名利的追求，他完全無動於衷。波伊昔烏斯曾經表白，他不得不聽從柏拉圖神聖的訓誡，每一位重視品德的市民，都要拯救被邪惡和無知所篡奪的國家，這番話說來倒是令人相信。他為了保證在執行公務時能夠正直無私，特別以共和國的往事為鑑不敢或忘。他的權勢可以遏阻皇室官員的驕縱和壓榨，靠著直言無隱的辯才，能夠從宮廷的爪牙和鷹犬手中救出保連努斯（Paulianus）。他對省民的苦難不僅同情，而且願意伸出援手，他們的家財被公開和私下的掠奪弄得山窮水盡。蠻族的暴政為征服所鼓舞，為貪婪所激勵，以及如他經常提到，為免於刑責所推動。在那個時候，只有他一個人敢挺身而出，加以反對。在這種光榮的抗爭中，他那崇高的精神完全無視於危險，更談不上謹

66　帕吉、穆拉托里等人都認為波伊昔烏斯本人是510年的執政官，他的兩個兒子是在522年出任這個職位，而他的父親早在478年就已獲得同樣的榮譽。有人誤把最後的任職算在他的頭上，使得編年史上有關他的部分產生很大的困擾。他在職位、聯姻和兒女這些方面自認獲得很大的福分，但是這一切有如鏡花水月。

愼之道。就我們所知以加圖爲例，一位品德高尚剛正不阿的人物，最容易
受到偏見的誤導和狂熱的激盪，自以爲主持正義，結果是公私不分。柏拉
圖的門人弟子對於自然的弱點和社會的缺陷，經常會誇大其辭，哥德王國
即使不講求禮節和形式，就羅馬愛國分子的自由精神看來，僅僅表示忠誠
和感恩都讓他們無法忍受。

　　等到公眾的幸福逐漸喪失，波伊昔烏斯的恩情和忠誠也隨之減少，何
況國王還派任一位卑鄙的同僚，來分享和控制御前大臣的權力。在狄奧多
里克最後那段陰鬱的歲月中，波伊昔烏斯感到自己成爲別人的奴隸而心中
悲憤，但是他的主人至多也不過置他於死地而已。他即使沒有武器也要毫
無畏懼的站起來，面對怒氣衝天的蠻族進行反抗。這位蠻族受到挑撥，說
是元老院的安全與君王安全已經勢不兩立。元老院議員阿比努斯
(Albinus)受到指控並且已經定罪，傳聞他大膽包天，竟敢「希望」羅馬
獲得自由。波伊昔烏斯在元老院的演說中大聲疾呼：「如果阿比努斯是罪
犯，那麼元老院和我本人都犯下同樣的罪行；要是我們都清白無辜，阿比
努斯同樣會受到法律的保護。」一個人對無法達到的幸福抱著單純而無效
的期望，法律不會加以制裁。別有用心的人認爲波伊昔烏斯的發言過於冒
失，一旦明瞭暴君還不知道的陰謀事件，暴君就不會對他優容。阿比努斯
的辯護人很快涉及與當事人同罪的危險，最初呈給東部皇帝的訴願書，發
現有他們的簽名(他們說是僞造而加以否認)，這份訴願書是請求從哥德人
手中解救意大利。三個身居高位而名譽掃地的證人，出面證實羅馬人公的
叛國陰謀[67]。然而，從事實來看他是清白無辜，狄奧多里克把他關在帕維
亞的高塔之中，剝奪他接受公正審判的權利。遠在五百哩外的元老院，對
這位名望最高的成員發布判決：籍沒家財後處死(524A.D.)。在蠻族的授
意之下，哲學家深奧的科學修養，被編造爲褻瀆神聖和施用魔法的罪名[68]；

67　卡西多流斯在書信裡特別說出，巴西留斯(Basilius)和歐庇利阿(Opilio)兩個告發
　　者的人品不足以畀以高位，同時也提到波伊昔烏斯那不夠格的同僚德柯拉都斯
　　(Decoratus)。
68　對於施用魔法進行嚴屬的調查，同時讓人相信，有很多術士作法使獄卒發瘋而得

對元老院眞誠和盡責的擁戴行爲，被議員用發抖的聲音指責爲罪犯。他們的忘恩負義倒是與波伊昔烏斯的意願或預言相吻合，那就是在他以後，不會再有人犯下他這種罪行[69]。

當波伊昔烏斯被釘上腳鐐，隨時可以引頸就戮時，他在帕維亞的高塔寫出《哲學的慰藉》一書。這部出色的作品不僅可以媲美柏拉圖和塔里的名著，而且就那個時代的野蠻作風和作者本人的親身體驗而言，更是不同凡響，別有見地。他在羅馬和雅典時，一直請求在天上的導師能爲他指出光明的道路，現在祂來到他的牢房，恢復他的勇氣，在他的傷口敷上消除痛苦的藥膏。祂的教導是要他用長期的愉悅與短暫的災難作一比較，從命運的無常中體認新的希望。理性讓他明瞭地上的恩賜並不穩妥，經驗使他辨識事物的眞正價值。他在享用的時候既然問心無愧，現在要捨棄這一切也不必惋惜。對於敵人無能爲力的惡毒用心，要用不屑一顧的態度平靜看待。他們只要讓他留下德操，等於使他獲得幸福。波伊昔烏斯從人世到天堂一直在尋覓「至善」，曾經探索過機遇和氣運、自主和宿命、時間和永恆那形而上的迷宮。他要用開敞的心靈，試圖把道義和實質的政權所帶來的混亂，要與上帝的完美屬性調和起來。像這種能安撫人心的題材，需要是如此的顯然，內容是如此的模糊，意義是如此的深奧，即使完全不足以抑制人性的情感，然而不幸的意念在深入思考以後得到充分的解釋。這位智者能把內容豐富的哲學、詩文和辯術，巧妙綜合起來寫成一本作品。他早已擁有大無畏的寧靜，那也是他刻意追求的目標。

最後終於執行狄奧多里克毫無人性的命令，死神的決定使他不再忍受懸疑拖延的痛苦，能夠得到解脫。一根粗繩繞住波伊昔烏斯的頭部，用力收緊直到他的眼珠突出，這時再用棍棒把他打到氣絕，算是開恩而不是酷刑了[70]。但是他的天才卻能永存，散發出知識之光，照亮拉丁世界最

(續)————————————

以逃脫，我認爲所謂發瘋只是用酒灌醉而已。

69 波伊昔烏斯自己寫答辯書，可能比他的《哲學的慰藉》還有趣。我們對於他的榮譽、原則和遭受迫害，必然贊同要保持一般的看法，也可以對照華倫西安殘卷裡簡短而有力的文字。有位匿名的作家指控他擅長光榮而愛國的叛逆行爲。

70 提塞隆(Ticinum)或帕維亞的優西庇烏斯(Eusebius)伯爵下達命令，他在阿格羅‧

黑暗的時代。哲學家的作品被名聲最顯赫的英國國王[*71]翻譯出來,以奧索(Otho)爲名的第三個皇帝,把這位正統教會聖徒的遺骨遷入更爲光榮的墓地。波伊昔烏斯從阿萊亞斯迫害者那裡,獲得殉教者的尊榮和創造奇蹟的名聲[72]。他在生命結束的最後時刻,得知兩個兒子和妻子以及德高望重的岳父敘馬克斯全都平安無事,還能得到一絲安慰。敘馬克斯悲痛萬分以致不夠謹慎,也可以說是過於魯莽,對受冤朋友的死亡不僅公開哀悼,而且竟敢試圖報復。結果他被戴上腳鐐手銬,從羅馬送到拉芬納皇宮。這位無辜而老邁的元老院議員只有流出鮮血犧牲性命(525A.D.),才能讓猜疑的狄奧多里克安靜下來[73]。

七、狄奧多里克的崩殂和最後的遺命(526A.D.)

就人類的習性而言,任何傳聞只要能夠證實正義得以伸張,帝王願意悔悟,都樂於被人接受。哲學何嘗不清楚,混亂的想像所具有的力量,失調的身體所形成的衰弱,有時就會創造出最可怕的鬼魂。狄奧多里克在度過崇高和光榮的一生之後,現在正帶著恥辱和罪孽走向墳墓。他的心靈與過去相比已經墜入深淵,對未來看不見的恐懼更是驚怖不已。據說有天晚上,端來魚頭做成的菜餚放在皇家餐桌[74],他突然喊叫起來,說看到敘馬

(續)———————————————
卡文提諾(Agro Calventiano)接受死刑。囚禁他的地方稱爲洗禮廳,是主座教堂所特有的建築物,成爲帕維亞教堂永久的紀念物。波伊昔烏斯所住的高塔一直矗立到1584年,現在還保存藍圖。

*71 [譯註]是指阿爾弗雷德大帝(Alfred the Great),845-899A.D.,英格蘭西南部韋塞克斯王國國王,在位期間擊敗丹麥人的入侵,編纂法典。他將波伊昔烏斯的作品譯成盎格魯-薩克遜文,喬叟(Chaucer)曾經模仿它的風格。

72 奧索三世的老師是博學的教皇西維爾斯特(Silvester)二世,爲波伊昔烏斯新建的墳墓撰寫碑銘。西維爾斯特也與波伊昔烏斯一樣,在那個時代爲無知之士稱爲巫師。這位正教的殉教士用自己的手提著頭走過遙遠的道路。

73 波伊昔烏斯讚譽岳父的善行,樸洛柯庇斯、華倫西安的殘卷以及歷史學家米斯西拉,極口推崇敘馬克斯的清白無辜和不可侵犯的地位。按照民間傳說的意見,謀害他的人所犯的罪行,等於囚禁一位教皇。

74 卡西多流斯有怪異的強辯之辭,說食用各種海魚和河魚,可以證明國家的疆域極其廣大,因此萊茵河、西西里島和多瑙河的漁產,都端到狄奧多里克的餐桌上。

克斯憤怒的面孔，兩眼冒出復仇的火花，滿嘴長而尖銳的牙齒，威脅要將他吃掉。君王立即回到寢宮，躺在床上蓋著厚被仍舊冷得渾身發抖，斷斷續續向他的醫生艾爾庇狄斯(Elpidius)喃喃低語，為殺害波伊昔烏斯和敘馬克斯而深感悔恨[75]。他的病情日益加重，持續三天的腹瀉以後，在拉芬納的皇宮過世(526年8月30日)。他登基已有三十三年，要是從入侵意大利算起，統治長達三十七年之久。

　　狄奧多里克知道不久人世，就把他的財富和行省分給兩個孫兒，雙方固定以隆河為界[76]。阿馬拉里克(Amalaric)重新登上西班牙的王座；意大利以及所有東哥德征服的領土，全部傳給阿薩拉里克(Athalaric)。後者的年齡雖然不到十歲，但是他的母親阿瑪拉桑夏(Amalasuntha)，與一位血統相同的皇室流亡人員有短暫的婚姻關係，使得他成為阿瑪利世系最後的男性後裔，因而受到大家的珍視[77]。哥德人酋長和意大利官員當著臨終國王的面，相互保證要對年輕的王子和擔任監護人的母親克盡忠誠的責任。最後在那莊嚴的時刻，他們接受狄奧多里克有益的勸告，那就是維護法律、愛護羅馬的元老院和人民、用尊敬的態度培養與東部皇帝的友誼。狄奧多里克的女兒阿瑪拉桑夏在一處險要的地點，為過世的國王建立帶有紀念性質的建築物，在那裡可以俯視拉芬納城、港口和鄰近的海岸。一所圓形禮拜堂直徑有三十呎，上面覆蓋著整塊花崗岩做成的屋頂，從圓頂的中央豎立四根支柱，架住裝著哥德國王遺骸的斑岩石棺，四周有十二使徒的銅像圍繞。一個意大利隱士在幻境中所見的景象，使得狄奧多里克落入萬劫不復的地步[78]。要不然在經過從前的悔罪程序以後，他的靈魂也許會

(續)───────────────

　　　圖密善喜食碩大的比目魚，可以在亞得里亞海岸捕獲。

75　樸洛柯庇斯就是如此告訴我們，不論他獲得這個奇特的軼聞是來自市井之談，還
　　是御醫親口告知。

76　疆域的劃分是出於狄奧多里克的指示，在他過世之前當然不會執行。

77　貝里蒙德(Berimund)是東哥德國王赫曼里克(Hermanric)的第三代子孫，從西班牙
　　退位以後，無論活著還是死去都無人知曉。從喬南德斯的作品中，得知有關他的
　　孫子優塔里克(Eutharic)崛起、婚姻和死亡的狀況。優塔里克參加羅馬的競技，
　　獲得眾所周知的名氣，在宗教方面根本無足輕重。

78　格列哥里(Gregory)一世提到這個傳說，經過巴隆紐斯(Baronius, Caesar, 1538-

和人類的恩主並列在一起。隱士看到哥德國王的靈魂,被神聖的復仇使者丟進利帕里(Lipari)火山,那裡就是地獄烈焰沖天的入口[79]。

(續)————————————
　　1607A.D.,意大利樞機主教和歷史學家)的證實。教皇和紅衣主教兩人都是嚴肅
　　的神學家,不應該信口開河。
79　狄奧多里克自己或者應該說是卡西多流斯,用極爲悲慘的筆調描述利帕里和維蘇
　　威(Vesuvius)火山。

第四十章

賈士丁一世繼位為帝　查士丁尼當政　皇后狄奧多拉　賽車場黨派形成君士坦丁堡動亂的根源　絲織品的貿易和生產　財務和稅收　查士丁尼的大型建築　聖索非亞大教堂　東羅馬帝國的防務和邊界雅典的學校教育和羅馬的執政官制度遭到淪喪的命運(482-565A.D.)

一、賈士丁一世繼位後清除異己的作為(482-527A.D.)

　　查士丁尼皇帝生在(482年5月5日或483年5月11日)[1]撒迪卡(Sardica)(現代城市索非亞)的遺址附近,一個不知名[2]的蠻族[3]家庭,居住在人煙稀少的荒野,這個地方先後稱之為達達尼亞(Dardania)、達西亞和保加利亞。他後來能夠登基,完全靠叔父賈士丁的開創精神,先期完成準備工作。賈士丁和同村的兩個農民拋棄務農和畜牧這些熟悉的工作,一起去從軍。三

1　查士丁尼的出生日期很難說得清楚,至於他的出生地點貝德里阿納(Bederiana)地區的陶里西姆小村,雖然以後用他的名字加上很多殊榮,正確與否還是不得而知。

2　這些達達尼亞的農夫從姓氏上看來應是哥德人,甚至有點像英國人,查士丁尼是從uprauda這個字轉變而來,他的父親在所住的村莊伊斯托克(Istock)被人稱為薩巴久斯(Sabatius),他的母親比格萊尼札(Bigleniza)後來將音節柔化,稱為維吉蘭提婭(Vigilantia)。

3　路德維希(Ludewig, Johann Peter von, 1668-1743A.D.,德國歷史學家和法學家)想證實查士丁尼和狄奧多拉的名字都出於阿尼西安家族,為了建立他們與這個家族的關係,硬說奧地利王朝淵源於這個古老的羅馬世家。

個年輕人的背包只裝少量乾糧，沿著通往君士坦丁堡的大道步行前進，憑他們的體格和身材，很快加入皇帝李奧一世的衛隊。經過兩個朝代的統治，幸運的農夫擁有的財富和地位使他出人頭地，數度從威脅到性命的危險中安然脫身，後來歸之於他有帝王的氣運，能獲得天使的保護。他參加艾索里亞戰爭和波斯戰爭，經歷長期的服務，建立卓越的功勳，使得人們不會忘記賈士丁的名字，保證他在五十年長遠的時期，能夠在軍隊中逐步高升，階級從護民官、伯爵、將領、元老院議員的榮銜，一直到衛隊的指揮官。在阿納斯塔休斯皇帝離開人世這個緊要關頭，整個衛隊始終把他視為首領，聽從他的命令。皇帝扶植的親屬雖然有權而且富有，但都被排除在皇座以外，掌理皇宮的宦官阿曼久斯(Amantius)暗中決定，要讓最逢迎諂媚的人戴上皇冠接位。他為了取得衛隊的同意，特地準備一大筆賞金交給他們的指揮官。但賈士丁拿這筆錢為自己打算，違背諾言，運用極為有利的情勢：士兵知道他作戰英勇而且待人溫和，教士和人民相信他是正統基督徒，省民無法分辨，只能以首都唯命是從。在沒有對手競爭的狀況下，獲得一致的同意，這個達西亞的農民被授與紫袍，登基稱帝。

　　賈士丁一世與出身同一家族、名字完全相同的皇帝，在各方面都大相逕庭。他到六十八歲的高齡才登上拜占庭的寶座，要是政事都讓他來指導和決定，在這九年的統治期間(518年7月10日-527年4月1日或8月1日)，任何時刻都會讓臣民感到後悔，怎麼會做出這樣的選擇。他的無知與狄奧多里克相互媲美，在一個學識不感匱乏的時代，同時有兩位君王竟然大字不識，這種狀況倒不常見。但是賈士丁的才華遠遜於哥德國王，當兵服役的經驗無法用來管理一個帝國，雖然個性英勇，自己的弱點心知肚明，難免使他產生猜疑、缺乏信心、憂慮政事。好在國家的日常事務有忠誠的財務大臣樸洛克盧斯(Proclus)[4]分勞分憂，而且年邁的皇帝收養極具才幹和抱負的姪兒查士丁尼。這位積極進取的青年是被叔父從達西亞偏僻的農村帶

4　財務大臣樸洛克盧斯的操守受到樸洛柯庇斯的讚譽，財務大臣是查士丁尼的密友，任何人只要被皇帝收養，自然就會成為大臣的敵人。

出來，在君士坦丁堡接受教育，成爲私人產業的繼承人，最後還獲得整個東部帝國。

宦官阿曼久斯用來收買軍心的錢財被挪用，就有必要將他滅口，只要隨便安上陰謀不軌的罪名，不論是眞是假都很容易完成任務。爲了使他死罪難逃，法官被告知說他在暗中信奉摩尼教的異端邪說[5]，阿曼久斯因而被斬首。他的三個同謀都是皇宮的總管，遭到處死或放逐的懲罰。那個妄想紫袍加身的不幸接班人被扔進陰暗的地牢，頭顱被石頭砸爛，屍身不予掩埋就拋進大海。清除維塔利安(Vitalian)是一件困難而又危險的工作，這位哥德酋長在內戰中爲了維護正教信仰，大膽起兵反抗阿納斯塔休斯，在民間獲得很高的聲望。最後簽訂一份有利的條約，讓他仍舊率領一支戰無不勝的蠻族部隊，駐紮在君士坦丁堡附近地區。維塔利安受到引誘，在立下並不可靠的保證以後，放棄原本占有優勢的位置，相信自己能安然回到城內。君士坦丁堡的居民，特別是藍黨的成員，想起他那表現宗教虔誠的敵對行爲，受到挑撥以後產生憤怒的情緒。皇帝和他的姪子熱情歡迎，把維塔利安視爲教會和國家忠誠而英勇的鬥士，授與這位寵臣執政官和將領的頭銜。但是在接受榮譽的職位七個月後，維塔利安在皇家的宴會中被刺，身上帶著十七處傷口[6]，查士丁尼被控是殺害同教弟兄的凶手。不久前查士丁尼還參加基督教的神祕儀式，要用誓言保證雙方的忠誠，現在就把維塔利安的一切當作戰利品全部接收。等到他的敵手喪命以後，查士丁尼雖然沒有在軍隊服務的經歷，仍被擢升爲東部軍隊的主將，負責率領官兵進入戰場，迎擊國家的敵人。

查士丁尼在追逐聲名時，對於年邁而體衰的叔父，可能會失去現在所保有的控制力，因而他並不想藉戰勝錫西厄人或波斯人來贏得同胞的

5　阿曼久斯是優提契斯教派的信徒，故意說是摩尼教徒。阿納斯塔休斯逝世後不過六天，君士坦丁堡可以聽到狂怒的喧囂，泰爾獲得處死宦官的信息後大肆歡呼。

6　布瓦伯爵對於維塔利安的權勢、性格和意圖有詳盡的說明：維塔利安是阿斯帕的孫兒，小錫西厄世襲的君主，也是色雷斯同盟的哥德伯爵。貝西人(Bessi)是喬南德斯所說的小哥德人，維塔利安對他們可以發揮影響力。

讚譽[7]。生性謹慎的戰士卻在君士坦丁堡的教堂、賽車場和元老院,想盡辦法求取他們的好感。正統教會全都依附賈士丁的姪兒所給予的幫助,他處於聶斯托利派和優提契斯派異端之間,行進在堅定不屈和無法妥協的狹窄道路。賈士丁一世(或查士丁尼)在開始統治的初期,鼓動民眾起而反對逝世的皇帝,使大家的宗教熱情得到滿足。經過三十四年的分裂以後,他安撫羅馬教皇傲慢和憤怒的情緒,在拉丁人中間散布討大家歡心的消息,說他用虔誠的態度尊敬使徒傳授的主教職權。東部的主教寶座全是正統教派的基督徒,所以才會照顧查士丁尼的利益,他的慷慨獲得教士和僧侶的支持,人民受到教誨要為未來的君王祈禱,只有他才真正是宗教的希望和支柱。查士丁尼用龐大無比的排場,展現出公眾活動的華麗,從民眾的眼中看起來,這要比尼斯和卡爾西頓的信條更為神聖和重要。他擔任執政官這個職務的花費,估計要值二十八萬八千個金幣,在競技場中同時展出二十頭獅子和三十隻花豹,一群馬匹配戴值錢的鞍具和轡頭,當作額外的禮物贈給賽車場獲勝的御車手。

　　賈士丁遷就君士坦丁堡的民眾和接受外國君王來信的時候,他的姪兒卻極力培養與元老院的友誼,這個可敬的稱號使它的成員有資格掌握輿論,左右帝國寶座的繼位人選。衰老的阿納斯塔休斯願意讓強勢的政府,退化到形式或實質的貴族政體,因而造成這種結果。進入元老院成為議員的軍官,加上私人衛隊追隨左右,運用這幫身經百戰的老兵,憑著他們的武力或聲勢,可以在動亂的時刻奉上東部帝國的冠冕。查士丁尼浪費國家的財富用來收買議員的支持,皇帝得到通知,元老院經過表決,一致同意請他接受查士丁尼成為他的共治者。這種要求太過於明顯,當然不會受到歡迎,因為讓賈士丁知道自己的統治已接近尾聲。年邁的君主心存猜忌,在無能為力的狀況下,還想繼續掌握權勢。雙手抓住紫袍的賈士丁對他們

7　查士丁尼在幼年時代,曾經在君士坦丁堡當人質,與狄奧多里克相處一段時間。阿里曼努斯(Alemannus)從一份手抄本的查士丁尼實錄上,引用這件奇特的史實。皇帝的老師狄奧菲盧斯(Theophilus)寫出這本實錄,路德維希盼望能讓查士丁尼成為一位軍人。

提出勸告，既然選舉如此有利可圖，何不找較爲年長的候選人[*8]。儘管有這番譴責之詞，元老院還是給查士丁尼加上「尊貴者」這個皇室稱號。他的叔父不知是愛護還是畏懼，批准元老院的敕令，同時沒過多久，賈士丁的腿部受傷，久治未癒，身心都感到委頓，找一位幫手在旁協助是刻不容緩的事。他召集元老院的議員和基督教的教長，當著大家的面舉行莊嚴的儀式，把皇冠放在姪子的頭上。查士丁尼在大家簇擁之下從皇宮前往賽車場，接受民眾熱烈的致敬和大聲的歡呼。賈士丁的生命又延續了四個月，但是從舉行加冕典禮的一刹那間，對帝國而言他已壽終正寢。查士丁尼在四十五歲的盛年，成爲東部的合法統治者。

二、歷史學家對查士丁尼的描述和評論(527-565A.D.)

查士丁尼從登基到崩殂，統治羅馬帝國三十八年七個月又十三天(527年4月1日–565年11月14日)，在位期間的重大事件，貝利薩流斯(Belisarius)的秘書工作勤勉，記載詳細，論數量之多、變化之大和影響之巨，都引起我們的關切和注意。這個修辭學家憑著雄辯的才能，晉升到元老院議員的高位，成爲君士坦丁堡的郡守。樸洛柯庇斯(Procopius)經歷命運的播弄，飽嘗得意或受苦、受寵或被黜的際遇，透過不停的著述，寫成他那個時代的史書、頌辭和諷刺詩文。有八冊是波斯人、汪達爾人和哥德人的戰史[9]，阿果西阿斯(Agathias)又續編五冊，仿效雅典人的名著，值得我們的尊敬，至少也像古希臘的亞細亞作家一樣，受到我們的讚賞。他所蒐集的史實全部基於個人的經歷，以士兵、政要和旅客的身分與別人自由

---

*8　[譯註]年長之人容易老病逝世，選舉又可拿錢，譏諷這些人靠死人發財。

9　前面的七冊戰史中，兩冊與波斯人有關，另外兩冊談汪達爾人，三冊是哥德人。樸洛柯庇斯模仿阿皮安(Appian of Alexandria，二世紀亞歷山卓史家，著有《內戰記》等書)的體裁，各篇按照行省和戰事發生的次序來編排。從第八冊的書名看來與哥德人有關，事實上是前面幾冊的補充資料，時間到公元553年的春天爲止，以後再由阿果西阿斯(Agathias, 536-582A.D.，拜占庭詩人和歷史學家)續編直到559年。

交談。他的風格在於以執著的態度要達成強勢和高雅的優點，他的理念特
別是用插入對話的方式來表示，包含內容豐富的政治知識。這位歷史學家
激起豪邁的雄心壯志，要使後代子孫享受知識帶來的樂趣，獲得寶貴的經
驗教訓，看來對人民的偏見和宮廷的奉承根本不屑一顧。

　　樸洛柯庇斯的作品[10]被當代人士所閱讀和推崇，雖然他恭恭敬敬把史
冊呈獻到皇帝的足下，但是由於一位英雄人物受到讚揚，使無所作為的君
主相形失色，驕傲的查士丁尼自覺傷到顏面。秘書獨立尊嚴的意識卻不敵
奴隸的希望和恐懼，為了獲得寬恕或謀取報酬，花費極大精力就皇帝的豐
功偉業寫出六冊作品。貝利薩流斯的秘書巧妙選定極為耀目的題材，用來
大聲讚揚君主的才華、仁慈和虔誠。無論就征服者或立法者而言，他至少
可以超邁提米斯托克斯(Themistocles)[*11]和居魯士(Cyrus)[*12]極度幼稚的德
行。就樸洛柯庇斯而言，失望之情激起這個諂媚人士進行暗中的報復，恩
寵的眼光又可能使他暫時停止及壓抑誹謗言辭[13]。那種惡意的中傷使羅馬

10　樸洛柯庇斯的著作雖然流傳後世，但是時運不濟：(1)他的作品曾經受到李奧納
　　德‧阿里廷(Leonard Aretin)的剽竊，用自己的名義出版。(2)最早兩位拉丁文譯
　　者佩索納(Persona)和拉斐爾(Raphael)，任意刪改文字，甚至沒有參考梵蒂岡圖
　　書館的手抄本，何況這兩位譯者都出任過羅馬郡守。(3)希臘文原本直到1607年
　　才由奧古斯堡(Augsburgh)的賀辛留斯(Hoeschelius)刊印出版。(4)馬特里特
　　(Maltret, Claude, 1621-1674A.D., 說希臘語的猶太人，耶穌會教士)所刊行的巴黎
　　版本不盡理想，在羅浮(Louvre)印行，因距離過遠，梵蒂岡的手抄本只獲得部分
　　補遺資料。他所承諾的評註及索引都沒有引用和編製；雷登(Leyden)的阿果西阿
　　斯非常明智，在經過修訂以後重印巴黎版本，也增加拉丁文的譯本；浮康紐斯
　　(Vulcanius)是位學識淵博的譯者。

*11　[譯註]提米斯托克斯，527-460B.C.，曾任雅典的執政官，是希臘帝國和海軍的建
　　立者，沙拉米斯會戰擊敗波斯，後被放逐住於亞哥斯，受到貴族的陷害說他私通
　　波斯，亡命國外。

*12　[譯註]這位是小居魯士，424-401B.C.，是波斯國王澤克西斯之子，要與其兄阿塔
　　澤克西茲爭奪王位，運用希臘傭兵，戰敗被殺。

13　樸洛柯庇斯自己將這本書洩露出來，使得眾所周知，蘇伊達斯(Suidas，十一世紀
　　拜占庭辭典編纂家)把《秘史》算成他的第九本著作。伊發格流斯(Evagrius,
　　Ponticus, 346-399A.D.，基督教神祕主義學者)保持沉默，代表微弱的抗議。巴隆
　　紐斯認為這本書譁眾取寵而感到遺憾，所以對放在梵蒂岡的原稿特別注意，不讓
　　流傳到外界，在他死後十六年才首次出版。阿里曼努斯的註釋很有深度，但是立
　　場不夠公正。

的居魯士貶為可憎和卑鄙的暴君，皇帝和他的配偶狄奧多拉(Theodora)所作所為就像兩個魔鬼，外表有人的形狀，卻要毀滅整個人類[14]。這種卑劣的自相矛盾說法，毫無疑問會損害到樸洛柯庇斯的名譽，減低他所建立的誠信。然而，在他噴撒怨恨的毒液以後，剩餘的《秘史》(Anecdotes)仍能發揮殺傷的效果，甚至其中記載那些最下流的事件，連公開的史書也輕描淡寫的暗示，內在的證據或正史也證實確有其事[15]。

我要運用這些資料開始敘述查士丁尼的統治，確實值得占用充分的篇幅。本章要說明狄奧多拉的掌權用事和性格作風、賽車場的黨派爭執，以及東部君王的和平統治。接著在下面三章，我要提及查士丁尼的戰爭，能夠完成阿非利加和意大利的征服；接著是貝利薩流斯和納爾西斯(Narses)的凱旋，既不會掩飾他們兩人在獲得勝利後的虛驕心態，也不會抹殺波斯和哥德的英雄人物，在敵對行為中表現的高尚品格。本卷的主要內容還詳述皇帝的法學觀點和神學原則、仍然分裂東方教會的爭論和派系、經過改革的羅馬法受到歐洲現代國家的沿用和尊重。

三、狄奧多拉皇后的家世出身和婚姻狀況(527-565A.D.)

查士丁尼行使最高權力第一個動作，是要與所愛的女人共同統治帝國。狄奧多拉能夠出乎意料之外擢升高位，實在不能加以妄加推崇，認為是女性品德所造成的勝利。阿納斯塔休斯在位時，君士坦丁堡的綠黨負責照顧野獸，這件工作交託給阿卡修斯(Acacius)，是一名土生土長的塞浦路斯(Cyprus)島人，因為職業的關係得到「馴熊師」的綽號。這個收益很

---

14 《秘史》的內容，像是提到查士丁尼的時候說他是笨驢；他完全像圖密善；狄奧多拉的愛人們被帶有敵意的惡魔從這個淫婦的床上趕走；大惡魔預先告訴她的婚事狀況；一位僧侶看到魔鬼裝成君王的樣子，代替查士丁尼坐在皇座上；僕人看見沒有五官的面孔和沒有頭的身體在行走等等。樸洛柯庇斯宣稱，他和他的朋友都相信這些怪力亂神的故事。

15 孟德斯鳩相信《秘史》的記載，因為這關係到帝國的衰弱，以及查士丁尼的法律經常朝令夕改。

好的職位在他死後交給別人，雖然他的妻子有心承接，想要嫁個丈夫來爭取，但還是沒有得手。阿卡修斯遺留三個女兒，分別是柯美托(Comito)[16]、狄奧多拉和安娜斯塔西婭(Anastasia)，其中最年長的姊姊還不到七歲。在一次莊嚴的節日盛會中，三個孤女穿著哀求者的服裝，悲痛和氣憤的母親帶領她們出現在劇院。綠黨用鄙視的眼光接見他們，藍黨倒是表現同情的態度，這種差異深印在狄奧多拉的心田，多年以後影響到帝國的統治。

她們成長以後愈來愈美麗，三個姊妹相繼在公私場合為拜占庭的人民帶來歡樂。狄奧多拉追隨柯美托在舞台討生活，穿著奴隸的服裝，頭上頂著一個便器，後來終於能夠發揮她獨特的才華。她既不跳舞也不唱歌，更沒有表演吹奏笛子，她的技巧限於啞劇，特別長於丑角。這個喜劇演員只要翹起嘴巴，用插科打諢的動作和姿態表現出荒謬的表情，就會使君士坦丁堡整所劇院充滿歡笑的聲音，大家感到樂不可支。美艷動人的狄奧多拉[17]受到百般的讚賞，是給人帶來歡樂的源泉。她的面貌秀麗端莊，眉目如畫，皮膚白皙帶有自然的色澤，一雙巧笑倩兮的美目表達出各種情緒的變化，靈敏而又輕快的動作顯示出纖細的身材，使得舉止更為雅緻文靜。無論出自愛情或是討好，對於她那優美的體態和風度，一般人都說圖畫和詩歌都無法描述於萬一。但是，這傾國傾城的花顏月貌，很容易暴露在公眾的眼前，隨意滿足男人淫蕩的欲望，難免成為自甘下賤的殘花敗柳。她那用錢可以買得到的媚態，經常招來一堆拈花惹草的主顧，不論生張熟魏一概納為入幕之賓，幸運的登徒子獲准和她享受一夜的雲雨，有時會被更強壯或更有錢的恩客趕走。當她從街上經過，那些害怕引起醜聞或經不起誘惑的行人，不敢打照面，只有趕快迴避。慣寫諷刺詩文的歷史學家一點都不害臊，描述狄奧多拉毫無羞恥之心，在劇院大膽演出赤身裸體的場

16 柯美托後來嫁給亞美尼亞公爵西塔斯(Sittas)，公爵的女兒也可以說是他們的女兒，就是後來的蘇菲亞皇后。狄奧多拉的兩個姪兒可能是安娜斯塔西婭的兒子。

17 狄奧多拉在君士坦丁堡的雕像，安置在一根斑岩石柱上。樸洛柯庇斯的《秘史》詳盡描述她的容貌，阿里曼努斯提到拉芬納有一個馬賽克鑲嵌畫，雖然用珍珠和寶石作為材料，看起來面容還是美麗動人。

面。她肉慾歡愉表演以後、精疲力竭之餘，經常憤恨在心發出怨言，責怪老天對她何其吝嗇。但是她的抱怨、她的歡樂和她的表演，全部被一種有學識的語言加以掩蓋，只能在隱隱約約之間呈現。

她主宰著首都的歡樂，受到鄙視，這樣過了一段時間後，委身去跟從厄西波盧斯(Ecebolus)。這個泰爾人獲得一個職位，在阿非利加管轄潘塔波里斯(Pentapolis)地方政府。這種結合非常草率而且短暫，厄西波盧斯很快遺棄花費大或不忠實的侍妾。她在亞歷山卓淪落到極為悲慘的處境，費很大力氣才回到君士坦丁堡。在途中，東部各大城市都在稱譽和傾心於這個可愛的塞普路斯人，她的品德真是無愧於那個特殊島嶼*18，因愛神維納斯的名字而享譽世界。狄奧多拉交往隱密，又採取極下流的防範手段，使她逃過令人憂心忡忡的危險。只有那麼一次她成為母親，嬰兒被父親救了下來，在阿拉伯受教育，後來父親在臨死前告訴他，說他是皇后的兒子。毫不懷疑的青年抱著充滿野心的希望，匆匆趕到君士坦丁堡的皇宮，獲得允許會見他的母親。以後這位青年再未被人看到，甚至在狄奧多拉死後都毫無蹤影，很符合極為惡毒的指責，說她犧牲兒子的性命，來保護有損皇后盛德的祕密。

狄奧多拉的處境和名聲在最不如意時，睡夢或想像中的幻影低聲帶來令人愉悅的保證，說她命中注定要成為一位有權有勢君王的夫人。她知道自己會有偉大的前途，就從帕夫拉果尼亞(Paphlagonia)回到君士坦丁堡。她像演技高明的女藝人，表現出清清白白的人品，辛勤紡織羊毛賺錢才免於貧苦，在一間小房子裡過著貞潔而又孤獨的生活，住的地方後來改建為宏偉富麗的禮拜堂。她那國色天香的面貌，靠著手腕或機緣的幫助，很快吸引、俘虜和抓牢查士丁尼大公，這時他用叔父的名義握有絕對的統治大權。或許她花費心思提高才能的價值，過去曾經濫用在最低級的人身上；或許她在剛認識的時候裝出嫻淑的神情，多方推脫讓他無法得手，到後來

---

*18 [譯註]這個島嶼是指錫西拉(Cythera)，位於伯羅奔尼撒半島馬利亞海岬的南端，斯巴達與雅典為爭奪此島進行血戰，也是神話中愛神維納斯誕生之地。

用肉慾的誘惑，勾引他產生無法克制的欲火。何況她的愛人天性虔誠，一直沉溺於長期的守夜和清淡的飲食。等到他在開始時的神魂顛倒慢慢消失，她靠著自己的性情和對他的了解，用更為實際的長處在他的內心維持優越的地位。

查士丁尼樂於讓所愛的對象變得富有與高貴，東部的錢財開始在她的腳下堆積。賈士丁的姪子或許是在宗教方面有所顧忌，決定要把神聖與合法妻子的名位給予他的侍妾。羅馬法明文規定，只要是奴隸出身或從事戲劇行業的女性，禁止與元老院的議員結婚。露庇西娜(Lupicina)皇后或稱優菲米婭(Euphemia)出身蠻族，雖然舉止帶有鄉野的土氣，但是品德高尚，深受尊敬，拒絕接受青樓女子成為她的姪媳。甚至就是查士丁尼迷信的母親維吉蘭提婭(Vigilantia)，雖然承認狄奧多拉聰明而又美麗，但極為擔憂那個富於心機的淫婦，會用輕佻和傲慢毀掉自己兒子的虔誠和幸福。查士丁尼堅定的癡念終於克服所有的障礙，耐心等待皇后的過世，對於母親極度痛苦所流的眼淚也不理會。他用賈士丁皇帝的名義頒布一項法令，廢除古代苛刻的規定，使得在劇院賣身的不幸婦女，只要經過光榮的悔改（這是詔書的用語），就允許與門第最高的羅馬人締結合法的婚約。有了這樣的恩典，接著就是查士丁尼和狄奧多拉舉行隆重的婚禮。她的地位隨著丈夫的權勢逐漸高升，等到賈士丁授與姪子紫袍，君士坦丁堡的教長將冠冕加在東部的皇帝和皇后頭上。但是，按照羅馬嚴格的習俗使君王的妻子所能得到的榮譽，既不能滿足狄奧多拉的野心，也無法表現查士丁尼的專寵。他接受她成為平等而獨立的共治者，一起坐上寶座統治帝國。行省的總督同時宣誓要效忠查士丁尼和狄奧多拉，東部世界對於阿卡修斯的女兒，只有跪拜在她的才華和機運之下。這個娼妓當著許多觀眾的面前，下流的行為玷污君士坦丁堡的劇院，現在還在這座城市裡，被嚴肅的官員、正統的主教、勝利的將軍和被虜獲的君主，裝扮成皇后[19]。

---

19 「偉大的命運已迎面而至，昔日的貧賤將隨風消逝。」要不是武布頓(Warburton, William, 1698-1779A.D.，格洛斯特主教、學者和評論家)遠在視界之外寫出讚譽之辭，我還不知道是針對狄奧多拉而發，她不顧自己的惡行擺出洋洋得意的面孔。

四、狄奧多拉的暴虐兇殘和宗教救濟的行爲(527-565A.D.)

　　有些人相信婦女喪失貞節以後思想一定跟著墮落，因此出於個人的嫉妒和普遍的仇視，急著想聽到各種抨擊之辭，認爲這些能夠抹殺狄奧多拉的德性，誇大她的惡行，嚴厲指責年輕的婊子賣身或淫蕩的罪行。她可能是感到羞愧或者出於不屑，經常拒絕群眾類似奴僕的敬拜，避開首都可憎的亮相場面，把一年大部分時間消磨在皇宮和花園，這些都位於普洛潘提斯海和博斯普魯斯海峽風景優美的海岸。她私下的時間全用來保持自己的容貌，非常謹慎小心，不容出任何差錯，出浴和用餐都非常奢華，夜晚和早上有長時間的休息和睡眠。很多隱密套房住著她所寵愛的侍女和宦官，爲了滿足他們的利益和要求，不惜犧牲法律的公正。國家最尊貴的人物擠在黑暗和悶熱的斗室，在冗長的等待以後，獲准前去親吻狄奧多拉的腳趾。至於覲見人員親身的感受，是端莊女皇沉默的傲慢，還是喜劇演員善變的輕佻，則完全視她的心情而定。她那無饜的貪婪累積巨大的財富，藉口是憂慮丈夫的死亡，其實已經毫無選擇，不是徹底的毀滅就是單獨據有帝座。

　　皇帝在生病時，有兩位將領非常魯莽的宣稱，他們對於選定皇都的問題，絕不會坐視不管，狄奧多拉出於畏懼和野心，感到極爲忿怒。在指責她行爲的殘酷方面，甚至就是較輕的罪行也令人不勝厭惡，給狄奧多拉留下難以洗刷的污點。她有無數的密探到處偷窺，只要有人的一言一行甚或一個表情，對於皇家的女主稍有不敬，密探就會前來詳盡告發。只要受到指控，就投進特設的監牢[20]，犯人在那裡叫天不應叫地不靈。根據傳聞，無論是拷問架的酷刑還是無情的鞭打，都要當著女暴君的面前執行，她對於討饒的乞求和悲慘的呼叫根本無動於衷。有些可憐的犧牲者喪命在污穢

20　狄奧多拉的監獄位於皇宮的地下，是一個迷宮也是地獄的深淵。黑牢就是殘酷的　象徵，但是這一切看起來像是惡意的誹謗或出於杜撰。

的地牢，還有一些人在被砍掉手腳和逼成瘋狂以後才放出來，甚至奉獻所有的財產才獲得自由。這些都是她報復行為活生生的見證，任何人只要受到懷疑或是遭到傷害，他們的子女都被株連，無法倖免。元老院議員或是主教被狄奧多拉定罪處死或放逐時，她總要選派可靠的皂隸押解，為了使人不敢怠慢，她會親口威脅說道：「我對著天主發誓，你要是敢不遵奉我的命令，就把你的皮給活活的剝下來。」

　　要是狄奧多拉的宗教信念不被異端邪說所污染，按照當代人士的意見，她那極度的虔誠可以為驕傲、貪婪和殘酷的行為贖罪。但是，如果她確實發揮影響力，緩和皇帝絕不寬容的憤怒，就當前這個時代來說，可以承認她在宗教方面的功勞，寬恕她在理念上的一些過失。所有查士丁尼建立的宗教慈善機構，都用同樣尊敬的口吻提到狄奧多拉的名字。在他統治期間最出名的福利組織，要歸功於女皇對不幸姊妹的同情，她們不是受到引誘就是被迫從事賣淫的行業。在博斯普魯斯海峽亞細亞這邊的海岸，有一座宮殿改建為宏偉而寬廣的修道院，用優渥的贍養費用維持五百名婦女的生活。這些人經過搜羅，來自君士坦丁堡的街頭和妓院，要在這個安全而神聖的退隱之地，奉獻給宗教，過著終身囚禁的歲月。然而有些人被恩主從罪惡和悲慘中拯救出來，不知感恩圖報誠心悔改，絕望之餘想要逃走，竟然投身大海。

　　狄奧多拉的精明審慎使得查士丁尼讚不絕口，就是他的法律也靠著可敬的妻子給予賢明的意見才能完成。她真是天神賜給他最人的福分，住人民的騷動和宮廷的變故中她展示出勇氣。自從她與查士丁尼結合以來，那些不共戴天的仇敵都三緘其口，更可證明她的貞潔，即使阿卡修斯的女兒可能不在意於愛情，然而有些讚譽之辭推崇她堅定的心志，為了責任和利益的強烈意識，即使犧牲歡樂和習慣也在所不惜。狄奧多拉的祈禱和許願未能讓她獲得合法的兒子，曾經埋葬一個女嬰，是她婚姻的唯一後裔[21]。

21　聖薩巴斯拒絕為狄奧多拉禱告好讓她生出兒子，免得他長大成為比阿納斯塔休斯還要邪惡的異端。

儘管這方面讓她感到失望，她仍能維持恆久而絕對的統治權力。她靠著策略或長處，始終獲得查士丁尼的寵愛，至於他們之間出現的爭執，會對那些信以爲眞的廷臣帶來致命的後果。或許她在年輕時縱情放任損害健康，但是也使她更爲嬌柔讓人憐愛，只有接受醫生的勸告到皮提亞(Pythia)溫泉去養病。女皇在這次旅程中，陪同的人員是禁衛軍統領、財務大臣、幾位伯爵和大公，加上四千名隨從浩浩蕩蕩的行列，道路全部經過整修，特別增建一所接待的宮殿。她在經過俾西尼亞(Bithynia)的時候，對於教堂、修道院和醫院賜給大量施捨，祈求上天恢復她的健康。她終於在結婚二十四年和統治二十二年以後，被癌症奪去性命(548年6月11日)。她的丈夫認爲是無法彌補的損失而悲痛不已，實在說，查士丁尼原本可在東部帝國挑選最高貴和最純潔的處女，誰知他竟然要娶在劇院討生活的娼妓。

五、賽車場的黨派造成君士坦丁堡的動亂(527-565A.D.)

我們在古代的競賽中可以看出很大的差異，最傑出的希臘人都是選手，羅馬人僅僅是觀眾。奧林匹克運動會開放給家世富有、品學俱優和滿懷抱負的人士，要是參賽者能依靠自己的技巧和能力，就可以步戴米德斯(Diomedes)和美尼勞斯(Menelaus)的後塵[*22]，駕馭馬匹迅速趕上前去贏取勝利[23]。十輛、二十輛或者四十輛賽車同時出發，勝者的獎賞是一頂月桂樹葉編成的冠冕。他的聲名連帶著家庭和國家的榮譽被寫進抒情詩，在歌謠的旋律中讚頌，比起青銅和大理石的雕像更爲長久。但是元老院的議員或是公民考慮到自己的地位，羞於讓自己或他的馬匹在羅馬的賽車場中出現。賽車是由國家、官員或皇帝出資舉辦，但是管理放手交給下賤的奴

[*22] [譯註]戴米德斯是特洛伊戰爭希臘聯軍中僅次於阿奇里斯的英雄人物，與奧德賽一起大顯身手；美尼勞斯是海倫的丈夫，妻子被誘拐才發起特洛伊戰爭，他是斯巴達國王，也是阿格曼儂的兄弟。

[23] 閱讀《伊利亞德》第二十三卷，賽車一副活生生的圖就出現在眼前，可以感覺到比賽的氣氛、熱情和所要顯示的精神。威斯特(West, Gibert, 1703-1756A.D.，英國翻譯家)的論文〈奧林匹克競賽〉能夠提供有趣而又可信的資料。

才，要是一名受到歡迎的御車手收益超過主辦人，只能視爲觀眾肆意揮霍的表現，是低賤職業所能得到的最高工資。這種競賽在最初創立時，非常簡單，只有兩輛車爭先，車夫分別穿著白色和紅色的制服，到後來又增加兩種顏色，就是草綠和天藍。比賽也要重複進行二十五次之多，同一天有一百輛賽車，使賽車場出現人潮洶湧的盛況。四個黨派很快獲得合法的組織和神祕的來源，夢幻的色彩代表一年四季不同的景象，紅色天狼星的盛夏、白雪的寒冬、蔚藍的深秋和蔥綠的初春[24]；另外一種表示不提季節，把它看成自然的元素，綠和藍的競爭認爲是陸地與海洋的衝突，各自的勝利可以預兆穀物的豐收或海運的昌隆，因而引起農夫和船員的敵對情緒。這種做法比起羅馬人民盲目的狂熱，爲了支持某種顏色，不惜犧牲自己的身家性命，比較不那麼荒謬可笑。

一些明智的君主雖然鄙視這種愚蠢的行爲，還是放任不管；但是像喀利古拉(Caligula)、尼祿(Nero)、維提留斯(Vitellius)、維魯斯(Verus)、康莫達斯(Commodus)、卡拉卡拉(Caracalla)和伊拉珈巴拉斯(Elagabalus)這些皇帝的名字，都列進賽車場的藍黨或綠黨之中。他們經常前往自己的馬廄，爲本派受到寵愛的御車手喝采，責罵別個黨派的參賽者，並且在有意無意之間模仿這些御車手的舉止動作，好獲得群眾的愛戴和尊重。血腥和騷亂的競爭擾得公共的節日不得安寧，一直延續到羅馬公眾活動時代的末期。狄奧多里克不知是出於公正或偏袒的動機，運用他的權勢插手保護綠黨，免於一位執政官和一位大公的暴力迫害，這兩位在賽車場中熱烈擁護藍黨。

君士坦丁堡並未繼承古代羅馬的美德，反而因襲它的愚昧，同樣的黨派煽起賽車場的動亂，在橢圓形競技場引發的狂暴更加激烈。阿納斯塔休斯在位的時候，群眾的怒氣更爲宗教的熱情所鼓動。綠黨很奸詐，把石頭

24　按照卡西多流斯的說法，用albati、russati、prasini和veneti四種顏色代表四季，他喜歡把智慧和口才浪費在誇張的神祕事物上。前面三個顏色翻成白、紅、綠沒有問題，但是veneti來自coeruleus，這個字的意義很含混，適當的說法是天空反映在海洋的色澤，但是習慣上還將它稱爲藍色。

和短劍藏在水果籃裡，在莊嚴的節日展開大屠殺，竟有三千名藍黨敵手死於非命[25]。這種暴亂像瘟疫一樣從首都蔓延到東部的行省和城市，用做比賽識別的兩種顏色，產生強烈到拚個你死我活的鬥爭，動搖一個弱勢政府的基礎[26]。民眾之間的衝突一般基於重大的利益或神聖的藉口，都比不上這種惡意爭吵的固執和堅持，不僅侵犯家庭的和睦，而且破壞朋友和兄弟的感情，即使很少到賽車場的女性，也會擁護情人喜愛的黨派，反對丈夫主張的意願。把法律甚至天理人情都踩在腳下，只要使黨派得到勝利，受到蠱惑的追隨者將個人的痛苦和公眾的災難全部置之腦後。姑息養奸是沒有自由的民主，全部在安提阿和君士坦丁堡復活，任何想要獲得行政和宗教職位的候選人，都必須支持一個黨派。

　　綠黨在暗中和阿納斯塔休斯家族或派系有密切的關係；藍黨熱烈獻身於正統教會和查士丁尼的大業[27]。他身爲感激的庇主，有五年多的時間，對於這個不斷在東部的皇宮、元老院和首都引起騷亂的黨派，一直施加保護。藍黨仗著獲得皇室的寵愛，擺出一付傲慢的姿勢，用奇特的蠻族打扮使人觸目心驚。他們留著匈奴人的長髮，穿起緊袖寬袍的服裝，走路旁若無人，說話粗聲粗氣，白天身上暗藏著雙刃的匕首，夜晚毫無顧忌攜帶武器聚會，分爲許多小隊，隨時準備進行暴力和搶劫行動。他們的敵手綠黨成員以及毫無瓜葛的市民，被這些夜間作案的強盜剝光財物或當場殺害。任何人要是戴著金扣環和金腰帶，深夜在首都平靜的街頭出現都非常危險。這種作姦犯科的風氣因惡行受到赦免而日益猖獗，竟然襲擾應受保護的私人住宅，聚眾鬧事的黨派分子常用縱火來發起攻擊，或者拿來掩蓋自己的罪行。在他們的蹂躪之下沒有一個地方安全，或者說是神聖不可侵

25　把藍黨說成正統教會的信徒讓巴隆紐斯感到滿意，但是蒂爾蒙特(Tillemont)對於這種純屬臆測之辭極爲氣憤，認爲遊樂場所不會出現殉教者。

26　爲了描述黨派和政府的惡行，有時公開的宣布不見得比私下的傳播更受歡迎。歷史學家阿里曼努斯曾經引用格列哥里·納齊成(Gregory Nazianzen)非常出色的文章，證明惡行的積習難改。

27　查士丁尼偏袒藍黨，特別是在安提阿。伊發格流斯、約翰·馬拉拉(John Malala)及狄奧菲尼斯都加以證實。

犯。他們為了貪財或報復,到處流灑無辜者的鮮血,殘忍的謀殺玷污教堂和聖壇。那些兇手吹噓自己的本領,說用短劍一擊之下可以取人性命。君士坦丁堡的放蕩青年喜愛破壞秩序的藍色制服,法律已經噤若寒蟬,社會失去制約力量,債主被迫放棄應有權利,法官只有延後推遲審判,主人要釋放奴隸自由,父親聽任兒子放縱揮霍,貴婦受辱滿足奴僕的肉慾,漂亮的男童從父母的手裡被奪走,妻子除非不惜一死,否則會當著丈夫的面被人強姦。

絕望的綠黨遭到敵手的迫害,也被官員丟在一邊不加理會,決定行使自衛或報復的權利。那些在戰鬥中倖存的人員,被捕以後拖回去處死,可憐的逃亡分子在樹林和山洞裡藏匿,不時潛回驅逐他們的社會,到處殺人放火,毫無惻隱之心。一些有膽識的執法官員竟敢懲治罪犯,不怕引起藍黨的仇恨,結果成為狂熱分子不擇手段的犧牲品。君士坦丁堡的郡守逃到聖墓去避難,東部一位伯爵受到羞辱的鞭刑。有兩個藍黨謀害西里西亞(Cilicia)總督的馬夫,還要繼續大砍大殺,因而受到懲治,狄奧多拉竟然下令將總督吊死在兇手的墓前[28]。野心勃勃窺伺帝座的接班人想要藉著社會的混亂,建立偉大的事功;等到身為君王,為了自己的利益和責任,必須維護法律的尊嚴。查士丁尼首次頒布詔書,公開宣稱決心保護無辜的市民,任何名稱或顏色的黨派只要犯罪就嚴懲不貸;他以後還一再公布提出警告。然而,要求公平的正義,基於皇帝的私下情感、相沿成習以及心懷恐懼,仍舊傾向於偏袒藍黨。他的公正在經過一番掙扎以後,毫不猶豫只有順從狄奧多拉勢不兩立的仇恨情緒。女皇始終沒有忘懷自己是喜劇演員時所受的傷害,而且也絕不會寬恕。賈士丁二世繼位以後,公開呼籲要求嚴格和公正執法,等於間接譴責前朝的偏私:「你們藍黨要聽清楚,查士丁尼已經過世!你們綠黨也要知道,查士丁尼還是活著!不論哪派犯事,

---

28 樸洛柯庇斯提及此事很難讓人相信,態度並不偏袒的伊發格流斯表示支持,不僅肯定確有其事,還提出姓名來證實。約翰‧馬拉拉提到君士坦堡郡守的下場極其悲慘。

我絕不輕饒！」[29]

六、皇室的縱容包庇引起「尼卡」暴亂的始末(532A.D.)

　　兩個黨派相互仇恨和暫時和解所引發的叛亂，幾乎將君士坦丁堡化爲一片灰燼。查士丁尼統治的第五年，歡度元月望日的節慶，綠黨不滿的喧囂聲不時擾亂比賽的進行，一直到第二十二次賽車開始，皇帝還是不聲不響保持莊嚴的神色。最後他實在看不過去，非常唐突的指示，通過司儀大聲傳話，要在君王和臣民之間進行極爲奇特的對談[30]。綠黨的群眾開始時的抱怨，還是抱著尊敬和克制態度，只是指責君王下面的大臣在壓迫他們，並且對皇帝山呼萬歲，祝他贏得勝利。查士丁尼大聲說道：「你們這些傲慢的搗亂分子，給我注意聽著！你們這些猶太人、薩瑪提亞人和摩尼教徒，全部給我閉嘴！」綠黨仍舊想要喚起他的同情心：「我們都是窮人，都是無辜的市民，我們受到欺凌，不敢從街頭走過，他們對我們的名字和顏色正在進行全面的迫害。啊，皇帝！讓我們去死吧！但是也得遵照你的吩咐，爲你賣命而死！」從他們的眼裡看來，查士丁尼一再重複偏袒和激動的咒罵，完全失去身穿紫袍的尊嚴。他們拒絕效忠不能公平對待臣民的君主，爲查士丁尼的父親感到悲哀，怎麼生出這樣一個禍害，被人稱爲兇手、笨驢和口出僞誓的暴君。憤怒的君王高喊：「你們不想活了嗎？」這時藍黨火氣直冒，全部從座位上站起來，充滿敵意的怒吼震動整個橢圓形競技場。他們的對手綠黨看來勢單力薄，爲了避免吃眼前虧，全都跑到君士坦丁堡街頭，在那裡展開恐怖和絕望的活動。

　　就在這個危機四伏的時刻，兩黨有七個被郡守定罪的殺人犯被拉出來

29　然而根據約翰·馬拉拉的看法，藍黨完全依附查士丁尼。至於說到皇帝和狄奧多拉之間的爭執，可以視爲樸洛柯庇斯出於嫉妒，是用盡心機的一廂情願之詞。

30　狄奧菲尼斯保存雙方的對話，可以顯示六世紀時君士坦丁堡民眾使用的語言和生活方式。他們的希臘語混合很多異地和蠻族的詞句，就是杜坎吉(Ducange)也無法明瞭它的含義或找出它的來源。

遊街示眾，然後押送到佩拉(Pera)郊區的刑場。四個人很快被斬首，第五個已被吊死，但是同樣的懲處落在剩下兩個人頭上的時候，繩索突然斷裂，人掉在地面還沒有斷氣。群眾為他們得以倖免而歡呼，聖科農(St. Conon)的僧侶從鄰近的修道院出發，把這兩個人用船運到教堂的聖所庇護。一個罪犯是藍黨，另一個穿綠色制服，兩黨同時被殘酷的壓迫者和不知感激的庇主所激怒，於是決定在解救囚犯和滿足報復之前，暫時保持休戰的狀況。至於抗拒叛亂風暴的郡守，他的府邸被縱火燒毀，手下的官員和衛士遭到屠殺。監獄被武力打開，犯人恢復自由，給公眾帶來毀滅的禍害。一支部隊被派遣前來支援行政官員，遭到武裝群眾兇狠的抵抗。他們的數量愈來愈多，而且行為更加大膽放肆。為帝國服役的蠻族以赫魯利人(Heruli)最為蠻橫，教士出於宗教的動機，帶著聖物匆忙前來分開血腥衝突，都被赫魯利人鎮壓和打走。這種褻瀆神聖的舉動使騷亂急劇增高，民眾打著上帝的名義進行激烈的戰鬥。婦女從屋頂和窗戶往士兵的頭上投擲石塊，對方就將火把扔進屋內。被市民和外人點燃的火頭，無法控制以後在整個城市蔓延開來。大火波及聖索非亞主座教堂、宙克西帕斯(Zeuxippus)浴場以及部分皇宮，從大門入口一直到戰神祭壇，長長的柱廊從皇宮燒到君士坦丁廣場。一家規模很大的醫院連同病人全部燒死，很多教堂和宏偉的建築物成為一片瓦礫，收藏大量財物的金庫裡的金銀熔化或是遺失。這幅恐怖和悲慘的景象，使得機警和有錢的市民越過博斯普魯斯海峽，逃到亞細亞那邊的海岸去避難。君士坦丁堡有五天的時間落在黨派的手裡，他們使用的暗語是「尼卡」(Nika)，意為戰勝，拿來做為這次大規模叛亂的名字。

只要黨派始終處於分裂的狀況，無論是藍黨的洋洋得意或綠黨的垂頭喪氣，對國家處在混亂的狀況同樣是漠不關心。他們一致怪罪司法和財政的腐敗，兩位負責的大臣是善於權術的垂波尼安(Tribonian)和貪財好貨稱為卡帕多西亞的約翰(John of Cappadocia)，受到大聲的指控是國家災難的始作俑者。民眾溫和的怨言沒有人理會，等到城市陷於大火之中，就有人裝出尊重的樣子願意傾聽。財政大臣和郡守立即受到罷黜的處分，遺留的

職位由兩位爲人正直毫無過失的元老院議員接任。查士丁尼做出深獲民心
的讓步以後，前往橢圓形競技場公開承認自己的錯誤，對於感激的臣民也
願意接受他們的懺悔。雖然他對著福音書做出莊嚴的宣告，但是兩個黨派
並不相信他的保證。皇帝對他們的懷疑感到吃驚不已，在慌張之餘退回皇
宮那座嚴密防衛的堡壘。堅持下去的騷動現在被看成祕密又居心叵測的陰
謀，有人懷疑暴徒，特別是綠黨方面，一直得到海帕久斯（Hypatius）和龐
培（Pompey）所供應的武器和金錢。兩位大公沒有忘記他們是阿納斯塔休
斯的姪兒，雖然這種身分可以帶來榮譽，卻無法保證安全。個性輕佻的君
王心懷猜忌，在反覆無常的信任、罷黜和原諒之中，使他們看起來像是在
寶座前服侍的皇家僕役。然而就在這五天的騷動期間，他們被拘留當成重
要的人質。直到後來，查士丁尼的恐懼超過智慧，把這兩兄弟看成奸細甚
或刺客，堅決打發他們離開皇宮。他們一再說明要是服從君王的命令，就
會在不由自主的狀況下被逼成叛徒，但表白一點都沒有用處。等到他們回
到家裡，在第六天的早晨，民眾包圍海帕久斯的住處，將他帶走，根本不
管他是在真心抗拒，他的妻子流著眼淚苦苦哀求。群眾蜂擁受到推崇的人
物前往君士坦丁廣場，用一個華麗的項圈代替皇冠戴在他的頭上。要是篡
奪者聽從元老院的勸告，進而激起群眾的憤怒，在最初具有無法抗拒的力
量，或許能夠制服或驅除心驚膽戰的查士丁尼。海帕久斯後來以拖延和耽
擱有功，做爲自己辯護之辭。拜占庭皇宮享有進出海洋的自由通道，船隻
停泊在花園台階之下，隨時可用，而且宮廷已經做出祕密的決定，要運送
皇帝和他的家人及財富，安全撤退到離首都有相當路程的城市。

　　要是那個從劇院發跡的娼妓沒有拋棄女性的怯懦和德性，查士丁尼肯
定會一敗塗地。在貝利薩流斯也參加的會議中，唯獨狄奧多拉展現英雄的
氣概，爲了拯救皇帝脫離當前的危險和可鄙的恐懼，只有她不必擔心會在
未來引起查士丁尼的忌恨。查士丁尼的配偶說道：

> 哪怕只有逃走才能安全，我也不會離開。人在出生以後都不願去
> 死，但是在上位的統治者失去榮譽和權力，就不應該偷生。我祈求

上蒼,別讓人看到我失去冠冕和紫袍,即使是一天也不行。要是人
們不再尊稱我爲女皇,那時我絕不願見到陽光。啊,凱撒!如果你
決定逃走,你還是有財富。請看那大海,你有很多船隻。對君主而
言,最可怕的事莫過於求生的欲望,會陷你於可憐的放逐和可恥的
死亡之中。在我來說,只相信一句古老的諺語『皇座是光榮的墳
墓』。

　　一位婦女的堅定使大家恢復勇氣,要開始重新考慮問題和未來的行
動,很快爲絕望的處境找到解決的辦法。再度挑起黨派之間的仇恨不僅簡
單,而且可以產生決定性的效果。這時藍黨爲自己的罪行和愚蠢感到害
怕,爲了一件微不足道的屈辱,竟然會使他們與不共戴天的仇敵聯合起
來,對抗友善和慷慨的庇主。藍黨再度公開宣布承認查士丁尼的權威,就
把綠黨和他們的篡奪者留在橢圓形競技場。衛隊的忠誠相當可疑,然而查
士丁尼的軍事力量包括三千名老兵,有良好的訓練和無敵的勇氣,經歷過
波斯和伊里利孔的戰爭。在貝利薩流斯和蒙達斯(Mundus)的指揮之下,
兵分兩路離開皇宮,銜枚疾走,強行穿過狹隘的通道、熄滅的火場和倒塌
的大廈,同時突然打開橢圓形競技場兩端的大門。在那狹小的空間裡,混
亂和驚懼的群眾,對於兩邊發起堅強的正規攻擊,完全無力反抗。藍黨用
瘋狂的行動表示自己的悔悟,在那一天毫不留情和斬草除根的濫殺中,估
計有三萬多人喪失性命。海帕久斯從寶座上被拖了下來,和他的弟弟麗培
一起押到皇帝的腳前,他們懇求皇帝大發慈悲,但是他們的罪行眾所周
知,清白卻大有可疑,何況查士丁尼在驚魂喪膽之餘更不會輕言寬恕。次
日早晨,阿納斯塔休斯的兩個姪子,還有十八名高官厚爵的從犯,位列大
公或執政官的階級,都私下被士兵處死,屍體丟進大海。他們的府邸被推
倒,財產全部充公。在以後的幾年中間,橢圓形競技場受人責怪,備感悽
涼。然而,只要恢復比賽就會帶來同樣的騷亂,藍黨和綠黨繼續傷害查士

丁尼的統治，擾亂東部帝國的安寧[31]。

七、絲對羅馬帝國的影響和後來的發展(527-565A.D.)

　　羅馬成爲化外之地以後，帝國仍舊擁有征服亞得里亞海以東的民族，疆域一直到達衣索匹亞和波斯的邊界。查士丁尼統治六十四個行省和九百三十五個城市[32]，整個地區眞是得天獨厚，無論土地、位置和氣候都極爲有利，而且人類文明的進步，從古代的特洛伊到埃及的底比斯(Thebes)，不斷沿著地中海海濱和尼羅河兩岸傳播。埃及是眾所周知的富饒之地，曾經解救亞伯拉罕(Abraham)[33]的苦難，同樣那片國土是南北狹長而人口眾多的地帶，每年出口二十六萬夸特的小麥運給君士坦丁堡[34]。查士丁尼的首都還一直接受賽登(Sidon)供應的產品，荷馬曾在詩篇中稱讚其事[35]，不過時間已經過了十五個世紀。植物生長所需的地力，沒有因兩千次的收成而耗盡，由於農人的技術、肥料的增多和及時的休耕，不僅能夠恢復生產，並且更爲加強。家畜的繁殖可以無限增加，樹木的種植、房舍的建築以及勞動和享受的工具，延續的時間比起人的一生還要長久，在後代的照顧之下得以累積生產的成果。傳統能保持一些最基本的技藝，工作的經驗可以更加簡化。勞動的分工和交換的便利，使得社會日益富足，每個羅馬

31 馬西利努斯用普通的用語説是死傷人數很多，樸洛柯庇斯舉出的數目是犧牲三萬人，狄奧菲尼斯説是三萬五千人，而時期更晚的諾納拉斯(Zonaras)增加到四萬人，這種誇大的過程倒是很常見。
32 查士丁尼同時代的作家希洛克利斯(Hierocles)在作品裡提到，535年以前，東部的行省和城市就是這個數字。
33 可以參閱《舊約聖經》〈創世記〉第十二章，以及約瑟(Joseph)的從政過程。無論是希臘人或是希伯來人的編年史，一致認爲早期的埃及已有技藝的發展和富饒的生活，但是古代的文物已經過很長時期的改進。武布頓幾乎被希伯來的年代記窒息，只有大聲向撒馬利亞人(Samaritan)呼救。
34 穀物的數量等於八百萬羅馬摩笛(modii)，此外還有八萬奧瑞(aurei)的貢金作爲支付海運的費用，從這裡看來，臣民就應該感恩不盡。
35 這些面紗是由賽登婦女所製作。但是這段話的意義在推崇腓尼基人的製造業而不是航海術，他們用弗里基亞人的船隻將貨物從腓尼基運到特洛伊。

人的居住、衣著和飲食,都要靠一千雙手的辛勤勞動。織機和梭桿的發明可以歸之於神的恩賜,每個時代和各種不同的動物和植物產品,像是獸毛、生皮、羊毛、麻、棉以及最後的絲,經過人為的加工,用來遮蓋或是裝飾人類的身體,可以漂染成各種永久的顏色,能夠用畫筆彌補織機功能之不足。選擇顏色[36]可以模仿自然之美,盡情表現個人的品味和時尚。但是有一種深紫色[37],腓尼基人從一種貝殼中提煉獲得,專門供應皇帝本人和皇宮使用,而且明文規定,大膽臣民竟敢僭用皇家的特權,將視同叛國罪行加以懲處[38]。

毋須我多加解釋,大家知道絲[39]是從一種幼蟲的消化器官裡吐出來,成為金黃色的繭,最後這條毛蟲從裡面鑽出來變成蠶蛾。直到查士丁尼統治的時代,以前只有中國人知道,蠶要用桑葉來餵養。像是松樹、橡樹和白楊的毛蟲,遍布亞洲和歐洲的森林,但是飼養和培育都很困難,產量也無法確定,除了靠近阿提卡海岸的小島西厄斯(Ceos),通常都沒有人理會。西厄斯有一名婦女發明這項產品,用吐出的絲織成薄紗供女性專用,很長一段時間在東部和羅馬備受讚譽。無論是米提人(Medes)還是亞述人(Assyrians),他們的服裝是否運用這種材料,引起大家的懷疑。魏吉爾是第一位提到此事的古代作家,他說中國人從樹上採取柔軟的羊毛,這種誤解和真實狀況相比也不足以為奇,後來才慢慢知道有一種價值極高的小蟲存在,是為各民族提供奢侈品的頭號技師。提比流斯(Tiberius)在位時,

---

36 奧維德(Ovid, Publius Ovidius Naso, 43B.C.-17A.D.,古羅馬詩人,作品有《變形記》)的詩章裡,曾經從花卉和元素之中借用出十二種顏色的稱呼,要想用這十幾個有限的形容詞描述出世間形形色色的物品,幾乎是不可能的事。

37 由於發現洋紅和幾種新顏料,我們對色彩的運用遠超過古人。就拿皇家的紫色來說,有一股強烈的氣味,而且色澤很深,就像牛血一樣。

38 歷史證明這種嫉妒的心理出於偶然的狀況,以後只會更多。經過法律的宣告以後,無論是否產生制約作用,專制政體的武斷作風成為正當的行為。一種羞辱的允許和需要的限制,應用在舞女的身上。

39 在歷史上所提到的昆蟲,蠶占有引人注目的地位。普里尼曾經敘述過西厄斯島的蠶蛾,看來跟中國的品種完全同類,但是我們現在養的絲蠶和桑樹,狄奧法拉斯和普里尼都沒有聽說過。

這種稀少而又文雅的奢侈品，被生活嚴肅的羅馬人指責。普里尼用稍嫌做作而有力的語言，抨擊人們貪財求利的心理，爲了有害的目的探勘地球遙遠的盡頭，尋找在眾人看來是裸體的服裝，貴婦人穿上會全身透明。這種衣物可以顯示手足的轉動和皮膚的顏色，用來滿足虛榮或挑起情慾。

　　中國的絲織品很緊密，腓尼基的婦女有時會將它拆散開來，再將亞麻的纖維混紡在裡面，鬆散的質地使貴重的材料倍增價值[40]。普里尼時代以後這兩百多年，純絲或混紡的絲織品限定爲女性使用。伊拉珈巴拉斯具有婦女的陰柔習性，竟然是第一個穿著絲綢衣物的名人，玷污做爲皇帝和男子漢的尊嚴。爾後羅馬和行省有錢的市民，也在不知不覺中效法這種先例。奧理安(Aurelian)抱怨一磅絲在羅馬要賣十二英兩的黃金，但是供應隨著需求而增加，價格應隨著供應而降低，要是發生意外事件或實施專賣，有時使價格高過奧理安的標準。泰爾和貝萊都斯(Berytus)的製造商基於同樣的情況，對於以上高昂的售價，有時被迫僅收取九成就感到滿足。從產地進口的絲織品大部分耗用在查士丁尼的臣民身上，有人認爲需要制定法律，使喜劇演員與元老院議員的服裝有所區別。他們仍然比較熟悉地中海一種特別稱爲海蠶的貝類，這種大型珍珠貝貼在岩石上面，長出質地細緻的毛髮，可以織成衣料。羅馬皇帝原本出於好奇而非實用，將這種特殊材料做成的長袍當作禮物，送給亞美尼亞的總督[41]。

　　價值昂貴的商品並不需要很大的數量，便足夠支付陸上運輸的費用，特別是駱駝商隊要跨越整個亞洲，從中國海岸到敘利亞海岸的行程長達兩百四十三天。波斯商人經常到亞美尼亞和尼昔比斯(Nisibis)的市場，很快將絲織品送到羅馬人手裡，但是這種貿易在休戰的期間進行時會受到貪婪和嫉妒的抑制，更因敵對君王的長期戰爭而完全中斷。波斯國王出於驕傲

40　古代的純絲織品、擾絲織品和亞麻織品等衣物，無論是質地、色澤、名稱和加工運用等，可以參閱薩瑪休斯(Salmasius, Claudius, 1588-1653A.D.，古典學者和飽學之士)。大師在這方面的研究深入而且廣泛，但是少爲人知，不過他對第戎(Dijon)和雷登很常見的絲綢買賣，則一無所知。

41　這種貝類在西麥那(Smyrna)、西西里、科西嘉和米諾卡(Minorca)的海岸附近可以找到，它的絲曾經被織成一雙手套呈送給教皇本篤十四世(Benedict XIV)。

的心理，把粟特(Sogdiana)甚至塞里卡(Serica)也算成帝國的行省，但是
真正的疆域是以阿姆(Oxus)河為界，越過這條河與粟特人進行有利可圖
的接觸，完全要視征服者的意願而定，白匈奴人*42和土耳其人先後統治這
個勤奮的民族。然而在號稱亞洲四大花園之一的地區，就是最野蠻的統
治，也不會將農業和貿易徹底毀滅。撒馬爾罕(Samarcand)和布卡拉
(Bochara)這些城市據有優越的地理位置，可以用來交換各種產品，他們
的商人從中國[43]購買生絲和絲織品，運到波斯再供應給羅馬帝國。在中國
繁華的首都，粟特人的商隊被當成進貢國家的使臣，受到優渥的款待，只
要他們能夠安全返國，大膽的冒險就能獲得極為優厚的利潤。從撒馬爾罕
到陝西最近的市鎮是艱辛而危險的旅程，至少需要六十天、八十天或者一
百天。他們渡過錫爾(Jaxartes)河就進入沙漠，除非軍隊和地區的守備部
隊加以約束，否則遊牧族群會認為市民和旅客都是合法掠奪的對象。運
輸絲綢的商隊為了避開韃靼的強盜和波斯的暴君，探勘一條位置更靠南
邊的路線。他們越過西藏的高山，順著恆河或印度河而下，在古澤拉特
(Guzerat)和馬拉巴(Malabar)的港口，耐心等待一年一度西方船隊的來
到[44]。沙漠雖然危險，比起難以忍受的勞累、饑渴和拖延時日還是要好過
得多。以後很少人再有這種打算，僅有一名歐洲人通過那條乏人問津的路
線，為自己歷盡困苦自鳴得意，他在離開北京以後，花了九個月的時間才
抵達印度河口。

---

*42 [譯註]白匈奴即尼泰萊特人，是Yeuh-cui-Tocharians族的一支，在五、六世紀時
統治中亞的土耳其斯坦和印度的北部。

43 耶穌會的教士對中國歷史的朝代並不清楚，就盲目加以讚美。只有迪基尼(de
Guignes, Joseph, 1721-1800 A.D.，人類學家、歷史學家和翻譯家)明瞭各朝代的變
遷和重大事件，知道中國直到基督紀元開始時，逐漸修纂可信的編年史，建立的
王國向外擴大疆域。他也用好奇的眼光，研究中國與西方各國交往的狀況。但是
這種連繫微不足道也不為人知，甚至羅馬人連一點懷疑的感覺都沒有，說是中國
人或是秦建立一個帝國，竟能與羅馬分庭抗禮。

44 在哈克路特(Hackluyt, Richard, 1552-1616A.D.，英國地理學和旅行家)和提夫諾
(Thevenot, Jean de, 1633-1667A.D.，法國旅行家)的談話中，知道從中國到波斯和
印度斯坦(Hindostan)的道路已經完成調查。英國在孟加拉的統治者，最近探勘經
由西藏的交通線。

　　不過，開放的海洋可供人類自由的交往。中國的各省從黃河到北回歸線，都被北部的皇帝所征服和教化。在基督紀元開始的時代，這個地區滿布著居民和城市，到處種植桑樹養蠶，生產絲綢。要是知道羅盤的中國人獲得希臘人或腓尼基人的天分，就會向著南半球進行開發。我沒有資格鑑定也很難相信，中國人的長途航行曾抵達波斯灣或好望角[*45]。但他們的祖先可能與現代的子孫一樣努力與成功，航海的範圍從日本群島延伸到麻六甲(Malacca)海峽，或許我們可以採用那個名字，稱之為東方的海克力斯之柱。從這裡開始能將陸地保持在視線之內，沿著海岸抵達頂端的阿欽(Achin)海岬[*46]，每年總有十到二十艘船來到此地，上面裝滿中國的貨物，像是各種工藝產品，甚至還有工匠在內。蘇門答臘(Sumatra)和對面的半島被很含混的描述[47]為生產金銀的地區，托勒密的地理學曾經提到這些商業城市，指出它們的財富並非全部來自礦產。蘇門答臘和錫蘭之間的直線距離大約是三百個里格，中國和印度的航海人員依靠飛鳥指示航向，或是乘著季風，就是方形船也能安全穿越海洋。這種船在製造的時候不用鐵釘，以椰子樹葉編成牢固的繩索將船連結起來。錫蘭又稱塞倫底布(Serendib)或塔普洛巴納(Taprobana)，由兩個敵對的君主分治：其中一位據有山地、大象和晶瑩剔透的紅寶石；另一位享有更為實際的財富，像是國內的產物、國外的貿易和寬闊的海港亭可馬里(Trinquemale)[*48]，成為

---

*45 [譯註]鄭和奉明成祖之命，率將士工匠兩萬餘人，大船七十艘，1045年6月下南洋，前後七次歷時二十八年之久，最遠曾經到達波斯灣、紅海的亞丁和阿拉伯的參加，以及非洲的索馬里亞和肯亞的海岸地區。

*46 [譯註]阿欽海岬指馬來亞半島的南端，也可以說就是現在的新加坡和周邊的地區。

47 斯特拉波(Strabo)、普里尼、托勒密、阿里安(Arrian, Flavius Arrianus，二世紀羅馬作家，作品有《亞歷山大大帝傳》)、馬西安(Marcian)等人，他們對於科摩令角(Cape Comorin)以東各國的了解程度不如說是無知，最後還是丹維爾(D'Anville)把路線說得很清楚。我們對印度的地理學由於貿易和征服的關係，已經有很大的進步，而且連內爾(Rennel)少校的地圖繪製精確，留下很多第一手的旅行記錄。要是他用豐富的知識和過人的智慧擴大研究的範圍，成就可能會超越現代第一流的地理學家。

*48 [譯註]亭可馬里不知是否就是鄭和下南洋到達錫蘭所進入的海港錫蘭山，確定不

東方和西方船隊的集散中心。這個人情味濃厚的島嶼，距離兩端的國家有概等的航程(已經計算過)，中國的絲商把買來的沉香、丁香、豆蔻和紫檀木裝在船上，與波斯灣的居民維持自由而且利潤很高的商業活動。波斯國王的臣民頌揚他的權勢和偉大，認為已經沒有可與匹敵的對手。有名羅馬人單純以旅客的身分，乘坐衣索匹亞人的船隻到過錫蘭，他拿出阿納斯塔休斯的金幣，再與波斯人不起眼的銅錢作比較，駁斥他們那種狂妄無知的心態[49]。

絲成為不可或缺的商品，波斯人控制著陸地和海洋，主要的供應來源受到壟斷，查士丁尼非常憂心，臣民的財富不斷流入一個充滿敵意而又崇拜偶像的國家。埃及的貿易和紅海的航運隨著繁榮的帝國走向衰敗，同樣遭遇沒落的命運。一個積極進取的政府應該加以恢復，羅馬人的船隻可以航行到錫蘭、麻六甲甚或中國的港口，去購買所需的生絲和織物。查士丁尼採用謙卑的權宜之計，請求同是基督徒的盟友阿比西尼亞的衣索匹亞人給予協助。他們新近獲得航海的技術、貿易的風氣和阿杜利斯(Adulis)海港[50]，這個地方仍舊是一位希臘征服者最炫耀的戰利品。衣索匹亞人沿著非洲的海岸深入赤道地區，搜尋黃金、翡翠和香料，但是他們很明智的拒絕不利的競爭，因為波斯人靠近印度市場，通常會產生防範和阻止的作用。皇帝為此感到失望，直到後來發生出乎意料的事件，他的願望才獲得滿足。福音的教誨已經傳到印度，一位主教在馬拉巴的胡椒海岸領導聖湯瑪士的基督徒，錫蘭也建立一所教堂，傳教士追隨貿易的足跡到達亞洲的盡頭。兩個波斯僧侶長期居住在中國，或許是皇家的都城南京，這裡的君

(續)
是可倫坡(Colombo)，因為可倫坡位於錫蘭的西南海岸，而亭可馬里位於東北海岸，面對孟加拉灣，離中國較近，在此曾經發現鄭和所立的石碑。

49 這個島嶼是普里尼、索利努斯(Solinus)和薩爾瑪斯(Salmas)筆下的塔普洛巴尼，事實上很多古代人都把錫蘭和蘇門答臘弄混淆，現在科斯瑪斯(Cosmas)有很清晰的敘述，然而這位基督教的地理學家還是誇大蘇門答臘的面積。他對印度和中國貿易的記載很少，而且內容非常奇特。

50 科斯瑪斯對於阿杜利斯的港口和碑銘、沿著巴巴里亞(Barbaria)和珍吉(Zingi)的非洲海岸與阿克蘇邁特人(Axumites)的貿易，以及遠航抵達塔普洛巴尼等等，提供非常有趣的知識。

王信奉外國的宗教*51，事實上他接見過錫蘭島派遣的使節。波斯的僧侶在虔誠傳教時，見到中國人的普通服裝都是絲織品，感到非常驚奇，還看見成千上萬在飼養的蠶（不論是在樹林或家庭裡），從前這是皇后的工作52。他們很快了解，要想運走生長期短促的昆蟲，是不切實際毫無用處的事，但是蠶卵可以孵出很多後代，容易保存，也能在遙遠的地區培育。對於波斯的僧侶來說，愛國心比不上宗教或利益的吸引力。他們經過長途的跋涉，抵達君士坦丁堡，將計畫詳盡報告皇帝，獲得查士丁尼的首肯，接受豐盛的賞賜和優渥的許諾作爲鼓勵。然而就君王御用的歷史學家看來，高加索山下的一場戰役，比起傳教士經商的辛勞，更值得詳細報導。

他們在進入中國以後，欺騙懷著猜忌之心的民族，把蠶卵藏在中間挖空的手杖，然後帶著東方戰利品光榮歸去。經由他們的指導，蠶卵在適當的季節，用堆肥產生人工的熱量來孵化，拿桑葉來飼養，在異國的氣候裡不僅成長，也能結出蠶繭，留下足夠數量的蠶蛾來繁殖推廣，種植更多的桑樹飼養更多的蠶，供應大量生產絲織品的需要。藉由經驗和研究可以改進這項新興產業的錯誤，等到下一代皇帝在位的時候，粟特的使臣承認，羅馬人在養蠶和產絲這方面的技術，已經不亞於原來的中國人。我看見這些質地雅緻的奢侈品，並不是毫不動心，但是難免會感覺遺憾，要是傳進蠶絲的人能帶來中國人已經使用的印刷術，那麼米南德（Menander）的喜劇和李維（Livy）整個世代的史書，可以因第六世紀的版本得以永存。擴大的世界觀有助於思維科學的發展，但是基督教的地理學依據《聖經》的文字，有的地方難免斷章取義，對自然的研究成爲缺乏信仰的心靈最確鑿的徵候。正統基督教的信念把可以居住的世界限定在一個溫帶地區之內，成爲一個橢圓形的表面，長度是四百天的旅程而寬度是兩百天，四周被海洋

---

*51　[譯註]這是指魏晉南北朝的後梁，555年建都於建康，即現在的南京，這時佛教在中國極爲流行。

52　有關中國對絲的發明、製造和運用，可以參閱杜哈德（Duhalde）的作品。中國的浙江省無論在產量或品質方面都最爲著名。

包圍，上面覆蓋透明晶體的穹蒼[53]。

八、東部帝國的稅收及皇帝的貪婪揮霍(527-565A.D.)

查士丁尼的臣民對那個時代和政府都不滿意，歐洲滿布蠻族四處橫行，亞洲則為僧侶所苦。西部的貧窮和落後妨害到東部的貿易和製造，人民的血汗拿來供奉教會、政府和軍隊，沒有發揮任何效用，被白白的浪費。構成國家財富的固定和流動資本，可以感到在迅速減少。阿納斯塔休斯的節儉可以緩和公眾的艱困，明智的皇帝累積巨額的國庫財富，開始解救人民免於高稅的壓力和苦難。他們的感激特別表現在「苦難救助金」的廢止，這是一種個人貢金，使貧民可以獲得工作[54]，最令人難以忍受之處，是在於表面的形式而非實質的內容，可以說完全名實不符。繁榮的城市埃笛莎只支付一百四十磅黃金，但是要向一萬名工匠花四年的時間來徵收。然而只有吝嗇的作風才能支持慷慨的意願，阿納斯塔休斯在二十七年統治期間，從年度的歲入所節餘的總額是一千三百萬英鎊，或三十二萬磅黃金[55]。

賈士丁一世的姪子非但不能效法先賢的懿行，反而濫用國庫的積儲。

---

53 科斯瑪斯被人稱為印度航海家，大約在522年進行遠航，535年到547年之間，在亞歷山卓完成著述，駁斥世界是球體的不敬主張。福提烏斯(Photius, 820 891A.D.，君士坦丁堡教會長老和歷史學家)讀了他的作品以後，說他的作品展現出僧侶的偏見，同時也表達商人的知識。提夫諾把其中最有價值的部分推薦給法國人和希臘人，全書經過蒙佛康(Montfaucon, Bernard de, 1655-1741A.D.，法國學者)神父編纂後刊行。這位編者是神學家，沒有能發現科斯瑪斯是轟斯托利派的異端，應該感到慚愧，克洛茲(Croze)則察覺到這一點。

54 伊發格流斯感激在心，但是對諾昔繆斯(Zosimus)誹謗君士坦丁大帝非常生氣。阿納斯塔休斯收集稅務有關的單據和記錄，其仁政不僅費盡心思而且講究技巧。父親有時被迫要將自己的女兒推入火坑，加薩的提摩修斯(Timotheus)挑選這類事件做為悲劇的主題，對廢止稅收有所貢獻，這是劇作的幸運結局(如果此事屬實)。

55 樸洛柯庇斯對於他提出的數據很有把握，說是直接來自管庫大臣的報告。提比流斯在位時也節省數以百萬計的經費，但是他的帝國跟阿納斯塔休斯的帝國大相逕庭，完全是兩回事。

查士丁尼的財富因宗教施捨和大興土木、野心戰爭和羞辱條約而迅速耗用殆盡，他發現歲入已無法擔負支付的費用時，用盡各種手段索取人民的金銀，浪費的手再將金銀從波斯遍撒到法蘭西。他的統治顯示強奪和貪婪、華麗和貧窮之間的變遷，或說是對抗。他掌握上代藏匿的財富而享有名聲，遺留給繼承人的負擔是要為他償還債務，像這樣的人物只會引起人民和子孫的控訴。公開的不滿容易讓人知道，私人的怨恨就會毫無忌憚。愛好真理的人士要帶著懷疑的眼光，才能閱讀樸洛柯庇斯富於教訓意味的《秘史》。隱密的歷史學家旨在揭露查士丁尼的敗德亂行，用惡毒的筆加以渲染和醜化，曖昧可疑的行為歸之於極其卑鄙的動機，無心的過失被指責為有意的罪孽，偶發的事故被認定為事先的圖謀，法律受到踐踏和濫用，一時的偏袒不公加以巧妙的運用，說成是他統治三十二年的金科玉律。皇帝單獨要為官員的缺失、時代的混亂和臣民的墮落負起責任，甚至就是黑死病、地震和水患之類的天災，也要強加在惡魔化身的君王頭上，說罪大惡極的查士丁尼引起天怒人怨。

　　我在提出聲明以後，要對《秘史》提到的貪財好貨和巧取豪奪，簡單敘述幾點如下：

　　其一，查士丁尼的任意浪費不能算是慷慨的行為。文職和軍職官員獲得為皇宮服務的任命，開始的職等很低，待遇微薄。他們按照年資晉升到生活優裕和蒙受信賴的地位，每年的恩俸總額是四十萬英鎊。這時查士丁尼已經廢除職務最高的位階，貪墨或貧窮的廷臣對內廷的節約深惡痛絕，他們認為是對帝國尊嚴的最大冒犯。文書的遞送、醫生的薪俸和夜間的燈火，就花費的金額而言，是最受大眾注意的項目。同時城市也在抱怨，說他侵占市政的歲入撥到這些方面，好維持正常的運作。甚至士兵的權益也受到損害，為了補償起見，在很多方面放寬要求，違紀犯法也不懲處，這樣就會敗壞軍隊的風氣。皇帝拒絕支付經常賞賜每名士兵五個金幣，按照慣例是五年發放一次，使得部隊的老兵向人乞求麵包，欠餉的軍隊在意大利和波斯戰爭中逐漸消散。

　　其二，前代皇帝為使民眾生活在幸福的環境，基於仁政經常免除公眾

積欠貢金的龐大債務,當做統治期間最重要的政績,事實上執行償還欠稅
的工作非常不切實際。

> 查士丁尼在位三十二年,從未賜給民眾類似的恩惠。很多臣民要放
> 棄他們的產業,認為土地的價值已經無法滿足國庫的需索。城市只
> 要遭受敵人入侵的損害,阿納斯塔休斯同意給予七年免徵稅賦;查
> 士丁尼的行省受到波斯人、阿拉伯人、匈奴人和斯拉夫人的蹂躪,
> 但是他那自負而又荒謬的補償只有一年,而且限於被敵人實際占領
> 的地方。

以上是隱密的歷史學家提出的說法,他對撒馬利亞人(Samaritans)的
叛亂事件發生後,經過批准在巴勒斯坦施展的任何恩惠,都抱著否定的態
度。這種錯誤和可惡的指控,完全為眞實的記錄所駁斥,因為經由聖薩巴
斯(St. Sabas)的出面求情[56],證實這個殘破的行省獲得一千三百金幣(五萬
二千英鎊)的救濟。

其三,樸洛柯庇斯並沒有說明賦稅的體制,只是感到像是橫掃地面的
雹暴,或是吞噬居民的瘟疫。要是我們認為古老而嚴苛的原則都是查士丁
尼的錯,也就是整個地區的定罪受罰,連帶個人的人身和財產必得忍受極
為不公的損失,這樣一來連我們也成為他運用惡意的幫兇。「阿諾納」
(Annona)是一種悲慘而專制的徵收方式,用來供應穀物給軍隊和首都,
竟然超出農人的能力十倍以上,在衡量、檢驗、價格和長途運送勞務方
面,偏袒不公的狀況更倍增大家的痛苦。在供應不足的時候,要從鄰近的
行省像是色雷斯、俾西尼亞和弗里基亞獲得額外的需求。地主在疲累的行
程和危險的航運以後,接受的酬勞眞是微不足道,他們情願選擇在自己的

---

56 第二巴勒斯坦行省的首府錫索波里斯(Scythopolis)分到一百金幣,一千二百金幣
分給行省其餘地區。聖薩巴斯的門徒西里爾(Cyril)為老師撰寫傳記,手抄本存放
在梵蒂岡圖書館。阿里曼努斯坦誠承認運用其中的史料,後來科提勒流斯
(Cotelerius)將這本傳記出版。

穀倉門口，一手交錢一手交貨。這些預防方式可以說明查士丁尼對首都的福利非常關心，然而君士坦丁堡還是逃不過暴政的剝削。在他的統治期間，博斯普魯斯海峽和海倫斯坡海峽開放給自由貿易，除了不能輸入武器供蠻族使用外，所有的商品都不受限制。每座城門派駐法務官，都是一些爲皇家撈錢的官員，船隻和貨物都徵收沉重的關稅，這種剝削又轉嫁到無能爲力的顧客身上。貧窮百姓要忍受人爲供應不足以及市場驚人高價的痛苦，而在習慣上靠著君王的慷慨始能過活的人民，時常抱怨飲水和麵包的配給分量太少[57]。根據狀況加以調整的貢金，根本沒有正當的名目、法律的依據和限定的對象，這筆每年價值十二萬英鎊禮物的費用，由皇帝接受禁衛軍統領的奉獻，支付方式由這位最有權勢的官員自由裁決。

其四，甚至就是這些稅收比起專賣的特權，還是較爲容易讓人忍受。專賣妨礙製造業的良性競爭，目的在於賺取極不榮譽的蠅頭小利，對於必需品和奢侈品的項目強加特定的負擔。《秘史》記載：「等到絲的特定價格爲皇家財務人員所獨占，整個地方的人民像是泰爾和貝萊都斯的廠家，全部沒落到極爲悲慘的地步，不是死於饑餓就是逃到敵國波斯。」一個行省會因製造業的衰退而蒙受苦難，但是就絲這個案例來說，樸洛柯庇斯的立場不夠公正，完全忽略查士丁尼的貢獻。就是因爲他的好奇心，才給帝國帶來無法估計和永久存在的利益。他把銅幣的法定值升高七分之一，也可以說是同樣坦誠的作法，這種調整不僅明智，而且光明磊落毫無私心，因爲金幣[58]是合法的公私支付標準，既不能減低純度也不能提高價格。

其五，租稅承包人要求充分的司法權便於完成所訂的合約，要是了解眞相就知道這種行爲極爲可惡，像是要從皇帝的手裡買斷市民同胞的生命財產。還有一種更直接的方式，在查士丁尼和狄奧多拉的同意或默許之

---

57 約翰・馬拉拉提到麵包的缺乏，諾納拉斯說是查士丁尼或他的僕人偷走供水渠道的鉛製水管，才發生缺水的現象。

58 一個奧瑞金幣的含金量是六分之一盎司的黃金，現在只兌換一百八十個一盎司的銅幣，不再是過去標準的兩百一十個。不當比例的製造比重會降低市場價格，會很快造成小額貨幣不足的現象。在英格蘭，十二便士銅幣的價值只有七便士。

下，可以從皇宮花錢買到位階和官職。這種特權在有功績或受到寵愛的人
而言，有時會悍然不顧插手其間。其實可以很合理的明瞭其中的道理，任
何大膽妄爲的傢伙從事「賣官鬻爵」的勾當，就爲自己承受的羞辱、勞
累、危險、負債及高利息尋求豐厚的補償。到處傳聞這種可恥和帶來災害
的貪污行爲，終於使查士丁尼產生警惕之心。他期望用誓約[59]和懲罰的制
裁來保護政府的廉明公正，但是在一年終了，僞誓和賄賂的狀況未見轉
好，仍舊凌駕於無能的法律之上，他那嚴厲的詔書只有置之高閣。

其六，內廷伯爵尤拉留斯(Eulalius)的遺囑指定皇帝是唯一的繼承
人，不過，條件是要負責處理債務和贈送遺物，答應給他三個女兒現有的
生活費用，同時每個人結婚時可以獲得十磅黃金的嫁粧。尤拉留斯大筆家
產全毀於火災，留下資財的清單，數額沒有超過五百六十四個金幣。希臘
的史書有記載，說明皇帝以獲得微薄的奉獻爲榮，他完全是仿效這個先
例。他抑制自私的貪財心理，欽佩友人對他的信任，負責贈送遺物和償還
債務，要皇后親自照顧三個未婚女兒的教養，同時加倍給她們嫁粧，充分
表現父親對女兒的愛心[60]。君王的仁慈確實值得欽佩(君王毋須行善)，然
而就是在這種高尚的行爲之中，我們發現排擠合法和非婚生繼承人是相沿
已久的惡習。樸洛柯庇斯完全歸於查士丁尼的統治所產生的弊病，他的指
控受到顯赫姓氏和醜聞事件的支持。無論是寡婦或孤兒都不能倖免，對遺
囑的乞求、勒索和認定已經成爲一門技術，皇宮的代理人藉以謀取自己的
利益，這些卑鄙和有害的暴君，使私人生活的安全遭到侵犯。國君放縱圖
利的慾念，很快想在繼承那一刻能搶占先機，把財富解釋爲罪行的證據，
從繼承者的手裡行使籍沒的權力。

其七，異教徒或異端分子的財富轉變爲有宗教信仰者所用，一位哲學

---

59 通常認爲誓言要用最可畏的言辭，使違背的人遭到詛咒和報應，像是猶大(Judas)
的下場、濟澤(Giezi)的麻瘋、該隱(Cain)的恐懼等等，還有就是身受所有世間的
痛苦。

60 盧西安(Lucian, 120-180A.D.，生於敘利亞的希臘作家和無神論者)提到科林斯的優
達米達斯(Eudamidas)，對朋友有類似或更慷慨的行爲，豐特內爾(Fontenelle)將這
個故事寫成有創意但稍嫌牽強的喜劇。

家把這種行爲也列名在掠奪的形式之中。在查士丁尼的時代，這種神聖的搶劫行動只受到其他教派的譴責，因爲他們成爲正統教會貪婪的犧牲品。

九、帝國大臣約翰作惡多端及其慘痛下場(527-565A.D.)

查士丁尼的品格德性終究會反映出令人不齒的一面，但是大部分的罪行和利益，都應落在大臣的頭上，他們才是譴責的對象。這些人的擢升很少出於操守，遴選也不完全依靠才能[61]。財務大臣垂波尼安的功動，後來在羅馬法的改革發揮舉足輕重的影響，但是東部的經濟交給禁衛軍統領負責，也就是卡帕多西亞的約翰，名聲狼藉的惡行令人側目。樸洛柯庇斯在《秘史》裡有詳盡的描述，就是他撰寫的正史也有記載。約翰的知識並非來自學校的傳授，行事風格也不盡循規蹈矩，但是他的長處在於發揮天生的才幹，提出最明智的意見，在最困難的狀況下，找出解決問題的權宜辦法。墮落的心靈與理解的活力不相上下，更能助紂爲虐。雖然他被懷疑施展法術信奉異教，卻似乎毫不畏懼上帝，更不在乎人們的指責。他渴望財富不擇手段，無視於數千人的死亡、百萬人的貧苦、城市的毀滅和行省的殘破。從清晨到晚餐他孜孜不倦的工作，犧牲整個羅馬世界，增加他的主人和自己的財產，一天其餘的時間用在尋歡作樂的淫穢活動，深夜的寧靜被永恆的畏懼所干擾，害怕正義帶來的暗殺和報復。

他的能力或許是他的惡行，獲得查士丁尼的歡心，建立長久的友誼。皇帝在不得已的時候會屈服於人民的暴怒，約翰的勝利所能展示的成果是很快使敵人死灰復燃。這些人在他高壓的行政管理之下，忍受十多年的苦難，認爲他不會受到惡運的教訓，倒是會受到仇恨打擊。約翰的仇敵發出喃喃的訴怨，只會堅定查士丁尼支持他的決心。統領因受寵而傲慢，藐視那讓人屈膝朝拜的權力，企圖在皇帝和寵愛的配偶之間播散不和的種子，

---

61 安納托留斯(Anatolius)是他們其中之一，死於地震，眞是天網恢恢，疏而不漏。人民在阿果西阿斯作品中的訴怨和喧囂，幾乎就是《秘史》的回響。將產業發還給科里帕斯(Corippus)，並不是查士丁尼最爲人所讚譽的事。

難免引起狄奧多拉的憤怒。甚至就是狄奧多拉也要克制自己的情緒，裝出若無其事的樣子，等待最好的機會，只有刻意安排的謀逆陰謀，將卡帕多西亞的約翰牽涉進去，才能置他於死地。貝利薩流斯有次受到告發說是叛徒，那時他還不算一位英雄人物，他的妻子安東妮娜(Antonina)私下很得女皇的信任，把假裝的不滿傳給統領的女兒優菲米婭，信以為真的處女把危險的計畫告訴她的父親。約翰可能知道誓言和承諾的價值，受到引誘就接受貝利薩流斯的妻子提出的意見，在夜間會面，進行可能視為叛逆的磋商。在狄奧多拉的指使之下，衛士和宦官埋伏起來，拿著刀劍衝進去，抓住有罪的大臣施以懲處。他被忠誠的隨從救了出來，但並沒有去懇求仁慈的國君，因為早已獲得私下警告會有危險，怯懦的性格只有逃到教堂的聖所尋求庇護。夫妻的情分和家庭的和睦使查士丁尼的寵臣成為犧牲品，從統領搖身變為教士，使他的雄心壯志化為烏有。還能與皇帝保持友情，使他的罷黜獲得若干安慰，讓他帶著大部分財富到西茲庫斯(Cyzicus)過平靜的放逐生活。這種不盡理想的報復無法滿足狄奧多拉不共戴天的仇恨，謀殺西茲庫斯主教這位他多年的仇敵，可以提供犯罪最好的藉口。卡帕多西亞的約翰雖然作惡多端，萬死不足以贖其罪，最後卻因無辜而被肆意羅織。身為國家的重臣曾被授與執政官和大公的位階，這時像低賤的罪犯受到羞辱的鞭笞，襤褸的斗篷成為唯一的財產，被船運到流放的地點上埃及的安提諾波里斯(Antinopolis)。東部的統領在通過以往聽到他的名字就發抖的城市時，乞求人們賞給他一點麵包。在流放的七年期間，狄奧多拉那用盡心機的酷虐，讓他苟延殘喘，過著生不如死的日子。當她過世以後，皇帝召回帶著幾分遺憾而不得不放棄的僕臣，卡帕多西亞的約翰已經毫無進取之心，只想獲得教會的職位，聊盡謙卑的責任。約翰的後任讓查士丁尼的臣民相信，專制政府的高壓伎倆會因經驗和勤奮獲得改進。一位敘利亞的銀行家用欺詐的手法，獲得推薦負責管理國家的財政。像統領的先例和遭遇，在東部帝國的財務官、公私的管庫人員、行省的總督和朝廷的高

官身上不時出現[62]。

十、聖索非亞大教堂的興建和富麗堂皇的風格(527-565A.D.)

　　查士丁尼的建設是用人民的血汗和財富凝聚而成，那些宏偉的巨大結構似乎是在宣告帝國的繁榮，而且也表現建築師的技術。這門技術的理論和實用主要的依據是數理科學和機械力學，在幾代皇帝的支持贊助之下獲得快速的發展。阿基米德(Archimedes)的名聲遭到樸洛克盧斯和安塞繆斯(Anthemius)的挑戰，要是一些有見識的觀眾記述他們的工程奇蹟，可以擴大哲學家的思維範圍，而不僅是引起懷疑而已。有一個眾所周知的傳說：阿基米德用聚光鏡在敘拉古(Syracuse)的港口，將羅馬人的艦隊燒成灰燼[63]。有人很肯定的表示，樸洛克盧斯用同樣的辦法，在君士坦丁堡的海港摧毀哥德人的船隻，對付維塔利安極爲大膽的冒險行爲，保護他的庇主阿納斯塔休斯[64]。有一組機械裝置固定在城牆上面，由一面磨得很亮的六角形銅鏡，加上四周許多面可以移動的多邊形較小銅鏡所組成，可以用來接收和反射正午熾熱的陽光，投射出引起燃燒的火光到兩百呎的距離[65]。信譽最佳的歷史學家對於這兩個極爲特殊的事件不置一辭，可見得

62　樸洛柯庇斯的年表內容鬆散且不爲人知，但是獲得帕吉的幫助，才知道約翰在530年被指派爲東部的禁衛軍統領，532年元月被黜，533年6月復職，541年遭到流放，548年6月到549年4月1日之間遇赦召回。阿里曼努斯也列出名單，有十個人接替他的職位，在單獨一個朝代的部分時期之內，這種人事更迭的速率眞是太快了。

63　二世紀的盧西安和格倫(Galen，公元二世紀希臘醫生、生物學家和哲學家)都隱約提到這場大火。等到一千年以後，諾納拉斯非常肯定這件事，特玆特斯(Tzetzes, Joannes，十二世紀，僧侶、歷史學家、學者和詩人)、優斯塔修斯(Eustathius，死於337年，安提阿主教)和盧西安的註釋家，都相信笛翁‧卡修斯(Cassius Dion, Cocceianus, 150-235A.D.，羅馬的行政官員和歷史學家)的記載。我在引用這些資料時，多少要感謝他們的貢獻。

64　諾納拉斯肯定有這麼一回事，沒有列舉任何證據。

65　特玆特斯描述聚光鏡的奇妙功能，他讀過安塞繆斯的數學論文，但是缺乏洞悉一切的慧眼。杜普斯(Dupuys)是一位學者也是數學家，後來他譯出這篇論文加以圖示再出版。

無法盡信，聚光鏡也從未使用於攻擊或防禦任何地點[66]。然而一位法國哲學家[67]有令人驚奇的實驗，展現出運用鏡子的可行性。要是如此，我認為這種技術應該歸功於古代最偉大的數學家，並非出於一個僧侶或詭辯家的胡思亂想。要是根據另外一種說法，樸洛克盧斯使用琉璜摧毀哥德人的船隊[68]。在現代人的印象裡，提到琉璜的名字就會產生聯想，懷疑說的就是火藥，事實上是他的門人安塞繆斯在暗中搞鬼，故意把這種懷疑傳播出去[69]。

亞細亞的綽爾（Tralles）有一位市民，他的五個兒子全都表現出色，各人都在本行表現才能和獲得成就而聞名於世。奧林庇斯（Olympius）在羅馬法的理論和應用方面極為精到；戴奧斯柯魯斯（Dioscorus）和亞歷山大成為學識淵博的醫生，前者的醫術在造福自己的同胞，他那積極進取的兄弟在羅馬名利雙收；梅特羅多魯斯（Metrodorus）是文法學家，安塞繆斯是數學家和建築師。查士丁尼聽到他們兩位的名聲，就邀請他們前去君士坦丁堡：一位在學校，對有光明前途的子弟教導辯論和演說；另一位在首都和行省，運用他的技術建造更為長久的紀念物。安塞繆斯有一間與人相鄰的房屋，不知是牆壁還是窗戶發生問題，結果引起一些爭執，鄰居季諾能言善道，使他不敵而退，但是口才很好的演說家還是敵不過機械學大師。他運用陰險而無害的手段，不明白其中道理的阿果西阿斯，在提到時表示不以為然。安塞繆斯在最下面的房間，找來幾個大缸或是大鍋裡面加滿水，

---

66 在敘拉古的圍攻作戰中，波利比阿斯（Polybius）、蒲魯塔克（Plutarch）和李維對這件事沒有表示意見。馬里努斯（Marinus）和六世紀時所有當代人士，對於君士坦丁堡的圍攻，也沒有提到聚光鏡這件事。

67 對於特茲特斯或安塞繆斯過去的狀況一點都不了解，名聲不朽的布豐（Buffon）根據個人的構想裝置一台聚光鏡，在兩百呎的距離能夠引燃厚木板。有了皇家的經費，加上君士坦丁堡和敘拉古強烈的陽光，這位天才人物怎麼不能將這種奇蹟拿來為公眾服務？

68 約翰・馬拉拉提到這件事，但是對於樸洛克盧斯和馬里努斯的名聲和為人，感到混淆，分不清楚。

69 安塞繆斯身為建築師，所建立的功勳受到樸洛柯庇斯和西林提阿流斯（Silentiarius）的大聲喝采。

上面裝著蓋子接上皮管，管子是愈向上愈細，然後順著托樑和屋橡伸到鄰居的房屋。他在大鍋下面燒火，沸騰的水產生蒸氣從皮管裡上升，受到壓縮的氣體發出力量使房屋震動，住戶嚇得發抖，奇怪全市怎麼對地震沒有感覺。另外還有一次，季諾的幾個朋友坐在桌邊，被安塞繆斯用反光鏡照得無法睜眼，非常難受，接著有巨大的響聲使他們更加害怕，是某種很特殊的物質撞擊所產生。這位演說家在元老院很悲傷的宣布，凡人遇到威力強大的對手時只有屈服，他不僅像海神那樣用三叉戟搖晃地球，還能仿效主神喬夫（Jove）發出閃電和雷鳴。安塞繆斯和他同事米勒都斯人伊希多爾（Isidore）都有這方面的才華，受到君王的鼓勵和雇用，豈不知這位君王對建築的鑑賞，已經深陷於勞民傷財的地步。受寵的建築師向查士丁尼提出他們的設計和困難，而且小心承認他們全神貫注的努力，很容易被皇帝自發的智慧或神賜的靈感所超越，何況皇帝永遠關心人民的利益、統治的光榮和靈魂的得救[70]。

君士坦丁堡的創建人奉獻給聖索非亞，或以永恆的聖智為名的大教堂，曾經兩次毀於大火，一次是約翰‧克里索斯托（John Chrysostom）遭受放逐以後，另外就是藍黨和綠黨的尼卡叛亂期間。等到動亂剛平息，基督徒的群眾就開始悔恨他們那褻瀆神聖的魯莽行為。他們要是能預見新教堂帶來的光榮，就會慶幸有那場災禍發生。不過四十天以後，虔誠的查士丁尼全力著手興建[71]。殘留的遺址全部被清除乾淨，更加宏偉的計畫已經制

---

70 樸洛柯庇斯提及一個與現況非常吻合的夢想，認為查士丁尼或他的建築師有的地方在欺騙世人。他們兩人都在幻象中看到同樣的計畫，使達拉免於洪水氾濫的災禍；耶路撒冷附近突然發現一個採石場，可以滿足皇帝的需要；一位天使被設計要永久護衛著聖索非亞大教堂。

71 古往今來的知名之士，對於聖索非亞大教堂的建築物讚不絕口，留下很多有關的著作，我特別列舉如下：(1)四位最早的遊客和歷史學家為樸洛柯庇斯、阿果西阿斯、保羅‧西林提阿流斯和伊發格流斯；(2)兩位時期較晚富於傳奇名聲的希臘人為喬治‧柯笛努斯（George Codinus）和班都里（Banduri, Anselme, 1671-1743 A.D.，古物學家和牧師）的匿名作家；(3)拜占庭古代文物學家的大師級人物杜坎吉；(4)兩位法國遊歷家，一位是十六世紀的彼得‧吉留斯（Peter Gyllius, 1490-1555A.D.，自然科學家），另一位是格里洛特（Grelot），他畫出聖索非亞大教堂的平面圖、展望圖及內視圖，他的各種平面圖規模較小，但是比杜坎吉更為正確。

定,需要得到某些土地所有人的同意。他們獲得非常優厚的報酬,因為君王不僅急著到手,而且感到良心不安。安塞繆斯要落實整個規劃的細節,他用無比的才華指揮一萬個工匠,發出的工資用足色的銀兩支付,從未延誤到晚上。皇帝自己穿著亞麻短上衣,每天查看快速的進度,運用他的關切、熱心和獎賞,鼓勵他們更加賣力工作。這座新建的聖索非亞主座教堂由教長出面奉獻,從奠基之日起花了五年十一個月另十天的時間。在莊嚴的典禮儀式中,查士丁尼用虔誠的自豪語氣高呼:「榮耀歸於上帝,只有祂相信我能夠完成這樣偉大的工作,啊!所羅門!我已經勝過你了[72]!」

但是沒有等到二十年,羅馬人的所羅門王最感驕傲的建築被一場地震摧毀,圓頂的東半部倒塌。這位毅力驚人的君王重新修復,仍能保持原來的華麗和光輝。在他統治第三十六年,查士丁尼舉行這座教堂第二次奉獻大典,經過十二個世紀以後,仍舊是他留名千古的宏偉紀念物。索非亞教堂現在已經改建為主要的清真寺[*73],它的建築形式為土耳其蘇丹所模仿,古老莊嚴的圓頂繼續激起希臘人的真心讚美,給歐洲的旅人帶來理性的驚奇。訪客的視線只看到半圓頂和搭棚式的屋面而感到失望,西邊正面是主要的入口,既不簡潔也不夠壯觀,整體規模不如幾所拉丁主座教堂。但是建築師首次建造一個飄浮在空中(空中樓閣式)的頂樓,大膽的設計和巧妙的施工讓人讚賞不已。聖索非亞教堂的穹頂弧度非常微小,頂深只有直徑的六分之一,圍繞著二十四個窗戶做為照明之用[*74]。穹頂的直徑是一百一

(續)────────────

　　我採用格里洛特所提各種數據,會酌情加以修正,因為現在不可能讓基督徒爬上圓頂,所以高度是使用伊發格流斯的資料,再比較吉留斯、格里夫斯(Greaves, John, 1602-1652 A.D.,數學家和自然哲學家)和東方地理學家的記錄。

72　所羅門神殿的四周環繞著庭院和柱廊,但是做為上帝的住所,正確的結構也不過高五十五呎,寬度是三十六又三分之二呎,長度是一百一十呎(要是我們用埃及或希伯來肘尺合二十二吋來換算)。按照樸里多(Prideaux, Humphrey, 1648-1724 A.D.,英國東方學家)的說法是規模很小的教區教堂,但是有少數幾所聖廟價值四、五百萬英鎊。

*73　[譯註]穆罕默德二世攻下君士坦丁堡後,將聖索非亞大教堂改為清真寺,拆除所有的圖像和飾物,在寺外的四個角建立細長高聳的叫拜塔,使整個建築物更為調和,減少大教堂的沉重感。

*74　[譯註]現在看到的穹頂,結構已經有所改變,是用四十個肋架圈再加蹼板組成,

十五呎，最高的中心位置掛著新月來替代十字架，從頂點到地面的垂直高
度是一百八十呎。圓頂拼合的環狀體非常輕巧，坐落在四個堅固的拱門上
面，拱門再由四個厚重的扶壁支撐，在北面和南面再用四根埃及花崗岩石
柱加強。整個建築物的形狀像嵌在方盒裡的希臘十字架，確實的寬度是兩
百四十三呎，最大長度是兩百六十九呎。從東邊的聖所到九個西門，打開
以後通往中庭，再到narthex或稱為外部柱廊，柱廊是地位最卑下的場所，
供悔罪者使用。教堂的中殿或稱大堂坐滿虔誠的會眾，但是兩性要分開，
上方或下層的樓座比較隱密，供婦女使用。在北面和南面扶壁之外，最靠
後面的地方安置皇帝和教長的寶座，中間有一道欄杆從唱詩班的位置把中
殿分為兩半。這裡開始到聖壇階梯整片區域，是教士和領唱人做禮拜的位
置。基督徒耳熟能詳的聖壇，坐落在東邊最奧祕的所在，特別建造成半圓
柱的形狀。這個神聖的地點有幾道門通往聖器室、法衣室、洗禮室以及相
鄰的建築物，這些都能表現出禮拜儀式的排場，或者專供高級教士使用。

　　查士丁尼記得過去的災難，特別做出明智的決定，除了用做房間的房
門，新建築物不准使用任何木料。各個部分對材料的選用，要考慮堅固、
輕巧和華麗的原則。支撐圓頂的實心扶壁，是用砂岩鑿削三角形和正方形
的磚塊砌成，外面用鐵箍加強，中間的細縫灌鉛液和石灰，使磚塊緊密黏
合在一起。頂樓的重量因採用質輕的建材得以大幅減低，像是能夠浮在水
面的輕石，以及來自羅得島的磚塊，重量只有普通磚的五分之一。建築物
的整體結構全用磚塊這種常用的材料砌成，在外部再加上一層大理石。聖
索非亞教堂的內部，像是頂樓、兩個較大和六個較小的半圓頂、牆壁、上
百根圓柱以及地面，全部用富麗堂皇和形形色色的圖案和繪畫來裝飾，就
是蠻族看到也會心悅神怡。

　　有一位詩人[75]曾經見過聖索非亞教堂早期金碧輝煌的景象，列舉出十

（續）─────────────────────
　　　所以開了四十個窗子，而不是早期的二十個。

75 西林提阿流斯用難以形容的詩意語言，描述聖索非亞大教堂所使用的各種石材和
　 大理石：(1)卡里斯提亞(Carystian)大理石，灰白色帶有鐵銹狀條紋；(2)弗里基
　 亞大理石，兩種顏色都是玫瑰紅，一種帶有白色的暗影，一種是紫色暗影帶著銀
　 色花紋；(3)埃及斑石，上面有微小的星狀斑點；(4)拉柯尼亞的綠色大理石；(5)

或十二種大理石、碧玉石和斑岩的彩色、光澤和紋理，表現出大自然的千變萬化，彷彿是一位技藝高超的畫家調製而成。基督的勝利用掠奪異教最後的寶藏加以裝飾，但是這些貴重石材的主要部分來自小亞細亞、希臘的島群和陸地、埃及、阿非利加和高盧各地的採石場。羅馬一位虔誠的貴婦捐贈八根斑岩石柱，原來是奧理安奉獻給太陽神廟；以弗所討好皇帝的行政官員，呈送另外八根綠色大理石柱，全部都以體積碩大和色彩華麗廣受讚譽。那些造形怪異的柱頭，無論任何式樣的建築都難以採納，令人見到更是嘖嘖稱奇。各式各樣的裝飾和圖畫用馬賽克表現出奇特的形狀，還有基督、聖母、聖徒和天使的繪像，都會使希臘人的迷信暴露在危險之中，全部受到土耳其狂熱分子的毀傷和塗抹。每件物體根據所賦予的神聖性質，有的用金銀打成很薄的葉片包在外層，有的用貴重金屬鑄成實體。唱詩班的欄杆、各種支柱的柱頭、門和樓座的裝飾，全部鍍銅，光彩奪目的頂樓使訪客眼花撩亂。聖所用去四萬磅白銀，祭壇的聖瓶和壇面用純金製成，上面鑲著價值連城的寶石。教堂的建築在進度還不到兩肘尺的高度，就已經花掉四萬五千二百磅白銀，全部的費用是三十二萬磅。每位讀者可按自己相信的程度，用黃金或銀兩的價格加以估算，就最低的標準而言也不會少於我們的幣值一百萬英鎊。一座規模宏偉的聖殿是民族文化和宗教信仰備受頌揚的里程碑，站在聖索非亞教堂圓頂下面的狂熱信徒，難免會有這種體認，這裡是神的「住所」，甚至是神所建造。不過，要是拿在聖殿表面爬行的渺小蟲豸來加以比較，這種巧奪天工的建築是多麼的平庸！這種精益求精的工作是多麼的無聊！

(續)————————————————

　　卡里亞大理石，來自艾亞西斯(Iassis)山脈，上面有紅色和白色橢圓形斑點；(6)利底亞(Lydian)大理石，灰白色上面有紅色花紋；(7)阿非利加或茅利塔尼亞大理石，金色或金黃色；(8)塞爾特(Celtic)大理石，黑色有白色條紋；(9)博斯普魯斯大理石，白色有黑邊。此外還有普洛柯尼西亞(Proconnesia)大理石用來鋪地面，對於帖撒利、摩洛西亞(Molossia)和其他地區的大理石就沒有多加描述了。

十一、查士丁尼酷愛工程建設及其重大成果(527-565A.D.)

　　查士丁尼在首都和行省曾經興建許多工程，只是規模較小無法持久而已。要是對經得起時間考驗的建築物詳加介紹，也應該對不知名的部分稍加描述[76]。僅僅在君士坦丁堡和鄰近的郊區，他就修建二十五座教堂，奉獻給基督、聖母和聖徒，大部分裝飾著黃金和大理石。這些教堂精心選擇不同的地點興建，有的在人煙稠密的廣場，有的在風景優美的樹林，或是位於海岸的邊緣，或是位於高聳的台地，能夠俯瞰歐亞大陸。君士坦丁堡的聖使徒教堂和以弗所的聖約翰教堂，外表看來取法於類同的模式，圓頂仿照聖索非亞教堂的頂樓，不過聖壇刻意安排放在圓頂正下方，位於四個寬廣柱廊的交會處，更能精確呈現希臘十字架的形象。皇家的信徒選擇最難討好的地點興建教堂，那裡沒有適用的地面也無法對建築師供應材料，然而耶路撒冷的聖母對此應該感到心滿意足。教堂位於一個平台上，是把深谷的一部分填上土方，到與山頂同樣的高度。從附近採石場把石塊鑿成規定的形狀，每一塊石磚裝在大車上，要四十頭健壯的牛才拉得動，道路拓寬以運送最重的建材。黎巴嫩供應高聳入雲的雪松作爲教堂的棟樑，恰好發現紅色大理石的礦脈可以製造美麗的石柱，其中有兩根用來支撐門廊，估計尺寸在全世界首屈一指。皇帝虔誠而慷慨的施捨遍及整個聖地，如果查士丁尼爲男女僧侶興建和修復很多修道院，就理性而言可以給予譴責，然而他爲救助疲憊的朝聖者，開鑿水井和設立醫院，這種慈善行爲一定受到稱讚。分裂主義盛行的埃及被排斥在皇家的恩典之外，敘利亞和阿非利加則獲得若干賑濟，可以紓解戰爭和地震的災難。迦太基和安提阿能

76　樸洛柯庇斯撰寫《雄偉的建築》共有六冊，分別是第一冊限於君士坦丁堡的建築物，第二冊包括美索不達米亞和敘利亞，第三冊是亞美尼亞和黑海周邊地區，第四冊是歐洲，第五冊是小亞細亞和巴勒斯坦，第六冊是埃及和阿非利加。皇帝或歷史學家把意大利給忘掉，樸洛柯庇斯在皇帝完成最後的征戰(555A.D.)之前，出版這部歌功頌德的作品。

從一片焦土中恢復生機，必然尊重仁慈的恩主[77]。教會時曆書上列名的每位聖徒，幾乎都獲得興建教堂的榮譽，帝國每一個城市都享有實質的好處，像是興建橋樑、醫院和供水渠道。然而這位國君的慷慨有其嚴厲的一面，絕不會縱容臣民沉溺於浴場和劇院的奢華享受。就在查士丁尼致力於公眾服務的時候，未曾忘懷維持自己的尊嚴和舒適。拜占庭皇宮被大火摧毀，修復以後顯得煥然一新，更加富麗堂皇。有些人認為從它的前廳或大堂就可以一窺全貌，這個前廳就其大門或屋頂的形式，可以稱為chalce或銅廳。寬廣的正方形基座上面架著圓形屋頂，下面用很多石柱支撐，地面和牆壁鑲嵌各種顏色的大理石，像是拉柯尼亞(Laconia)的綠玉色、弗里基亞的火紅色和白色，裡面還顯現深藍色的紋脈。圓頂和周圍有馬賽克拼成的圖畫，表現阿非利加和意大利作戰凱旋的光榮事蹟。在普洛潘提斯海對面的亞洲海岸，離東邊的卡爾西頓不遠，宮廷建造豪華的赫勞姆(Heraeum)皇宮和花園，供給查士丁尼特別是狄奧多拉避暑之用。當代的詩人對於自然和藝術的配合、林木、噴泉和海浪的和諧，這些前所未見的美景真是讚不絕口。然而，伴隨宮廷前來的大批侍從人員，抱怨他們的住處非常不便。就是山林女神也受到波菲利歐(Porphyrio)的騷擾而驚慌不已，這條極其有名的鯨魚寬十肘長三十肘，為害君士坦丁堡海域達半個世紀以後，終於擱淺在桑格里斯(Sangaris)河口[78]。

查士丁尼倍增歐洲和亞洲的防衛力量，不過這種怯懦和無效的準備工作一再重複進行，把帝國的弱點暴露在一位哲學家的慧眼之中[79]。從貝爾格勒到黑海，從薩維(Save)河的匯流處到多瑙河河口，有八十多處守備的據點連成一道防線，沿著這條巨川的河岸向前延伸。單獨的瞭望塔改建為

---

77 安提阿遭受地震的災難後，查士丁尼一次賜給四千五百磅黃金(十八萬英鎊)做為整修的費用。

78 地中海海域不適合鯨魚的覓食和繁殖，所以樸洛柯庇斯所提到的波菲利歐，很可能是四處漂游的外來者。在北極圈和北回歸線之間，大洋裡的鯨類可以成長到五十、八十或一百呎的長度。

79 孟德斯鳩評論查士丁尼的帝國就像諾曼人入侵時的法國，每個村莊都有嚴密的防護，但是從來沒有如此的衰弱。

寬大的城堡，原來空虛無人的城市，工程人員按照地形的需要，將城牆加以縮小或擴大，用遷移的僑民和派遣的守備部隊充實人口的數量。在圖拉真過去建橋的遺址[80]，現在有一個堅強的堡壘受到嚴密的防衛，有幾處軍事駐地已經越過多瑙河，用來展現羅馬的威名。但是這種做法適得其反，不能達成儆人的效果。蠻族每年入侵時，帶著藐視的神情穿越這些無法發揮作用的防衛工事，帶著掠奪的戰利品歸去。邊疆的居民不能依賴正規的防務獲得庇護，被迫保持毫不鬆弛的警戒，用自衛的力量防守分離的居留地。位置偏僻的古老城市在各方面加強工事，查士丁尼新設立的基地雖然過於急迫，仍想要獲得堅如金湯和人煙稠密的美譽。

　　虛榮心極重的君王把自己的出生地視為「至福之所」，加以百般照顧和尊敬。在查士丁尼特區的稱號之下，名不見經傳的小村落陶里西姆(Tauresium)，成為大主教和統領的所在地，管轄的區域包括伊里利孔七個戰事頻仍的行省[81]。後來這個地點以訛傳訛稱為朱斯廷迪爾(Giustendil)，位於索非亞的南邊二十哩，現在是土耳其一個行政區的首府[82]。皇帝為了衣錦榮歸，很快在鄉親面前建造一所主座教堂、皇宮和一條供水渠道，加上公眾和私有的建築物，使得這座皇家城市更為偉大，同時也修築堅固的城牆，亙查士丁尼在位期間，能夠阻止匈奴人和斯拉夫人無攻城能力的襲擊。達西亞、伊庇魯斯、帖撒利、馬其頓和色雷斯所屬各行省，建立無數的城堡，看起來滿布整片國土，能夠遲滯蠻族的行動，使得南下牧馬大

80　樸洛柯庇斯肯定的表示，橋樑的殘址對多瑙河的航運造成妨害。如果建築師阿波羅多魯斯(Apollodorus)對自己的工程留下詳細的說明，就可以修正笛翁‧卡修斯難以置信的神奇傳說。圖拉真的橋樑包括二十或二十二個石礅，上面架著木製橋桁，河床很淺而且水流平緩，整個寬度沒有超過四百四十三或五百一十五突阿斯(譯按：toises，長度單位，相當於一點九五公尺或六點四呎)。

81　包括的七個行省是山地諾利孔(Noricum Ripense)、濱海諾利孔(Noricum Mediterraneum)、薩維亞(Savia)、第一潘農尼亞(Pannonia Prima)、第二潘農尼亞(Pannonia Secunda)、華倫里亞(Valeria)和達瑪提亞(Dalmatia)。查士丁尼特別提到他建的城堡已經越過多瑙河。

82　朱斯廷迪爾區是魯米利亞(Rumelia)大行政區(beglerbeg)所轄二十個區之一，下面還有四十八zaim和五百八十八timariot。

肆剽掠的願望落空。皇帝曾經整建或修復六百多座此種類型的守備據點,但是看來讓人不得不相信,絕大部分的據點都是方形或圓形,中間僅有一座石塊或磚頭砌成的高塔,四周圍繞一道城牆或壕溝,在最危急的時候,對鄰近村莊的農人和牲口提供相當的保護[83]。雖然這些軍事工程已經耗盡國家的財源,但還是無法讓查士丁尼和歐洲的臣民感到放心,不再憂慮蠻族的進犯。

安契拉斯(Anchialus)的溫泉位於色雷斯,非常安全,可以做爲療養的聖地;提薩洛尼卡富饒的牧場受到錫西厄人騎兵部隊的蹂躪;田佩(Tempe)風景優美的谷地,離開多瑙河有三百哩遠,不斷傳來殺伐的聲音使人驚惶不已[84]。只要是不設防的地點,無論距離多遠或多麼偏僻,都無法享受和平的生活。色摩匹雷(Thermopylae)[*85]的隘道好像可以保護希臘的安全,但是通常讓人失望,查士丁尼倒是盡最大努力來加強,修建一道堅固的邊牆,從海岸的水際穿過森林和山谷,抵達遙遠的帖撒利山區一直修到絕頂,占領所有可用的通道,還派遣一支兩千士兵的守備部隊,替代原來倉卒召集的農夫,沿著修建的防壁駐紮,設置穀倉和貯水池供應官兵的需要。這種準備工作只是激起畏戰的心理,說來倒是未卜先知的事,修建舒適的堡壘不過便於部隊的後撤罷了。科林斯被地震摧毀的城牆,以及雅典和普拉提亞(Plataea)倒塌的堡壘,都很仔細加以修復。蠻族知道未來要進行曠日持久的圍攻,對於所帶來的痛苦無不感到失望。科林斯地峽在強化防禦力量以後,伯羅奔尼撒那些沒有城牆的城鎮也得到掩護。

歐洲的終端位置另外還有一個半島,通過色雷斯・克森尼蘇斯(Thracian Chersonesus)的三天行程到達海邊,與對面的亞洲海岸形成海倫

---

83 這些築城工事可以與明格利亞的城堡作一比較,明格利亞地區都是天然的阻障。

84 田佩山谷位於歐薩(Ossa)和奧林匹克兩個山脈之間,佩尼烏斯(Peneus)河穿流而過,僅有五哩長,有的地方寬度沒有超過一百二十呎。普里尼用優雅的文字描述翠綠山谷的美景,伊利安人(Aelian)更將它的名聲四處傳播。

*85 [譯註]色摩匹雷是希臘歷史最著名的雄關要地,從北部地區進入希臘中部和南部的門戶,位於卡利德洛繆斯山和優里配斯水道之間,羊腸小徑通過海岸的懸崖絕壁,真有「一夫當關,萬夫莫敵」的氣勢。

斯坡海峽。半島這一部分有十一個人口眾多的市鎮，到處都是高聳的森林、美好的草原和耕種的農田。過去有一位斯巴達將領，曾在長達三十七個斯塔迪亞或弗隆*86的地峽上面設防，時間是查士丁尼統治之前九百年87。當時是一個崇尚自由和英勇的時代，非常簡陋的防壁或許可以免於遭受突然的襲擊。樸洛柯庇斯對古代的作戰優勢並不清楚，所以他讚許這道城牆，說不僅構建結實，而且有兩道胸牆，兩邊的護壁一直延伸到大海。但如果不是每個城市，尤其是加利波利(Gallipoli)和塞斯都斯(Sestus)，有特別的防護措施來保障安全，那麼這道城牆的強度仍不足以防衛克森尼蘇斯整個地區。他們用強調的口吻把它稱爲「長城」，這項工程就興建的目的而論是一種羞辱，只是執行的成效使它獲得讚許。首都的富裕會散布到鄰近地域，君士坦丁堡城區眞是得天獨厚，自然的美景中裝點元老院議員和富有市民豪華的花園和別墅。這種財富對大膽和貪婪的蠻族產生莫大的吸引力，最高貴的羅馬人處在和平的怠惰環境，成爲錫西厄人的階下囚。他們的君王從皇宮裡看到烽煙四起，大火即將蔓延到皇家城市的城門。阿納斯塔休斯被迫要建立最後的邊疆，距離皇宮已經不到四十哩。他的長城從普洛潘提斯海到黑海達六十哩，等於正式宣告現有的武力已不足恃。在大難臨頭的緊急狀況下，明智的查士丁尼用不屈不撓的精神，增建堡壘和工事，構成新的防線。

十二、艾索里亞的平服及邊區防線的建立(492-565A.D.)

等到艾索里亞人屈服以後，小亞細亞仍舊沒有外敵入寇，也不需要興建防衛工事。這些慓悍的蠻子拒絕成爲高連努斯(Gallienus)的臣民，在獨立和掠奪的生活中堅持兩百三十年之久。武功最強的君王仍然顧慮山區的崎嶇險阻和土著的負嵎頑抗，他們兇狠的精神有時會因禮物而趨向緩和，

---

*86 [譯註]furlong，長度單位相當於八分之一哩。
87 見色諾芬的作品。在與拜占庭發言激烈的人士進行冗長的對談後，一位希臘作家眞誠、簡要而又文雅的言辭，竟能如此使人耳目一新。

也會因畏懼而知所收斂。一位軍方的伯爵率領三個軍團,將永久和令人汗顏的駐地指定在羅馬行省的中央位置,只要等到警戒的力量鬆弛和轉變,輕裝的分隊立即從山間衝出,入侵亞細亞平靜的富裕地區。雖說艾索里亞人的身材並非異常高大,作戰也不是特別勇敢,但環境迫得他們奮不顧身,經驗教導他們遂行掠奪戰爭的技巧。他們的進軍祕密而迅速,攻擊村莊和沒有守備的城鎮,四處流竄的小股匪徒經常騷擾海倫斯坡海峽和黑海一帶,進犯到塔蘇斯(Tarsus)、安提阿和大馬士革的門口。在羅馬軍隊接到清剿命令,或遙遠的行省計算出損失之前,他們已將擄獲的戰利品,運進他們那難以接近的山區。叛逆和強盜的罪行使他們喪失一切權利,也不夠資格成為國家的敵人。詔書明確指示所有的官員,即使在復活節的慶典期間,對艾索里亞人的審判和定罪,都是有功於社會國家的正義與虔誠行為[88]。要是俘虜被發配為家用奴隸,他們與主人的私下口角會使用刀劍和匕首來解決。要保持公眾安靜的有效辦法,是禁止危險的囚犯擔任這類的勤務。

當他們的同胞塔卡利西烏斯(Tarcalissaeus)也就是季諾登極稱帝,重用一幫忠誠而強悍的艾索里亞人,他們擺出傲慢的姿態侮辱宮廷和城市,獲得每年五千磅黃金的賞賜,作為效忠的報酬。他們爭相到城市謀取財富,造成山區人口減少,奢侈的生活使他們無法保持強壯和堅忍的體魄,等到分散開來混合到人類之中,再也無法為爭取貧窮和孤獨的自由而樂觀奮鬥。季諾逝世以後,接位的阿納斯塔休斯廢止應得的恩俸,將他們交給人民去報復,不僅把他們逐出君士坦丁堡,並準備發起一次戰爭,要這個民族在勝利和奴役的結局中做一了斷。前任皇帝的一位兄弟篡奪奧古斯都的頭銜,在季諾手裡累積的軍隊、錢財和庫儲,全部強有力支持他的帝業。他的旗幟下有十五萬蠻族,土生土長的艾索里亞人只占極少比例。這些隊伍首次在一位好戰主教的主持下,被授與神聖的使命。這群烏合之眾

---

88 懲罰非常嚴厲,可能是一百磅黃金的罰鍰、革職甚或判處死刑。公眾的安寧不過是藉口,主要是季諾想要獨占艾索里亞人的英勇及勤務工作。

在弗里基亞平原，被作戰英勇軍紀嚴明的哥德人擊敗，但是這場為時六年
的戰爭(492-498A.D.)，幾乎耗盡阿納斯塔休斯皇帝奮發圖強的勇氣。艾
索里亞人退回他們的山區，城堡被不斷圍攻，成為一片焦土，通往海洋的
交通線全部被截斷，最勇敢的領導人物力戰而亡，倖存的酋長在被處死以
前，腳鐐手銬拖過橢圓形競技場遊行示眾，有一群年輕人被運到色雷斯去
墾殖，剩餘的人民對羅馬政府只有屈服。然而在他們的心志墮落到奴性的
水平時，已經有幾個世代轉瞬而逝。托魯斯山地人煙稠密的村莊，產生無
計其數的騎兵和弓箭手，他們抗拒政府強迫徵收貢金，但是願意在查士丁
尼的軍隊裡服役。因而查士丁尼的文職官員，像是卡帕多西亞的總督、艾
索里亞的伯爵、利卡奧尼亞(Lycaonia)和皮西底亞(Pisidia)的法務官，都
被授與指揮軍隊的權力，好約束無法無天的搶奪和仇殺惡習[89]。

　　要是我們將視界從北回歸線延伸到塔內斯河口，在這一方面可以看到
查士丁尼的重點工作，是要抑制衣索匹亞的野蠻族群[90]；而在另一方面，
要在克里米亞構築一道很長的邊牆，用來保護友善的哥德人，這個族群有
三千牧人和武士[91]。從克里米亞半島到特里比森德(Trebizond)，在黑海的
東邊形成一個圓弧，此地的安全受到堡壘、聯盟或宗教的保護。拉齊卡
(Lazica)在古代稱為柯爾克斯(Colchos)，現代叫做明格利亞(Mingrelia)，
很快成為一場重要戰爭所要奪取的目標。特里比森德這個地點在後世成為
一個傳奇帝國的首府，現在對查士丁尼的大手筆極為感激。他在此地建造

89　樸洛柯庇斯注意到他們之間的軍事特性，從基本上來看有不同之處，然而利卡奧
　　尼亞人和皮西底亞人在早期，為了維護自由，反抗波斯國君。查士丁尼對於古老
　　的利卡安(Lycaon)和皮西底亞帝國有錯誤的認識，說利卡安人在訪問羅馬以後(早
　　在伊涅阿斯之前)，獲得一部分民眾，並得到利卡奧尼亞的稱呼。

90　戴克里先在埃里芳廷(Elephantine)島興建祭壇，來舉行年度的奉獻犧牲和宣誓結
　　盟，修好民族之間的友誼。查士丁尼基於宗教情緒，不以政策考量而加以廢止。

91　這些沒有野心和企圖的哥德人拒絕追隨狄奧多里克的旗幟，遲到十五和十六世
　　紀，在卡發(Caffa)和亞速(Azoph)海峽之間，還發現這個民族的蹤跡。他們曾經
　　引起布斯比奎斯(Busbequius, Augerius Gisleniu, 1522-1592A.D. 法蘭德斯派駐土
　　耳其的外交家)的好奇，但是到了近世，已經在《地中海東部任務》、托特(Tott,
　　François de, 1733-1793A.D. 外交家和軍人)和佩松尼爾(Peyssonel, Claude Charles de,
　　1700-1757A.D. 歷史學家和人類學家)的記錄中消逝。

教堂、供水渠道和城堡，並且在堅硬的岩石地面鑿出很深的壕溝。從這個濱海的城市，一道五百哩長的邊疆防線直達色西昔姆(Circesium)的森林，這是羅馬人在幼發拉底河上最後一個駐軍位置。

就在特里比森德的正上方，向南有五天的行程，這片國土突然急劇升起，上面覆蓋不見天日的森林，到處是崎嶇難行的崇山峻嶺，雖然沒有阿爾卑斯山和庇里牛斯山那樣高不可攀，蠻荒的程度倒很相似。在這樣嚴酷的氣候裡[92]，冰雪很少融化，果實生長遲緩而且風味不佳，甚至蜂蜜都有毒，最辛勞的耕種也限於一些平緩的山谷，放牧的部落從牲口獲得肉類和奶品，靠著極其少量的食物維生。卡利比亞人(Chalybians)[93]獲得這種稱呼，養成這種性格，完全是他們的土壤像鐵一樣堅硬。從居魯士那個時代起，雖然有各種不同的名稱，像是迦爾底人(Chaldaeans)和札尼亞人(Zanians)，但他們聽從延續多少世代的指示，要從事戰爭和掠奪。查士丁尼在位時，他們承認上帝和羅馬的皇帝，在最重要必須通過的關隘修建七處城堡，使波斯國王的野心無法向外擴展。幼發拉底河的源頭從卡利比亞的山區流出，開始向西像是要注入黑海，然後轉向西南，從薩塔拉(Satala)和美利提尼(Melitene)(查士丁尼修復以後，成為小亞美尼亞的屏障)的城牆下方流過，逐漸接近地中海，最後為塔魯斯山所阻，幼發拉底河結束漫長而曲折的行程，向著東南方流入波斯灣。

在越過幼發拉底河的羅馬城市中，我們指出兩個最近的據點，依狄奧

---

92 圖尼福(Tournefort, Joseph Pitton de, 1656-1708A.D.，法國旅行家)曾經描述過這片鄉土，這位技術純熟的植物學家立即發現，當地的樹木會污染蜂蜜。根據他的說法，盧克拉斯(Lucullus)的士兵確實為了此地的寒冷而驚慌不已，甚至就是位於平原的艾斯倫(Erzerum)，有時6月都會降雪，很少能在9月以前完成作物的收割。亞美尼亞的山地位置低於北緯四十度，但是在這片我居住的高原地區，大家知道只要經過幾個鐘頭的攀登，旅客就能從朗格達克(Languedoc)進入挪威的天候之中。一般認為，到達高度為兩千四百個突阿斯的界線，等於處於北極圈的嚴寒世界。

93 斯特拉波、賽拉流斯(Cellarius, Christopherus, 1638-1707A.D.，歷史學家)和弗里瑞特(Freret, Nicolas, 1688-1749A.D.，學者和知識分子)都曾研究過卡利比亞人或迦爾底人的血緣和近親關係。要是根據色諾芬所寫的冒險史，他在撤退時所迎戰的土著，就是同一種蠻族。

多西及殉教者的遺骨命名，還有阿米達(Amida)和埃笛莎(Edessa)這兩個省城，在每個時代的歷史中都受到讚譽。城市的防衛強度遵照查士丁尼的指示，是根據所處位置的危險性而定。一道壕溝或柵欄足以拒止缺乏持續戰力的錫西厄人騎兵部隊，但是為了對抗波斯國王的兵力和資源，抵擋正規的圍攻作戰，需要更為精巧和複雜的工程。對方的工程人員明瞭各種進攻的方法，指導深入地下的對壕作業，提升攻城平台到防壁的高度，用軍事機具衝擊最堅固的城牆基座，有時用大象推著活動攻城塔，發起全線的攻擊。東部的主要城市雖然有距離遙遠和位置深入的不利條件，但從民眾的信仰狂熱獲得彌補。他們支持守備部隊防衛自己的家園和宗教，上帝之子曾給予難以置信的承諾，絕不會放棄埃笛莎，使得市民充滿驍勇的信心，圍攻者在疑慮和驚恐之中士氣日益低落[94]。亞美尼亞和美索不達米亞所屬城鎮不斷增強守備的力量，能夠控制陸地或水道的前哨陣地，通常用石塊興建無數的堡壘，在倉卒狀況下建材改用泥土或磚頭。查士丁尼詳細考察每一處哨所，採用無情的預防措施，把戰爭引導到一些荒涼的谷地，當地的土著依靠貿易和通婚與雙方構成連繫，對君王之間的不和與爭執毫無所悉。幼發拉底河的西面是一塊沙質沙漠，延伸六百哩直抵紅海。對於兩個敵對帝國的擴張野心，大自然將一無所有的孤寂之地插入其間。阿拉伯人直到穆罕默德興起，始終只是一群無法征服的強盜。羅馬人對於和平的保證感到自負，他們在最易受到攻擊的一面，反而忽略在敘利亞的防衛工作。

十三、波斯的興衰與東部帝國的和戰關係(488-565A.D.)

民族之間的仇恨，至少是戰爭所產生的影響，因一紙和平協定而消弭

---

94 希羅多德(Herodotus)曾提到這個故事，口吻半信半疑，由樸洛柯庇斯轉引。上帝的應許不是優西庇烏斯原始的謊言，但是日期至少是從公元400年開始，還有第三種謊言就是維洛尼卡(Veronica)，很快從前兩者中產生出來。由於埃笛莎被敵軍奪去，蒂爾蒙特必須否認有上帝的應許。

於無形,並且延續八十年之久。冒失而又不幸的佩羅捷斯(Perozes)發起遠征,對付尼泰萊特人(Nepthalites)或稱白匈奴,季諾皇帝派遣的使臣為了陪伴波斯國王,也參加此一行動。這時白匈奴的征戰從裏海蔓延到印度的腹地,國王的寶座上面鑲滿翡翠[95],兩千頭大象排成陣式支援騎兵部隊的作戰[96]。波斯人遭到兩次挫敗,作戰不利,難以脫逃,匈奴人運用軍事謀略贏得連續的勝利。波斯國王只有屈服,推崇蠻族的權勢,隨後皇家的俘虜被釋放回去。祆教祭師很狡猾的詭辯,想用拙劣的手法逃避所受的羞辱,勸告佩羅捷斯要注意升起的太陽。居魯士的繼承人氣憤填膺,竟然忘記將要面對的危險和感恩之心,帶著積恨難消的心理再度發起攻擊,結果是喪失他的軍隊和自己的性命(488A.D.)。佩羅捷斯之死等於將波斯拋棄給國外和國內的敵人,有十二年的時間波斯處於戰亂和災難之中,直到他的兒子卡貝德斯(Cabades)或稱柯巴德(Kobad)重振雄風,雪恥復國。

　　阿納斯塔休斯刻薄而又極不友好的吝嗇,是引起一次羅馬戰爭(502-505A.D.)的動機或藉口。匈奴人和阿拉伯人參加波斯人的陣營隨軍出征,亞美尼亞和美索不達米亞的堡壘工事這時正處於坍塌或殘破的狀況。瑪提羅波里斯(Martyropolis)的總督和人民無法完成守備的任務,很快獻城投降,皇帝對他們不再存有感激之心。狄奧多西波里斯(Theodosiopolis)被大火摧毀,謹慎的鄰人認為自己的做法正確。阿米達遭受長期的圍攻,難逃毀滅的命運。卡貝德斯進行三個月的攻城作戰,已經損失五萬士兵,仍然無法獲得成功的希望。然而在這種努力歸於徒然的時刻,祆教祭司推論出一廂情願的預兆,因為他們看到對方將婦女部署在防壁上面,就連最隱

95　羅馬人從阿杜利斯商家所買到的翡翠來自印度,然而在估計寶石的價格時,錫西厄的翡翠品質最佳,其次是貝克特里亞(Bactria)的產品,衣索匹亞只能列為第三等。我們對於翡翠的礦區和生產的情況一無所知,甚至可以這麼說,古人所知道的十二種類別,我們不知能擁有多少種。匈奴人在這次戰爭中,獲得世界最好的珍珠,是從波斯人的手裡奪走,樸洛柯庇斯對這件事提到很荒謬的傳說。

96　從奧古斯都在位到賈士丁一世,印度－錫西厄人(Indo-Scytnae)始終統治著這個地區。要知道他們的起源和征戰,可以參閱丹維爾的著作。在二世紀的時候,他們是統治拉里斯(Larice)或稱古澤拉特的君主。

密的美色也都暴露在攻擊者的眼裡，足證已到山窮水盡的地步。最後，在
一個平靜的夜晚，攻擊者登上最容易進入的高塔，只有幾名僧侶在擔任守
衛，由於要履行節期的職責，都陷入飲酒的沉睡之中。雲梯在當天的清晨
架起，卡貝德斯親自到現場督導，下達嚴厲的命令，抽出佩劍迫著波斯人
發起攻擊。在波斯國王的佩劍入鞘之前，八千名居民為贖罪而流血，全部
喪失性命。阿米達陷落以後，戰爭拖延三年，不幸的邊區飽嘗戰亂之苦。
阿納斯塔休斯拿出黃金已經太遲，他的部隊數目比不上將領的數目，居民
逃走，整個國土十室九空，無論是生者或死者都得不到保護，在荒野之中
成為猛獸的食物。埃笛莎的頑抗以及無法獲得戰利品，讓卡貝德斯心生和
平的念頭，他把征服的成果賣到非常高昂的價格，還是回到原本的邊界。
這條邊界雖然標示著殺戮和蹂躪，仍舊用來分隔兩個帝國。為了防止再度
發生慘劇，阿納斯塔休斯決定建立新的殖民區，非常堅固足以抗拒波斯人
的勢力，而且要深入到亞述地區，面對攻勢作戰的威脅和運用，配置的部
隊有防守行省的能力。

　　阿納斯塔休斯為了達成這個目標，刻意整建達拉(Dara)，並且遷進大
量人口，這個地點離尼昔比斯四十哩，到底格里斯河有四天的行程。極為
倉卒進行的工程，在查士丁尼不屈不撓的堅持下獲得相當改進，根本不必
強調守備地點的重要性，達拉的防衛設施能夠代表當代的軍事建築和結
構。整個城市被兩道城牆所環繞，保持五十步的間隔，在受到圍攻狀況不
利的時候，能夠退守最後的城堡。內牆不僅固若金湯，而且造型優美，是
極具歷史價值的紀念物。城牆的高度從地面算起有六十呎，角塔高達一百
呎，射孔小但是為數極多，投射武器能發揮威力，使敵人吃足苦頭。配置
在防壁的士兵受到雙層頂樓的掩護，第三層是寬闊而又安全的平台，位於
角塔的頂端。外牆稍低但是更加結實，每座防塔都受到一個方形碉堡的掩
護，堅硬的岩石地層使挖坑道的工具無用武之處。城市東南的地面比較鬆
軟，接近路線受到新建工程的阻礙，經過改良以後外形成半月狀，兩條或
三條壕溝將溪水引進灌滿，同時最技巧的工作是利用河流，供應居民飲
用，給圍攻者帶來災難，並預防天然或人為氾濫的危害。達拉有超過六十

年的時間，可以實現建造者的願望，引起波斯人的忌恨，他們不斷抱怨，
構建這座無法攻陷的城堡，明顯違犯兩個帝國之間的和平條約。

在黑海和裏海之間，柯爾克斯、伊比利亞和阿爾巴尼亞這幾個國家，
因爲高加索山脈各支脈的走向，在各個方向交會相互融合，其中由南至北
兩個主要的門戶或通道，不論是古代還是近代，經常在地理學上產生混
淆。德本（Derbend）可以稱爲裏海或阿爾巴尼亞門戶，位於高山和海洋之
間，占有一小段傾斜的坡地，要是根據本地的傳說，最早是希臘人建立，
它那形勢險要的入口，波斯國王用堤防、雙重城牆和鐵製的城門予以加
強。伊比利亞門戶[97]在高加索山地形成六哩長的狹窄通道，一旦開放，可
以從伊比利亞或喬治亞的北部地區進入平原，接著抵達塔內斯河和窩瓦河
流域。有一座城堡據稱是亞歷山大或他的接班人所興建，用來控制重要的
關隘，基於征服或繼承的權利傳給匈奴人的君主，他倒是想用少許價錢出
讓給皇帝。阿納斯塔休斯還在考慮，很小氣的計算所花的代價和遙遠的距
離，一位更爲機警的敵手卻已插手其間，卡貝德斯用武力占領高加索的雄
關重鎮。阿爾巴尼亞和伊比利亞門戶，可以拒止錫西厄騎兵使用距離最短
和最易通行的道路，而且山區的整個正面滿布歌革（Gog）和瑪各（Magog）
的壁壘，這道綿長的邊牆，曾經引起一位阿拉伯哈里發[98]和一位俄羅斯
征服者[99]的好奇。按照近代的一番描述，巨大的石塊有七呎厚，長或寬有
二十一呎，沒有灌鐵汁和使用泥灰，而是用人工非常技巧的砌成一道邊
牆，從德本的海岸翻山越嶺，穿過達哥斯坦（Daghestan）和喬治亞的山
谷，迤邐達三百餘哩。毋須猜測應知，卡貝德斯基於政策著手這項工程，
根本無奇蹟可言，在他的兒子手裡完成重大任務。克司洛伊斯（Chosroes）

97　樸洛柯庇斯有的方面會混淆不清，但是將這個地點歸於裏海這邊，這個關隘現在
　　稱爲韃靼-托帕（Tatar-topa），即韃靼門戶。

98　歌革和瑪各是《聖經》提到的城市，所謂防壁純屬虛無烏有之事，但是九世紀的
　　哈里發信以爲眞，還派人去搜尋，所以會產生這種印象，是來自高加索山區的要
　　道和門戶，以及中國長城的含糊報導。

99　公元1722年沙皇彼得一世據有德本以後，曾經測量這個邊牆，發現長度是三千二
　　百八十五俄拓，每拓等於七呎，所以整個邊牆也不過四哩長。

這個名字使羅馬人極爲畏懼，諾息萬(Nushirwan)這個稱號使東方人感到無比敬愛。波斯國君將和戰之鑰掌握在手裡，但是他要求明訂在所有的條約之中，查士丁尼應該對這個共用的阻障貢獻力量，以保護兩個帝國免於錫西厄人的入侵。

十四、查士丁尼廢除雅典學院和執政官制度(527-565A.D.)

雅典的學院和羅馬的執政官，曾經爲人類供應無數賢德之士和英雄人物，受到查士丁尼的抑制。這兩種制度早已沒落，失去昔日的光榮地位，但我們仍要譴責一位君王的貪婪和猜忌，竟會摧毀如此可敬的古老遺跡。

雅典在贏得波斯的戰爭之後，接納愛奧尼亞的哲學和西西里的修辭學，研究學問成爲這個城市祖傳的遺產。居民不過三萬多個男性，在單獨一代人的短暫期間之內，凝聚而成的蓋世天才，那是需要無數的世代和百萬計的人類才能產生。只要我們想到很簡單的一件事，就會使人性的尊嚴得以提升：大家知道伊索克拉底斯(Isocrates)[*100]是柏拉圖和色諾芬(Xenophon)的好友。他和歷史學家修昔底德斯(Thucydides)，協助首次演出索福克利斯(Sophocles)[*101]的《伊底帕斯》(Oedipus)和優里庇德斯(Euripides)[*102]的《伊菲吉尼婭》(Iphigenia)；同時也知道伊索克拉底斯的學生埃司契尼斯(Aeschines)[*103]和笛摩昔尼斯，當著亞里斯多德的面爭奪愛國者的冠冕。須知亞里斯多德是狄奧弗拉斯都斯(Theophrastus)的老師，而狄奧弗拉斯都斯與斯多噶學派和伊庇鳩魯學派的創始人，同時在雅

---

*100 [譯註]伊索克拉底斯(436-338B.C.)，雅典的雄辯家和教育家，呼籲希臘人團結起來對抗波斯帝國，在雅典建立學院，教授修辭學和演講術。

*101 [譯註]索福克利斯(496-406B.C.)，古希臘的詩人和戲劇家，是三大悲劇作家之一，作品有一百二十三部劇本，尚有七部流傳於世。

*102 [譯註]優里庇德斯(484-406B.C.)，古希臘的戲劇家，是三大悲劇作家之一，作品有九十餘部，存世尚有十九部，對後世的戲劇發展有深遠的影響。

*103 [譯註]埃司契尼斯(389-314B.C.)，雅典政治家和演說家，對於馬其頓的政策與笛摩昔尼斯發生衝突，相互指控，敗訴後離開雅典，追隨菲利浦。

典講學。敏慧的阿提卡青年能夠享受本國教育的福利，毫無嫉妒之心，將學識傳播到敵對的城市。兩千名學生在狄奧弗拉斯都斯的門下受業，教修辭的學院比教哲學的學院更受人們的歡迎，世代接替的學生讚揚老師的聲譽，到達希臘語言和名望所及的最遠範圍。地理的限制為亞歷山大的勝利而擴大，雅典的技藝較之他們的自由和疆域存在得更為長久。馬其頓人在埃及建立希臘殖民區，並且散布到亞洲各地。自古以來經常有朝聖的隊伍前往伊利蘇斯(Ilissus)河畔他們所喜愛的廟宇，對著繆司頂禮參拜。身為拉丁人的征服者懷著敬意，接受臣民和俘虜對他們的教導。西塞羅和賀拉斯(Horace)列名在雅典學院的學生名單上，等到羅馬帝國完全建立以後，意大利、阿非利加和不列顛的土著，與東部同學在學院的樹林裡自由交談。研究哲學和演說與一個民治國家真是情投意合，鼓勵對自由的探討，只屈服於追求真理的力量。

在希臘和羅馬共和國，講話藝術是愛國主義或個人抱負的強大推動力量，教授修辭的學院培育大批政治家和立法者。等到公開的辯論受到壓制，演說家從事光榮的行業成為律師，為案情的清白和正義進行辯護，或是濫用他們的才能，撰寫頌辭變成有利可圖的買賣。還有人為了達成立言的目標，不斷寫出詭辯家奇特的文詞，表達歷史篇章的簡潔優美；公開宣稱可以用體系闡明神、人和宇宙的性質，使修習哲學的學生心存好奇的念頭，依據個人的習性和情緒，能夠與懷疑論者一起拒不相信，或者與斯多噶學派同時達成決定，可以與柏拉圖進行崇高的沉思默想，或者與亞里斯多德爭辯得面紅耳赤。敵對的學派之間充滿自負的神情，訂出高不可及的目標，要求達成幸福和完美的境界。相互的競賽會帶來榮譽，使得人類受益非淺，季諾甚或伊庇鳩魯(Epicurus)的門徒，受到教導在採取行動同時要堅忍不拔。彼特洛紐斯(Petronius)的死如同塞尼加(Seneca)那樣重於泰山*104，使暴君感受到無能為力而心存忌憚。

---

*104 [譯註]彼特洛紐斯和塞尼加都是一世紀羅馬的政治家和斯多噶派哲學家，先後涉及尼祿的謀逆案件，被迫自殺。

　　科學之光不可能只限於雅典城牆之內，它那無與倫比的作家是爲全人
類而寫。在世的大師遷往意大利和亞細亞，到了後來，貝萊都斯是法律研
究的重鎮，亞歷山卓的博物館全力鑽研天文和物理，而阿提卡的學院所教
授的修辭和哲學，從伯羅奔尼撒戰爭到查士丁尼在位，一直在學術界享有
執牛耳的聲譽。雅典的土壤雖然貧瘠，但優點在於空氣清新、航運便利而
且是古代藝術的中心，神聖的遁世之地很少受到商業和政治的干擾。最後
的雅典人有積極進取的智慧，顯得特別出色。他們的品味和談吐非常純
樸，處世的態度和行爲保持優雅的風格，特別在待人方面顯示出先人慷慨
的品德。在雅典的郊區，柏拉圖學派的學院、逍遙學派的長廊、斯多噶派
的柱廊和伊庇鳩魯派的花園，全都種滿林木，裝飾各種雕像。哲學家並非
封閉在斗室內神遊太虛，而是在寬闊怡人的步道上傳授知識，不同的時辰
分別用來鍛練頭腦和身體。創始者的才華始終活躍在古老的校園之中，學
生的抱負在於繼承師長的遺志，光大人類的理性和激起公正的競爭。教職
只要有任何空缺產生，候選人的任用由開明的人民經過自由討論來決定。

　　雅典教師的束脩由所教的學生支付，金額依據雙方的需要和能力而
定，範圍在一個邁納*105和一個泰倫之間。伊索克拉底斯嘲笑詭辯家貪
財，但是在他的修辭學院中，對一百個門徒每人收取三十英鎊的束脩。這
一行的收入公正而光榮，然而就是同一位伊索克拉底斯，在第一次領到薪
俸時，不禁流下眼淚。這樣說來，如果雇請這位斯多噶派的學者宣導輕視
錢財，他應該會臉紅。我發現亞里斯多德和柏拉圖，比起蘇格拉底的典範
差太多，竟用知識換取金錢，眞是令人感到遺憾。但是法律允許將一些田
產和房屋，或者是過世友人的遺物，贈送給雅典的哲學講座。伊庇鳩魯把
價值八十邁納或兩百五十英鎊的花園，以及一筆現款遺贈給他的門徒，用
來維持儉樸的生活以及每月的宴會106。柏拉圖的遺產可以每年收租，經過
八個世紀以後，租金從三個金幣漲到一千金幣。

---

　　*105 ［譯註］mina，幣值單位，相當於六十分之一的泰倫。
　　106 從這封書信中，顯示出最高法院的偏袒、伊庇鳩魯學生的忠誠、西塞羅的文雅、
　　　　以及羅馬元老院的議員對於希臘的哲學和哲學家，混合著尊敬和藐視的心情。

　　見識卓越和品德高尚的羅馬君主一直在保護雅典的學院，哈德良修建的圖書館是一座宏偉的大廳，裝飾著圖畫和雕像，雪花石膏做成屋頂，一百根弗里基亞大理石柱作爲支撐。安東尼的慷慨氣度規定老師的薪資由公家支付，無論是政治學或修辭學的教授，或是柏拉圖學派、逍遙學派、斯多噶學派和伊庇鳩魯學派的哲學教授，每年的薪俸是一萬德拉克馬銀幣或三百英鎊。馬可斯過世以後，這些附屬於科學講座的津貼或特權，曾經取消又恢復，金額也會時多時少。君士坦丁幾位繼承人在位時，隱約出現皇家給予獎賞的痕跡，但是他們決定的人選毫無學術地位，使得雅典的哲學家感到遺憾，緬懷往日風骨凜然的貧苦日子。最引人注意之處，是安東尼的恩澤很公平分給四個敵對的哲學學派，認爲他們同樣造福人類，或是同樣無害社會。蘇格拉底曾經獲得極大的榮譽，後來受到國家的譴責。伊庇鳩魯開始講學的奇特論調，虔誠的雅典人聽在耳裡，感覺受到污辱，在他和他的敵手遭到放逐以後，有關神性極爲玄虛的爭論完全沉寂無聲。但是到了次年，雅典人廢除倉卒頒布的敕令，恢復學院的講學自由，多少世代的經驗使人信服，哲學家的人格和德行，不會因神學理念的差異而受到影響[107]。

　　哥德人武力對雅典學院的致命打擊，遠不如一個新近建立的宗教。神職人員用儀式取代理智，用信念解決困難，譴責不信或懷疑的人應受永恆烈火的懲治。他們費盡心力寫出汗牛充棟的爭辯文章，揭露智力的虛弱和人心的墮落，詆毀古代聖賢的人性，禁止哲學探究的精神，做爲謙卑的信徒，依他的教義和性向，要把這一切全部絕棄。就是柏拉圖自己對於現存的柏拉圖學派，在了解以後也會感到羞恥，因爲他們把崇高的理論與迷信和魔法攙合在一起。這個學派孤獨存在於基督世界之中，與教會和政府當局積怨甚深，他們頭上一直籠罩著嚴厲的魔掌，隨時會遭到不幸。

---

107 伊庇鳩魯生於公元前342年，他在雅典開辦學院是306年，雅典制定毫不留情的法律，可能在同年或次一年。狄奧弗拉斯都斯是逍遙學派的首腦，也是亞里斯多德的門人，也被牽連，受到放逐的懲處。

　　朱理安的統治過了一個世紀以後[108]，樸洛克盧斯獲得允許在學院擔任
哲學講座。他的工作極爲勤奮，經常一天上完五堂課，還寫出七百行作
品，敏慧的頭腦探索倫理學和形而上學極爲深奧的問題，竟敢提出十八個
論點，駁斥基督教有關創造世界的理論。在他進行學術研究之餘，還能親
自與牧神(Pan)、埃斯科拉庇斯(Aesculapius)和密涅瓦(Minerva)交談，暗
中參加神祕的儀式，敬拜失去神力的雕像，心中懷抱虔誠的信念，認爲哲
學家是宇宙的公民，也是所有神明的祭司。發生一次日蝕等於宣告他正走
向毀滅，無論是他的傳記還是他的學生伊希多爾的傳記，展現人類理性在
年老昏聵狀況下極爲悲慘的畫面。他們的傳記是門下最優秀的兩位弟子所
撰寫。然而，被大家暱稱爲柏拉圖學派傳承的黃金鍊，從樸洛克盧斯逝世
到查士丁尼頒布詔書，一共延續四十四年。在這段期間，雅典的學院被迫
永遠沉默，少數存在的希臘科學和迷信徒眾，也激起悲傷和憤怒的情緒。
　　七位互爲好友的哲學家是戴奧吉尼斯(Diogenes)、赫米阿斯
(Hermias)、尤拉留斯(Eulalius)、普里西安(Priscian)、達瑪修斯
(Damascius)、伊希多爾(Isidore)和辛普利修斯(Simplicius)，對國君的宗
教懷有異議，決定到外邦去尋找被本國所剝奪的自由。他們曾經聽說也輕
易相信，波斯的專制政府實現柏拉圖的共和國，愛國的國王統治幸福和善
良的民族。他們很快了解眞相，不禁大吃一驚，波斯與地球其他國家毫無
差別，自稱是哲學家的克司洛伊斯不僅狂妄殘酷，而且野心勃勃；祆教的
祭司固執己見，在宗教方面毫無寬容和惻隱之心；貴族傲慢粗暴，廷臣賤
如奴僕，官吏私心自用；違法犯紀之徒經常能夠逍遙法外，反倒是清白無
辜的人飽受壓榨凌虐。哲學家的失望情緒使他們忽略波斯人眞正的美德，
感到無比的憤慨已超過哲學的胸襟所及的範圍，特別是三妻四妾的家庭、
亂倫濫交的婚姻以及對死者的不敬，沒有舉行土葬或火葬，而是用來餵狗
或供兀鷹啄食。爲了表示悔改，他們趕快回國，對外大聲宣稱，寧願死在

---

108 這是一個非常現實的時代，異教徒認爲他們經歷的苦難，是受到這位英雄的統治
　　所引起。樸洛克盧斯的生日完全符合占星術，他在公元485年去世。

帝國的邊境,也不要享受蠻族的財富和賞賜。雖然如此,在這趟訪問行程之中,克司洛伊斯純潔光明的天性對他們造福不淺。查士丁尼為了對付信奉異教的臣民,制定嚴酷的懲處條文。克司洛伊斯要求赦免訪問波斯宮廷的七位哲人,同時這項特權要明文規定在和平條約之中,由一位有力的仲裁人提高警覺加以保護[109]。辛普利修斯和他的夥伴在平安中毫無聲息的逝去,沒有留下門人弟子,使得希臘哲學家源遠流長的名單為之中斷。儘管他們仍有不少瑕疵,就那個時代而言,仍被譽為最明智和崇高的大師。辛普利修斯的作品流傳至今,他對於亞里斯多德的著述撰寫實質和形而上的評註,趕不上時代的潮流,已經喪失殆盡;他對於艾比克提特斯(Epictetus)[*110]的倫理學闡釋成為經典之作,保存在很多國家的圖書館中,主要是建立對神和人的性質有正確的認識,步入超凡入聖的境地,導正人的意志、淨化人的心靈、堅定人的認知。

　　大約在畢達哥拉斯(Pythagoras)首次運用哲學家這個名稱時,老布魯特斯(Brutus)在羅馬創立自由選舉和執政官的制度[*111]。執政官的職位從一個實體、一個影子和一個稱謂的連續變革過程,在本書前面各章也曾偶爾提及。共和國的首席官員是由人民選出,在元老院和軍營行使平時和戰時的權力,後來權力才轉移到皇帝的手裡。古代權勢的傳統長久以來受到羅馬人和蠻族的尊敬,一位哥德歷史學家對狄奧多里克的執政官職位多方讚譽,認為是世間光榮和偉大的最高典範。意大利國王本人也向年度的幸運寵兒祝賀,說他毋須擔心受怕就能安享身登大寶的殊榮。過了將近千年以後,羅馬和君士坦丁堡的君主還是要任命兩位執政官,唯一目的是給予紀

---

109 阿果西阿斯談起這個難以置信的故事。克司洛伊斯登基在公元531年,第一次與羅馬人談和是在533年初,符合他在年輕時就獲得聲譽,也吻合已衰老的伊希多爾。

*110 [譯註]艾比克提特斯(55-135A.D.),羅馬斯多噶派哲學家和倫理學家,出身奴隸,宣揚宿命論,認為只有意志屬於個人,對於命運只能忍受。

*111 [譯註]老布魯塔斯是公元前六世紀最偉大的羅馬愛國人士,雖然是王族出身,卻要推翻王政建立共和國,領導人民奮鬥,建立各種制度,為了貫徹理想不惜將其子判處死刑,在公元前507年一次作戰中被殺。

年的稱號和人民的節慶。但是那些財大氣粗和愛慕虛榮的當選人爲了超過
前任，節慶的費用在不知不覺中增高到八萬英鎊的驚人數額。有見識的元
老院議員拒不接受這種一無是處的虛名，而且必然使他傾家蕩產。我認爲
這是最後這段期間，執政官時曆經常產生缺漏之原因所在。

　　查士丁尼的前任諸帝經常從國庫撥款支助，爲力有不逮的當選人維持
尊嚴，然而現任君主非常吝嗇，寧願運用更爲方便而且花費最少的辦法，
進行磋商以後制定法規。他在詔書中加以限制，無論是賽馬或賽車、體育
比賽、音樂會、劇院的啞劇表演以及獵獸活動，都不得超過七隊或七次；
用較小的銀幣取代黃金製成的紀念章，當浪費的手將這些金錢灑向群眾
時，通常會引起騷亂，也製造很多酒鬼。儘管採取預防措施，他自己也做
出示範，但就在查士丁尼統治的第十三年，終於中止代代相傳的執政官制
度。從他的專制作風來看，這個頭銜讓羅馬人對古代的自由產生期許之
心，一旦在不知不覺中消失，必然會使他感到滿意[112]。然而每年任職的執
政官仍舊活在人民的心頭，他們期望能夠盡快恢復，推崇前代君王的謙讓
美德，從統治的第一年開始就能維護此一制度。等到查士丁尼逝世後，三
個世紀轉瞬而逝，早已過時的榮譽過去爲習俗所拋棄，現在正式受到法律
的廢止。每年要用行政官員的名字來爲年度定名，這種方式有很多缺
失，設立固定開始日期做爲公元來取代，能夠長期連續使用，極爲方
便。希臘人按照《七十子原本聖經》*[113]的觀點，以世界創造日爲準[114]；

---

112 根據馬西利努斯、維克托、馬留(Marius)等人的推算，這本《秘史》成書在巴西
　　留斯(Basilius)出任執政官後第十八年。樸洛柯庇斯說他親眼見到執政官終於被廢
　　止。

*113 [譯註]《七十子希臘文原本聖經》是最古老的希臘文《聖經》，完成的時間大約
　　是公元二世紀的末葉，據傳是由七十二位猶太學者譯成。

114 按照朱理烏斯‧阿非利加努斯(Julius Africanus)等人的說法，世界在9月1日創造
　　出來，時間是基督誕生前五千五百零八年三個月又二十五天，是公元真正的開
　　始。這種計算的方式，希臘人和東方的基督徒全都使用，就是俄羅斯人也用到彼
　　得一世統治爲止。所訂出的這段期間不論多麼武斷，倒是很清楚也很方便。從世
　　界創造開始，七千二百九十六個年頭轉瞬而過，我們發現其中有三千年的無知和
　　黑暗；兩千年的神話和可疑；一千年的古代歷史，始於波斯帝國以及羅馬和雅典
　　共和國；一千年是從西羅馬帝國的滅亡到發現美洲；剩餘的二百九十六年將近三

拉丁人從查理曼(Charlemagne)大帝時代以來，則以基督的生日做爲時間計算的起點[115]。

(續)————————————

　　個世紀，就是歐洲和人類當前的狀況。我對不使用這個年表感到非常遺憾，覺得它好用得多，因爲用基督紀元來計算年代，有時往前數，有時往後數，帶來很多疑問和迷惑。

115　在第六次大公會議以後(681A.D.)，東方首先開始使用世界公元。西方的基督公元首次創用是在六世紀，靠年高德劭的比德(Bede, 637-735A.D.，英國的天主教神父和教會史學家，死後封爲聖徒)在八世紀時大力提倡和宣導才傳播開來，但是使用的合法和普遍要等到十世紀。

圖拉真廣場的拱廊和屋頂花園

人類運用技藝建造的紀念物，

遠比短暫的人生更為長久；

然而這些紀念物如同萬物之靈，

是如此的脆弱終究會滅亡消失；

相較於歲月無窮的時間之流，

凡人的生命和成就同樣如白駒過隙。

在和平女神神廟裡，

為好學人士設置一所資料豐富的圖書館。

距離不遠處是圖拉真廣場，

四方形的造型，

外面環繞著高聳的柱廊，

入口是四座凱旋門，

樣式高貴又寬闊。

ARCADES OF TRAJAN'S FORUM

Tav. I. Fig. XXIX

A. Door leading to third floor

第四十一章

查士丁尼在西羅馬帝國的征戰　貝利薩流斯的出身
家世和最初各次戰役　討伐並降服阿非利加的汪達
爾王國　班師凱旋　哥德人的戰事　光復西西里、
那不勒斯和羅馬　哥德人圍攻羅馬　慘敗後撤走
拉芬納獻城　貝利薩流斯譽滿天下　國內名聲受污
慘遭不幸(522-620A.D.)

一、查士丁尼決定征服阿非利加及當前狀況(523-534A.D.)

　　查士丁尼登基稱帝是西羅馬帝國滅亡後五十年的事，哥德人和汪達爾
人的王國在歐洲和非洲不僅穩固建立，看來已是合法的政權。羅馬人勝利
所銘刻的頭銜被蠻族用刀劍刮掉，可以算是正義的行動。他們曾經不斷的
掠奪和搶劫，在時間、條約和忠誠誓詞的約束之下知所收斂，第二代或第
三代聽命的臣民保證不懷貳心。神明建立的羅馬能夠永遠統治世間所有的
國家，這種迷信的希望被過去經驗和基督教教義所全盤否定。想要很自負
的認定永久不變和不容侵犯的主權，這已經無法用士兵來維護，完全靠著
政治家和律師的堅持。現代學校的法律課程有時也會重新傳授與散播他們
的見解。等到羅馬被剝去皇家的紫袍以後，君士坦丁堡的君主自認手握神
聖的權杖，是唯一的皇帝，要求獲得合法的繼承權利，那是執政官所征服
或凱撒所據有的行省，雖然實力薄弱，但還是抱著渴望之心，要從異端和
蠻族的篡奪者手中解救西部忠誠的臣民。這樣偉大的計畫多少要保留給查
士丁尼執行，在他統治的前五年，基於很勉強的狀況，對波斯發起費用浩

大而又得不償失的戰爭，後來爲了達成雄心壯志，顧不得喪失顏面，支付四十四萬英鎊的代價，與波斯達成並不穩定的停戰協定，就兩個國家的說法，已經建立「永久」的和平。帝國東部的安全使皇帝能夠轉用兵力對付汪達爾人，阿非利加內部的情況對於進犯提供合理的藉口，同時也答應給予羅馬軍隊有力的支持[1]。

　　阿非利加王國按照創建者的遺囑傳位給赫德里克(Hilderic)(523-530A.D.)，他是最年長的汪達爾君王，個性溫和。他身爲暴君的兒子和征服者的孫子，爲政之道力主仁慈與和平，接位以後就改弦更張，頒布表達善意的詔書，恢復教會原有的兩百位主教，給予教徒信仰自由可以接受阿泰納休斯信條[2]。正統教會在接受以後，表示出冷淡而短暫的感激，對他們所要求的權利而言，這種恩惠還無法滿足。同時赫德里克的德性過於寬大，等於冒犯族人所秉持的成見。阿萊亞斯派的教士暗示他已經背棄原有的宗教信仰，士兵大聲抱怨他喪失祖先開疆闢土的勇氣，他的使臣受到懷疑要與拜占庭宮廷進行祕密而羞辱的談判。他那被稱爲汪達爾「阿奇里斯[3]」的將領，征討赤裸的摩爾人烏合之眾，竟然鎩羽而歸。公眾的不滿情緒被傑利默(Gelimer)(530-534A.D.)所挑起，他憑著年齡、家世和軍事聲譽獲得表面的頭銜及繼位的權利，得到民族的認同，進而掌握政府。不幸的統治者毫無掙扎的餘地，很快被推翻，從寶座被打進地牢，受到同謀

1　樸洛柯庇斯對於汪達爾戰爭的來龍去脈有詳盡的敘述，而且文辭高雅，我有幸獲得指點可以按圖索驥，要是能一直如此就太幸運了。在全力探查希臘原文以後，我認爲格羅秀斯(Grotius)的拉丁文譯本和庫辛(Cousin, Louis, 1627-1707A.D.，法國歷史學家，希臘古典文學編輯和評論家)的法文譯文，不能完全盡信，然而庫辛校長廣受讚譽，而格羅秀斯是當代首屈一指的知名學者。

2　魯納特(Ruinart, Thierry, 1657-1709A.D.，歷史學家，土爾的格列哥里的著作編輯)最令人信服的證據出自聖發爾金久斯(St. Fulgentius)的傳記，他的門人弟子著述，巴隆紐斯的編年史大量採用，曾經有幾位蒐集家刊行。

3　憑著哪些心靈或身體的特殊條件？是奔跑的速度、體格的健美還是作戰的英勇？汪達爾人閱讀荷馬的著作用哪種語言？難道他講日耳曼語？荷馬的史詩有四種拉丁文譯本，然而不論塞尼加怎麼讚許，模仿這位希臘詩人的風格，比起翻譯收效更快。但是看來阿奇里斯的名聲，即使在不識字的蠻族之中，同樣顯赫無比而且廣爲人知。

者嚴密的看管，就是那不得民心的姪兒汪達爾人的阿奇里斯。

赫德里克向信奉正教的臣民給予恩惠，這是很有力的證據，使他獲得查士丁尼的好感。查士丁尼爲了使自己的教派獲得好處，也承認宗教自由的運用和公正。他們的聯盟因爲相互贈送禮物和來往信件，建立更爲緊密的關係，這時賈士丁一世的姪子還處於私人的地位。等到查士丁尼成爲皇帝，更加肯定這種關係會產生忠誠和友誼。他接見相繼派來的兩位使臣，規勸篡奪者對於背叛要有悔悟之心，至少要戒絕更進一步的暴力行爲，以免惹起上帝和羅馬人的不滿；要尊敬有關家族和繼承的法律；無論是在迦太基的帝座或是君士坦丁堡的皇宮，要讓一位虛弱的老人平靜安度天年。他使用威脅和指責的傲慢聲調，以傑利默的情緒或智慧，迫得要拒絕這些要求。他認爲自己的登基是正當的行爲，就用少見的語氣對著拜占庭宮廷剴切陳詞，宣稱自由的民族有權罷黜或懲處無法善盡職責的最高官員。這種諫言毫無成效可言，反而使囚禁的國君受到嚴苛的待遇，赫德里克的雙目被他的姪兒剜去。殘酷的汪達爾人對自己的實力以及雙方的距離產生信心，把東部皇帝的恫言恐嚇和緩慢準備不放在眼裡。查士丁尼決心解救朋友，爲他復仇，傑利默要維護篡奪的成果，雙方依據文明國家的做法，提出最嚴正的抗議，說自己其實矢言和平。

聽到阿非利加戰爭的傳聞，只有君士坦丁堡虛榮而又怠惰的群眾感到爽快，因爲貧窮免於繳納貢金，怯懦免於從軍出戰；但是一般有見識的市民，想起帝國爲了支持巴西利斯庫斯(Basiliscus)的遠征行動，根據過去的經驗判斷未來的狀況，難免要付出生命和金錢的巨大損失。部隊在歷經五次重大的戰役以後，新近從位於波斯的邊界召回，他們對於海洋、天候和實力未明的敵人都深感畏懼。負責財政的大臣要計算阿非利加戰爭的需求，盡可能從寬考量，這樣一來必須增設稅制加強徵收，才能供應無魘的戰費，到時候還要負起供應不足的責任，可能危及他們的生命，或至少賠上他們有利可圖的職位。帕多西亞的約翰基於這種自私的動機(我們認爲他對公眾的利益一點都不關心)，在一邊倒的會議中竟敢提出反對意見。他承認如此重要的勝利無論付出多高的代價都不爲過，但是他對於非常明

確的困難和無法預料的結局，表示嚴重的關切和疑慮。禁衛軍統領說道：

> 你要進行迦太基的圍攻作戰，從陸地發動的距離至少有一百四十天
> 的行程；如果經由海洋，在你從艦隊接到任何信息之前，一年的時
> 間已經過去[4]。要是接受阿非利加的歸順，勢必進而著手西西里和
> 意大利的征戰。成功只會加重我們的責任和新增的工作，要是出了
> 一點差錯，筋疲力竭的帝國就會引來蠻族進入心腹要地。

查士丁尼體驗到有益的諫言極具分量，爲一向聽命的寵臣竟然放言高
論而感到驚異。如果不是他的勇氣在聽到呼籲的聲音後又重新恢復，可能
會就此放棄戰爭的企圖。東部主教非常技巧而又狂熱的證辭，使得令人懷
疑的藝瀆理由全部噤若寒蟬，他大聲說道：「我已經預見未來的景象，那
是上天的意願。啊！陛下！你不能放棄解救阿非利加教會的神聖事業，上
帝在戰場上要走在你的旗幟前面，使你的敵人一敗塗地，須知這些人也是
聖子的仇敵。」皇帝可能受到宗教的誘導，只有相信這些牽強的說辭，就
是身邊的顧問也不得不如此表示。但是他們燃起更爲合理的希望，那就是
赫德里克或阿泰納休斯的追隨者，已經在汪達爾王國的邊界激起叛亂行
動。普登久斯(Pudentius)是阿非利加的臣民，私下表示效忠的意圖，在一
小部分軍事力量的協助下，光復的黎波里(Tripoli)行省，再度聽從羅馬人
的統治。薩丁尼亞政府已委託給哥達斯(Godas)治理，這個驍勇的蠻族停
止支付貢金，拒絕向篡奪者效忠，接見查士丁尼派來的密使，要讓皇帝的
代表知道他是這個富裕島嶼的主人，站在衛隊的前面，非常驕傲接受皇室
的紋章。汪達爾人的兵力在爭執和疑慮之中逐漸減少，羅馬軍隊的士氣受
到貝利薩流斯(Belisarius)的鼓舞日益高漲，這位英雄人物的名字，無論在

---

4 要一年！實在太誇張了。阿非利加的征服可能完成於公元533年9月14日，《查士
丁尼法典》的序文中特別加以讚頌，這本法典是在同年的11月21日頒行。要是包
括來回航程所需的時間，這種計算方式可以用在我們的「印第安人帝國」(譯按：
吉朋用來嘲諷要獨立的北美殖民地)。

任何時代或國家，都爲大家所熟悉。

二、貝利薩流斯的家世經歷及出征的準備工作(529-533A.D.)

　　新羅馬的阿非利加努斯(Africanus)出生在色雷斯的農家[5]，也在那裡接受教育，沒有具備老西庇阿(Scipio)與小西庇阿可以培養武德的優勢地位，像是高貴的家世、通才的教育和發揮創意的競爭。喜歡饒舌的秘書保持沉默，可以證明年輕時代的貝利薩流斯並沒有鋒芒四射。他的勇敢和名聲受到肯定，才能在查士丁尼的私人衛隊裡服務。等到庇主登基稱帝，家臣受到重用，升爲軍事指揮官。在入侵帕薩美尼亞(Persarmenia)的大膽行動中，他的光榮戰績被一位同僚所分享，然而他的前途發展也受到一個仇敵的阻礙。貝利薩流斯趕赴最重要的駐地達拉(529-532A.D.)，首次接受樸洛柯庇斯的服務，在他的一生事業當中，樸洛柯庇斯始終是最忠誠的夥伴和最勤快的歷史學家[6]。波斯的米朗尼斯(Mirranes)率領四萬銳不可當的大軍，一路奔殺過來，要將達拉的守備工事夷爲平地，而且還指定日期時辰，要市民準備浴場，好讓他在勝利後解除連日的辛勞。他遭遇勢均力敵的對手，對方的新頭銜是東部的將領。貝利薩流斯的優勢是在作戰的技術方面，然而部隊的數量和素質都稍遜一籌，兵力總數是兩萬五千羅馬人和外來的人馬，軍紀的要求非常鬆弛，新近遭受打擊，士氣低沉。達拉是平原廣闊之地，各種欺敵和埋伏無所遁形，貝利薩流斯用一道深壕保護正面，首先要求挖成垂直的角度，再向水平方向延伸，直到可以掩護兩翼的騎兵，部署的優勢作爲在能控制敵人的翼側和後方。羅馬軍的中央部位受到攻擊，在岌岌可危時，兩翼的騎兵及時和迅速衝鋒，決定這場血戰的勝

5　日耳曼人吉法紐斯(Giphanius)和維爾塞魯斯(Velserus)極力主張，這位英雄人物是他們的老鄉，阿里曼努斯是意大利人，當然反對日耳曼人的誇耀作風。貝利薩流斯的出生地稱作日耳曼尼亞，是色雷斯的一個城鎮，但是我在政府或教會的行省和城市名冊，都找不到這個名字。

6　貝利薩流斯的秘書對前兩次波斯戰爭，有詳盡而冗長的敘述。

敗。波斯的旗幟被砍倒,所向無敵的「鐵騎軍」逃走,步兵拋棄他們的小圓盾,潰敗的一方有八千人陣亡陳屍在戰場。

等到下一次戰役,敘利亞在面對沙漠的一邊受到敵軍的入侵,貝利薩流斯率領兩萬人馬,倉卒之間離開達拉,前去解救面臨險境的行省。該年整個夏季,他那高明的戰術和用兵的技巧,屢次擊敗敵人的企圖。他迫使敵軍後撤,每天晚上都占領敵人前一日所使用的營地。只要部隊發揮堅忍的耐性,就能確保犧牲最小的勝利。他們原先立下勇敢的承諾,在接戰時卻無力支撐下去;信奉基督教的阿拉伯人被收買或是出於怯懦,臨陣脫逃,使得右翼暴露;八百名匈奴武士組成的老兵部隊,受到敵軍優勢兵力的壓迫;逃走的艾索里亞人被攔阻下來;不過羅馬步兵仍然在左翼屹立不搖;貝利薩流斯從馬背上跳下來,向部隊表示他堅定的信念,只有在絕望中發揮無畏的精神,才能使大家獲得安全。他們轉過身來面對敵人,背水而戰。羅馬人遵守命令緊密架起圓盾,箭雨在空中閃耀,不能產生殺傷效果,伸出的長矛組成無法穿透的陣列,阻止波斯騎兵一再的突擊。抵抗很多時辰以後,剩下部隊在夜幕的掩護之下,很技巧搭乘船隻渡過幼發拉底河,全師而返。波斯指揮官只有在混亂和恥辱的狀況下撤離,將要面臨嚴厲的指責,犧牲眾多的士兵只贏得一無可取的勝利。

貝利薩流斯的名聲沒有受到作戰失敗的玷污,部隊輕率行動產生的危險局面,靠著他大無畏的精神才能拯救全軍。簽訂和平條約使他免於負起束部邊疆的守備任務,處理君士坦丁堡叛亂事件順利完成任務,使皇帝深為感激,更加信任他。等到阿非利加的戰爭成為公眾談論和暗中商議的主題,每位羅馬將領對於這個危險的使命沒有雄心壯志的企圖,而是懷著謹慎恐懼的焦慮。查士丁尼立即宣布他的選擇,完全在於卓越的功績和用兵的能力,等到推舉貝利薩流斯獲得大家一致的讚許,難免再度激起這些將領嫉妒的心情。拜占庭宮廷的陰柔習性必然產生猜忌的氣氛,到處傳聞這位英雄得到狡詐的妻子在暗中打點。安東妮娜(Antonina)漂亮又機智,一生之中交互受到狄奧多拉皇后的信任和痛恨。安東妮娜的先世沒沒無聞,出身賽車御手的家庭,人盡可夫的性格遭到極為惡毒的譴責;然而她對名

滿天下的丈夫，有長久而絕對的權力，完全控制他的心靈和意志。如果說安東妮娜藐視忠貞婚姻的價值，那麼她對貝利薩流斯表現出男性的友誼，在艱苦而危險的軍人生涯中，用大無畏的決心伴隨著他面對和解決所有的困難。

　　阿非利加戰爭的準備工作(533A.D.)，對於羅馬和迦太基最後的鬥爭發揮很大的作用。軍隊裡感到自豪的精英分子，包括貝利薩流斯的衛隊在內，根據那個時代的習氣，用特別的忠誠誓詞奉獻給服務的庇主。每個人的體力和身材都經過仔細的挑選，配發最好的馬匹和甲冑，孜孜不倦進行各種作戰的訓練項目，能夠在採取行動時激勵最大的勇氣。整支隊伍的群體活動和相互交往，以及個人對官職和財富的野心，更能提升頑強兇悍的戰鬥精神。忠誠負責而又積極進取的法拉斯(Pharas)，指揮四百名最驍勇的赫魯利人，他們有永不認輸的鬥志和難以駕御的傲氣，價值遠超過溫馴而又聽話的希臘人和敘利亞人。獲得六百名馬撒杰提人(Massagetae)或是匈奴人的增援，被認為是極其重要的決勝因素，他們受到甜言蜜語的誘惑，參加海上的遠征行動。五千騎兵和一萬步兵在君士坦丁堡上船要去討伐阿非利加，步兵大部分從色雷斯和艾索里亞徵召，就運用的範圍和名聲的響亮而言不及騎兵，錫西厄弓成為羅馬軍隊最倚重的武器。樸洛柯庇斯最值得嘉許的地方，是了解當時的狀況以及弓箭所發揮的作用，特別提出來為那個時代的士兵辯護，對抗一些不利的批評和流行的說法。古代只有全副鎧甲的武士是最受尊敬的人物，在提到弓箭手時懷著惡意，引用荷馬[7]的話認為他們應當受到藐視。

　　　　弓箭在荷馬時代之所以受到輕視，可能是那些全身赤裸的青年，步

7　對於使用弓弩抱著成見的人，經常引用戴奧米德(Diomede)的譴責之辭，或是盧坎(Lucan, Narius Annaeus Lucanus, 39-65A.D.，詩人)不以為然的看法，然而羅馬人對安息人的箭矢絕不漠然視之。在特洛伊的圍攻作戰，傲慢的武士嘲笑潘達魯斯(Pandarus)、帕里斯(Paris)和托息爾(Teucer)是婦孺之輩，被他們用弓箭一一射殺。

行出現在特洛伊的戰場，潛伏在墓碑的後面，或者拿朋友的身體當盾牌，弓弦只拉到胸前[8]，射出去的箭有欠準頭而且力道不強。但是我們的弓箭手(歷史學家繼續說下去)都騎在馬上，用值得稱譽的技術來操控，頭部和肩膀用圓盾保護，腿部穿著鐵製的護脛，全身披上鎧甲或者是鎖子甲，右邊懸掛著一袋箭囊，左邊有一把佩劍，手裡通常揮舞著長矛或是標槍，在短兵相接時使用。他們的弓強勁而沉重，在任何方向都能發射，無論是前進或後退，無論是對著正面、後方還是側翼。由於他們接受的訓練不是將弓弦拉到胸前，而是拉到右耳後方，只有真正堅韌的鎧甲才能抵擋力道強大的箭矢。

五百艘運輸船配置兩萬名來自埃及、西里西亞和愛奧尼亞的水手，全部集結在君士坦丁堡港口，各種船舶從三十噸到最大型重達五百噸，加上各種補給品能充分供應所需，船隻的總噸位到達十萬噸[9]，才能容納三萬五千名士兵和水手、五千匹馬，以及武器、機具、各類軍需、加上足夠三個月航程所需的飲水和糧食。威風凜凜的戰船上有數百名划槳手，在過去的時代曾經橫掃地中海所向無敵，這樣的景象在君士坦丁堡人民的眼中已睽違多年。查士丁尼的艦隊只有九十二艘輕型雙桅帆船負起護衛的任務，掩護運輸船不受敵軍發射武器的損害。兩千名君士坦丁堡最勇敢和健壯的青年，配置在雙桅帆船上面擔任划槳的工作。知名的將領有二十二位，後來在阿非利加和意大利的戰役中大顯身手，但是不論是海上還是陸地的最高指揮權，全部授與貝利薩流斯，他可以運用毫無限制的權力，有如皇帝

8　《伊利亞德》裡描敘：整個比武的場面是多麼的緊湊、多麼的準確、多麼的壯觀，我看見射手泰然自若的神色，我聽到弓弦錚然作響的聲音。

9　原文提到最大的船隻重達五萬梅丁奈(medimni)，約合三千噸(通常一個梅丁奈為一百六十羅馬磅)。我提出更合理的解釋，那就是樸洛柯庇斯的希臘度量衡，沒有用合法而常用的摩笛來計算，而一個梅丁奈只合六個摩笛，這樣重量就會大幅減低。非常矛盾的是，迪納克斯(Dinarchus)是演說家，竟發生更奇怪的錯誤。庫辛可能把原文弄錯，把船隻的數量從五百艘減到五十艘，以致於整個皇家艦隊的總噸位只有五百噸，不知道想過沒有？

御駕親征。航行和海上作戰的技術，到現代已經有了長足進步，軍隊也區分爲海軍和陸軍兩個軍種，兩者互爲因果。

三、羅馬艦隊在海上的航行及阿非利加的登陸(533A.D.)

查士丁尼統治第七年，大約在夏至前後(533年6月)，整個艦隊六百艘船在皇宮花園前的海面，排列出軍威雄壯的校閱陣容。教長向全軍將士祝福，皇帝下達最後的命令，將領的號角手發出開拔的信號，每個人根據畏懼或期望的情緒，帶著焦慮而好奇的心理，搜尋那些可能帶來失敗或成功的徵兆。貝利薩流斯先在佩林瑟斯(Perinthus)或赫拉克利(Heraclea)停留五天，接受國君送來幾匹色雷斯駿馬，作爲旗開得勝的禮物。從這裡開始順著航道穿過普洛潘提斯海，當他們在海倫斯坡海峽掙扎前進時，遭到一陣妨礙航行的頂頭風，迫得在阿拜杜斯(Abydus)等待四天。這時將領顯示出堅定而又嚴苛的軍紀要求，令人終生難忘。三個匈奴人在酒醉以後發生爭吵，其中一個被同伴殺死，將領立即下令將兇手吊死，懸屍示眾。他們的族人認爲這種做法侮辱到民族尊嚴，拒絕接受帝國把人視爲奴隸的法律，要維護錫西厄人自由的特權，也就是對於酒醉和氣憤的突發行爲，只能用少量罰鍰作爲補償。他們的抱怨很像回事，發出大聲的叫囂，羅馬人對於這種不守秩序的行爲，沒有追究也就等閒視之。接著很快有嘩變的危險，靠著將領出面用威嚴的地位和動聽的辯才，才能將他們安撫下來。他對集合的部隊講話，提到他要善盡公正的責任，強調紀律的重要，行爲良好和信仰虔誠的人會獲得獎賞，謀殺是不可饒恕的罪行，在酗酒惡習[10]助長之下，寬恕會產生更爲嚴重的結果，這才是令人感到極爲憂慮的地方。

從海倫斯坡海峽到伯羅奔尼撒的海上航行，希臘人圍攻特洛伊以後，回程只花了四天[11]的時間。貝利薩流斯的旗艦引導整個艦隊的行進路線，

---

10 我讀到有位希臘立法家，對酗酒的犯罪施以雙倍的懲罰。這種方式看來像是達成政治目的法律，而非合乎道德標準的法律。

11 甚至三天的時間也夠用，第一天晚上在特內多斯(Tenedos)島附近錨泊，第二天

白天張著醒目的紅色船帆，夜間在船首點著耀眼的巨大火炬。他們不停在島嶼之間航行，到達馬利亞(Malea)和提納隆(Taenarium)*12的海岬準備轉向。舵手的責任是要使爲數眾多船隻保持正確的隊形和適當的間隔，風向很順而且風力適度，他們的苦心沒有白費，安全抵達美塞尼亞(Messenian)海岸。部隊在美索尼(Methone)下船，充分休息好恢復海上的疲勞。就在這個地點，勇敢的士兵獻身爲公眾服務，經驗到貪婪是如何藐視數以千計人員的生命，何況這種貪婪是隨著職權產生。按照陣中勤務的規定，野戰爐灶要爲羅馬人每天供應兩次麵包或餅乾，因爲重量的損失，容許減少四分之一的定額配給。爲了獲得少許可憐的利潤，以及節省木柴的費用，卡帕多西亞的約翰身爲統領竟然下達命令，要麵粉先在君士坦丁堡用浴場燒水的火稍爲烘焙一下，等到裝糧食的麻袋打開，將潮濕而發黴的麵糰發給部隊。這種腐敗又不衛生的食物，因爲炎熱的天候和季節更加嚴重，立即產生流行的傳染性疾病，有五百名士兵喪生。還是貝利薩流斯採取防範措施，才能恢復大家的健康。他在美索尼供應新鮮的麵包，同時毫不顧慮會得罪在朝的大臣，基於正義和人道表達氣憤之情。皇帝聽到他的抱怨以後，對將領的處置表示嘉許，但是並沒有處分大臣。

離開美索尼港口，舵手沿著伯羅奔尼撒的西岸航行，直抵札辛瑟斯(Zacynthus)或稱占特(Zant)島，從發航到越過愛奧尼亞海的航程是一百里格*13(在他們的眼裡，這是最困難的一段海域)。現在艦隊遭到未曾意料之事，在無風狀況下浪費十六天的時間緩慢航行，要不是機靈的安東妮娜保存一瓶水，埋在船上一個沙堆的深處，可以避免陽光的照射，甚至連將領本人都要飽嘗口渴的痛苦。最後他們在西西里南部的考卡納(Caucana)

(續)
　　航向列士波斯(Lesbos)島，第三天轉過優比亞(Eubaea)海岬，第四天抵達亞哥斯(Argos)。海盜船從海倫斯坡海峽到斯巴達的港口，通常只要三天。
*12 [譯註]馬利亞和提納隆兩個海岬位於伯羅奔尼撒半島南端，中間形成拉哥尼亞灣，船隻通過與錫西拉島之間狹窄的水道，會遭遇突然颳起的狂風，這裡是地中海最危險的海域之一。
*13 [譯註]長度單位，約爲三哩、五公里或三海里。

港[14]，找到安全而友善的庇護所。哥德官員用狄奧多里克的女兒和外孫的名義，統治這個島嶼，所以會服從極不平常的命令，把查士丁尼的部隊視為友人和同盟，充分供應所需的糧食，為騎兵隊配發缺少的馬匹。樸洛柯庇斯立即從敘拉古趕回來，獲得汪達爾人當前狀況和企圖的正確資料。他所提供的情報使貝利薩流斯下達決心，要立即展開行動。這種迫不及待的明智作為，適時獲得風向的幫助。艦隊離開西西里的視線，駛過馬爾他的前方以後，發現阿非利加的海角，在強烈的東北風吹襲下沿著海岸航行，最後在卡普特‧法達(Caput Vada)海岬所圍成的海灣中下錨，迦太基在南邊大約五天的行程[15]。

要是傑利默知道敵軍正在接近，就會延緩對薩丁尼亞的征服行動，集中兵力防衛他本人和王國的安全。這支特遣部隊有五千士兵和一百二十艘戰船，將會回來加入汪達爾人其餘的部隊。堅西里克(Genseric)的後裔可以用水師奇襲來壓制敵軍一支艦隊，因為那些塞滿貨物的運輸船無法從事作戰行動，輕型雙槳帆船參加海戰似乎只有逃跑的資格。貝利薩流斯在航行途中無意中聽到士兵的談話，使他在暗中驚慌不已。這些人都感到憂慮而要相互壯膽，同時強調只要能登陸上岸，願意用武器來維護自己的榮譽，如果在海上受到攻擊，只有毫不羞愧的認輸，他們沒有勇氣同時與風浪和蠻族搏鬥[16]。明瞭大家的想法以後，貝利薩流斯決定只要抓住一線機會，就趕快率領部隊登上阿非利加的海岸。在作戰會議中，他保持審慎和明智的決定，反對大家非常魯莽的建議，那就是用艦隊搭載兵力直接駛往迦太基的港口。離開君士坦丁堡三個月以後，人員、馬匹、武器和軍需物資全部安全下載，每艘船留下五名士兵在甲板上擔任警衛，整個艦隊布置

---

14 考卡納靠近卡馬里納(Camarina)，離開敘拉古至少有五十哩(三百五十到四百個斯塔達)。

15 樸洛柯庇斯提到的卡普特‧法達是斯特拉波所說的阿蒙(Ammon)海岬，托勒密稱為布拉卓德(Brachodes)，現在的名字叫卡保底亞(Capaudia)，是一條狹長的斜坡，一直伸入海中。

16 馬克‧安東尼手下有位百夫長表示(雖然較具備男子漢的大無畏精神)，不喜歡大海，也不願參加海戰。

成半圓形。登陸的部隊在海岸附近占領營地,按照古老的軍事教範,用防壁和塹壕加強防備的力量,發現一處新鮮的水源,可以解除口渴的煎熬,使羅馬人獲得宗教的信心。次日早晨,鄰近地區有幾處田莊遭到搶劫,貝利薩流斯懲罰違犯法紀人員,在最關鍵的時刻掌握這個稍縱即逝的機會,諄諄教誨全軍要奉行公正、節制和真誠的政策原則。將領說道:

> 當我開始接受綏靖阿非利加這個任務的時候,成功不是靠著部隊的數量或作戰的勇氣,而是當地人士的友情和對汪達爾人勢不兩立的痛恨。要是那些只花少許金錢就可買到的物品,你們還毫不在意要靠掠奪來獲得,等於是剝奪我僅有的希望。要知道暴力行為會使這些世仇和解,聯合起來成為公平和神聖的同盟,對抗侵略他們國家的敵軍。

將領的訓示用嚴格的軍紀要求來貫徹執行,士兵本身立刻感受到有益措施所產生的效果,表示出由衷的欽佩。居民毋須拋棄家園或是隱匿財物,用收費公平和貨物充足的市場供應羅馬人,行省的文職官員用查士丁尼的名義繼續行使原有的職責,教士基於本能和利益的動機,盡心盡力為信仰正統教義的皇帝奮鬥不息。離營地一日行程名叫蘇勒克特(Sullecte)的小鎮[17],獲得第一個開城簞食壺漿以迎王師的榮譽,重建古老的隸屬關係;理普提斯(Leptis)和艾得魯米屯(Adrumetum)這些大城,在貝利薩流斯出現時,也都效法歸順的榜樣。他在毫無抵抗之下到達格拉西(Grasse),汪達爾國王在此建造一座宮殿,距離迦太基有五十哩。到處是濃蔭的樹叢、冷冽的流泉和美味的水果,疲困的羅馬人盡情休息恢復體力。樸洛柯庇斯認為此地的果園真是前所未見,無論在東方或西方都難以比擬,這可能是歷史學家喜愛美食或者是太過勞累所致。汪達爾人經過三

---

17 蘇勒克特或許是漢尼拔之塔(Turris Hannibalis),是座古老的建築物,有點像現在的倫敦塔。貝利薩流斯向著理普提斯、艾得魯米屯等地進軍,凱撒的《阿非利加戰記》曾經提到,就在同一個地區。

代的時間，優裕的生活和溫暖的氣候使得刻苦耐勞的習性喪失得一乾二
淨，不知不覺中成爲奢侈頹唐的種族。他們的田莊和花園就波斯人看來眞
是「天堂」[18]，讓人能夠享受涼爽而安寧的休憩，每天在沐浴一番之後，
蠻族的用餐桌上擺滿山珍海味。他們穿著絲質長袍，模仿米提人的形式，
非常寬大飄逸，用金線繡出各種圖案和花樣。生活中要勞動出力的工作，
只有談情說愛和騎馬出獵，空閒的時光充滿各種消遣，像是啞劇、賽車以
及劇院的歌舞表演。

四、貝利薩流斯進軍獲得初期勝利及占領迦太基(533A.D.)

在十天或十二天的行軍中，貝利薩流斯始終保持高度的警覺和旺盛的
企圖，隨時準備迎擊尙未露面的敵軍。亞美尼亞人約翰是位戰功彪炳而又
深獲信賴的軍官，率領三百名騎兵擔任前鋒。六百名馬撒杰提人保持一段
距離掩護左側翼。整個艦隊沿著海岸航行，盡量要與軍隊能夠通視。軍隊
每天的行程大約是十二哩，夜晚駐紮在防衛森嚴的營地或是友善的城鎮。
羅馬人即將接近迦太基的消息，使得傑利默的內心充滿焦慮和恐懼。他一
廂情願想把戰事拖延下去，好讓他的弟弟帶著身經百戰的部隊，從薩丁尼
亞的征戰中撤軍返國。他現在最感煩惱的地方，是他們的祖先過去那極爲
輕率的政策，竟然拆除阿非利加所有防衛工事，使他只能採用最危險的解
決辦法，出兵迎擊，與敵軍在都城的近郊決一死戰。汪達爾人用五萬人征
服阿非利加，現在要是不算婦女和小孩，可用的作戰人員到達十六萬人，
這樣大的兵力只要激起戰鬥的勇氣和合作的精神，用來對付羅馬將領衰弱
而又勞累的隊伍，可以將登陸初期的敵軍擊成齏粉。但是沒有主張的國王
聽從友人的意見，以逸待勞接受敵人的挑戰，而不願前去阻止貝利薩流斯
的進軍。很多自負的蠻族假裝痛恨篡奪者，以掩飾反對戰爭的求和態度。

18　樂園要是按照波斯採用的名稱和樣式，可以拿伊斯巴罕(Ispahan)的皇家花園作代
　　表。在希臘的傳奇裡，可以看到最完美的模式。

　　傑利默靠著權勢和承諾，仍舊能夠集結一支實力強大的軍隊，同時他的計畫也能符合兵法的要求。他的弟弟阿馬塔斯(Ammatas)接到命令，率領迦太基的守軍，在離開城市十哩的地方迎擊羅馬人的前衛；他的姪兒吉巴蒙德(Gibamund)和兩千騎兵攻擊左翼；國王自己率領大軍在後面跟進，到達適當的位置從後方進攻[*19]，切斷羅馬人和艦隊的連繫，使貝利薩流斯無法獲得援軍的協助。阿馬塔斯輕敵冒進，斷送自己的性命和國家的生機。他提早搶先發起攻擊，超越後面緩慢前進的步卒，親自斬殺十二個最英勇的敵手後，自己也受到致命的重傷，手下的汪達爾人全部逃回迦太基，整條十哩長的大道上，滿布著死者的屍體，很難相信只有三百名羅馬人竟能殺死這樣多的烏合之眾。傑利默的姪兒在接戰中為馬撒杰提人輕易擊敗，對方的數量不及他的三成，但每個錫西厄人都仿效酋長的作戰方式，展現家族的光榮技巧，衝上前用弓箭對敵人發射強大的火力。就在這個時候，傑利默根本不知道當前發生的狀況，曲折的山路引導他到錯誤的方向，無意中穿過羅馬人隊伍的空隙，到達阿馬塔斯激戰後陣亡的位置，為自己兄弟和迦太基的命運而痛哭流涕。要是他沒有浪費寶貴的時間，安排死者身後的尊榮以善盡虔誠的責任，而是激起全軍無比的憤怒，從後方發起騎兵的突擊，必然可以獲得決定性的勝利。

　　悲慘的現場使得國王的意志完全崩潰，這時他聽到貝利薩流斯的隊伍響起號角的聲音，那是貝利薩流斯將安東妮娜和步兵留在營地，自己率領衛隊和剩下的騎兵，要去收容和整頓已經星散的部隊，鞏固這天戰鬥所獲得的成果。才識高明的將領在混亂的戰場也無法兼顧，四處都有弱點給敵可乘之機，但是國王只想擺脫獲勝的英雄，趕快逃走。汪達爾人過去已經習慣摩爾人的作戰方式，對於羅馬人的武器和紀律根本沒有抵抗的能力。傑利默潰不成軍，退向努米底亞(Numidia)沙漠，這時唯一的安慰是他暗中下達的命令已經遵照辦理，那就是處死赫德里克和他那批被囚禁的朋

[*19] [譯註]汪達爾人的計畫很完美，然而精確的時間配合是成功的先決條件。在一個沒有鐘表的時代，交通工具又欠缺，要想三個縱隊同時發起作戰，是不可能的事，反而有被敵軍各個擊破的危險。

友。暴君的報復行為只給敵人帶來好處，合法君主的死亡使他的人民產生
同情的心理。赫德里克要是還活著，會給勝利的羅馬人帶來困擾。查士丁
尼的部將與這件罪行無關，等於幫助他解決最痛苦的選擇，那就是自己不
講信義喪失榮譽，或是放棄在阿非利加的征戰。

　　混亂的情勢平息下來，軍隊各單位相互通報當天所遭遇的意外狀況。
貝利薩流斯在戰勝的地點紮營，那裡正好有一個十哩的里程碑，指出到迦
太基的距離，所以用拉丁名字稱呼為笛西繆斯(Decimus)。他對汪達爾人
所能採用的策略和手段，仍舊抱著疑慮的態度，第二天繼續行軍下達會戰
的命令，傍晚抵達迦太基的城門前停頓下來，然後下令全軍休息。他不願
在黑夜和混亂之中把城市交給無法無天的士兵，也不願部隊在城內遭遇暗
地裡的埋伏。貝利薩流斯的戒慎基於理性的要求，毫無畏懼之心。他對於
都城的和平與友善，覺得不會帶來危險而深感滿意。迦太基燃起無數的火
把，顯得一片光明，呈現出萬眾歡騰的氣氛，防衛港口通道的鐵鍊很快移
走，城門大開，群眾發出感激的歡呼，前來迎接解放他們的救星(533年9
月15日)。聖西普里安(St. Cyprian)節的前夕，在城內當眾宣告汪達爾人的
失敗和阿非利加的自由，教堂為殉教者的慶典裝飾得花團錦簇，照耀得燈
火通明。經過三個世紀的迷信活動，西普里安像當地的神明一樣受到膜
拜。阿萊亞斯教派自知他們的統治已經面臨絕滅的關頭，就把教堂和禮拜
的場地全部捨棄給正統教會。會眾從異端的手裡救出他們的聖所，舉行神
聖的儀式，大聲宣告阿泰納休斯和查士丁尼的信條。只用一小時的時間，
敵對的教派相互變換角色和命運。苦苦哀求的汪達爾人過去縱情於征服者
的惡行，現在要在教堂的聖所尋找憐憫的庇護。東部的商人被面無人色的
獄卒從皇宮最深的地牢中釋放出來，獄卒轉過來懇求囚徒的保護，要被關
的犯人從牆壁的縫隙中看出去，羅馬人的艦隊正在駛進港口。

　　海上部隊的指揮官與軍隊分離以後，小心翼翼沿著海岸前進，抵達赫
米安(Hermaean)海岬時，接獲貝利薩流斯最初的勝利信息。要不是更熟
練的水手不在意海岸的危險和即將迫近的暴風雨，他們就會遵奉他的指
示，在離迦太基約二十哩處下錨。他們對後面的發展不太明瞭，並沒有冒

險突進衝破港口的鐵鍊。鄰近的港口和曼德拉辛姆（Mandracium）的郊區只有一件暴行，就是一名軍官不服從上官的命令逃亡，進行搶劫和掠奪。皇家的艦隊順著有利的風向前進，駛過哥勒塔（Goletta）的狹窄通道，占據水深和廣闊的突尼斯礁湖，這個安全的位置離首都只有五哩[20]。貝利薩流斯聽到艦隊到達就立即下達命令，絕大部分的水手要馬上登岸，加入凱旋入城的行列，壯大羅馬人的聲勢。在他允許部隊進入迦太基城門之前，告誡大家要認清當前的情況和自己的職責，不可玷污軍隊的榮譽，特別要記住汪達爾人是暴君，他們才是阿非利加人的救星。當地人不僅出於自願要成為帝國治下的臣民，而且會呈現一片熱忱之心，所以現在應該尊重他們。羅馬人用密集隊形進軍通過市內的街道，要是出現敵人就準備戰鬥。維持嚴格的命令和善盡服從的責任，深刻銘記在他們的心頭。在當前這個時代，習俗的認同和罪行的豁免，使征服的濫權行為幾乎被視為神聖的報酬，但是這一位天才人物卻抑制了勝利軍隊的熱情。聽不到威脅和抱怨的聲音；迦太基的貿易沒有受到干擾；在阿非利加改換主子和政府時，商店繼續開門，生意忙碌；士兵在崗位服行警衛勤務以後，很安靜的離開，前往接待他們住宿的家庭。

貝利薩流斯把住所安置在皇宮，坐在堅西里克的寶座上，接受蠻族繳交的戰利品並且加以分配，對苦苦哀求的汪達爾人答應饒他們的性命，盡快派員修復曼德拉辛姆郊區昨夜所受的災害。晚餐用排場盛大的皇家宴會[21]招待主要的官員，汪達爾皇家被俘的管事用尊敬的態度事奉勝利者。在宴會酒酣耳熱之際，公正無私的旁觀者讚頌貝利薩流斯的氣運和功勳；心懷嫉妒的奉承者在暗中用他們的語句和姿態噴灑毒液，激起猜忌的國君

20 迦太基的鄰近地區，像是大海、陸地、河流，就像人類的工程一樣，有很大的變化。城市的地峽或稱頸部，現在跟大陸連在一起，根本分不清楚；海港成為一塊乾燥的平原；原來的湖泊或稱潟湖，只能算是沼澤，中間的運河有六、七呎深的水。

21 德爾斐庫姆（Delphicum）這個名字來自德爾斐（Delphi），不論是希臘語還是拉丁語，都用來稱呼神廟裡三腳青銅祭壇，後來傳到羅馬、君士坦丁堡和迦太基，用來做為皇家宴會廳的正式用語。

產生疑慮之心。這一天擺出盛大的舖張場面，要是能夠引起民眾的崇敬，也不能認為無用而等閒視之。但貝利薩流斯積極進取的心靈做出決定，就是在勝利的樂觀氣氛中也要考慮有吃敗仗的可能，在阿非利加的羅馬帝國不能憑藉武力的運氣或民眾的偏愛。汪達爾人過去下達雷厲風行的禁令，只有迦太基的防衛工事免於拆除，但是在統治的九十五年期間，怠惰的風氣已經相沿成習，對於軍事整備的工作置之不理，就是首都的城牆也免不了到處損毀傾圮。明智的征服者用難以置信的速度，修復城市的城牆和壕溝，以慷慨的報酬鼓勵施工人員的情緒，無論是士兵、水手還是市民，都競相完成這極其有益的工作。傑利默過去一直擔憂，就是認為他自己處在沒有設防的城鎮裡，現在帶著驚奇和絕望的心情，看到一個無法攻下的城堡正在加強防禦的力量。

五、貝利薩流斯在垂卡米隆會戰擊敗汪達爾國王(533A.D.)

　　命運乖戾的國君在喪失都城以後，全力收容剩餘的軍隊，上次的會戰中，兵員只是星散，並沒有被消滅。搶劫的希望吸引一些摩爾人的匪幫，願意在傑利默的旗幟下面作戰。他在布拉(Bulla)的原野開設營地，離迦太基大致是四天的行程；對都城的侵犯活動只是破壞供水渠道，使民眾得不到飲水；只要殺死任何羅馬人割下頭顱，就會獲得高額的賞金；對於他的阿非利加臣民，他裝模作樣要赦免他們的罪行，發還他們的財產；同時他暗中與阿萊亞斯教徒進行談判，並且要收買參加聯盟軍的匈奴人。處於這種情況之下，薩丁尼亞的征戰只有加重他的災禍，使他深感痛苦，竟然會為一無是處的冒險行動，浪費五千名最勇敢的部隊。他帶著悲傷和羞辱的心情，閱讀他的弟弟札諾(Zano)獲得勝利的書信，來函向國王表示樂觀的信心，以為他已經效法他們的祖先，懲罰羅馬侵略者輕率狂妄的行動。傑利默回覆道：

　　啊！我的弟弟！老天要拋棄我們這個可憐的民族。當你在征討薩丁

尼亞的時候，我們已經丟掉阿非利加。貝利薩流斯帶著少數人馬一
出現，立刻使汪達爾人的根基失去勇氣和繁榮。你的姪兒吉巴蒙
德，你的兄弟阿馬塔斯，他們被怯懦的追隨者出賣，力戰成仁。我
們的馬匹、我們的船隻、迦太基本身以及整個阿非利加，都在敵人
的控制之下。然而汪達爾人寧願過極其可恥的安定生活，即使犧牲
妻子兒女、財產和自由，全都視為當然，毫不珍惜。現在除了布拉
的原野，沒有剩餘的東西，所有的希望都靠你的英勇。離開薩丁尼
亞，趕快來解救我們，光復我們的國土，要不然讓我們死在一起！

　　札諾接到來信，把悲慘的消息通知重要的汪達爾人，但是盡量掩飾當
前的狀況，不讓島上的土著知曉。部隊在卡利阿里(Cagliari)港口登上一
百二十艘戰船，第三天在茅利塔尼亞邊界下錨，很快繼續行軍，趕到布拉
原野加入皇家的陣營。會面的情景非常傷感，兩兄弟擁抱在一起，在無聲
中流著眼淚，沒有詢問薩丁尼亞的勝利，也沒有追究阿非利加的慘劇。從
當面的情況可以知道遭受苦難的程度，看不到他們的妻子兒女更是悽慘的
見證，可見他們不是死了就是被俘。國王的乞求、札諾的榜樣以及威脅到
王國和宗教的立即危險，終於喚醒積弱不振的精神，使大家團結起來。民
族的軍事實力促使他們提前發起會戰行動，等到部隊抵達離迦太基二十哩
的垂卡米隆(Tricameron)，迅速增加的兵力使他們竟敢誇耀，比起羅馬人
微弱的實力，他們具有十倍的優勢。

　　然而羅馬的雜牌部隊接受貝利薩流斯的指揮，他認為他們的作戰能力
極為卓越，可以在任何不適當的時機抗拒蠻族的奇襲。羅馬人立即完成備
戰，一條小河掩護他們的正面，騎兵部隊形成第一線，貝利薩流斯位於中
央，現身在五百名衛隊的前面，步兵保持相當距離，組成第二線。他是警
覺性很高的將領，看到馬撒杰提人處於與主力分離的位置，想要祕密保存
實力再決定爾後的動向，因此無法相信他們的忠誠。這位歷史學家對主將

的訓示[22]難免要加油添醋，讀者自然很容易想像。將領各依身分，向部隊諄諄教誨這場作戰務求獲勝，要大家把死生置之度外。札諾率領追隨他征服薩丁尼亞的部隊，部署在中央位置，要是汪達爾人的烏合之眾都能仿效他們大無畏的決心，那麼堅西里克的寶座仍能穩如泰山。札諾的部隊在擲出標槍和投射武器以後，就拔出長劍迎擊敵人的衝鋒。羅馬的騎兵部隊三次涉水度過小溪都被驅回，雙方激戰要拚個你死我活。直到札諾被砍倒，貝利薩流斯的旗幟仍在揮舞，傑利默收兵退回營地，匈奴人一改初衷，也加入追擊，勝利者從被殺的屍體上搜刮財物和戰利品。然而只不過五十名羅馬人和八百名汪達爾人在戰場上陣亡。一天的激戰以後，如此微不足道的犧牲，竟然絕滅一個民族，使得阿非利加改朝換代(533年11月)。貝利薩流斯在傍晚時領導步兵攻擊敵軍的營地，怯懦的傑利默趕緊逃走。他曾豪情萬丈的說過：「對被擊敗的人而言，死亡是解脫而活著是負擔，恐懼的唯一目標是恥辱。」看來這些不過是虛矯的大話而已。他不讓人知道而偷偷溜走，汪達爾人很快發現國王已將他們遺棄，於是大家一哄而散，每個人只關心自己的安全，其他貴重物品一概置之不理。

羅馬人在沒有抵抗之下進入營地，夜晚的黑暗和混亂掩蓋軍紀蕩然的狂野景象，只要遇到蠻族就絕不留情大肆屠殺，留下的寡婦和女兒如同值錢的遺物或是美麗的侍妾，任由縱情淫樂的士兵任意享用。在這一段漫長的繁榮與和平期間，過去的征服或節約所累積的成果，使得皇家庫存的金銀財寶幾乎可以滿足貪婪的要求。部隊都在瘋狂的搜刮，把貝利薩流斯的告誡完全置之腦後。慾念和掠奪所激起的興奮，使他們分成小股或是獨自行動，前往鄰近的田野、樹林、山岩和洞穴，探索可能隱藏的戰利品，身上背負所獲得的財物，脫離自己的隊列，無人引導就在通往迦太基的大路上面亂逛。要是逃走的敵軍膽敢發起逆襲，這些征服者將無一倖免。深感羞辱和危險，貝利薩流斯在獲勝的戰場度過焦急的一夜，等到黎明他在小

---

22 這類的演說可以表達那個時代或演說者的觀念和看法，我通常扼要敘述這些觀念，摒棄激昂慷慨的雄辯之辭。

山上樹起統帥的旗幟，召回他的衛隊和資深的老兵，逐漸在營地恢復節制
的行為和服從的紀律。這位羅馬將領對於屈服敵人的戰鬥意志，以及拯救
俯地討饒的蠻族，同樣付出關切之心。那些苦苦哀求的汪達爾人發現，要
想活命只有到教堂才能獲得保護。他們在被解除武裝以後就分別被監禁，
免得在外流竄擾亂公眾的安寧，或是成為民眾報復行為的犧牲品。貝利薩
流斯派出一支輕裝分遣部隊，追躡傑利默的動向和行蹤以後，親率大軍繼
續前進，經過十天的行軍遠抵希波‧里吉烏斯(Hippo Regius)，這時此地
已不再擁有聖奧古斯丁的遺骸[23]。他獲得確實的情報，汪達爾人逃到摩爾
人難以進入的山地，於是決定放棄徒然無用的追擊，將多營安置在迦太
基，接著派遣手下主要的部將覲見皇帝，報告他在三個月的時間完成阿非
利加的征服。

六、阿非利加的綏靖工作和傑利默的歸順(534A.D.)

貝利薩流斯說話很真誠，倖存的汪達爾人根本沒有抵抗，就放棄他們
的武器和自由。迦太基的鄰近地區只要他出面就輸誠，距離較遠的行省接
到他勝利的信息，也都陸續歸順。的黎波里自動表示忠誠早已成定局；他
派出一位軍官帶著勇將札諾的頭顱，根本不要派遣兵力，就使薩丁尼亞和
科西嘉迎風而降；像是馬約卡(Majorca)、米諾卡(Minorca)和伊維卡
(Yvica)這些島嶼，仍舊願意成為阿非利加王國的附庸。凱撒里亞
(Caesarea)是一座名不虛傳的城市，要是就不精確的地理學而言，可能與
現代的阿爾及爾混淆在一起，位於迦太基的西邊有三十天的行程。陸上的
道路經常受到摩爾人的騷擾，但是海路通行無阻，何況羅馬人已經主宰海

---

23 阿非利加的主教將聖奧古斯丁的遺骸帶到他們的放逐地薩丁尼亞，一般人相信是
在八世紀時，倫巴底國王勒特普朗德(Liutprand)將遺骸從薩丁尼亞運到帕維亞
(721A.D.)。到了1695年，該城奧古斯丁修會的修士發現一座磚砌的拱墓，裡面有
大理石棺、銀棺蓋、絲質裹屍布、骨骸和血跡等等，或許還有一塊阿哥斯提諾
(Agostino)的碑銘，是用哥德文書寫。但是這件轟動一時的發現，因為質疑和猜忌
而產生很大的爭論。

洋。一位主動積極而又謹慎沉著的軍事護民官，航行到達海峽的出口，占領塞浦特姆(Septem)或久塔(Ceuta)[24]。這個城市位於非洲海岸，與對面高聳的直布羅陀要塞遙遙相對。這樣遙遠的地方後來都由查士丁尼整修得煥然一新，並且加強防衛力量，好像是在誇耀足以自豪的雄心壯志，將帝國的疆域推展到海克力斯之柱。他接到勝利的信息正是時候，已經準備要頒布《民法彙編》，虔誠或猜忌的皇帝對於上帝賜予的禮物大肆慶祝，用平靜的語氣宣布，征戰順利的將領立下蓋世功勳。

　　皇帝急著消滅塵世或教會的汪達爾暴君，全面建立正統教會的工作，毫不延遲盡快著手進行。主教制度最重要的基礎是審判權、教會的財產和赦免權，他用寬闊的心胸予以恢復和擴大；阿萊亞斯信徒的禮拜要禁止，道納都斯派(Donatist)的聚會要根絕。兩百一十七名主教[25]召開迦太基宗教會議，讚賞這些報復是適當的措施。在這種情勢之下，我們不會相信正統教會有很多高級教士缺席，但是他們的與會人員比較起來還是少數，不像在古老的會議中數目達兩倍或三倍，可以非常清楚顯示教會和國家都已衰敗。查士丁尼以信仰的保護者自居，心懷鴻圖大展的神聖願望，希望勝利的部將盡快擴展狹小的領域，恢復到摩爾人和汪達爾人入侵前的狀況，那時正統教會據有這片廣大的國土。同時貝利薩流斯接奉指示，要在適當的地點像是的黎波里、理普提斯、色塔(Cirta)、凱撒里亞和薩丁尼亞，派遣五位公爵或是地區指揮官，計算內衛軍或邊防軍的兵力大小，能夠有效負起阿非利加的防衛任務。汪達爾王國有必要設置一位禁衛軍統領在此坐鎮，下面的民事統治部分，指派四位總督和三位省長，負責七個行省的行政事務。各級政府的屬員、書記、傳達和事務人員都有詳細規定，統領的手下有三百九十六人，他的職務代理人或是幾位副手也有屬員五十人。嚴

24　久塔在阿拉伯人統治之下繁華一時，很多貴族在此興建府邸和宮殿，農業和手工業非常發達，後來遭到葡萄牙人的破壞而沒落。

25　杜平(Dupin, Louis Ellies, 1657-1719A.D.，法國神學家)提到阿非利加主教權勢的衰退，表示出感嘆之意。在教會最為興盛的時代，根據他的計算有六百九十個主教轄區，但是不論每個教區有多小，也不可能同時有這麼多人存在。

格規定他們的經費和薪俸，不完全是爲了防止浮濫，而是能夠有效維護個人的權益。這些官員可能會採取雷厲風行的手段，絕不會怠惰姑息。有關司法和稅務這些非常微妙的問題，新成立的政府有無限權力推展業務，宣稱要恢復羅馬共和國的自由和平等。征服者渴望從阿非利加的臣民身上，立即榨取豐碩的成果。任何人認爲家庭所有的房屋和土地，過去被汪達爾人視爲戰利品奪走，現在獲准提出歸還的要求，甚至是三等親或旁系親屬都有資格。貝利薩流斯的位高權重來自特別任命，等到他離開以後，就不需要再委任軍隊的主將，禁衛軍統領的職位被授與一位軍人出身的官員。按照查士丁尼的規定，七個行省中爲首的總督兼負民事和軍事的職權，是皇帝在阿非利加的代理人，後來的意大利也是如此，很快得到新的頭銜稱爲「太守」。

　　除非原來的統治者不論死活的狀況下落在羅馬人的手裡，否則阿非利加的征服還有美中不足之處。有件事很可疑，說是傑利默下達祕密的命令，把部分財富運到西班牙，希望在西哥德國王的宮廷找到安全的庇護所，只是因爲意外的變故、暗中的出賣和敵人的緊追不捨，使他的打算完全落空。傑利默從海岸逃走的路線已被截斷，不幸的國君身旁只帶著幾名忠心的隨員，被追到努米底亞內陸，進入巴普亞(Papua)無路可通的山區[26]。他立刻就被法拉斯圍攻，這位官員因誠信和自制而備受讚譽，就蠻族最腐化的部落赫魯利人而論，很少人具備這種德性。貝利薩流斯信任法拉斯的機智和警覺，就將這個重要的任務交付給他。在奮勇無前翻越山嶺的追擊中，法拉斯損失一百一十名士兵，他預料在冬季的圍攻期間，汪達爾國王會感受到災難和饑饉的壓力。傑利默從過去享樂的生活、富裕的環境和優渥的供應中，墮落到像摩爾人一樣貧苦的地步[27]。摩爾人根本不

26　丹維爾定出巴普亞山區的位置，接近希波‧里吉烏斯和大海。要是根據樸洛柯庇斯的敘述，就不可能越過希波進行遠距離的追擊。

27　蕭(Shaw, Thomas, 1694-1751A.D.，英國探險家和旅行家)對於貝都因人(Bedoweens)和卡拜爾人(Kabyles)的生活習性，有非常精確的記錄。從卡拜爾人的語言中可以看到摩爾人留下的痕跡，然而變化是這樣的大，現代的野蠻人感受到文明是如此的深，他們的糧食供應很充足，麵包成爲普通食物。

知道世間有幸福可言，只有他們自己才能忍受這樣的生活。他們用泥土和樹籬做成簡陋的茅舍，充滿煙霧而又昏暗無光，大家帶著自己的妻子兒女和牛群混雜在一起，睡在泥土地或羊皮上面。他們缺乏衣物，就是有也極為污穢，從未見過麵包和酒類，燕麥和大麥做成粗餅，就那麼放在灰燼上面烘烤。饑餓的野蠻人為了填飽肚皮，真是生冷不忌。在這種極端困苦的折磨之下，傑利默的健康受到損害，無論如何也只有忍耐而已。他真正的悲痛是回憶往日的高貴身分，以及目前每天受到保護者的侮辱。何況摩爾人輕浮易變，見錢眼開，使他更加憂心忡忡，生怕他們受到引誘就會背棄神聖的待客之道。從法拉斯仁慈而又善意的書信中，了解到傑利默所處的情況。赫魯利酋長是這麼說的：

> 我像你一樣是不識字的蠻族，但是我說老實話，願意真心對待別人。為什麼你要這樣固執，明知毫無希望還要堅持下去？為什麼你要讓你自己、你的家人和你的國家，陷入萬劫不復的境地？難道是酷愛自由和厭惡奴役？啊！我敬愛的傑利默！難道你不是最可憐的奴隸？何況還是摩爾人這個低賤民族的奴隸？只要忍耐下去在君士坦丁堡過著貧窮和奴役的生活，難道不比在巴普亞的荒山統治那可疑的王國要好得多？或許你認為變成查士丁尼的臣民會侮辱自己高貴的身分？貝利薩流斯是他的臣民，我們大家都是，談到家世出身不見得比你低下，然而我們對於服從羅馬皇帝並不感到羞愧。慷慨的君主會賜給你富足的世襲產業，在元老院有尊貴的座次，並且享有大公的高位，這些都是他為了表示感激的心腹之言，你可以相信貝利薩流斯所作出的保證。老天要是讓我們受苦受罪，那麼忍耐可說是美德。如果我們拒絕所給予的解救，就是昧於時勢自取滅亡。

汪達爾國王回覆道：

> 我何嘗不知道你的勸告是如此的仁慈而有理性，但是對於一個行事

不公的敵人，我無法說服自己成為他的奴隸，所有的只是不共戴天的仇恨。無論是我的語言或是我的行為，從來沒有對他造成傷害，然而他派人來對付我，我不知道是什麼緣故，就是貝利薩流斯，竟把我從寶座上面投向悲慘的深淵。查士丁尼只是一個凡人，但是他是一位君王，天道無親，難道不怕得到同樣的報應？悲傷使我無法忍受，不再多寫了！敬愛的法拉斯，我懇求你送我一些東西，那就是一具七弦琴[28]、一塊海棉和一條麵包。

從汪達爾人的信差那裡，法拉斯知道他為什麼提出很特別的需要。阿非利加的國王很久沒有嚐到麵包的味道，勞累或不斷哭泣使淚水再也流不出來，還有就是用七弦琴伴奏唱出遭遇的不幸，可以在悲苦的時候得到安慰。仁慈的法拉斯深受感動，就派人送去這三樣很特別的禮物。他即使抱著仁慈之心，還是要提高警覺，加強四周的防護，希望很快迫得無路可逃的囚犯只能面對現實，有利於羅馬人解決問題，也盡量使自己獲得好處。固執的傑利默最後還是屈服於理智和需要，貝利薩流斯派出使臣，用皇帝的名義批准安全的莊嚴保證和尊貴的接待方式。汪達爾國王離開高山回到平地，第一次公開會晤是在迦太基的郊區，當皇家的俘虜向征服者打招呼時，竟然發出一陣笑聲。群眾自然會相信，過度的悲傷使傑利默的情緒失控，但是在這種傷感的時刻，反常的歡笑暗示出睿智的論點，人類的偉大只是空虛和短暫的表現，不值得用嚴肅的態度多加考量[29]。

---

28 樸洛柯庇斯說是七弦琴，改為豎琴比較合理，從佛都納屠斯(Fortunatus)的詩句，可以將這兩種樂器很清楚的加以辨別。

29 希羅多德帶著感情描敘一件很悲傷的事件，埃及的撒美提克斯(Psammetichus)以帝王之尊成為俘虜，過去曾為小事哭泣，然而他面對自己的不幸，卻只是長時期保持沉默。貝利薩流斯在與伊米留斯(Aemilius)和帕西斯(Perses)的交談中，可能了解自己所扮演的角色，但是他也可能從未讀過李維和蒲魯塔克的作品，憑他慷慨的氣度根本不需要教師。

七、貝利薩流斯的凱旋及汪達爾人最後的敗亡(534A.D.)

　　眾口鑠金的中傷之辭立刻使有智之士的藐視變得很有道理，善於奉承的人一味追求權力，同時嫉妒別人建立更高的功績。羅馬軍隊有幾位首長竟敢以這位英雄人物的對手自居，私下發出急報，帶著惡意指控阿非利加的征服者，威名遠播，獲得公眾的愛戴，陰謀登上汪達爾人的寶座。查士丁尼冷眼旁觀不表示意見，看來對貝利薩流斯無法相容，已生猜忌之心，所以讓貝利薩流斯去自行處理，是要留在行省還是返回都城。貝利薩流斯從截下的信件以及對君王性格的了解，必須做出明智的決定，要就是聽天由命高舉反幟，再不就是俯首覲見使他的敵人感到困惑。他基於清白無辜和無比勇氣做出選擇，將自己的衛隊，還有所有的俘虜和財物盡快裝上船隻，一路的航行非常順利，等他到達君士坦丁堡的時候，比在迦太基派出送信的快船還要早到。像這樣值得信任的忠誠消除查士丁尼的疑慮，猜忌之心很快平息，但是會被公眾對貝利薩流斯的感激再度燃起不滿。

　　羅馬世界的第三位阿非利加努斯獲得凱旋式的榮譽，慶典場面之隆重是君士坦丁的城市前所未見。自從提比流斯統治以來，古代的羅馬只有歷朝的凱撒，他們所指揮的百戰百勝雄師夠得上這種資格[30]。從貝利薩流斯居住的府邸，遊行的隊伍經過主要的街道，抵達橢圓形競技場。這個值得紀念的日子，像是報復堅西里克施加的傷害，洗刷羅馬人所受的恥辱。遊行展示出從征服民族所掠奪的財富，都是一些軍事勝利和奢侈生活的戰利品，像是貴重的冑甲、黃金的寶座、汪達爾王后在儀式中使用的車駕、皇家宴會的巨大家具、耀眼的寶石、造形優雅的雕像和花瓶、成堆的黃金錢幣，還有猶太神殿的聖器，在經歷漫長時日的輾轉流離之後，受到尊敬存放在耶路撒冷的基督教堂。一長列最高貴的汪達爾人帶著無可奈何的態

30　等到大將軍(imperator)這個古老的軍事職稱喪失原有意義以後，羅馬常用的飛鳥占卜法(auspices)這個字也為基督教所禁止，凱旋式對於一位代表皇帝出征、而且是私人豢養的將領，倒是不會產生多大的紛爭。

度，展現出高　的身材和英俊的面孔。傑利默步伐緩慢，身穿紫色的長
袍，仍舊維持一個國王的尊嚴，沒有流出一滴眼淚，也沒有發出嘆息的聲
音。他的自負和虔誠從所羅門[31]的詩句中，得到內心的安慰。他一再重複
唸著：「虛空的虛空！虛空的虛空！凡事都是虛空！」謙虛的征服者沒有
登上凱旋式的戰車，特別用四匹馬或四頭象拖曳，而是步行走在英勇同伴
的前面，他的謹慎在於婉拒對臣民而言太過招搖的榮譽，寬闊的胸襟鄙視
為邪惡暴君所玷污的虛名。光榮的隊伍在元老院和人民的歡呼聲中，進入
橢圓形競技場的大門，在皇帝和皇后的寶座前停止下來。查士丁尼和狄奧
多拉莊嚴的坐著，接受被俘的國王和勝利的英雄前來效忠。他們採用習慣
的膜拜儀式，全身趴在地上用嘴親吻國君的腳凳，那是一位從未拔劍上陣
的君王，以及一個在劇院表演舞藝的娼妓。堅西里克的孫兒接受一連串的
打擊，才改掉固執的脾氣；不過，即使在奴顏婢膝的環境裡成長，才氣縱
橫的貝利薩流斯想必在暗中嫌惡。他在次年被擢升為執政官(535年1月1
日)，就職典禮那天舉行第二次盛大的凱旋式。他的象牙官椅由汪達爾人
俘虜背負在肩上，各種戰利品、金製的酒杯、貴重的馬具都毫不珍惜地丟
給群眾。

　　但是貝利薩流斯認為最誠摯的賞賜，是他立下莊嚴的誓言與汪達爾國
王簽訂的條約，皇帝決定要忠實執行。傑利默信奉阿萊亞斯教義，產生宗
教的顧慮和限制，無法給予元老院議員或大公的位階。皇帝贈送位於蓋拉
提亞(Galatia)行省龐大的產業，遜位的國君帶著家人和朋友退隱，過著平
靜優渥甚或稱心如意的生活[32]。赫德里克的女兒因為她們的年歲和不幸，

31　如果〈傳道書〉真是所羅門的作品，而不是比較近代的著作，倒是很難讓人信
　　服，雖然有非常虔誠的內容和富於倫理的教訓，但只是用所羅門的名義，以及用
　　他的懺悔作為主題而已，有點像普賴爾(Prior, Matthew, 1664-1721A.D.，英國詩人
　　和外交官)的詩一樣。這是博學多聞和思想自由的格羅秀斯提出的看法，他認為
　　〈傳道書〉和〈箴言〉顯示極其廣泛的思想和經驗，看來不像一個猶太人或一個
　　國王所有。

32　在《瑪蒙特爾(Marmontel)的貝利薩爾(Bélisaire)》一書中，國王與阿非利加的征
　　服者相遇、晚餐、交談，竟然不知對方是何許人。顯然是傳奇小說的缺陷，看來
　　不僅是這位英雄，就是每個人都喪失他們的眼睛或是記憶力。

受到特別慈愛和友善的照應。查士丁尼和狄奧多拉負起責任，教養狄奧多西大帝的女性後裔，使她們享受世間的榮華富貴。勇敢的汪達爾青年分發到五個騎兵中隊，受到他們的恩主收養，參加波斯戰爭，為祖先贏得光榮的名聲。這些少數的例外只是出身或英勇的報酬，不足以說明整個民族的命運。在這次為時短暫而又犧牲不大的戰爭之前，他們的總數超過六十萬人。等到他們的國王和貴族遭到放逐以後，受到奴役的群眾為了換取安全，只有棄絕民族的習俗、宗教和語言，墮落的後代在不知不覺中與阿非利加普通的臣民混雜在一起。甚至就是到了近世，在摩爾人部落之中，好奇的旅客可以發現北方族群的白皙膚色和淺黃頭髮[33]。

　　以前的人相信，有些勇敢的汪達爾人不願接受羅馬人的統治，也不讓羅馬人知曉他們的下落，情願在大西洋與世隔絕的海岸，過著自由自在的日子。阿非利加過去是他們的帝國，現在成為他們的監獄，並沒有心存希望甚或產生意願，要回到易北河的兩岸。那些缺乏冒險精神的同胞，仍舊在祖國的森林裡漫遊。儒夫不可能越過未知的大海和敵意的蠻族所構成的障礙；勇士也不可能當著同胞的眼前顯示出自己的無能和失敗，描述在他們手中喪失的王國，要求一分卑微的繼承權利，因為在他們過好日子時，曾經幾乎異口同聲主動放棄繼承權[34]。位於易北河與奧德(Oder)河之間的國土，有些人口稠密的盧薩希亞(Lusatia)村莊居住著汪達爾人，仍舊保持他們的語言、他們的習慣以及純正的血統，勉強忍耐薩克遜人或普魯士人強加在他們身上的枷鎖，毫無怨尤地祕密和自願對古老國王的後裔效忠，雖然他現在的裝束和命運與最卑賤的家臣並無差別[35]。從這些吃盡苦頭人

33　自從樸洛柯庇斯說起阿特拉斯(Atlas)山有一個民族，可以用白皙的身體和黃色的頭髮加以區別以來，同樣的現象在秘魯的安地斯山可以見到，很自然的歸之於地勢的高度和空氣的溫度。

34　雖然有人抗議，堅西里克還是要拋棄日耳曼的汪達爾人，並沒有給予正式答覆。在阿非利加的汪達爾人嘲笑這個人過於謹慎，而且也瞧不起歐洲的族人在森林裡的貧苦生活。

35　在1687年，托留斯(Tollius)從一位知名的選侯口中聽到此事，說是布蘭登堡(Brandenburgh)的汪達爾人，具有皇室的血統但是不為人所知，他們富於反叛的精神，可以聚集五、六千人馬，獲得一些火砲等等。選侯的誠實沒問題，但托留

民的姓氏和職業可以知道，他們與阿非利加征服者有共同的血源。但是從他們使用斯拉夫方言，更清楚顯示他們是新殖民區的殘餘人員，是汪達爾人眞正的後代，只是在樸洛柯庇斯時代已經星散開來或完全絕滅[36]。

八、所羅門擊敗摩爾人及哥德人保持中立的態度(534-620A.D.)

要是貝利薩流斯受到別人的影響，對於表示忠誠的行動稍爲延遲，沒有急著趕回君士坦丁堡，那麼他應該會據理力爭，要把阿非利加從比汪達爾人更野蠻的敵人手中救出來，說這是他無可旁貸的責任，甚至連皇帝的反對也在所不顧。摩爾人的起源和先世無人知曉，他們沒有使用文字[37]，居留的疆域也無法精確標定。利比亞的牧羊人在一望無垠的大陸自由通行，季節和草原的變遷律定他們的遊牧活動。簡陋的木屋和少量的家具就跟他們的武器、家人和牲口一樣，非常容易搬動運走。他們放牧的家畜包括羊、牛和駱駝[38]。羅馬人的權勢威鎮四方，他們爲了表示尊敬，與迦太基和海岸地區保持相當距離。等到汪達爾人的統治力量日益衰弱，他們侵犯努米底亞的城市，占領從丹吉爾(Tangier)到凱撒里亞的濱海地帶。他們在拜查修姆(Byzacium)這個富裕的行省到處開設營地，所有行爲獲得豁免，不被懲處。貝利薩流斯靠著強大的實力和技巧的手段，確保摩爾人君王的中立，使得他們產生虛榮的心態，渴望獲得用羅馬皇帝名義賞賜的王

(續)————————
斯的話值得懷疑。

36 樸洛柯庇斯對此事完全不知道。在達哥伯特(Dagobert)統治的時代(630A.D.)，斯拉夫部族像是索爾比人(Sorbi)和維尼第人(Venedi)，已經在圖林基亞(Thuringia)的邊界上定居。

37 薩祿斯特提過摩爾人，說他們是赫拉克里斯(Heracles)的軍隊被擊潰以後的殘餘人員。樸洛柯庇斯認爲他們是卡納尼亞人(Cananaeans)的後裔，爲了逃避強盜約書亞，他引用兩根石柱上面腓尼基文的銘刻。我相信是有石柱，但是懷疑上面的銘文，同時我也不接受他們提到的淵源。

38 魏吉爾和米拉(Mela, Pomponius，一世紀拉丁地理學家)敘述阿非利加牧民漂泊不定的生活，與阿拉伯人和韃靼人沒有多大差別，蕭是這位詩人和這位地理學家最好的註釋者。

室尊榮[39]。摩爾人對事件快速的解決感到驚異，征服者率領大軍現身使他們喪膽，但是貝利薩流斯即將離開，野蠻和迷信的民族立刻消除心中的憂慮。摩爾人都有很多妻室，就是提供年幼的兒子做爲人質，也不會顧慮他們的安全。

　　當羅馬人的將領正在迦太基的港口揚帆返國時，聽到從絕望的行省發出的哭聲，幾乎看到冒出的火焰。然而他堅持原先所做的決定，把他的衛隊留下一部分，用來增援實力薄弱的城防部隊。他很放心將阿非利加的指揮權交給宦官所羅門[40]，後來證明宦官確實名不虛傳，有資格接替貝利薩流斯遺留的任務。在摩爾人第一次的入侵行動中（535A.D.），羅馬有幾個分遣隊及兩位優秀的軍官受到奇襲，並被截斷退路。所羅門迅速集結部隊，從迦太基向這片國土的內陸腹地進軍，在兩次重要的會戰中殲滅六萬蠻族。摩爾人全靠人多勢眾、行動飄忽以及難以通行的山區，同時他們騎乘駱駝，那種動物的外貌和氣味，據說會給羅馬人的騎兵帶來困擾[41]。但是等到羅馬騎兵接到下馬的命令，他們開始用行動嘲笑這些不夠資格的障礙。一旦各縱隊登上小山展開以後，摩爾人那些全身赤裸的烏合之眾，被閃爍的武器和有規律的發射弄得眼花撩亂，看來女預言人的威脅之言又要再度實現，那就是摩爾人會被沒有鬍鬚的對手所擊潰。

　　勝利的宦官從迦太基進軍，行程長達十三天，開始圍攻山城奧拉休斯（Aurasius）[42]這個重要的據點，同時也是努米底亞風景優美的園地。成列的山丘是阿特拉斯（Atlas）大山的一條支脈，整個地區的外圍有一百二十

39　贈送的禮物通常是一根權杖、一頂皇冠、一襲白色的斗篷，還有就是繡著花紋的長袍和鞋子，全部都用金和銀來作爲裝飾。除了這些貴重的金屬以外，他們也接受錢幣。

40　所羅門被召回君士坦丁堡，後來又再度恢復原來的職務，最後一次勝利是查士丁尼在位第十三年（539A.D.）。他在幼年時發生意外才成爲宦官，其他的羅馬將領都長著濃密的鬍鬚。

41　古代的人證實馬非常厭惡駱駝，從經驗得知這是毫無根據的說法，東方人是最佳評審，覺得這種誤解很可笑。

42　樸洛柯庇斯是第一個描述山城奧拉休斯的人，可以拿來與李奧·阿非利加努斯、瑪摩爾和蕭的記載作個比較。

哩長，變化多端的土壤和天候極其罕見，中間是山谷和高原，四周環繞著繁茂的阜地和清澈的溪流，水果味美而且極其碩大。環境美好而人跡罕至之地有蘭伯撒(Lambesa)*43的廢墟作爲裝飾，這是一個軍團過去在此駐防的羅馬城市，曾經有四萬居民。供奉埃斯科拉庇斯(Aesculapius)的愛奧尼克式(Ionic)神廟，四周圍繞著摩爾人的茅舍；牛群在競技場的中間吃草，在科林斯式石柱的陰影下休息。一座垂直陡峭的山岩拔地而起，像是高出雲霄之上，阿非利加的君王將妻妾和財寶存放在上面。阿拉伯人有句人所熟知的諺語：「奧拉休斯山城有懸崖和悍民，誰人膽敢攻擊，定會玩火焚身。」宦官所羅門竟然從事兩次極爲艱鉅的冒險行動，第一次帶著幾分羞辱退兵，第二次幾乎耗盡精力和糧草，如果不是部隊發揮大無畏的勇氣，一定又要再度後撤。他們使摩爾人感到無比驚異，竟然能奮不顧身爬上高山，攻擊敵人的營地，最後占領吉米尼亞(Geminian)山岩的絕頂。他們建造一座城堡，用來鞏固這個被征服的要地，提醒蠻族在此地被羅馬人擊敗。所羅門繼續行軍向西方追擊，茅利塔尼亞的昔提芬(Sitifi)是喪失已久的行省，現在又重歸羅馬帝國的版圖。摩爾人戰爭在貝利薩流斯離開以後又延續幾年，雖然他把桂冠放置在忠誠部將的頭上，但還是在他的指導之下獲得勝利。

　　過去的失敗累積經驗，個人可能因年齡的增長而獲得匡正的機會，但是就人類而言，經驗對後代很少發生警惕的作用。古代的民族根本不顧慮相互之間的安全，結果被羅馬人各個擊滅，難逃奴役和羞辱的命運。這些可怕的往事應該能教訓西方的蠻族，及時取得協議組成聯盟軍隊，才能對抗查士丁尼併吞四海的勃勃野心。然而同樣的錯誤一再重犯，產生類似的結局，意大利和西班牙的哥德人感覺不到迫近的危險，帶著漠不關心甚或幸災樂禍的心情，袖手旁觀汪達爾人很快遭到覆滅。皇室家族無子，特德斯(Theudes)是一位作戰驍勇而且權勢極大的酋長，登上西班牙的寶座，

---

*43 [譯註]蘭伯撒是羅馬人爲了衛戍努米底亞，在81年所建立的軍事基地，是著名的第三軍團駐紮的位置。這個軍團以奧古斯都爲名，維持到第三世紀才逐漸沒落，基地後來成爲廢墟。

以前他曾用狄奧多里克和他那年幼孫兒的名義進行統治。西哥德人在特德
斯的指揮之下圍攻久塔的城堡，位置在阿非利加的海岸。就在他們遵奉安
息日的規定，平靜進行禮拜活動時，城鎮突然出擊，使營地在虔誠奉獻時
刻的安全受到侵犯。國王本人幾經困難和危險，從褻瀆神聖的敵人手中逃
脫。過不了多久，霉運當頭的傑利默派遣一名求救的使臣，懇請西班牙王
國對他的苦難施以援手，才使特德斯的尊嚴和憎恨獲得滿足。他並沒有用
莊重的神情發出慷慨和明智的指示，只是一味敷衍使臣，直到獲得告知說
是迦太基已經喪失，這時他用含混和藐視的規勸打發使臣離開，要他們到
自己的故鄉去尋找援助，只有他們的族人真正熟悉汪達爾人的狀況。意大
利戰爭曠日持久，使西哥德人遭受懲罰的時間可以向後拖延。特德斯在嚐
到錯誤政策所產生的苦果前，已經閉眼離開人世。西班牙的王位繼承引起
一場內戰，實力較弱的競爭者懇求查士丁尼的保護，在野心的驅使下簽署
一紙聯盟協定，對這個國家的獨立和幸福造成嚴重的傷害。有幾個位於大
西洋和地中海的城市，交給羅馬帝國的部隊前來駐守，以後部隊拒絕撤
離，看來這些保證物既能提供安全也能支付報酬。他們從阿非利加獲得長
久的供應，來加強防衛的力量。東羅馬帝國維持這些易守難攻的駐地，目
的是要在蠻族中間煽起內部和宗教的黨派對立，造成混亂的有利情勢。在
西班牙王國拔除這些眼中釘之前，七十年的光陰轉瞬而過（550-
620A.D.）。皇帝所以要保持部分遙遠而無用的所有權，只是為了滿足虛榮
心，把西班牙算成他們的行省，將阿拉里克的繼承人列入諸侯的位階[44]。

　　統治意大利的哥德人所犯的錯誤，比起西班牙的同宗弟兄更不可原
諒，受到的懲罰也更為迅速而可畏。出於私人報復的動機，他們使最危險
的敵人能夠毀滅他們最有價值的盟友。偉大的狄奧多里克有一位姊妹許配
給阿非利加國王特拉斯蒙德（Thrasimond），在這種情況下將西西里的利列

44　參閱伊希多爾最早的《編年史》以及馬里亞納的《西班牙史》第五和第六卷，等
　　到西哥德人重新回歸天主教以後，羅馬人最後還是被他們的國王蘇因提拉
　　（Suintila）趕走。

賓(Lilybaeum)城堡[45]轉交給汪達爾人,同時有一千名貴族和五千名哥德士
兵組成軍隊的行列,用來隨護阿瑪拉茀麗達(Amalafrida)公主。他們曾在
摩爾人戰爭中大顯身手,但高估自己建立的功勳,或許是汪達爾人故意忽
略。他們用羨慕的眼光看待這個國家,對於阿非利加的征服者抱著藐視的
心理,但是汪達爾人採用屠殺的手段,預防確有其事或純屬虛構的謀逆事
件。哥德人的力量受到壓制,被囚禁的阿瑪拉茀麗達隨之悄悄去世,死因
讓人感到可疑。卡西多流斯用雄辯的文辭譴責汪達爾宮廷,說他們犯下殘
酷的罪行,為天理國法所不容。但是他用國君名義威脅的報復行為,卻被
敵人大肆嘲笑,因為阿非利加一直受到海洋的保護,哥德人沒有海上作戰
的能力。悲痛和憤怒使他們盲目,沒有能力分析當前的情況,帶著歡欣鼓
舞的心情迎接羅馬大軍的來臨,用西西里的港口接待貝利薩流斯的艦隊。
讓人吃驚的信息很快使人感到歡愉也引起警惕,汪達爾人遭到報復的程度
已經超過他們的希望,甚至令人無法想像。皇帝獲得阿非利加王國,對他
們的友情應有所虧欠,哥德人也合理的推測,他們有權重新獲得那塊貧瘠
的岩石地區,利列賓過去是當作嫁粧才從西西里島割讓出去。貝利薩流斯
傲慢的告示立即讓他們了解實情,心中的悔恨不僅太晚,也不能發生作用
(534A.D.)。羅馬將領說道:

> 利列賓這座城市和海岬屬於汪達爾人,現在我以征服者的身分提出
> 主權要求。你們的歸順會獲得皇帝的嘉許,抗拒就會激起他的不
> 快,必然引發戰爭,帶來完全毀滅。要是你們逼得我們動武,戰爭
> 的後果不僅是要求一個城市的所有權,由於你們不當反抗合法的統
> 治,連帶所有行省都會受到波及。

有二十萬士兵的民族,對於查士丁尼和他的部將發出的恫嚇言辭會一

---

45 利列賓是迦太基人建立,在第一次布匿克戰爭時,不僅是堅強的據點,也是優良
的港口,是兩個民族要爭奪的重要目標。

笑置之，但是意大利瀰漫著爭執和不滿的風氣，哥德人帶著無可奈何的神情，支持有傷尊嚴的女性統治。

九、阿瑪拉桑夏王后的統治作為和失權被殺(522-535A.D.)

　　阿瑪拉桑夏(Amalasontha)是意大利攝政和王后，她的出身把蠻族最顯赫的兩個世家聯繫在一起。母親是克洛維斯的妹妹，墨羅溫(Merovingian)家族長髮國王的後裔[46]；父親在阿瑪利人的王室譜系中名列第十一代，也就是偉大的狄奧多里克，憑著他建立的功勳，就是平民出身也會獲得尊貴的地位。女兒的性別使她無法登上哥德王座，但是狄奧多里克熱愛自己的家庭和人民，經過一番努力以後，總算從皇家的譜系中找到唯一的繼承人。憑著祖先在西班牙找到庇護，幸運的優塔里克(Eutharic)突然擢升到執政官和君王的位階，獲得美麗的阿瑪拉桑夏和繼承的希望，但過了很短一段時間就撒手而去。等到她的丈夫和父親全都過世後，這位寡婦成為她的兒子阿薩拉里克(Athalaric)和意大利王國的監護人。她在二十八歲時，天生的秉賦無論身心都到達最成熟的境界，具有男性氣概的感情、活力和果斷，她的美貌更是光輝奪目。狄奧多拉一直在擔心，東部皇帝的征戰是為了這個目的。

　　教育和經驗培養阿瑪拉桑夏的才智，哲學的研究使她不會愛慕虛榮，雖然她對希臘語、拉丁語和哥德語全都運用自如，但是狄奧多里克的女兒在國務會議中不輕易發言，保持戒慎恐懼和不動聲色的態度。她忠實仿效父親的德性，使得她的統治能恢復繁榮興旺的局面，同時盡力改正父親晚年的愆尤，抹去令人反感的回憶，對於波伊昔烏斯和敘馬克斯的子女，恢復他們繼承父親遺產的權利。她的天性慈悲為懷，從來不願對羅馬臣民施以肉體或金錢上的懲處，對於哥德人的喧囂用寬厚的心胸漠然視之。然而

46　狄奧多里克征服意大利以後，大約是公元495年，與克洛維斯的妹妹奧迪芙麗達(Audefleda)結婚，優塔里克和阿瑪拉桑夏的婚禮是在515年。

過了四十年以後，哥德人仍舊把意大利的人民當作奴隸或敵人。她用智慧辦理有益國計民生的舉措，卡西多流斯用雄辯的辭句極力推崇。她懇求並獲得皇帝的友誼，歐洲的王國無論是和是戰全都尊敬哥德君主的威嚴。但王后和意大利未來的幸福，有賴於她的兒子所受的教育。他從出生就已經命中注定，必須承擔兩種完全不同的職位，也就是身兼蠻族營地的酋長和文明民族的最高官員。阿薩拉里克從十歲開始[47]，有明師悉心傳授學識與技藝，這些對於羅馬君王有實用的價值或修飾的作用。三位德高望重的哥德人被挑選出來，把榮譽和德行的原則灌輸到年輕國王的心田。但是身為學生的他無法感受教育帶來的裨益，反而憎恨教育施加的約束。母后的期望太高，以致於親情變得焦慮不安和過分嚴厲。她的兒子和臣民都具有粗野無羈的天性，難免產生反感。

在一次莊嚴的節慶，哥德人聚集在拉芬納的皇宮，皇家青年從母親的寢宮裡逃跑出來，流著驕縱和憤怒的眼淚，抱怨他因不聽話而受到重責。蠻族憎恨這種有傷尊嚴的行為，認為已經侮辱他們的國王，指控攝政陰謀要傷害他的性命，奪取他的王冠；同時提出專橫的要求，必須從婦女和腐儒那種鬼祟的控制之下，把狄奧多里克的孫兒拯救出來，讓他像勇敢的哥德人與同輩一起接受教育，能夠繼承祖先光榮的無知。這些粗魯的叫囂在糾纏不休以後，成為民族的呼聲，阿瑪拉桑夏被迫放棄自己的主張以及內心最熱愛的意願。自暴自棄的意大利國王放縱於醇酒、女色和遊獵，忘恩負義的年輕人帶著不知謹慎的藐視之心，洩露他的親信和母親的仇敵所策劃的毒計。阿瑪拉桑夏在國內敵人環伺之下，與查士丁尼皇帝進行祕密的磋商，獲得保證會受到友好的接待，她已把價值四萬磅黃金的財產，存放在伊庇鳩魯的狄瑞奇恩(Dyrrachium)。要是她安靜離開蠻族的派系傾軋，退隱到和平與堂皇的君士坦丁堡，可以保住名聲和安全，過著幸福的生活。但是阿瑪拉桑夏的胸中燃起野心和報復的怒火，她把船隻停泊在港

---

47 樸洛柯庇斯提到狄奧多里克過世時，阿薩拉里克是年僅八歲的小孩。要是按照卡西多流斯權威的說法，年齡還要大兩歲。

口，等著要完成一件罪行，就她的立場來看是正義的制裁。她把三個最危險的異議人士，用信任和便於指揮作藉口，分別調到意大利的邊界，然後派出個人的密使將他們刺殺。這些尊貴的哥德人流出的血，使得國母在拉芬納宮廷掌握絕對的權力，也引起一般人民的憎惡。如果她對自己兒子的身體不適感到煩惱，立刻就為無可挽回的損失而痛哭失聲。十六歲的阿薩拉里克死於飲酒過量，留下她缺乏堅實的支持或合法的權威。

王位的傳承不能從長矛交給紡桿，是這個國家法律的基本原則之一。狄奧多里克的女兒想用一個不切實際的計畫，來規避這個限制條件，那就是與她一位表兄弟分享王室的頭銜，然後把最高權力掌握在自己手裡。他表現出極為尊敬和感激的態度，接受這個建議。雄辯的卡西多流斯在元老院提出報告，並且知會東部的皇帝，阿瑪拉桑夏和狄奧達都斯（Theodatus）登上意大利的寶座。就他的身世來說，使用這個頭銜還不夠理想（他的母親是狄奧多里克的姊妹），阿瑪拉桑夏的選擇強烈顯示，她藐視他的貪婪和怯懦，這也使他無法獲得意大利人的敬愛和蠻族的尊重。但是狄奧達都斯被他應得的輕視所激怒，阿瑪拉桑夏的正直要抑制和指責他以高壓對付托斯卡尼的同胞。哥德人的首要分子在罪行和憤恨之下聯合起來，陰謀唆使他採取緩慢而怯懦的行動。等到賀函送出去，意大利的王后就被軟禁在波舍納（Bolsena）湖的小島上[48]，經過很短期間的拘留以後，被勒死在浴室裡（535年4月30日）。即使不是新國王下的命令，也得到新國王的默許，他教導喜歡暴動的臣民如何殺死他們的統治者。

48　伊特魯里亞（Etruria）相鄰的城鎮把這個湖稱為弗爾西林息斯（Vulsiniensis）或是塔昆林息斯（Tarquiniensis），四周都是白色的岩石，湖裡盛產魚類，還有很多野生的禽鳥。小普里尼說有兩個林木茂密的小島漂浮在水面，如果是神話故事，古人怎麼全都相信！如果是事實，現代人真不小心！然而從普里尼那個時代以後，小島就留在原地不再移動，而且面積慢慢增加不少。

十、貝利薩流斯遠征西西里及狄奧達都斯的示弱(534-536A.D.)

　　查士丁尼以歡愉的心情冷眼旁觀哥德人的爭執不和,做為出面調停的盟友,征服者隱藏日益高漲的野心。他的使臣在公開覲見時,提出的要求是讓出利列賓的城堡,遣返十個逃亡的蠻族,以及對在伊里利孔邊境一個小鎮發生的搶劫事件,要支付合理的賠償。不過使臣私下與狄奧達都斯談判,要他出賣托斯卡尼行省,使臣同時慫恿阿瑪拉桑夏,要從危險和混亂之中脫身,必要時可以放棄意大利王國。受到囚禁的王后處於無可奈何狀況下,只有在一封偽造而且諂媚的信件上簽名。送信到君士坦丁堡的使臣是羅馬元老院的議員,透露出實情是阿瑪拉桑夏陷於悲慘的處境。查士丁尼立刻派出一名新使臣,當面交代要使用一切辦法,盡量為她的生命和自由向狄奧達都斯說項或者求情。然而這位大臣也接到祕密的指示,要為冷酷而嫉妒的狄奧多拉效命,女皇害怕這位美麗的敵手有天會來覲見。這名使臣用欺騙和曖昧的暗示,鼓勵處決一個罪犯對於羅馬人有很大的好處[49]。他接到她死亡的信息,就表示出悲傷和氣憤,用君王的名義公開提出指責,要進行神聖的戰爭,對付不忠不義的兇手。

　　在意大利和在阿非利加一樣,篡奪者的罪行使查士丁尼師出有名。但如果不是靠著一位英雄的名聲、精神和能力,使得原本微薄的數量能夠增加數倍,僅就皇帝所準備的兵力,根本無法滅亡一個實力強大的王國。貝利薩流斯的衛隊由一支精選的部隊擔任,全部配發座騎,使用的武器是長矛和圓盾,寸步不離追隨在他的身邊。他的騎兵部隊是由兩百名匈奴人、三百名摩爾人和四千聯盟軍組成,步兵只有三千艾索里亞人。採用上次遠征的航行路線,羅馬的執政官在西西里的卡塔納(Catana)外海停泊,探查這個島嶼的軍備實力,好決定是否加以征服,還是擺出和平的姿態,繼續

49　然而樸洛柯庇斯不相信自己的證據,認為他所寫的正史沒有說實話。從甘迪麗娜(Gundelina)王后致狄奧多拉女皇的書信中,可以得知此事,布瓦很用心加以註釋。

向阿非利加海岸進發。他發現這是一個物產豐碩的地區，人民非常友善，
雖然農業已經衰落，西西里仍舊運送穀物供應羅馬。當地沒有營舍和駐
軍，歡悅的農夫可以免於壓迫和需索。哥德人把島嶼的防務託付給居民，
等到他們的信任被忘恩負義的出賣，難免要抱怨幾句。島上的民眾並沒有
乞求或是期望意大利國王給予援助，他們在羅馬人第一次召喚就表示心悅
臣服的歸順。這個行省是布匿克戰爭中最早獲得的成果*[50]，經過長期的分
離，重新回到羅馬帝國的懷抱。只有巴勒摩(Palermo)的哥德人守備部隊
要抵抗，但貝利薩流斯採用獨特的策略，縮短圍攻的時間，使他們很快投
降。貝利薩流斯指揮船隻開進港口，抵達最深入的地點，將繩索和滑輪裝
在最高的桅桿頂端，然後把弓箭手拉到上面，在這個據高臨下的位置可以
控制城市的防壁，作戰很容易獲得勝利。征服者領導獲勝的隊伍進入敘拉
古，沿路向民眾拋灑金幣，這天正好是他光榮結束執政官的任期(535年12
月31日)。

　　貝利薩流斯在古代國王的宮殿度過冬季，現存的遺址是希臘的殖民
地，曾經擴展到周圍的長度有二十二哩[51]。次年春天到了復活節前後，阿
非利加的部隊發生危險的叛變，使得原訂計畫的準備工作為之中斷。貝利
薩流斯率領一千名衛隊突然登陸，迦太基因他的親臨免於刀兵之災，兩千
名原來在旁邊觀風望色的士兵，馬上回到老長官的旗幟之下。於是他毫不
猶豫的進軍五十哩，帶著憐憫和藐視的神情去尋找敵人。八千名叛軍聽到
他的來到無不大驚失色，在他開始攻擊後就潰敗。要不是征服者火速被召
回西西里，這場名聲不彰的勝利就會恢復阿非利加的和平。因為他不在營
地，所以才引起一場暴動，亟待他去安撫[52]。違紀和抗命是那個時代很常

---

*50　[譯註]羅馬和迦太基發生三次布匿克戰爭，第一次是從公元前264年打到241年，
　　羅馬人在伊加特斯(Aegates)海戰獲得勝利，雙方簽訂和約，迦太基將西西里割讓
　　給羅馬，建立為第一個行省。

51　敘拉古在古代分為五個區，不僅面積廣大而且建築物富麗堂皇，西塞羅、斯特拉
　　波和西庫拉(Sicula)都有詳盡的描述。奧古斯都重建一座新城，面積縮小，位於
　　鄰近的小島。

52　貝利薩流斯重回西西里一事，樸洛柯庇斯的記載非常清楚。一位知名的學者對此

見的亂象，有才者下令，有德者從命，這種理想只存於貝利薩流斯心頭。

雖然狄奧達都斯（534年10月-536年8月）出身於英雄世家，但是他對兵法一無所知，聽到戰爭感到厭惡。雖然他研究柏拉圖和塔里的著作，但哲學無法淨化他的心靈免於慾念、貪婪和畏懼的玷污。他用忘恩負義和謀殺的手段獲得權杖，等到敵人厲聲恫嚇，可以自貶帝王及國家的尊嚴。就是自己的同胞，後來也棄他如敝屣。他對傑利默的先例感到驚慌不已，害怕有一天也被鍊條拖過君士坦丁堡的街道。貝利薩流斯已經使他惶惶不可終日，拜占庭的使臣彼得更是危言聳聽。這名大膽而又狡猾的說客勸他簽訂一項條約，內容太過可恥，無法成為長久和平的基礎。條約裡規定：羅馬人民在向君王歡呼時，皇帝的名字在國王的前面受到讚頌；只要狄奧達都斯豎立銅像或是大理石像，就要把查士丁尼神聖的畫像放在雕像的右邊；除非意大利的國王提出懇求，皇帝不會授與他元老院的榮譽位階；對於教士或元老院議員執行死刑或籍沒的判決，皇帝的同意是必要條件。懦弱的國君放棄西西里的主權，為了表示順從，每年呈獻一頂重達三百磅的金冠。在他的統治者提出需求以後，要派遣三千名哥德協防軍為帝國服役。

查士丁尼的使臣表現出色，對這些額外的讓步感到滿意，就急著趕到君士坦丁堡去表功。但等他剛返回阿爾巴的莊園[53]，焦急的狄奧達都斯馬上召見。國王和使臣的對話，表達很簡明扼要，值得節錄如下：

「就你的看法，皇帝會批准這項條約？」「或許。」「要是他拒絕，會產生什麼後果？」「戰爭。」「這種戰爭公平合理嗎？」「那當然，每個人都按自己的原則採取行動。」「你的意思怎麼說？」「您是位哲學家，查士丁尼是羅馬皇帝。柏拉圖的門徒因為私人的爭執，竟然要幾千人流血犧牲，非常不恰當；奧古斯都的繼

（續）────────────
　發生誤解，還要加以指責，真令我大感驚異。
53　羅馬建城之初，古老的阿爾巴已經受到摧毀，在同一處地點或者加上鄰近地區，
　陸續成為：(1)龐培等人的莊園；(2)禁衛軍支隊的營地；(3)現在的主教城市奧巴隆（Albanum）或是奧巴諾（Albano）。

承人為了辯護自己的權利，可以用武力恢復帝國的古老行省。」

　　這些道理沒有什麼說服力，但是足夠使狄奧達都斯感到兩腿發軟，他不僅非常清楚，而且只有遵命而行。他立刻提出最後的出價，少到只要相當於四萬八千英鎊的津貼，他就放棄哥德人和意大利人的王國，然後將剩餘的時日花費在哲學和農業上。兩份條約委託使臣負責，在他誓詞的脆弱保證之下，在第一份條約完全遭到拒絕之前，不提出第二份條約。事態的發展很容易預見，查士丁尼要求並且接受哥德國王的遜位。他那不屈不撓的使臣帶著詳盡的指示，從君士坦丁堡回到拉芬納，帶來一封懇切的書信，讚許皇家哲學家的智慧和氣量，同意要求的津貼，保證給予臣民和基督徒所享有的榮譽，而且很明智的指出，要把條約最後的執行，交託給在現場負有全權的貝利薩流斯。但是在這懸而未決的期間，兩位羅馬將領進入達瑪提亞行省，被哥德部隊擊敗，並且遭到殺害。狄奧達都斯自認不再處於盲目而可憐的絕望，反覆無常的個性變成不可理喻和自取滅亡的傲慢心態[54]。查士丁尼的使臣要求履行承諾，他竟敢以威脅和藐視面對使臣。他現在懇求臣民的忠誠，勇敢宣示他的地位具有神聖不可侵犯的特權。貝利薩流斯的進軍驅散這些虛幻的驕縱心理，第一次戰役[55]使得西西里降服以後，樸洛柯庇斯說在哥德戰爭的第二年，開始入侵意大利。

54　西比萊(Sibylline)神諭早已有記載，詞句雖然曖昧，但是充滿不祥的意味，編者奧普索庇斯(Opsopaeus)以不為人知的文字記載。瑪爾特瑞特神父承諾要加以註釋，但是一直沒有結果。
55　樸洛柯庇斯的《年代記》很多地方模仿修昔底德斯(Thucydides，公元前五世紀末希臘歷史學家，著有《伯羅奔尼撒戰史》)，對於查士丁尼或哥德戰爭的記事，都從每年的春季開始。要是與巴隆紐斯的《編年史》比較，最早的時期與公元535年4月1日完全吻合，但不是536年。然而有些章節不符樸洛柯庇斯自己記錄的日期，與馬西利努斯的《編年史》也不一致。

十一、貝利薩流斯進軍意大利光復那不勒斯和羅馬(537A.D.)

貝利薩流斯在巴勒摩和敘拉古留下足夠的守備兵力,其餘部隊在美西納(Messina)上船,到對岸的雷朱姆(Rhegium)登陸,沒有受到抵抗。埃柏摩爾(Ebermor)是一位哥德君王,他娶了狄奧達都斯的女兒,率領一支軍隊防守意大利的門戶,完全拿統治者做榜樣,於公於私都已背棄應盡的責任而毫無羞愧之心。他帶著追隨人員到羅馬人的營地去輸誠,被送到拜占庭宮廷去享受奴僕的榮譽。貝利薩流斯的軍隊和艦隊從雷朱姆到那不勒斯,一直保持相互通視的距離,沿著海岸前進三百哩。布魯提姆(Bruttium)、盧卡尼亞和康帕尼亞的人民,痛恨哥德人的姓氏和宗教,支持貝利薩流斯出兵的義舉,藉口則是城牆都已毀壞,根本無法防守。士兵在貨物充裕的市場公平的交易,只有好奇心才使居民不願過和平的生活,拋棄農夫和工匠的職業去從軍。那不勒斯發展成為面積廣大而又人口稠密的首府,長久以來堅持希臘殖民地的語言和習俗,魏吉爾選來做為隱退之地,使得此城身價更為高雅,吸引愛好寧靜生活和研究學問的人士,離開烏煙瘴氣和銅臭薰人的羅馬[56]。貝利薩流斯等到完成陸地和海上的包圍,立刻接見當地人民組成的代表團,他們勸他不要為征服無用之地而浪費兵力,應該在戰場與哥德國王決一勝負,等到他獲得勝利成為羅馬的統治者,所有的城市都會迎風而降。羅馬人的首領帶著傲慢的笑容回答道:「當我接見敵人的時候,通常是給予忠告而不是接受建議。要知道我能帶來無可避免的毀滅,也能賜予和平與自由,西西里人就是很好的例子。」

貝利薩流斯無法忍受頓兵日久的拖延,迫得他同意最寬大的條件,只要他們願意履行,也可以保住他的顏面。那不勒斯分為兩個派系,希臘式的民主被演說家所煽起,他們帶著幾分銳氣向群眾說明實情,那就是哥德

---

[56] 魏吉爾、賀拉斯、伊塔利卡斯(Italicus)和斯塔久斯(Statius)這些羅馬詩人,全部歌頌那不勒斯的悠閒生活。斯塔久斯認為最困難的任務,是拉著妻子離開歡樂的羅馬,來到此地過平靜的退休日子。

人會懲罰他們的背叛，同時貝利薩流斯必須尊重他們的忠誠和勇氣。不
過，市民的打算也不能完全自行作主，有八百名蠻族控制著城市，他們的
妻子兒女留在拉芬納當作誓言的保證。還有猶太人要反抗查士丁尼絕不寬
容的法律，他們的人數眾多而且雄於資財，抱著勢不兩立的宗教狂熱。後
來過了相當年代，測出那不勒斯的周長[57]僅有兩千三百六十三步[58]，整個
城堡工事為懸岩或海水所保護，就算是供水渠道被截斷，水井和山泉還可
以供應飲水，儲備的糧食足夠使圍攻部隊曠日持久而喪失耐性。經過了二
十天以後，貝利薩流斯幾乎陷於絕境無法可施，只有安慰自己，為了長遠
的打算而放棄圍攻，一定要在冬季來臨以前，進軍羅馬去征討哥德國王。
但是他的焦慮很快獲得解決，有一個大膽的艾索里亞人生性好奇，他在探
勘供水渠道的乾涸管路以後回來祕密報告，如果在裡面鑿開一條通道，全
副武裝的士兵排成單列，可以直抵市區的中心。當這件任務要不露聲色暗
中執行時，仁慈為懷的將領冒著被發現祕密的危險，最後還要對他們提出
沒有效果的勸告，要他們注意面臨的危險。在一個漆黑的夜晚，四百名羅
馬人進入供水渠道，把繩索綁在一棵橄欖樹上，攀援而下進入一位獨居貴
婦人的花園，然後吹響他們的號角，使全城陷入混亂之中，突襲哨兵，引
導在四周爬登城牆的同伴進入市內，撞開城市的大門。凡是會被社會正義
懲罰的每一樁罪行，都被視為戰爭的權利，匈奴人殘酷和褻瀆的行為更是
令人髮指。貝利薩流斯單獨前往那不勒斯的街道和教堂，用規勸的言辭來
緩和他所預見的災難。他一再的大聲呼籲：

> 金銀財物是你們勇敢的報酬，但是要饒了這些居民，他們是基督
> 徒，他們是哀哀乞求的人，他們現在是你們的同胞。把孩童還給他

57　羅傑一世在征服那不勒斯以後，要把這個城市當成新王國的首都，所以才詳細的
　　測量。這座城市的周長現在是十二哩，在歐洲的基督教地區名列第三，在這樣的
　　空間裡有三十五萬居民，比世界任何地點的密度都大。

58　通常一步的距離按照法國的標準是二十二吋，這種計算並不嚴謹，所以兩千三百
　　六十三步還不到一哩。

們的父母，把妻子還給他們的丈夫，即使他們以前頑固拒絕我們的
友誼，我們還是要像朋友那樣表現慷慨的氣量。

征服者的德性和權威使城市獲得拯救[59]，當那不勒斯人回到自己的家
中，慶幸有些埋藏的財物未被搜走，能夠得到一點慰藉。蠻族的守備部隊
全部收編為帝國服役。阿普里亞和卡拉布里亞厭惡哥德人的存在，承認征
服者的主權，得到解放。貝利薩流斯的歷史學家帶著好奇心，敘述卡利多
尼亞(Calydonia)野豬的長牙，現在仍保存在賓尼文屯(Beneventum)[60]。

那不勒斯忠誠的士兵和市民期望獲得一位君王的解救，然而他卻毫
無動靜也漠不關心，坐視他們遭到毀滅的命運。狄奧達都斯安全留在羅馬
城內，這時他的騎兵部隊沿著阿皮安大道前進四十哩，在龐普廷沼澤附近
紮營，後來這處沼澤用一條十九哩長的運河將水排乾，成為非常優良的牧
場[61]。哥德人的主力分散在達瑪提亞、威尼提亞和高盧，國王受到預言
的影響，見到事件的發展像是帶來帝國的覆滅，懦弱的心靈感到無所適
從[62]。最卑鄙的奴隸控告可憐主子的罪孽或軟弱，一群自由而開散的蠻
族，基於利益和權力的考量，對狄奧達都斯的職責進行嚴格的審查，最後
認定他配不上他的種族、他的國家和他的王座。這群人的將領維提吉斯

---

59 教皇西爾維流斯為了屠殺事件嚴辭譴責貝利薩流斯。後來貝利薩流斯盡力增加那
不勒斯的人口，把大批阿非利加俘虜運到西西里、卡拉布里亞和阿普里亞。

60 賓尼文屯是美勒埃吉(Meleager)的姪兒戴奧米德所建立，卡利多尼亞人的出獵是
野蠻生活的寫照，三十或四十名英雄聯合起來對付一隻豬，這群野蠻人為了豬頭
而與一名婦女爭吵。

61 克祿維流斯(Cluverius, 1580-1632A.D.，意大利地理學家和歷史學家)對第辛諾維姆
(Decennovium)感到困惑，把它跟烏芬斯(Ufens)河混為一談，實在說這是一條十
九哩長的運河，從阿畢伊(Appii)廣場通到特拉契納(Terracina)，賀拉斯夜晚在此
上船。盧坎、笛翁‧卡修斯和卡西多流斯都提到第辛諾維姆，河道曾經在淤塞以
後又經過疏濬，最後還是湮滅，無跡可尋。

62 一個猶太人最高興的事，莫過於藐視和痛恨所有的基督徒。他圈圍了三群豬，每
群都是十頭豬，用哥德人、希臘人和羅馬人的名稱來加以區別。第一群幾乎都死
光，第二群還活著，第三群死去一半，剩下的都失去鬃毛。這件事的象徵不能說
不恰當。

(Vitiges)(536年8月-540年)在伊里利孔戰爭中，藉驍勇的行動脫穎而出，現在安坐在盾牌上面，被戰友舉起來，接受大家同聲歡呼。群眾開始發出喧囂的吵鬧，被迫下台的國王趕快逃走，免得受到正義的制裁。他為私人仇恨所追捕，有一個哥德人因為愛情受到他的羞辱，在弗拉米尼亞大道趕上狄奧達都斯，對於毫無男子氣概的哭叫充耳不聞，趁他匍匐在地時殺死他，就像奉獻在祭壇前面的犧牲(歷史學家是這麼說的)。

　　人民的選擇對統治者是最美好也是最純潔的頭銜，然而這就任何時代而言都是一種偏見。維提吉斯急著趕回拉芬納，要從阿瑪拉桑夏的女兒不怎麼情願的手中，攫取一些可掩人耳目的繼承權利。全民大會立刻召開，新登基的國君要調解蠻族急躁的氣焰，只能採取有失榮譽的措施，看來前任國王處理不當的過失，變成審慎明智而且確有必要的行為。那就是哥德人同意勝利的敵軍一旦現身就馬上撤退，拖延到明年春天再發起攻勢作戰，召回已經分散的兵力，放棄他們在遙遠地區的所有權，甚至將羅馬託付給當地居民的忠誠。琉德里斯(Leuderis)是一位年長的武士，率領四千士兵留在京城，這支實力微薄的守備部隊雖然沒能力反抗羅馬人的意願，卻可能熱情支持他們。但是羅馬居民的內心深處，在剎時之間激起宗教和愛國的洶湧狂濤，他們憤怒的宣布，使徒的寶座不再為阿萊亞斯教派的勝利或寬容所褻瀆，凱撒的墓地不能再遭受北方蠻子的踐踏。然而他們並沒有再深入的考量，意大利將會淪落為君士坦丁堡的行省；只是一廂情願的高呼，要恢復羅馬帝國，進入自由和繁榮的新時代。一個由教皇和教士、元老院和人民組成的代表團，邀請查士丁尼的部將接受他們發自內心的忠誠，為了接待他的駕臨，這座城市已經敞開大門。

　　貝利薩流斯等到新征服的那不勒斯和邱米(Cumae)完成防務，立即開拔來到二十哩外的弗爾土努斯(Vulturnus)河岸，注視著昔日繁華付諸流水的卡普亞，在拉丁大道和阿皮安大道的交會處暫時停駐。羅馬監察官的工程在歷盡九世紀的風霜侵蝕和不斷使用，仍能保持原來的優美景象，在巨大而平整的基石上面找不到一道裂縫，這條實用而稍嫌狹窄的道路，竟能舖砌得如此堅固。不過，貝利薩流斯採用拉丁大道，距離海岸和沼澤較

遠,可以避開這個地區,沿著高山的山腳前進一百二十哩,不見敵人的蹤跡。當他通過阿辛納里亞(Asinarian)門(536年12月10日),守備部隊在沒有干擾之下離開,沿著弗拉米尼亞大道向後撤走。羅馬城在受到六十年的奴役以後,終於從蠻族枷鎖中解救出來。只有琉德里斯基於自負或不滿的心理,拒絕臨陣脫逃,哥德人酋長成為獲勝的戰利品,連同羅馬城的一把鑰匙,被送到查士丁尼皇帝的寶座前面[63]。

十二、維提吉斯率軍圍攻羅馬和貝利薩流斯的出擊(537A.D.)

　　頭幾天正好是古代的農神節,大家相互祝賀,舉行公眾的盛會。正統教會的信徒在沒有敵手的狀況下,準備慶祝即將來臨的基督生日。羅馬人在與這位英雄親切的談話中,見識到他所具備的美德,從過去的歷史得知,在他們的祖先身上倒是常見。貝利薩流斯接待聖彼得的繼承人所表現的尊敬態度,使大家受到很大的啟示。他在戰爭中還能要求嚴格的紀律,使大家可以確保安寧和公正的福分。羅馬人頌揚他的部隊能夠迅速獲得勝利,占領鄰近的地區,最遠到達納爾尼(Narni)、珀魯西亞(Perusia)和斯波列托(Spoleto)[*64]。元老院、教士和不諳戰陣的民眾立刻就知道,貝利薩流斯要進行圍攻作戰,對抗哥德國家的龐大軍事力量,而且這個讓人膽寒的局面很快就要來到。維提吉斯的計畫在整個冬季推動得非常努力而且成效顯著,從農村的居住地區以及遙遠的守備部隊,哥德人為了保衛自己的國家,在拉芬納集結,整個兵力的數量,在派遣一支軍隊前往拯救達瑪提亞以後,還有十五萬戰鬥人員,打起皇家的旗幟開始出兵。

　　63　羅馬第一次的光復,年份很確定是536年,從一序列的大事可以推斷,而不是從修正或竄改過的樸洛柯庇斯原文。根據伊發格流斯的資料,月份是12月也沒問題,但是日期是10日,尼西弗魯斯(Nicephorus)提出的證據很微弱。對於這些確定的年代記,要感激帕吉勤勉的工作和正確的判斷。

　*64　[譯註]這三個城鎮都在羅馬的北部,分別控制著伊米利亞(Via Aemillia)、卡西亞(Via Cassia)和弗拉米尼亞(Via Flaminia)這三條主要的大道,是屏障羅馬北方的要點。

　　哥德國王按照階級和功勳，分配馬匹和武器，贈送貴重的禮物，給予慷慨的承諾，他沿著弗拉米尼亞大道前進，對於珀魯西亞和斯波列托不予理會，認爲圍攻根本沒有必要，納爾尼難以攻破的山岩更是敬謝不敏，到達離羅馬僅兩哩的米爾維亞(Milvian)橋橋頭才停止下來。狹窄的通道有一座高塔加強防禦的力量，貝利薩流斯計算守備這座橋的價值，是可以阻止敵人二十天才喪失作用，因爲可迫得敵人花這麼多時間構建另外一座橋樑。守塔的士兵極爲驚懼，不是逃走就是開溜，使他的願望無法達成，讓個人陷入立即的危險。羅馬將領率領一千騎兵從弗拉米尼亞門衝殺出去，更顯得這個優勢位置的重要，能夠瞰制蠻族的營地。但是當他認爲敵軍仍舊位於台伯河的另岸時，發現突然陷入無數騎兵隊伍的包圍攻擊之中。意大利的命運與他存亡相依，投敵者指出他的座騎很顯目，在那個值得紀念的日子，他騎著一匹白面頰的棗色馬[65]，於是到處聽到叫聲：「瞄準那匹棗色馬！」每張拉彎的弓，每根抓在手裡的標槍，全部對著最重要的目標投射。數以千計的人員在複誦和遵從這個命令，甚至連眞正的動機都搞不清楚。那些更爲勇敢的蠻族迎上前來用劍和矛進行肉搏戰鬥，一個敵人的讚許讓維桑達斯(Visandus)死得光榮，他是掌旗官[66]，一直保持在最前列的位置，最後身上被創十三處傷口，或許是死在貝利薩流斯手裡而能留名千古。

　　羅馬將領的體格強壯、行動機敏而且戰技高超，不論步戰馬戰使用哪種兵器，都可以從任何方向發出沉重而致命的一擊，忠勇的衛隊都拿他做榜樣，誓死保護他的安全。哥德人在損失一千人馬以後，全部逃開，不敢與這位英雄接戰。等到他們從營地傾巢而出，羅馬人受到優勢兵力的壓迫，開始緩慢後退，最後突然撤回城門之內，城門馬上關閉，免得有人藉機逃亡，這時全城籠罩著一片恐懼，傳出貝利薩流斯被殺的消息。他的面

65　希臘文稱它是棗色馬或紅色馬，各民族都有不同的稱呼，魏吉爾用「棕櫚枝」來表示，也是紅色的同義語。

66　原文是希臘語，在拉丁文和英文都沒有適當的稱呼，他的身分是軍官，與羅馬的鷹幟手還是有所區別。

孔被汗水、塵土和血跡玷污得不成形狀，聲音完全嘶啞，體力耗盡，幾乎
要虛脫，但是他那永不屈服的精神仍然存在，要將這種精神灌輸到戰友的
身上。奔逃的蠻族能感受到置之死地而後生的衝鋒，好像有一支勇氣百倍
煥然一新的軍隊從城市裡攻打出來。弗拉米尼亞門敞開，迎接一場真正的
勝利。然而貝利薩流斯還要去巡視每一個據點，確保公眾的安全以後，他
的妻子和朋友才可以勸他，趕快進點飲食和睡眠，俾能恢復精神和體力。
在戰爭的藝術更為精進的狀況下，一位將領像士兵那樣表現奮不顧身的英
勇，不僅沒有必要，也不允許有這種舉動。所以亨利四世、皮瑞斯
(Pyrrhus)和亞歷山大[*67]都是少見的楷模，貝利薩流斯也能有幸列名其間。

　　開戰不利遭到敵人迎頭痛擊以後，哥德大軍全部渡過台伯河，形成圍
攻的態勢，直到最後撤離，圍城的時間延續達一年之久。不管想像力有多
麼豐富，地理學家曾經很精確的測量，羅馬城的周長是十二哩又三百四十
五步，從奧理安的凱撒到現代教皇和平而含糊的統治[68]，除了在梵蒂岡這
邊，周界的狀況一直沒有改變。但是在羅馬威鎮四海的時代，城牆裡所有
的空間都塞滿房舍和居民，人口稠密的郊區沿著大道向外延伸，有點像很
多光線從中心點發射出去。兵燹之災橫掃這片花團錦簇的精華區域，留下
滿目瘡痍的斷壁殘垣，就連羅馬七山也有部分受到波及。然而目前的羅馬
可以根據軍事的需要，派遣三萬男丁進入戰場[69]，儘管缺乏紀律和訓練，
但是大部分已經習慣於貧窮的艱苦生活，能夠拿起武器來保衛自己的家園

---

*67　[譯註]這位亨利四世是十五世紀的英格蘭國王，皮瑞斯是公元前三世紀的希臘國
　　王，還有就是馬其頓國王亞歷山大。他們都是作戰時身先士卒的統帥，絕非濫得
　　虛名之輩。在歷史上真正勇敢的君主之中，瑞典國王查理十二要位列前茅，後來
　　在作戰中陣亡。

68　丹維爾在1756年的著作中，畫出比例較小的羅馬平面圖，不過比1738年他為羅林
　　(Rollin)歷史書中所畫的更精確，經驗改進了他的知識。他並沒有採用羅西
　　(Rossi)的地理學，而是諾利(Nolli, Giovanni Battista，當代羅馬製圖家)更為新穎
　　的地圖，將普里尼古老的度量從十三哩減到八哩，當然改變原文比移去山丘和建
　　築物要方便得多(譯按：八是VIII，而十三是XIII，很容易發生錯誤)。

69　拉巴特(Labat, Jean Baptiste, 1663-1738A.D.，旅行家)在1709年計算的人數是138,568
　　個基督徒，除此以外還有八千或一萬猶太人。到了1763年增加為十六萬人。

和宗教。明智的貝利薩流斯不會忽略這個重要的資源，熱情和勤奮的民眾可以接替士兵的工作，睡眠的時候有人觀察敵陣的動靜，休息的時候有人輪班擔任各項勤務。他接受最勇敢和最窮困的羅馬青年志願從軍，市民所編成的連隊，有時進駐騰空的據點，原來的部隊已經抽調擔任更重要的任務。但是他真正的信心還是放在那群老兵的身上，驍勇的隊伍已經減少到五千人，他們追隨他的旗幟參與波斯和阿非利加的戰爭。他帶領數量讓人輕視的兵力，開始防守一個十二哩的包圍圈，對抗有十五萬蠻族的大軍。

　　貝利薩流斯整建或修復羅馬的城牆，有的地方還可以分辨出古老建築物的材質[70]。整個城區的防衛工事完成，只有平西安(Pincian)門和弗拉米尼亞門之間那道裂口，現在仍舊存在，根據哥德人和羅馬人的習慣，留給使徒聖彼得給予有效的護衛[71]。城牆上面的雉堞和城垛，形狀都砌成尖銳的角度，有一道深而寬的塹壕保護防壁的基礎，位於城牆步道上面的弓箭手，獲得各種投射機具的支援。弩砲是一種大型的十字弓，能夠射出短而重的箭矢；石弩又稱野驢，運用投石器原理可以將巨大的石塊或彈頭投到遠處[72]。一條鐵鍊從台伯河上橫拉過去，供水渠道的拱橋形成最好的阻絕工事。哈德良的堤壩也是他的墳墓[73]，經過改建，第一次當作城堡使用。這座古老的建築物裡安葬著安東尼的骨灰，圓形的塔樓從方形的基礎上面升起，表面是白色佩洛斯(Paros)大理石，裝飾著神明和英雄的雕像。熱愛藝術的人士得知此事一定會嘆息，普拉克西特勒斯(Praxiteles)或利西波斯(Lysippus)*[74]的作品，從高聳的基座上被拖曳下來，當成石塊砸在壕

70　納丁尼(Nardini, Famiano，死於1661年，歷史學家)的眼光高人一等，能夠區別貝
　　利薩流斯在倉辛間興建的工程。

71　樸洛柯庇斯特別提到，城牆的上部有裂縫而且傾斜很厲害，到現在還可以看見。

72　樸洛柯庇斯的作品中，這一段表達很清楚而非常突出，但是黎普修斯(Lipsius,
　　Justus, 1547-1606A.D.，荷蘭學者和政治理論家)並不知道。這種投射機具的希臘
　　名稱叫野驢是綽號，我曾看到米爾維爾(Melville)將軍所仿造的一個模型，當然
　　比古人要高明很多。

73　樸洛柯庇斯所描述的陵寢或堤防，在羅馬同類建築物中建得最早也最好，高度超
　　過城牆。在諾利的大平面圖上，每邊的長度有兩百六十呎。

*74　[譯註]利西波斯是公元前四世紀希臘雕塑家，以人體為主，軀幹修長，頭部較

溝裡的圍攻敵人頭上[75]。貝利薩流斯指派部將防守每一座城門,下達明智而嚴格的指示,不論何處發生緊急狀況,只要堅守自己的崗位,羅馬的安全要信任他們的將領。

哥德人強大兵力不足以圍困整個龐大的城市,在十四個城門中,從普里尼斯廷(Praenestine)大道到弗拉米尼亞大道的七個城門,受到敵人的包圍攻擊。維提吉斯把他的部隊分駐六個營地,每個營地都用一道塹壕和防壁來加強防禦的力量。台伯河靠近托斯坎這邊的河岸,在梵蒂岡原野或是原來賽車場的地點,哥德人安置第七個營地,主要目標是用來控制米爾維亞橋以及台伯河的水道。他們帶著虔誠的態度趨近相鄰的聖彼得大教堂,身為基督徒的敵軍在整個圍城期間,對使徒的門楣極為尊敬,從未侵犯。在過去戰無不勝的時代,只要是奉行元老院敕令進行遠地的征服,執政官會公開宣布進入戰爭狀態,以莊嚴的儀式打開傑努斯(Janus)[76]神廟的大門,現在是內戰就認為沒有必要,而且新興宗教的建立取代原有的儀式。但是傑努斯的青銅廟宇仍然矗立在羅馬廣場,神殿的規模只能容納神祇的雕像,完全比照人類的造形,只有五肘尺高,但是有兩個面孔,分別對著東方和西方。雙重大門全是青銅打造,生鏽的鉸鏈即使再用力也無法打開殿門,從這裡洩露出可恥的祕密,羅馬人仍然遵循祖先的迷信。

十三、哥德人攻城被羅馬人擊退及後續的作戰(537A.D.)

圍攻的部隊費了十八天的功夫,準備自古以來攻城所需要的器具。柴

(續)————

小,形成新的風格,對後世有很大的影響,據稱一生創作有一千五百件,沒有作品存世。

75 普拉克西特勒斯擅長雕塑牧神,只有雅典的那一座是傑出作品,羅馬此類雕像大約有三十多座。烏爾班八世(Urban VIII)時,要清理聖安吉羅(St. Angelo)的壕溝,工人發現「睡中的牧神」這座有名的雕像,原來置放在巴比里尼(Barberini)皇宮,但是美麗的作品已失去一隻腳、大腿和右臂。

76 樸洛柯庇斯對傑努斯神廟的描述非常逼真,這是拉丁姆(Latium)本土的神明,羅慕拉斯和努馬時代最早的城市,一度以傑努斯做為城門的名字。魏吉爾敘述古老的儀式,像個詩人,也像位古物學家。

束拿來填滿塹壕，雲梯用來攀登城牆，從森林裡砍伐巨大的樹木製造四具攻城撞車，鐵製撞頭可以增強衝擊的力量，用繩索懸掛在吊架上面，每具要用五十個人來操作。高聳的木頭塔樓下面裝著輪子，或者墊上滾木可以移動，成爲寬廣的平台，到達與城牆的防壁同一高度。到了第十九天的早晨，從普里尼斯廷門到梵蒂岡全面發起攻擊，共有七路哥德人馬帶著各種器具展開攻城的行動。羅馬人在城牆的防壁上面列陣，帶著懷疑和焦灼的心情，傾聽主將興高采烈提出的保證。等到敵軍接近塹壕，貝利薩流斯射出第一枝箭，靠著他的力量和技巧，貫穿位置在最前列的蠻族首領。

　　讚頌和勝利的喊聲沿著城牆發出巨大的回響。他拉弓射出第二枝箭，百發百中的效果再度引起雷動的歡呼。羅馬將領下達指示，弓箭手要瞄準成隊的牛隻，這些牲口立刻受到致命的傷勢，留下拖曳的塔樓無法移動也就失去作用，一時之間哥德國王費盡心血的計畫全部被打亂。哥德人的攻城頓挫以後，維提吉斯裝模作樣繼續進襲撒拉里亞(Salarian)門，爲的是要轉移敵人的注意。這時他的主力正在努力攻擊普里尼斯廷門和哈德良的墓塔，這兩個位置相距三哩：接近前者是維瓦里姆(Vivarium)[77]的雙重城牆，比較低矮而且破爛不堪；後者工事堅固，但是防守的兵力薄弱。勝利和劫掠的希望激起哥德人英勇的行動，只要有一個據點棄守，就會給羅馬人或羅馬帶來無可挽回的損失。這個危機四伏的日子是貝利薩流斯一生之中最光榮的時候，在動亂和緊張的狀況之下，整個攻防的計畫全部了然於胸。他觀察到每一瞬間的情勢變化，權衡每一個行動的利害得失，及時轉移兵力到最危急的位置，發出沉著而明確的命令，將處變不驚的精神灌輸到全軍。雙方的搏鬥極爲慘烈，從早晨一直延續到黃昏，哥德人在各方面都被擊退。所有的羅馬人都可以吹噓，說他們一個人可以打敗三十個蠻族，如果這樣懸殊的對比沒有弄錯，那還是靠著一個人的功勞。據說哥德人的酋長後來承認，這場血戰他們有三萬人陣亡，受傷與被殺的人數大約

77　維瓦里姆是新城牆的一個角落，用坑道連起來，野獸被趕到那裡就出不來。這種場地在納丁尼的作品中還可以看到，諾利的新羅馬平面圖也加以保留。

概等。當他們前進攻擊時，過於密集的隊形完全喪失秩序，敵人只要投出標槍，都會造成殺傷的效果。等到他們不支退卻，城裡的群眾參加追擊，飛逃的敵軍留在後面的人員，毫無抵抗能力，遭到殺害。貝利薩流斯立即打開城門出擊，士兵發出歡呼的聲音歌頌他的名字和勝利，敵人留下的攻城器具全付之一炬。

這樣的損失給哥德人帶來極大的驚愕，從這一天開始，羅馬的圍攻轉變成爲冗長而無力的封鎖。羅馬將領不斷進行騷擾行動，經常發生局部衝突和前哨戰鬥，使蠻族最勇敢的部隊喪失五千人馬。他們的騎兵對弓箭這種武器並不熟練，他們的弓箭手通常是步兵，無法配合的部隊遠非敵人的對手。羅馬人的長矛和弓箭，無論是遠距離的攻擊，還是近身的接戰，看起來眞是無往不利。貝利薩流斯最高明的將道是能掌握戰機，無論是作戰地區或時間的選擇、無論是發起突擊的行動還是鳴金收兵[78]、無論是部隊的派遣和運用，都能得心應手，從不失誤。單方面的優勢使士兵和人民急著出兵決戰，不願再忍受圍攻的困苦，更不畏懼戰陣的危險。每個平民都自認是英雄，步兵在過去因紀律廢弛拒絕列陣，現在則渴望像羅馬軍團一樣獲得古代的榮譽。貝利薩流斯讚許部隊的士氣高漲，指責他們過於自大和傲慢，也只有屈從他們要求出擊的呼叫，私下爲萬一失利準備補救的辦法，只有他能勇敢面對現實，料想到這種可能。羅馬人在梵蒂岡地區的作戰占有優勢，如果在關鍵時刻沒有忙著在營地搶劫，就會占領米爾維亞橋，從後方對哥德的烏合之眾發起包圍攻擊。在台伯河的另一邊，貝利薩流斯從平西安門和撒拉里亞門出兵。羅馬人在開闊的平原遭到蠻族生力軍的包圍，敵人前仆後繼不怕犧牲，結果他的部隊有四千人陣亡。步兵部隊勇敢的領導者沒有能力應付當前的狀況，全部戰死，將領的謹愼安排使退卻(簡直是一場潰敗)獲得掩護，防備森嚴的防壁對敵人形成威脅，得勝一方只能收兵歸營。貝利薩流斯的名聲沒有因戰敗而受損，哥德人變得虛榮

78　羅馬人使用的號角和各種音響信號，可以參閱黎普休斯的作品。衝鋒用銅製的馬號，退卻用皮或輕木製的步兵號，這是由樸洛柯庇斯建議，蒙貝利薩流斯採用。

自負，羅馬人的部隊知道悔改和收歛，對貝利薩流斯而言都是好事。

十四、羅馬遭受封鎖的困苦及東部援軍的到達(537A.D.)

　　貝利薩流斯從決定忍受圍攻那刻開始，念茲在茲要使羅馬能夠克服饑饉的危險，認為這比哥德人的軍隊更為可怕。從西西里運來額外供應的穀物，康帕尼亞和托斯卡尼的收成搜刮一空，全部存放在城市使軍民食用無缺，打著公共安全的理由，私人的財產權受到侵犯。很容易事先得知敵人會中斷供水渠道，水磨的停用首先就會帶來不便*79，於是很快將磨房裝到大船上面，安置好磨石，再將船碇泊在河流中央。溪流很快出現大根的木材造成阻礙，也會為漂浮的死屍所污染，然而羅馬將領事先的預防工作非常有效，台伯河的水流仍舊在推動水磨，也能供應居民的飲水；距離較遠的地區使用家庭的水井；在一個被圍攻的城市，公共浴場的關閉不會使人無法忍受。羅馬從普里尼斯廷門到聖保羅教堂，大部分地區沒有受到哥德人的包圍，摩爾人部隊發起主動出擊，使他們的進犯無法得逞。台伯河的航運以及拉丁、阿皮安和歐斯夏(Ostia)三條大道，運送糧草和牲口都能安然無事，居民可以撤退到康帕尼亞和西西里尋找庇護。那些在作戰中無法出力而又消耗糧食的民眾，貝利薩流斯對於如何安頓一直苦惱萬分，最後發布強制執行的命令，婦女、兒童和奴隸要馬上撤離，遣散士兵的男性和女性隨從人員，規定他們的每日配賦量，其中半數發給糧食，另外一半用現金支付。

　　哥德人很快占領羅馬外圍的兩個要點，公眾的災難變得更加嚴重，大家認為貝利薩流斯的先見之明極為正確。他在喪失河港，就是現在稱為波多(Porto)的城市以後，被奪去台伯河右岸的鄉野，以及通往海洋最方便的補給線。他認為防守這個堅強的據點，也許只要靠三百人的薄弱隊伍就

---

*79 [譯註]羅馬的供水渠道除了供應用水，還用來推動數以百計的水磨，是動力的主要來源。等到供水渠道破壞以後，整個社會生活隨之發生重大的變化。

夠了，因此一旦失守使他感到更爲懊惱和憤怒。有個地方距離首都七哩，位於阿皮安大道和拉丁大道之間，兩條主要的供水渠道交會，接著又再度交叉通過，堅實和高聳的拱橋圍成一個易守難攻的要點[80]。維提吉斯在這裡設置營地，部署七千名哥德人，阻斷通往西西里和康帕尼亞的運輸路線。羅馬穀倉的儲糧在不知不覺中消耗殆盡，鄰近的國土全部受到刀兵的蹂躪，靠著倉卒派出部隊前往遠地，才能獲得少量的供應，這是勇氣的報酬，也可用錢財來購買。馬匹的草料和士兵的麵包從沒有供應不足的問題，但是到圍城最後幾個月，缺糧的困境、腐敗的食物[81]和疾病的流行使民眾無法忍受。貝利薩流斯見到大家的痛苦，難免產生惻隱之心，但是他預判會失去人們的忠誠，增加大家的不滿。過度的災禍使羅馬人從偉大和自由的迷夢中清醒，給他們帶來羞辱的教訓，那就是只要得到片刻的幸福，才不管主子的姓名是來自哥德語還是拉丁語。

查士丁尼的部將聽到怨聲載道，擺出不屑的態度，拒絕接受逃走或是投降的觀念，壓制群眾求戰的不耐叫囂，用充滿希望的景象來安慰大家，保證能確實得到迅速救援。即使有人處於絕望而發生反叛，務使這種行動不致危及他本人和城市的安全。有些官員被授與監視各處城門的任務，每個月要兩次改變服勤的位置；採取各種預防措施，像巡邏隊、口令、燈號和音響，在通過防壁和工事時，要重複運用來辨識身分；警戒哨配置在壕溝的外圍，使用警覺性極高的犬隻，忠誠度比起可疑的人類更爲有效。曾經攔截到一封信，向哥德國王提出保證，鄰近拉特朗(Lateran)教堂的阿辛納里亞(Asinaria)門，會在暗中打開，好讓他的部隊入城。叛逆的行爲經過證實或者僅是涉嫌，有幾位元老院的議員遭到流放。教皇西爾維流斯

---

80 樸洛柯庇斯忘記提這些供水渠道的名字，而且離羅馬有一段距離，本地的作家無法確定，地圖上也找不到。但是離羅馬七到八哩處，在到奧巴諾的路邊，位於拉丁大道和阿皮安大道之間，我發現這段供水渠道的遺跡，拱道(長約六百三十步)的高度有二十五呎。

81 他們用騾肉來做香腸，要是這種牲口死於瘟疫那就太不衛生，著名的波隆那(Bologna)香腸有人說是用驢肉製作。

(Sylverius)受到召喚，要到設置在平西安皇宮的大本營[82]，面見君主在意大利的代表。追隨教皇的教士被留在最前面的房間[83]，只有他本人可以與貝利薩流斯會晤。羅馬和迦太基的征服者安詳坐在安東妮娜的腳前，而她躺在一張豪華的臥榻上，將領保持平靜的神色，但是他那傲慢的妻子嘴裡發出指責和威脅的語句。可信證人的指控，加上證據上面有自己的簽名，聖彼得的繼承者被剝奪表徵教皇的飾物，穿上僧侶的普通服裝，一點都不耽擱送到船上，流放到遙遠的東部(537年11月17日)。在皇帝的授意下，從羅馬的教士中推舉新的教皇，經過莊嚴的儀式向聖靈祈禱以後，選出輔祭維吉留斯(Vigilius)，他花兩百磅黃金的賄款買到教皇的寶座。這筆收益及買賣聖職的罪行算在貝利薩流斯頭上，但是英雄聽從妻子的命令，安東妮娜拿來孝敬皇后，狄奧多拉浪費她的錢財，奢望找到一個對卡爾西頓宗教會議敵對或漠不關心的教皇[84]。

貝利薩流斯用信函向皇帝報告他的勝利、他的危險和他的決心：

> 我們奉行你的命令，進入哥德人的領域，西西里、康帕尼亞和羅馬城都已經歸順；但是失去這些征服的地區，帶來的羞辱將更勝過獲得的榮譽。迄今為止，我們對數量龐大的蠻族繼續戰鬥，他們仗著兵力優勢占有上風。勝利是上天賜給的禮物，國王和將領的聲名，端視他們的策略成功還是失敗。請允許我講幾句肺腑之言：要是你願意讓我們活下去，請把給養運來；如果你希望我們繼續征戰，請把兵器、馬匹和人員運給我們。羅馬人把我們視為朋友和救星，目

---

82 這裡的宮殿、山丘和鄰近的城門，名字都來自元老院議員平修斯(Pincius)，有些新近發現的廟宇和教堂遺跡，現在整平以後成為米尼姆斯(Minims)花園。貝利薩流斯把大本營設在平西安門和撒拉里亞門之間。

83 貝利薩流斯的身分是代表皇帝，即使在圍城期間，還是要維持拜占庭宮廷高高在上的禮儀。

84 對這樣一個褻瀆神聖的行為，樸洛柯庇斯是清楚來龍去脈的證人，但是他表示很勉強的態度。利比拉都斯(Liberatus)和安納斯塔休斯的敘述都很奇特，但是情緒非常激動，紅衣主教巴隆紐斯的咒罵不無道理。

前遭遇的困境，他們要不是因爲對我們的信心而犧牲成仁，再不然就會因爲對我們的叛逆和痛恨而讓我們死無葬身之地。就我個人來說，我的生命全部奉獻給你，請你務必考量，是否我在這樣情況下的死亡，對你統治下的榮譽和興旺能有更大的貢獻。

要是東部和平的主子不再想征服阿非利加和意大利，統治或許還是同樣的順利。但是像查士丁尼這樣對名聲懷抱莫大野心的皇帝，會盡相當的努力來支持和拯救勝利的將領，雖然援軍的實力薄弱而且行動遲緩。馬丁和華勒利安(Valerian)率領的增援部隊，有一千六百名斯拉夫人和匈奴人。他們冬季在希臘的港口休息整補，因此海上運輸的辛勞沒有損害到他們的實力，首次出擊對抗圍城的敵軍，表現出眾的驍勇。大約是夏至前後，優塔留斯(Euthalius)帶著大筆支付給部隊的金錢，在特拉契納(Terracina)登陸。他非常小心沿著阿皮安大道前進，車隊通過卡皮納(Capena)門進入羅馬時[85]，貝利薩流斯在另一邊發起英勇而成功的前哨戰鬥，好轉移哥德人的注意力。這些及時獲得的援助在羅馬將領巧妙的安排下，發揮最大的效果，用來恢復作戰的士氣，起碼也可以給士兵和民眾帶來希望。歷史學家樸洛柯庇斯受領一個重要的任務，把康帕尼亞供應和君士坦丁堡運來的部隊和給養集結起來。這時安東妮娜緊接在貝利薩流斯秘書之後，勇敢穿過敵人的哨所，帶著東方的援軍回來解救她的丈夫和被圍的城市。一個船隊運送三千名艾索里亞人在那不勒斯灣停泊，接著抵達歐斯夏。有兩千多名的騎兵在塔倫滕登陸，其中部分是色雷斯人，然後與五百名康帕尼亞的士兵會合，加上一列大車裝載著酒類和麵粉，直接在阿皮安大道上前進，從卡普亞抵達羅馬的近郊。無論是陸上或海運的部隊，全部在台伯河河口集結，安東妮娜召開會議決定船運，用帆和槳逆河而上。

哥德人生怕任何輕率的敵對行動會擾亂雙方的談判，貝利薩流斯很狡

---

85 奧理安把古老的卡皮納門移開，遷到現在聖塞巴斯蒂安(Sebastian)門的位置，或許是在附近。這個令人憑弔的神聖地點有伊吉里安(Egerian)的樹叢、努馬的紀念碑、凱旋門，以及西庇阿、米帖里(Metelli)等人的墓地。

猾的靜聽，不做任何表示。哥德人誤認看到的只不過是艦隊和軍隊的前
衛，輕易受騙，以爲對方的大軍已經布滿愛奧尼亞海的海面和康帕尼亞的
平原。當羅馬將領接受維提吉斯使臣的覲見時，傲慢的語氣更能證明確有
其事。經過不著邊際的談話，來辯解行爲的正當以後，使臣宣布爲了和
平，願意放棄西西里的主權，皇帝的部將帶著藐視的笑容回答：「你們送
給皇帝禮物，他的回報不會吝嗇。皇帝要把帝國一個古老的行省送給你
們，哥德人可以擁有不列顛島的統治權。」貝利薩流斯用同樣堅定而輕視
的態度，反對給哥德人一筆貢金，但是他答應讓哥德使臣碰運氣，看看查
士丁尼自己怎麼說，同時帶著勉強的神色同意三個月的休戰，從冬至到第
二年的春分。他基於審愼起見，並不相信蠻族的誓言或人質，但是他有信
心從軍隊的配置可以建立戰力的優勢。哥德人因爲畏懼或饑餓的關係，很
快被逼撤離阿爾巴（Alba）、波多和申圖西利（Centumcellae），這些地方立
即被羅馬軍接替。納爾尼、斯波列托和珀魯西亞的守備部隊獲得增援，一
次圍攻作戰帶來的災難，反而使哥德圍攻部隊的七個營地陷入包圍圈之
內。米蘭主教達提烏斯（Datius）的祈禱和朝聖之行不是沒有發生效果，他
獲得一千名色雷斯人和艾索里亞人，有助於黎古里亞的叛亂來對付阿萊亞
斯派的暴君。就在這個時候，維塔利安的姪兒「嗜血者」約翰（John the
Sanguinary）[86]，奉命率領兩千名挑選過的騎兵，首先到福奇尼（Fucine）湖
的阿爾巴，接著到亞得里亞海的派西隆（Picenum）邊界。貝利薩流斯說
道：

> 哥德人把他們的家人和錢財存放在那個行省，沒有守備部隊，也從
> 不相信那裡會有危險。毫無疑問，他們將會違犯停戰協定。在他們
> 聽到你的行動之前，讓他們認爲你還留在這裡。對意大利人要寬大
> 爲懷，不要讓任何守備嚴密的地點，仍舊保持敵意留在你的後方；
> 始終記住戰利品的分配要公平合理。這也沒有什麼道理（他笑著繼

86　安納斯塔休斯保有「嗜血者」的頭銜，這是恭維他像老虎一樣勇猛。

續說道)，我們像工蜂一樣辛辛苦苦的工作，那些幸運的傢伙卻在偷偷享用蜂蜜。

十五、哥德人撤離羅馬及貝利薩流斯的追擊行動(538A.D.)

東哥德人整個民族都集結起來攻擊羅馬，幾乎全部消耗在圍城之戰。要是相信一位眞才實學的旁觀者的說法，在城牆下面經常發生的血戰中，數量龐大的烏合之眾有三分之一被殲滅。這個地區的夏天一直惡名昭彰，空氣的性質對人體有害，農業的沒落和人口的減少都肇因於此，哥德人的放縱行為以及地區的不利條件，使得饑饉和瘟疫更加嚴重。維提吉斯竭盡全力為自己的命運奮鬥，一直在接受羞辱和遭到毀滅之間舉棋不定，國內發生緊急狀況，迫得他只有趕快撤退。渾身發抖的信差向哥德國王報告，嗜血者約翰將蹂躪的戰火從亞平寧山蔓延到亞得里亞海，派西隆大量戰利品和無數的俘虜被運送到里米尼(Rimini)的堅固城堡之內。實力強大的酋長已經擊敗他的叔父，威脅到他的都城，用祕密的通信想要勾引他那忠貞的妻子，就是阿瑪拉桑夏傲慢的女兒。然而維提吉斯要在退走之前盡最後的努力，用奇襲的方式來毀滅這座城市。在一條供水渠道發現祕密的通道，兩名梵蒂岡的市民受到賄賂，要用酒灌醉奧理安門的警衛，打的如意算盤是要攻擊台伯河對岸的城牆，因為這個位置沒有興建角塔來增強防禦的力量，同時蠻族帶著火把和雲梯去攻打平西安門。警覺性極高的貝利薩流斯帶著那幫老兵部隊，擊退蠻族所有的企圖，在最緊要的關頭，不等同伴來到就衝上前去。哥德人喪失所有的希望和給養，到處發出喧囂的吵鬧催促要盡速離開，以免停戰協定到期時，羅馬人的騎兵再度集結起來。

在開始圍城後的一年零九天，不久之前那支實力強大而又得意洋洋的軍隊，現在燒掉自己的帳幕，在一片嘈雜聲中退過米爾維亞橋(538年3月)。他們這次要付出極大的代價，蜂擁的群眾在狹窄的通道上推擠，畏懼的心理和敵軍的追擊使很多人掉進台伯河。羅馬的將領率軍從平西安門衝殺出來，對於撤退的敵人毫不留情的痛下毒手。虛弱和沮喪的哥德族人

拖著沉重的腳步，拉開來成為綿長而鬆散的隊伍，在弗拉米尼亞大道蹣跚而行。蠻族有時被迫離開正路，以免遭遇帶有敵意的守備部隊，他們防守從里米尼到拉芬納之間的重要通道。然而逃走的軍隊仍舊是如此強大，維提吉斯對於有迫切需要保存的城市，抽調一萬人去加強守衛，同時派遣他的姪兒烏萊阿斯(Uraias)帶著相當兵力，前去鎮壓米蘭的叛亂行動。他自己率領主力圍攻里米尼，這裡離哥德人的都城只有三十三哩。

「嗜血者」約翰靠著防衛的技術和英勇的作為，使薄弱的城牆和淺顯的壕溝不致被敵軍攻破。他身先士卒不怕辛苦和危險，同時以身處次要的舞台，模仿他那偉大的主將發揮軍人的武德。蠻族的木塔和攻城撞車無用武之地，他們的攻擊被守城部隊驅退，只有實施長期的封鎖，使守軍陷入饑餓的絕境，然而羅馬軍隊可以獲得足夠的時間，集結兵力兼程前來解圍。一支艦隊突襲安科納(Ancona)，沿著亞得里亞海岸航行前來救援被圍的城市。宦官納爾西斯(Narses)率領兩千名赫魯利人和五千名東方最驍勇的部隊在派西隆登陸。貝利薩流斯親自指揮一萬名久歷戰陣的老兵，攻下亞平寧山岩石高聳的要點，沿著山腳向前運動。有一支新出現的軍隊在紮營時，點起無數通明的燈火，看起來是沿著弗拉米尼亞大道進軍。哥德人被驚懼和失望所制壓，只有放棄里米尼的圍攻，丟下他們的帳幕、他們的標誌和他們的首領。維提吉斯也就跟著逃走，馬不停蹄趕回拉芬納的城牆和沼澤的保護圈之內。

只能在城牆之內獲得安全，所有的據點都無法相互支援，哥德王國現在已落到山窮水盡的地步。意大利的行省投靠到皇帝這邊，他的軍隊逐漸徵召到兩萬兵員，要不是羅馬將領之間相互傾軋，使得戰無不勝的軍隊削弱實力，一定能夠達成容易而快速的征服。在完成圍城作戰之前，有件血腥、可疑而不智的處理方式，損害到貝利薩流斯公正的聲譽。普里西狄斯(Presidius)是個忠心耿耿的意大利人，在從拉芬納逃到羅馬的途中，駐在斯波列托的軍事總督君士坦丁，很不客氣的將他攔阻下來，甚至就在教堂裡，把他身上的兩把佩劍搶走，這些武器很名貴，上面鑲嵌著黃金和寶石。等到戰亂的危險狀況消失以後，普里西狄斯對於損失和傷害提出控

訴。他的指控獲得受理,然而傲慢和貪婪的被告不遵從將佩劍歸還的命令。普里西狄斯為拖延的行為而火冒三丈,等到貝利薩流斯騎馬經過廣場時,大膽跑上去抓住馬頭,要求遵照羅馬法重視市民的權益。現在涉及到貝利薩流斯的職權,於是他召開會議,認為下屬的官員要服從命令,在受到無禮的拒絕以後,發著脾氣匆忙把侍衛叫來。君士坦丁看見他們進來,以為是要殺他的訊號,於是拔出佩劍衝向將領。貝利薩流斯很靈活的避過刺劈,他的朋友也上來保護。失去鬥志的兇手丟下武器,被拖進鄰近的房間,在貝利薩流斯專橫的命令之下,被侍衛立即處死,也可以說是謀殺[87]。在這個極為草率而又粗暴的行動中,君士坦丁的罪行沒有人會記得,然而這個勇敢的官員走上身敗名裂的絕路,被暗中歸罪於安東妮娜無情的報復。這時總督的同僚自認或多或少都犯下掠奪的罪行,因而人人感到自危。

　　要是對共同的仇敵感到恐懼,就會壓制自己的妒恨和不滿,只有在自信可以獲得勝利以後,他們就慫恿那位強而有力的對手,去反對羅馬和阿非利加的征服者。宦官納爾西斯從皇宮的內廷執事與皇室的賦稅管理,突然晉升為一支軍隊的統領。雖然他在以後贏得的名聲和榮譽,可以與貝利薩流斯不分軒輊,但目前這位英雄人物的所作所為,只是增加哥德戰爭在執行上的困擾。那些不滿派系的領導者將救援里米尼的功勞歸給納爾西斯的謹慎忠告,要他依權責獨立指揮。實在說,查士丁尼的信函是禁止他服從貝利薩流斯。這位謹慎的寵臣在不久前要離開時,曾經與君主進行神聖而親切的談話,君王說「盡可能有利於大局」是個危險藉口,特別給他保留一些自主的裁量權。基於這個含糊不清的權責,宦官對於貝利薩流斯的意見,始終持異議的態度。等到他勉強屈從同意圍攻烏比諾(Urbino)時,在夜間將同僚丟下不管,率軍前去征討伊米利亞行省。赫魯利人兇

---

87 樸洛柯庇斯在公開的歷史著作裡提到這件事的處理方式,保持一貫坦誠或謹慎的態度,《秘史》裡的敘述則充滿惡意,或是毫無忌憚。但是馬西利努斯和後續的史家,對於君士坦丁的死是有預謀一說,很不以為然。君士坦丁在羅馬和斯波列托都有很好的績效。

狠而善戰的隊伍忠誠追隨納爾西斯[88]，一萬羅馬人和聯盟軍在他的旗幟下面跟著前進。每個不滿分子都要掌握這個最好的機會，報復私人或想像中的冤屈。至於貝利薩流斯其餘的部隊，從西西里的守備任務到亞得里亞海的沿岸地區，都已經分遣出去或是散布開來。他的用兵素養和堅定意志克服所有的困難和障礙，烏比諾已經奪取，腓蘇利(Faesulae)、奧維亞托(Orvieto)和奧克西姆(Auximum)的圍攻正在積極執行。納爾西斯終於被召回處理皇宮的內部事務，羅馬將領善於自制的權威平息所有的紛爭衝突，抑制所有的反對意見，就是他的仇敵也難免對他表示敬意。貝利薩流斯諄諄誘導大家要接受有益的教訓，所有的部隊要一心一德親愛精誠。但是哥德人趁著發生爭執的間隙，獲得喘息的機會。適合用兵的季節已經過去，米蘭遭到毀滅的命運，意大利的北部行省被法蘭克人大舉入寇。

十六、法蘭克人大舉入寇意大利最後鎩羽而歸(538-539A.D.)

查士丁尼開始規畫對意大利的征服時，就派遣使臣去晉見法蘭克國王，運用同盟和宗教的約束力，懇求他參加對付阿萊亞斯教派的神聖任務。哥德人的需要更為殷切，就使用更有效的說服方式，對這個輕浮而狡詐的民族，拿土地和金錢當禮物來收買他們的友誼，至少也要讓他們保持中立，結果這些努力都徒然無效。貝利薩流斯的軍隊和意大利的叛變，使得哥德王國的基礎發生動搖，這時勢力強大而又窮兵黷武的墨羅溫王朝國君，奧斯特拉西亞(Austrasia)的狄奧德伯特(Theodebert)，受到勸告要提供間接和及時的援助，將哥德人從苦難中拯救出來。還沒有獲得國君的同意，新近成為臣民的一萬名勃艮地人就從阿爾卑斯山衝下來，加入維提吉斯的部隊，要去懲罰叛變的米蘭。經過一場艱苦的圍攻以後，黎古里

88　赫魯利人在納爾西斯離開以後，不願留在軍中服役，把俘虜和牛隻賣給哥德人，同時發誓不再與哥德人為敵。樸洛柯庇斯放入有趣的插曲，形容這個喜歡到處漂泊的民族的生活方式和冒險行動，說有一部分赫魯利人最後遷移到突利，即斯堪地那維亞。

亞的首府屈服於饑饉的災難,除了羅馬防守部隊可以安全撤離外,沒有
擬定投降的條件。達提烏斯是正統教會的主教,唆使他的同胞起來反叛和
破壞[89],這時逃到拜占庭宮廷,享受奢華和榮耀[90]。但是教士也可能是阿
萊亞斯派的教士,被正教信仰的保護者殺死在他們的祭壇前。據稱有三十
萬男子被害[91],女性以及貴重的掠奪品分配給勃艮地人,米蘭的房屋或至
少城牆全部夷為平地。這個被毀滅的城市無論就規模、財富、建築物的華
麗以及居民的數目而言,都僅次於羅馬,等於是替到了末期的哥德王國報
仇。貝利薩流斯把他們視為信仰虔誠的朋友,同情他們被人遺棄,竟然遭
遇這樣可悲的下場。

　　成功的入侵行動使狄奧德伯特受到鼓舞,在次年春天率領十萬蠻族大
軍[92],進犯意大利的平原地區。國王帶著一些挑選的隨從,騎在馬上,用
長矛作為武器。步兵不使用標槍和弓箭,裝備著一面盾牌、一支長劍和一
把雙刃戰斧。拿在手裡的戰斧不僅讓人生畏,而且投擲很有準頭。意大利
為法蘭克人的進軍而驚惶難安,哥德君王和羅馬將領同樣不知道他們的企
圖,大家都抱著希望和恐懼,懇求這位危險的同盟能賜給他們友誼。克洛
維斯的孫兒一直掩飾他的意圖,等到從帕維亞的橋樑安全渡過波河,最後
用突擊的行動來宣布,同時對付羅馬人和哥德人充滿敵意的營地。羅馬人
和哥德人沒有將兵力聯合起來,大家只是慌張逃走,將黎古里亞和伊米利
亞這兩個豐腴卻殘破的行省放棄給蠻族無法無天的烏合之眾。他們沒有定
居或征服的念頭,不會減輕暴虐的行為。在他們所毀滅的城市當中,特別
把熱那亞提出來,那時當地還沒有大理石的建築物。死者的數目以千計,

89　巴隆紐斯稱許達提烏斯的叛變,為正統教會的主教提出辯護。比較理性的穆拉托
　　里暗示他犯下偽證罪,至少達提烏斯的行為太過於魯莽,這點就應受到責備。

90　聖達提烏斯對付魔鬼比抗拒蠻族更為成功,他旅行時帶著成群的隨從,在科林斯
　　要占用一所很大的房屋。

91　然而根本不可能有這樣多的人口,只要喪生的人數只有原文的十分之一,在意大
　　利的城市中就足夠排名第二或第三。米蘭和熱那亞不要三十年就恢復原狀。

92　除了樸洛柯庇斯以外,其他的羅馬人也同意法蘭克人有十萬大軍,可以參閱馬留
　　和馬西利努斯的編年史,以及喬南德斯和土爾(Tours)的格列哥里有關資料。格列
　　哥里認為貝利薩流斯吃了敗仗,艾莫因(Aimoin)則認為他被法蘭克人殺死。

按照戰爭的常規必然如此，但更可怕的是婦女和兒童被當成邪神崇拜的犧牲品，在一個基督教國王的營地，這種行為竟然不受任何懲處。開始時最殘酷的痛苦全部落在無辜無助者的頭上，如果沒有這樣悲慘的事實，歷史會樂於報導征服者的苦難。他們在富裕的地區，但是缺乏麵包和美酒，只有飲用波河的河水，生病牛隻的肉也拿來食用，痢疾奪去軍隊三分之一人員的性命。狄奧德伯特的臣民發出喧囂的聲音，要盡快越過阿爾卑斯山回家，逼得他用尊敬的態度，傾聽貝利薩流斯溫和的勸告。在高盧的獎章上面，永遠保留這場可恥和毀滅戰爭的景象，查士丁尼根本沒有拔出劍來，就獲得「法蘭克人征服者」的頭銜。墨羅溫王朝的君主為皇帝的虛榮所激怒，對於哥德人的敗亡裝出一副悲天憫人的樣子，提出非常狡詐的意見，為了加強聯合的軍事力量，承諾要率領五十萬大軍從阿爾卑斯山下來。他的征服計畫大而無當，而且可能荒誕不經。奧斯特拉西亞的國王威脅要懲罰查士丁尼，進軍到君士坦丁堡的大門[93]。結果他在貝爾京（Belgic）或是日耳曼的森林出獵，被野牛[94]撞翻在地用角戳死[95]。

十七、維提吉斯在拉芬納的開城和哥德王國的覆滅(538-539A.D.)

等到貝利薩流斯解決國內和國外的敵人，他一心一意運用兵力完成意大利最後的征服。將領在奧西莫（Osimo）的圍城作戰，差點被弓弩所射殺，一名侍衛為了善盡職責，犧牲自己的手臂將箭矢擋下，使他逃過致命的一擊。哥德人在奧西莫的四千武士，以及在腓蘇利和科蒂安的人馬，直到最後還想維持獨立，驍勇的守備部隊幾乎使得征服者失去耐性，但是也

93　即使狄奧德伯特能夠引誘或是制服在潘農尼亞的吉皮迪人或倫巴底人，希臘歷史學家也認為他們會在色雷斯遭到消滅。

94　我並沒有陷入種屬和名稱的迷宮之中，歐洲對野牛有很多不同的稱呼。六世紀時，在洛林（Lorraine）的佛日（Vosges）山脈以及阿登（Ardennes）山地的廣大森林裡，可以獵獲一種大型野牛，長著很長的角，非常兇狠。

95　國王用長矛指出野牛的位置，野牛撞倒一棵樹，打中他的頭，結果他在當天送掉性命，這是阿果西阿斯說的故事。但是法國早期的歷史學家認為他死於熱病。

贏得他的尊敬。他們要求安全的離開，到拉芬納加入他們的族人，貝利薩
流斯拒絕簽名同意，但是他同意條件合理的投降協定，保證他們至少可以
帶走一半的財物，然後有兩條路可以自由選擇，一是安靜回到家業和田產
所在的地點，再不然投效皇帝的軍隊參加波斯戰爭。大批蠻族仍舊追隨維
提吉斯的旗幟，人員的數量遠超過羅馬軍隊。哥德國王不論受到請求還是
挑戰，或是最忠誠的臣民陷於極端危險之中，都無法引誘他離開拉芬納堅
固城堡的保護。防禦工事固若金湯，可以抗拒強攻硬打，等到貝利薩流斯
將都城圍得水泄不通，立刻知道只能靠著饑饉來瓦解蠻族堅持到底的意
志。羅馬將領提高警覺，嚴密守衛海洋、陸地和波河的水道。他的道德原
則延伸了戰爭的權利，認為將被圍城市[96]的穀倉燒掉[97]，甚至水中下毒[98]，
都是合法的行為。

　　就在他全力封鎖拉芬納時，君士坦丁堡派來兩位使臣，讓他大吃一
驚。查士丁尼沒有詢問獲勝主將的意見，就貿然簽署一紙和平條約，裡面
的條款使人無法獲得榮譽，並且會產生有害的後果：那就是意大利和哥德
人均分所有的資財，波河以北的行省留給狄奧多里克的繼承人保有王室的
頭銜。使臣急著完成這件能夠提高名聲的任務；哥德人處在糧食重於榮譽
的狀況，被困的維提吉斯出乎意料獲得王冠，當然感到喜不自勝；其他的
羅馬首長對於繼續戰爭在私下發出怨言，公開表示要絕對服從皇帝的命
令。如果貝利薩流僅僅像士兵那樣靠著蠻力毫無智慧，怯懦和嫉妒的律師
就會將勝利的桂冠從他的頭上攫走。但他在這關鍵時刻像心胸開闊的政治
家，決定單獨承受不服從命令所產生的危險，當然也可能因而建立莫大的

96　從嚴格的哲學觀點來看，戰爭權利的限制必然毫無意義而且充滿矛盾。格羅秀斯
　　對於下毒和傳染就很難區分清楚。他追求雙方的平衡，一邊是荷馬及弗洛魯斯
　　(Florus, Publius Annius，二世紀末，詩人和羅馬歷史學家)的著作，一方則是梭倫
　　(Solon)和貝利薩流斯的案例。然而，我認為對利益和正當性要同時考慮，無論是
　　權宜或正式的表達，雙方應該同意禁絕某種方式的敵對行為。

97　哥德人懷疑瑪塔蘇因莎(Mathasuientha)是這件災難事件的幫兇，也有人認為是被
　　雷電擊中引起火災。

98　貝利薩流斯在圍攻奧克西姆時，一開始就花很大力氣破壞供水渠道，然後把屍
　　首、有害的藥草和生石灰丟進敵人飲用的水源。

功勳。手下的官員提出書面的意見，認爲圍攻拉芬納不切實際也毫無希望；然而主將不願接受瓜分意大利的條約，宣布他的決心是要用鍊條牽著維提吉斯送到查士丁尼的腳前。

　　哥德人陷於疑懼和驚慌之中，專橫的拒絕剝奪他們唯一能信任的簽字，使他們的內心充滿憂慮，怕這位明察秋毫的敵人已經洞悉，他們目前處於極爲悲慘的狀況。他們拿貝利薩流斯的名聲運道與苦命國王的儒弱作一比較，提出一個非常特殊的計畫，維提吉斯顯然已經認命，受到逼迫只有默許。瓜分意大利會危害國家的實力，接受放逐會羞辱民族的榮譽。要是貝利薩流斯拒絕承認主子的權威，願意接受哥德人的推選，他們會提供軍隊、財富和拉芬納的城堡，讓他擁有意大利王國，何況也只有他具備這種資格。如果一頂皇冠發出虛僞的光彩，能夠對忠誠的臣民產生難以抗拒的誘惑，那麼貝利薩流斯的謹慎恐懼在於預知蠻族的輕浮多變，他合乎理性的野心在於羅馬將領安全和榮譽的地位。他在考慮一個謀叛的建議時，要是抱著容忍的態度和滿足的心情，都會帶來惡意的解釋。查士丁尼的部將自認光明磊落，才會進入這條黑暗和欺騙的路途，爲的是要引導哥德人自願的降服。他用機智的策略說服他們，說他會順從他們的意願，但是他對祕密的約定帶有憎惡之心，所以不願提出誓言和承諾。

　　拉芬納開城投降那天(539年12月)，事先已經與哥德人派遣的使臣安排妥當，一支船隊滿載糧食，當作受到歡迎的貴賓，駛進港口最深入的地點，對於大家心目中的意大利國王大開城門。貝利薩流斯沒有遭到一個敵人，像是凱旋的行列通過堅固城市的街道[99]。羅馬人對於他們的成功感到無比的驚奇，高大而又強壯的蠻族群眾竟然能夠忍受這種場面，令自己困惑不已。具備男子氣概的婦女，向她們的兒子和丈夫的臉上吐口水，疾言厲色指責他們將主權和自由出賣給南方的侏儒，藐視他們的兵力不足，瞧不起他們矮小的身材。趁著哥德人還未從震驚中恢復，要求滿足他們的願

99　拉芬納的攻占不是公元540年，而是539年年底。穆拉托里修正帕吉的錯誤，他從
　　一份古老的文件獲得證明，在540年1月3日之前，拉芬納和法恩札之間恢復和平與
　　自由的連繫。

望之前，勝利者已經在拉芬納建立起權威，不會產生反悔和叛亂的危險。維提吉斯可能會有逃走的打算，被軟禁在自己的皇宮[100]，最優秀的哥德青年被挑來爲皇帝服行勤務，剩餘的民眾分散開來，送到南部行省平靜的居留地。成群結隊的意大利人受到招募，前去補充人口日益稀少的城市。首都的歸順引起意大利城鎮和鄉村的仿效，根本不要派部隊前去征服。獨立自主的哥德人在帕維亞和維洛納還保存相當武力，抱著強烈的野心想要成爲貝利薩流斯的臣民。然而他只願意作爲查士丁尼的全權代表，表現出堅定不移的態度，矢言要爲皇帝效命到底，拒絕他們要用誓言表達忠誠之心。哥德代表團的指責並沒有使他惱羞成怒，意思是說他情願做奴隸也不要當國王。

十八、貝利薩流斯功高震主及安東妮娜的荒淫暴虐(540A.D.)

貝利薩流斯獲得第二次勝利以後，猜忌的聲音到處流傳，查士丁尼信以爲眞，就將這位英雄召回：「哥德戰爭已近尾聲，不值得多做停留，心懷感激的君主急著要獎勵他的服務，諮詢他的高見。憑著他一個人的能力，可以保衛東方的安全，擊潰波斯的無敵大軍。」貝利薩流斯知道自己功高震主，接受君王的一番託辭，就帶著掠奪的財物和戰利品在拉芬納登船，要用服從的行動來證明，非常唐突將他從意大利調職回國，不僅草率而且有欠公正。皇帝用謙虛有禮的態度，接見維揭吉斯和他那更爲高貴的配偶。哥德國王遵從旨意皈依阿泰納休斯的信仰，獲得元老院議員和大公的位階，以及亞細亞廣大的世襲土地[101]。每個旁觀者都稱許蠻族青年的體

---

100 維提吉斯被嗜血者約翰捉住，爲了保證他的安全，在茱利艾大會堂(Basilica Julii)立下誓約。安納斯塔休斯對這件的記載含糊不清，馬斯庫引用蒙佛康的説法，説有一個許願盾牌代表曾經俘虜維提吉斯，成爲蘭迪(Landi)先生的收藏品，蘭迪先生現在住在羅馬。

101 維提吉斯在君士坦丁堡住了兩年才過世，他的遺孀瑪塔蘇因莎後來成爲大公的妻子和母親，大公就是老日耳曼努斯，他的兒子也是大公。這樣等於將阿尼西安家族和阿瑪利王族的血統結合起來。

魄和身材，一點都沒有危險的感覺。他們崇拜帝座的威嚴，承諾要爲恩主服務，犧牲性命在所不計。查士丁尼把哥德王國的財富收藏在拜占庭的皇宮，諂媚的元老院有時得到允許可以參觀金碧輝煌的寶物，但是他帶著嫉妒的心理，不願將財富展示在公眾的面前。

意大利的征服者拒絕第二次凱旋應得的榮譽，聽不到他喃喃的怨言，甚至也可能沒有發出一聲嘆息。實在說他的榮譽已經遠超過外表盛大的排場，甚至在一個腐化的奴隸主時代，全國都會對他表示敬仰和欽佩，以彌補宮廷曖昧而空洞的讚許之聲。只要貝利薩流斯出現在君士坦丁堡的街道和公開場合，就會引起民眾的興趣和注視，魁梧的體格和嚴肅的面容展現大眾心目中的英雄形象。他那溫和與謙恭的態度使最卑賤的市民都有如沐春風之感，軍隊死心塌地追隨他的足跡前進，讓他比起戰鬥的日子更爲平易近人。七千名無比英俊和驍勇的騎士靠著主將私人的津貼，繼續在軍隊服役[102]。他們在肉搏戰鬥和前列對陣，表現出極爲出色的英勇行動，敵我雙方都承認，在羅馬的圍攻作戰中，靠著貝利薩流斯的衛隊就能擊敗蠻族的烏合之眾。那些作戰勇敢和一諾千金的敵人，使他的衛隊人數不斷增加，走運的俘虜像是汪達爾人、摩爾人和哥德人，爭著投靠到他的麾下成爲依附的部從。他用公正和慷慨獲得士兵的愛戴，也不會疏遠民眾對他的感情。生病和受傷的人會得到醫藥的照應和金錢的賜予，主將親臨探視和慰勉笑語帶來更大的治療效果。喪失武器或馬匹立時得到補充，任何英勇的行爲都會得到報酬，像是臂鐲或項圈這些價昂而光彩的禮物，經過貝利薩流斯的鑑賞之後，顯得更爲名貴。農夫在他的旗幟所及之處，能享受和平的生活與豐碩的收成，所以對他極爲敬愛。羅馬部隊的進軍給社會帶來富裕而不是損失，營地保持嚴肅的軍紀，連樹上的蘋果都不摘一個，也不會踐踏田地的作物。

貝利薩流斯的個性純樸而又節制，放縱的軍事生活沒有對他產生影

---

102 艾莫因是十一世紀法國一位僧侶，獲得一些可信的貝利薩流斯資料，但資料又遭毀損，說他的名下有一萬兩千名奴隸和一萬八千名士兵。

響,沒有人敢吹牛說看過他酒醉誤事。很多美麗的哥德或汪達爾俘虜願意
投懷送抱,但是他從不受女色的誘惑,安東妮娜的丈夫從不違犯配偶要相
互忠貞的信條。有位歷史學家也是追隨他的友人,對他一生功勳瞭如指
掌,提到他面對戰爭的危險,是大膽而不莽撞,謹慎而不畏懼,按照情勢
的需要,行動的快慢可以收發自如。陷於最惡劣的處境時,他會指出真正
的希望所在,激起奮鬥的勇氣;但是在一帆風順時,他會保持如臨深淵如
履薄冰的審慎態度。他的武德不僅可以媲美古代的兵學大師,甚或還要青
出於藍,揮軍所向無論在海上或陸地都贏得勝利。他征服阿非利加、意大
利和鄰近的島嶼,將堅西里克和狄奧多里克的繼承人當成俘虜,君士坦丁
堡的皇宮裝滿戰利品,用六年的時間光復西部帝國大半行省。他在名聲和
功績、財富和權勢方面無人可以匹敵,仍舊是羅馬臣民中第一號人物。嫉
妒的聲音只是給他帶來功高震主的危險,皇帝倒可以自詡有識人之明,能
夠發現貝利薩流斯的才華,加予拔擢和重用。

在羅馬凱旋式的傳統習慣,有一名奴隸緊隨在戰車的後面,不斷在提
醒征服者,要知道命運的無常和人性的弱點。樸洛柯庇斯在他的《秘史》
中,就承擔起這種卑微和忘恩負義的工作。心胸開闊的讀者會將誹謗之辭
棄而不顧,但是證據在記憶裡揮之不去,況且還會無可奈何的承認,貝利
薩流斯的聲譽甚至德操,都為妻子的情慾和殘酷所玷污,只是正派的歷史
學家倒是對這位英雄人物的缺陷不置一辭。安東妮娜的母親是劇院的娼
妓,父親和祖父在提薩洛尼卡和君士坦丁堡,從事御車手這個低賤然而賺
錢的行業。命運使她在各種不同的情況下,成為狄奧多拉女皇的密友、仇
敵、奴僕和寵幸。共同的嗜好使兩個生性淫蕩而又野心勃勃的女人聯手合
作,猜忌和嫉妒的惡意使她們各行其是,互不相容,最後是夥同犯下滔天
大罪又勾結在一起。安東妮娜在與貝利薩流斯結婚之前,曾經有丈夫和許
多愛人。福提烏斯(Photius)是她前一次婚姻所生的兒子,長大成人在圍攻
那不勒斯時表現突出。

安東妮娜到人老珠黃時,對一個色雷斯的青年發生感情,沉溺於可恥
的醜聞而不堪自拔。狄奧多西在優諾謬斯派異端邪說的環境中教育成長,

前往阿非利加的航程中，是第一個登船並接受洗禮的士兵，也被授與神聖的名字。貝利薩流斯和安東妮娜成為他的教父和教母，把這個改宗者收養在自己的家庭。就在登上阿非利加海岸之前，神聖的親屬關係墮落成為肉慾的性愛苟合，安東妮娜任性妄為，無視於旁人的指指點點，只有羅馬的主將不知道自己戴上綠頭巾。當他們居住在迦太基期間，他在無意之中發現這兩個情人躲在一間隱密的臥室，四周無人而且溫暖如春，兩個人衣冠不整，幾乎要赤身裸體。貝利薩流斯的眼中冒出怒火，不知羞恥的安東妮娜說道：「在這位年輕人的幫助之下，我要很祕密的處理我們最寶貴的財物，不能讓查士丁尼知曉。」狄奧多西穿上自己的衣物，虔敬的丈夫甚表滿意，連親眼看到的證據都可以不信。即使處於感到放心或自我欺騙的狀況，貝利薩流斯在敘拉古時，由於一名侍女的好管閒事，完全了解整個的姦情。馬其頓妮亞(Macedonia)在獲得他發誓為她保密以後，找來兩名內侍跟她一樣承認，經常看到安東妮娜的淫亂行為。狄奧多西盡快逃到亞細亞，避開受辱丈夫的報復，他已經簽署命令給一員衛士去殺死姦夫。但是安東妮娜的眼淚和費盡心機的誘惑手段，使耳根軟弱的英雄相信她的無辜，甚至墮落到否定自己的誠信和理性，要放棄這些不知謹言慎行的侍從，不給她們任何保護，因為她們竟敢指控或懷疑他的妻子，說她不能保持貞節。罪惡深重的婦女用仇恨和血腥的手段開展報復的行動，不幸的馬其頓妮亞和兩名證人被安東妮娜暗中指使逮捕，再進行殘酷的迫害。她們的舌頭被割掉，身體被砍成碎塊，然後丟進敘拉古的海中。

君士坦丁提到這件事，講了一些很魯莽的話，倒是很有見地：「是我的話，要懲處的是淫婦，而不是那個無知的小子。」安東妮娜把這些話記在心裡，等過了兩年，這位官員一時衝動拿起武器反抗他的上司，就是她提出斬草除根的建議，決定立即將他處死。甚至就是福提烏斯的憤慨，也得不到母親的原諒，將兒子放逐就是為了準備召回情人。對於意大利征服者施壓和卑辭邀請，狄奧多西只有屈從，不敢拒絕。直接從情人手裡收到

的餽贈，以及參加和平與戰爭的重要委員會[103]，受到寵愛的青年很快獲得
四十萬鎊的財產。等他們回到君士坦丁堡以後，安東妮娜的熱愛仍舊熾烈
無比，絲毫沒有消退的現象。但是畏懼、虔誠以及厭倦，使得狄奧多西感
到事態的嚴重。他害怕在首都到處傳播的醜聞，還有就是貝利薩流斯妻子
那種任性而爲的痴情，於是從她的懷抱中溜走，隱退到以弗所尋求聖所的
庇護，剃去頭髮，過著修道院的生活。她就像亞歷迪妮在丈夫死後無法獲
得赦免那樣感到絕望，淚流滿面，撕著自己的頭髮，府邸裡面回響著她的
哭聲。「她失去最親密的朋友，一個溫柔、忠誠和勤快的朋友。」但是她
熱誠的乞求加上貝利薩流斯的祈禱，也無法把聖潔的僧侶從以弗所孤獨之
地召喚回來。一直等到主將前往進行波斯戰爭，狄奧多西受到引誘回到君
士坦丁堡，在安東妮娜離開之前，短暫相聚一段時間，大膽奉獻給愛情和
歡愉。

十九、福提烏斯受到迫害及貝利薩流斯羞辱的降伏(540A.D.)

　　哲學家沒有受到眞正的傷害，才會憐憫和饒恕女性的弱點；丈夫切身
感受妻子給他帶來的羞辱，卻又只能忍受，這樣的丈夫讓人鄙視。安東妮
娜對她的兒子抱著刻骨的仇恨，英勇的福提烏斯[104]在底格里斯河對岸的營
地，都無法逃過她在暗中的迫害。他爲自己的委屈極爲生氣懊惱，也爲自
己的身世感到無地自容，現在輪到他來發洩難以忍受的情緒。他在貝利薩
流斯的面前揭露一個女人的墮落邪惡，完全違背身爲母親與妻子的天職。
羅馬主將感到震驚和氣憤，可見過去的輕信似乎很眞誠。他抱著跪在地上
的安東妮娜兒子，懇求他記住責任重於親情，於是在祭壇前面立下神聖的
誓言，不但要報復而且要相互爲此事辯護。安東妮娜因爲人不在場，所以

---

103 公元537年11月福提烏斯奉命逮捕教皇。大約在539年年底，貝利薩流斯派狄奧多
　　西到拉芬納，參加一個非常重要而又容易搞錢的委員會。

104 狄奧菲尼斯說他的名字叫法提努斯(Photinus)，是貝利薩流斯的女婿，米斯西拉和
　　安納斯塔休斯的歷史著作加以引用。

才形成權威盡喪的處境。等她遇到丈夫，他正從波斯的邊境歸來。貝利薩流斯在見面時難免情緒衝動，就把她囚禁起來，並且威脅她的生命。福提烏斯決心要懲處，不願寬恕，急忙趕到以弗所，逼著他母親所信任的一個宦官，全盤招出她所犯的罪行。他在聖約翰使徒大教堂逮捕狄奧多西，查封他的財產，把這個囚犯藏在西里西亞安全而偏僻的城堡，將他處死只是早晚的事。像這樣膽大包天的暴行，違背國法不可能逃過懲處。

皇后對於這件案子始終支持安東妮娜，因為她在統領的罷黜以及教皇的放逐和謀殺中，賣力協助圓滿完成任務，狄奧多拉自認欠負甚多。等到波斯的戰役結束以後，貝利薩流斯被召回，他也與往常一樣遵奉皇室的命令。他的內心從來沒有產生反叛的念頭，他的服從儘管違背良知，還是出於個人的意願。等他在女皇的授意甚或就在觀見時，不得不擁抱自己的妻子，心軟的丈夫已決心要寬恕，或是被寬恕。狄奧多拉要獎賞她的親密戰友更貴重的恩典。她說道：「我親愛的大公，我發現一顆價值連城的珍珠，還沒有讓凡人過目，要讓我的朋友先看，而且還要送給她。」安東妮娜立刻激起好奇心，一間寢室的門突然打開，看見她的愛人，是宦官花很大力氣才從祕密的監獄將他找到。她驚奇得片刻之間講不出話來，接著爆發出感激和愉悅的歡呼，把狄奧多拉稱為她的皇后、她的恩主、她的救星。以弗所的僧侶在府邸裡休養身體，不僅過著奢華的生活，還激起莫大的野心。貝利薩流斯給予承諾，讓他指揮羅馬的軍隊，但狄奧多西在第一次勞累的性愛中就暴斃。

安東妮娜的悲痛要平息下來，只有讓自己的兒子受盡活罪。這名年輕人有行省總督的位階，而且正在患病，沒有經過審判就受到罪犯或奴隸的懲罰，然而他的內心忠誠如一。福提烏斯忍受鞭打甚至烤問架的酷刑，並沒有違犯他與貝利薩流斯所立下的誓言。在沒有結果的逼供以後，安東妮娜的兒子在他的母親參加皇后的宴飲時，被丟進皇宮的地下監牢，陰森黑暗的環境難分日夜。他兩次逃到君士坦丁堡最古老的神聖處所，即聖索非亞大教堂和無垢聖母教堂，但是暴君對於慈悲如同宗教一樣毫無感覺，這名無助的青年在教士和群眾的抗議聲中，兩次從祭壇被拖回地牢。他第三

次嘗試倒是獲得成功，那是過了三年以後，先知撒迦利亞(Zachariah)或是一個生死之交的朋友，指出一種脫逃的方法。他避開女皇的密探和警衛，到達耶路撒冷的聖墓，願意獻身成爲修道士。於是在查士丁尼過世後，修道院院長福提烏斯盡畢生之力，對埃及的教會進行調解，制定統一的規則。安東妮娜的兒子受到敵人所施予的所有痛苦，但是不及她的丈夫給自己帶來的折磨，因爲貝利薩流斯違背自己的承諾，拋棄自己的朋友。

在下一次的戰役中，貝利薩流斯再度被派到波斯，拯救東方免於刀兵之災，但是得罪狄奧多拉，甚或觸怒皇帝本人。患病的查士丁尼對於他逝世的謠言，保持不動聲色的態度，羅馬的主將對這件事所表示的看法，就像士兵或市民那樣，談話非常的隨便而且放肆。他的同僚布捷斯(Buzes)的心態跟他很類似，結果受到女皇的迫害，失去階級、自由和健康。貝利薩流斯的地位所擁有的尊嚴，以及他的妻子發揮的影響力，使他的失寵顯得比較緩和。她倒是有意給他多受挫折，但並不願意毀滅與她共享榮華的夥伴。甚至他的調職也提出保證來刻意掩飾，說意大利的危險情況需要它的征服者出面才能拯救。但是等他單獨回來，失去自保能力以後，一個帶著敵意的委員會被派到東方，搜查他的財富和犯罪的行爲。追隨他私人旗幟的衛隊和資深老兵，分配給軍隊其餘的首長和將領，就是宦官也用抽籤方式，瓜分他在軍中的家臣和部從。當他帶著一小批風塵僕僕的隨從經過君士坦丁堡的街道，孤獨的外表激起民眾的驚異與同情。查士丁尼和狄奧多拉用冷漠和敷衍的態度接見，見風轉舵的廷臣也表現出無禮和藐視的樣子。他在夜晚踏著顫抖腳步回到被眾人遺棄的府邸，安東妮娜身體微恙不知是眞是假，她待在自己的房間，卻又不聲不響單獨在鄰近的柱廊散步。這時貝利薩流斯躺在床上，在悲傷和恐懼之中感到萬分痛苦，眞是恨不得一死了之，想當年在羅馬城內面對死亡又是何等勇敢。長夜漫漫，等到日出以後，女皇派來一名信差，他帶著焦急的心情，打開宣判他命運的來信：

　　你應該知道你竟然使我這樣的反感。我非常清楚安東妮娜在盡心爲

我服務，靠著她的功勞和說情我饒你一命，讓你還能保有部分財
產，照說應該全部充公歸還給政府。你如果知道感恩圖報，要用未
來的行動而不是言辭來表達你的心意。

　　這位英雄接到極為羞辱的饒恕，表現出深受感動的歡欣之情，真是令
人難以置信也不忍描述。他趴俯在妻子的面前吻著她的腳，誠心應許這一
輩子都是安東妮娜忠心耿耿的奴僕。貝利薩流斯的財產被拿走十二萬鎊當
作罰鍰，被給予伯爵的職位或是皇家馬廄的主管大臣。他接受意大利戰爭
的指揮權，離開君士坦丁堡時，他的朋友和一般大眾都相信，只要他重獲
自由，就會對他的妻子、狄奧多拉甚至皇帝本人，撕下忍辱的掩飾，顯露
本來的面目。這位品德高尚的叛徒為了報復，會讓他們付出生命的代價。
大家的希望全部落空，貝利薩流斯的耐力和忠誠無可匹敵，不是劣於就是
優於一個「男人」的性格。

第四十二章

蠻族世界的狀況　倫巴底人在多瑙河安身　斯拉夫人的部族　突厥人的源起，向羅馬帝國派遣使者　突厥人與阿瓦爾人之間的鬥爭　波斯國王諾息萬帝號為克司洛伊斯一世　治國有方與羅馬人發生戰事　柯爾克斯之戰衣索匹亞人(500-582A.D.)

一、羅馬帝國的衰弱和蠻族世界的興起(527-565A.D.)

　　我們評估一個人的功勳，要與當代人類的才具做比較。天才或德行激起的努力，行為或思辨的人生所能到達的程度，依據的不是本身的成就，要看是否超越那個時代和民族的水準。雄偉的身材處在巨人之中分不出高下，與侏儒在一起一定能鶴立雞群。利奧尼達斯(Leonidas)率領三百名戰友在色摩匹雷(Thermopylae)壯烈成仁，但他們的兒童、少年和成人教育已準備好或甚至保證，要為國家犧牲，每個斯巴達人都會認可這種負責的行為，但不會崇拜，因為其他八千市民同胞都有這份能力[1]。龐培大將可以在勝利紀念碑上銘刻不朽的功績，在戰場上擊敗兩百萬敵軍，從米奧提斯(Maeotis)湖[*2]到紅海征服一千五百個城市[3]。但是羅馬的運道在他的鷹

1　閱讀希羅多德的著作是一種樂事，而不是責任。澤爾西斯和德馬拉都斯(Demaratus)在色摩匹雷的談話，是歷史上讓人感到興趣盎然而又極富啓發的一幕。高貴的斯巴達人看到國人表現的德操，真是痛不欲生。

*2　[譯註]米奧提斯湖就是今天的亞述海，克里米亞的刻赤半島形成很狹窄的海峽，與黑海相通。

3　只有少數人更能深刻體會光榮和恥辱的滋味。沒有人能像朱維諾(Juvenal, Decimus

幟前面飛揚拔扈，膽怯畏戰的民族被自己的恐懼所壓迫，征服的習慣和經年累月的紀律要求，使得他所指揮的軍團成為戰無不勝的勁旅。從這方面來看，貝利薩流斯在歷史的地位，要在古代這幾位英雄人物之上。他的缺失來自那個時代的弊病，他的德性為他所獨有，出於天賦或自我反省的珍貴產物，使他超越當代的人物，就連他的君王和對手也都瞠乎其後。鄙吝成性的主子交給他的軍隊，根本無法讓他達成任務，他唯一的優勢來自於對手的狂妄和侮慢。只有在他指揮之下的查士丁尼臣民，才夠資格稱為羅馬人。

希臘人不諳軍旅之事，驕傲的哥德人把這個稱呼當成藐視之辭，竟然要與充滿優伶、啞劇和海盜的民族，相互爭奪意大利王國[4]，真是感到自貶身價。亞細亞的風土習性殊少與歐羅巴相似，人口眾多的國家因為奢侈的生活、專制的政體和迷信的風氣，喪失戰鬥精神應有的活力，東方的僧侶無論維持的費用和人員的數量，都超過軍隊的士兵。帝國的正規部隊一度到達六十四萬五千人，查士丁尼時代減少到十五萬人，看起來還是很龐大，等到分散到陸地和海洋，像是西班牙和意大利、阿非利加和埃及，多瑙河的兩岸、裏海沿岸以及波斯的邊界，兵力顯得非常單薄。市民的資財已經耗盡，士兵還是沒有薪餉可發，只能拿掠奪和怠惰當成特權來撫慰他們的貧苦，產生有害的後果也在所不計。皇帝的代理人沒有勇氣也毋須冒險，就可以篡奪戰爭的酬勞。他們拖欠士兵的薪餉，對應付的金額還玩弄手段加以扣押或攔截。公眾或私人處於不幸狀況時徵召軍隊，但在進入戰場面對敵軍時，兵力仍然不足。民族精神欠缺，代之以蠻族傭兵不穩的軍心及混亂的紀律。德性與自由早已喪失，殘存的軍人榮譽也幾乎滅絕。將領的人數比起前代增加很多，致力於阻止同僚的成功，或是打擊對手的名譽。同時他們從經驗獲得教訓，要是功勳激起皇帝的嫉妒，過失甚或罪行

(續)————————————————

　　Junius Juvenalis，一世紀羅馬的諷刺詩人)那樣，對於命運的無常和願望的落空，寫出令人深受感動的諷刺詩。

4　樸洛柯庇斯把最後一個形容詞翻譯成「海盜」，實在是過譽之辭。他們只能算是海上的小偷，剝取衣服以傷害或羞辱別人而已。

應該會獲得皇帝的縱容和感激。

在這樣一個時代，貝利薩流斯和以後的納爾西斯能夠贏得勝利，發射出燦爛無比的光輝，但是他們的四周卻被羞辱和災禍的陰影所籠罩。查士丁尼的部將正在征服哥德人和汪達爾人的王國，生性怯懦而又野心勃勃的皇帝[5]為使蠻族的部隊能夠勢均力敵，用奉承和欺騙煽起互不信任的心態，他的退讓和慷慨招惹一再的傷害[6]。就在迦太基、羅馬和拉芬納的城鑰交到征服者手中時，安提阿被波斯人摧毀，查士丁尼龜縮在君士坦丁堡，不敢出兵。

狄奧多里克和他的女兒過去忠誠守備上多瑙河這條天塹，即使貝利薩流斯獲得哥德戰爭的勝利，對大局反而有害，原因是他們最迫離開了上多瑙河。哥德人撤走潘農尼亞和諾利孔的兵力來防衛意大利，留下一片和平而富裕的地區。羅馬皇帝認為已經納入版圖，實際的所有權放棄給大膽而又最先前來的侵略者。多瑙河對岸的上匈牙利平原和外斯拉夫山地，自從阿提拉過世以後，為吉皮迪部族所有。他們尊敬哥德人的武力，藐視的不是羅馬人的黃金，而是羅馬人每年贈予津貼和補助背後的動機。沿著河流的工事堡壘，防備部隊已經抽調一空，立即被蠻族所占領。他們的旌旗樹立在色米姆和貝爾格勒的城牆上，致歉的詞句帶著嘲諷的語調，侮辱皇帝的尊嚴，令人無法忍受：

> 啊！凱撒，你在和平與戰爭中不斷的奮鬥，所以才有這麼廣闊的疆域和為數眾多的城市，有些地區對你毫無用處，總可以放手不理。吉皮迪人是勇敢而忠誠的盟友，要是他們期待你的禮物，一定是對你的恩典有無比的信心。

5　阿果西阿斯認為查士丁尼到了老年，才成為個性軟弱的皇帝，帝國也跟著沒落。但是，唉！查士丁尼從來沒有年輕過。

6　樸洛柯庇斯將這個有害的政策歸之於皇帝，從他寫給錫西厄君主的信，已經表示得很清楚。

　　查士丁尼對這種僭越傲慢的態度只有充耳不聞，決定採取另外的報復方式。他從來沒有堅持自己的主權用來保護臣民，反而邀請一個外來的部族，入侵多瑙河和阿爾卑斯山之間，占領這個區域的羅馬行省，於是倫巴底人[7]日益高漲的勢力和名聲，阻止吉皮迪人向外發展的野心。

　　倫巴底人這個以訛傳訛的稱呼，是商人和銀行家在十三世紀才傳播開來，他們是野蠻武士的意大利後裔。最原始的名稱是朗哥巴德人（Langobards），表示族人的鬍鬚長得濃密，式樣優美。我沒有意願要查詢或證實他們是否淵源於斯堪地那維亞人[8]，或者追循他們遷移到倫巴底以前，所經過未知的地區或經歷不尋常的冒險事跡。大約在奧古斯都或圖拉真的時代，從古代的黑暗環境看到一線歷史的曙光，首次知道他們出現在易北河與奧德河之間，兇狠的程度遠超過日耳曼人。他們樂於傳播令人信以為真的恐懼，說是他們的頭從外形上看起來像狗一樣，在戰場上殺死敵人然後痛飲鮮血。他們人數雖少，靠收養最勇敢的奴隸來增加丁口，然而在勢力強大的鄰人環繞之下，只有用武器保護高傲的自主精神。北國的風暴摧毀不知多少家族和部落，只有倫巴底這艘小帆船還漂浮在水面，他們逐漸順流而下，向著南方和多瑙河前進。過了四百年以後，古代的英勇和名聲又再度出現在世人面前。他們的行為習性還是一樣的兇狠殘暴，有一椿殺害皇家貴賓的事件，是奉國王女兒的命令，當著她的面執行，因為她聽到侮辱的話而被激怒，看到貴賓的身材矮小認為毫不足懼。被害人的兄長是赫魯利國王，就把一筆貢金當成血錢，強加在倫巴底人身上。不幸和災難才會使人恢復溫和與公正的天性，這時赫魯利人居住在波蘭的南部各

7　學識淵博的地理學家都認為倫巴底人居於易北河的對岸，在馬德堡（Magdeburgh）的主教轄區之內，位於前往布蘭登堡的半途。赫茲堡（Hertzeberg）伯爵基於愛國心也同意，很多蠻族征服者從這塊國土崛起，就是現在還以普魯士的軍隊知名於世。

8　武尼弗瑞德（Warnefrid）是一位輔祭，他提到哥德人和倫巴底人的先世是斯堪地那維亞人，克祿維流斯是土生土長的普魯士人，對這個看法極力表示反對，但是曾任瑞典大使的格羅秀斯加以辯護。

省[9]，進行無禮的征討，反而自取其辱，遭到重大的挫敗，整個民族被打得四分五裂。

倫巴底人的勝利有資格獲得皇帝的友誼，他們在查士丁尼的請求下渡過多瑙河，根據雙方簽訂的條約，倫巴底人攻奪諾利孔的市鎮和潘農尼亞的城堡。劫掠的習性誘使他們越過寬廣的國境，沿著亞得里亞海的海岸流竄，最遠抵達狄瑞奇恩一帶，竟然對羅馬盟友的城鎮和家園，用同樣殘暴的方式如法炮製，那些原先逃脫魔掌的俘虜再度被他們抓走。但是倫巴底人否認有這些敵對的行為，皇帝也不願追究，就是有些發起突擊的軍事行動，也用無傷大雅的冒險作為藉口。倫巴底人運用武力的狀況愈來愈嚴重，引起三十年不斷的衝突，直到吉皮迪人完全絕滅才停止。敵對的民族經常在君士坦丁堡的君王面前為自己的理由提出爭辯，手段狡詐的查士丁尼會宣布偏袒而且曖昧的判決，他對蠻族幾乎是同樣的憎惡，就用緩慢而無效的援助，盡量玩弄技巧來延長雙方的戰爭。他們的勢力還是難以制服，尤其是倫巴底人把幾萬士兵送到戰場以後，仍舊自認是弱勢的一方，要求羅馬人的保護。他們有大無畏的精神，然而勇氣並不可靠，兩支軍隊突然遭到驚慌的打擊，相互逃離戰場，敵對的國王帶著他們的侍衛，留在空無人煙的平原。獲得短暫的停戰以後，雙方之間的憎恨又激起敵對的情緒，回想以往羞辱的情景，使得接著而來的戰鬥更為激烈和殘酷。一場決定性的會戰有四萬蠻族陣亡，吉皮迪人的勢力完全絕滅，查士丁尼開始轉移畏懼和期盼的方向，倫巴底人年輕的君主阿波因(Alboin)開始展現個人的風格和氣勢，成為意大利未來的征服者。

二、斯拉夫人和保加利加人的入侵行動(527-565A.D.)

狂野的民族在俄羅斯、立陶宛和波蘭這片大平原上遷徙，過著居無定

9　戴柯紐斯(Diaconius)敘述兩件事實，用來表示赫魯利人的生活方式：(1)徵兵登記；(2)種植亞麻，跟個人的財產、商業、農業和手工業都發生連帶的關係。

所的漂泊生活，查士丁尼在位時，全部併成兩個主要的族系，就是保加利
亞人[10]和斯拉夫人。按照希臘史家的說法，前者靠近黑海和米奧提斯海，
他們的姓氏或血統來自匈奴人，生活方式與韃靼人完全類似，非常簡陋，
為世人所周知，可以無庸贅述。他們是大膽剽悍而且射技高明的弓箭手，
每人都有成群不知疲累的馬匹，渴飲馬奶，等到盛大的宴會就食用馬肉，
養育的成群牛羊在後面追隨前進，或在前引導，有時順著留下的蹄跡，可
以找到逐水草而居的營地。無論是多麼遙遠的國家或是無法通行的地區，
都阻止不住他們的入侵行動。雖然他們對敵人無所畏懼，但一般都會規避
接戰迅速脫逃。保加利亞人分為兩個強大而又敵對的部落，相互之間發展
成兄弟鬩牆的仇恨。皇帝給予的友誼或禮物都會引起激烈的爭執，使臣只
能從不識字的君主嘴裡接受口頭指示[11]。根據他的轉述，這兩個部落之間
主要的區別，一派是忠誠的狗而另一派是貪婪的狼。不管哪一類的保加利
亞人都被羅馬人的財富所吸引，他們用斯拉夫人的名義擁有含混的主權，
快速的行軍被波羅的海所阻止，還有北部極端的寒冷和貧窮，使他們停頓
不前。

斯拉夫人還有一些種族，看來不論在任何時代，都在同一塊國土上維
持所有權，他們有無數的部落，不論相互的距離多麼遙遠，或是態度如何
的對立，都使用同一種語言(非常刺耳而且毫無規律可言)。一般認為他們
的外形很相像，膚色沒有韃靼人那樣黝黑，還不到日耳曼人白皙的程度，
就是身材也沒有那樣的高大。四千六百個村莊[12]散布在俄羅斯和波蘭的行
省，整個地區缺乏石材和鋼鐵，他們的木屋用整根的樹幹很粗糙的築成，

10 我採用保加利亞人這個稱呼，是來自英諾狄斯、喬南德斯、狄奧菲尼斯以及卡西
多流斯和馬西利努斯的編年史。要是稱他們是匈奴人實在太過於含糊籠統，說成
卡托古里亞人(Cutturgurians)或烏托古里亞人(Utturgurians)的部族，分得太細而且
聽起來很刺耳。
11 根據樸洛柯庇斯的記載，君主的口頭傳話被當成書信，表現出原始的風格和各種
比喻。
12 米蘭圖書館發現一份550年的手稿殘本，上面有張表列出村莊的數目。那個時代的
地理知識非常有限，對於布瓦伯爵的耐心是很大的考驗。這位法國大臣需要薩克
遜人或是波蘭人擔任嚮導，否則就會在荒野中迷失。

建造或隱匿在森林的深處、河流的兩岸或沼澤的邊緣。我們沒有必要說好
聽話，才不拿他們的住處來跟水獺比較。事實上他們的住處和水獺的窠穴
類似，都有兩個出口，分別通到地面和水裡，以供野蠻居民逃脫之用，但
水獺這種奇特的四足獸無論是潔淨的愛好、工作的勤奮和群居的習性，都
是斯拉夫人所無法比擬。肥沃的土壤供應斯拉夫人豐碩的農產，倒不是說
當地的土著會賣力耕作。他們的綿羊和長著彎角的牛隻體型壯碩，而且數
量極多。他們的田地種植著粟米和高粱[13]，是一種粗劣而且營養價值很低
的食物，在他們而言就像我們的麵包一樣成為主食。鄰國不斷掠奪，迫得
他們要把財寶埋在地下，但是他們對於外來的陌生人，大家一致謹守古老
的習慣，表現出樸實、堅忍和好客的德性。他們把威力強大的雷神當成最
高的主宰來頂禮膜拜，位階較低的神祇是河神和山林女神，普通的崇拜儀
式是向神許願和奉獻犧牲。

　　斯拉夫人拒絕服從權威人物，不論是暴君、國王甚至是官吏。他們受
到閱歷和經驗的限制，加上情感和習性非常固執，無法就公正的法律或全
面的防衛，構成適合整個民族的體系。一般而言，年齡和勇氣可以獲得發
自內心的尊敬，但每個部落或村莊都像分離的共和國，所有公共事務的推
動要靠說服而不是強迫。他們的戰鬥像步兵，除了一面笨重的盾牌，全身
赤裸沒有任何可用來護體的甲冑，所用的攻擊武器是一張弓和一筒浸過毒
液的短箭，以及一根很長的繩索，作成活套很技巧的投擲出去捕捉敵人。
斯拉夫人編成的步兵部隊，在戰場上面靠著行軍的速度、機警的動作和堅
忍的毅力，是非常危險的敵手。他們能游泳和潛水，可以靠著中空的蘆葦
呼吸空氣躲在水底，所以在有河流或湖泊的地方，通常會遭到他們不意的
伏擊。但是這些只能算是探子或斥侯的伎倆，斯拉夫人不知道兵法戰術，
他們的名聲在歷史上沒沒無聞，進行的征戰行動並不榮譽[14]。

13　薩瑪提亞人把粟米煮成粥，再加進去馬乳或是馬血供人食用。現代農夫比較富
　　裕，粟米用來餵家禽而不是拿來養活戰士。

14　斯拉夫人的姓氏和家族、生活方式和風俗習慣，可以參閱最早的資料，出現在六
　　世紀樸洛柯庇斯和莫理斯皇帝的著作之中。就我所了解，莫理斯的《戰略學》是

　　我已經概括提到斯拉夫人和保加利亞人的一般狀況，並不打算確定雙方之間的界線，就是保加利亞人本身也不一定很清楚，事實上他們認為沒有必要。事實上他們的重要性在於與帝國相鄰有多近而定。摩達維亞(Moldavia)和瓦拉幾亞(Wallachia)這片平坦的國土為安特人(Antes)據有，這是斯拉夫人的一個部落，可以讓查士丁尼出兵討伐，獲得征服者的頭銜，滿足誇耀的心理[15]。他為了對付安特人，在下多瑙河修建防衛工事，花很大力氣跟一個民族保持同盟關係。這個民族居住在北部洪水氾濫地區，大約有兩百哩寬，位於外斯拉夫尼亞山區和黑海之間，有直通的水道可以連絡。但是安特人沒有能力和意願去遏阻暴怒的狂流，來自一百個部落的斯拉夫人帶著輕型裝備，用同樣的步速，跟隨在保加利亞人馬隊的後面前進。只要付給每名士兵一個金幣，就能收買到安全而輕易的撤離，讓他們通過上多瑙河地區吉皮迪人所控制的通道。蠻族所抱持的希望或恐懼、他們之間內部的聯合或爭執、偶然出現結凍或變淺的溪流、他們對作物或葡萄的期盼、羅馬人的興旺或是災禍，這些原因都使他們重複著每年的寇邊和侵襲行動[16]。全面的敘述實在太過冗長，所有的事件無非都是破壞。

　　拉芬納開城投降的那一年，甚至就是同一個月，匈奴人或保加利亞人的入侵非常嚴重，產生可怕的災難，使以前的襲擾難免相形見絀。他們整個流竄開來，從君士坦丁堡的郊區直到愛奧尼亞灣，摧毀三十二個市鎮或城堡。波提狄亞(Potidaea)被夷為平地，這個城市是雅典人建造，曾經受到菲利浦的圍攻。然後他們回師渡過多瑙河，馬後拖曳十二萬查士丁尼的臣民。在接踵而來的大舉進犯行動，他們突入色雷斯·克森尼蘇斯的邊牆，絕滅人煙稠密的地區和民眾，大膽的蠻族竟敢越過海倫斯坡海峽，載

(續)
　　　1664年在烏薩爾(Upsal)出版，編輯霞飛(Scheffer)放在阿里安的《戰術學》後面。對我而言，這本書很難看得懂，這倒是少見的事。
15　在查士丁尼的文書和碑銘上，官方的稱呼是安提庫斯人(Anticus)，他的繼承人也採用，虔誠的路德維希證實所言不虛，給中世紀的民眾帶來很大的困擾。
16　樸洛柯庇斯認為匈奴人的入侵與531年發現彗星有關，阿果西阿斯從前輩那裡引用早年發生的事實。

運亞細亞的戰利品再回到同伴的身邊。另外一批蠻族不把羅馬人放在眼裡，從色摩匹雷隘道穿過科林斯地峽，沒有遇到抵抗，如入無人之境。希臘人遭受蹂躪已是習見之事，類似的破壞行動在史書上引不起注意。皇帝修建很多工程用來保護帝國的安全，臣民現在遭到無謂的犧牲，被忽略的部分只能暴露出既有的弱點。有人用諂媚的言辭稱讚那些城牆，說是無法攻破的金湯，等到守備部隊放棄或是蠻族大膽攀登，全部不堪一擊。三千斯拉夫人狂妄到竟然分為兩支隊伍，查士丁尼自命不凡的統治真是處處衰弱，令人感到可悲。他們渡過多瑙河和赫布魯斯(Hebrus)河，擊敗那些竟敢阻止他們進軍的羅馬將領，毫無忌憚的搶劫伊里利孔和色雷斯的城鎮。但是這兩個地區的戰備狀況和兵力數量，遠超過進犯的蠻族，所以守軍在心理上產生輕視敵人的現象。

斯拉夫人無所畏懼的精神值得讚許，但是帶著惡意和精心規劃的殘酷行為受到控訴，因而玷污名聲，說他們根本不考慮俘虜的地位、年齡和性別，就施以令人髮指的刺刑或者活生生將犯人的皮剝去，或者用四根木樁將手足綁緊，再用木棍將人擊斃。再不然將人關在很大的建築物裡，與戰利品和牛隻一起葬身在火焰之中，這些都是戰勝的蠻族無法帶走，或者妨害行軍的東西[17]。公正的敘述是對令人毛骨悚然的行為不要刻意渲染，或許發生前述的狀況也不會太多，殘酷的報復法條有時也可以成為藉口。托披魯斯(Topirus)[18]圍城之戰，負嵎頑抗的守備激怒斯拉夫人，他們殺死一萬五千名男丁，但是饒恕婦女和兒童。最有價值的俘虜通常會保留下來，提供各種勞務或是支付贖金，奴役的生活和管理不會很嚴苛，期限也不會太長，釋放很快而且條件很寬大。但查士丁尼的臣民或史官激於氣憤，發出義正辭嚴的指責。樸洛柯庇斯非常肯定的表示，在三十二年的統治期間，蠻族的入侵每年要使羅馬帝國喪失二十萬居民。土耳其的歐洲部分幾

17　樸洛柯庇斯提到斯拉夫人的殘酷行為，加以渲染誇大。同樣可以參考莫理斯皇帝的記載，說他們對於犯人溫和而且寬大，這是比較晚期的事。

18　托披魯斯位於色雷斯或馬其頓，面對薩索斯(Thasos)島，很靠近腓力比(Philippi)，離君士坦丁堡有十二天的行程。

乎等於查士丁尼的行省，要是依據樸洛柯庇斯的估計，三十年損失六百萬人，這個地區可能無法出現這樣大的數量[19]。

三、突厥人在中亞建國及向外擴張的狀況(545A.D.)

在這次狀況模糊的災難之中，歐洲感受一場變革而震驚不已，世界上首次出現突厥人(Turks)[*20]這個稱呼和民族。就像羅慕拉斯一樣，這個好戰民族的始祖被母狼所哺乳，後來有眾多的後裔子孫。突厥人的旗幟就用這種動物作為象徵，用來保存神話的記憶或是傳奇的觀念。無論是拉丁姆或是錫西厄的牧人，即使相互之間沒有任何交往，都會產生同樣的創見。距離裏海、北冰洋、中國和孟加拉灣都有兩千哩的地方，有一條極為顯著的山脈，是亞洲的中心和頂峰，不同的民族分別稱為伊繆斯(Imaus)山、卡夫(Caf)山[21]、阿爾泰(Altai)山、金色山脈或地球的腰帶，峰巒高峻的山區四周出產很多礦產。突厥人曾在鐵匠舖[22]裡幹活，為戰爭製造武器，是哲歐根(Geougen)可汗最受輕視的奴隸。他們之中崛起一位勇敢而且雄辯的領袖，終於能夠結束奴役生活，他說服同胞要把為主人製造的武器拿在自己的手裡，作為爭取自由和勝利的工具。他們從群山中衝殺出去[23]，一根權杖就是他的勸告所換來的報酬。在每年的慶祝祭典中，拿

---

19 要是按照《祕史》所提含有惡意的證據，這些入侵的行動使多瑙河以南的行省殘破有如錫西厄的荒野。

*20 [譯註]Turks可以譯成突厥人或土耳其人，由於中亞一帶草原民族的遷徙非常頻繁，他們的稱呼不僅會產生錯誤，而且更容易混淆不清。本書簡略的區分是伊斯蘭教建立之前將Turks譯為突厥人，以後譯為土耳其人。

21 原文是從卡夫山到卡夫山，合理的說法應該是從伊繆斯山到阿特拉斯山。依據伊斯蘭教的宗教宇宙觀，卡夫山的基礎是整塊翡翠，使天空反射成為青色。整個山脈的根部非常敏感，會產生振動，在神的指使之下變成地震。

22 西伯利亞的鐵礦蘊藏極為豐富，知名於世，俄羅斯人現在在南部開採六十幾個礦區。突厥人提供鋼鐵當作商品出售，然而羅馬使臣非常固執，認為他們根本不出產鋼鐵，所聽到的消息全部都是空穴來風的詭計。

23 根據蒙古人的傳說，他們在山中待了四百五十年，中國人記載匈奴人和突厥人的歷史，其中這段史實完全吻合。從這個時期到成吉思汗，已經過了二十代。

一塊鐵在火爐中加熱，鐵匠用的大鎚從君王的手裡傳遞給貴族，突厥民族在很多世代裡，都記錄這卑微的職業和合理的驕傲。

伯特杰納(Bertezena)是最早的領袖，在對抗鄰近部落不斷的戰鬥中，靠著族人的勇敢和他的能力贏得勝利。當他竟敢要求娶可汗的女兒時，這個奴隸或工匠的無理取鬧遭到拒絕，後來他與更為尊貴的中國公主結親，他的羞辱得到補償。一次決戰幾乎絕滅整個哲歐根民族，新的突厥帝國建立在韃靼地區，勢力更為強大。他們統治整個北方，公開承認遠方征戰的利益並沒有多大好處，仍舊忠誠依附著祖先的雄偉山脈，不願離開。皇家的營地所選的位置很少看不到阿爾泰山，額爾濟斯(Irtish)河從山間流下去灌溉卡爾木克人(Calmucks)[24]茂密的草原，養育著世界上體型最壯碩的牛羊，土地肥沃多產，氣候溫和怡人，這片樂土根本不知道有地震和瘟疫。皇帝的寶座轉向東方，黃金雕成的狼置放在長矛的頂端，好像在護衛著御帳的出口。中國的奢華和迷信使伯特杰納的繼承人受到誘惑，他要建築一個城市和廟宇的企圖，被蠻族長老純樸的智慧所擊敗。長老說道：

> 突厥人的數量還不到中國居民的百分之一，如果我們能和他們分庭抗禮，那是因為我們一直在移動，沒有定居的人口，如果我們能和他們勢均力敵，那是因為我們一直在作戰和出獵。要是我們強大？我們就進軍征服四方；要是我們弱小？我們就退卻藏匿不出。突厥人要是把自己限制在市鎮的城牆裡，一次會戰的失利就會摧毀整個帝國。僧人的教導是容忍、謙卑和看破世情，啊，皇上，這不是英雄人物應該相信的宗教。

他們接受瑣羅亞斯德的教義較為心甘情願，但是絕大部分族人還是遵守祖先的言行，沒有任何疑義。奉獻犧牲的榮耀保留給最高神祇，他們在

24　突厥人當年的國土，現在是卡爾木克人居住的地方，這在《韃靼譜系史》都有記載。法國翻譯家有詳盡的註釋，英文譯本第二卷增加內容，達到融會貫通的境界。

刺耳的讚美詩中，衷心信服風、火、水、地賜給他們的恩惠，祭司從占卜術獲得相當的利益。他們未寫成文字的法條非常嚴苛而公正：竊賊處以十倍的罰款；通姦、叛逆和謀殺處死刑；怯懦的罪行很少發現，但是絕不姑息，施加的懲罰極爲嚴厲。由於隸屬的民族都在突厥人的旗幟下面進軍，他們的騎兵不論人馬都號稱以百萬計，其中一支發揮作戰效能的軍隊有四十萬士兵。在不到五十年的時間裡，他們與羅馬人、波斯人和中國人全都發生和平與戰爭的關係。

在他們的北部邊界發現一些足跡，從形式和位置看來屬於堪察加人(Kamtchatka)*25，這是個游獵民族，用狗拖著雪橇，居處埋在地下。突厥人對天文學沒有概念，但是從博學的中國人獲得星象觀察的成果，一座八呎高的日規儀安裝在皇家營地，正好是北緯四十九度，同時記載他們最遠的進展，離開北極圈[26]只有三度，或者少於十度以內。他們向南征戰最光輝的成就是制服尼泰萊特人(Nepthalites)或白匈奴，這是個舉止高雅而又黷武好戰的民族，據有商業發達的城市布卡拉和撒馬爾罕。白匈奴曾經擊敗波斯國君，勝利的軍隊沿著印度河進軍，可能抵達河口地區。突厥人的騎兵部隊向西方的進展到達米奧提斯湖，他們在寒冬的結冰期渡過該湖。可汗居住在阿爾泰山山麓，下達命令圍攻博斯普魯斯[27]，這個城市自動歸順羅馬，統治的君王在古代是雅典人的盟友。突厥人向東進犯中國，通常是趁朝廷沒有能力應付時。我從那個時代的歷史得知，他們擊潰堅忍的敵軍，大肆屠戮，真所謂「殺人如刈草，戰慄不聞聲」。中國的官吏稱頌一位皇帝的智慧，他用黃金打製的長矛驅走蠻族。突厥國君有鑒於野蠻帝國有廣大的疆域，逼得要建立三個屬國，從自己的血胤中選派國王，但是他們很快忘記臣屬的地位和聽命的忠誠。奢華的生活使征服者日趨虛弱，除

---

*25 [譯註]堪察加人是古老的亞洲民族，通古斯族的一個分支，住在堪察加半島的南部，以漁獵維生。

26 事實雖然如此，但嚴格說接近北極圈的應該是一個更次級的部落，或是一個後來才出現的部族。

27 樸洛柯庇斯認定卡發和古老城市博斯普魯斯之間的距離，沒有超過十六個韃靼里格。

非是一個勤奮的民族，否則會帶來致命的後果。中國的政策是唆使被征服的民族恢復獨立自主，突厥人的勢力僅限於一段期間，大致有兩百年左右。突厥人的名聲和主權在亞洲南部地區重新恢復，是後來年代的事。那些繼承原有領域的朝代，他們的歷史與羅馬帝國的衰亡沒有關連，慢慢歸於平靜而被人遺忘。

四、阿瓦爾人與帝國的結盟及突厥人的跟進(558-582A.D.)

　　突厥人的征戰過程極其快速，他們在提爾(Til)河的兩岸地區，攻擊並制服一個名叫奧哥爾(Ogors)的民族，這個民族也稱為萬卓奈特人(Varchonites)，因為深黑的河水和幽暗的森林而得名[28]。奧哥爾的可汗及三十萬臣民慘遭殺戮，遺留的屍體散布在四天行程的廣大地域之內，倖存的族人承認突厥人的權威和仁慈，還有一小部分的武士大約有兩萬人，情願亡命異鄉也不要過奴役的生活。他們沿著窩瓦河這條已知的路線前進，很高興當地的民族誤認他們是阿瓦爾人(Avars)[*29]，然後靠著這個著名的稱號，將錯就錯用恐怖的手段擴大聲勢。不過，即使是阿瓦爾人本身，還是沒有力量脫離突厥人的高壓控制[30]。經過很長一段時間的發展，他們的前進獲得連續勝利，這群新出現的阿爾瓦人抵達高加索山脈的山麓，這裡是阿拉尼人(Alani)[31]和色卡西亞人(Circassians)的鄉土。阿瓦爾人首次聽到羅馬帝國的壯麗和衰弱，卑辭請求他們的盟友阿拉尼國君，能夠引導他

28　要是按照迪基尼的地理學，提爾河或土拉(Tula)河雖然受到牧民的感激，但只是沙漠中一條小溪流，注入窩洪(Orhon)河或塞林加(Selinga)河。可以參閱貝爾的著作《從彼得堡到北京的旅程》，然而他的敘述是契特(Keat)河，順流而下航向鄂畢(Oby)河，就把這條支流稱為黑水河。

*29　[譯註]阿瓦爾人就是中國歷史上的柔然人，是東胡的一支，屬於拓跋部，魏晉南北朝居於漠北地區。

30　就是在迪基尼的眼裡，也沒有看到狄奧菲拉克特所謂的真正阿瓦爾人，還有誰比假的阿瓦爾人更聞名於世？流亡的奧哥爾人有權獲得這種稱呼，突厥人也承認。

31　《韃靼譜系史》和丹維爾的地圖都找得到阿拉尼人，他們抗拒成吉思汗的將領沿著裏海的進軍，結果在一場大戰中全軍覆沒。

們走向富裕的坦途。他們派出的使者獲得拉齊卡(Lazica)總督的同意，經過黑海被送到君士坦丁堡(558A.D.)。整個城市的人民蜂擁而出，帶著好奇而又恐懼的神色觀看陌生的來客。他們的長髮用絲帶綁得很整齊，編成辮子垂在背部，但其餘的衣著像是模仿匈奴人的樣式。得到允許覲見查士丁尼時，首位使者康迪什(Candish)對羅馬皇帝發表以下的談話：

> 啊！偉大的君主，你可以看到，你的面前是勢力強大和人口眾多的民族派出的代表，阿瓦爾人不僅威名遠播，而且所向無敵。我們願意獻身為你服務，現在要是有誰膽敢擾亂你的安寧，對這些仇敵我們都有能力擊敗和殲滅。我們期望聯盟能付出代價，英勇能獲得報酬，那就是貴重的禮品、每年的賞賜和大量的財物。

使者來朝時查士丁尼已統治了三十多年，到達七十五歲的高齡，身心都已衰弱而困怠。這位阿非利加和意大利的征服者，對人民的長久利益漠不關心，只要能頤養天年，屈辱的和平亦在所不惜。在一篇精心撰寫的咨文中，他把決定告訴元老院，一方面要掩飾羞辱的行為，再則要獲得阿瓦爾人的友誼。元老院也像中國的官吏一樣，對君王的過人睿智和先見之明讚譽不已。奢華的器具立即準備妥當，用來蠱惑蠻族，像是絲質的衣物、柔軟而又華麗的臥榻、嵌金的手鍊和項圈。使者在離開君士坦丁堡時，對於殷勤的接待感到極為滿意。華倫丁(Valentin)是皇帝的侍衛，負有同樣的使命，前往阿瓦爾人位於高加索山麓的營地。他們的毀滅與獲勝同樣對帝國產生有利的後果，於是華倫丁說服他們侵略那些與羅馬為敵的國家。受到禮物和承諾的引誘，他們樂意採取適合征服天性的行動。這些在突厥大軍前面逃走的流亡人員，渡過塔內斯(Tanais)河與波里昔尼斯(Borysthenes)河，大膽進入波蘭和日耳曼的腹地，違背民族之間共同遵守的法律，縱情濫用勝利者的權利。

十年的時光轉瞬而過，他們的營地已經安置在易北河與多瑙河，很多保加利亞人和斯拉夫人的姓氏已經在地球上消失，有些剩餘的部落在阿瓦

爾人的旗幟下出現，成為他們的屬國和諸侯。阿瓦爾人的國王有個特別的
頭銜叫做「台吉」，表面上仍舊要增進與皇帝的友誼。查士丁尼一直在打
如意算盤，想把他們安頓在潘農尼亞，用來抵制倫巴底人所獲得的優勢。
一名阿瓦爾人的行為不知算是美德或背叛，他透露了同胞帶有惡意和野心
的祕密計畫，使得君士坦丁堡中止原來講好的條件，拘留他們的使臣，拒
絕讓他們在帝國的都城購買武器。對於這個怯懦又猜疑的計謀，阿瓦爾人
大聲抱怨。

　　皇帝的處理方式有所改變，可能是接受阿瓦爾人的征服者派出的使臣
所致[32]。遙遠距離的隔開可以免於兵戎相見，仍舊無法消除彼此的仇恨。
突厥人的使臣追蹤阿瓦爾人的足跡，從賈克(Jaik)河、窩瓦河、高加索
山、黑海到君士坦丁堡，最後終於出現在君士坦丁繼承人的面前，請求皇
帝不要支持叛徒和流亡者的復國大業。貿易在這場極不尋常的協商中發揮
作用，粟特人現在是突厥人的屬國，他們掌握最好的機會，要從裏海的北
面開闢新的商隊路線，把中國的絲綢運進羅馬帝國。波斯人一心要保護錫
蘭的海上航運路線，在布卡拉和撒馬爾罕阻止駱駝商隊，將沒收的絲織品
輕蔑的燒成灰燼，有些突厥的使臣懷疑是在波斯被毒死。大可汗允許忠誠
的諸侯也就是粟特的國君馬尼阿克(Maniach)，在拜占庭宮廷提出同盟條
約對付共同的敵人。他們穿著鮮明的衣服，帶來貴重的禮物，這些都是東
方奢侈生活的成果，使得馬尼阿克和他的僚屬，與北方粗魯的蠻族有很大
的區別。他們運用錫西厄人的形式和語言所寫的書信，等於宣布這個民族
已經到達科學的入門階段[33]。他們列舉征服的行動，提供突厥人的友誼和
軍事協助，為了表示誠信無欺，要用他們自己和國君的性命，也就是迪薩

32　狄奧菲尼斯和歷史學家米斯西拉，好像曾經與查士丁尼談到一位突厥的使臣，這
　　件事迪基尼也很清楚。但是要説提到的是馬尼阿克，一定是首位抵達君士坦丁堡
　　的使臣，應該是查士丁尼的繼承人賈士丁二世在位第四年。

33　俄羅斯人在葉尼塞(Yenisei)河與額爾濟斯河地區看到很原始的象形文字，一般都
　　出現在獎章、墳墓、神像、岩石和尖碑上面。海德(Hyde)博士認出其中兩個字
　　母，很像藏文或者是伊果爾人(Eygours)使用的文字。我一直感到懷疑，所有錫西
　　厄人以及部分印度人有關科學的知識，是否來自巴克特里納的希臘人。

布爾(Disabul)的名字發出可怕的詛咒(如果他們欺騙和僞證,會遭到這樣的懲罰)。

　　希臘的君王用殷勤和友善的態度,接待距離遙遠而又勢力強大的王國所派遣的使臣,粟特人在看到絲蠶和織機以後感到失望。皇帝公開否認與逃亡的阿瓦爾人有關係,或是故作姿態否認,但是他接受突厥人提出的同盟,批准的條約由羅馬的大臣帶到阿爾泰山山麓。查士丁尼的繼承人接位以後,經常的拜訪和善意的交往更增強兩個民族之間的友情。可汗允許那些最得歡心的諸侯可以比照辦理,竟然有一百零六名突厥人因不同的狀況,在同個時候離開自己的國家去訪問君士坦丁堡。從拜占庭宮廷到阿爾泰山的旅行,沒有明確記載路程和需要的時間。穿越韃靼地區不知名的沙漠以及高山、河流和沼澤,經過的路途一定很難辨識清楚。現在保存一份有趣的文件,記錄羅馬使臣在皇家營地受到款待的情形。他們經過生火與薰香的淨化儀式之後,被引導前往覲見迪薩布爾,這儀式一直到成吉思汗的兒子在位時仍存在。他們在黃金山脈的山谷裡,見到可汗坐在御帳裡裝著輪子的寶座上,依狀況需要可以隨時用馬拖著行動。使臣首先呈送禮物,由相關的官員一一接下,再高聲誦讀華麗雅典的賀詞,表達羅馬皇帝的心意,祝福突厥人的軍隊旗開得勝,可汗的統治興旺長遠,地球上兩個最強大的國家保持密切的同盟關係,雙方開誠布公精誠合作,絕對不會產生猜忌和欺騙。迪薩布爾的答詞同樣表示出誠摯的友情,在延續整天的盛大宴會中,使臣的座位安排在他的旁邊。御帳的四周懸掛著絲質帷幕,餐桌上有一種韃靼人的飲料,像酒一樣多喝就會醉倒。次日的款待更爲隆重舖張,在第二座御帳裡的絲質帷幕,上面繡著各種精美的圖像,皇家的座位、酒杯和器具都是用黃金打造。第三座是龐大的天幕,支持的木柱全部裝飾得金碧輝煌,一個純金製作的床榻用四個金孔雀頂起來,御帳的通道前面有銀製的擺設和雕像,很多大車上堆放各種令人讚賞的藝術品,能夠顯示出他們作戰的英勇而不是工作的勤奮。

　　迪薩布爾率領軍隊到達波斯的邊界,羅馬盟友隨著突厥人的營地行軍很多天。他們在告辭回國時,比起波斯國王的特使受到更爲優厚的待遇,

對手藉酒裝瘋大聲喧鬧，擾亂皇家宴會的莊嚴和安寧。波斯人的國境在東西兩面，分別與突厥人和羅馬人相鄰，國王克司洛伊斯的權勢和野心，加強這兩個國家的聯盟。但相隔遙遠的國家不關心相互利益，也就會忘記條約和誓言所規定的義務。迪薩布爾的繼承人在父王的葬禮上，接受羅馬皇帝提比流斯二世(Tiberius II)派遣的使臣前來向他致敬，使臣依據同盟的關係提出入侵波斯的要求。傲慢的蠻族表示出極為氣憤的態度，對使臣疾言厲色大加指責。可汗指著自己的嘴巴說道：

> 你可以看到我的十根手指，就像你們羅馬人有這麼多根舌頭一樣，所說全部都是謊言和偽證。你們對我講話是一種語氣，對我的臣民又是另外一套，用滔滔不絕的強辯來欺騙我們整個民族，要讓盟友很倉卒的投身到戰爭和危險之中，自己在一邊坐享其成，到時候忘記恩主對你的情義。你們趕快回去告訴你的主子，讓他知道突厥人不會說謊也不原諒謊言，他犯了過錯，很快會面對所應得的懲罰。就在他用奉承和空洞的說辭向我懇求友誼的時候，竟然與我的叛徒萬卓奈特人聯合起來。要是我親率大軍來征討為人所藐視的奴隸，他們會在我揮鞭的嘯聲中戰慄，不過是千軍萬馬的騎兵踐踏下的螻蟻而已。我不是不知道前進的道路，可以帶領大軍入侵你們的帝國；我也不會拿不實的藉口作擋箭牌，說高加索山成為難以攻陷羅馬人的屏障。我知道轟斯特(Dniester)河、多瑙河和赫布魯斯河的進軍通道。突厥的武力已經降服所有最好戰的民族，全世界從日升到日落之地全是我繼承的遺產。

雖然曾經有過這些威脅的論調，但相互的利益使羅馬人和突厥人很快恢復同盟的關係。可汗的驕傲較之憤怒產生更大的作用，當他宣布對盟友莫理斯(Maurice)皇帝發起重大的侵犯行動時，他稱自己是七個種族的君王，世界七個地域的領主。

五、波斯的現況及克司洛伊斯的文治武功(500-579A.D.)

亞洲的國君為了獲得「萬王之王」的頭銜，經常發生激烈的衝突和鬥爭，從目前對抗的情勢看來，證明這個稱號還沒有落在哪位競爭者的頭上。突厥人的王國在南面以阿姆河或稱基訓(Gihon)河為界，圖朗(Touran)與敵對的伊朗也就是波斯王國，被這條大河所分隔開來。波斯這塊面積有限的範圍，竟能包容規模如此龐大的權力和人口。波斯人不斷輪番侵入突厥人和羅馬人的領土，或是驅退他們的進犯。現在還在統治的薩珊(Sassan)王朝，早在查士丁尼即位前三百年就已據有寶座，跟他同時代的國王卡貝德斯又稱柯巴德，在對抗阿納斯塔休斯皇帝的戰爭中獲得勝利，但是他的統治因為內政和宗教問題產生很多困擾。他成為臣民手裡的囚犯，被國內的敵人所放逐，靠著妻子出賣貞操使他恢復自由。蠻族傭兵的幫助雖然會帶來危險，但是靠著他們殺死自己的父親以後，總算讓他重新獲得王國。貴族懷疑柯巴德不會忘記被放逐的往事，甚至也不會原諒協助他復國的人士。人民被馬茲達克(Mazdak)的宗教狂熱所迷惑和煽動，他的主張是共有女性[34]和人人平等，將侵占所得的良田與美女分享追隨的徒眾。

根據柯巴德所制定的法律和上行下效的行為，使得社會的秩序大亂[35]，波斯國王飽嘗衰亡時代所帶來的苦果。這時他感到極為擔憂的事，就是想要改變繼承的自然和習慣法則，把王位傳給最喜愛的第三個兒子，在歷史上名聲響亮的克司洛伊斯或稱諾息萬。為了使這個青年在各國眼中顯得地位更加顯赫，柯巴德期望賈士丁皇帝能夠收養諾息萬，拜占庭宮廷一心謀求兩國之間的和平，也想接受這個建議。克司洛伊斯也可能從羅馬養父獲得繼承權。但是這種做法會在未來產生禍害，財務大臣樸洛克盧斯提出建

---

34 有關婦女共有這條新的法律，名氣之響亮很快傳遍敘利亞和希臘。
35 柯巴德將自己的妻子和妹妹奉獻給先知馬茲達克，但是諾息萬的祈禱救了母親。
　　這位氣憤的君主從未忘記所受的傷害，但是為了盡孝道，也只有無可奈何。

議，情勢很快發生轉變。拜占庭提出藉口說，收養的程序無論採用民事或軍事的儀式[36]都有困難。雙方簽訂的條約突然失效。克司洛伊斯這時正抵達底格里斯河，向著君士坦丁堡前進的途中，發生拒絕的事件使他深感羞辱和不滿。他的父親遭受失望的打擊以後並沒有活多久，逝世君王的遺囑在貴族的集會中宣讀，一個強有力的黨派在事先完成準備，根本不考慮繼承的年齡優先順序，擁護克司洛伊斯登上波斯的王座。他的統治長達四十八年之久[37]，是人民幸福安樂的盛世，諾息萬公平正直，千秋萬世爲東方民族讚不絕口。

　　然而國王的公平正直只有他本人及所有臣民了解，而且只是爲了充分滿足自己的情感和利益。克司洛伊斯是一位征服者，最大的德行是在考量和平與戰爭的時候，雖然受到野心的激勵，但是同樣會遵從審愼的制約。他將國家的偉大與幸福混淆在一起，爲個人的名聲或消遣而犧牲數以千計的性命。在處理家族有關的事務方面，我們認爲公正的諾息萬是個暴君。他的兩個兄長被剝奪登極稱帝的美好前途，未來的生活位於最高階級和普通臣民之間，自己會感到憂慮，也會讓主子飽受威脅。畏懼和報復會引誘他們成爲叛徒，然而謀逆的行爲只要有微不足道的證據，也會讓逼他們下台的人感到滿足。處死這些不幸的王孫及跟隨者，讓克司洛伊斯的安全獲得保障。一位久歷兵戎的將領基於同情心，竟然救下無辜年輕人的性命並且私下放走，這件善行被他的兒子洩露出去，然而他的功德勝過征服十二個民族，要他們聽從波斯的命令。米波德斯(Mebodes)工作熱誠，行事審愼，使克司洛伊斯能確保他的王座不受任何威脅，但是他對皇室的召喚暫

36　樸洛克盧斯的說法不是太過於聰明嗎？所謂的危險不是出於個人的想像嗎？這種藉口等於在侮辱一個民族，他們也運用文字，有各種規章制度。至於波斯是否採用某種收養的方式，這點我非常懷疑。

37　帕吉從樸洛克柯庇斯和阿果西阿斯的作品裡獲得資料，證明克司洛伊斯‧諾息萬登基是查士丁尼在位第五年(時間是公元531年4月1日到532年4月1日)，但是根據約翰‧馬拉拉校正過的年代記，與希臘和東方的年表完全符合。卡貝德斯或柯巴德在位的時間是四十三年零兩個月，531年9月8日生病，13日死亡，年齡是八十二歲。根據優提契烏斯的編年史，諾息萬在位四十七年零六個月，他的過世日期應該在579年3月的某一天。

時不予理會,一直到他完成軍事校閱的責任以後,立刻趕到皇宮大門前面安放鐵鼎的位置[38],凡解救或接近者一律處死。在他的判決宣布之前,柯巴德的兒子固執剛愎的傲氣和忘恩負義的作為,讓美波德斯多受了幾天的活罪。但是一般人民特別是東方的民眾,對於高層人士受到殘酷的迫害,不僅諒解甚至還讚揚君王。高官是野心的奴隸,讓任性多變的主子僅憑著一時的喜怒,可以決定他們的生死。

諾息萬也就是克司洛伊斯的確可以稱得上公平正直之名:他對所要奉行的法律,不會受到誘惑要去違背;他把罪行所以受到懲罰,視為人類幸福的無情侵犯和國王應有尊嚴的打擊。他的政府秉持穩定、嚴格和公正的要求,統治初期致力於廢除危害社會的「共產」原則,把馬茲達克的門徒所侵奪的土地和婦女,歸還給合法的所有人。他對宗教狂熱分子或藉機斂財的騙徒給予適當的懲處,是為了安定社會內部應盡的責任。他對於寵信的官員並沒有一味聽從,帝國有四個最重要的行省亞述(Assyria)、米地亞(Media)、波斯和巴克特里納(Bactriana),分別設置太守來管理。為了挑選各級法官、行政首長和重要幕僚,他盡力取消覲見時的繁文褥節,按照天賦才能而不是家世出身來用人。他經常用委婉的語氣提到他的意圖,偏愛關心窮人的官員,讓腐化從法院絕跡,就像祆教的祭司一樣,根本就不讓狗進入聖殿。阿塔澤克西茲(Artaxerxes)的法典重新頒布運用,成為官員推行政務的章程和準則。他用迅速的懲處來使他們保持操守,所派出的私下和公開的監察人員,對他們的一言一行都提出詳盡的報告。他經常從印度到阿拉伯邊界不斷巡視所有的行省,使得他一生的志業有益於國計民生,較之在天上的兄長要更勝一籌。

波斯國王始終把教育和農業視為最關緊要的兩個目標,波斯每一個城市,失去父母的孤兒和貧苦家庭的兒童,由公家出錢照顧他們的生活,使他們受到教育。女孩與同階層最富有的市民結婚,男孩根據他們的能力從事工匠的職業,或者拔擢到更榮譽的職位。他用獎勵和津貼來恢復遭到人

---

38 伊斯巴罕皇宮的大門是罷黜或處死官員的地點。

們遺棄的村莊，對於無力耕種田地的佃農和農人，他分發牛隻、種子和耕種的工具。稀少而寶貴的水源要盡量節省管制使用，運用各種方法供應給波斯乾旱的地區[39]。繁榮興旺的王國是他施行仁政的成果和證據，要說還有重大的過失，那是東方的專制政體使然。要是拿克司洛伊斯和查士丁尼這兩個長期競爭者作比較，無論功績和運道，還是蠻族這邊占有優勢。

　　頌揚諾息萬的公正也要稱譽他好學求知的名聲，七個希臘哲學家受到不實傳聞的欺騙，說是柏拉圖的門徒登上波斯的王座，答應前去拜訪他的宮廷。難道眞像他們期許的君王那樣，不但不辭辛勞孜孜從事戰爭和政府的工作，還能像他們那樣有淵博的學問，在雅典的學院熱烈討論深奧難解的問題來打發閒暇的時間？專制暴君從小接受教導，認爲他那至高無上和變動不居的意願，是義務和職責的唯一規範，而且合乎道德的要求，難道他們希望哲學的「教訓」，對他能夠指出生命的道路和控制個人的情緒[40]？克司洛伊斯的讀書求知過於炫耀而且內容膚淺，但是他那好學的精神對一個聰明的民族，會產生鼓舞和振奮的作用，使得科學的光芒普照整個波斯的國土[41]。在貢第・薩坡爾(Gondi Sapor)建立一所醫藥學校，此地靠近皇家城市蘇薩(Susa)，後來逐漸成爲教授詩學、哲學和修辭的文理學院。王國的編年史[42]著手纂修，較爲近代的史實詳盡而且可信，對於君主和人民能夠提供寶貴的經驗教訓；早期的矇昧時代只有東方的神話故事，充滿巨人、飛龍和傳奇的英雄人物[43]。每一個博學多才或自信的異鄉人，都會收

39　波斯有專門負責水利的官員，水井和地下渠道已經減少很多，肥沃的土壤也跟著減少。陶里斯(Tauris)山脈附近最近就失去四百個水井，柯拉珊(Khorasan)行省水井的數量一度達到四萬兩千個。

40　克司洛伊斯出生一千多年以前，波斯法官已提供正式的意見：那就是國王的行事可以隨心所欲，不受法律的限制。參閱希羅多德的《歷史》第三卷三十一節。

41　阿果西阿斯對於希臘文譯本、哲學家和詭辯家的看法、克司洛伊斯的學識或無知、波斯的文學狀況等提出很多資料，也展現出強烈的偏見。

42　《納米哈沙王傳》(Shah Nameh)或稱《國王之書》，或許是最早的歷史記錄，翻譯家色吉烏斯(Sergius)將它譯成希臘文，回教完成征服以後還繼續保存，公元994年波斯的民族詩人弗杜西(Ferdoussi)改寫爲韻文。

43　在第五世紀時，雷斯托姆(Restom)或稱洛斯塔姆(Rostam)在亞美尼亞是家喻戶曉的英雄人物，他的力氣抵得過十二頭大象。到了七世紀初葉，洛斯塔姆和伊斯芬

到大量的賞金而致富，國君在談話中也會對他的學識備加稱譽。他賜給一位希臘醫生[44]最高貴的報酬，是釋放三千名俘虜。詭辯家用盡心思在他面前爭寵，對於優瑞紐斯（Uranius）的財富和傲慢氣憤不已，大家都將他視為最成功的對手。

諾息萬相信或至少尊敬拜火教，在他統治的時代曾經發現有宗教迫害的跡象[45]。然而他自己倒是保持開放的心靈，比較各個教派的信條和教義，經常自己召開會議，主持神學方面的討論，使得祭司的權威受到約束，人民的心靈獲得教化。在他的命令之下，希臘和印度知名的著作被翻譯成波斯文，這些流暢而優美的詞句，讓穆罕默德用來描繪他心目中的天堂，只有阿果西阿斯的無知和僭越，才會把這些著作打上野蠻和粗俗的標誌。然而希臘的歷史學家感到非常奇怪，他們發現柏拉圖和亞里斯多德的全部譯本，竟然使用一種外國的方言來翻譯，只是這種語言並無法表達出自由精神和哲學思想的微妙奧祕。要是斯塔吉拉人（Stagyrite）*[46]的理性對所有語文來說，都同樣的隱晦難知，或是同樣的清晰明白，那麼蘇格拉底的門徒、他們那些戲劇藝術和言辭爭辯，就會永遠混合著希臘風格的優雅和完美。

他為了追求宇宙的知識，知道有位古老的婆羅門名叫皮爾佩（Pilpay），他的道德和政治寓言受到異乎常人的尊敬，被印度國王收藏在寶庫之中。諾息萬於是派遣醫師佩羅捷斯（Perozes）前往恆河地區，指示他不惜任何費用要獲得這本極有價值的作品。佩羅捷斯運用高明的手段獲

（續）————
　　代爾（Isfendiar）的波斯傳奇在麥加廣受讚譽，倒是能夠說明娛樂的需要重於歷史，這點並不是瑪拉西（Maracci）的見解。（譯按：在第三章有羅斯坦（Rustan），第二十三章有雷斯坦（Restan），都是波斯的傳奇人物。）

44　柯巴德有個受寵的希臘醫生是埃笛莎的司蒂芬（Stephen）。古代就有類似的狀況，希羅多德提到克羅托納（Crotona）地方的得摩昔德斯（Democedes）以及他的冒險事蹟。參閱《歷史》第三卷第一二五至一三七節。

45　有一份條約裡加上很光榮的條款，那就是對正統基督徒的宗教寬容以及葬禮的認同。紐什札德（Nushizad）是諾息萬的兒子，是個基督徒，也是叛徒，難道是殉教者？

*46　[譯註]用來稱呼亞里斯多德，他是斯塔吉拉（Stagira）那個地方的人。

得一份抄本，以博學和勤勉完成翻譯的工作。皮爾佩的寓言[47]在諾息萬和貴族的集會中誦讀，獲得大家的讚譽。印度的原文和波斯的譯本很久就已喪失，但是出於阿拉伯哈里發的求知慾，使古老的紀念物得以保存，出現在現代波斯語、土耳其語、敘利亞語、希伯來語和希臘語之中，同時通過很多不同的譯本，成為歐洲的現代語文。在目前的形式中，原本很特殊的風格、印度的生活習性和宗教信仰都已經完全消失，皮爾佩寓言的實質內涵，就簡潔的文體而言不如菲迪魯斯（Phaedrus），也缺乏拉·封丹（La Fontaine）的作品那種樸素的魅力。整本諷嘲性的著作以十五條道德和政治的格言最為出色，不過情節錯綜複雜，敘述過分冗長，教訓的意味過於明顯而且單調。這位婆羅門最重要的優點，是創造出令人歡樂的杜撰故事，修飾赤裸裸的現實，神聖的國王在聆聽時，或許可以減少教誨的刺耳程度。出於同樣的性質，可以用來告誡君主，只有臣民強大，他才擁有無可抗拒的實力。印度人發明奕棋的遊戲，也是諾息萬在位時傳入波斯。

六、波斯入侵安提阿及互有勝負的戰事(533-543A.D.)

柯巴德之子登基以後，王國與君士坦丁的繼承人引起連年的戰爭，等到查士丁尼急著願意付錢解決問題，他自己也為國內事務感到焦頭爛額，當然同意雙方休兵。克司洛伊斯見到羅馬使臣前來懇求，答應接受一萬一千磅黃金，做為簽訂永久和平協定的代價[48]，並且規定雙方的交換事項。波斯人負責保衛高加索的關隘，暫停攻擊達拉的行動，條件是東方的將領

47　有關這本寓言，我有三種不同語言的版本：（1）希臘文譯本是西蒙·息斯（Simeon Seth）從阿拉伯文轉譯（1100A.D.），1697年斯塔克（Starck）在柏林出版；（2）拉丁文譯本從希臘文轉譯，普桑（Poussin）神父將它放在他所編的《帕契默文集》（Pachymer）後面；（3）法文譯本是從土耳其文轉譯，1540年奉索利曼（Soliman）蘇丹的指示辦理。武頓（Warton, Thomas, 1728-1790A.D.，英國詩人、歷史學家和古典學者）對這些譯文可以發揮他的長才。

48　簽訂和批准永久的和平條約，是查士丁尼在位第六年以及第三任執政官就任（公元533年1月1日到4月1日），馬西利努斯在他的編年史裡，運用米提人和波斯人的風格。

不得進駐此城。皇帝獲得休養生息的間隙，善加利用，對他達成心中的目標大有助益，阿非利加的征服是與波斯人簽訂條約的最初成果。克司洛伊斯透過使臣用和顏悅色及友誼藉口，獲得迦太基大批戰利品，貪婪的心理能夠滿足。貝利薩流斯的凱旋使波斯國王難以憩息，只經過三次快速的戰役就降服西西里、意大利和羅馬，全部對查士丁尼唯命是從，他聽到以後感到驚奇、嫉妒和畏懼。克司洛伊斯對於違背協定的手法並不在行，就在暗中煽動大膽而又機警的諸侯奧蒙達爾(Almondar)，這位撒拉森人(Saracens)的君主居住在希拉(Hira)[49]，與他有關的事項並沒有包括在和平條約之內。奧蒙達爾仍舊與敵手阿里薩斯(Arethas)斷斷續續發生戰事，只是規模有限，不為人知而已。阿里薩斯是迦山(Gassan)部落的酋長，與帝國有結盟的關係。他們之間發生爭執的起因，是為了帕爾麥拉(Palmyra)南邊沙漠中一塊面積很大的牧場。古老年代以來就繳納貢金是眾所周知的事實，證明奧蒙達爾有合法的權利；然而迦山人就一條石砌的道路有strata這個拉丁名字提出申訴，認為是羅馬人的主權和舖設無可質疑的證據[50]。

　　兩位國君分別支持他們諸侯的陣營，雙方的調停緩慢而且問題重重，波斯的阿拉伯人根本不認為這件事能得到解決，靠著掠奪，使快速移動的營地到處滿載敘利亞的戰利品和俘虜。查士丁尼不願出兵擊退奧蒙達爾的部隊，想用錢收買他的忠誠，同時要從邊陲之地，唆使衣索匹亞人和錫西厄人的部族侵入敵人的領土。然而這種盟友的幫助既遙遠而又不穩定，發現帶有敵意的通信，證明哥德人和亞美尼亞人對於東部帝國存有怨恨之心，幾乎在同時乞求克司洛伊斯的保護。阿薩息斯(Arsaces)的後裔子孫在亞美尼亞的人數甚眾，勢力極大，為了民族的自由和繼承的地位，陷入

49　希拉(Hira)國王奧蒙達爾，柯巴德逼他遜位下台，後來諾息萬讓他復位登基。他的母親非常美麗，被人讚譽為「天堂之泉」，後來這成為世襲的稱號，可以基於高貴的理由(譬如在饑饉發生時的慷慨好施)，賞給在敘利亞的阿拉伯王公。

50　我們對於strata拉丁字的名稱和含意根本不清楚，這條石砌的道路從奧蘭奈提斯(Auranitis)到巴比倫尼亞(Babylonia)有十天的行程。魏西林(Wesseling, Petrus，1692-1764A.D.，圖書館長和法學家)和丹維爾對這件事不表示意見。

窮途末路的絕境而被激怒。維提吉斯的使臣穿越帝國抵達到他們前面，讓
他們知道意大利王國立即面臨無可避免的危險，提出的說辭前後一致，不
僅有效而且甚具分量：

> 我們站在你的寶座前面，陳述的意見有關雙方共同的利害。毫無誠
> 信可言的查士丁尼，野心勃勃要想成為世界獨一無二的主人。自從
> 你們與他訂立永久的和平，等於出賣人類的自由。那位君王說話有
> 如盟友，行動卻像敵人，結果是朋友和敵人全都受到他的羞辱，給
> 世界帶來血腥的死亡和混亂的情勢。試問廢除亞美尼亞的權利、剝
> 奪柯爾克斯(Colchis)的獨立、絕滅查尼亞(Tzania)山區無拘無束的
> 自由，還不都是他做的好事？說到在冰凍的米奧提斯湖劫掠博斯普
> 魯斯的城市、在紅海的海濱摧毀棗椰樹林的翠谷，同樣的貪婪手法
> 難道不是他的罪孽？摩爾人、汪達爾人和哥德人連續受到欺凌，在
> 於每個民族都抱著事不關己的態度，袖手旁觀鄰人的大禍臨頭。
> 啊！大王！這是最重要的關鍵時刻，查士丁尼的軍隊和名聲顯赫的
> 將領，全部牽制在西方遙遠的地區，東部空虛，毫無防守的能力。
> 如果你稍有躊躇和遲疑，貝利薩流斯將帶著勝利的軍隊，很快從台
> 伯河轉移到底格里斯河，波斯還是難逃被吞噬的命運[51]。

經過一番爭論，克司洛伊斯被說服要採取他一向所譴責的行動。但是波斯
人對軍事聲譽感到自負，不願對敵人進行毫無反應的戰爭，事實上他們的
對手一直龜縮在拜占庭皇宮，不斷對外頒發嗜殺好戰的命令。

　　不管克司洛伊斯的發怒是出於何種理由，總之他已破壞和平的基礎，
只能靠著勝利的光輝，掩蓋應受譴責的謊言和藉口[52]。波斯軍隊集結在巴

51　我把亞美尼亞的阿薩昔德斯(Arsacides)和哥德使臣所說的兩篇演說辭，用很短的
　　言辭將要表達的意思綜合起來。樸洛柯庇斯在公開發表的歷史著作中，讓我們感
　　覺到查士丁尼是引起戰爭的始作俑者。
52　樸洛柯庇斯非常詳盡而且正式的記敘敘利亞的入侵、安提阿的毀滅等等，從東方

比倫平原(540A.D.)，為免浪費時日，根本不理美索不達米亞防備森嚴的
城市，而是沿著幼發拉底河的西岸行軍，直抵面積很小而人口眾多的市鎮
達拉，它竟敢阻擋萬王之王的前進。靠叛徒的出賣和突擊的行動，達拉的
城門遭到縱火而洞開，克司洛伊斯下令大開殺戒，他要查士丁尼的使臣歸
國報告自己的主子，羅馬人的敵軍正在等著與他決一勝負。征服者的仁慈
和公正仍然備受讚譽，當他看到一位高貴的婦女抱著幼兒，被很粗魯的拖
著在路上步行，不禁嘆息而流淚，懇求神明用正義的手來懲罰這些作惡的
人。然而，一萬兩千俘虜的贖金卻是兩百磅黃金。相鄰城市色吉歐波里斯
(Sergiopolis)的主教，願意用自己的誠信作為付款的保證。等到次年，貪
婪的克司洛伊斯不講情面，認為對方在慷慨訂約以後無法按時付款，堅持
要為未能善盡義務而處以罰鍰。他揮軍進入敘利亞的腹地，但是一支實力
微弱的敵軍，在他來到之前已經瓦解，不讓他獲得戰勝的榮譽。因為不可
能將這些地區納入版圖，波斯國王的侵略只能像一個強盜到處燒殺擄掠。
海拉波里斯(Hierapolis)、貝里亞(Berrhoea)或稱阿勒坡(Aleppo)、阿帕米
亞(Apamea)和卡爾西斯(Chalcis)這些城市，陸續遭到圍攻。他們各自按
照防守的實力和富裕的程度，用黃金和白銀作為贖款來購買安全。他們的
新主子要求他們務必遵守條約的規定，自己卻肆意違犯。他從小接受祆教
的培養和教導，進行這些褻瀆神聖的賺錢勾當，絲毫不感覺慚愧。他把裝
飾一塊真十字架的黃金和寶石全部拿走，剩下光禿禿的遺物送還給阿帕米
亞虔誠的基督徒。

　　自從安提阿遭到地震摧毀以後，十四年的時光轉瞬而過，查士丁尼慷
慨解囊，使新的狄奧波里斯(Theopolis)能夠興起，維持東方皇后的盛名，
建築物和民眾使這座城市顯得更加偉大，可以擦掉上次災難帶來的悽慘回
憶。城市的一邊依靠山勢獲得堅強的防衛，另一邊是奧龍特斯(Orontes)

(續)──────────────

　　只能得到一點旁證的幫助。當德比洛(D'Herbelot, de Molainville, 1625-1695A.D.，
　法國東方學家)責怪別人誤將查士丁尼和諾息萬歸為同時代的人物時，他自己應感
　到慚愧才對。有關戰爭發生的地點這些地理學的問題，丹維爾提出令人滿意的說
　明和解釋。

河所形成的天塹，但是最容易進入的通道被一座形勢險要的高地所控制。
日耳曼努斯(Germanus)抱著卑鄙的心理，害怕敵人發現自己的弱點，所
有適當的防備和應變措施全部遭他否定，不予執行。他是皇帝的姪兒，困
在一座被圍攻的城市裡，對他的手下和自己的職務完全失去信心。安提阿
的居民繼承祖先虛榮又好譏諷的天性，對於突然到來的六千名增援部隊感
到大喜若狂，拒絕簽訂條件更為寬大的協定，站在城牆的防壁上，用狂妄
的叫囂侮辱波斯國王的尊嚴。於是在國王親臨督導之下，成千上萬的波斯
人攀登雲梯發起突擊，羅馬傭兵穿過對面的月桂女神(Daphne)門飛奔逃
走，安提阿的青年還在頑強抵抗，只能給自己的家園帶來更為悲慘的後
果。克司洛伊斯在查士丁尼的使臣陪同之下，從鄰近的山頭下來，帶著悲
天憫人的語氣，哀歎不幸的民眾冥頑不靈，才遭受毀滅的命運。暴怒的殺
戮還是毫不留情的四處蔓延，在蠻族的命令之下，整個城市陷入烈焰之
中。安提阿的主座教堂能夠安然無恙，出於征服者的貪婪而不是仁慈。聖
朱理安教堂和使臣居住的區域，得到國王的同意，獲得光榮的赦免。風向
突然改變，使距離較遠的街道不受波及，城牆還是保留下來，可以對新的
居民提供安全的防護，但後來也沒有發生守備的功效。宗教的狂熱毀傷月
桂女神修飾華美的聖地，但是克司洛伊斯在樹叢和流泉的景色裡，呼吸著
清新純淨的空氣，在隨從行列之中還有一些偶像崇拜者，在幽靜的隱退之
地向山林水澤的女神奉獻犧牲，應該沒有受到君王的怪罪。奧龍特斯河在
安提阿的下方十八哩處流入地中海，這位傲慢的波斯人在征服期間，單獨
到海中洗浴以後，為了感謝太陽，舉行莊嚴的祭典，同時也向祆教崇拜的
太陽創造者致敬。要是迷信觸犯到敘利亞人的傳統信仰，他們會因君王提
倡並支持賽車活動而感到興奮。克司洛伊斯聽說皇帝贊助藍黨，於是下達
極為專制的命令，要確保綠黨的賽車手能獲得勝利。軍營的紀律應該使民
眾獲得實質的安慰，一名士兵以公正的諾息萬做榜樣，大肆劫掠，他們為
他的性命求情，但徒勞無功。

　　敘利亞的戰利品雖然無法滿足諾息萬的貪念，但是他已感到厭倦，開
始慢慢向著幼發拉底河移動，在巴巴利蘇斯(Barbalissus)附近搭建一座臨

時的橋樑，要大軍在三天之內全部通過。等到他班師回朝以後，就在距帖
西奉(Ctesiphon)皇宮約一天行程的地點興建新城市，以將克司洛伊斯和安
提阿這兩個名字永遠聯在一起。敘利亞的俘虜可以從城市的形狀和位置，
認出自己在故鄉的住所。構建浴場和雄偉的賽車場供他們使用，招來成群
的樂師和賽車手，使亞述能出現希臘首府的歡樂氣氛。皇家創建者寬宏大
量，使這些幸運的流放者獲得糧食的配給，他們也享有特權，可以將奴隸
認為親戚賜給自由。克司洛伊斯受到野心或貪婪的吸引，將巴勒斯坦及神
聖而又富裕的耶路撒冷視為下一個目標，君士坦丁堡及凱撒的宮殿不再是
遙不可及的金城湯池。在他腦海中浮現的景象，是小亞細亞滿布波斯的部
隊，黑海都是波斯的船艦。

　　如果意大利的征服者沒有及時被派遣來防守東方，波斯國王的願望可
能會實現[53]。趁著克司洛伊斯在黑海的周邊地區遂行野心勃勃的企圖，貝
利薩流斯率領一支未發薪餉又無紀律的軍隊(541A.D.)，越過幼發拉底
河，在離尼昔比斯約六哩的地方紮營。他經過仔細的策劃，要用非常巧妙
的行動，引誘波斯人離開難以攻陷的城堡，等到在戰場獲得優勢，可以截
斷敵軍的退路，再不然尾隨敗逃的潰軍進入城門之內。他在波斯的國境前
進一天的行程，攻占昔索朗尼(Sisaurane)的堡壘，將俘虜的總督及挑選的
八百名騎兵送回國內，在意大利的戰爭中為皇帝效命。他派遣阿里薩斯及
阿拉伯人，加上支援的一千兩百名羅馬人，渡過底格里斯河去蹂躪亞述地
區，不讓敵人獲得穀物的收成。這個物產富饒的行省，已經很久沒有受到
戰爭的災害。但是阿里薩斯難以駕馭的個性妨害到貝利薩流斯的計畫，他
不僅沒有回到營地，也不願提供行動的信息。羅馬將領非常焦急，留在原
地等待，軍事行動的時機已經失去，美索不達米亞的陽光灼熱，歐洲士兵
的體質難以忍受。敘利亞的守備部隊和官員在毫無防禦能力的城市裡，為
自己的安全而心驚膽寒。然而在這些狀況發生轉變之前，已經產生很大的

53　樸洛柯庇斯在公開的歷史著作中已經說得很清楚。除了很少的例外，我們對於
　　《秘史》中惡意的竊竊私語，可以充耳不聞。

成效，逼得克司洛伊斯不顧重大的損失，只有倉卒而又慌張的回師。要是貝利薩流斯的策略，獲得英勇善戰和紀律良好的部隊全力支持，他的成就會滿足民眾樂觀的期許，那就是征服帖西奉和解救安提阿的俘虜。等到戰役結束，不知感恩圖報的宮廷又將他召回君士坦丁堡。

次年春天(542A.D.)發生危機，他重新獲得信任，恢復指揮權，被派遣的英雄幾乎是單身一人騎著快速的驛馬上道，憑著他的名氣，只要親自露面，就會消弭敵人對敘利亞的入侵行動。他發現羅馬的將領包括查士丁尼的姪兒，都藏身在深溝高壘的海拉波里斯，不敢出戰。他不願聽從怯懦的建議，命令他們隨他前往歐羅巴斯(Europus)，決定把所有的部隊在那裡集結，遵從上帝對他的指示，不論在任何地方都能達成拒止敵軍的使命。他在幼發拉底河的兩岸表現強硬的姿態，牽制克司洛伊斯不敢進軍巴勒斯坦。波斯國王派出使臣來當探子，他藉著接見運用手段擺出壯大的軍容，從海拉波里斯到大河之間的平原滿布騎兵部隊，六千名高大健壯的士兵在此行圍出獵，根本無視於當面的敵軍。使臣在對面河岸看到一千名亞美尼亞騎兵，顯然是在防守渡過幼發拉底河的通路。貝利薩流斯的帳幕用最粗糙的麻布製成，像一位武士不屑東方的奢華，只使用簡單的設施。投身在他麾下的各民族成員，刻意參差不齊圍繞著帳幕排列，更是顯得刁斗森嚴。色雷斯人和伊里利孔人位在前面，赫魯利人和哥德人居於中央，遠方則是摩爾人和汪達爾人，陣式鬆散，顯得人數眾多。他們穿的服裝輕便而又靈活，一名士兵手裡拿著皮鞭，另一名帶著長劍，第三名是硬弓強弩，第四名或許是一把戰斧，展現的整體畫面是剛強勇猛的部隊和機警敏捷的將領。克司洛伊斯爲查士丁尼部將的行爲所欺騙，也對他的才能感到畏懼，知道敵手建立蓋世的功勳，完全摸不清楚對方的實力，害怕在遙遠國度展開一場決戰，到時沒有一個波斯人能活著回去講述這悲慘的戰事。

波斯國王趕緊退過幼發拉底河，貝利薩流斯逼著他退卻，表面裝出趕盡殺絕的樣子，事實上就是一支十萬大軍也不見得能夠成功。等到危害國家的強敵不支敗逃，猜忌之心使人認爲將領無知和傲慢，沒有盡殲敵軍讓帝國獲致最大的利益，但較之擊敗阿非利加人和哥德人，不戰而屈人之兵

要獲得更大的榮譽。整個帝國沒有任何人可憑著個人的運道和士兵的勇氣，能夠分享將領白戰白勝的名聲。貝利薩流斯第二次的職務調動(543A.D.)是離開波斯，再度負起意大利戰爭之責，顯示出個人肩負國家安危的程度，也只有他能夠改進或彌補軍隊的紀律和士氣。十五位將領相互之間缺乏協調，也不講究兵法，在職責不清及號令不嚴的狀況下，率領三萬羅馬人的軍隊通過亞美尼亞的山地。四千波斯人掘壕據守杜比斯(Dubis)的營地，幾乎沒有經過一場會戰就擊敗烏合之眾的對手。沒有用的武器沿途拋棄，戰馬在急速飛逃中不支倒斃。羅馬軍隊中的阿拉伯人比起戰友更為高明，亞美尼亞人重新恢復忠誠之心，達拉和埃笛莎抵擋敵軍的突擊和正規的圍攻。戰爭的災禍因發生大規模的瘟疫而停頓下來，兩位君主相互心照不宣，或許有簽訂正式的條約，帝國東部邊境的安寧獲得保障。克司洛伊斯的軍隊局限在柯爾克斯戰爭，也可以稱之為拉齊克(Lazic)戰爭，當時的歷史學家詳細敘述此一重大事件。

七、波斯對黑海的進出及柯爾克斯人的處境

黑海最寬之處[54]是從君士坦丁堡到費西斯(Phasis)河口，大約是九天的航程，距離有七百哩。伊比利亞的高加索山脈在亞細亞最為高峻崎嶇，河流降落的坡度極為陡峭，很短的距離就有一百二十座橋樑跨越，流水急湍無法通航，到抵達撒拉帕納(Sarapana)才平靜下來，離居魯士河(Cyrus)有五天的行程，這條河來自同一山區，在相反的方向注入裏海。這兩條河流很接近，讓人產生加以運用的想法，來自印度的貴重商品，可以從阿姆

---

54 薩祿斯特和阿里安分別用拉丁文和希臘文，寫了一本《環航記》(Periplus)，內容是描寫環繞黑海的航行：(1)薩祿斯特的作品早已散失，經過第戎議會的第一任主席布洛西斯(Brosses)極為獨特的努力，將可以蒐集到的資料，包括薩祿斯特可能獲得的希臘文和拉丁文的斷簡殘篇，再根據這位羅馬歷史學家的特殊風格，重新寫出這部著作；(2)阿里安的《環航記》是寫給哈德良皇帝，包括這位本都總督的所見所聞，其中由特比森德到戴奧斯庫里斯是他親目所見，從戴奧斯庫里斯到多瑙河口是他聽到旁人所說。

河順流而下抵達裏海，穿越裏海後上溯居魯士河，再從費西斯河下航進入
黑海轉入地中海。費西斯河不斷會合柯爾克斯(Colchos)平原的溪流，水
量大增，然而流速減低。河口的深度有六十噚，河面寬達半里格。一個林
木茂密的小島橫亙在水道之間，平靜的水流很快將泥沙和金屬沉澱，波濤
的表面不再出現黃濁的腐敗氣味。費西斯河的水道長達一百哩，其中四十
哩可以通航大型船舶，將整個柯爾克斯分隔開來[55]。歷史上這個著名的地
區又稱爲明格利亞[56]，三個方面都受到伊比利亞和亞美尼亞山區的屏障，
海岸線綿延二百哩，從特里比森德的郊區到戴奧斯庫里斯(Dioscurias)也
就是色卡西亞的邊界。極爲潮濕的土壤和氣候非常宜人，除了費西斯河及
主要的支流，還有二十八條水量充沛的河流從山嶺注入海洋，地表的下面
有很多空穴和渠道，顯示黑海和裏海之間有暗流相通。田地可以種植小麥
和大麥，土層太過柔軟，不易用犁耕作，但有一種細粒的穀物與粟和胡荽
子很類似，成爲人民最常用的糧食，麵包只限於君王和貴族食用。然而葡
萄的收成比其他的作物更爲豐碩，巨大的莖幹不需要支撐，生產的葡萄可
以釀製品質優良的美酒。還有一種天然資產是濃密的森林，掩蓋著整個國
土的地面，山區的木材和平原的亞麻，大量供應海上航運的需要。像是
馬、牛和豬之類的動物，不論是野生或馴養，都有驚人的繁殖能力，在費
西斯河兩岸的土著居所，使用雉雞的名字，表示出人煙稠密的景象。

　　特里比森德南邊的金礦到現在還在開探，能獲得相當的利潤，當年是
查士丁尼和克司洛伊斯產生爭執的關鍵所在。說到四周的山嶺分布一條貴
重金屬的礦脈，讓人很容易相信，不過這祕密的寶藏被懶散的明格利亞人

55　除了從詩人、歷史學家和古物學家獲得一些暗示之外，可以參閱斯特波拉和普里
　　尼對柯爾克斯有關地理狀況的敘述。

56　我對於明格利亞和鄰近地區，曾經引用三種比較現代的著作：(1)來自朗伯第
　　(Lamberti)神父的敘述，他擔任傳教士，有豐富的學識，難免在某些方面帶有偏
　　見；(2)來自夏爾汀(Chardin, Jean, 1643-1713A.D.，法國珠寶商及旅行家)的遊
　　記，他的觀察非常的詳盡而且深入，冒險的精神對讀者更能產生啓發的作用；(3)
　　來自佩松尼爾(Peyssonel)的作品，他是法國的領事，在卡發居住很久的時間，他
　　的經驗比學識更有價值。

所忽略，或是他們審慎的加以掩飾。明格利亞人把充滿黃金微粒的溶液用羊皮或羊毛過濾，這種簡單的辦法讓人模模糊糊聯想到古代有權有勢的國王，從未經開發的處女地聚集如此龐大的財富，結果成為奇異的神話故事的基礎。這些國王有白銀打造的宮殿和黃金裝飾的寢室，已經超過我們的想像，鉅富的名聲傳遍世界，刺激阿爾戈號的英雄，為了滿足貪財的慾念進行冒險的事業[57]。根據傳說，埃及人在費西斯河建立殖民地，當時的移民不僅博學多才而且彬彬有禮，看來是有幾分道理。他們在那裡生產亞麻布，造船興建海上武力，同時還發明地圖的繪製。在黑海和裏海之間的地峽，有繁榮興旺的城市和民族，聚集現代人的聰明才智。一位有見識的作家看見很類似的氣候和對貿易的熱愛，毫不遲疑的宣稱柯爾克斯就是古代的荷蘭。

柯爾克斯的財富只能從臆測和傳說的黑暗中發射光芒，真實的歷史呈現粗陋和貧窮恆久不變的場面。如果戴奧斯庫里斯的市場可以聽到一百三十種語言，這樣多未開化部落或家族運用不完美的土語，就知道高加索山區的深谷隔絕彼此的交往。那些草萊初闢的府城處於這種分離的狀況，重要性降低，但數量一定增加。明格利亞當前的處境像一個村莊，聚集很多茅屋在一座木頭圍牆之內，堡壘都位於森林的深處。君主居住的市鎮賽塔(Cyta)也稱為柯塔提斯(Cotatis)，有兩百多家房屋，只有一座石塊砌成的建築物，使國王的宮廷顯得堂皇壯觀。每年有來自君士坦丁堡的十二艘大船，以及六十多艘三桅帆船，裝載各種產品，在岸邊錨泊。柯爾克斯人輸出的貨品逐漸增加，他們只能用本國的奴隸和皮毛，從查士丁尼的臣民那裡交換所需的食鹽和穀物。古代的柯爾克斯人沒有留下任何遺跡，讓後人知道他們的技藝、知識或航海術。只有少數希臘人有意願或有膽量去追阿爾戈英雄的足跡。

等到快要接近現代，埃及殖民地的標誌早已消失無蹤。只有黑海的回

---

57 柯爾克斯的金礦和銀礦吸引阿爾戈號的冒險行動，有見識的夏爾汀在礦區、河流或任何地點都沒有發現黃金。然而有個明格利亞人在君士坦丁堡展示家鄉的黃金樣品，結果連自己的手和腳都被人砍掉。

教徒實施割禮，阿非利加特有的鬈曲頭髮和黝黑膚色，對於人類外貌最完美的種族並沒有造成任何損毀。喬治亞、明格利亞和色卡西亞的水土氣候相近，至少就我們看來，自然賦予美麗的典範、健壯的肢體、明亮的皮膚、均勻的身材和表情豐富的面容[58]。要是兩性分別按照注定的命運，男子要獻身戰爭，女子要歌頌愛情。對於亞洲南部的民族，高加索山區不斷供應婦女，已經淨化了血統，改進人種的品質。明格利亞這塊面積不大的區域，過去是古老柯爾克斯的一部分而已，長久以來維持每年一萬兩千個奴隸的輸出。囚徒或罪犯的數量無法滿足需要，但是一般民眾在領主的統治下都處於奴役的狀態。在一個無法律規範的社會，欺騙和掠奪的行為根本不會受到任何懲處。濫用民事和父系的權威使市場得到不斷的補充，像這樣的奴隸交易[59]把人貶低到牲口的水平，大量的兒童讓污穢和殘忍的父母賺取錢財，等於是在鼓勵婚姻和生育。這種不道德的財源，無可避免要毒害民族的風俗習慣，扼殺榮譽和德行的情感，幾乎會絕滅人類的天性。

喬治亞和明格利亞的基督徒，是人類中最卑鄙污穢的渣滓，他們的子女還未成年就被賣到外國成為奴隸，從很小的時候開始，就學到父親的劫掠和母親的淫亂。然而在窮困無知中，這些未受教養的土著展現身心方面的獨特優點，就具有權勢的鄰國看來，認為他們雖然缺乏合作和紀律，但是不論任何時代的柯爾克斯人，都有勇敢和大無畏的精神。他們在澤爾西斯龐大的軍隊裡擔任步兵，武器是一枝長劍或是一根標槍，頭戴一頂木盔，手裡拿著生牛皮或圓盾。他們在自己的國土通常是當騎兵，就是出身最低微的農夫也不願步行。黷武好戰的貴族可能擁有兩百匹馬，明格利亞君王的隨從行列可以到達五千人。柯爾克斯人的政府組織通常是血統純正可以世襲的王國，只有臣民的動亂才能限制君王的權威。只要臣民願意聽

---

58 根據布豐所蒐集的資料，博物學家和旅行家異口同聲贊成這種說法。要是在希羅多德的時代，這個地方的居民就保持這種特色，可以獲得一個寶貴的事實，表示水土氣候對一個外國殖民地會發生影響。

59 明格利亞的使臣帶著兩百人來到君士坦丁堡，但一天一天過去，他逐漸將他們賣掉，直到所有的隨員最後只剩下一個秘書和兩個男僕。一個明格利亞人為了贖回情婦，把十二個祭司以及自己的妻子賣給突厥人。

命,君王就可率領龐大的軍隊進入戰場。但是要有很強的信念才能相信,
僅是蘇瓦尼亞人(Suanians)一個部族,就可以組成有二十萬士兵的大軍,
或是現在明格利亞人口的總數是四百萬居民[60]。

八、柯爾克斯的歷史發展和反叛羅馬的悔恨(542-549A.D.)

　　柯爾克斯人誇口說他們的祖先讓塞索斯垂斯(Sesostris)無法獲勝,至
於擊敗埃及人比起他們成功到達高加索山更難讓人置信。居魯士的武力征
服幾乎不費吹灰之力,他們追隨波斯國王旗幟參加遙遠地區的戰爭
(500B.C.),每五年呈獻童男和童女各一百名,這是當地最美好的產品[61]。
然而國王接受這些禮物就像印度的黃金和黑檀木、阿拉伯的乳香或伊索匹
亞的黑奴和象牙。柯爾克斯人從未在波斯省長的管轄之下,他們一直享有
民族獨立的稱號和實質地位。波斯帝國沒落以後,本都國王米塞瑞達笛斯
(Mithridates)的版圖攬括整個黑海,將柯爾克斯納入其中,等到當地的人
士斗膽提出要求,請他的兒子來統治他們,米塞瑞達笛斯用黃金鍊條綑綁
野心勃勃的年輕人,派遣一個奴僕接替他的位置。羅馬人為了追逐本都國
王的蹤跡,向著費西斯河的兩岸前進(60B.C.),他們的戰船溯河而上,抵
達龐培和軍團駐紮的營地。然而元老院和以後的皇帝,不願只是為了建立
一個行省進行遙遠而無用的征戰。從馬克·安東尼時代到尼祿在位,允許
一位希臘修辭學家的家族統治柯爾克斯以及鄰近的王國。等到波勒摩
(Polemo)世系絕滅以後,仍保有東部本都的稱號,延伸的領土最遠只能到
達特里比森德周邊地區。羅馬人越過邊界,在海蘇斯(Hyssus)、阿帕薩魯
斯(Apsarus)、費西斯河、戴奧斯庫里斯或塞巴斯托波里斯(Sebastopolis)
以及皮提烏斯(Pityus)等地建造堡壘工事,派遣足夠的步兵和騎兵擔任守

60　然而我們要避免夏爾汀另一極端的看法,他認為不到兩萬居民的地方,每年可以
　　輸出一萬兩千名奴隸,對於一個有見識的旅行家而言,實在太荒謬。
61　希羅多德在《歷史》第三卷第九十七節提到,柯爾克斯人派出軍隊參加澤爾西斯
　　的陣營,展開遠征行動,對抗希臘人。

備。柯爾克斯有六位國君從凱撒部將的手裡接受王家的冠冕，有位部將是以辯才和學識而名滿天下的阿里安(Arrian)，他測量並且記述黑海的海岸地區，正是哈德良在位的時候(130A.D.)。阿里安在費西斯河口檢閱當地的守備部隊，包括特別挑選的四百名軍團士兵，有磚砌的城牆和高塔、兩道塹壕以及防壁上裝置的投射器具，使得蠻族根本無法接近。但是商人和老兵所建立的新郊區，阿里安認為需要外圍的防衛[62]。

　　等到帝國的實力逐漸損耗，駐防在費西斯河的羅馬人不是主動撤離就是受到驅趕。拉齊人(Lazi)的部族[63]占據特里比森德的海岸地區，他們的後裔說一種外國方言，就用自己的名稱和主權取代古老的柯爾克斯王國。在拉齊人獨立以後，實力強大的鄰國波斯立刻進行侵略，因為他們靠著武力和條約，已經奪得伊比里亞的主權。仰人鼻息的拉齊卡國王從波斯君主的手裡接受權杖，君士坦丁的繼承人在利益受到傷害的狀況下只有默許，過去一直為具有永久的主權而感到驕傲。在第六世紀的初葉，基督教的傳入使羅馬人恢復影響力，明格利亞人公開承認他們對信仰的熱誠，根本毋須了解宗教的信條和精義。查瑟斯(Zathus)受到波斯國王賜予的恩惠，在他的父親過世後能夠接位，虔誠的年輕君主憎惡祆教的儀式，要在君士坦丁堡皇宮尋覓正統的浸信禮，娶到一位貴族出身的妻子，與賈士丁皇帝建立聯盟關係。拉齊卡國王在莊嚴的典禮中接受冠冕，白色的絲質披風和長袍有金色的滾邊，華麗的刺繡展現出新贊助人的圖像；這時羅馬皇帝用古老的友情和宗教作為藉口，來安撫波斯宮廷的嫉妒心理，為柯爾克斯的背叛進行辯護。兩個帝國的共同利益強加在柯爾克斯人身上，要他們負責防守高加索山的關隘，現在是由明格利亞的火槍兵每月輪班，防守六十哩長

---

62 在樸洛柯庇斯的時代，費西斯河沒有羅馬人的城堡。聽到波斯傳出要進攻的謠言，守備部隊從皮提烏斯和塞巴斯托波里斯撤離，但是後者在查士丁尼手裡恢復守備任務。

63 在普里尼、阿里安和托勒密的時代，拉齊人是柯爾克斯北部邊緣地區一個很特殊的部落。等到查士丁尼的時代，他們散布到整個國土，至少這個地區都受他們的統治。到目前為止，他們沿著海岸遷移，抵達特里比森德，成為一個行為粗魯的航海民族，使用非常特別的語言。

的邊牆[64]。

羅馬人的貪婪和野心很快破壞雙方良好的關係，拉齊人失去盟友的身分以後，羅馬人的言行不斷讓他們記得自己處於附庸的狀態。超過阿帕薩魯斯約一天行程的地方，拉齊人看到新建的佩特拉(Petra)城堡[65]，控制費西斯河以南的濱海地區。柯爾克斯非但沒有受到外國傭兵的保護，反而被違紀犯法的行為所侮辱，商業的利益轉變成為自私而又煩苛的專賣。查士丁尼的官員占有優勢的地位，土著的君王古巴杰斯(Gubazes)淪為表面忠誠的擺飾。基督教所體現的德行未能如拉齊人所願，反而是一位不信上帝的異教徒憑著公正的態度，獲得拉齊人的信任。他們在私下提出保證，不再向羅馬人派遣使臣，同時公開懇求克司洛伊斯的友誼和援助。柯爾克斯居於關鍵的位置，能發揮重大的作用，見識高明的君主立即有正確的認識。他心中所考量的征服計畫，事實上是在一千年快結束時，為智慧超人而又勢力強大的繼承人阿拔斯沙王(Shah Abbas)所襲用[66]。克司洛伊斯懷抱希望，燃起熊熊的野心，要讓波斯的海上武力從費西斯河出航，控制黑海的貿易和航運，封鎖本都和俾西尼亞的海岸，使君士坦丁堡陷於困境或者加以攻擊，說服歐洲蠻族支持他的武力和提出的要求，對付人類的共同敵人。

克司洛伊斯藉口要從事錫西厄人戰爭，不聲不響率領部隊來到伊比里亞的邊界。柯爾克斯嚮導準備帶領他們通過森林，沿著高加索山脈的懸崖前進，把狹窄的小徑費力開闢為安全的寬闊大道，使騎兵部隊甚至大象都能通行。古巴杰斯戴著冠冕投身在波斯國王的腳下，他的柯爾克斯人也跟

---

64 事實可信，但是日期太近了。提到他們的波斯人同盟，與查士丁尼同時的拉齊人使用已經廢止的語言。他們與喪失連繫達二十年之久的國家，難道可以保持正常的關係？

65 佩特拉存在的唯一證據，保持在樸洛柯庇斯和阿果西阿斯的作品之中。拉齊卡大部分市鎮和城堡，拿來與朗伯第繪製的明格利亞地圖加以對照，都可以發現它們的名字和位置。

66 在1618、1619和1620年時，瓦列(Valle, Pietro della, 1586-1652A.D.，羅馬旅行家)與阿拔斯沙王的談話中，極力鼓勵波斯和歐洲各國聯合起來，對付共同的敵人土耳其。

著君主一齊歸順。等到佩特拉的城牆受到攻擊而動搖，羅馬守備部隊簽訂投降條約，在大禍臨頭前保住性命。拉齊人很快發現，過於急躁的行為使他們得不償失，努力要逃避的災禍現在變得更為嚴重。食鹽和穀物的專賣有效廢除，連帶也無法獲得這些與生存有關的重要商品。羅馬立法者的權威為東方專制暴君的傲慢所取代，用同樣鄙夷的態度對待國君與他所擢升的奴隸，讓他們坐在寶座前面的腳凳上，表現出一副誠惶誠恐的樣子。狂熱的祆教祭司把火的崇拜傳入柯爾克斯，這種絕不寬容的宗教信仰激怒虔誠的基督徒民眾。拜火教徒的行為邪惡，要把父母的遺體暴露在高塔頂上，讓烏鴉和兀鷹去啄食[67]，傷害到基於天性或教育的傳統習俗。公正的諾息萬認清雙方的仇恨已無法化解，只有推遲原來策定的偉大計畫，祕密下達命令要刺殺拉齊人的國王，把人民轉運到遙遠的邊疆去安置，在費西斯河兩岸地區建立忠誠和好武的殖民地。柯爾克斯人提高警覺，產生猜忌之心，對於即將來臨的滅亡有先見之明，並且及時避免。他們的悔恨和醒悟為君士坦丁堡所接受，查士丁尼考慮安全的需要，並非出於仁慈的作為，命令達吉斯都斯(Dagisteus)率領七千羅馬人和一千札尼人(Zani)，把波斯人逐出黑海的海岸。

九、佩特拉的圍攻和拉齊克戰爭的始末(549-556A.D.)

羅馬將領在拉齊人的協力之下，立即發起圍攻佩特拉的作戰，是那個時代極受注目的軍事行動。城市座落在臨海的懸崖絕壁之上，只有陡峭而狹窄的小徑與陸地相連，要接近都非常困難，攻擊簡直是不可能。波斯征服者加強查士丁尼原來的防禦工事，興建額外的堡壘掩護易於進入的地點。在這個最重要的城堡，克司洛伊斯提高警覺，存放大批攻擊和防禦武

---

67 可以參閱希羅多德、拉榭(Larcher)、樸洛柯庇斯和阿果西阿斯的作品，其中希羅多德較不確定。《阿維斯陀聖書》(Zendavesta)同意這種葬禮的方式，就是波斯國王也要比照辦理，說埋葬波斯國王只是希臘人的杜撰，事實上國王的墳墓不過是紀念塔而已。

器，數量之多不僅足夠守備部隊使用，而且比起圍攻的敵軍多出五倍。儲
備的麵粉和食鹽可以供應五年的消耗，葡萄酒欠缺，代之以食醋，以及可
能提煉烈酒的穀物。同時有三套供水渠道，使敵人不要在這方面浪費力氣
或是產生僥倖之心。但是佩特拉堅強的防衛還是靠一千五百名波斯人的驍
勇善戰，他們拚死抵抗羅馬人的進攻。這時敵人在土質鬆軟的地層，順著
礦脈挖掘地道。城牆用細長的支撐臨時頂住，在風中搖搖欲墜。達吉斯都
斯延緩攻擊，要保證獲得豐盛的賞賜，在他的信差從君士坦丁堡回來之
前，城鎮居民暫時鬆了一口氣。波斯的守備部隊已經減少到四百人，其中
只有五十個人沒有生病或是受傷。他們有不屈不撓的毅力堅持到底，為了
隱瞞損失的狀況不讓敵人知道，眼看一千一百具戰死戰友的屍體腐爛，忍
受難聞的臭氣而毫無怨言。等到增援部隊到達解圍以後，裂口很快用沙包
堵塞，地道也用泥土填滿，豎立堅固的木材作框架，將土夯實成為新的城
牆。生力軍三千人編成守備部隊配置在佩特拉，準備迎接第二次的圍攻作
戰。攻守雙方的戰鬥極盡頑強之能事，每一邊都從過去的錯誤中獲得經驗
和教訓。撞城衝車經過改良，結構輕便但是力道更強，輸送和衝擊只要四
十個士兵運用雙手的力量，重複的撞擊之下石塊就會鬆動，再用長鐵鉤從
城牆上將它拉脫下來。從這些城牆的防壁上，成簇的標槍不斷向著攻城士
兵的頭上投射。但是有一種可以燃燒的混合物成分是硫磺和瀝青，使他們
感到極為苦惱和危險，柯爾克斯人取名為「米狄亞(Medea)火油」，倒是
非常適當。六千羅馬士兵使用雲梯攻城，他們的將領貝薩斯(Bessas)一馬
當先，這位老將年齡已有七十歲，仍然驍勇無比，親冒矢石的危險。在他
被擊落喪身以後，激起全軍同仇敵愾的高昂士氣，雖然在兵力數量上占有
優勢，還是無法屈服波斯守備部隊的戰鬥意志，這些勇士的命運值得在此
表揚。七百名士兵在圍攻初期陣亡，還有兩千三百人留得性命來防守破城
的缺口，其中一千零七十人在最後的突擊中死於火焰和刀劍。如果俘虜的
人數是七百三十人，那麼經過檢查只有十八人沒有帶傷，剩下還有五百人
逃進城堡，拒絕接受投降和為皇帝服役的優厚條件，全部死於縱火燒城的
烈焰之中。他們為了服從君王的命令不惜以死相殉，這些忠誠和英勇的事

例，激勵同胞面對逆境不怕犧牲奮發圖強。佩特拉的工事在片刻之間煙消瓦解，使得征服者不但覺得意外，也感到極為憂慮。

這些奴隸表現出英雄氣概，斯巴達人也會讚許和憐憫他們壯烈的犧牲精神。不過冗長的戰事以及羅馬人和波斯人交替贏得勝利，在高加索山地區所發生的事件，無法吸引後代子孫的注意。查士丁尼的部隊經常獲得優勢，但是波斯國王不斷增加兵力，一直到總數達七萬士兵和八頭大象，包括錫西厄人盟軍一萬兩千人，還有三千名以上的底里邁特人（Dilemites）離開海卡尼亞（Hyrcania）山區自願從軍，他們在作戰時，無論是長槍投擲還是肉搏戰鬥，全都驍勇無比。阿基奧波里斯（Archaeopolis）這個城市是希臘人取的名字，或是以訛傳訛保存下來，受到圍攻以後獲得援軍的解救，波斯人蒙受相當損失後倉卒退走，仍舊占據伊比里亞的關隘。羅馬人所建的堡壘和守備部隊，使柯爾克斯人失去行動的自由，人民賴以維生的糧食全被守軍食用殆盡，拉齊人的君主只有逃進山區。羅馬人的營地毫無忠誠和紀律可言，獨行其事的首長都被授與相等的權力，相互之間經常發生爭執，大家的行事只是看誰更邪惡和腐化。波斯人毫無怨言，只聽命於一位首長的指揮，這位將領絕對服從最高權威的指示。莫米洛伊斯（Mermeroes）在東方的英雄人物之中，以運籌帷幄的智慧與決勝千里的英勇著稱於當世。當時他已經老邁年高，而且雙腳殘疾不良於行，然而在身體和心理方面還是負責盡職積極進取。他坐在舁床上，被抬著進入戰場，使敵軍感到畏懼，給自己的部隊帶來信心，在他的指揮之下幾乎每戰必勝。等到他去世後，指揮權移交給一位高傲的省長納科拉干（Nacoragan），他竟在會議裡當著皇家官員大言不慚，說獲取勝利有如反掌折枝，這種狂妄的心態伏下未來戰敗受辱的後果。羅馬人逐漸被趕到海邊的一隅，他們最後的營地設在費西斯河希臘殖民地的廢墟上，重兵把守的塹壕、河流和黑海形成堅固的防禦據點，加上一隊戰船的支援，負嵎的危機使他們捐棄前嫌通力合作，激勵部隊奮戰的勇氣，抵抗波斯人的攻擊。不知是納科拉干逃走在先，使得一萬名最精銳的士兵被殺，還是大敗之餘逼得他只有趕緊後撤，雖然從羅馬人的劍下脫身，但是落在睚眥必報

的主子手裡，深恨自己所用非人。不幸的將領竟被活活剝皮，製成人形標本展示在高山上，對於維護波斯的榮譽和利益的人士提出嚴重的警告[68]。

克司洛伊斯能夠接納善言，知道征服或是統治一個遠離本土的國家，不能違背居民的意願和需求，於是在柯爾克斯戰爭中逐漸放棄宗教迫害的行動。古巴杰斯的忠貞經得起嚴酷的考驗，忍耐蠻荒生活的艱苦和困難，屬言拒絕波斯宮廷各種誘惑的手段。拉齊人的國王在基督教的環境中接受教育，母親是元老院議員的女兒，青年時期在拜占庭皇宮服務，出任「沉默者」的位階達十年之久[69]，薪資積欠拖延，讓他雖然依附，難免會有怨恨之心。他後來遭受各種苦難，亟需一吐為快，對於查士丁尼的部將而言，真相成為不可原諒的誹謗。那是說這些將領在這場帶來重大破壞的戰爭中，由於私心造成延誤，使敵軍逃過滅亡的命運，反而讓盟友受到蹂躪。他們先行提出充滿惡意的信息說服皇帝，失去忠誠之心的諸侯準備進行第二次的背叛行動。宮廷突然下達一道命令，要將國王送到君士坦丁堡囚禁，謀逆的條款都已確定，只要稍有反抗，就可以合法殺害。古巴杰斯毫不懷疑會有危險，認為友善的會談會保證個人的安全，結果在沒有武力保護之下被刺殺。柯爾克斯人在這憤怒和絕望的時刻，會犧牲自己的國家和宗教以滿足報復心態，但在少數有見識人士的權勢和辯解之下，為了有利於整個國家，只有暫時停止魯莽的行動。這時波斯人在費西斯河的勝利使得羅馬人心懷恐懼，皇帝本人也不願擔起謀殺的惡名，指派一位元老院議員擔任法官，調查拉齊人國王的行為和死亡的狀況。他登上莊嚴的法庭，四周圍繞著司法部門和懲治罪犯的大臣，兩個民族都派員出席參加審判，按照民事訴訟的程序對這個特別的案子進行辯論，對於卑鄙的犯人宣布罪狀和執行死刑，使受傷害的人民得到補償[70]。

---

68 將人活活剝皮的懲罰並不是薩坡爾引進波斯。瑪夏斯(Marsyas)的弗里基亞吹笛人是個很可笑的故事，也不可能被仿效，但阿果西阿斯非常愚蠢，竟然當作先例來引用。

69 君士坦丁堡皇宮有三十個稱為「沉默者」的位階，也算是榮譽頭銜，用來授與不負實際職責的元老院議員。

70 阿果西阿斯在這篇立論公正的演說辭裡，有十八或二十頁是華麗無用的陳腔濫

十、羅馬與波斯的和平談判和條約的簽訂(540-561A.D.)

　　波斯國王在和平時期一直想找絕裂的藉口，但是等他掌握到武力，立即表示他的欲望是安全和榮譽的條約。雙方有強烈的敵意，使得兩位君主展開虛假的談判。克司洛伊斯獲得優勢的地位，用傲慢和輕視的態度對待羅馬大臣，這時他自己的使臣在皇家宮廷獲得史無前例的殊榮。居魯士的繼承人表現出威嚴的氣勢，自詡為東方的太陽，對於年輕的弟兄查士丁尼非常親切，同意他像蒼白的月亮能夠沾光統治著西方。伊斯迪古尼(Isdigune)是皇家的後宮總管，用盛大的排場和流利的口才來支持這種偉大的說法。他奉命出使，帶著妻子和女兒上任，有一長列的宦官和駝隊，隨員之中還有兩位戴著金冠的省長，五百名騎兵擔任護衛，全都是最勇敢的波斯人。達拉的羅馬總督非常明智，拒絕人數龐大的隊伍進入國境，要求這個充滿敵意的駝隊不得超過二十人。伊斯迪古尼晉見皇帝呈送禮物，在君士坦丁堡度過十個月的時光，沒有討論兩國之間的重要事務。波斯使臣沒有被囚禁在自己的府邸，從看守人的手裡接受飲水和食物，而是獲准訪問首都，身邊沒有密探和警衛陪同，家人只要願意，可以自由與外人交談和購物。這與那個時代的習慣有所抵觸，各國法律有嚴格的規定，對外人不得信任或表示禮貌的態度[71]。連他的通譯都獲得前所未有的恩典，就羅馬官員的看法通譯的身分很低，竟然讓他與皇帝同桌，坐在他主人的身邊，同時接受一千磅黃金做為旅途和飲宴的費用。然而伊斯迪古尼一再的努力，只能得到不利於波斯的條約，看來情況完全改觀，過去是拜占庭宮廷花錢和懇求才能達成。很多年的兵戎相見造成玉石俱焚的局面，查士丁尼和克司洛伊斯都感到厭倦，急需停戰，使衰老的他們得到休養生息。會

(續)————————————
　　調。他的無知和粗心完全忽略最主要的論點，那就是拉齊卡國王上次的叛亂行為。

71　樸洛柯庇斯提及拉芬納的哥德人宮廷所採用的辦法，土耳其、俄羅斯和中國對外國使臣不僅嚴加防範，而且要求極為苛刻。

議在兩國的邊界召開，目的不是獲得聲譽，而是展現實力、公正及君王對
和平的意圖，但需要和利益決定了和平條約，得到的結果是五十年的期
限、用希臘文和波斯文書寫的條款，以及十二名通譯簽字的見證。通商和
宗教的自由有明文規定和限制條件，皇帝和國王的聯盟包括對等的利益和
義務，採取各種謹慎的預防措施，使得兩個敵對民族如果在邊界產生意外
事件，雙方的爭執受到制止，不再升高或蔓延。

　　經過二十年的戰爭，雖然造成毀滅，卻沒有產生決定性的後果，雙方
的邊界保持原狀，並無重大的變化。克司洛伊斯受到說服，放棄對柯爾克
斯及其屬國所有權和主權的要求。東方因為資財累積，已經很富有，又從
羅馬人那裡索取每年三萬金幣的付款，因為數額不算大，只能顯示出貢金
帶來的羞辱。查士丁尼的大臣在最近的爭論中，引用塞索斯垂斯的車輛和
幸運之輪，說起安提阿和一些敘利亞的城市從衰落的狀況中興起，超過蠻
族虛榮和野心習性理解的程度。溫和的波斯人回答道：「你完全錯了，萬
王之王是人類的君主，根本瞧不起這麼一點東西。在被他無敵的軍隊所征
服的十個民族中，他認為羅馬人最不可怕。」按照東方人的意見，諾息萬
的帝國從河間之地(Transoxiana)的費加納(Ferganah)延伸到葉門或阿拉
伯‧菲力克斯(Arabia Faelix)。他平定海卡尼亞的叛亂，征服印度河兩岸
的卡布爾(Cabul)和札布勒斯坦(Zablestan)行省，撲滅優泰萊特人
(Euthalites)的勢力，簽訂光榮的條約終結突厥人戰爭，同時接受可汗的女
兒成為他的合法妻室。他在亞洲的君主中間獲得長勝的英名而受到尊敬，
在馬甸(Madain)或帖西奉的宮殿中接受世界各國使臣的觀見。各種禮物和
貢金，以及武器、華麗的服飾、珠寶、奴隸或香料，很謙卑的呈送到寶座
的前面。他屈尊接受印度國王的禮品，有十擔沉香木、身高七肘尺的少
女、比絲還柔軟的地毯，據稱是由非常特殊的蛇皮製成。

十一、阿比西尼亞戰爭及侵略阿拉伯的影響(522-533A.D.)

　　查士丁尼被譴責與衣索匹亞人結盟，將野蠻的黑種民族引導進入文明

社會，但是羅馬帝國的朋友阿克蘇邁特人（Axumites）或稱阿比西尼亞人，
與阿非利加原始土著很容易區分[72]。自然的造化力量使尼格魯人的鼻子扁
平，長著鬈曲如羊毛的頭髮，天生漆黑發亮的皮膚。但阿比西尼亞人的皮
膚是橄欖色，從頭髮、體態和容貌看來，他們像是阿拉伯人的殖民地，可
以肯定出於同一血統，原因是語言和生活習性類似，據稱古代有一次大遷
徙，而且紅海的兩岸之間距離並不算遠。基督教的信仰提升整個民族超越
阿非利加蠻族的水平[73]，他們與埃及和君士坦丁的繼承人密切交往，傳遞
藝術和科學的入門知識。他們的船隻到錫蘭進行貿易，有七個王國服從尼
古斯（Negus），他是阿比西尼亞最有權勢的君主。獨立的荷美萊特人
（Homerites）統治富裕而又幸福的阿拉伯，首次受到衣索匹亞征服者的侵
犯，他提出來自希巴（Sheba）女王的繼承權利，宗教的狂熱使他的野心帶
有神聖的意味。猶太人流放到此地，獲得權勢和主動，荷美奈特人的君主
杜南安（Dunaan）受到他們的控制。帝國的法律對不幸的同胞進行宗教迫
害，猶太人要求他施加報復，有些羅馬商人受到殘酷的待遇，幾名尼格拉
（Negra）[74]的基督徒獲得殉教者的榮譽[75]。

　　阿拉伯的教會懇求阿比西尼亞國君的保護，尼古斯的艦隊載運軍隊渡
過紅海，猶太人改信者的王國和生命都被剝奪，荷美奈特人的王族全被絕
滅，他們統治出產沒藥和乳香的僻遠地區已有兩千年之久。征服者立即宣
布福音的勝利，要求有正教信仰的教長，用熱烈的情緒聲稱與羅馬帝國的

[72] 這些人具有阿拉伯人的外貌和膚色，已在阿比西尼亞殖民地延續三千四百年之
　　久。鄰近和同一地區出現黑人，不僅僅是氣候因素，主要還是種族的影響。
[73] 葡萄牙傳教士、阿瓦瑞茲（Alvarez）、伯繆德茲（Bermudez）、洛波（Lobo）和特勒茲
　　（Tellez）僅提到現代的阿比西尼亞人，有的是親眼所見，也有的出於杜撰。博學的
　　盧多法斯（Ludolphus）懂得二十五種語言，對於了解其古代歷史卻只有一點貢獻。
　　然而葉門的征服者卡立德（Caled）的名聲，卻能留存在民謠和傳奇之中。
[74] 尼格拉這個城市位於葉門，四周環繞著椰棗樹林，有大路通往首都薩阿納（Saana）
　　和麥加，駝商隊到前者的行程是十天，到後者是二十天。
[75] 殉教者聖阿里薩斯（St. Arethas）是尼格拉的君主，隨著殉難的人員有三百四十名，
　　後來寫成尼西弗魯斯（Nicephorus）的傳奇故事，巴隆紐斯特別加以模仿。巴納吉
　　（Basnage, Henri, sieur de Beauval, 1656-1710A.D., 荷蘭律師）調查阿拉伯和衣索匹
　　亞的猶太人狀況，在私下費很大的工夫加以駁斥。

友誼。查士丁尼聽進阿諛之言，認為有希望經由阿比西尼亞人改變蠶絲貿易的管道，也可以借重阿拉伯人的軍隊對付波斯國王。農諾蘇斯(Nonnosus)出身自使臣世家，被皇帝指名負責執行此一重大任務。他的決定非常明智，拒絕採用較短而更為危險的道路，也就是經過努比亞(Nubia)的沙漠。他沿著尼羅河溯流而上，再到紅海去乘船，然後在阿非利加的海港阿杜利斯安全登陸。從阿杜利斯到阿克蘇美(Axume)皇家城市，直線距離不超過五十里格，但是穿過山區的曲折道路，花了使臣十五天的時間。在他橫越森林地區時看到野生大象，粗約估計大致不會少於五千頭。根據他的報告，首都的範圍很大，而且人口眾多。阿克蘇美這個村莊知名於世，在於王室的加冕禮、一處基督教禮拜堂的遺跡以及十六、七根銘刻希臘文字的方尖碑[76]。尼古斯在廣場上接受觀見，四匹飾具華麗的大象拖著高大的車輛，他端坐在上面，四周圍繞著貴族和樂師。他穿戴亞麻布的服裝和帽子，手裡拿著兩根投矢和一面輕盾，雖然看起來有點赤身裸體，但戴著黃金的項鍊、頸圈和臂鐲，展現出蠻族的排場，這些飾物鑲嵌著貴重的珍珠和寶石。查士丁尼的使臣行跪拜之禮，尼古斯將農諾蘇斯從地上扶起，與他擁抱，親吻皇帝蓋在國書上的印璽，展讀信函以後同意與羅馬人建立同盟，揮動武器大聲宣布，要與拜火教徒進行勢不兩立的戰爭。他對蠶絲貿易的建議避而不談，雖然阿比西尼亞人提出保證或者本意如此，但是這種帶有敵意的威脅之辭自然消失，沒有發生任何作用。

荷美奈特人不願放棄生產香料的叢林，去探測空無所有的沙漠，也不願吃盡千辛萬苦去迎戰一個實力強大的民族，何況他們之間並沒有任何私人的恩怨。衣索匹亞的國王沒有能力防守占據的土地，所以不願擴大征戰的範圍。亞伯拉哈(Abrahah)是阿杜利斯一名羅馬商人的奴隸，僭奪荷美奈特人的權杖。阿非利加的軍隊受到奢華風氣的誘惑，查士丁尼與篡奪者建立友誼關係，因為他呈獻少量貢金推崇皇帝至高無上的權威。亞伯拉哈

---

76 阿瓦瑞茲在1520年見到阿克蘇美繁榮的狀況，就在這個世紀之內，土耳其的入侵帶來嚴重的破壞，只留下不到一百戶人家，但是過去偉大的記憶留存在國王的加冕典禮之中。

的統治有很長一段時間非常順利，後來他的部隊在麥加的城門前被擊潰，連兒女都被波斯征服者當成戰利品劫走，衣索匹亞人終於被逼離亞洲大陸。敘述這段晦澀而遙遠的史實，並不是與羅馬帝國的衰亡毫無關係。要是在阿拉伯繼續保持基督教的勢力，穆罕默德在搖籃中就已夭折，那場改變世界文明和宗教的革命就會被阿比西尼亞人阻止。

圖拉真征服達西亞紀功柱

中央樹立大理石圓柱，
高達一百一十呎，
表示此處山丘原來的高度，
現在已經挖除剷平。
這根圓柱仍然保有華美的古風，
完全表達出創建者在達西亞獲得勝利的真實情況。

Fig. II.

第四十三章

阿非利加叛亂　托提拉重整哥德王國　羅馬失守與
光復　納爾西斯平定意大利　東哥德人滅亡　法蘭
克人和阿里曼尼人的敗北　貝利薩流斯大獲全勝，
令名受污後死亡　查士丁尼的崩殂及其性格和統治
彗星、地震及瘟疫(531-594A.D.)

　　從多瑙河到尼羅河察看各民族的狀況，已經呈現出羅馬人衰弱的局
面，使我們疑惑難解之處，在於古老的邊界尚且無力防守，竟敢大力擴展
帝國的疆域。查士丁尼的戰爭、征服和勝利只是步入老年的迴光返照而
已，耗盡國家殘留的實力，加速敗壞人民的氣運。規復阿非利加和意大利
的光榮行動使他自鳴得意，但是貝利薩流斯的離開使災難接踵而至，顯示
出征服者的無能，不幸的國土難逃毀滅的下場。

一、帝國的暴政引起阿非利加和摩爾人叛變(535-558A.D.)

　　查士丁尼期望從新近獲得的領土，可以充分滿足驕傲的心理和貪婪的
念頭。一位精通古老財政體制的大臣生性貪財好貨，緊接著貝利薩流斯的
腳步前來。自古以來沿用不絕的貢金登記冊，被汪達爾人全部燒毀，他毫
無根據憑空設想，從優計算和武斷估定阿非利加的財產[1]。遙遠的統治者

1　有關阿非利加的問題，我找不到比樸洛柯庇斯更好的指導，他對那個時代最重要
　　的事件不僅密切注意，還不斷蒐集相關資料。在《汪達爾戰爭》第二卷提到斯托
　　札的叛亂、貝利薩流斯的歸國、日耳曼努斯的勝利、所羅門的第二次任職和管
　　理、色吉烏斯以及阿里賓達斯所建立的政府、貢薩里斯的暴政和死亡。在他形形

一股腦拿走增加的稅收，還要奪回原有的世襲財產，也就是皇室的土地，立刻使得公眾的興奮情緒完全消失無蹤。皇帝對於人民的怨言一無所知，直到軍隊的不滿產生動亂，才使他從夢中驚醒。很多羅馬士兵娶汪達爾人的寡婦和女兒為妻，自認獲得征服和繼承的雙重權利保障。堅西里克分配給勝利部隊的田地，現在成為他們合法的產業。士兵帶著藐視的態度，聽取長官冷淡而又自私的說辭：

> 他們原來都是蠻族或奴隸，由於查士丁尼的慷慨才能翻身；阿非利加的戰利品加上財庫和奴隸，還有被擊敗的蠻族遷走後留下的財物，都已經使得他們獲得巨額的財富；皇帝有權獲得古老和合法世襲產業，畢竟他們的安全和獎勵全要依賴政府的支持。

上千名士兵暗中策動兵變，大部分是赫魯利人，他們受到阿萊亞斯教義的感化，聽從教士的唆使，在宗教狂熱的特權豁免之下，偽誓和叛亂都成為正當的理由。阿萊亞斯教派對於教會的毀損感到悲痛，他們在阿非利加已經得意一百多年，而且新來的征服者頒布法律，禁止阿萊亞斯教派對兒童施行洗禮，停止所有的禮拜儀式，使他們更是怒不可遏。貝利薩流斯挑選汪達爾人，讓他們享有在東部帝國服役的榮譽，其中大部分忘記自己的家園和宗教。這些人其中有一批約四百多人，等他們看到列士波斯島時，竟然命令水手轉頭回航，從伯羅奔尼撒半島附近溜過，抵達阿非利加一處沙漠的海岸，在奧拉休斯(Aurasius)山上大膽樹起獨立和叛變的旗幟。行省的部隊拒絕接受上官的命令，這時所羅門已得到充分授權接替貝利薩流斯的職位，迦太基醞釀陰謀活動要取他性命。虔誠的阿萊亞斯教派決定在復活節可怕的祕密儀式中，將這個暴君當成犧牲品奉獻在神壇的前面。暗殺者的畏懼或悔悟使行刺的企圖落空，然而所羅門的忍辱反而激起不滿的氣焰。

(續)────────────

　　色色的描述之下，我無法辨識任何出於諂媚或惡意的徵兆。

　　過了十天，賽車場引發極爲狂暴的動亂，在十年內使阿非利加成爲一片赤土(535-545A.D.)。城市遭到搶劫，居民受到不分青紅皂白的屠殺，只有黑夜、睡眠和酒醉才會暫停這些可怕的行爲。總督帶著七個同伴包括歷史學家樸洛柯庇斯在內，逃到西西里。三分之二的軍隊涉及謀叛的罪行，八千名起事人員在布拉的原野聚集，選出斯托札(Stoza)成爲首領。他是一名普通的低階士兵，具有成爲叛徒的極佳才華和能力。斯托札用爭取自由作爲口號，雄辯的言辭可以領導或至少推動這群夥伴的熱情。他把自己提升到與貝利薩流斯和皇帝的姪子同樣的水平，也敢與他們在戰場一爭高下。就是勝利的將領也認爲斯托札是值得欽佩的對手，應該搭配更高尚的目標和更合法的指揮權力。雖然在戰場吃了敗仗，他還是很巧妙的運用談判技術，一支羅馬軍隊受到引誘而背棄忠誠的誓言，多名部隊首長相信他那無法兌現的承諾，結果在努米底亞的教堂被他下令謀殺。無論是眞刀眞槍的接戰還是運用奸詐的計謀，當所有的伎倆都已用盡，斯托札帶著負嵎頑抗的汪達爾人，退到茅利塔尼亞的曠野，娶一位蠻族國君的女兒爲妻，傳出他已逝世的消息好逃避敵人的搜捕。憑著貝利薩流斯的威望，日耳曼努斯(Germanus)身爲皇帝姪兒的地位、精力和性格，以及宦官所羅門第二次任職的熱誠和成就，恢復軍營樸實祥和的風氣，維持阿非利加暫時的平靜。然而拜占庭宮廷的惡行使遙遠的行省身受切膚之痛，部隊抱怨無法領到薪餉也不能退伍除役。等到社會的動亂醞釀到達成熟的階段，斯托札率領軍隊出現在迦太基的城門前。他在單人戰鬥中受創落馬，聽到自己的長矛已經插進對手的心臟，強忍著痛苦含笑以歿。

　　像斯托札這樣的例子，即使是一個普通的士兵，只要掌握機會，也可以成爲國王，鼓勵有雄心壯志的貢薩里斯(Gontharis)積極效法。他與摩爾人簽訂私下的協定，蠻族的援助雖危險，但是如果他能登上迦太基的帝座，願意與他們平分阿非利加的疆域。生性軟弱的阿里賓達斯(Areobindus)不諳和平與戰爭的事務，只因娶了查士丁尼的姪女，被畀以阿非利加太守的重任。他在突然發生的叛變中被衛隊制服，苦苦哀求饒恕性命，只會激起冷酷暴君的輕視，無法讓他產生惻隱之心。統治三十天以

後，貢薩里斯在宴會中被阿爾塔班(Artaban)刺死。說起來是件很奇特的事，出身阿薩息斯王室的亞美尼亞君土，竟然在迦太基重建羅馬帝國的權勢。布魯特斯拔劍奪去凱撒性命的陰謀事件*2，從後人的眼裡來看認為極其重大，非得探索查明所有的情節不可；但是像這種出身皇室或身為叛徒的兇手，無論是犯下罪行還是建立功勳，只有樸洛柯庇斯的同時代人士感到興趣而已。他們抱著希望、恐懼、友情和憎恨的心理，本身捲入阿非利加的變革3。

整個國土很快陷入蠻族橫行的狀況，腓尼基的殖民地和羅馬的法律過去曾提升這片土地的地位。內部動亂的每個階段，都顯示出野蠻族群對抗文明社會獲得可悲的勝利。摩爾人4雖然不知公正為何物，卻無法忍受壓迫，他們過著漂泊無定的生活，不受國界和疆域的限制，使征服者的軍隊無用武之地，也能逃避強加在身的鎖鍊。同時從經驗得知，就是誓言和義務也無法保證他們歸順以後的忠誠。奧拉斯(Auras)山的勝利使他們極為驚畏，也只能短時期的降服，要是他們尊敬所羅門的統治風格，就更為痛恨和藐視他兩位姪子的傲慢和奢侈。居魯士(Cyrus)和色吉烏斯(Sergius)分別負責的黎波里和潘塔波里斯行省，身為宦官的叔父發布這種任命，極為草率和不智。一個摩爾人部族紮營在理普提斯(Leptis)的城外，再度向羅馬人效忠，從總督那裡接受慣常賜給的禮物。八十人組成的代表團被當作朋友接到城內，遭到暗中懷疑會有陰謀活動，全部在色吉烏斯的宴會中被屠殺。起兵和復仇的呼聲在阿特拉斯山的谷地之間迴響，從瑟爾特斯(Syrtes)河的兩岸一直蔓延到大西洋的海邊。

安塔拉斯(Antalas)的兄弟受到不公正的謀害，因此把羅馬人視為不共

---

*2 [譯註]公元前44年3月15日，凱撒在元老院會議場龐培柱廊被暗殺，兇手連同布魯特斯共有十四人，凱撒身中四十三刀而亡。

3 他對貢薩里斯的謀殺敘述得栩栩如生，我不得不讚揚。兇手之一所表現的情操，可以媲美愛國的羅馬人。阿塔昔里斯(Artasires)說道：「如果我在搏命一擊之下失手，馬上把我殺死在現場，免得我熬不住拷問架的酷刑，把同謀給供出來。」

4 樸洛柯庇斯在敘述中偶爾提到摩爾人戰爭，狄奧菲尼斯補充說明，在查士丁尼的最後幾年，發生一些處置順利和狀況不利的事件。

戴天的仇敵。想當年他擊敗汪達爾人，立下汗馬功勞，贏得英勇無敵的名
聲，為人公平正直，行事謹慎細心，在摩爾人當中更顯得突出。他將艾得
魯米屯摧毀成一片焦土，等於是向皇帝提出警告，要想阿非利加獲得和
平，必須召回所羅門和他一無是處的姪兒。太守率領軍隊從迦太基出兵，
在距離六天的行程，也就是提比斯特(Tebeste)⁵鄰近地區，蠻族的優勢兵
力和兇狠氣焰使他大吃一驚，於是他提出簽訂條約的建議，懇求雙方重新
修好，願意立下最莊嚴的誓言，保證自己的言行要受條文的約束。氣憤的
摩爾人打斷來使的話說道：

> 他會受哪些誓言的約束？難道以前不是拿出基督徒的《聖經》，對
> 著福音書來發誓？他的姪兒色吉烏斯拿這本書作為誠信的保證，維
> 護我們八十個不幸和無辜同胞的安全。在我們再次信任他們之前，
> 必須讓我們知道犯了偽證罪會受什麼懲處，讓他們能替自己的榮譽
> 辯護。

羅馬人的榮譽在提比斯特的戰場受到考驗，所羅門陣亡，他的部隊全
軍覆沒。新到達的援軍和更為優秀的將領立刻制止了摩爾人的猖獗，在同
一場戰爭中他們有十七個王侯被殺，所有的部族只有暫時歸順。君士坦丁
堡的民眾張燈結綵，大事慶祝。連年的入侵行動使阿非利加的行省面積縮
小，只有意大利的三分之一，然而羅馬皇帝對於迦太基以及富裕的地中海
海岸，還能繼續統治達一百多年。然而查士丁尼的勝利或是失敗同樣有害
於人類，使得阿非利加變成人煙絕跡的荒漠。一個外鄉人在很多地區漫遊
整日，也見不到一個朋友或敵人的面孔。汪達爾人整個民族都已消失，他

5　現在的提比什(Tibesh)位於阿爾及爾王國之內，蘇耶拉斯(Sujerass)河供應所需用
　　水，然後注入米傑達(Mejerda)河。提比什仍舊以大石塊砌成的城牆(很像羅馬的
　　大競技場)引人注意，城裡有一道清泉和胡桃樹叢。這片國土非常的肥沃富足，鄰
　　近的柏柏人(Bereberes)是黷武好戰的民族。從一塊碑銘上可以看出來，在哈德良
　　統治時，第三軍團構築從迦太基到提比斯特的道路。

們的武士總數一度到達十六萬人，還沒有包括兒童、婦女和奴隸。即使是被殘酷戰爭所絕滅的摩爾人家族數量，都遠遠超過他們。羅馬人和盟友也要自食惡果，難逃報復的命運，因為當地的氣候、相互的鬥爭和蠻族的蹂躪而死亡狼藉。當樸洛柯庇斯首次登陸時，對於城市和鄉村稠密的人煙、商業和農耕的興旺，感到驚訝讚歎。不到二十年的時間，一片繁榮的景象變得滿目淒涼，富有的市民都逃到西西里和君士坦丁堡。根據樸洛柯庇斯的《秘史》記載，在戰爭和查士丁尼皇帝的統治下，有五百萬阿非利加人喪生[6]。

二、托提拉的起兵及對意大利的攻略和規劃(540-544A.D.)

拜占庭宮廷的猜忌不願讓貝利薩流斯完成征服意大利的偉業，出乎意料的調離使哥德人恢復士氣[7]，蠻族欽佩他用兵的天份和指揮的才能，甚至就是他那值得贊許的動機，逼得查士丁尼的屬下要欺騙及拒絕他們。哥德人已喪失他們的國王(這種損失不值一提)、首都、財富、從西西里到阿爾卑斯山的行省，還有二十萬兵強馬壯的蠻族部隊。然而並不是全部都損失得一乾二淨，像是有一千哥德人還在防守帕維亞，他們為榮譽的信念、自由的熱愛和祖先偉大的事蹟所激勵。最高指揮權大家一致同意授與勇敢的烏萊阿斯(Uraias)，他的叔父維提吉斯使他感到羞辱，只有加以婉拒，要大家擁護希底巴德(Hildibald)。希底巴德的優勢在於西班牙國君特德斯(Theudes)是他的親戚，也許西班牙國君會為共同的利益支持哥德民族。希底巴德領軍在黎古里亞和維尼提亞獲得勝利，似乎證明大家的選擇非常正確，但是他很快向世人宣布，無法寬恕或接受曾經支持他的恩主。烏萊

6　一序列阿非利加的歷史證實這些極為悲慘的實況。

7　樸洛柯庇斯在第二和第三卷裡，繼續敘述哥德戰爭的歷史，時間從查士丁尼在位第五年到十五年。這部分的事蹟比較不夠生動，只用一半的篇幅而時間卻長達一倍。喬南德斯以及馬西利努斯的編年史，都提供一些旁證和相關的資料。西哥紐斯、帕吉、穆拉托里和布瓦等人的著作都很有用，我也都加以運用。

阿斯的妻子美貌、富有而且驕傲，使得希底巴德的配偶受到很深的傷害。烏萊阿斯這位以德服人的愛國者被殺，激起酷愛自由民族的公憤。有名大膽的兇手執行大家的判決，在宴會裡將希底巴德的頭砍了下來。魯吉亞人(Rugians)是一支外來的部族，僭占選舉國王的特權。托提拉(Totila)是已故國王希底巴德的姪兒，為了報復起見，他想帶著特列維哥(Trevigo)的守備部隊投奔羅馬人的陣營。不過這位作戰驍勇而又多才多藝的年輕人很容易聽進眾人的勸告，與其為查士丁尼效命，不如登上哥德人的王座。他很快將帕維亞皇宮的魯吉亞人篡奪者清除乾淨，校閱哥德民族那支五千士兵的部隊，積極展開光復意大利王國的工作。

　　貝利薩流斯的後任是十一位階級相等的將領，他們忽略最重要的任務，是要粉碎實力衰弱而又分崩離析的哥德人。等到聽到托提拉的進軍以及查士丁尼的譴責，才驚醒過來採取行動(541-544A.D.)。維洛納的城門在暗中為阿塔巴助斯(Artabazus)打開，他率領一百名波斯騎兵為帝國效勞，哥德人看大勢不好，趕快逃離城市，在距離六十弗隆的地方，羅馬的將領停止追擊，要分配戰利品。就在他們爭吵時，敵人才發現勝利者的真正人數，波斯人很快被制服，阿塔巴助斯跳過城牆才逃得性命，但是沒有過幾天，在一場單獨搏戰中，被一名蠻族用長矛戳死。靠近法恩札在佛羅倫斯地區的木吉羅(Mugello)山，兩萬羅馬人迎戰托提拉的大軍。自由人的熱情要用奮戰來恢復自己的國土，對抗委靡不振的傭兵部隊，他們缺乏勇氣和紀律，甚至連奴隸都不如。在第一次的攻擊中，他們丟掉連隊標誌和兵器，用敏捷的速度四散逃走，雖然增加戰敗的羞辱，倒是減少失利的損傷。哥德國王不齒於敵軍的自私卑鄙，為了獲得榮譽和勝利，發起迅速的追擊。托提拉渡過波河，穿越亞平寧山脈，暫時放棄奪取拉芬納、佛羅倫斯和羅馬的企圖，通過意大利的腹地向南進軍，展開對那不勒斯的圍攻，或說是封鎖。羅馬將領龜縮在城市，不敢挫其銳鋒，相互委罪，彼此攻訐不息。皇帝對於意大利征戰的困境和危險起了警惕之心，派遣戰船組成的艦隊增援那不勒斯，還有一部分色雷斯和亞美尼亞的士兵。他們在西西里登陸，當地奉上儲存豐富的糧食。新任指揮官是一名不諳戰陣的文

官,他的遲疑延長了被圍城市的痛苦。他提供救援物資時既怯懦又緩慢,
物資不斷受到托提拉配置在那不勒斯灣的戰船攔截,全部落在哥德人手
中。派來的最高官員被繩索綁住頸脖,牽到城牆下,用戰慄的聲音向著城
裡喊話,要求市民像他一樣懇請征服者大發慈悲。市民提出條件要先簽定
停戰協定,如果在三十天之內他們得不到解救,願意開城投降。這名膽大
包天的蠻族不僅答應要求,而且將一個月的期限延長到三個月,預判到期
限前就會出現饑饉,也會逼得他們只有屈服。等到那不勒斯和邱米不戰輸
誠以後,盧卡尼亞、阿普里亞和卡拉布里亞這些行省,對於哥德國王的招
降全部望風歸順。托提拉率領部隊向羅馬進軍,在距離首都約二十哩的泰
布爾或提弗利(Tivoli)紮營,對於元老院和人民提出溫和的勸誡,要他們
比較哥德人統治下的福祉與希臘人的暴政。

　　托提拉能夠迅速成功,部分原因是三年時間所產生的經驗,使意大利
人在情緒上發生很大的改變。羅馬教皇[8]是他們精神上的教父,在正統基
督教皇帝的指使下,至少也是奉皇帝的名義,從教堂裡拖走,放逐到與人
世隔絕的小島,遭到活活餓死或者是謀殺[9]。品德高尚的貝利薩流斯被十
一位軍事首長所取代,他們各有不同的缺失和惡行,分別駐守在羅馬、拉
芬納、佛羅倫斯、珀魯加、斯波列托等地,濫用權勢縱情於女色或貪婪。
亞歷山大受領任務要改善稅收的狀況,他是個行事狡猾的政客,長期在拜
占庭宮廷欺詐和高壓的環境中,與那批同流合污的廷臣沆瀣一氣,獲得
「搞錢高手」的名聲[10],意指他有特別的手法,可以減少金幣的成色而不
會損及外觀。他對意大利人的財產加重估值,根本不想恢復市場的平靜,
鼓勵大家勤奮工作。這些做法無論就目前或未來而言,都是為了滿足貪婪
的需要。還有一些人在哥德國王的統治下,涉及公家經費的收入和開支,

8　羅馬主教西爾維流斯開始時被運送到呂西亞的帕塔拉(Patara),最後餓死在帕馬里
　　亞(Palmaria)島,時間是538年6月20日。樸洛柯庇斯只有指控女皇和安東妮娜是罪
　　魁禍首。

9　帕馬里亞是面對特拉契納和弗爾斯基(Volsci)海岸的一個小島。

10　行政首長亞歷山大和他那批民事和軍方的同僚,都是寡廉鮮恥的傢伙,《秘史》
　　的惡毒程度只不過比《哥德戰爭》略勝一籌。

現在他們的人身和財產都受到嚴苛的迫害，比起上述情況更可恨。凡是逃過這些不公平困擾的查士丁尼的臣民，都被迫維持軍隊的需要，而且毫無規則可循。軍隊成為亞歷山大欺騙和藐視的對象，部隊經常急著出去搜尋財物或給養，使得地區的居民在等待或懇求蠻族的救助。

托提拉[11]的性格純樸而且能夠自我節制，為人講求誠信和仁義，無論對朋友或敵人都不會說謊欺騙。哥德國王對意大利的農夫發出歡迎來歸的呼聲，他們可以享受勤勞的成果，只要支付正常的稅收，在作戰英勇和紀律嚴明的軍隊保護下，就能夠安居樂業，免於戰禍的危害。他不斷攻取堅固的市鎮，只要這些地方落到他的手中，立刻就將所有的堡壘工事拆除，避免民眾在未來受到圍攻的災難，更不讓羅馬人運用防禦作戰的技術。而且，這兩個民族要解決長久以來的爭端，應該堂堂正正在戰場上拚個你死我活。羅馬的戰俘和逃兵受到感召，投入他的麾下，為慷慨好客而又溫文有禮的敵人服務。奴隸獲得堅定而誠信的保證，絕不將他們交給原來的主人，使得他們願意為他效命。帕維亞的一千名武士雖然還自稱為哥德人，但在托提拉的營地逐漸形成一個新的民族。他誠摯履行雙方簽訂協定的條款，不會運用含糊的解釋或無法預料的事件做為藉口，謀求或接受任何陰險和邪惡的私利。他答應讓那不勒斯的守備部隊用海運撤離，等到頑強的頂頭風使船隻無法出航，就很大方供應所需的馬匹、糧食和前往羅馬城的安全通行權利。襲擊康帕尼亞的莊園時獲得元老院議員的妻子，全部不要贖金歸還給她們的丈夫。凡是侵犯婦女的貞操，一律處死，絕不寬恕。征服者指派一位仁慈又親切的醫生，對飽受饑饉所苦的那不勒斯人，負責訂出合理的規定，供應所需的糧食。托提拉的德性無論從真正的政策、宗教的原則或是人性的本能而論，同樣值得後人的讚譽。他經常對部隊訓話，不變的主題是談到國家的惡行和敗亡有密不可分的關係，軍隊講究倫理和紀律就會獲得勝利的果實，君王甚至平民姑息犯罪時，自己也應受罰。

---

11 樸洛柯庇斯充分而公正的記載托提拉的優點。羅馬歷史學家從薩祿斯特到塔西佗，在深思蠻族所表現的德性時，就會很高興忘記自己同胞的惡行。

三、貝利薩流斯的受命和羅馬被圍的攻防作戰(544-548A.D.)

　　貝利薩流斯回到意大利拯救他所征服的國家，無論是朋友還是敵人都很熱情的在後推動，等於把哥德戰爭的責任，用信任或放逐的方式，強加在久經兵戎的主將身上。他在幼發拉底河的兩岸是英雄，到君士坦丁堡的皇宮成爲奴隸，只有勉強接受這令人痛苦的任務，要賠上自己的名聲去補救後任的錯誤。羅馬人在海洋可以通行無阻，船隻和士兵都在薩洛納(Salona)集結，此地靠近戴克里先的宮殿。他在伊斯特里亞的波拉(Pola)使部隊休息後舉行閱兵，繞過亞得里亞海的盡頭，進入拉芬納的港口，他對屬下的城市頒布命令，不準備供應所需的補給品。貝利薩流斯用皇帝的名義對哥德人和羅馬人發表公開的演講，說查士丁尼聽到意大利臣民的祈求，已經暫停對波斯的征戰行動。他輕描淡寫提到最近發生災難的原因及始作俑者，盡力使大家對過去發生的事件，不要認爲會受到懲罰而感到畏懼，要對未來會受到赦免而懷抱希望。他竭盡一切能力使統治下的軍民人等團結起來，本著共同的利益和情感成爲堅固的聯盟。他特別提到感激的主子查士丁尼，願意原諒臣民的過失，獎勵他們正確的行爲，受騙的同胞被篡奪者花言巧語所引誘，他們有責任和義務導正同胞走上正道。雖然他表達熱烈的期許，不過並未達成預想的效果，沒有一個人背棄哥德人的陣營。貝利薩流斯很快發現，他的話根木是在對牛彈琴，只能眼睜睜看著一個年輕蠻族光芒四射的形象。貝利薩流斯的信函鮮明而眞實呈現出高貴心靈面臨災禍的反應。

　　　尊貴的君王：我們已經抵達意大利，戰爭所需的工具全都缺乏，包括人員、馬匹、武器和錢財。部隊繞路經過色雷斯和伊里利孔的村莊，在極端困難的狀況下才徵集到四千新兵，他們身無長物，不知道如何運用武器，也沒有經歷軍營的生活。原來配置在各行省的士兵，全都感到不滿，心懷恐懼而且士氣沮喪，只要聽到敵軍的消

息，就會騎上自己的馬匹，把武器拋在地上趕緊逃走。自從意大利
落在蠻族手中，已經無法徵稅，沒有錢支付士兵的薪餉，不僅喪失
指揮的權利，連譴責和訓誡的職責都全被剝奪。陛下，你的部隊大
部分都已投向哥德人的陣營，這完全是事實。要是戰爭全靠貝利薩
流斯一個人，那麼你的願望已經達成，我已經抵達意大利。但是如
果你想展開征服的行動，準備的工作離需要還差得太遠。將領沒有
武力作後盾，一切的虛名都會落空。目前的權宜之計是先恢復老兵
的服役和個人的衛隊，在我率領部隊進入戰場之前，必須獲得相當
數量的輕裝和重裝部隊。只有足夠的金錢，才能收買匈奴人的騎兵
前來效命，這是戰勝敵人不可或缺的要件[12]。

　　貝利薩流斯從拉芬納派出深獲信任的軍官，前去催促和引導援軍，但
是送去的信息沒人理會。信差在君士坦丁堡締結有利的婚姻，把這件事也
耽誤下來。延遲和失望耗盡他的耐性，羅馬的主將再渡過亞得里亞海，期
望從帝國的臣民和盟友中慢慢集結的部隊，能夠先行抵達狄瑞奇恩。他的
實力還不足以解救羅馬，現在羅馬還被哥德國王圍攻之中。運用阿皮安大
道需要四十天的行軍，一路上到處滿布蠻族。謹慎的貝利薩流斯不願接受
這樣的挑戰，情願採取安全而迅速的海上路線，從伊庇魯斯海岸到台伯河
口只有五天的航程。
　　托提拉運用武力或透過是締結條約，得到意大利中部行省各次要城鎮
以後，並不想攻擊古老的都城，而是用包圍或饑餓的方式使其屈服（546年
5月）。貝薩斯的貪財好貨使羅馬受到折磨，他的英勇作戰也使首都獲得保
衛。這位出身行伍的軍事首長有哥德人血統，率領三千兵力的守備部隊部
署古老的城牆，防守範圍廣大的城區。民眾的災難使他可以藉機斂財，暗
中為延續的圍城作戰感到喜不自勝，原來在他手裡的穀倉已經獲得補充。

12　一個英雄的心聲在他的書信中表露無遺。我們對他真正和最初的行為，與拜占庭
　　歷史家刻意編製和虛有其表的空談，不可能混淆在一起而分不清楚。

慈善好施的教皇維吉留斯，花錢購買並且運來大批西西里的糧食。然而逃避蠻族的船隻被貪婪的總督扣留，他把數量不足的給養發給士兵，剩餘的穀物賣給有錢的羅馬人。一個梅丁魯(medimnus)或五分之一夸特的小麥可以換七個金幣，一頭牛要五十個金幣，這種價格不僅少見，也要看機會才買得到手。等到饑饉開始，極度荒謬的要價隨著上漲，傭兵的配給量受到剝削，減少到難以維持活命的程度。有一種毫無滋味而且不衛生的稀粥，麩皮的數量是麵粉的三倍，用來滿足窮人饑餓的胃口。狀況惡化到食用死去的馬匹、狗、貓和老鼠，急著到處去拔食青草，甚至尋找生長在城市廢墟裡的蕁麻。

一大群蒼白而憔悴的幽靈，身體顯示病痛和疲乏，內心充滿挫折和絕望，包圍總督府邸，七嘴八舌的爭吵，事實雖然如此，但是沒有效果。他們認為主人的責任是要維持奴隸的生存，非常謙卑的提出請求，供應他們所需的食物、或是讓他們逃走、再不然立刻將他們處死。貝薩斯帶著冷酷的平靜態度回答，他沒有能力供應所需的糧食，讓他們離開會不安全，而且殺害皇帝的臣民是違法行為。然而一個平民做出榜樣讓同胞知道，就是暴君也無法阻止赴死的特權。五個小孩發出刺耳的哭聲，餓得向父親要麵包，這個父親絕望之餘，帶他們走向台伯河上的一座橋樑，他用手掩面，當著家人和羅馬的民眾，一頭跳進急流之中。富有和怯懦的人只要肯出錢，貝薩斯就讓他們離去[13]。絕大部分的逃難人員都在公路上喪生，或是被蠻族四處慓掠的隊伍所攔截。在這個時候，富於心機的總督為了平息大家的不滿，激起羅馬人的希望，傳出援軍即將到來的含糊信息，說是東方邊區的艦隊和軍隊正在兼程趕路。他們獲得更加安心的保證，貝利薩流斯已經在港口登陸，只是沒有提到兵力的數量。他們相信這位被全民依賴的偉大救星靠著仁慈、勇氣和用兵的技巧，會將大家從水深火熱之中拯救

---

13 樸洛柯庇斯並沒有隱瞞貝薩斯的貪婪，他為了對失去羅馬將功折罪起見，對佩特拉進行光榮的征服行動，但是同樣的惡行隨著他從台伯河到費西斯河畔，歷史學家對於他個性上的優點和缺失據實報導。《貝利薩流斯》傳奇的作者將懲罰加在羅馬壓迫者的頭上，符合正義但不符合歷史。

出來。

四、托提拉擊退援軍及羅馬城被內奸出賣(546A.D.)

托提拉有先見之明，構成的障礙可以用來對付所向無敵的對手。離城市九十弗隆河道最狹窄的地方，他用堅硬的巨大木材在兩岸之間建造一座橋樑，兩端分別豎起高聳的木塔，配置最勇敢的哥德人在上面防衛，儲存大量投射武器和攻擊的器具。一根結實的鐵鍊用來掩護橋樑和木塔的接近路線，鐵鍊的兩頭安置在台伯河的兩岸，派出大批經過挑選的弓箭手擔任守備的任務。克服障礙和解救首都的冒險行動，展現出貝利薩流斯臨陣勇敢和指揮卓越的光輝戰績。他的騎兵從港口沿著大道前進，主要是吸引敵人的注意，逼使他們採取對抗的行動。步兵和糧食裝載在兩百艘大船上，每艘船用厚木板建造很高的防壁加以保護，上面開射孔可以發射箭矢。最前面用兩艘大型船隻繫在一起，成為一個漂浮的城堡，用來對付橋樑的高塔，船裡裝著硫磺和瀝青這些縱火材料，整個船隊由將領親自指揮，靠著划槳對抗河道的水流，很辛勞的向前運動。鐵鍊被砍斷掉進水裡，防守兩岸的敵人不是被殺死就是被趕走。這條火船撞到主要的障礙物，立即與橋樑糾纏在一起，一座木塔連同兩百名哥德人全部葬身火焰之中，攻擊者發出勝利的歡呼。要不是貝利薩流斯手下的軍官發生錯誤，造成他的用兵失利，羅馬就會得到拯救。他事先將命令送達貝薩斯，要求及時從城內出擊，配合整個作戰行動，並對部將艾薩克(Isaac)下達嚴格的命令，固守港口不得有誤。等到年輕而熱情的艾薩克陷於優勢敵軍的掌握之下，貝薩斯為著貪婪起見不願出動，戰敗謠言經過誇大傳入貝利薩流斯的耳中，他變得躊躇不前。在他的一生之中，只有這種特殊的時刻才能顯示出驚訝和困惑的情緒，很不得已發出撤退的信號，以拯救他的妻子安東妮娜、錢庫以及托斯坎海岸僅有的港口。他的心情極為苦惱，身體受到影響，產生致命的熱病，留下羅馬毫無保護，未來的命運只得任由托提拉去處置。繼續的敵對行動更加激起民族之間的仇恨：阿萊亞斯教派的教士受到羞辱，全部

被驅出羅馬；副主教貝拉基斯(Pelagius)出任使臣前往哥德人營地，結果無功而返；一位西西里的主教擔任教皇的特使或是教廷大使，為了服務教會和國家說出謊言，竟被砍斷雙手。

饑餓使羅馬的守備部隊體力衰退，紀律鬆弛，瀕臨死亡的民眾也無法給予有效的協助，總督沉溺在毫無人性的貪婪之中，終於降低全神貫注的警覺之心。有四名艾索里亞的伍長，趁著同伴熟睡而且軍官不在之際，用繩索從城牆上垂到城外，向哥德國王獻策，願意引導部隊進城。他們的提議沒有受到重視，而且讓哥德人感到懷疑。他們安全回到城內，後來又試了兩次，地點經過哥德人的檢查，完全了解祕密策應的過程，只是沒有作出任何決定。等到托提拉同意發起突襲，這幾名艾索里亞人打開阿辛納里亞門的大門，讓哥德人進入城裡(546年12月17日)。一直等到天色大亮，哥德人停下來排列成作戰隊形，害怕被出賣而中了埋伏，但是貝薩斯的部隊連同他們的領袖已經逃走。蠻族請求國王發起追擊，不讓敵手安全退卻，他很審慎的回答「圍城必闕，逃寇莫追」。歷史學家提到，狄西阿斯(Decius)、巴西留斯(Basilius)幾位大公仍舊保有馬匹，就陪伴總督一同逃走；他們的兄弟像是奧利布流斯(Olybrius)、歐里斯特斯(Orestes)和麥克西繆斯(Maximus)，就在聖彼得大教堂尋找庇護。歷史學家斷言只有五百人留在首都，使人懷疑他的敘述或是記載是否正確。天亮以後證實哥德人獲得完全的勝利。他們的國君非常虔誠的參拜使徒彼得的墓地，只是他在聖壇祈禱時，有二十五個士兵和六十個市民被殺死在大教堂的前庭。副主教貝拉基斯[14]手裡拿著福音書站在他的面前：「啊！主上！請赦免你的僕人。」托提拉帶著侮辱的笑容說道：「貝拉基斯，高傲的你怎麼也會俯首討饒。」審慎的副主教回答道：「我本來就是懇求者。上帝已使我們成為你的子民，既然我們是你的子民，就有資格請你大發慈悲。」在他謙卑的

---

14 在維吉留斯漫長的放逐期間及其死後，羅馬教會首次由一位副主教統治，最後才落在教皇貝拉吉斯手裡(555A.D.)。對於前任的苦難，大家認為他並非毫無責任。參見以阿納斯塔休斯皇帝名義寫的原始教皇傳記，他提到意大利戰爭和羅馬圍攻期間，發生非常奇特的意外事件。

祈求之下，羅馬人的性命得到寬恕，處女和貴婦人的貞操也得到保護，免於性慾高漲的士兵無禮的侵犯。只要等最值錢的戰利品保存在皇家的金庫以後，他們的報酬是可以任意搶劫。元老院議員的房屋裡有很多的金銀財寶，貪婪的貝薩斯犯下滔天大罪所累聚的財物，使征服者可以不勞而獲。在這場天翻地覆的變遷中，羅馬執政官的兒女飽嘗過去他們鄙視或豁免的不幸，穿著襤褸的衣服在城市的街道上流浪，在他們繼承的府邸前面乞討麵包，或許還得不到一點殘羹。魯斯蒂辛娜（Rusticiana）是敘馬克斯的女兒，也是波伊昔烏斯的孀婦，拿出家財來施捨，減輕饑饉的災害。傳出她鼓動民眾將偉大君主狄奧多里克的雕像推倒在地，蠻族大為憤怒。要不是托提拉尊敬她的出身、德性甚至報復的虔誠動機，這位年高德劭貴婦的性命就會成為紀念哥德君王的犧牲品。

　　托提拉在次日發表兩場演說，用來恭賀和規勸勝利的哥德人，譴責元老院像最低賤的奴隸，充滿僞證、愚蠢和忘恩負義的行為。他提出嚴正的聲明，要剝奪他們的產業和榮譽，賜與同生死共患難的軍中夥伴。然而他願意饒恕他們的叛變，元老院的議員為了回報他的仁慈，對於意大利行省的佃戶和家臣發出傳閱的信函，命令他們要背棄希臘人的旗幟，在和平的環境裡耕種他們的田地，學習他們的主人盡自己的責任服從哥德統治者。城市的頑抗使他的勝利拖延甚久，為此他表現出冷酷無情的決心，下達命令將三分之一的城牆在不同的地段加以拆除，使用縱火或器具準備摧毀或推平古代最莊嚴的建築和工程，羅馬將從堅固的城堡變成放牧的草地。這樣致命的敕令使全世界震驚，貝利薩流斯提出立場堅定和語氣溫和的抗議，使得破壞工作的執行暫時停頓。他對蠻族提出警告，這些古代的紀念物使死者感到光榮，生者獲得喜悅，毀棄只能玷污自己的聲名。托提拉被敵人的勸告所說服，保存羅馬可以成為王國的裝飾，或成為和平與復交的最佳保證。他向貝利薩流斯的使者表示寬恕整個城市的意圖的同時，將一支部隊配置在離城一百二十弗隆的地方，用來監視羅馬主將的行動。他帶著剩餘的軍隊向著盧卡尼亞和阿普里亞進軍，占領加爾干努斯（Garganus）

山的山頂[15]，漢尼拔過去在這裡建立一個營地[16]。元老院的議員被拖著跟隨隊列行進，後來監禁在康帕尼亞的堡壘，市民帶著妻兒子女被流放分散到各地，在四十天的時間之內，受到拋棄的羅馬變成一個死城。

五、貝利薩流斯光復羅馬及被召回後羅馬再度失守(547-549A.D.)

　　失去的羅馬很快在一次作戰行動中恢復(547年2月)，要是按照這件事的結局來說，一般人會批評是倉卒行事或英雄主義。等到托提拉離開以後，羅馬的主將率領一千騎兵從海港出發，擊滅阻擋前進的敵軍，帶著憐憫和尊敬的心情訪問已成鬼域的永恆之城，決定要維持在世人眼裡重要的據點。他把旗幟樹立在卡庇多的神殿，集結麾下絕大部分的軍隊，用熱愛家園的情感和獲得食物的希望，召喚原來古老的居民。他將羅馬城的鑰匙第二次呈獻給查士丁尼皇帝。他加強各項工作：已經被哥德人所拆除的城牆，用簡陋和不同的材料趕緊修復；填平的壕溝重新挖開；在大道上面普遍撒布鐵釘[17]，用來戳傷馬匹的足部；新的城門無法盡快獲得，配置最英勇的士兵構成斯巴達式防壁[*18]，來保障進出通道的安全。等到二十五天的期限已過，托提拉從阿普里亞以急行軍回師羅馬，報復他所受的傷害和羞辱。貝利薩流斯已預期他會到達。哥德人發起三次全面攻擊都被驅退，損失部隊的精英分子，皇家的標誌幾乎落到敵人的手中，托提拉如雷貫耳的

---

15 加爾干努斯山現在稱為聖安吉羅山，位於那不勒斯王國，離亞得里亞海有三百個斯塔德，在黑暗時代以幽靈、奇蹟和天使長聖米迦勒(St. Michael)教堂而知名於世。賀拉斯是阿普里亞或盧卡尼亞人，曾經看到加爾干努斯山的榆樹和橡樹，在吹向高聳海岸的北風中搖擺呼嘯。

16 我無法確定漢尼拔這座營地的位置，但是在布匿克戰爭的軍營，有很長一段時期設置在鄰近的阿皮(Arpi)地區。

17 這種稱為「尖耙」的裝置有四個長釘，一端插入地面固定，其餘三個釘朝上，可以用來刺傷人或馬的足部。

*18 [譯註]斯巴達自負英勇無敵而且毫無畏懼之心，所有的城鎮均不興建城牆和壕溝。有人認為斯巴達四面環山易於守備，所以不建防城工事。所謂斯巴達式防壁，完全用人員編組成堅強的陣線，或者是簡陋的野戰築城。

名聲，連同軍隊的運道，全都居於下風。無論羅馬的主將能施展多大的本領和勇氣，還是敵不過查士丁尼要結束這場戰爭的決心，雖然在開始時野心勃勃，最後還是要放棄。像這樣一位怠惰而又無能的君王，藐視他的敵人，忌恨他的奴僕，延長了意大利的災禍。

　　經過很長一段平靜期，貝利薩流斯奉命在羅馬留下足夠的守備部隊，自己率軍前往盧卡尼亞行省，當地居民受到正統教會宗教狂熱的煽動，已掙脫阿萊亞斯教派征服者所強加在身的枷鎖。在這場不夠光彩的戰事中，對付蠻族勢力能夠所向無敵的英雄，竟然因手下軍官的延遲、抗命和怯懦大敗而逃。他在克羅托納的冬營中休養生息，為了確保安全，盧卡尼亞山地的兩條通路都派騎兵把守。不知是發生叛逆還是實力薄弱，哥德人急速進軍毫無阻擋，幾乎使貝利薩流斯沒有時間逃到西西里海岸。他終於集結一支艦隊和軍隊用來解救羅薩諾(Rossano)[19]，這個堅強的城堡離開夕巴里斯(Sybaris)的廢墟有六十個弗隆，盧卡尼亞的貴族以此地為庇護所。在第一次的攻擊行動中，羅馬部隊為一場暴風雨所驅退。第二次他們再接近海岸，但是看到小山上滿布弓箭手，登陸的地點有成列的長矛在嚴密防守，哥德國王急著要展開會戰，意大利的征服者發出退兵的信號，繼續處於凋敝、羞辱和消極的境地。這時安東妮娜已被派到君士坦丁堡懇求援軍，要等到皇后死後，才獲得允許讓他回師意大利。

　　貝利薩流斯最後五次戰役可以減輕競爭對手的妒恨，過去他那萬丈光芒的榮譽不僅眩人眼目，連帶傷害到別人的利益。他現在非但沒有從哥德人的手裡拯救意大利，反而像喪家之犬在海岸一帶徘徊不去，既不敢向著內陸進軍，也不接受托提拉氣勢凌人一再的挑戰。然而還是有極少人能夠就事論事，拿執行任務的工具來比較，認為與運道極盛時期相比，也就是當他將兩位被俘的國王送到查士丁尼寶座的前面時相比，他更能被稱為登峰造極的兵學大師。貝利薩流斯的驍勇從未因年老而衰退，獲得的經驗使

19　魯西亞(Ruscia)把土里魯姆(Thuriorum)的海防部隊，運送到六十個斯塔德的羅薩諾，這裡是一個主教轄區，但是下面沒有設副主教。過去的夕巴里斯共和國現在成為科里利亞諾(Corigliano)公爵的產業。

他的智慧更加成熟，但是至高的美德無論是仁慈還是公正，有時卻屈服於艱困的現實。皇帝的吝嗇或窮瘠迫得他偏離正道，當初他就是按照常理行事來取得意大利人的敬愛和信任。要維持戰爭，就會使拉芬納、西西里以及帝國所有忠誠的臣民生活在高壓之下。對希羅底安(Herodian)的起訴過分嚴苛，這名受到冤屈或是自覺有罪的軍官就把斯波列托拱手讓給敵人。安東妮娜的貪婪主宰一切，雖然有時會為愛情而轉變，現在她卻已經完全成為錢財的奴隸。貝利薩流斯向來非常清楚，在一個腐化和墮落的時代，財富能夠支持和裝飾個人的功勳。當然不能這麼認定，說是運用一部分戰利品作為自己的報酬，就會玷污服務公眾的榮譽。這位英雄逃過蠻族的刀劍，但是陰謀分子[20]的匕首在等待他的歸去(548年9月)。

在戰爭中獲得財富和榮譽的這群人當中，阿塔班曾經懲罰阿非利加的暴君，現在怨恨宮廷的忘恩負義。他渴望得到皇帝的姪女浦麗杰克塔(Praejecta)，她也願意回報拯救性命的恩人，但是虔誠的狄奧多拉認定他前次的婚姻形成障礙。高傲的浦麗杰克塔身為皇室後裔，為讒言所激怒，阿塔班以獻身軍旅自豪，證明他有能力作出大膽而血腥的行為。只有查士丁尼的死亡才能解決他們的問題，只是陰謀分子延後執行的時間，一直等到貝利薩流斯在突然的狀況下解除武裝，毫無奧援隻身留在君士坦丁堡才動手。想要破壞他那根深柢固的忠誠根本毫無希望，而且他們畏懼這位老將為了報復或應該說是主持正義，只要登高一呼，色雷斯的軍隊就會懲罰這些兇手，犯罪的成果或許全被他安然坐享。時間的延後容易產生差錯，會因良心不安而認罪。元老院譴責阿塔班和他的幫兇，極為仁慈的查士丁尼將他們軟禁在皇宮，後來又寬恕這種企圖弒君篡位的重大罪行。要是皇帝能饒恕他的仇敵，那就應該真誠擁抱一位朋友，貝利薩流斯把永世難忘的勝利奉獻給他，在他最危險的時刻仍舊忠心耿耿。貝利薩流斯辛勞的戎馬生活需要休息，擔任東部主將和內廷伯爵的高位，就是資深的執政官和

---

20 樸洛柯庇斯用很坦誠的語氣敘述這場陰謀事件，雖然在《秘史》裡更可以渾無顧忌，倒是沒有增加什麼情節。

大公，對於建下蓋世功勳的羅馬第一名將，也很恭敬的讓出較高的位階[21]。
羅馬第一名將仍舊是妻子的奴隸，等到狄奧多拉死後，功高震主的畏懼逐
漸消失，他那種習慣和自虐的奴性就不那樣引起反感。喬妮娜（Joannina）
是他們的女兒，也是財產的唯一繼承人，許配給女皇的外孫或是姪兒阿納
斯塔休斯[22]，完全是善意的安排才促成這件婚事。等到狄奧多拉的權勢隨
著死亡而消失，喬妮娜的雙親回國以後，冷酷的母親為了報復，不惜斷送
女兒的榮譽與幸福，就在教堂的婚禮等待批准時，取消這件讓安東妮娜不
滿的婚約[23]。

　　在貝利薩流斯離開之前，珀魯西亞受到圍攻，只有很少幾個城市深溝
高壘守衛嚴密，能夠擋住哥德軍隊的攻擊，拉芬納、安科納和克羅托納仍
在抗拒蠻族。托提拉要求娶法蘭西國王的女兒為妻，受到拒絕，給他很大
的刺激，說他除非得到羅馬人民的承認，否則不配稱為意大利的國王。三
千名最勇敢的士兵留下來捍衛首都，懷疑有囤積壟斷的情事，守備部隊殺
害總督，讓一位教士當代表去向查士丁尼陳情，除非赦免他們的罪行，支
付虧欠的薪餉和犒賞，否則他們會立刻接受托提拉所答應的條件。但是接
替指揮的軍官（他的名字叫戴奧吉尼斯[Diogenes]）贏得他們的尊敬和信
任。哥德人發現征服的行動很難達成，已經遭遇到士兵和民眾堅強的抵
抗，羅馬人都能耐心忍受海港被敵軍攻占，以及所有海運補給品的損失。
要不是托提拉給艾索里亞人豐富的報酬，引起容易收買的同胞仿效謀叛的

21　貝利薩流斯的秘書用極為高興的態度來表揚他的功勳和榮譽，原文提到的頭銜和
　　官位的譯名有錯誤，應該以適當的軍階來突顯他的地位。
22　阿里曼努斯（Alemannus）、杜坎吉和海尼修斯（Heineccius）三個人都認為阿納斯塔
　　休斯是狄奧多拉的外孫，也就是她女兒的兒子，他們的根據是樸洛柯庇斯非常肯
　　定的證詞，然而我要提出幾點：（1）在公元547年時，狄奧多拉很不可能有年齡已
　　到青春期的外孫；（2）我們根本不知道她女兒的婚姻狀況，也不知道她女兒的丈夫
　　是何人；（3）狄奧多拉隱瞞她有私生子這件事，如果她的外孫有查士丁尼的血統，
　　就是帝國的法定繼承人。
23　提起這位英雄在意大利和歸國以後的罪過，很明顯是莫須有之事，《秘史》的作
　　者也可能大事渲染。查士丁尼的司法體系尚未定形，有利於安東妮娜的企圖。對
　　於結婚和離婚的法律規定，皇帝是隨風飄動的牆頭草。

先例,那麼羅馬的圍攻可能已經解除。在一個黑暗的夜晚,哥德人的號手在另一邊吹響號角時,他們靜悄悄打開聖保羅門的城門(549A.D.),蠻族衝進城市,逃走的守備部隊到達申圖西利的港灣之前,已經被截斷退路。有名士兵名叫西里西亞人保羅,曾經在貝利薩流斯開辦的班隊受訓,與四百名同伴退到哈德良的陵墓,驅除哥德人,但是感到饑餓的威脅,大家都厭惡馬肉的味道,下定決心情願冒死出擊,背城一戰。但是這種奮不顧身的精神,逐漸屈服於對方所提出的條件,只要加入托提拉的陣營為他效命,就可以補發所欠付的金額,保有自己的武器和馬匹。他們的首領曾經發誓不會拋棄留在東方的妻子和小孩,托提拉毫不勉強,讓他們可以光榮離開。有四百多名敵軍在教堂的聖所尋找庇護,受到仁慈的勝利者全部赦免沒有殺害。

托提拉不再存有摧毀羅馬建築物的念頭[24],把它視為哥德王國的都城,保持尊敬的態度。他讓元老院和人民都回到自己的家園,很慷慨的供應他們謀生的工具和器材。托提拉穿著和平時期的官服,在賽車場演出各種騎術節目,就在他使群眾獲得消遣和娛樂時,已準備好四百條平底船裝載他的部隊,雷朱姆和塔倫滕這些城市都望風而降。他渡海進入西西里,奪取這個最痛恨的目標,從這個島嶼拿走所有的金銀財寶,帶走地面上的收成,以及無數的馬匹和牛羊。薩丁尼亞和科西嘉在從命以後,能夠享有意大利的待遇和運道。一支艦隊有三百艘戰船侵襲希臘的海岸[25],哥德人在科孚(Corcyra)島和古老的伊庇魯斯地區登陸。他們進軍最遠抵達尼柯波里斯(Nicopolis)和多多納(Dodona)[26],前者是為了紀念奧古斯都而建立

24 羅馬人一直對祖先的紀念建築物讚揚不已。要是按照樸洛柯庇斯的說法,伊涅阿斯(Aeneas)的單排划槳戰船寬二十五呎,長一百二十呎,仍舊完整保存在靠近特斯塔西歐(Testaceo)山的船塢中,這個地點位於靠近特溫廷山的山腳下。但是所有的古人都不知道有這個遺物。

25 樸洛柯庇斯在這一帶的海面尋找卡利普索(Calypso)島,始終沒有成功。他表示尤利西斯(Ulysses)的船隻已經變成化石,就在費阿西亞(Phaeacia)或科孚,但是他發現只有用石塊堆成的結構物,是一名商人奉獻給朱庇特·卡休斯(Jupiter Cassius)。優斯塔修斯認為是出於幻想,把岩石看成心目中的船隻。

26 丹維爾曾經詳述安布拉西亞(Ambracia)灣的狀況,但是他不知道多多納的確實位

的城市，後者一度因喬夫(Jove)的神諭而聞名於世*27。托提拉每次獲得勝利以後，這位見識高明的蠻族總是不忘一再向查士丁尼呼籲和平，對於從前皇帝和國王之間的和諧大加讚譽，願意提供哥德軍隊為帝國服務。

六、納爾西斯指揮哥德戰爭的準備及其遠征行動(549-552A.D.)

　　查士丁尼對和平的呼籲充耳不聞，但是完全忽略在進行中的戰爭，他的熱情因怠惰的性格而無法堅持，也使人感到失望。皇帝這種有益於國家的昏睡姿態，被維吉留斯教皇和西錫格斯(Cethegus)大公所喚醒。他們出現在寶座的前面，用上帝和人民的名義向他懇求，要恢復征服和解放意大利的偉業。他在選擇主將時，既展現出搖擺善變的態度，也表達出正確判斷的能力。一支艦隊裝載軍隊，發航救援西西里，置於萊比流斯(Liberius)的指揮之下，但是在考慮年齡和經驗的條件以後，在抵達海岸之前陣前換將。謀逆分子阿塔班從囚犯擢升要職，取代萊比流斯的位置，真心以為他會抱著感恩圖報的心理，發揮驍勇善戰的氣概，堅定忠誠不貳的信念。貝利薩流斯憩息在桂冠的光輝之下，然而主力部隊在意大利的作戰，必然由皇帝的姪兒日耳曼努斯負責指揮。他的位階和功績因宮廷的猜忌長期以來受到壓制，狄奧多拉甚至侵犯到他做為平民的權利，無論是他兒女的婚事或兄弟的遺囑，都不容他置喙。雖然他的領導不僅光明磊落而且無可指責，獲得國內外一致的信任，卻引起查士丁尼的不快。

　　日耳曼努斯的一生是絕對服從的最佳典範，他用高尚的態度和誠摯的語氣，拒絕濫用他的名字和職位參與賽車場的黨派之爭。他那率真無邪的笑容能夠緩和嚴肅誠懇的作風。他視錢財如糞土，盡量幫助貧窮的友人。他的英勇行為在過去已經戰勝多瑙河的斯拉夫人和阿非利加的叛徒，一開

(續)────────────

　　置。一個國家就在意大利的視野之內，對它了解的程度還不如對亞美利加的蠻荒之地。

*27 [譯註]羅馬人的主神朱庇特就是希臘人的宙斯，意大利人稱朱庇特為Jovie，所以英國借用將羅馬的主神稱為喬夫。

始傳出他的擢升就給意大利人帶來無窮的希望。他曾經在私下獲得保證，只要他接近戰場，羅馬的逃兵就會拋棄托提拉的旗幟。他第二次結婚娶了狄奧多里克的孫女瑪拉桑夏(Malasontha)，使得日耳曼努斯獲得哥德人的愛戴，他們不願進軍來對抗一位皇家嬰兒的父親，他的兒子是阿瑪拉皇族唯一倖存的後裔。皇帝核定很豐盛的津貼，將領也拿出自己的家私。他的兩個兒子很得民心，而且活力充沛。他非常敏捷完成兵員的徵召，成果超出世人的想像。皇帝同意他挑選色雷斯的騎兵分隊，無論是君士坦丁堡和歐洲的老兵還是年輕人，都願意自動前來投效。他的聲望和慷慨吸引蠻族的協助，遠及日耳曼的腹地。羅馬人向著撒迪卡前進，斯拉夫人的軍隊趕快逃走，但是在他們離開以後不到兩天，日耳曼努斯因病去世，使原來的計畫成為泡影。然而他給意大利戰爭帶來振奮的士氣，仍舊繼續發生積極進取的作用。瀕海的城市安科納、克羅托納和申圖西利抵擋托提拉的攻擊。阿塔班的賣命效力奪回西西里，哥德人的水師在亞得里亞海的海岸附近被擊敗。兩支艦隊勢均力敵，雙方的兵力是四十七艘戰船對抗五十艘戰船，希臘人憑著豐富的航海知識和操船技術，獲得決定性的勝利。船隻在近戰中全部糾纏在一起，在這場不幸的激戰中只有十二名哥德人逃走。哥德人對自己不精通的作戰方式，裝出並不在意的樣子，從他們的經驗可以證明諺語的真實無虛：「海洋的主人贏得陸地的疆域」。

　　日耳曼努斯逝世後，傳來很奇特的消息，說羅馬軍隊要交給一名宦官來指揮，聽到的民族都喜笑顏開。納爾西斯[28]是少數身遭不幸，卻能使世人不會輕視和仇恨宦官的人，衰弱而矮小的身材掩藏著政要和武士的心胸。他在年輕時靠著織布謀生，照顧各種家務工作，服侍奢華的女性，雖然忙得毫無空閒，還是在暗中鍛鍊天賦的才能，保持英勇和敏捷的習性。一個無緣接觸學校和軍營的局外人，在皇宮裡學到如何去掩飾自己、奉承上官和說服別人。等到他有機會接近皇帝，查士丁尼帶著驚奇和愉悅的心

28　樸洛柯庇斯對於第二次哥德戰爭和納爾西斯的勝利，提到整個發展的狀況，場面真是偉大壯觀！塔索一直在構思要寫出六首敘事詩，但是為了意大利到底是貝利薩流斯還是納爾西斯所征服，始終感到猶豫不決。

情，對於他的寢宮總管和財務長能夠言聽計從[29]。納爾西斯擔任多次使臣，他的才能得到發揮和改進。他率領一支軍隊到達意大利，獲得戰爭與當地狀況的實際知識，竟能與貝利薩流斯的軍事才具分庭抗禮。在他回到君士坦丁堡十二年以後，皇帝又要借重這名宦官，去完成羅馬第一名將尚未完成的征戰。他並沒有為虛榮心理或好勝爭強所眩惑，而是提出嚴正的要求：除非獲得足夠的部隊，否則他不會拿自己的聲望和君王的榮譽，冒險去孤注一擲。查士丁尼同意孌倖的要求，對那位英雄人物可能會加以拒絕。

哥德戰爭死灰復燃，準備工作不會有失帝國古老的尊嚴。國家金庫的鑰匙交到他的手裡，可以盡其所有來囤積軍需、徵召兵員、採購武器和馬匹、支付積欠的薪餉、收買逃兵和難民的忠誠。日耳曼努斯的部隊仍然保持完成戰備的狀況，停留在薩洛納，期待新任首長的蒞臨。宦官納爾西斯的輕財重義為眾所周知，不惜花費巨款編成本國臣民和同盟國家的軍團。倫巴底國王[30]除了克盡條約的義務，還全力予以支持，願意出借兩千兩百名最勇敢的武士，連同三千名好戰的隨從；三千名赫魯利人是馬上戰鬥的騎士，聽從本國酋長費勒穆什(Philemuth)的指揮；出身貴族的阿拉都斯(Aratus)領導由羅馬人組成的老兵隊伍，採用羅馬的作戰方式和訓練要求；達吉斯特烏斯(Dagistheus)從監獄裡被釋放出來指揮匈奴人；名聲顯赫的柯巴德(Kobad)是前後任波斯國王的孫兒和姪子，戴著王室的頭巾領導忠心耿耿的同胞，這些人要與君王同進退[31]。納爾西斯不但建立起權

29　自從納爾西斯肯定表示自己不是帕薩米尼亞人(Persarmenian)以後，他的家鄉在何處沒有人知道。保羅・武尼弗瑞德稱他的出生地為察吐拉流斯(Chartularius)，馬西利努斯給他加上庫比庫拉流斯(Cubicularius)的名字。在撒拉里亞橋發現一處碑銘，列舉他的頭銜為前執政官、前禁衛軍統領和庫比庫利(Cubiculi)大公。狄奧多西用來抑制宦官的法規早已廢止或失效，但是羅馬人愚蠢的預言還是活力充沛的流傳下去。

30　武尼弗瑞德是倫巴底人，帶著自滿的樣子記錄阿的同胞對帝國的救援和服務，並且很光榮的被遣散回家。我倒是感到很驚奇，奧波因是一位黷武好戰的國王，竟然不是他在領導這些臣民。

31　柯巴德如果不是騙子，那他就是瞎眼國王札美斯(Zames)的兒子，別人同情他的遭

威,更受到部隊的愛戴,率領一支旌旗招展的大軍從菲利浦波里斯
(Philippopolis)到薩洛納,再沿著亞得里亞海的東部海岸直到意大利的邊
界。他的行程受到妨害,東部不可能支援能運輸大量人員和馬匹的船隻。
在一片混亂之中,法蘭克人趁機併吞威尼提亞大部分地區,拒絕讓倫巴底
人的友軍有自由通過的權利。台亞斯(Teias)帶著最精華的哥德軍隊,據
守維洛納這個要點,指揮官運用高明的作戰技巧,使得鄰近地區被砍倒的
林木和氾濫的洪水弄得寸步難行[32]。納爾西斯感到極為棘手,只有聽從一
位很有經驗的軍官提出建議,羅馬大軍沿著海岸很審慎的前進,看來卻像
是草率的行動。艦隊保持在行軍縱隊的前方,不斷在河流的河口構建舟
橋,像是提瑪弗斯(Timavus)河、布倫塔(Brenta)河、阿第傑河和波河,
全都注入亞得里亞海,然後到達北部的拉芬納。他在這座城市休息了九
天,將散布在意大利的軍隊全部集結起來,向著里米尼進軍,接受狂妄敵
軍的挑戰。

七、塔吉那會戰和托提拉的陣亡及哥德王國的絕滅(552-553A.D.)

　　明智的納爾西斯迫得要採取迅速的決戰行動,集結的兵力是當前狀況
下的唯一成就,每天的花費已經累積成極大的金額。來自各民族的部隊,
缺乏嚴格軍紀的要求和吃苦耐勞的訓練,稍有不當就會兵戎相向,甚至會
倒戈對付自己的恩卞。他認為托提拉也有同樣的顧慮,難免就會緩和暴燥
的情緒,但是他知道意大利的教士和人民渴望第二次的變革。他感到也懷
疑很快會有謀叛事件發生,決定要冒險抓住機會在一天之內解決哥德王國
的問題,這樣一來,逼近的危險能夠激起大家效法英勇的精神,相互之間
沒有更多的時間去了解狀況,難免有所忌憚就不會產生背棄的心理。羅馬

(續)────────────
　　　遇,救他出波斯,後來基於策略、自負和慷慨的動機,讓他在拜占庭宮廷接受教
　　　育。
32　在奧古斯都時代以及整個中世紀,從阿奎利亞到拉芬納都是一片荒野,只有森
　　　林、湖泊和沼澤。人類征服自然,築堤排水以後,開墾成為農田。

的主將從拉芬納出兵，收拾里米尼的守備部隊，直線前進穿過烏比諾的山
嶺，再度沿著弗拉米尼亞大道南下，走了九哩越過在山岩上開鑿的通道。
這座天險哥德人要是加以防守，是難以克服的障礙，可以阻止或延遲他的
進軍[33]。哥德人在羅馬附近地區集結，毫不遲疑的前進，要尋找占有優勢
的敵軍，雙方接近到距離一百弗隆的地方，位於塔吉那(Tagina)[34]和高盧
人古代戰死者墓地之間(552年7月)[35]。納爾西斯送來傲慢的信息不是和
平，而是要他投降，哥德國王的答覆是情願決一死戰。使者問道：「你要
哪一天開戰？」托提拉的回答：「第八天。」

　　然而第二天的早晨納爾西斯準備會戰，想打敵人一個措手不及，同時
也怕托提拉在要詐。一萬赫魯利人和倫巴底人位於中央，他們作戰勇敢但
忠誠可疑。兩翼各有八千羅馬人，右翼有匈奴人騎兵擔任警戒，左翼有一
千五百名挑選過的騎兵負責掩護，狀況緊急時可以保護友軍撤退，作戰有
利則包圍敵人的側翼。從右翼頂端適當的位置，宦官騎著馬沿著戰線巡視
部隊，他的講話和神色向他們提出保證可以獲得勝利，激勵皇帝的士兵要

33　弗拉米尼亞大道的位置，可以從旅行指南和丹維爾的現代地圖得到修正，得到下
　　列的數據：羅馬到納爾尼是五十一羅馬里；到特尼(Terni)五十七里；到斯波列托
　　是七十五里；到福利諾(Foligno)是八十八里；到諾切拉(Nocera)是一百零三里；
　　到卡利(Cagli)是一百四十二里；到印特西撒(Intercisa)是一百五十七里；到福松布
　　羅內(Fossombrone)是一百六十里；到法諾(Fano)是一百七十六里；到佩撒洛
　　(Pesaro)是一百八十四里；到里米尼是二百零八里，大約等於一百八十九哩。他不
　　注意托提拉死亡的消息，但是魏西林將戰場的地點，從不知名的稱呼塔尼阿斯
　　(Ptanias)改為塔吉那，離諾切拉有八哩。

34　塔吉那或稱塔迪尼(Tadinae)，普里尼曾經提到過這個地點，但是這個名不見經傳
　　的小鎮卻設有一個主教轄區，位於平原上，離高廊多(Gualdo)只有一哩，但是在
　　1007年併入諾切拉。古代的痕跡保存在當地的稱呼上，像是福撒托(Fossato)意為
　　營地，卡普拉雅(Capraia)意為野羊，巴斯提亞(Bastia)意為高盧人墓地等等。可以
　　參閱克祿維流斯、盧卡斯‧賀斯廷紐和瓜捷西(Guazzesi)的著作，以及勒梅爾
　　(Le Maire)和馬吉尼(Magini)所製地圖，包括有關教會的產業圖和安科拉的行軍用
　　圖。

35　這場會戰發生在羅馬建城458年，執政官狄西阿斯(Decius)犧牲自己的性命，使得
　　他的國家和同僚費比烏斯(Fabius)獲得最後的勝利。樸洛柯庇斯把這場會戰認為是
　　卡米拉斯在巴斯塔‧高盧姆(Busta Gallorum)的大捷，這樣的錯誤被克祿維流斯提
　　出來指責，說他是希臘人的走狗。

懲罰這幫犯下滔天大罪的盜賊，同時讓大家看到那些黃金的鍊條、項圈和臂鐲，都是立下戰功的獎賞。這時大家從當面發生的接戰中，就已經知道成功的預兆。他們帶著極為欣賞的表情觀看五十名勇敢的弓箭手，這些人為了控制前面一座小山丘，已經擋住哥德騎兵連續三次的攻擊。在只有兩個弓箭射程的距離，整個早晨雙方都在焦急中度過，整個戰線醞釀著不安的氣氛，羅馬人在進食時衣不鬆甲人不離鞍。納爾西斯等待對方發起衝鋒，托提拉拖延時間要等最後兩千名哥德援軍的到達。國王用毫無效果的談判來消耗時間，同時在戰線前面很狹小的空間，向大家展示一個武士的力量和技巧。他的鎧甲上鑲嵌著黃金，紫色的旌旗在風中飄舞，他把長矛擲向空中，用右手接住再交給左手，從馬背的後面滑下來再跨步躍上馬鞍，像在騎術學校那樣操控難以駕馭的駿馬，施展各種步伐和旋轉動作。

等到援軍到達，他就退回帳幕，換上一般士兵的服裝和武器，接著發出會戰的信號。第一列騎兵的前進需要勇氣而不是謹慎，把第二列的步兵留在後面。他們立刻開始接戰，陣線像是兩個角之間的新月，中間突進去而兩翼變得向後彎曲，這是羅馬人在兩翼各配置四千弓箭手，他們齊射產生效果，引起巨大的歡呼聲音。哥德騎兵的勇氣給自己帶來災害，逼得他們擠在一起進行強弱懸殊的戰鬥，只能用長矛對抗敵人，但是對方嫻熟所有的戰爭工具。一場收穫豐碩的競爭激勵羅馬人和盟友，納爾西斯很平靜的觀看發展的狀況，並且下達必要的命令，當然會評判他們的功勞，對最勇敢的戰士給予最大的獎勵。哥德騎兵在震驚之餘已經陣勢大亂，遭到壓迫以後整個崩潰。第二線的步兵排成的陣勢，無法運用槍矛來支援騎兵的攻擊，也沒有足夠的空間來收容後退的部隊，被逃走的馬匹撞倒踐踏而亂成一團。在塔吉那戰場有六千名哥德人被殺，勝者毫無惻隱之心。他們的君主帶著五名隨員，被吉皮迪人阿斯巴德(Asbad)追趕上，忠心耿耿的隨員發出叫聲：「不要傷害意大利的國王！」阿斯巴德已將長矛刺進托提拉的身體，致命的一擊立刻引起忠誠哥德人的報復。他們將垂死的君王運到七哩外的一個地方，遠離給他帶來羞辱的戰場，讓他的最終時刻沒有任何敵人在場。大家出於同情，把他安葬在一個草草築成的墳墓裡。羅馬人對

於勝利覺得美中不足，直到後來發現哥德國王的屍體，才認為大功告成。托提拉裝飾著寶石的帽子以及染血的長袍被當成凱旋的信物，由專差呈送給查士丁尼。

納爾西斯立刻向勝利的賜與者無垢聖母，也是他的保護者[36]呈上最虔誠的奉獻。他對倫巴底人表示讚譽，給予豐碩的報酬，然後打發他們離開。這些驍勇善戰的野蠻人曾把村莊化為灰燼，在聖壇前面強姦貴婦和修女，因此要派出強大的正規部隊不斷監視他們的撤離，阻止再度發生違犯軍紀的事件。勝利的宦官繼續行軍通過托斯卡尼，接受哥德人的歸順，到處聽見萬民的歡呼。意大利人還在不斷抱怨，哥德人剩餘的部隊還有無可抗拒的實力，把羅馬包圍得水泄不通。環繞廣大的外廓城牆一周，納爾西斯把工作分配給自己和部將，分別擔任正常的攻擊和牽制的佯攻，並且不動聲色指出最容易接近的位置和沒有守備的通道。無論是哈德良陵墓的工事堡壘或是港口，都無法阻擋征服者的進展。查士丁尼再次接到羅馬城的鑰匙，在他的統治期間，羅馬失守和光復先後有五次之多[37]。

羅馬的拯救卻成為羅馬人民最後的災難，納爾西斯的蠻族盟友經常混淆和平與戰爭的特權。逃走的哥德人在絕望之餘，因血腥的報復行為而獲得一點安慰。出身貴族家庭的三百位青年，被送過波河做為人質，托提拉的繼位者毫無人性，將他們全部屠殺。從元老院的命運聯想到人生的際遇無常，不禁悠然而淚下。托提拉將元老院的議員全部放逐離開家園，有部分人員被貝利薩流斯的一位軍官救出來，從康帕尼亞運到西西里。有些人自認犯下大罪，不敢相信查士丁尼會法外施仁，也有些人實在太窮，沒有能力購買馬匹逃到海岸。他們這些同仁經過五年窮困和流放的生活，顯得憔悴不堪。勝利的納爾西斯恢復他們的希望，狂怒的哥德人阻止他們過早

---

36 聖母顯靈讓納爾西斯知道會贏得名滿天下的會戰。

37 羅馬城的五次得失是536年被貝利薩流斯光復，546年被托提拉攻占，547年又被貝利薩流斯奪回，549年再被托提拉征服以及552年被納爾西斯平定。馬特瑞都斯粗心翻譯為六次，這種筆誤後來經過更正，但是過錯已經形成，庫辛和以後的法文和拉丁文讀者，都陷入其中而不自知。

回到城市，康帕尼亞的城堡都沾染貴族的鮮血。過了十三個世紀以後，羅慕拉斯的制度已經淪喪。即使羅馬的貴族仍舊使用元老院議員的頭銜，但在公共會議或憲政法則中很少見到他們留下的痕跡。羅馬元老院高高在上已有六百年之久，注視著地球上的國王懇求覲見，把他們看成奴隸或是自由奴[38]。

哥德戰爭仍然繼續打下去，最勇敢的族人退過波河，一致推選台阿斯接替去世的英雄，並且要為他復仇。新國王立即派遣使者懇求法蘭克人的協助，即使花錢也在所難免，為了公眾的安全就將儲存在帕維亞皇宮的財富，毫不珍惜的使用在這方面。皇室剩餘的金銀放在康帕尼亞的邱米，他的兄弟阿利金(Aligern)負責看管，但是這座經托提拉加強的堅固城堡，被納爾西斯的軍隊緊密包圍。哥德國王實施快速而祕密的行軍，從阿爾卑斯山的山麓開往維蘇威山，前去解救他的兄弟，並逃過羅馬各地軍事首長的監視，把營地駐紮在沙奴斯(Sarnus)河的岸邊。這條河又稱德拉可(Draco)河[39]，從奴西里亞(Nuceria)流入那不勒斯灣。河流分隔兩支軍隊，六十天的時間浪費在遠距離的戰鬥，沒有得到任何成果。台阿斯一直維持這個重要的位置，等到他的艦隊失利，無法運來所需糧食，只有放棄，開始撤離。他攀登拉克塔里亞(Lactarian)山是不得已的窮途末路，這個地方從格倫的時代以來，因為清新的空氣和營養的牛奶[40]，羅馬的醫生將病人送來療養。

哥德人決心全力一搏，他們列陣下山，捨棄馬匹，實施步戰，為了獲得自由，寧願死於刀刃之下(553年3月)。國王親自領隊出戰，他的右手拿

---

38 像普魯西阿斯(Prusias)這種例子，在波利比阿斯留下的殘本中，可以看到一名皇家奴隸讓人感到好奇的景象。

39 樸洛柯庇斯的譯本顯然把這條河稱為沙奴斯河，原文出現錯誤應該歸咎於克祿維流斯任意的竄改。但是那不勒斯的卡米洛‧佩利格里尼(Camillo Pellegrini)從古老的記錄中找到證據，早在822年時，它的名字叫德拉可提奧(Dracontio)河或德拉可切羅(Draconcello)河。

40 格倫描述拉克塔流斯山的地勢高聳、空氣清新而且盛產營養豐富的牛奶，在敘馬克斯和卡西多流斯時代，都是眾所周知的療養勝地。現在除了一個名叫列特爾(Lettere)的小鎮，一切都已蕩然無存。

著長矛，左手執巨大的圓盾，用長矛殺死前列的敵人，左手的圓盾抵擋那
些想取他性命的武器。在幾個鐘頭的戰鬥以後，圓盾上插著十二支標槍，
使得他的左手疲累不堪。可是這位英雄人物並沒有退後一步，也沒有停止
攻擊，只是大聲叫喚他的隨從給他換一面新的圓盾，就在這一刻側面沒有
掩護，被致命的投矢所貫穿。他的陣亡是死得其所，同時也宣告哥德王國
隨之絕滅。他的殉難激勵戰友效死的決心，他們奮戰到黑夜降臨大地，雙
方才收兵休息。等到天亮又開始戰鬥，維持絕不示弱的勇氣直到第二天的
黃昏，夜晚在休息時不僅缺乏飲水，最勇敢的戰友也多已喪身。倖存的哥
德人決定接受優厚的條件，這是明智的納爾西斯所提出。他們可以選擇住
在意大利成為查士丁尼的臣民和士兵，或是帶著部分家私離開去尋找獨立
自主的國家[41]。還有一千名哥德人拒絕宣誓效忠或是自願流放，他們在條
約簽訂之前離開，很大膽的撤回帕維亞城內。

　　阿利金所處的地位激勵他效法兄弟台阿斯的精神，而不是哀悼台阿斯
的陣亡。他是體格強壯而又技術高明的射手，彎弓射出一支箭矢可以貫穿
對手的鎧甲和胸膛。他的軍事指揮才能卓越，防守邱米[42]抗拒羅馬人的軍
隊長達一年之久。羅馬人辛勤工作，把西比爾(Sibyll)的洞穴[43]挖成很大
的地下坑道，裡面堆積易燃的材料，放火燒毀臨時的支撐，邱米的城牆和
城門倒塌到洞穴裡，然而陷落的位置成為很深而且難以通過的絕壁。阿利
金處在這種險惡的環境仍然屹立絕不動搖，最後考慮他們的國家已經面臨
毫無希望的狀況，經過判斷覺得成為納爾西斯的朋友，總比當法蘭克人的

41　布瓦說殘餘的哥德人是被運到他所喜愛的巴伐里亞，其他人則說是葬身在烏利
　　(Uri)山區，或是回到戈特蘭的故土。

42　我讓斯卡里傑(Scaliger)和薩瑪休斯(Salmasius)為邱米的起源繼續爭辯，它是希臘
　　人在意大利最古老的殖民地，在朱維諾那個時代已經人去樓空，現在只是一片廢
　　墟。

43　阿果西阿斯把西比爾的神祕洞穴安置在邱米城牆下，他贊同塞維烏斯(Servius)的
　　說法，我不知道他們的意見為何被海尼(Heyne, Christian Gottlob, 1729-1812A.D.，
　　古典學者)反對，而海尼是魏吉爾作品最優秀的編者。邱米那時還沒有建立，如果
　　伊涅阿斯確實到過一個希臘城市，《伊涅伊德》史詩的部分詩行看來就會很荒
　　謬。

奴隸要強，只有低頭降服。自從台阿斯去世後，羅馬的將領分兵平服意大
利的城市。盧卡堅持長時期堅苦的圍攻，居民一再背誓的反叛行為，沒有
激起納爾西斯的怒火，要殘殺他們交付的人質洩憤，這不僅是他的仁慈，
也是一貫審慎的作風，反而讓這些人質安全離去，使得他們感恩圖報，終
於說服同胞放棄固執的頑抗[44]。

八、法蘭克人入侵意大利被納爾西斯擊敗(553-568A.D.)

在盧卡投降之前，意大利被一股新的蠻族洪流所淹沒。克洛維斯孫兒
狄奧底巴德(Theodebald)是個個性軟弱的青年，現在統治奧斯特拉西亞人
或所稱的東部法蘭克人。對於哥德使臣說得天花亂墜的承諾，他的監護人
內心存著事不關己的冷漠態度。但是一個黷武好勝的民族，進取的精神遠
超過宮廷裡怯懦的國務會議。羅沙爾(Lothaire)和布西林(Buccelin)[45]兩兄
弟是阿里曼尼人的公爵，他們挺身而出，成為意大利戰爭的領導人物，七
萬五千名日耳曼人在秋天從雷蒂提亞阿爾卑斯山進入米蘭平原(553年8
月)。羅馬軍隊的前衛配置的地點靠近波河，由一位勇敢的赫魯利人弗卡
里斯(Fulcaris)負責指揮。他輕率認為個人的英勇是將領的職責和績效，
在沿著伊米利亞大道行軍時，沒有整理好隊形和序列，也不重視警戒和掩
護。法蘭克人的伏兵突然從帕馬(Parma)的圓形劇場衝出來，他的部隊遭
到奇襲被擊潰，領導者拒絕逃走，臨終時說，納爾西斯的憤怒比死亡更可
怕。弗卡里斯陣亡，保住性命的首長開始後撤，哥德人天生輕浮和叛逆的
性格獲得鼓舞，逃奔到解救者的旗幟之下。有些城市還在抗拒羅馬將領的
軍隊，允許法蘭克人進入。對於蠻族大舉入寇，意大利的征服者開放通道

---

44 樸洛柯庇斯的《哥德戰爭》第四卷第三十五章與阿果西阿斯的第一卷歷史，對照
　　起來有困難。看來我們必須放棄一位政治家和軍人的觀點，而要追隨一位詩人和
　　修辭學家的腳步。

45 布西林建立不可思議的功勳，包括擊敗並殺死貝利薩流斯，征服意大利和西西里
　　等等。可以參閱《法蘭西史》、土爾的格列哥里和阿莫因。

任其自由行動，他們穿越以後抵達卻捷納(Cesena)的城下，認為哥德人的
財富不能支付入侵行動，對阿利金提出譴責和威脅。

納爾西斯親自率領三百騎兵從里米尼出擊，靠著高明的戰術和英勇的
行動，殲滅兩千名法蘭克人，這是對他們突入邊界肆意搶劫的懲罰。兩兄
弟在桑尼姆(Samnium)的國境線上分兵出動，布西林在右翼可以奪取康帕
尼亞、盧卡尼亞和布魯提姆的戰利品，羅沙爾在左翼搶劫阿普里亞和卡拉
布里亞。他們分別沿著地中海和亞得里亞海前進，最遠抵達雷朱姆和奧特
蘭托(Otranto)，連意大利的頂端都包括在毀滅的路線之內。法蘭克人都是
基督徒和正統教會的信徒，一般的惡行是單純的搶劫和偶然的殺戮，虔誠
的他們不會侵犯教堂。阿里曼尼人褻瀆神聖的雙手，對於一切都不會放
過；他們將馬的頭砍下來當作犧牲，奉獻給森林與河流的本土神明[46]；熔
化或玷污聖器，神龕和聖壇受到破壞，上面灑布著信徒的鮮血。布西林受
到野心的驅使，羅沙爾只是貪婪成性而已。前者渴望在他手裡恢復哥德王
國；後者要沿原路回去好把財富存放在阿爾卑斯山以北的地方，不過答應
他的兄弟會迅速增援。氣候的改變和傳染的疾病損耗軍隊的實力，日耳曼
人迷戀意大利的葡萄美酒，酗酒的習性多多少少讓沒有抵抗能力的人民報
了仇。

在春天開始時(554A.D.)，原來防衛城市的帝國軍隊，現在有一萬八
千人在羅馬附近地區集結。冬季時光沒有浪費和閒置，在納爾西斯親自指
揮和以身作則的要求之下，他們每天反覆進行各種軍事訓練，包括所有步
兵和騎兵的項目。他們的耳朵習於服從號角的聲音，配合皮瑞克舞曲的旋
律練習各種步伐和旋轉的動作。布西林帶著三萬法蘭克人和阿里曼尼人，
從西西里海峽附近向卡普亞緩慢移動，在卡西利隆(Casilinum)的橋樑旁
構建木塔。他的右翼獲得弗爾土努斯(Vulturnus)河的掩護，為了確保營地

---

46 阿果西阿斯注意到他們的迷信帶有哲理的意味。613年在瑞士的組格(Zug)，偶像
　　崇拜仍然流行一時，聖哥倫班(St. Columban)和聖高爾(St. Gall)是那個粗野國度的
　　使徒。後者發現一個隱居之所，以後發展成為一個教廷侯國和人口稠密的城市，
　　是自由思想和商業貿易的中心。

的安全，用尖銳的木椿做成防壁，四周環繞著大車，把車輪埋在土地裡。他急切等待著羅沙爾率軍前來援助。唉呀！眞是無知！他的兄弟不會再來。首領和他的軍隊感染到一場奇怪的疾病[47]，地點是在貝納庫斯(Benacus)湖的岸邊，位於特倫特(Trent)和維洛納之間。納爾西斯的旗幟出現在弗爾土努斯河，全意大利用焦急的眼光注視這場最後的決鬥。羅馬主將最顯著的長處，是面對混亂和喧囂的場面能夠沉著應戰。他運用巧妙的戰術行動切斷蠻族的補給線，使敵人喪失據有橋樑與河流的有利態勢，掌握對手的狀況，在選擇的地點和時間發起作戰行動。

在這個重要日子的早晨，列陣的部署已經完成，有一個僕傭因細故被主人殺死，主人是赫魯利人的首領之一，激起納爾西斯主持正義的決心，將這名罪犯召喚到自己面前，也不聽他的申辯，就下令執法人員將他處死。要是殘酷的主人沒有違犯本族的法條，這種過於武斷的判決，不僅難能算是公正的行為，就當前的狀況也不夠謹慎。赫魯利人感到他們的尊嚴受到冒犯，全部停了下來，不再前進，但是羅馬的主將並沒有安撫赫魯利人的憤怒，也不期望他們有所解釋，只是大聲的叫喊，號角已經響起，要趕快就戰鬥的位置，否則會失去勝利的榮譽。他的部隊展開[48]成很長的正面，騎兵部署在兩翼，中間是重裝步兵，投石手和弓箭手位於後面一線。日耳曼人前進時使用三角形或楔形的攻堅縱隊，他們突穿納爾西斯兵力薄弱的中央位置。這時他帶著笑容讓對方陷入羅網之中，指揮兩翼的騎兵逐漸轉向敵軍的側背，然後從後方形成包圍。法蘭克人和阿里曼尼人的隊伍靠步兵組成，每個人有一支長劍和圓盾掛在身側，攻擊時使用的武器是沉重的戰斧和帶鉤的標槍，只能在肉搏戰鬥和近距離作戰中發揮懾人的威力。羅馬弓箭手的精英騎馬，身著全副鎧甲，本身沒有危險，繞著運轉鈍

---

47 參閱阿果西阿斯和保羅・武尼弗瑞德所記載羅沙爾之死，他獲得戴柯努斯(Diaconus)的綽號。希臘人說他發狂到抓傷自己，曾經搶劫很多教堂。

48 丹尼爾神父對這場會戰的描述極富於幻想，那是運用佛拉德(Folard)爵士的筆調所致。佛拉德爵士一度是出色的波利比阿斯編者，根據他的習慣和愛好來解釋古人的作戰方式。

重的方陣伺機進襲，運用快速的行動來彌補數量之不足，彎弓對準擠在一起的蠻族發射，這些蠻族沒有穿戴胸甲和頭盔，只有一件皮毛或亞麻的寬鬆長袍。他們現在感到躊躇不前而且惶恐不安，最後整個陣列大亂。就在這個決定性的時刻，赫魯利人感到榮譽還是比報復來得重要，用雷霆萬鈞之勢衝向敵軍縱隊的先頭。他們的首領辛巴爾(Sindbal)和哥德君王阿利金，可以獲得最英勇的獎勵。這些榜樣激起勝利部隊的效法，他們開始用劍和長矛去消滅敵軍。布西林和大部分軍隊不是陣亡在戰地，就是淹死在弗爾士努斯河中，再不然就死在憤怒的農民手裡，而且有一種很難置信的說法：只有五個阿里曼尼人逃得性命，勝利者[49]的代價是損失八十名羅馬人。七千名倖存的哥德人防守坎普沙(Campsa)城堡，一直到次年(555A.D.)的春天爲止。納爾西斯的信使每次宣布意大利城市的光復，無知或虛榮的希臘人都會將名字弄錯[50]。在卡西利隆會戰之後，納爾西斯進入首都，將哥德人、法蘭克人和阿里曼尼人的兵器和財寶展示給大家觀賞，他的士兵手裡拿著花環，發出讚美征服者的頌歌，羅馬最後一次看到類似凱旋式的活動。

在統治六十年以後，哥德人的寶座上坐著拉芬納的太守，不論在和平還是戰爭時期他們都是羅馬皇帝的代表。他們的司法裁判權很快受到抑制，只限於很狹小的一個行省。然而納爾西斯是第一位太守，被授與的權力也無人可與比擬，管轄的時間長達十五年之久(554-568A.D.)，涵蓋整個意大利王國。就像貝利薩流斯一樣，他獲得的榮譽有資格受到猜忌、誹謗和中傷，但是受寵的宦官仍然享有查士丁尼的信任。或不妨這麼說，怯懦的宮廷要是做出忘恩負義的行動，勝利軍隊的首長有嚇阻和制裁的力

49 阿果西阿斯對納爾西斯的勝利寫出六行希臘短詩，非常順理成章將它比擬爲馬拉松(Marathon)和普拉提亞(Plataea)會戰。實在說主要的差別在於所產生的後果，納爾西斯的勝利是如此的微不足道，而希臘人的兩場會戰是千秋萬世的榮譽。(譯按：納爾西斯的勝利並非微不足道，富勒將軍的《西洋世界軍事史》將塔吉那會戰列爲中世紀影響最大的主要會戰之一，只不過普拉提亞會戰的時間更早而已。)
50 狄奧菲尼斯或他的抄寫員所說的培羅耶(Beroia)和布林卡斯(Brincas)，應該念成或解釋成維洛納和布里克西亞(Brixia)這兩個地方才對。

量。納爾西斯保有軍隊忠心的聽命，並不是靠著軟弱而有害的姑息和放縱。過去已不堪回首，未來又漠不關心，大家只有縱情於今日的和平與繁榮。意大利的城市回響著花天酒地的喧囂聲，勝利所奪取的財物和獎賞全浪費在聲色之娛，除了沒有把盾牌和頭盔拿來換柔美的魯特琴和大桶烈酒以外，其他的一切全都花得一乾二淨(這是阿果西阿斯的說法)。宦官發表義正嚴辭的演說，有點像羅馬監察官的氣勢，指責這些風紀蕩然的惡行，會玷污軍隊的名聲，危及到社會的安全。士兵感到羞愧，願意聽從他的命令，加強軍隊的紀律，重新整建工事碉堡，每個重要城市都設置一位公爵[51]，負責防務和軍事指揮。納爾西斯的督導從卡拉布里亞到阿爾卑斯山，遍及所有重大的工作和事務。哥德民族的剩餘人員已經撤離這個國家，或者與當地民眾融合在一起。法蘭克人對布西林之死沒有採取報復行動，也失去奮鬥的勇氣，放棄他們征服的成果。赫魯利人首領辛巴爾的叛變被平定，執法如山的太守將他吊死在高聳的絞架上示眾。

皇帝在教皇的要求之下頒布《國是詔書》(*Pragamatic Sanction*)，意大利受到長時期暴風雨的侵襲之後，終於可以平靜下來。查士丁尼將他的法律體系引用到西方的學校和法庭，同意狄奧多西和以後諸帝所核定的法案，但是在托提拉篡奪統治下，受到強迫而運作或基於畏懼而批准的行為，全部無效或廢止。對於人民的財產權和安全規範、國家的要求和人民的貧窮、以及罪犯的赦免與德行的利益和社會的秩序，這些必然的衝突所產生的問題，運用寬人而溫和的政策來加以調解和撫慰。太守坐鎮在拉芬納，羅馬的位階淪為第二等的都市。然而元老院的議員感到滿意，因為獲准可以去巡視他們在意大利的產業，在君士坦丁堡要接近君王的寶座也不會受到阻止。度量衡的規定授權給教皇和元老院，律師、醫生、演說家和文法學家的薪資都已律定，在古老的都城可以保存或振興學術之光。查士

---

51 馬菲反對一般人的看法，他證明意大利的公爵是由納爾西斯自己設立，時間是在征服倫巴底人之前。基於《國是詔書》的規定，查士丁尼對運用軍事力量特別加以限制。

丁尼可能頒布了仁慈的詔書[52]，納爾西斯也可能用整建城市特別是教堂來達成他的意願。然而國王權力的最大效果還是破壞和毀滅，二十年哥德戰爭的成果是意大利的災難不斷和人口銳減。早在第四次戰役時，在貝利薩流斯的紀律之下，僅是派西隆狹小的地區就有五萬勞工死於饑饉[53]。如果嚴格解讀樸洛柯庇斯提出的證據，意大利整個的損失已超過現有居民的總和[54]。

九、保加利亞人對東部的入寇和貝利薩流斯的勝利(559A.D.)

我只能希望而不敢斷言，貝利薩流斯對於納爾西斯的勝利會感到高興。然而只要能體會到自己建立蓋世的功勳，也會讓他毫無猜忌之心，願意讚許一位競爭對手的才華。年長的武士發揮處變不驚的作風，贏得最後的勝利，拯救皇帝和首都的安全。蠻族每年都要入侵歐洲的行省，偶然遭受幾次挫敗難免打擊士氣，還是會受到劫掠和賞賜的雙重誘惑。查士丁尼統治第三十二個年頭的冬天，多瑙河全部凍結。札伯根(Zabergan)率領保加利亞人的騎兵大舉出動，烏合之眾的斯拉夫人也聚集在他的旗幟之下。蠻族的領袖勢如破竹，越過大河與山區，部隊散布在馬其頓和色雷斯境內，不到七千人馬直趨邊牆，這道防線用來保衛君士坦丁堡地區。然而人為的工程無法抗拒大自然的威力，最近發生的地震動搖邊牆的基礎。帝國的軍隊運用在阿非利加、意大利和波斯遙遠的邊境，國內的守備部隊共有

52　查士丁尼的《國是詔書》是要恢復和律定意大利的文官制度，包括有二十七條款，接詔的對象是納爾西斯和安提阿克斯，在554年8月15日頒布，由朱理安保存，後來又陸續加上查士丁尼、貫士丁及提比流斯的新法和敕令。

53　南部各行省發生饑饉，更多民眾死亡，但是愛奧尼亞海灣並沒有包括在內；用橡實來代替麵包；樸洛柯庇斯看到被遺棄的孤兒被一頭山羊哺乳；先後有十七個旅客投宿，被兩名婦女殺死後吃掉，後來第十八名旅客發覺此事，將這兩個婦女殺死等等。

54　或許是一千五百萬到一千六百萬人。樸洛柯庇斯計算阿非利加損失五百萬人，意大利的面積要大兩倍，人口減少的比例還要高很多。但是他的統計受到情緒的影響，很多因素都無法確定。

七個支隊[55]，兵力增加到五千五百人，通常的駐地是亞洲一些平靜無事的城市。但原來由英勇的亞美尼亞人擔任的位置，現在用懶惰的市民取代，他們花錢買到國民應盡的義務，而又不必擔心軍中服役的危險。像這樣的士兵很少人願意離城出擊，更無法說服他們隨著隊伍進入戰場，除非這樣做能夠很快避開保加利亞人。逃兵的報告誇大敵軍的數量和兇狠，說他們到處強暴純潔的處女，把初生的嬰兒拿來餵狗和兀鷹。成群的農人懇求食物和保護，增加都城的恐慌和驚懼。札伯根的帳篷紮營在距離二十哩[56]外一條小河的岸邊，這條河繞著米蘭西阿斯(Melanthias)流過，最後注入普洛潘提斯海[57]。查士丁尼害怕得渾身戰慄，有些人只見過年高體衰的皇帝，會認為他「喪失」年輕時的敏捷與活力。對於鄰近地區以及君士坦丁堡郊區的教堂，他下令繳回所有的金銀器具。城牆的防壁上用面無人色的旁觀者來列陣充數，金門裡面擠滿一無是處的將領和護民官，元老院的議員也像民眾那樣勞累不堪而又心膽俱裂。

君王和民眾全部注視一位年邁體衰的老兵，過去曾經進軍迦太基和防衛羅馬，現在為了解救公眾的危險又再度披掛上陣。無論是御廄、私人或賽車場的馬匹全部匆促集中起來，市民無分年齡全被貝利薩流斯的名聲激起爭勝的熱情，他的第一個營地位於獲勝敵軍的當面。他的用兵極為審慎，加上友善農人的協助，先挖好塹壕築成防壁，使部隊在夜間能夠安全的休息。他以無數燈火以及飛揚的塵土，來誇大自己的實力欺騙敵軍。他的士兵突然從絕望之中奮起，表現出狂妄的氣勢，一萬個聲音在呼喊要求出戰。這時只有貝利薩流斯非常清楚，在決定勝負的關鍵時刻，他只能依

---

55 軍事訓練已經敗壞到無可救藥的地步，樸洛柯庇斯寫出諷刺詩描述所見到的情況，阿果西阿斯不僅加以證實，而且經常當作例子拿來運用。他是個帶有敵意的證人，絕不會放棄這種機會，但不能因此否定他的論點。

56 君士坦丁堡到米蘭西阿斯的凱撒里納(Caesariana)莊園，距離通常是一百零二到一百四十斯塔德，或是十八到十九哩。開頭十二哩一直到雷朱姆都是查士丁尼鋪設的道路，他在湖和海之間建造一座橋樑，越過沼澤或地峽。

57 這條河的名字叫做阿提拉斯(Atyras)河，有一個同名的城鎮或城堡位於河口，查士丁尼特別加強守備的力量。

靠三百名堅苦卓絕的資深老兵。次日早晨，保加利亞人的騎兵發起衝鋒。
他們聽到群眾的吶喊，看到作戰正面閃亮的武器和紀律森然的列陣，受到
兩支伏兵從樹林中衝出來對側翼發起攻擊，最前列的武士被這位老英雄和
他的衛士砍倒在地。在羅馬人近接戰鬥和快速追擊之下，他們剽悍如風的
動作完全喪失作用。在這次作戰行動（逃走速度極快）之中，保加利亞人不
過損失四百人馬，但是君士坦丁堡得到保救。札伯根感到這位主將不好欺
侮，只有撤到相當距離之外。不過他在皇帝的國務會議中還有很多朋友，
何況查士丁尼出於嫉妒之心，貝利薩流斯只有聽從命令，放棄解救國家於
倒懸的責任。等他回到城市，人民認為危險並未消失，對他的凱旋歸來發
出感恩的歡呼，後來反而成為打勝仗將領的一項罪名。當他進入皇宮時，
廷臣全都沉默無語，皇帝給予冷淡的擁抱，毫無感激之意，就叫他退到奴
隸的隊列裡。然而貝利薩流斯的光榮戰蹟，在人們的心目中仍舊保持深刻
的印象，使得查士丁尼在七十七歲的高齡，還要鼓起勇氣離開首都，前往
四十哩以外的地方，親自視察重新修復的邊牆。保加利亞人在色雷斯平原
浪費整個夏季，倉卒的狀況下攻擊希臘人，導致在克森尼蘇斯的失利，現
在也一心想要求和。札伯根威脅要殺死俘虜，很快獲得一大筆贖金，聽到
消息說羅馬人在多瑙河建造有兩個撞頭的船隻，用來阻止他的渡河，於是
急著趕回去。危機很快被人遺忘，只留下一個不敬的問題——君主的表現
究竟是明智還是軟弱——用來打發市民無聊的日子[58]。

十、貝利薩流斯在晚年遭到的羞辱和最後的死亡 (561-565A.D.)

　　大約在貝利薩流斯獲得最後勝利的兩年之後，皇帝為了健康、政務或
是朝聖，到色雷斯旅行一趟後回來。查士丁尼感到頭部疼痛，私下從郊區
進城，因此傳出死亡的謠言。那天還未到第三時刻，烘烤店的麵包就已搶

58　保加利亞戰爭和貝利薩流斯最後的勝利，阿果西阿斯在冗長的演說中提到，但是
　　敘述並不完整。狄奧菲尼斯枯燥的編年史裡也有記載。

購一空，住戶的大門緊閉，所有市民帶著希望或恐懼，面臨即將到來的騷亂。元老院的議員全都惶恐不安，在第九時刻舉行會議，郡守接到指示巡視全城各個重要的地點，向民眾公開宣布皇帝的健康已經恢復。騷動平息下來，但無論發生任何意外事件，都會顯現政府的蹣跚無能和民眾的派系傾軋。守備部隊只要聽到調防或是欠餉不發就會嘩變，經常發生的火災和地震提供動亂的起因，藍黨和綠黨以及正統教派和異端邪說的鬥爭成為流血的慘劇。查士丁尼在波斯使臣的面前，為自己和臣民的行為感到羞愧。反覆的赦免和任性的懲罰使人民忍受長期統治的煩擾和痛苦。皇宮醞釀著陰謀活動，我們不要因為出現馬塞拉斯和色吉烏斯的名字而產生誤會，事實上廷臣無論賢與不肖全都涉及其中。他們已經決定舉事的日期，每人的身分都能參與皇家的宴會，在前廳和柱廊安排黑人奴隸[59]，隨時可以宣布暴君的死訊，趁機在首都引發一場叛變。有個同謀一時疏忽，使查士丁尼可憐的統治苟延幾天的光景，查出陰謀分子後立即加以逮捕，他們的衣袍裡都暗藏著匕首。馬塞拉斯自殺而死，色吉烏斯從教堂的聖所被拖走。他出於悔恨或是妄想一線生機，供出貝利薩流斯的兩名家臣。在嚴刑拷問之下，他們承認全聽庇主在暗中的命令行事。後代子孫不會貿然相信，一位英雄人物正當盛年時，不屑於運用最好的機會滿足野心和報復，卻會忍受羞辱的名聲去謀害君主，何況自己也將不久於人世。他的手下人員心焦如焚，想趕緊逃走，但是亡命只會坐實叛亂的罪行，他叨天之幸，已享有長久的年紀和榮譽。

貝利薩流斯出現在專案會議的前面(563年12月5日)，懷著憤怒之情而不是恐懼，為皇帝賣命四十年之後，竟在證據不足的狀況下判決他的罪行，不公正的審判因教長的在場和授權獲得批准。為示寬大，貝利薩流斯的生命得到寬恕，但財產籍沒入官。從12月到次年7月，被當成囚犯監禁在自己的府邸裡，最後還是承認他的清白無辜，恢復自由和榮譽。憤恨和

---

59 他們不太可能是真正的印度人。衣索匹亞人有時也用這個稱呼，但是古代從來沒有用為警衛或是隨從。他們的價格雖然昂貴，但只是供女性使喚或是充作皇家奢侈的排場，根本無關緊要。

悲傷可能加速他的死亡，在獲得釋放以後過了八個月，他終於離開人世
（565年3月13日）。貝利薩流斯的名聲不朽，看起來憑著那麼多功勳，可以
當之無愧舉行葬禮、樹立紀念碑和雕像，但就我所知，他的財富及從哥德
人和汪達爾人獲得的戰利品，全部被皇帝奪走。不過，皇帝還留下相當多
的錢財，供應遺孀的生活。安東妮娜應懺悔之事不可勝數，就把餘生和財
產奉獻給一所修道院。以上簡單真實敘述貝利薩流斯的敗亡沒落和查士丁
尼的忘恩負義[60]。傳說他被剜去雙目，出於怨恨只有乞討維生：「行行
好！給貝利薩流斯這位將領一個大子吧[61]！」這是後來的杜撰，可以做為
人生變遷無常的活生生範例，頗能獲得好評和喜愛[62]。

十一、查士丁尼的崩殂及其性格和統治的蓋棺定論(565A.D.)

　　皇帝要是因貝利薩流斯的死亡而感到欣慰，那麼在他三十八年的統治
和八十三年的壽命之中，也不過享受到八個月最卑鄙的樂趣而已(565年11
月14日)。這位君主在他所處的時代並非光彩耀目的人物，要想弄清楚他
的性格和為人實在很困難，但是我們可以接受一名仇敵的表白，成為他的
德行最可靠的證據。有人惡意中傷，提到查士丁尼肖似圖密善的胸像[63]，

60　有關貝利薩流斯的罷黜和復職，在約翰·馬拉的殘卷以及狄奧菲尼斯詳盡的
　　《編年史》中，保存最原始的真實記錄。鑑於真實狀況逐漸消失而虛構情節眾人
　　傳誦，使得昔瑞努斯(Cedrenus)和諾納拉斯感到舉棋不定，很難表示個人的看
　　法。

61　這些毫無根據的傳聞都源於十二世紀一本包羅萬象的作品，就是僧侶約翰·特茲
　　特斯(John Tzetzes)的《百科全書》，他用十首民謠來描述貝利薩流斯的瞎眼和乞
　　討，這些詩作也帶有政治的意味。這些帶著因果報應或名人傳奇的故事，以希臘
　　人的語言或抄本傳入意大利，一直到十五世紀末葉，克里尼都斯(Crinitus)、潘塔
　　努斯(Pontanus)和弗拉特朗努斯(Volaterranus)等人還在重複這種工作。阿昔亞特
　　(Alciat)就法律的尊嚴加以抨擊，而巴隆紐斯基於教會的名譽大力辯護。然而特茲
　　特斯從其他的編年史得知，貝利薩流斯並沒有失明，而且也恢復原有的名譽和財
　　富。

62　有一座雕像在羅馬的波吉斯(Borghese)莊園，坐姿，伸出一隻手臂，一般都認為
　　是貝利薩流斯，但可能是神態儼然的奧古斯都，正在邀寵尼美西斯(Nemesis)。

63　圖密善赤紅的面孔惡名昭彰，竟然是透過塔西佗的描述，小普里尼和蘇脫紐斯都

不過,他們倒是同樣有勻稱的身材、紅潤的氣色和和藹的面容。他是一位
平易近人、耐心受教、談吐高雅、態度親切的皇帝,也是一位能控制憤怒
情緒的主子,這種憤怒可以在專制君王的心胸激起暴虐的行為。樸洛柯庇
斯讚揚他的脾氣,是為了譴責他不動聲色和謀定而動的殘酷。更為坦率的
批評者會認同查士丁尼的公正,稱許他的寬厚,而不是藉著陰謀事件對他
的權威和人身加以攻擊。他的個人操守像是純潔和節欲真是無人能及,但
是愛美的天性比起對狄奧多拉的夫妻之情,倒是不會帶來更大的遺毒;他
對清淡飲食的節制出於僧侶的迷信,不是哲學家的智慧;他的用餐時間很
短而且極為節儉,在舉行嚴肅慶典的齋戒期間,僅進飲水和蔬菜。他的精
力旺盛而且充滿幹勁,經常連著兩天兩夜不進食物,他的睡眠也嚴加控
制,休息一個時辰以後就會自動醒來,開始走動或進修直到天明,使他的
寢宮總管大為驚愕。這種毫不鬆懈的起居生活使他得到更多時間,用於尋
求知識[64]和處理政務,由於過分的瑣碎以及反常的勤奮,使得政府的正常
運作受到干擾,他在這方面應受到指責。

　　皇帝把自己看成音樂家、建築師、詩人和哲學家,也是律師和神學
家,即使調停基督教各派系的工作未獲得成功,羅馬法的整理綜合也使他
的精神和勤勉獲得最高貴的紀念碑。他在帝國的政府之中不是那樣的精
明,也沒有多大的成就,那個時代非常不幸,人民受到壓迫心懷不滿,狄
奧多拉濫用權勢,任命的大臣多是平庸貪婪之輩,使他蒙上無知人之明的
譏諷。查士丁尼生前不受人民愛戴,死後無人哀悼。追求名聲是深植於他
內心的目標,然而貧瘠的野心只能屈從於空洞的頭銜、地位和當代人士的
讚揚。他努力想要獲得羅馬人的稱頌,卻喪失他們對他的尊敬和愛戴。阿
非利加和意大利戰爭的規劃大膽,又能貫徹執行,靠著驚人的洞察力從軍
營中拔擢貝利薩流斯,從皇宮裡重用納爾西斯,但是皇帝的名聲為兩位勝

(續)————————————————————
　　　提到此事。樸洛柯庇斯很愚蠢的認為,到了六世紀只有一座圖密善的胸像留存下
　　　來。
64　查士丁尼的求知精神和淵博學識,不僅為樸洛柯庇斯的自白所證實,也受到他的
　　　讚許。有關這方面可以參詢阿里曼努斯冗長的索引資料,閱讀路德維希為查士丁
　　　尼所作的傳記。

利的將領所掩蓋。貝利薩流斯活得夠久，使君王被斥爲嫉賢妒才和忘恩負
義。人類偏愛征服者的天才，讚譽他領導臣民進行武力的鬥爭。菲利浦二
世和查士丁尼最爲人所知的特點，是有喜愛戰爭的冷酷野心，而又要規避
戰陣的殺身危險。然而，有一座皇帝巨大的青銅騎馬雕像，穿上阿奇里斯
的服裝和鎧甲，準備向著波斯進軍的雄姿，聖索非亞大教堂前面的廣場，
有七級台階的石座和銅柱上安放這尊紀念物。原來放著七千四百磅白銀鑄
成的狄奧多西紀念柱，被貪婪而虛榮的查士丁尼移開。後來的君王對他的
名望比較公正，也可以說是更加縱容。在十四世紀初葉，安德洛尼庫斯二
世重新整修美化他的騎馬銅像，等到帝國滅亡以後，被勝利的土耳其人熔
化作爲砲彈。

十二、羅馬帝國遭受彗星、地震和瘟疫的天災人禍(531-594A.D.)

　　我要用彗星、地震和瘟疫來結束這一章，過去曾給查士丁尼時代帶來
驚慌和痛苦。

(一)彗星

　　查士丁尼在位第五年，9月裡有二十多天，可以看到一顆彗星[65]出現
在西部的天空，尾巴的光芒射向北方。過了八年，太陽進入摩羯座，又有
一顆彗星隨著出現在人馬座附近，亮度逐漸增加，頭朝東尾部對著西方，
接連有四十多天清晰可見。看到的民族驚惶失措，害怕產生惡毒的影響帶
來戰爭和災禍，然而這些預兆全部實現。天文學家不明瞭這顆閃亮星體的
性質，但是也不願承認他們的無知，勉強解釋爲天空中漂浮的流星。他們
之中很少人能具有塞尼加和迦爾底人那種極爲簡明的概念，說它們都是運
動周期更長而且運動軌道更偏的行星[66]。

65　約翰‧馬拉拉和狄奧菲尼斯提到首次出現的彗星，第二次是樸洛柯庇斯，然而我
　　強烈懷疑他們說的是同一顆。狄奧菲尼斯把太陽的暗淡無光説成是另外一年。
66　塞尼加的《自然問題》第七卷對於彗星的理論展現出哲學思想，然而我們不要像

　　時間和科學證明羅馬哲人的臆測和預言正確無誤，天文學家用望遠鏡打開更為廣闊的新世界[67]，在歷史和神話的狹窄空間之內，發現同一顆彗星每五百七十五年就重訪地球共七次之多：第一次[68]是基督紀元前1767年，與希臘古文明之父奧奇吉斯(Ogyges)*[69]同一個時代。這次出現可以用來解釋瓦羅保存的傳說，也就是說在奧奇吉斯的統治之下，金星竟然改變顏色、體積、形狀和運動的行徑。不論是過去或後續的時代，都沒有發生過這種奇特的現象[70]。第二次是在公元前1193年，昂宿星座第七顆星伊萊克特拉(Electra)的神話故事中隱約提到，從特洛伊戰爭以後這星座減少到只有六顆星。達達努斯(Dardanus)的妻子就是上述的山林女神，無法忍受家園的毀滅，拋棄與姊姊共舞的軌道，從黃道逃到北極，披散著長髮，獲得彗星的名字。第三次出現是公元前618年即將結束之際，正好是居魯士統治的前兩代，時間與西比爾預言極為可怖的彗星相吻合，普林尼也曾提到它在西方升起。第四次是基督出生前44年，比起以前各次更為耀目而且重要。凱撒逝世以後，年輕的屋大維為了紀念維納斯和他的舅公，舉行各種競賽活動時，在羅馬以及其他的民族都看到這顆長髮星，民間傳聞說是用來將笛克推多的英靈送上天堂，使得這位孝順的政治家感到極為受用，衷心表示讚許和肯定，還抱著迷信的念頭，把彗星看成他那個時代的光榮[71]。第五次來臨時，前面提到是查士丁尼統治第五年，也是基督紀元

(續)────────────────────

　　一般大眾那樣，對於彗星所顯示的預兆過於認真，也不要與事實的發現混淆不清。

67　天文學家可以研究牛頓和哈雷的著作和理論。我只是從達倫伯特(d'Alembert)的《法蘭西百科全書》中彗星的專題部分，獲得必要的科學知識。

68　老實、虔誠而又愛做白日夢的惠斯頓(Whiston, William, 1667-1752A.D.，神學家、數學家和自然科學家)，帶有奇妙的幻想，認為就是同樣那顆彗星的尾部掃過地球，天降大雨，才帶來諾亞的洪水，時為公元前2242年。

*69　[譯註]根據傳說，奧奇吉斯是第一位底比斯國王或統治者，或者是阿提卡的國王，也是古希臘文明的開創者。

70　弗里瑞特的論文是哲理和學識最美妙的結合。瓦羅引用卡斯特(Castor)、那不勒斯的笛翁和西茲庫斯的阿迪拉斯都斯(Adrastus)等人的資料，把奧奇吉斯時代所發生的現象記載在他的著作裡。後續兩個時期出現彗星的狀況，由希臘的神話學家和偽造的西比萊神諭加以保存。

71　普里尼曾抄寫奧古斯都最原始的備忘錄等有關資料。麥倫(Mairan)在給中國傳教

531年，值得注意的是這一次與前面那次相同，雖然相隔的時間較長，但是隨著彗星的到來，太陽變得暗淡許多。第六次的回歸是在1106年，歐洲和中國的編年史都有記載，正是第一次十字軍東征的狂熱時期，基督徒和伊斯蘭教徒可能都懷著相同的信念，預言不信神的人會遭到絕滅。第七次是1680年所發生的現象，展開在啓蒙時代的眼前[72]。貝爾(Bayle)的學說驅除荒謬的愚昧，彌爾頓(Milton)的繆司用來修飾文學，認爲彗星「用可怕的長髮散布瘟疫和戰爭[73]」。弗拉姆斯特德(Flamstead)和卡西尼(Cassini)用奇妙的技術，觀察到彗星在天空行經的軌道，白努利(Bernoulli)、牛頓和哈雷運用數學的計算，徹底明瞭彗星運轉的規律。第八次將是在2355年，西伯利亞或美洲的曠野會出現未來的首都，天文學家可能在那裡證實他們的計算。

(二)地震

　　一顆彗星在我們所居的地球附近掠過，可能會造成損害甚或帶來毀滅，但是火山和地震的作用使地球表面一直不斷產生變化。地區的土壤性質可能顯示這片國土受到巨大衝擊的狀況，是地下火的燃燒所引起，鐵和硫的結合和催化所形成，發作的時間和效果並非人類的知識所能預測。哲學家計算出可燃物質在暗中滲出的水滴，量測到地下石窟抗拒封閉氣體的爆炸所增加的容積，才肯預報地震的發生時間。歷史的記載並沒有指出原因，而是將這種災難事件依據發生的繁疏劃爲若干時期，並且注意到，在查士丁尼統治期間，地球的熱力作用表現得格外強烈。每年一再發生地震，時間非常的長，君士坦丁堡有次餘震延續達四十多天，範圍非常的

(續)
　　士帕倫寧(Parennin)最能表達天賦才華的書信中，把競賽和9月的彗星從公元前44
　　年移到43年。但是我對天文學家的批評無法衷心佩服。

72　最近看到的彗星是在1680年12月，逼得貝爾主張，超自然的彗星使得古人更確定
　　偶像崇拜。白努利被迫承認，彗星的尾部而非頭部是上帝震怒的徵兆。

73　《失樂園》在1667年刊行，最著名的詩句可能暗示1664年剛出現過的彗星，這就
　　使得核定出版許可的官員大吃一驚。卡西尼在羅馬當著克里斯蒂娜(Christina)皇
　　后的面進行觀察同一顆彗星。難道查理二世會出現任何好奇或畏懼的徵兆？

廣，震動遍及全世界的地表，至少已經涵蓋整個羅馬帝國。感覺到推撞或搖擺的運動，地面產生廣闊的裂縫，龐大無比的物體被拋向天空，海洋的漲落超過正常的幅度，有一道山嶺從利班努斯(Libanus)撕裂開來[74]，整個倒在浪濤之中，成為防波堤，保護腓尼基的波特里斯(Botrys)新港口[75]。地震使蟻丘產生動搖的打擊，數以萬計的昆蟲隨之化為灰塵。然而事實使大家只有承認，人類向來努力使自己毀滅。巨大城市的架構將整個民族限制在城牆之內，幾乎實現喀利古拉的意願，就是羅馬人是同舟一命，生死與共。

據說安提阿一次地震(526年5月20日)使二十五萬人喪生，那天正好是耶穌升天節，擁入大批來客。貝萊都斯[76]的損失較小，但是影響深遠(551年7月9日)。位於腓尼基海岸的這個城市以民法的研究知名於世，打開財富和地位的青雲之路。貝萊都斯的學院充滿積極進取的時代精神，很多死於地震的青年，可能是國家的酷虐之鞭或棟樑之材。建築師在這些災難中成為人類的仇敵。蠻族的木屋或阿拉伯人的帳篷倒塌以後，不會傷人。秘魯人很可以嘲笑西班牙征服者的愚蠢，竟然花費不計其數的財物和勞力來為自己興建墳墓。有位大公被富麗堂皇的大理石砸在頭上，全城民眾葬身在公共和私人建築物的廢墟之中，一座大城生活和製造所需的爐火，無法控制以後蔓延開來，成為烈焰沖天的火災。人們無法從彼此的同情中獲得安慰和幫助，反而痛苦體驗到不再懼怕懲罰的惡行和激情。大膽的貪婪之徒搶劫搖搖欲墜的房屋，報復行動找到最好的時機挑選犧牲的對象，殺人的兇手和強姦的暴徒正在犯罪時被大地吞噬。迷信的思想使當前的危險增加無法眼見的恐懼，要是死亡的陰影偶而使人產生行善和懺悔之心，驚惶

74　結果是在阿拉達斯(Aradus)和波特里斯之間，出現一個險峻的高地和一個陡峭海角。

75　波特里斯是泰爾國王伊索巴爾(Ithobal)所創建，佩特洛尼(Patrone)的村莊呈現出貧窮的境況，現在缺少一個港口。

76　海尼修斯認為貝萊都斯從古以來是羅馬法最為重要的部分，對它的大學和光輝的歷史一直讚不絕口，也為它的沒落感到遺憾。它在查士丁尼統治的第二十五年，也就是公元551年7月9日被夷為平地。阿果西阿斯等到完成意大利戰爭的記述以後，才提到這件重大的災禍。

的民眾強烈感受世界末日的來臨，或俯伏在地乞求報復的神明停息無情的憤怒。

(三)黑死病

不論哪個時代，全都指責埃及和衣索匹亞是瘟疫的淵藪和溫床。在潮濕、炎熱和停滯的空氣裡，這種阿非利加熱病從腐爛的動物屍體中產生，特別是遮天掩日的蝗蟲，在死後與生前一樣危害人類。在查士丁尼和繼承人的時代，致命的黑死病幾乎要絕滅地球的人類，最先出現在佩魯西姆（Pelusium）及其鄰近地區（542A.D.），位於塞波尼亞（Serbonian）沼澤和尼羅河東水道之間。從那裡分爲兩條路線，向東的發展是經過敘利亞、波斯到印度；向西沿著阿非利加海岸，深入歐洲大陸。第二年春天，大約有三、四個月的時間，君士坦丁堡受到瘟疫的侵襲。

樸洛柯庇斯用醫生的眼光[77]，觀察發病的療程和徵狀，比起修昔底德描述雅典的瘟疫，就手法和勤奮而言毫不遜色。患者宣稱有時會出現精神錯亂的幻覺，聽到一個看不見的幽靈在大聲威脅，或感覺到它的打擊，馬上成爲完全絕望的犧牲者。但通常多數人在家裡的床上、大街上或是工作的地方，忽然感到稍稍發熱，徵候是那樣的輕微，從患者的脈搏和氣色無法察知即將臨頭的大禍。同一天、第二天或第三天，腺體的腫大等於傳出噩息，特別是鼠蹊、腋下和耳後的淋巴腺。等到橫痃或腫塊裂開，可以看到豆粒大的煤炭或黑色的物質。要是繼續發腫成爲膿瘡，還可以排除體液內的病毒，病人有得救的機會；如果始終堅硬而又乾燥，馬上形成壞疽，患者一般會在第五天去世。熱病的發作通常伴隨著昏睡或囈語，只要身體滿布黑色的膿胞或疔瘡，就是即將死亡的徵候；要是體質太弱無法出疹，出血後內臟隨之腐爛。懷孕的婦女染上黑死病是致命之癥，卻有一個嬰兒活著從死去媽媽的體內接生出來，還有三個母親在失去染病的胎兒以後保

77　弗倫德（Friend）博士認爲，從樸洛柯庇斯對術語的知識和運用可以看出，他一定學過醫學。然而有很多字現在帶有科學的含意，在希臘文的詞彙裡非常普通，而且經常使用。

住性命。年輕人得病的機會最大,女性不像男性那樣容易感染。不論人的
地位或職業,瘟疫一視同仁痛下毒手,倖存者當中有很多人喪失語言的能
力,等到瘟疫再次蔓延,也不保證可以豁免[78]。

　　君士坦丁堡的醫生重視醫德,技術高超,但是這種疾病徵狀複雜,來
勢洶洶,使得他們無能為力。同樣的治療程序可能產生完全相反的效果,
徵狀變化不定,根本不能診斷病人是死亡還是康復。葬禮的安排和墓地的
使用全部是一片混亂,要是身後沒有朋友和僕人,任憑屍體暴露不予掩
埋,全都丟在街頭或留在空無一人的家中。有一位官員負責收攬四處零亂
堆集的死屍,從陸路或水路運往離城市很遠的地點深埋起來。最邪惡的壞
人看到面臨的危險和悲慘的景況,想起自己的行事難免產生悔恨之心,等
到健康恢復還是故態復萌。樸洛柯庇斯認為有些人特別受到命運或上天的
照顧,就哲學的理念應該反駁這種說法。難道他忘記查士丁尼本人也感染
到黑死病,事實上他心裡也許記得很清楚,然而皇帝的飲食很清淡,生活
有節制,如同蘇格拉底所遭遇的狀況,有更為充分的道理能夠康復[79]。在
他生病的期間,市民的衣服顯示出公眾的驚慌,怠惰和沮喪使東部的都城
出現蕭索的氣象。

　　傳染是黑死病不可分割的徵兆,只要有人接近患者,藉著共同的呼吸
將病傳到肺或胃中。雖然哲學家不僅相信而且大為震驚,但是奇怪的是,
最容易為想像中的恐懼所制服的人群,在遇到真正的危險時坦然接受,毫
不在意[80]。樸洛柯庇斯的市民同胞,獲得時間短暫而且並不完整的經驗,

---

78 修昔底德肯定只會傳染一次,但是伊發格流斯的家人得過黑死病,特別提到有人
　　逃過第一次染病,等到第二次就熬不過去。費比烏斯‧保利努斯(Fabius Paullinus)
　　也提到重複感染的現象。我認為醫生對這個問題有不同的看法,疾病的性質和發
　　作的徵候也不見得完全雷同。

79 雅典的瘟疫流行期間,蘇格拉底得病能夠痊癒,跟他的自我克制有很大的關係。
　　密德(Mead)醫生注意到,供宗教使用的房屋特別有益健康,主要在於僻靜和禁欲
　　兩個有利的條件。

80 密德從修昔底德、盧克里久斯(Lucretius)、亞里斯多德、格倫和普通的經驗,證
　　實黑死病帶有傳染性,對於法國醫生的相反意見加以駁斥,這些醫生在1720年的
　　瘟疫流行間期曾訪問馬賽。然而這些人是對瘟疫更為文明的當代旁觀者,要知道

以為即使與患者親密交談，也不會產生傳染的危險[81]。這種信念可能支撐了很多辛勞照顧病人的朋友和醫生，否則，毫無人性的審慎心理將使患者陷於孤獨和絕望之中。土耳其人的宿命論產生致命的安全感，必定使傳染病的蔓延狀況更為嚴重。對於能使歐洲獲得安全的有效預防措施，查士丁尼的政府完全不清楚，對於羅馬各行省之間頻仍的自由來往，並沒有加以任何的限制。從波斯到法蘭西，戰爭和遷移使各民族混雜在一起，很容易受到感染。瘟疫的氣息可以埋藏在一包棉花裡歷時多年之久，透過貿易帶來的惡果，運送到遙遠的地區。

要是按照樸洛柯庇斯的論點，瘟疫的傳播方式是從海岸到內陸，最後才進入偏僻的島嶼和山區。那些逃過第一次瘋狂侵襲的區域，在下一年最容易受到傳染。風可能會散布這些細微的毒素，不過除非大氣的狀況適合瘟疫的留存，否則只要進入地球的寒帶和溫帶就會自動絕滅。可能是空氣的污染非常嚴重，查士丁尼在位第十五年的瘟疫爆發，始終沒有因季節的改變有所中止或和緩。最後，初期那種兇險的局面逐漸化除和消散，疫情交替的平息和發作，直到經歷五十二年憂患歲月之後，人類終於恢復健康，空氣還原到純淨和清新的性質。沒有保留任何資料和數據，可以用來計算或推測這次大災難的喪生人數。我只知道君士坦丁堡在三個月的期間內，每天死亡五千人，後來又增加到一萬人，東部有很多城市留下一片廢墟，意大利一些地區的作物和葡萄全在田裡腐爛。戰爭、瘟疫和饑饉這三重災禍同時打擊查士丁尼的臣民，人類的數量明顯減少，使他的統治大為失色，狀況嚴重，地球上最美好的地區有些至今還沒有完全復原[82]。

(續)————————————————————————

　　這種疾病不到幾個月，就在這座城市裡面奪走五萬條性命，這個城市現在很繁榮而且商業很發達，居民的總數也不到九萬人。

81　樸洛柯庇斯特別強調沒有傳染危險的說法，後來為伊發格流斯的經驗所推翻。

82　樸洛柯庇斯運用修辭的比喻像是提到海洋的沙粒以後，期望能夠提出更為明確的數據，讓大家知道在皇家的惡魔統治之下，全世界有「數以億計」的人被消滅。原文這種表示的方法在文法和修辭而言過於晦澀，要是逐字解釋就會產生「數百萬個百萬」的說法。阿里曼努斯和庫辛將這段譯為「兩億」，但是我不知道他們的動機何在。要是把原文的「數個」拿掉，最後提出的數字是「一億」倒是可以接受，因為與當時的人口總數相比還不會太離譜。

第四十四章

羅馬的法治概念　君主的法律　十人委員會的十二
銅表法　人民的法律　元老院的敕令　皇帝和官員
的命令　市民的權責　查士丁尼法典：I.人、II.
物、III.行為、IV.罪行和懲處(527-565A.D.)

　　查士丁尼的勝利所獲致的虛銜已成泡影，立法者的名聲卻能千年萬世
永垂不朽。在他的統治期間和他的指導之下，完成最偉大的法學體系，主
要的部分包括《御法集》(*Code*)、《民法彙編》(*Pandects*)和《法學初
步》(*Institutes*)[1]。羅馬人的理性灌注到歐洲的內部體系和制度之中[2]，產生
深遠的影響，獲得獨立的國家仍舊尊敬或服從查士丁尼所制定的法律。君
主憑著智慧或機運，能將自己的地位和名聲與人治之道的榮譽和利益連繫
起來。維護開創者的基業是制定法律的第一動因，在任何時代都能產生激
勵的作用，使市民的工作更爲熱情和勤奮。他們虔誠表揚他的德性，掩飾
或否認他的過失，嚴厲譴責叛徒的罪惡和愚行，說叛徒竟敢冒犯紫袍的尊
嚴。偶像崇拜的熱情經常會激起帶有深仇大恨的反對情緒。查士丁尼的性
格對於奉承和抨擊都表現出盲目的狂熱情緒。還有一個行事不公正的黨派

1　黑暗時代的法學家對於法典的引用，基於權威的心理和習慣，建立一種荒謬而又
　　不可思議的模式。在引用《御法集》、《民法彙編》和《法學初步》時，他們提
　　到的數字不是指卷數而是法規，以能背出這個數字下面題目的頭一字而感到自
　　滿，而這些題目超過一千個。路德維希想要擺脫這種賣弄本事的負擔。我也願意
　　採用簡便而合理的辦法，標出書卷、題目和法規的編號。

2　日耳曼、波希米亞、匈牙利、波蘭和蘇格蘭接受這些《法典》當成習慣法或不成
　　文法，《法典》對法蘭西、義大利產生直接或間接的影響。在英格蘭，從司蒂芬
　　到愛德華一世這位我國的查士丁尼，《法典》都一直受到尊敬。

（反垂波尼安分子），對於君主以及他的官員所制定的法律，拒絕承認他們的優點，更不願意加以頌揚和讚許[3]。我在研究民法這個題材時，並沒有抱著先入為主的觀點，主要的著眼是了解歷史的真相和本意，希望獲得適度而有效的指導[4]，然而這個範疇不知耗盡多少人的心血，浩瀚的文卷在巨大的圖書館內築起難以越過的高牆，真是使人產生力不從心之感。要是可能的話，我想在短短一章之中，追尋羅馬法從羅慕拉斯到查士丁尼的發展痕跡[5]，推崇這位皇帝的辛勞和功績，停下來思索這門學科的原則，對於社會的和平與幸福竟會如此重要，一個國家的歷史以法律這個部分最具教育的功能。雖然我花費心力想要寫出一部沒落王國的通史，卻很高興能有機會呼吸共和國純淨清新的空氣。

一、王政時代的法律及十人委員會的十二銅表法

早期的羅馬政府發揮相當的政治技巧，由民選國王、貴族會議和人民大會所組成。最高行政首長的職掌是戰爭和宗教，只有他能提出法案，送交元老院辯論，最後由城市的三十個區部[*6]以多數決的方式給予批准或否

3　法蘭西斯・荷托曼（Francis Hottoman）是十六世紀一位博學多才而又思想敏銳的律師，抱著羞辱庫杰修斯（Cujacius）的念頭，另方面要讚許洛庇塔（L'Hopital）大法官的論點。他的《反垂波尼安論》於1609年以法文出版，後來由他的派系傳播到日耳曼。

4　在這些給我指導的人物之中，要將博學和出眾的海尼修斯（Heineccius, Johann Christian, 1681-1741A.D.，法學家和歷史學家）置於前列，他是一位日耳曼教授，1741年在哈勒（Halle）去世。他的法學作品經過整理，編成八卷在日內瓦出版，我曾經運用他的論文資料計有四種。

5　龐坡紐斯（Pomponius）是兩位安東尼時代的羅馬律師，他的作品《論法律的起源》，我們現在的本文只留下斷簡殘篇。經過垂波尼安的刪節甚至可能以訛傳訛，後來賓克修克（Bynkershoek）又恢復原狀。

*6　[譯註]原文提到羅馬有三十個區部，事實上全體羅馬市民分屬三十五個區部，區部與血統無關，只是一種地域的劃分，就像「百人連」一樣是投票單位，用多數決來顯示投票結果。選舉官吏和通過法律要超過半數即十八個區部的贊成票。區部的成員主要依據不動產的所在地，決定以後資格可以繼承，也可轉移或被監察官取消。區部有兩種：農村區部有三十一個而城市區部只有四個，可見早年的羅

定。羅慕拉斯、努馬和塞維烏斯‧屠留斯(Servius Tullius)是最古老的立法
者，他們受到全民的敬仰，在羅馬法的體系中各自提出特定的主張，成為
三足鼎立之勢[7]。植根於自然的習慣所衍生的婚姻關係、兒童教育和親權
建立，都出於羅慕拉斯純樸的智慧；有關民族和宗教儀式的法律來自努馬
的推薦，是他與山林女神伊吉麗亞(Egeria)[*8]在夜間談話所獲得的觀念；
公民法應歸功於塞維烏斯的經驗，他把市民分為七個等級[*9]，使權利和財
產得到平衡，同時用五十條新設立的規定，來維護契約的遵守和犯罪的懲
處。他傾向城邦走向民主政治，最後的塔昆(Tarquin)國王卻改變成沒有
法紀的專制政體。等到廢除國王的職位，貴族階層壟斷自由所帶來的利
益。大家憎惡並廢止皇室的法律，這些神祕的累積物很安靜的保存在祭司
和貴族手中，過了六十年以後，羅馬市民仍在抱怨，認為官員用武斷的判
決對他們進行控制。然而早年設置國王制度的城市，在實質上還是將君主
與公私事務全部攪合在一起。至於古老法律體系[10]所留存的殘餘資料，有
些是由是勤奮的古物學者[11]編纂而成，其中有二十多段使用拉丁地區佩拉

(續)────────────────────
　　　馬人仍以務農為主。
　7　朱斯都斯‧黎普休斯將法律的三分法用於羅馬的三個國王，後來為格拉維納
　　　(Gravina)所採用，馬斯庫是他的日耳曼編輯，只有勉強同意。
*8　[譯註]伊吉麗亞是意大利古老的精靈，激發努馬的靈感，啓發他制定宗教的體系
　　　和禮拜的儀式。努馬逝世時，她流出眼淚，整個人化為一道清泉。
*9　[譯註]羅馬的一九三個百人連分為六個階級，完全以財產的多寡加以區分：第一
　　　階級為八十個步兵連和十八個騎兵連，由最富有的市民組成；第二階級財富次
　　　多，有二十二個步兵連；第三階級有二十個步兵連；第四階級有二十二個步兵
　　　連；第五階級有三十個步兵連。以上五個階級共有一百九十二個連，最窮的人員
　　　全部編成剩下的一個步兵連，人數不下於其他階級的總和。財產的認定和階級的
　　　區分是監察官的權責。
　10　特拉遜(Terasson)的《羅馬法制史》於1750年在巴黎出版，抱著很大的期望要重現
　　　往日的光輝，但是心有餘而力不足，這本對開本的作品並不盡理想。
　11　最古老的法典或是論法彙編稱為《帕皮留斯法典》，出於首任編輯帕皮留斯
　　　(Papirius)之手，他曾在里吉弗杰姆(Regifugium)王朝前後走運。即使最優秀的法
　　　學專家像是賓克修克和海尼修斯，都相信龐坡紐斯所敘述的事蹟，但建城第三世
　　　紀出現如此有價值和罕見的紀念物，很難與那個不識字的城市發生關係。我強烈
　　　懷疑大祭司該猶斯‧帕皮留斯在振興努馬的法律以後，只留下口述的傳統。我認
　　　為弗拉克斯(Flaccus)的《帕皮留斯法典》不是註釋，而是最原始的本文，是凱撒
　　　時代所編纂。

斯吉(Pelasgic)的粗魯方言[12]。

　　我毋須重複敍述十人委員會(Decemvirs)[13]眾所周知的故事：他們將羅馬的十二銅表法(Twelve Tables)[14]刻在銅板、木板或象牙板而知名於世。原來想要表現出貴族政體嚴苛而猜忌的精神，最後基於形勢只有勉強屈從人民的需要。但是十二個表的實質內容適應城市的狀況，羅馬人能從文明的鄰國學習和沿用他們的制度，就不再算是野蠻的民族。有一位聰明的以弗所人名叫赫摩多魯斯(Hermodorus)[15]，引起猜忌被放逐，在他到達拉丁姆海岸前，已觀察到人性及社會制度的各種形式。他把知識灌輸給羅馬的立法者，後來人民在廣場設立他的雕像，表達永久的懷念。早期的城邦用銅錢當作唯一的貨幣，所運用的名稱和幣值都淵源於多利亞人(Dorian)[16]。羅馬人的農業生產經常受到戰爭和黨派傾軋的干擾，要靠康帕尼亞和西西里的穀物來解決人民的需要。等到建立通商和貿易以後[17]，代理人從台伯河開航前往各地，可能帶著政治智慧這種更寶貴的貨物一起

12　1444年在科托納(Cortona)和古比奧(Gubbio)之間挖出七、八塊銅板，上面有一部分是佩拉斯吉人早期的文字(其餘是伊特拉斯坎人的文字)，希羅多德認為是屬於意大利佩拉斯吉這個地區，不過有些難懂的章節可以解釋為色雷斯的克里斯托納(Crestona)地方的文字。優古比尼(Eugubine)的銅板有野蠻的方言，仍舊無人能懂，難免會引起批評，但是就像同時代的薩利里‧卡門(Saliare Carmen)一樣，具備同樣的特性，毫無疑問根源於拉丁語，到了賀拉斯時代已無人認識。羅馬人的語法注入多里克(Doric)和伊奧里克(Aeolic)的希臘語以後，逐漸成熟，表現獨特的風格，可以在《十二銅表法》、杜利安(Duilian)的石柱以及英紐斯(Ennius)、特倫斯(Terence)和西塞羅的文章看到。

13　要是拿李維和戴奧尼修斯‧哈利卡納森西斯(Dionysius Halicarnassensis)作一比較，羅馬人是多麼簡潔而生動，而希臘人又是多麼冗長而沉悶？然而他是帶著讚許之意來評論諸位大師，而且界定歷史著作的規範。

14　在歷史學家中，海尼修斯主張十二表應該是刻在銅板(aereas)上。在龐坡紐斯的原文我們讀到「象牙」(eboreas)這個字，後來斯卡里傑用「橡木」(roboreas)來取代。可能是陸續使用木板、銅板和象牙這些材料。

15　西塞羅提過赫摩多魯斯的放逐，普里尼也談起他的雕像。赫拉克萊都斯(Heraclitus)的信件、夢境和預言都是偽造。

16　西西里和羅馬的錢幣是很難交代清楚的題目，班特利(Bentley)博士倒是能夠深入討論，基於榮譽和意氣他有能耐對這方面的爭論全力以赴。

17　羅馬人或是他們的盟友航行遠抵阿非利加最南端的海角。李維和戴奧尼修斯都提到他們航行到邱米等地。

歸來。泛希臘主義的殖民地傳來並發揚光大祖國的技藝，邱米、雷朱姆、克羅托納、塔倫滕、亞格里堅屯(Agrigentum)和敘拉古都是當時最繁榮的城市。畢達哥拉斯的門徒拿哲學作為施政之用；克隆達斯(Charondas)未用文字記載的法律，受到韻文和音樂的影響[18]；札琉庫斯(Zaleucus)設計出洛克里亞(Locrians)共和國的架構，堅持不變達兩百年之久[19]。同樣出於民族自尊的動機，李維和戴奧尼修斯(Dionysius)都寧願相信，在伯里克利(Pericles)極為明智而光輝的統治時期，羅馬曾派代表團前去訪問雅典，將梭倫的法條原封不動搬到十二銅表法。要是雅典真正接受「西方之國」(Hesperia)*[20]蠻族的使者，那麼羅馬的名字在亞歷山大統治之前[21]，就已經為希臘人所熟悉。後續的時代要是繼續求知的精神，即使只能找出很少的證據，還是值得大力表揚。但雅典人本身並沒有保存相關的資料，而且要說羅馬的貴族經歷長遠而危險的航程，前來模仿最純粹的民主體制，實在很難令人相信。比較梭倫和十人委員會的條文，可以發現若干地方非常類似：有些規定是自然形成而且合於理性，是每個社會必然產生的狀況；還有一些淵源於埃及或腓尼基[22]，可以證明是世代相傳的共同現象。但是在

18 這樣的情節只能證明克隆達斯這位古代人物，是雷朱姆和卡塔納的立法者，因為戴奧多魯斯‧昔庫盧斯(Diodorus Siculus)發生很奇怪的誤會，後來被當作土林姆(Thurium)策略的創始人而備受讚譽。

19 札琉庫斯被輕率攻擊，但他的功勞和榮譽在於，他把一幫惡徒轉變為希臘共和國中守法的忠義之士。但是札琉庫斯和克隆達斯的法律，被強加在戴奧多魯斯和斯托比烏斯(Stobaeus)的身上，實際是一個畢達哥拉斯學派詭辯家的偽作，才識過人的班特利終於查明真相。

*20 [譯註]Hesperia即「西方之國」，希臘人拿來稱呼意大利，羅馬人拿來稱呼西班牙，因為這些地區都在他們的西邊。

21 我掌握機會去追蹤這次國際交流的發展狀況：(1)希羅多德和修昔底德斯對羅馬的名稱和存在與否，根本沒有一點概念；(2)狄奧龐普斯(Theopompus)提到高盧人的進犯，赫拉克萊德斯‧潘提庫斯(Heraclides Ponticus)不把它當回事；(3)羅馬人向亞歷山大派遣使臣一事，不知是真有其事還是傳說而已，經過克萊塔克斯(Clitarchus)的證實，阿里斯都斯(Aristus)、阿斯克勒皮阿德斯(Asclepiades)以及赫拉克利(Heraclea)的門農(Memnon)都提到過，雖然李維暗地否認；(4)萊柯夫儂(Lycophron)散布最初的消息說這裡是特洛伊的殖民地，再加上《伊涅伊德》的神話，大膽預言說是在第一次布匿克戰爭之前。

22 《十二銅表法》的第十表完全借用梭倫的觀念，海尼修斯認為其中的條文得自希

公法和私法所有最主要的條文之中，羅馬和雅典的立法者似乎彼此陌生，或者相互對立。

不管十二銅表法的淵源或優點何在，羅馬人抱著盲目而且偏袒的崇拜心理，每個國家的律師樂於讓他們的城市制度享有這種重視。西塞羅鼓勵大家要多多研究，認為可以寓教於樂：「十二銅表法的記憶和描述，使我們對古人的言行能夠心領神會，何況它還諄諄教誨政治和倫理最正確的原則。我可以很肯定的說，十人委員會擬出的簡短條文，比起長篇大論的希臘哲學更有價值。」西塞羅帶著真正或假裝的偏見繼續說道：

> 這一切都要感激我們的祖先有過人的智慧，要是我們不恥下問參閱德拉古(Dracon)、梭倫和萊克古斯(Lycurgus)的法學體系，就會發現他們是何等粗俗而荒謬。所以只有我們才是民權的先導，我們所占的優勢真是無比卓越。

十二銅表法要使年輕人能夠背誦，老年人要多加沉思，唯有勤勉努力的學習，才能了解內容予以發揚光大。這些條文過去逃過高盧人的戰火，繼續存在到查士丁尼的時代，隨後又佚失，現代學者的辛勞仍舊無法完全恢復。雖然這些古老年代的紀念品，可以當成權利的規範和公正的基礎，但是各種新法的類型和具有的分量，已經完全超越原有的規模，推翻所能發揮的作用。經過五百年的歲月，訂立的新法完全變成公眾的負擔，比城市的邪惡更難令人忍受。元老院和人民的法案一共有三千塊銅板，全部存放在卡庇特神廟。有些法案像是防止勒索的《朱理安法》，內容超過一百章。十人委員會忽略引進札琉庫斯的制裁方案，這方案使他的共和國維持長久的清廉正直；一個洛克里亞人提出新法案，頸脖上套著繩索站在人民大會的前面，要是法案沒有通過，他立刻就被吊死。

(續)————————————
　　臘人的生活習慣。有權殺死夜晚的竊賊，這是摩西、梭倫和十人委員會都有的論
　　點。

二、人民立法權的行使以及政府對法律的運用

　　十人委員由百人連大會提名，十二銅表法也由百人連大會批准，富人在這方面占有優勢，跟人數的多寡沒有關係。第一階級的羅馬人是家財十萬磅銅以上的地主[23]，他們占有九十八票，剩下只有九十五票留給下面的六個階級[*24]，這種按照財產的分配方式是依據塞維烏斯的巧妙政策。護民官很快設置了更合於民意的原則，使每個市民都有制定法律的同等權利，也有遵守法律的義務。他們召集以區部為單位的人民大會來代替百人連大會，貴族在經過無能為力的奮鬥以後，接受人民大會的敕令，他們的選舉與最低賤的平民完全混雜在一起。羅馬總算運用區部的代表性，排除長久以來所形成的輿論阻障，使人民可以大聲發表意見，每個市民接受朋友和同胞的評鑑，在目視耳聽之下無所遁形。要求的原則像是：無力支付的債務人要聽從債權人的意願；部從要是反對庇主的意見，應該感到羞愧；老兵必須追隨他的將領；嚴肅的官員要能接受群眾給予的教訓，表現出平靜的神態。採用祕密投票的新方式，等於把畏懼和慚愧、榮譽和利益所發揮的影響力全部廢除，濫用自由會加速混亂和專制的進展[25]。羅馬人渴望平

23　戴奧尼修斯和阿柏斯諾特(Arbuthnot, John, 1667-1735 A.D.，英國數學家和物理學家)以及很多現代人士，認為十萬阿斯相當於一萬希臘的德拉馬克銀幣，或者是英國的幣值三百多鎊。這種計算只能用在以後的時代，阿斯已經減縮到古代重量的二十四分之一。在最早的年代，即使貴重金屬再缺乏，我也很難相信一盎司的白銀價值等於七十磅的銅或黃銅。還有一個更簡單合理的辦法，就是用現在的價格去計算銅的價值，經過比較製幣廠和市場的單價以後，要是按最早一個阿斯是一磅銅來計算，概約等於英國幣值為一先令，那麼第一級的十萬阿斯相當於五千鎊。要是用這種算法可以明顯看出來，羅馬的一頭牛要賣五鎊，一頭綿羊要十先令，一個夸特的麥子要一鎊十先令。我們沒有理由反對這種結果，修正了我們的看法，不再誤以為早年的羅馬人很貧窮。

*24　[譯註]一百九十三個百人連組成百人連大會，每年選出兩位執政官和六位法務官，每五年選兩位監察官。以超過半數的九十七票贊成即可通過。第一級的百人連有九十八個，只要這個階級同意，就不必讓第二階級來投票，否則就依次進行，直到過半數為止。幾乎不可能需要最窮的階級來作出最後決定。

25　西塞羅對這個憲政問題進行討論，指派他的弟弟奎因都斯(Quintus)在對立的一邊

等,結果同樣處於地位相等的奴役狀況。奧古斯都的諭令只要耐心等待都
會被批准,經過區部或百人連的正式同意。他只經歷過一次反對,大家表
現出誠摯的態度而過程極為艱辛。臣民已放棄所有的政治自主權利,只保
衛家庭生活的自由。

有一項法規強制人民遵守婚姻的義務以及鞏固夫妻雙方的拘束力,結
果遭到喧囂四起的反對,普洛佩久斯(Propertius)躺在迪莉婭(Delia)的懷
中,大聲歡呼放蕩的愛情獲得勝利*26。革除不良風氣的企圖只有暫時擱置
下來,等待更為馴服的新一代來到世上再說。像這樣的例子不必用來教導
一名識時務的篡奪者,他不會用這種方式在人民的集會中引起反對的聲
浪。奧古斯都暗中準備廢止人民大會,終於在繼任者手中達成,沒有產生
抵抗,甚至幾乎沒有引起注意。六萬個平民立法者,人數真是勢不可當,
而且很難確實掌握,就用六百個元老院的議員來取代,靠著皇帝的仁慈賜
給他們榮譽、財富和生命。獲得立法權可以緩和失去行政權的不滿,烏爾
平(Ulpian)曾經一再強調,元老院的敕令獲得法律的力量和效果,以後又
繼續維持達兩百年之久。在自由權利高漲的時代,人民的決定通常取決於
一時的熱情或錯誤。為了應付混亂的社會,《高乃留斯(Cornelius)法》、
《龐培法》和《朱理安法》是運用一人之力所制訂,但是在凱撒的統治之
下,元老院是由官員和律師所組成,在質疑私法的時候,他們的審判可以
做到廉明公正,很少因恐懼或利益而出現司法敗壞的風氣。

被授與國家最高職位的官員,有時會頒布諭令以補充法律的沉默或曖
昧不明之處27。羅馬國王的古老特權依據個別的職務,轉移給執政官、笛
克推多、監察官和法務官,其他像是護民官、市政官和以執政官頭銜代行
總督,同樣賦與類似的權利。不論是在羅馬還是所屬行省,臣民的責任和

(續)————————————————
　　發言辯駁。
*26 [譯註]普洛佩久斯是公元前一世紀羅馬最有名的詩人,寫出非常優美動人的情
　　詩,受到奧古斯都的指責,認為對社會風氣造成不良的影響。
　27 《法學初步》的拉丁原文裡,對於法務官和其他官員收用法律手續費有嚴格的規
　　定,狄奧菲盧斯的希臘文釋義對這方面的解釋更寬鬆,沒有提「手續費」那個最
　　重要的字眼。

總督的意圖都要公開宣布。最高法官即城市法務官，每年公布法規，以改革民法體系。等到他登上法庭，用來審案的法規條文以及救濟方式，是為了彌補嚴苛明確的古老先例，都由傳呼員大聲宣告，然後書寫在白色牆壁上。自由裁量心證的原則被引進共和國，但是這種審判程序更合於君主國的要求，用來尊重法律的名義但是逃避法律的效力。後來的法務官更努力改進這種手法，運用精微和想像的原則以擊敗十人委員會平舖直　的意義，只要能產生有益的結果和目標，經常會濫用所掌握的工具和手段。死者私下或可能的意願，要是抵觸繼承的順序和遺囑的形式，可能無法產生效力。要是遺產申請者表達朋比為奸的意願，就能從縱容的法務官那裡獲得已故親人或恩主的財物，即使他不具備繼承人的身分。為了補救私人的過失行為，賠償和罰鍰用來取代十二銅表法上已作廢的嚴酷條文；假想的臆測使時間和空間失去效用；用年輕無知、受騙上當或暴力脅迫作為抗辯的理由，可以要求對一份困難的契約取消應盡的義務，或是當成執行這份契約出了問題的藉口。含糊而專制的法律體系會產生最危險的濫用狀況，像是傳統德行所產生的成見、備受讚譽的愛好所帶來的袒護、利害和憤怒所造成強烈的引誘，都會犧牲司法的內涵和形式。法務官的任期只有一年，即使有錯誤或惡行也會很快消失，這種方式經過驗證非常合理可行，於是以後的各級法官也比照辦理。審判程序的規則都是由新訟案來界定。《高乃留斯法》規定法務官在這一年之中，要堅持他上任時所宣示的立場和原則，不受外在的引誘和影響，避免出現偏袒和不公正的行為[28]。凱撒的天才所規劃的設計，留待哈德良的好奇及博學來完成。薩維烏斯·朱理安(Salvius Julian)是位優秀的律師，曾經出任法務官，寫成《永久成規》(*Perpetual Edict*)一書，獲得不朽的名聲。這是一本很容易運用的法典，

28　笛翁·卡修斯確定《永久成規》在羅馬建城686年頒布，裡面的法規是用盧多維庫斯·維維斯(Ludovicus Vives)的文件，於公元585年發表於《每日新聞通報》(*Acta Diurna*)。有關這種說法的真實性得到皮吉烏斯(Pighius)、格里維斯(Graevius)、道維爾(Dodwell, Henry, 1641-1711A.D.，英國學者和神學家)和海尼修斯的支持，但是從裡面提到「辛布里人之盾」(譯按：公元前101年即羅馬建城652年才出現辛布里人，這個條頓族被馬留擊敗)這個名詞，可以證明是偽作。

獲得皇帝和元老院的批准,使「法律之前,人人平等」的觀念,在喪失已久之後終於能夠恢復。《永久成規》用來取代十二銅表法,成為民法穩定不變的標準[29]。

三、皇帝掌握立法和司法大權後羅馬法律體系的建立

從奧古斯都到圖拉真,個性謙遜的凱撒願意用羅馬官員的身分頒布諭令,至於君王書面和口頭的指示,會列入元老院的敕令中發布。哈德良是第一位盡量運用立法權的皇帝,而且絕不加以掩飾。那是一個要求容忍的時代,這種改革倒是能夠認同,吻合皇帝積極進取的精神,何況他經常離開都城,長期在外停留。這種處理方式以後的國君照用不誤,要是按照特塔里安(Tertullian)很苛刻的比喻:「皇帝的諭令和御法就像兩把利斧,將古老的法律所形成陰暗而雜亂的森林,全部清理得乾乾淨淨。」從哈德良到查士丁尼這四百年之間,君王的意願鑄造成公法和私法[*30],無論是人為或神意的制度,都不能在共和國最早的基礎上發展。黑暗時代和畏懼專制政體的武力,掩蓋皇家法律的起源不讓人知曉。由於法學家的奴性和無知,他們在羅馬和拜占庭宮廷靠君王的恩典,整日無所事事,使得兩種杜撰的說法到處傳播。

其一,古代的凱撒一直在祈求的事物,人民或元老院有時會給予同意,使他們免於特定成文法的義務和懲罰。這種恩典就是法律行為,共和國在實施時超越於第一公民之上。凱撒在開始時用謙卑的態度接受,後來這卻成為暴君理應當然的特權,用拉丁文來表示是「免於法律的束

---

29 海尼修斯用大師的筆法寫出有關敕令和詔書的歷史,重新修訂《永久成規》一書的本文,這些研究工作使我受益非淺。布查德(Bouchaud)在銘文研究所對法律和文學進行考證,獲得一序列驚人的成果。

*30 [譯註]羅馬法分為公法和私法兩類:公法是有關羅馬共和國或帝國制度的法律;私法是關係個人權益的法律。公法與宗教儀典、祭司和公職人員有關;而私法依據自然法、萬國法和城邦法。

縛」[31]，用來提升皇帝的地位，不受任何人爲的約束和限制。他的行爲只聽從良知和理性的指導，受到神聖不可侵犯的崇敬。

其二，元老院的敕令具備類似的獨立特性，不論在任何朝代都用來律定民選官員的頭銜和權力。但是在羅馬人的觀念和語文沒有發生以訛傳訛的錯誤之前，「帝王之法」[32]是人民贈送出去便無法撤回的禮物，這種概念是出於烏爾平的想像，更可能是垂波尼安的念頭。要說皇家權力開始時就受到自由和公正原則的支持，雖然就事實而論錯誤在所難免，產生的結果是使人民受到奴役。「自從羅馬人民把他們整個的權力，依據皇家的法規，全部轉移到君主身上以後，皇帝最大的樂趣在於掌握嚴厲和有效的法律。」這樣可使一個人甚或一個兒童的意志，凌駕於年齡和時代的智慧以及數百萬人的願望之上，國勢沒落的希臘人竟然非常自傲的宣稱，立法的權力在執行時很容易成爲專制的工具，只有留在皇帝的手裡才能很安全的保存。狄奧菲盧斯在查士丁尼宮廷大聲疾呼：「在平靜而尊敬的狀況下，能夠達成擢升君王的目標，到底是哪些利害關係或感情因素？特別是他已經成爲臣民生命和財產的主宰，而那些引起他不滿的人，有很多遭到死亡的命運。」

歷史學家不屑於冠冕堂皇的奉承話，可能承認私法問題的關鍵，在於偉大帝國的絕對統治很少受個人的深思熟慮所影響。在皇帝不偏不倚的心靈中，用德行或理性來顯示，他是和平與公正的護衛者，社會治亂與自己的利益密不可分。在最軟弱和最邪惡的朝代，智慧超眾和正直無私的佩皮尼安(Papinian)和烏爾平，擔任最重要的司法職位，《御法集》和《羅馬民法彙編》當中最純淨的素材，用卡拉卡拉和廷臣的姓名來題字銘記[33]。

---

31 笛翁・卡修斯不知是出於無知還是有意，將「法律解脫者」(Legibus Solutus)帶有法治風格的字眼誤譯。他的編輯雷瑪(Reimar)基於這種情況，也對奴性很重的歷史學家加以口誅筆伐。

32 「帝王之法」這個詞現在還使用，但是本意盡失。康莫達斯或卡拉卡拉的奴隸可能最早使用「王權」這個詞。

33 僅是安東尼・卡拉卡拉頒布的法規，就有兩百項現在還保留在《法典》裡，他的父親塞維魯斯，也有一百六十項。這兩位君王的名字在《民法彙編》中引用十五

羅馬的暴君有時是行省的恩主。一把佩劍終結圖密善的罪行，但是謹慎的聶爾瓦證實他的作為，很高興將兇手釋放，使得氣憤的元老院宣告聶爾瓦的判決無效。官員對案情提出不實的報告，就是最英明的皇帝也會受到欺騙，這在皇帝回覆官員請示所作的批答[34]中，可以很清楚看到。這種瀆職濫權的行為，等於將他們草率的判決，與成熟而周詳的立法置於同一水平，就是用圖拉真的見識與作為，同樣無法提出有效的譴責。皇帝對呈文的批答，以及他在諭令、詔書和國是答文的裁示，全部用紫色墨水[35]簽署，當作一般或特定的御法傳達到所有行省，官員要據實執行，人民要聽命服從。這些御法的數量不斷增加，遵守的條款經過年深月久，產生諸多疑點更加含糊難解，直到後來必須整理歸納，成為合於君王要求的《格列哥里法典》、《赫摩吉尼安(Hermogenian)法典》和《狄奧多西法典》。前面兩部法典由私人編纂而成，分別是兩位律師精心研究的成果，包括的時間從哈德良在位到君士坦丁臨朝，當時的皇帝幾乎都是異教徒，將他們的御法作有系統的整理，現在只保有若干斷簡殘篇。第三部法典是狄奧多西二世下令編纂，經過刪節以後一共有十六卷，現在仍舊傳世，包括君士坦丁以降以及他本人統治期間的御法，這些皇帝已經都是基督徒。這三部法典在法庭具有同等的權威，任何引用的法條和判例，要是沒有包括在這幾部神聖作品之中，法官就會將它當成偽造或作廢，根本不予理會[36]。

　　未開化的民族沒有文字，因此勉強以明顯的記號代替，以喚起對於公私事務處理過程的注意和永久保存回憶。羅馬人最早的法律體系就像啞劇表演，完全採用姿態來表達文字的意義，只要審判程序的形式有任何微小

　　　　次，《法學初步》中出現八次。

34　皇帝的批答很勉強同意對法律和事實進行詳盡的審查，有些案件延後處理或是接
　　受正式的請願等等。但是這些補救措施並不一定有效，因為法官一般都很謹慎而
　　且也怕帶來危險。

35　這種墨水通常是硃砂和銀硃的混合物，從李奧一世到希臘帝國滅亡，用來表示帝
　　王的威嚴和權力。

36　庫杰修斯特別指出格列哥里所編的法典，主宰法庭的時期從哈德良到高連努斯，
　　後來為他的同業赫摩吉尼斯所接替，這種區分也許公正，但時常會侵入到對方的
　　領域。

的錯誤和疏失，即使穩操勝券的權利要求，不問內容如何也會遭到撤消和廢止。夫妻共享婚姻生活，用提供水與火這兩種元素給對方來表示[37]；離婚妻子要將一串鑰匙交出來，等於是失去管理家庭的權力；解放一個兒子或是一個奴隸，讓他免於奴役的生活，就是輕輕給他一記耳光，將他打得轉過身去；要是禁止做一件工作就是對它丟石塊；用折斷一根樹枝來阻撓權利的取得；緊握拳頭代表發誓或提出保證；右手用來表示授與權力的忠誠和信任。一根折斷的麥　代表契約的保證；砝碼及磅秤出現在每次付款中；或者是身為繼承人獲得遺囑，就彈一下手指，或是興奮到脫下身上的衣服丟掉，或是高興得又跳又舞，也可能是故意裝出喜不自勝的樣子。要是一位市民為了找出被偷的物品進入鄰居的家中，要用亞麻布巾圍住，不得赤身露體，臉上應該帶著面具或是頂著盆子，以免在閨女或婦人的面前亮相，眾目睽睽之下有傷顏面[38]。在民事訴訟中，原告可以觸摸證人的耳朵，對於不願前來的對手可以抓住他的頸脖，並且用嚴肅和哀傷的言辭，懇請市民朋友給予幫助。兩造相互抓住對方的手，站在法務官的法庭前面好像準備開戰，法務官就會要他們提供雙方訴訟的主旨；他們離開和歸來都用整齊的步伐，在法務官站立地點的腳下撒一塊土，表示這就是產生爭執的田地。法律的語言和行動用奧祕的技術來表達，這些都由祭司和貴族傳承下去，就像迦爾底的占星者那樣，向他們的部從宣布辦事和休息的日子。這些重要的瑣碎事項與努馬的宗教交織在一起，等到十二銅表法頒布以後，羅馬人民還是不了解法庭的審判程序。有些平民出身的官員產生背叛的心理，這才洩露出有利可圖的祕密。在更為文明的時代，法律行為會受到嘲笑和評論，同樣是這些古代習俗認可了原始語言的慣例，反倒是抹殺語言應有的功用和意義[39]。

37　西伏拉(Scaevola)認為，接受火與水表示「同生共死」的精神，是婚姻的基礎。這位西伏拉的名字，可能叫做西維狄斯(Cervidius)，是佩皮尼安的老師。

38　海尼修斯提到這種規定源自雅典的說法，從阿里斯多法尼斯(Aristophanes)和波拉克斯(Pollux)的證據，以及他的註釋者的評論，能夠獲得支持。

39　西塞羅在為木里納(Murena)所作的演說中，對於法學家的偏重形式和故作神祕，表示出藐視和不以為然的態度，奧拉斯·吉留斯(Aulus Gellius，二世紀，拉丁古

四、法學思想的形成和發展階段的區分及主要的哲學理念

羅馬的哲人更進一步培育人文科學的技藝,嚴格說,這些人可以說是民法的創始者。羅馬人在語文和習俗方面有所改變,使得新生的每一代不再熟悉十二銅表法的風格,那些研究法律的古人對於內容可疑的條文,所做的解釋已經不夠完善。闡明曖昧難明的含意,確定發展餘地的範圍,應用合理可行的原則,擴大與日俱增的影響,調和各方矚目的矛盾,這是更為崇高而重要的任務。古代法規的闡釋者已經在暗中左右行省的立法,他們運用精到的解說與法務官的公正採取齊一的步調,拿來改革黑暗時代的暴政。不管所使用的工具是多麼陌生和複雜,制定人為的法律體系所要達成的目標,是要恢復自然和理性最簡明的規範,使得一介平民憑著自己的本領,有力量推翻共和國時代所建立的制度。這場變革從十二銅表法到查士丁尼當政延續將近一千年,可以區分為時間概等的三個階段,各有指導的模式和法學家的特性以資區別[40]。

第一個階段大致從羅馬建城303年到648年(450-105B.C.),自負和無知將羅馬法限制在狹隘的範疇之內。羅馬在適合公共活動的日子開放市場和舉行集會,精通法律的專家在廣場上散步,準備向市民同胞提供所需的勸告和意見,即使地位卑賤也一視同仁,希望能獲得他們的選票,同時答應在未來只要有機會,他們可以要求回報所給予的支持。等到這些法律專家的地位隨著年齡日益增加,就坐在家中的椅子或官座上,帶著莊嚴的神色等候主顧前來請教,這些人來自城鎮或鄉村,從清晨開始就把專家的大門打得山響。他們經常提出諮詢和商議的項目,多半是社會生活的應盡責

(續)————————————

典文學家)、格拉維納和海尼修斯的言辭更為坦率。

40 龐坡紐斯據以找出一序列的民法律師。這是文學體歷史的一個分支,現代人已從研究和批評的立場加以討論。在這些人中,我主要的引導來自格拉維納和海尼修斯。西塞羅特別是他的著作,像是《論演說家》(de Oratore)、《論清晰的演說》(de Claris Oratoribus)、《論法律》(de Legibus),提供極具價值的資料。賀拉斯經常提及法學家早上的辛勞。

任和法庭訴訟有關的事務，依據謹慎的原則和法律的規定，架構出口頭或書面的專家意見。同一階層的法律專家和家族裡的年輕人獲准前來旁聽，他們的子姪獲得私下傳授經驗的好處，繆西安(Mucian)家族享有多年的名望，就是因爲後裔能夠傳承民法有關的知識。

第二個階段從羅馬建城648年到988年（105B.C.-235A.D.），是羅馬法光輝燦爛和卓然有成的時代。從西塞羅的出生延續到塞維魯斯·亞歷山大在位，體系已經建立，學校已經設置，書籍已經編寫，就是這兩位大人物的生與死，對於教導有志於法律的學生都有很大的助益。伊留斯·庇都斯（Aelius Paetus）又稱卡都斯（Catus），意爲「絕頂高手」，他著有《三方記要》（Tripartite）一書，是有關法律體制最古老的著作。監察官加圖致力於法律的研究，獲得舉世稱譽的名聲，他的兒子更能克紹箕裘。繆修斯·西伏拉（Mucius Scaevola）的同宗有三位是法學界的賢德之士，但是他們的門生弟子塞維烏斯·蘇庇修斯（Servius Sulpicius），對這門學問最爲專精，他也是西塞羅的好友。在共和國時代和以後的凱撒統治之下，學術的傳承終於由佩皮尼安、保羅和烏爾平完成統合，建樹之大可以說與前人不分軒輊，他們的作品有不同的標題，與所獲得的名聲一起永久保存。可以拿拉貝歐（Labeo）的著作當作範例，看到有很多的觀念出自他們的倡導和啓發。拉貝歐是奧古斯都時代最著名的律師，他的時間平均分配在鄉間與城市，對事業和著述並重，可以列舉四百多卷作品是退隱的成果。法律界的對手卡庇托（Capito）特意蒐集相關的書籍，有兩百五十九卷作品經常被引用，只有少數教師精通一百卷著作，能夠用來陳述意見。

第三階段從羅馬建城988年到1320年（235-567A.D.），羅馬法的賢哲之士已經式微，從亞歷山大在位到查士丁尼統治爲止。法律的求知慾已經獲得滿足，暴君和蠻族據有寶座，積極進取的精神轉向宗教信仰的爭論，羅馬、君士坦丁堡和貝萊都斯的法學教授，樂得把先賢的著作照本宣科誦讀一番。法律的研究進度緩慢，沒落卻很快，從而可以推論，法學教授需要和平與精進的環境。那段期間出現很多位著有大部頭作品的民法學家，這可以清楚證明，必須要有共通的判斷、經驗和勤奮，才能寫出這些作品，

也才能閱讀這些作品。在一個循環往復的時代，很難出現西塞羅和魏吉爾百世不見的大才人物，但是傑出的法律教師可以造就青出於藍的門徒。

法律體系大致能適合早期羅馬人的需要，在建城大約七世紀時，受希臘哲學的影響，有相當的精進和改良。西伏拉家族從使用和經驗獲得教訓，塞維烏斯·蘇庇修斯卻是第一位對於他的技藝建立通用理論的法學家[41]。為了識別真實和虛假，他把亞里斯多德的邏輯和斯多噶的學說當作絕對正確的法則，將特定例子歸納為一般原理，在一團混亂之中散發出秩序和雄辯的光芒。西塞羅與蘇庇修斯同時代，相互之間建立友誼，他婉拒專業律師的聲譽，但是他具備無可匹敵的天賦才華，運用點石成金的本領，使國家的法律體系發出耀目的光芒。西塞羅拿柏拉圖當範例為自己的國家寫成《共和國》一書，可以當成一篇法律的論文，費盡苦心從來自天國的起源，推論出羅馬制度的睿智和公正。按照他那崇高的假說，整個宇宙形成一個巨大的聯邦，神與人都是生命共同體的成員，用同樣的本質共享一切，理性制定自然和民族的法律，所有實用的制度雖然經過意外或習慣的修正，全部出於公理正義的權利原則，神明將這些原則銘刻在每一個善良的心靈之中。他精通這些富於哲理的奧祕，用溫和的態度將懷疑論者排斥在外，因為他們拒絕相信這一切；還有就是享樂主義者，他們根本不想採取行動。後者對於共和國毫不關心，他只有勸他們憩息在滿是陰影的花園。西塞羅提出非常謙卑的請求，新的學院要保持寧靜，要是共和國不顧一切加以反對，他那美好壯觀和秩序井然的結構，苦心建立和崇高博大的體系，很快會遭到毀滅的命運。他認為柏拉圖、亞里斯多德和季諾是僅有的教師，他們教導市民加強武裝，盡到社會生活的責任。有關這方面，發現斯多噶教派用堅定的意志來作為甲冑[42]，主要穿著的時機是在法律學

41　不知是克拉蘇還是西塞羅本人，對於法律的藝術或科學提出一個觀念，發言時滔滔不絕卻是文盲的安東紐斯故作譏諷。塞維烏斯·蘇庇修斯實踐了一部分，他的誇獎使羅馬人格拉維納的古典拉丁文體起了微妙的變化。

42　潘尼久斯(Panaetius)最早在羅馬教授斯多噶學派的哲學課程，他是小西庇阿的朋友。

校，不僅可以保護自己，也能用來做爲裝飾。羅馬的法學家從雅典的柱廊
學會如何生活、思考和死亡。他們多少會習染不同學派的偏見，喜愛充滿
矛盾的悖論，養成爭論強辯的習慣，非常在意字彙和口語的差異。形式優
於內容的概念，被用來確定財產權。垂貝久斯(Trebatius)的意見是贊同罪
行的平等，認爲接觸耳朵等於接觸整個身體。要是有人偷一堆糧食或是一
大桶酒，那就犯上竊盜的全部罪行。

五、羅馬法學家所樹立的權威以及派系之間的競爭

獻身軍旅、辯論議壇以及精通民法是羅馬市民獲得榮譽的途徑，要是
能將這三項專長集於一身，更能出人頭地。學識淵博的法務官，在草擬喻
令和詔書時，就能充分表達個人的理想和情操；監察官或執政官的意見更
能獲得眾人的尊敬；法律的解釋所產生的疑點要待法學家一言而決，這要
靠他具有出眾的德行，能讓他獲致光榮的勝利。神祕的簾幕長久以來保障
貴族玩弄司法的權術，等到了更爲文明的時代，法律體系才能夠建立自由
調查的原則。在廣場的辯論可以闡明更爲微妙和複雜的案情，規則、公理
和慣例[43]可以真正成爲理性的指示，法律專家的同意與法庭的運作建立密
不可分的關係。然而這些闡釋者既不制定也不執行共和國的法律，就是法
官有時也不理會西伏拉家族的權威，何況那些高明的律師用過人的口才或
狡猾的詭辯，經常推翻他們在法律方面的論點。奧古斯都和提比流斯最早
運用民法學家的專門知識，當成發揮作用的工具。有了這些專家學者的大
力效勞，才能使古老的體系符合專制的精神和立場。確保這門學問的崇高
地位，成爲最冠冕堂皇的藉口，就把提出合法和有效意見的特權，限於具
有元老院議員或騎士身分的賢明之士，這些人在事先都經過君王的研判和
認可。這種對司法的壟斷盛行一時，直到哈德良在位才恢復原有的方式，

43　我們聽說卡托尼安(Catonian)的法規、阿奎利亞的條款以及曼尼利安(Manilian)的
格式，一共有兩百一十一種準則和兩百四十七條釋義。

每個市民只要自認有能力和學識，都可從事法律這門行業。法務官的自由裁量權現在反而被教師的經驗所操控，法官樂於聽從法條的本文以及對它的闡釋。最重要的改革是附加條款的運用，這是民法學家的建議，經過奧古斯都的批准。

要是民法學家的意見能夠一致，那麼最專制的命令只會要求，法官應該與他們的意見一致。不過真正的制度通常基於習慣和傳統，法律和語言不僅含混而且武斷，理性根本無法明確表示，對手的嫉妒激起爭辯的嗜好，愛慕虛榮的主人難免產生盲目追隨的門徒。羅馬法一度產生兩個出名的派系，分別是薩拜努斯（Sabinus）派和普洛庫留斯（Proculius）派。阿提烏斯‧卡庇托（Ateius Capito）和安特斯久斯‧拉貝歐（Antistius Labeo）這兩位法學界的哲人，可以拿來裝飾奧古斯都時代的和平：前者受到君主的重用而顯赫一時；後者藐視高官厚爵更是名重士林，雖然堅持自己的立場，他的反對並沒有讓羅馬的暴君受到傷害。他們的個人風格和處事原則大相逕庭，因而影響到法律的研究。拉貝歐對於古老共和國的形式非常執著，他的對手就正在發展的君主政體，贊同更有利可圖的實質內容。廷臣的性格必須溫馴而且謙遜，卡庇托很少敢於偏離先輩的意見和看法，甚至就是說話的語氣都很注意；拉貝歐這個大膽的共和主義分子毫不畏懼矛盾或革新，追求獨立自主的觀念。不過，拉貝歐受限於嚴苛的結論，決定一切要依據條文的字義；他那待人寬厚的對手，認為要運用人類的常識和感情，擴大公平正直的範圍，來解決同樣的問題。要是用公正的以物易物方式取代支付金錢，卡庇托仍舊將這種交易視為合法的出售[44]。他參考自然現象來決定人類的青春期，不必嚴格限定在十二或十四歲[45]。卡庇托和拉貝歐

---

44 查士丁尼對於喧騰一時的爭論大為表揚，荷馬的韻文對於兩邊都是合法的依據。這些得由保羅來決定，在簡單的交換過程中，賣方與買方無法分辨。

45 這場爭論同樣也讓普洛庫留斯學派爭論，用來取代毫無道理的研究成果，也遵從希波克拉底斯（Hippocrates）的格言。他非常喜歡用七這個數字，像是每年兩個星期，或是七百天等等。蒲魯塔克和斯多噶派人士指出更合於自然的理由。希臘人用十四歲還有更不便說出口的原因。可以參閱馬斯庫對兩個派系的研究資料。

所設立的學校，從奧古斯都到哈德良這一百多年中[46]，始終保持成見已深的競爭，創辦人用著書立說來傳播相互對立的觀點和看法。

　　兩個派系的取名是來自誨人不倦的教師薩拜努斯和普洛庫留斯，也有人將這兩派稱爲卡休斯（Cassius）派和佩格瑟斯（Pegasus）派。但是說也奇怪，大眾喜歡佩格瑟斯[47]，他是圖密善的奴隸，生性怯懦；這時凱撒的寵臣由卡休斯代表，他名聲顯赫，祖先就是暗殺凱撒大帝的愛國者卡休斯。編纂《永久成規》時，派系之間的爭論已大致確定。關於這部極爲重要的著作，哈德良皇帝的人選是薩拜努斯派的首腦，身爲君主政體的友人在各方面都占上風，但薩爾維斯·朱理安（Salvius Julian）的調解逐漸融合勝利者和失敗者的見解。就如同當代的哲學家，安東尼時代的律師拒絕承認國君的權威，從各種不同的體制中採用最適切的原理和學說[48]。但如果他們的選擇較爲一致，他們的作品也不會如此載籍浩瀚。相互抵觸的證詞不僅繁多而且各有分量，法官要想憑良心做事也會受到困擾，每件判決可能不是出於情感作用就是利害關係，但都有德高望重的人物認可。狄奧多西二世發布寬容的詔書，免得花費精力去比較或衡量這些爭執。他指派該猶斯（Caius）、佩皮尼安、保羅、烏爾平和莫笛斯提努斯（Modestinus）五位法學家，全盤整理羅馬的法律體系，按照多數決進行審查，要是意見難分軒輊，由智慧超人的佩皮尼安做出最後裁決[49]。

46　馬斯庫曾描述兩派之間的各種狀況和最後結局，至於要讚揚他公正評論兩個已經消失的派別，幾乎是很荒謬的事。

47　他聽到第一次召喚就飛奔到亂哄哄的會場，然而朱維諾稱譽羅馬郡守是剛正不阿的法學家，也是精通本行技藝的老學究，有人說他本身就是一本書。他獲得佩格瑟斯這個奇特的名字，是來自他父親所指揮的一條戰船。

48　馬斯庫在《論學派》（de Sectis）一書中，用一個法律用語「分離主義者」來稱呼這些折衷派的律師。

49　這份詔書就像一份天書，給耶穌會爭辯的機會，是否法官必須跟從佩皮尼安的見解，不必考慮自己的判斷或良心。然而立法者不論對錯，都必須基於合法性發表見解，須知合法性基於法律而不是眞理。

六、查士丁尼對羅馬法的改革及法典的編纂

等到查士丁尼登極稱帝(527A.D.)，羅馬法的改革是工作艱鉅卻又勢
在必行的任務。經過十個世紀漫長的歲月，汗牛充棟的法律條款和司法文
件有數千卷之多，一般人沒有財力購買也無能力消化，而且所需要的書籍
很難找到。法官就像目不識丁的人只有任意處置，如同空有萬貫家財的富
翁，要花錢時仍然一窮二白。那些使用希臘語的行省居民，將生命及財產
交給他們一無所知的語言來處置。在貝萊都斯和君士坦丁堡的學院裡，把
拉丁語當作野蠻人使用的方言，學生不願盡心盡力去學習。幼年的查士丁
尼有如伊里利孔的士兵，只熟悉當地的土話，等到少年時代接受法律課程
的教導，現在基於帝國的需要，選出東部學識最為淵博的法學家，隨同他
們的君主努力進行改革的工作。皇帝的倡導和官員的經驗，有助於學者專
家提出他們的主張。

垂波尼安(Tribonian)(527-546A.D.)的積極進取鼓舞大家，推動整個
計畫。這位極為出眾的人物是龐非利亞行省塞德(Side)地方的土著，為了
達成這個目標，受到無數的讚許和指責。他的才華就像培根(Bacon)一
樣，精通那個時代所有的事務和知識。垂波尼安用散文和韻文就各種不同
的題材，寫出變化多端和深奧難解的作品[50]：像是讚譽查士丁尼有雙重含
意的頌辭；哲學家狄奧多都斯(Theodotus)的傳記；幸福的本質與政府的
責任；荷馬作品目錄及二十四種詩韻；托勒密的天文學準則；太陰的月相
轉換；行星家族的體系；世界的和諧系統。他進一步運用拉丁語來研究希
臘文獻，這位羅馬的民法學家把所有的資料保存在圖書館和自己的腦海之
中，終生有恆不懈的精研法律這門學問，為他開啟飛黃騰達的富貴之路。
從在禁衛軍統領的手下擔任律師開始發跡，接著擢升為財務大臣、執政官

---

50 我用蘇伊達斯的兩段文句來檢視同一個人，發現每個情節與記錄都完全吻合。然
而律師似乎不知道，法比里修斯認為這是兩個不同的人。

和御前大臣等職位。查士丁尼在國務會議中經常聽取他的報告，他不僅口若懸河而且智慧過人。但是他的態度謙虛，行事低調，減少別人的嫉妒之心。他受到宗教信仰不夠虔誠和貪財好貨的指責，難免會玷污他的德性或形象。在心胸狹隘和善於羅織的宮廷，這位據有重要職位的大臣受到控訴，說他在暗中背棄基督教的信仰，心中存有無神論者或異教徒的思想和情懷，主要是歸於末代希臘哲學家的影響，當然這種藉口非常矛盾，根本無法自圓其說。他的貪婪倒是證據明確而且眾所周知，要是他在司法部門收受禮物而發揮影響力，企圖改變審判的結果，就像再度發生培根的案例。如果他使神聖不可侵犯的職業受到羞辱，如果他為了獲得私人報酬的不純正動機，因而每天都在制定、修正或註銷法律，即使是他的建樹也無法為卑鄙的行為贖罪。在君士坦丁堡的叛變事件中，民眾的氣憤叫囂使他遭罷黜丟官，但是他很快恢復財務大臣的職位，直到他去世為止，有二十多年的時間始終獲得皇帝的重用和信任。查士丁尼讚許他的唯命是從和負責盡職，然而這種鞠躬盡瘁的態度已經墮落成為諂媚奉承，皇帝的虛榮心作祟，因此難以分辨。垂波尼安敬愛仁慈的主子有如神明，感嘆世間怎麼會有這樣偉大的君王，裝出一副戒慎恐懼的樣子，害怕查士丁尼就像以利亞(Elijah)或羅慕拉斯，會被上蒼接走送到光榮的天庭[51]。

如果凱撒完成羅馬法的改革，他那因內省和研究而增強的創造才能，就會帶給世界一套純粹和原創的法學系統。無論是否出於奉承之辭，東方的皇帝生怕拿個人的判斷來做為公正的標準，雖然自己擁有立法的權柄，還是要借用時間和輿論的協助，以逝去的哲人和立法者作為監督，好完成辛苦的編纂工作。查士丁尼並不像藝術家用自己的手塑造一尊雕像，他的著作如同古代耗費錢財的方格狀路面，是一大堆缺乏條理的斷簡殘篇。登

---

51 赫昔契烏斯(Hesychius)、樸洛柯庇斯和蘇伊達斯都提到這個故事。這種奉承簡直難以置信！豐特內爾(Fontenelle)嘲笑個性溫和的魏吉爾不夠謹慎，但是他還不是將自己的國王置於神聖的奧古斯都之上。就是明智的布瓦洛(Boileau-Despreaux, Nicolas, 1636-1711A.D.，法國詩人、文學理論家)發表諂媚的言辭，也不會感到臉紅。事實上，無論是奧古斯都還是路易十四，都不會是傻子。

極第一年，他指示垂波尼安，在九位飽學之士的協力下，校勘歷代皇帝的
法令和詔書(528年2月13日)，從哈德良統治的年代開始，將格列哥里、赫
摩吉尼安和狄奧多西三部法典記載的項目，全部包括在內，要修訂錯誤失
落和相互矛盾的條文，刪除已經作廢的部分和過分冗長的文字，選擇立法
明智和裨益良多的法規，能夠適應法庭的運作，爲臣民帶來福祉。完成這
件工作只花費十四個月的時間。這個新成立的十人委員會，企圖效法羅馬
先賢的事功，十二卷法典或稱爲「表」是最好的成果(529年4月7日)。查
士丁尼的新法典用他自己的名字以示尊榮，經過簽字批准以後，交給各單
位的公證人和書記，用筆抄錄很多部，經過校正無誤，分送歐洲、亞洲以
及後來阿非利加各行省的官員，選擇莊嚴的節慶期間，在教堂的門口當眾
宣讀這部帝國的法律。

　　隨後進行更爲繁重的編纂作業，要從羅馬法學家的決議、假設、質疑
和爭辯中，摘錄出法學理論的精義。皇帝指派十七位律師，在垂波尼安的
領導之下(530年12月15日)，要超越前賢著作所涵蓋的範圍，如果他們能
遵照命令在十年內盡其全功，查士丁尼對他們的勤奮一定感到滿意。結果
只要三年就快速編成《論法彙編》(*Digest*)或稱《羅馬民法彙編》(533年
12月16日)[52]，至於獲得讚許還是譴責，要看執法者運用的方式和心態而
定。他們根據垂波尼安的圖書館蒐集的資料，選出四十位過去最有聲望的
法學家[53]，以及節錄在五十本作品裡的兩千篇論文，仔細統計原來有三百
萬行或節的文句[54]，經過刪節以後很合理的保留十五萬行。完成重大著作

---

52 法學家對於西伏拉、馬西利努斯和塞爾蘇斯(Celsus)的《論法彙編》都很熟悉，但
　是查士丁尼認爲《民法彙編》和《論法彙編》是同義語，這是錯誤的。不管是希
　臘語還是拉丁語，「民法彙編」這個字到底是陽性還是陰性？就是勤奮的布倫克
　曼(Brenckman)也不敢碰這個極具爭議性的題目。

53 安吉拉斯·波利提努斯(Angelus Politianus)統計，《民法彙編》提到三十七位法學
　家，都是知識淵博的人士，在他的時代是很特殊的一份名單。《民法彙編》希臘
　文索引列舉的法學家是三十九位，工作勤奮不知勞累的法比里修斯找到四十個人
　的名字。安東尼努斯·奧古斯都(Antoninus Augustus)說是五十四位，但必定把名
　不見經傳的二流角色也算進去。

54 希臘原文裡的「行」用於古老的手抄本，嚴格的定義是完整意義的句子或段落，

編纂的前一個月，先完成《法學初步》，看來羅馬法在編纂摘要之前，先
完成基本原理才較爲合理。皇帝贊同他們的工作計畫，運用立法權批准這
些平民的研究成果。他們對於《十二銅表法》、君主的《永久成規》、人
民的法律以及元老院的敕令，完成註釋，取代本文的權威，本文被視爲無
用的古老遺物，全部予以刪除。《御法集》、《民法彙編》和《法學初
步》被稱爲正式的民法體系，是法庭唯一能運用的法源，也是在羅馬、君
士坦丁堡和貝萊都斯學院的唯一教學材料。查士丁尼把他的「永久神諭」
告訴元老院和行省，完成這項偉大的工作使他感到非常自傲，同時裝出虔
誠的態度，把這一切歸於上帝的啓示和支持。

　　由於皇帝婉拒原創作品帶來的虛名與嫉妒，我們僅能了解的狀況是寫
作的方式、資料的選擇和內容的精確，這些是編纂者不可或缺的德行。在
形形色色的法律觀念之中，很難指出哪些是他眞正的愛好，但是查士丁尼
對三部著作所頒的諭令並不相同，有可能三部都沒有討到歡心，可以確定
有兩部不對胃口。在選擇古老的法律條文時，他對前面的皇帝沒有猜忌的
眼光，而是抱著一視同仁的態度。參考的資料沒有超過哈德良統治的年
代，異教和基督教之間只有很小的差別，這是狄奧多西的迷信所引進，經
過人們的同意才被廢止。但是《民法彙編》的法律體系所涵蓋的時期大約
是一百年，從《永久成規》的編纂到塞維烏斯·亞歷山大的逝世。在哈德
良之前幾任凱撒當政時的法學家，書裡很少談及，就是整個共和國時代也
只不過提到三個名字。查士丁尼的寵臣(有人極力主張)害怕接觸自由之
光，擔心面對羅馬哲者的尊嚴。加圖、幾位西伏拉和蘇庇修斯的作品充滿
眞實和本土的智慧，垂波尼安卻刻意遺忘，反而引進與他更意氣相投的精
神，也就是敘利亞人、希臘人和阿非利加人，這些人都擁到皇家的宮廷，
將拉丁語當成外國語言學習，視法律爲賺錢的行業。

　　查士丁尼大臣[55]所接受的指示，是要努力工作，盡快爲帝國的臣民謀

(續)───────────
　　同時在很寬的羊皮紙卷或冊上，寫出很多長度不等的「行」。至於每本書各
　　「行」的編號，是用來防止抄寫者發生錯誤。
55 舒廷吉斯(Schultingius)有一篇坦誠而博學的演說，用來證明垂波尼安的選擇非常

取福利，而不是研究古人的學問，滿足知識的探求。他們的責任是要選出
羅馬法最適用的部分，古老共和政體分子所寫出的作品不論多麼淵博和卓
越，已經不再適合習俗、宗教和政府的新體制。即使西塞羅的老師和朋友
仍舊活在世間，我們會坦承除了語言能夠保持精純以外[56]，原有極為優秀
的素質已經被佩皮尼安和烏爾平的學校所超越。法律這門人文科學要靠時
間和經驗的累積，所以發展的進程非常緩慢，愈近代的作者自然可以掌握
方法和史料的優勢。兩位安東尼皇帝在位時，法學家研究先輩的作品，他
們所具有的哲理素養會緩和古代的嚴刑峻法，簡化審判程序的形式，從敵
對派系的嫉妒和偏見中縱身而出。現在要選擇最具權威的著作來編纂《民
法彙編》，完全依靠垂波尼安的正確判斷。但是即使權柄操之在上，也不
會免除他的神聖責任，那就是一切的作為要真實和忠誠。查士丁尼是帝國
的立法者，可能撤消安東尼時代的法案，或是譴責那時的自由原則有煽動
作用，然而這些原則仍為最後的羅馬律師所維護。過去的事實存在於專制
政體所不及之處。當皇帝要使完整無缺的原文產生訛誤；要把在他奴役統
治下的文字和觀念，銘刻古老和受尊敬的名字，使人誤為古人的作品[57]；
或者用權勢的手，查禁那些純正和可信的抄本，不讓他們用來表達自己的
意見和觀念，那麼皇帝就犯下欺騙和偽造的罪行。垂波尼安和他的同事所
實施的修訂和竄改，用統一作藉口提出辯解，獲得寬恕，但是他們還不夠
仔細和小心，《御法集》和《民法彙編》有很多地方自相矛盾，仍舊可以
用來考驗現代法學家的耐性和功力[58]。

(續)————————————————

　　正確，反駁法蘭西斯‧荷托曼和他的黨派出於情緒化的指控。

56　要是敲破垂波尼安在外保護的硬殼，允許使用本行的專業術語，就會發現《民法
　　彙編》的拉丁文不亞於白銀時代。勞倫久斯‧瓦拉(Laurentius Valla)是十五世紀一
　　位吹毛求疵的文法學家，加上他的辯護人弗洛達斯‧薩拜努斯(Flodus Sabinus)，
　　對這本著作施以猛烈的攻擊。阿昔亞特(Alciat)和一位不知名的擁護者(很可能是
　　詹姆斯‧卡佩拉斯(James Capellus))加以辯駁。杜克(Duker)蒐集到他們所發表的
　　不同論文。

57　這些謬誤(是偽造比較文雅的說法)之處經過賓克修克的訂正已經減少很多，但還
　　是不足以維護查士丁尼的權威和垂波尼安的責任。

58　《御法集》和《民法彙編》條文自相矛盾，經常是民法含糊不清的原因與藉口，
　　按照蒙田(Montaigne)的說法是「自尋煩惱」。

七、古代法律精神的喪失以及查士丁尼立法的矛盾

查士丁尼的敵人在傳播一項毫無證據的謠言，說《民法彙編》的作者把古老羅馬的法律全部化爲灰燼，表面的原因是錯誤百出或冗長難以卒讀。皇帝不必奪取一個引人不快的職權惹來麻煩，大可以安安穩穩運用無知和時間來完成極具毀滅性的意圖。在發明印刷術和紙張之前，著作所化費的勞力和材料極其龐大，僅僅富人才有購買的能力。可以合理計算，當時的書價是現在的一百倍[59]，只能用抄寫的方式很緩慢的增加數量，重錄時也會非常小心，獲利的希望誘使褻瀆神聖的抄書匠擦掉古代的文字。索福克利斯(Sophocles)或塔西佗的作品不得不讓步，空出羊皮紙成爲彌撒書、講道集和聖徒傳[60]。要是天才最美麗的創作也落得如此下場，還能期望過時學問枯燥和貧瘠的作品能保持長久？法律書籍很少人有興趣，更不能拿來消遣，價值與當前的運用有很大的關係，只要出現風行一時的革新版本，或是作者有更高的聲譽，或是建立權威獲得公衆的肯定，原有的書籍就會被取代，永遠消失不見。在一個四海昇平與倡導學術的時代，大致從西塞羅到最後的安東尼皇帝，法學家的著作已經蒙受相當大的損毀，只有少數在學校或廣場表現出色的大師，出於傳統和名聲所產生的好奇，他們的名字仍舊爲人所知。三百六十年的混亂和衰弱加速遺忘的過程，也許可以這樣認定，那些被查士丁尼所忽略而使他受到指控的作品，很多已經無法在東部的圖書館裡找到[61]。佩皮尼安或烏爾平的抄本被認爲對未來的

---

59 福斯特(Fust)或福斯都斯(Faustus)首次在巴黎將印刷的《聖經》當成抄本出售，這樣一本羊皮紙的書籍價格從四百或五百降到六十、五十或四十克朗。大家開始很高興竟會這樣的便宜，最後發現欺騙的行爲，激起衆怒。

60 這種極爲可惡的做法從八世紀開始流行，等到十二世紀時已經非常普遍。

61 龐波紐斯提到民法的三個奠基人是木修斯(Mucius)、布魯特斯和孟尼流斯(Manilius)，還能保留他們若干資料。一些古老共和國時期的律師，已經根本不被理會。奧古斯都時代的八位賢明哲者像是卡西流斯(Cascellius)、垂貝久斯和突貝羅(Tubero)等人，只是簡單的介紹一下。《民法彙編》很多引用的資料來自垂波尼安從未看過的書。羅馬從七世紀到十三世紀這麼長的一段時期，當代人所能讀

運用沒有價值，改革者予以禁止。《十二銅表法》和統領的布告都已逐漸
湮滅。希臘人基於嫉妒和無知的情緒，對古代羅馬人的紀念物不是忽略就
是摧毀，甚至就是《民法彙編》也在千鈞一髮之際逃過船難的危險。專
家學者認為西方所有的版本和原稿都出自一個來源[62]，七世紀初葉在君士
坦丁堡抄錄[63]，後來陸續因為戰爭和商業的偶然因素，才運送到亞馬菲
（Amalphi）[64]、比薩[65]和佛羅倫斯[66]，現在都當成神聖的遺物[67]保存在共和
國古老的宮殿[68]。

改革者最關心的事是要預防未來步上後塵，被人大刀闊斧加以刪節。
為了使《御法集》、《民法彙編》和《法學初步》的本文保持完整，嚴格
禁止使用隱語和縮寫。查士丁尼回想起，註釋者憑著本身的分量就可以斷
送《永久成規》，於是公開提出偽造的罰則，用來對付魯莽的法學家，竟
敢任意闡釋或大膽曲解君王的本意。阿克休斯（Accursius）、巴托盧斯

————————————
到的東西，還是依靠前輩所提供的知識和真理。

62 抄寫和置換造成的錯誤，仍舊保留在佛羅倫斯人的《民法彙編》之中，這可以找
出很多的例證。然而這部《民法彙編》被沙爾特（Chartres）的伊孚（Ivo）、坎特柏
立大主教狄奧巴德（Theobald）和維卡流斯（Vacarius）等人所引用，其中維卡流斯是
我國最早的教授，時間是1140年。不知不列顛的《民法彙編》手抄本是否經過校
勘？

63 波利提安（Politian）是名宗教狂熱分子，把《法典》看成查士丁尼一樣，當作可信
的標誌加以尊敬，但是這種矛盾的地方，被佛羅倫斯的手抄本駁斥。這部書是兩
卷四開本，在很薄的羊皮紙上留下很寬的空白，從拉丁文的字母可以知道出於希
臘抄寫員之手。

64 布倫克曼在他的歷史著作後面列入兩篇論文，有關亞馬菲共和國以及1135年的比
薩戰爭。

65 波洛寧努斯（Bologninus）最早提到在亞馬菲發現《民法彙編》，登錄在大家公認的
比薩編年史上，沒有作者姓名和日期。

66 佛羅倫斯人在1406年占領比薩，在1411年將這部《民法彙編》運到首都，這件事
非常可信，而且在當時引起大家的注意。

67 他們被重新裝訂，封面為紫色，保存在華麗的盒子裡，在展示給好奇的旅客觀賞
時，僧侶和官員都要脫下帽子，手裡拿著點燃的小蠟燭。

68 這部《民法彙編》經過波利提安、波洛寧努斯和奧古斯提努斯（Augustinus）的校勘
以後，後來又由陶里拉斯（Taurellus）重新編纂，極得好評。荷蘭人亨利·布倫克
曼開始到佛羅倫斯的朝聖之旅，花費幾年的時間研究這部獨一無二的手抄本，寫
出《佛羅倫斯的民法彙編史》(*Historia Pandectarum Florentinorum*)，雖然可以看
出用力之深，但只是達成最初企圖的小部分而已。

(Bartolus)和庫杰修斯(Cujacius)這些學者，除非敢堅持自己的權利，折服
繼承人高居皇座的威嚴，委曲心靈與生俱來的自由，否則應爲他們累積的
罪行感到羞愧。皇帝沒有能力使自己保持穩定不變的立場，當他吹噓已經
恢復戴米德的交易，具備點石成金的本領時[69]，發現竟然先要分開黃金與
雜質。《法典》頒布以後不到六年，爲了要完成新的版本使之更爲精確
(534年11月16日)，他指責新的計畫不夠完美，最後爲他的法學體系增加
兩百卷的篇幅，有五十個判決來闡明最難解和最複雜的法律論點。在他漫
長的統治中的每一年，要是按普洛柯庇斯的說法是每一天，他都提出一些
法律的改革。他有很多法案被自己宣告無效，很多爲繼承人所否決或是爲
時間所磨滅，但是數量有十六卷的《諭令》(*Edicts*)和一百六十八卷的
《御法新編》[70](*Novels*)(534-565A.D.)成爲法律體系最可信的主要部分。

　　哲學家的看法如果不受偏見影響，會認爲這些不斷的改變大部分都微
不足道，只能用君王已經腐敗成性來解釋，出賣他的判決和他的法律，毫
無羞恥之心。這位站在暗中指控的歷史學家，一點都不保留的全盤托出而
且情緒激烈，但是他所呈出的唯一例證，可以歸咎於查士丁尼的虔誠或是
貪婪。一名富有的狂熱信徒把他的遺產捐贈給伊美莎(Emesa)教會，靠著
一個騙子僞造債務和承諾的付款書，簽上最富有敘利亞人的名字，使得整
個遺產的價值大增。這些富室被騙後懇求已經核定的法定時效應爲三十年
或四十年，他們的抗辯卻爲回溯既往的詔書所批駁，把教會要求的權利延
長到一百年之久。像這樣蔑視公正和無法無天的詔書，是爲了應付暫時的
需要，在他的統治期間還是很明智的加以廢止[71]。要是皇帝眞想推卸責

69　從彌爾頓(Milton, John, 1608-1674A.D.，英國詩人，著有長詩《失樂園》)或塔索
　　(Tasso, Torquato, 1544-1595A.D.，意大利文藝復興詩人)的短簡，使我們對國會的
　　行動感到吃驚。查士丁尼在第一版的《法典》裡說道：「人有永久的權力就能不
　　朽」。

70　「革新」是一個古典的形容詞，卻是野蠻的名詞，查士丁尼從沒有把思想集中在
　　這方面。經過九次的整理和校勘，成爲當代法庭最合法的準繩，包括九十八種新
　　的法規和案例，但是這些數量的增加是出於朱理安、哈洛安德(Haloander)和康久
　　斯(Contius)的努力。

71　樸洛柯庇斯在《祕史》裡提到，羅馬教會獲得同樣的特權，這些爲禍甚烈的恩惠

任，轉移妻子和寵臣的腐敗，就會帶來臭名滿天下的懷疑，單這種惡行就會貶低法律所應有的尊嚴。查士丁尼的擁護者也會承認，不論他真正的動機何在，憑著這種輕浮善變的性格，就不夠資格成為立法者和偉大人物。

君主很少願意不辭辛勞成為臣民的老師，查士丁尼在這方面可說是實至名歸，在他的指示之下，一個繁複而又瑣碎的系統能夠簡化為包含基本學理的論文。在形形色色的羅馬法教學課本之中[72]，該猶斯編纂的《法學概要》[73]無論是在東部還是西部最常見，可以從運用的狀況看出作者的聲望。皇家委員會成員、垂波尼安、狄奧菲盧斯和多羅修斯(Dorotheus)負責挑選工作。安東尼王朝的自由和純真，在外面覆蓋著一個墮落時代極其粗鄙的材料。羅馬、君士坦丁堡和貝萊都斯的年輕人，可以用這本書繼續深入研究《御法集》和《民法彙編》，對於歷史學家、哲學家和行政官員，都是極其寶貴的讀物和參考資料。查士丁尼的《法學初步》(533年11月21日)分為四卷，按照非常合理的方式排出相關的章節：(一)人；(二)物；(三)行為；(四)個人的過失，包括刑事法的原則。

八、羅馬法的「人」：自由人與奴隸、父權與夫權、配偶與婚姻以及監護制度

一個種族混雜和疆域有限的政府，把階級和人的區分當為最堅實的基礎。就法國而論，剩餘的自由權利靠著五萬名貴族[74]的精神、地位甚或偏

(續)————————————

最後還是受到撤消。

72 拉克坦久斯(Lactantius)的《基督教法學初步》是一部內容高雅和虛有其表的作品，目的是要仿效法學家的頭銜和方法，其中主要的對象是烏爾平、保羅、佛洛倫提努斯(Florentinus)和馬西安(Marcian)。

73 該猶斯雖然死於二世紀末葉，查士丁尼皇帝還把他稱為「自己人」。他的《法學初步》為塞維烏斯、波伊昔烏斯和普里西安等人所引用，阿萊亞斯派信徒所寫的《概要》仍舊存世。

74 名門大族對於紋章和封地主張有古老的所有權，自從十字軍運動開始後，國君為了獎勵服務的功勳，所贈予的紋章和封地才真正受到尊重。為數眾多的官員因為生活腐敗，無法獲得信任和權勢，慢慢墮落成為普通的群眾，富有的平民逐漸獲得尊貴的地位。

見來保持原有的活力；兩百個家族的直系子孫形成英國立法機構的第二個
分支，即上議院，在國王和平民之間維持憲法的平衡；貴族和平民以及外
人和臣民之間的差異，用來支持熱那亞、威尼斯和古老羅馬的貴族政治。
提到這些，人的完全平等就是重點所在，使得極端的民主政治和專制政體
爲之狼狽不堪。要是有任何人能夠出人頭地，擢升到奴隸同伴或市民同胞
之上，就會冒犯到君王或人民的尊嚴。羅馬帝國在衰亡的過程中，共和國
引以爲傲的身分區分逐漸廢除，查士丁尼的理性或本能完成一位專制國君
的簡單模式。民眾普遍尊敬擁有世襲財產或顯赫祖先的人，皇帝無法除去
這種心態。他樂於將榮譽的頭銜和優渥的薪俸賜給他的將領、官員和元老
院議員，有些並不固定的恩典讓他們的妻兒子女分享。但是從法律的觀點
來看，羅馬市民一律平等，帝國的臣民都是羅馬的市民。這種極具價值的
特性最後變得虛有其名。羅馬人再也不能用發言來制定法律，更無權選出
每年任職的官員。他們具有憲法的權利，就會妨礙到主子專橫的意志。一
度只有市民具備統治民政和指軍隊的資格，這樣才能接替祖先的征戰大
業，後來這種資格卻拱手讓給日耳曼或阿拉伯的大膽冒險家。

　　早期的凱撒在意「自由出身」和「奴隸出身」的區別，非常嚴格的加
以辨識。這完全取決於「母親」的身分，要是她從受孕到分娩這段特定時
間能證明是自由的市民，那麼就合乎法律的公正要求。奴隸被仁慈的主人
釋放以後，立即成爲「釋放奴」或「自由奴」的中間階級，但是他們並未
解除服從和感激的責任，辛勞工作所能獲得的成果，他的庇主及其家人可
以繼承三分之一，要是死後沒有子女或是沒有遺囑，庇主甚至可以得到全
部財產。查士丁尼尊重庇主的權利，不過他的恩典將自由奴處於兩種低等
階級的羞辱標誌移走：不論任何人，只要終止奴隸的身分，立即取得市民
的資格，不得保留或延遲。最後有關獲得「自由出身」的尊榮，被釋放的
奴隸雖然不合於自然的條件，但是皇帝有至高無上的權力，可以自行頒給
或認同。從前爲了防止釋奴的行爲過於浮濫，使卑賤和貧窮的羅馬人迅速
增加，所以對年齡、形式和數量都有限制。他最後將這些法令全部作廢，
立法的精神有助於國內奴役制度的絕滅。然而在查士丁尼時代，東部行省

到處充斥著人數眾多的奴隸，無論是家生奴還是購買獲得，都是供給主人使用，價格從十到七十個金幣，依據他們的年齡、體能和教育程度[75]。政府和宗教發揮影響力，使得處於依賴狀況的困苦辛酸能夠逐漸減少，一位臣民的驕傲不再因爲自己有絕對的權力，能掌握奴隸的生命和幸福而自鳴得意。

自然律使大多數動物溺愛和教導幼小的後代，只有人類基於理智用虔誠的孝心回報。然而特別是在羅馬法裡，父親對子女握有專制、絕對和永久的權力，這種傳統幾乎和城市的建立同時產生。無上的父權是由羅慕拉斯創立或確定，在實施三個世紀以後，刻在十人委員會的第四塊銅板上面。羅馬公民的成年兒子在廣場、元老院或軍營享有「人」的公權和私權，在父親家裡他僅是「物」，根據法律他與動產、牛隻和奴隸沒有差別，任性的主人可以將這些東西隨心所欲轉讓或毀滅，在人世的法庭毋須負任何責任。養育者的雙手可以收回自己發願賜與的禮物，兒子的勞力或財產立即喪失所有權，成爲父親名下的產業。他被偷的財物(他的牛隻或兒女)可以使用與竊賊同樣的方式取回，要是犯下非法侵害的罪行，他可以選擇賠償損害，或是聽任討厭的動物受到侵害不予理會。基於貧窮或貪婪，一家之主可以出售他的兒女或是他的奴隸。做爲奴隸的狀況卻更爲有利，在第一次釋奴以後就能恢復已經喪失的自由。兒子在被釋以後又要回到沒有天良的父親身邊，可能被迫陷入第二次及第三次的奴役生活，一直要到三次出售和受釋以後，才能脫離一再濫用的父權。根據法律賦予自由處理的權力，父親可以對子女真正或虛構的過失施以責罰，像是鞭笞、囚禁、放逐、或是將子女與最卑賤的僕役鎖在一根鍊條上，送到農村去作苦工。父母的威嚴在於掌握著兒女的生死大權，像是執行血腥死刑的例子，

---

75 要是一個奴隸被遺贈給幾位受益人，最後就用抽籤決定歸屬，未中籤的人仍可分享這個奴隸的身價：普通家用或女性在十歲以下是十個金幣；十歲以上是二十個金幣；要是熟悉一門手藝是三十；可以出任公證人或代書是五十；接生婆或醫生是六十；閹人在十歲以下是三十，超過十歲是五十；如果是經商的店主是七十。以上都是法定價格，遠低於市價。

有時會獲得讚揚，絕不會受到懲罰。羅馬的編年史都可以找到這類的記載，上溯到龐培和奧古斯都之前的年代。無論是年齡、階級、執政官的職位、凱旋式的榮譽，都不能讓最顯赫的市民免於孝順父母的束縛。他自己的後代與共同的祖先全部包括在家庭之內。對於養子的要求就神聖和苛刻而言，與對親生子並沒有不同。羅馬的立法者並不害怕父權的濫用，雖然並不是沒有這種危險，他們對父愛的親情具備無限的信心。發生壓迫的狀況也保證可以得到紓解，繼續前進的世代輪替都能成為讓子女敬畏的父母和主人。

最早對父權的限制要歸功於努馬的公正和仁慈。未婚女子要許配給自由人，必須獲得男方父親的同意，但是她的婚姻受到保護，不會有成為奴隸妻子的恥辱。在最早的年代，當鄰近的拉丁人和托斯坎人欺壓這個城市，經常發生饑饉時，出售子女可能成為常見之事。但是羅馬人不能合法購買市民同胞的自由權利，市場逐漸萎縮，共和國的征戰也摧毀這一類的奴隸買賣。財產權即使不完美，最後還是傳給兒子，依據《御法集》和《民法彙編》的法律體系，確定有「原始財」（profectitious）、「附加財」（adventitious）和「登記財」（professional）這三重區分。一個人來自父親的全部所得，他只能給予別人使用權，自己保留絕對的主權。然而如果他要出售財產，基於有利的解釋，債權人的需求不能將奉養父母的部分列入。出於婚姻、贈予或旁系繼承的自然增值，這些財產要確定傳給兒子；父親若非出於特別狀況被排除在外，否則可以終生享有收益權。只有士兵獲得、占有和遺贈敵人的戰利品時，可以不必與父親共有，這是軍人英勇殺敵合法和應享的賞賜。經過合理的類推以後，延伸到任何自由業所得到的酬金、服務公家機構的薪資、以及皇帝和皇后神聖的恩典。一般而論，市民的生命比起他的財產對於父權的濫用更有保障。然而對於一個不配作父親的人而言，兒子的生命會妨害到他的利益或情感：奧古斯都時代的腐敗產生這種罪行，因為那個時代的仁慈而顯得更清楚。殘酷的伊里克索

(Erixo)鞭笞自己的兒子直到氣絕,皇帝將他從憤怒的群眾手裡救出來[76]。
羅馬的父親縱情於奴性的統治之下,把自己降格成嚴肅而又溫和的法官。
阿萊亞斯私開法庭,對自己的兒子宣判莫須有的弒親罪,奧古斯都出面干
預,提供個人意見,核定放逐的判決。有個父親像強盜一樣,抓住打獵的
機會殺害一名年輕人,說他與繼母發生亂倫的戀情,哈德良將猜忌的父親
流放到海島。個人進行私下的審判,嚴重違反君主政體的精神,父母只有
再將自己從法官降到原告。塞維魯斯‧亞歷山大囑咐官員聽取他的控訴,
並且要執行他的判決。父親不再能奪取兒子的性命,同時免於謀殺的罪名
和刑責。公正的君士坦丁最後還是將弒親罪的痛苦加在兒子身上,這種罪
行只有運用《龐培法》才能免於懲處。由於每個時代都有類似的保護,有
理性的人會讚許保拉斯(Paulus)的仁慈,凡是扼殺和餓死初生嬰兒,或是
自己沒有憐憫之心的父親,卻將嬰兒拋棄在公共場所,訴諸大家惻隱之
心,保拉斯對這種父親判處謀殺罪。但是遺棄子女在古代是沿習已久的惡
行,而且極為猖獗,甚至有的民族立下規定,不僅獲得允許,實施以後也
不會得到懲處,何況這些民族從來沒有羅馬的父權觀念。悲劇詩人訴求人
類的良知,竟然表示這種流行的習俗根本無關緊要,同時用經濟和同情的
動機來加以掩飾[77]。要是父親忍得下心,雖然不能逃過譴責,但至少能逃
過法律的制裁。羅馬帝國到處沾染嬰兒的鮮血,到華倫提尼安和他的同僚
在位,將這種謀殺罪列入《高乃留斯法》的條文和所要表達的法律精神。
然而司法體系[78]和基督教信仰的教訓不足以消除這種不人道的行為,唯有
加重刑責成為死刑,產生嚇阻作用,才能夠增強原本溫和的影響力量。

經驗得到證明,未開化的野蠻人是侵犯女性的暴君,社會生活的進步
才會改善婦女的處境。為了能夠獲得強壯的後代,萊克格斯將婚姻的期限

---

76 塞尼加提到伊里克索和阿萊亞斯的案例,前者使他痛恨,後者受到讚揚。

77 特倫斯的契立米斯(Chremes)譴責他的妻子沒有聽從吩咐拋棄他們的嬰兒,說話的
   語氣就像父親和主人,打消這名愚蠢婦女的顧慮。

78 律師的意見和官員的權力,給塔西佗那個時代帶來一些法律上的限制,就財產的
   處理而言,日耳曼人和羅馬的市民有強烈的對比。特塔里安對於自己和同教兄弟
   受到的起訴提出反駁,認為這些是異教的法律。

延後，努馬原來訂爲十二歲實在是太過年輕，讓羅馬的丈夫隨自己的意願來教導純潔和服從的處女。按照古代的習俗，他把新娘從她的父母那裡買來，她要履行「初夜」（coemption）的責任。在爲她花費三個銅幣以後，就可以被引導到丈夫家中拜祭灶神。祭司在十名證人陪同之下用水果當奉獻的供品，簽訂婚約的伴侶坐在同一張羊皮上，吃用麥或米做的鹹餅，稱爲麥餅聯婚禮[79]，用意大利的古代食物來表示，當作心靈和肉體神祕結合的象徵。但是這種結合就女方而言，極爲嚴苛而且不夠平等。她要拋棄娘家的姓名和祭神儀式，接受新的奴役生活，獲得收養的頭銜是唯一裝飾。這種法律的制定既不合理也不文雅，家庭的母親（這是最適當的稱呼）成爲很奇特的角色，被看成自己子女的姊姊，對她的丈夫或主人而言則是女兒，只有丈夫被授與掌握家庭的父權。她的行爲要經過他的裁決，可能會得到同意、譴責或懲罰，即使他無理取鬧也要遵守。他可以進行生或死的審判，在通姦和酗酒[80]的案件中，就可以科以適當的判決。她獲得和繼承的利益全部歸丈夫所有。可以很清楚的看出，婦女的定義不是「人」而是「物」，要是最早的名稱不夠周延，可以像一般的動產，丈夫在使用或擁有一整年以後，合法獲得對妻子的所有權。羅馬的丈夫一般而言，可以免除或拒絕婚姻的債務，然而雅典人和猶太人的法律非常審慎提出堅定的要求[81]。羅馬人對一夫多妻制根本沒有概念，所以不會讓更美麗或更可愛的伴侶跟他同床共枕。

　　羅馬的貴婦人在布匿克戰爭獲勝以後，渴望享受一個自由和富裕共和國所共有的福利，她們的願望在父親和愛人的縱容之下得到滿足。嚴肅的

79　在冬季的作物之中，區分爲有芒和無芒小麥兩種，但是這裡提到的麥，從敘述的形狀看來像是西班牙和意大利的稻米。我相信保克頓（Paucton）那本極爲實用的大作《度量衡學》，所以採用他的辨識方法。

80　她只要喝過丈夫的酒或是偷過地窖的鑰匙，罪名就能成立。

81　梭倫的要求是每月付款三次。根據密斯納（Misna）的規定，每天的債務要強加在懶惰、強壯而又年輕的丈夫身上；一般市民是每周兩次；農民是每周一次；駱駝夫是三十天一次；海員是六個月一次；但是學生或醫生免繳貢金；要是妻子每周按時接受食物，她就不能提出離婚的要求；允許履行一周齋戒的誓言。一夫多妻的丈夫可以分散責任，不是增加責任。

監察官加圖[82]幾經努力，想要抗拒她們的野心，但是沒有成功。她們不願舉行古代肅穆的婚禮，廢止每年要離家三天以中斷時效權的規定[*83]，要簽訂更爲自由和明確的婚約，並且不會喪失自己的姓名或自主能力。她們的個人財產在確保所有權的狀況下可以共同使用，揮霍的丈夫對於妻子的產業既不得讓售也不得抵押。爲了防止不法的轉移財產，法律禁止夫妻的相互賜與。任何一方處理不當，特別是使用另外的名字，會使未來的受惠對象構成竊盜行爲。對於這種缺少拘束力和出於自願的結婚協定，宗教和官方的儀式並非絕對必要，雙方都屬於相同的階級，他們的婚姻可以保證能過共同的生活。基督徒恢復婚禮的莊嚴和隆重，從虔誠的祈禱和教士或主教的祝福，獲得所有屬靈和精神的恩典與榮耀。會堂的傳統、福音的教誨以及全國或行省宗教會議的教規，對於婚姻這種神聖制度的源起、效力和責任都已經詳細律定。基督徒出於良心的自覺，對於教會統治者的信條和譴責更爲敬畏。然而查士丁尼的官員並不隸屬教會的管轄。皇帝參酌古代法學家的見解，當時他們還沒有建立類似的宗教信仰，所以在《御法集》和《民法彙編》中採用的婚姻法，直接出於公正、策略和兩性的天賦自由這些塵世的動機。

任何合理契約以獲得當事人的同意爲要件，除此以外，羅馬人的婚姻在事先要獲得父母的認可。當前有些法律迫得父親要供應成年女兒的需要，但是在那個時代，甚至就是父親患有精神錯亂，就需要他的同意而論，通常認爲不容他人取代。羅馬人解除婚約有種種不同的原因[84]，但是

82　從《阿平安法》的通過，讓我們聽到華勒流斯・弗拉庫斯和緩的語氣，以及老加圖措辭嚴屬的監察官演說。但我們寧可聽羅馬建城八世紀那位文雅歷史學家的講話，總比六世紀演說家的粗魯腔調要好得多。奧拉斯・吉留斯的著作很精確的保存加圖的原則甚至風格。

*83　[譯註]十二銅表法第六表之四：任何婦女不欲依上述方式隸屬丈夫，每年須連續三天不與丈夫同居，即可中斷丈夫對她每年的時效獲得權。本條之著眼不在於分居或取消婚姻關係，而是妻子可以依此不在丈夫的「夫權」之下，也可逃避父權的壓迫。

84　根據蒲魯塔克的說法，羅慕拉斯只允許三種離婚的理由：酗酒、通姦和配製假鑰匙。否則，丈夫如果濫用最高權力，就要將一半的財產給妻子，一半的財產給西

最莊嚴的誓約，就連古代的麥餅聯婚禮在內，愈是最隆重的儀式愈容易被人放棄。在最早的年代，一個家庭的父親會賣掉他的兒女，同樣把他的妻子當成兒女計算在內，這個家庭的法官可以處死觸怒他的人，要是出於善心，可以把她趕出家門。可憐的女性永遠過著毫無希望的奴役生活，除非丈夫基於自己的方便才行使離婚這種男性的特權。羅馬人放棄運用這種誘人的權利大約有五百年之久，使他們備受讚譽[85]。不過這同樣也表明這種結合缺乏平等的條件，暴君沒有意願要放棄他的奴隸，奴隸也不能與暴君脫離關係。等到羅馬的貴婦人成為夫君平等而自願的伴侶，就要運用新的法律體系。婚姻就像其他的合夥關係，當事人的一方放棄權利，就可以解除雙方的義務和責任。

　　經過三個世紀的繁榮和腐化，這種原則毫無限制的盡量運用，到氾濫成災的地步，情慾、利益和任性使人每天都有離婚的動機。一個自由奴的委託、一次談話、一個簽字、一則信息、一封函件，就能宣布雙方的離異。人類最柔美和珍貴的結合，墮落成為利潤或享樂的短暫交往。根據生命的不同情況，兩性交替感受羞辱和傷害：一名愛情不專的配偶將她的財產轉移到新的家庭，遺棄自己的無數後代，甚至有的還是私生子，將他們置身於前任丈夫的父權之下，由他去處置；一名美麗的處女可能在離開人世時，已經衰老、窮困而且沒有親友照顧；當羅馬人受到奧古斯都的壓迫要他們結婚時，一般而言都表現出很勉強的態度。這也可以充分顯示，那時盛行於社會的制度對於男性相當不利。這種清楚和周全的經驗可以用來駁斥似是而非的理論，展現出離婚的自由對於幸福和德行毫無貢獻。極為方便的離異會摧毀人與人之間所有的互信，任何瑣碎的爭執會釀成激烈的後果。丈夫和外人之間微小的差別，非常容易的去除，要遺忘更是不費吹灰之力。一名貴婦人在五年之內投入八名丈夫的懷抱，貞節對她而言完全

(續)————————————
　　瑞斯女神，並且向塵世的神明奉獻犧牲(財產還有剩餘？)。這條非常奇異的法律不是出於想像，就是臨時的權宜措施。
85 羅馬建城523年，卡維留斯・魯加(Carvilius Ruga)遺棄美麗而又賢惠的妻子，只因為她不能生育。他受到監察官的質問和人民的憤恨，但是他的離婚就法律而言無可指責。

失去意義。

　　惡習的發展如此快速，要想矯止是遠水難救近火，收效甚低。羅馬的古老宗教崇拜中，有一位特別的女神聽取婚姻生活的怨言，並且加以調解使能和好如初，但是祂的稱呼叫維里普拉卡(Viriplaca)，意思是丈夫的撫慰者，非常明白顯示出，祂期待哪一方會展現順服和悔悟。監察官負責裁判市民所有的行為，第一個運用離婚特權的人提到他所以產生這種動機，完全是聽從監察官的指使。有位元老院議員沒有讓朋友知道或是聽從監察官的勸告，就休掉身為處女的配偶，結果被除名趕出元老院。不論採取哪種行動想要拿回嫁粧，法務官是主持正義的執法者，審查發生的原因和雙方的情況，通常在可能範圍之內有利於無罪和受害的一方。奧古斯都整合兩種官員的權力，對於離婚過於浮濫採取抑制或懲責兩種不同的方式。對於如此重要和審慎的行為，必須有七名羅馬證人在場才產生合法的效力。只要丈夫讓人感到憤怒而且有適當的證言，他被迫立即或是在六個月之內退還嫁粧，而不是原來規定的可以拖延兩年之久。不過如果他能指控妻子的不法行為，她的罪行或輕佻會受到懲罰，讓她喪失六分之一或八分之一的嫁粧。

　　基督徒的君主最早指出個人的離婚是合理行為，從君士坦丁到查士丁尼，他們對這方面的規定，一直在帝國的習慣和教會的意願之間起伏不定。《御法新編》的編者急於改革《御法集》和《民法彙編》有關的條款和罰則。根據最嚴苛的法律規定，妻子必須供養賭棍、酒鬼或解放奴(花花公子)，除非他犯下殺人、下毒或褻瀆神聖的罪行，否則他們之間的婚姻關係可能要靠劊子手來解除。丈夫的神聖權利維持不變，能從通姦的羞辱中拯救自己的名聲和家庭。在基督教的重罪名單項目，不管對男性還是女性，因為後續的規定而減少或增加，像是不能人道、長期離家及宣誓修行這些重大阻障，允許撤消雙方婚姻的權利義務關係。逾越法律允許的範圍會遭受很重的懲罰，婦女會被剝奪財產和飾物，甚至連束髮針都要沒收；要是男子犯了重婚之罪，將新婦娶回家中，被遺棄的妻子基於報復，可以合法奪取這名新婦的財產。籍沒有時用罰鍰來抵付，要是把人運到流

放的島嶼或是關在修道院，罰鍰的金額有時會增加很多。受到傷害的一方
會解除婚姻的束縛，但是這一類的罪犯不得再度結婚，可能終生受到禁止
或是有固定的年限。查士丁尼的繼承人屈從不幸臣民的祈求，恢復只要雙
方同意就能離婚的自由。法學家一致贊成，神學家的意見分歧，基督的教
誨帶有曖昧不明的語意，立法者運用智慧，可以為他的需要找到合情合理
的解釋。

　　羅馬人基於自然和社會的忌諱，對於婚姻和愛情的自由還是有限制。
天生和普遍的本能禁止亂倫的交合，所及於父母和子女之間，包括直系血
親的尊親屬和卑親屬。至於在旁系和姻親方面，自然的常情置之不管，理
性的觀點保持沉默，社會的習慣形形色色，沒有一定的原則可資遵循。在
埃及，親兄妹或姊弟的結婚*86毫無顧忌，不受反對；斯巴達人可以娶父親
的女兒；雅典人則是娶母親的女兒。叔父和姪女的婚禮受到雅典人的讚
許，認為是最親密關係的幸福結合。羅馬的異教立法者不受利害關係和迷
信行為的引誘，沒有增加禁止結婚的親等限制，但是他們堅決反對親兄妹
的婚姻，視為不可饒恕的罪行，甚至考慮要將堂兄妹和姑表兄妹一併加以
禁止，把父母親的兄弟姊妹和他們的配偶，當成自己的雙親來尊敬，就是
姻親和收養也要仿效血緣的連繫。按照共和國感到自豪的典範，只有身為
自由人的市民才能締結合法的婚姻。元老院議員的配偶要有光榮的家世或
至少是自由出身，哪怕是國王的血統，也絕不可以與羅馬人的血統混合而
成為合法婚禮。羅馬人用「異鄉人」的名稱，來貶低克麗奧佩特拉
（Cleopatra）和貝麗奈西（Berenice）的身分，把她們看成馬克・安東尼和提圖
斯的侍妾87。這類稱呼對於東方女王的尊嚴確實造成傷害，不能隨隨便便
否定她們的習俗。

---

*86　[譯註]希羅多德的《歷史》第三卷三十一節提到，埃及有親兄妹或姊弟結婚的習
　　俗。尤其是皇室為了保持血統的純粹或出於政治的動機，經常有姊弟結婚共治的
　　狀況。

87　魏吉爾在《伊涅伊德》中的「埃及親屬」看來應該算是一個怪物，幫助馬克・安
　　東尼對抗奧古斯都、元老院和意大利的神明。

　　依據法學家嚴謹的看法，侍妾是出身奴隸或平民血統的婦女，成為羅馬市民唯一和忠誠的伴侶，這時他還繼續保持獨身生活的狀態。她那謙遜和端莊的身分比妻子的地位要低，受到法律的承認和贊同，不像娼妓那樣的下賤和羞辱。從奧古斯都時代到十世紀，這種次級婚姻盛行於西部和東部。人們常認為侍妾有謙卑的美德，比起講究排場和傲慢的貴婦人要好得多。關於這方面，兩位安東尼皇帝是最好的例子，他們都是有德的君主和當代的偉人，藉此享受家室之愛的舒適和安寧。很多市民不能忍受獨身生活，但是又重視家庭的和諧，就仿效他們的辦法。任何時候要想使他們的非婚生子女得到合法的身分，只要與生育和忠誠經得起考驗的伴侶舉行婚禮，立即完成地位的改變。侍妾所生的後裔稱為非婚生子，與通姦、賣淫和亂倫的私生子有所區別。查士丁尼對這些私生子女，只勉強同意可以供養生活所需。非婚生子女對於受到一般人承認的父親，可以繼承六分之一的財產。按照嚴格的法律規定，私生子只能獲得母親的姓名和身分，因而視狀況成為奴隸、異鄉人或市民。每個家庭的棄兒被國家收養，不會受到譴責。

　　監護人和被監護人的關係非常簡單一致，用羅馬人的說法就是「家庭教師」與「學生」，在《民法彙編》和《法學初步》裡有幾個專章加以說明。孤兒無論是本人還是財產，一定會委託給一些言行謹慎的朋友給予監督和保護。如果去世的父親沒有指定人選，親等最近的父系親屬被迫充任必然的監護人。雅典人一直擔憂，要是把幼兒置於某些人的權力之下，他們會因幼兒的死亡而得到很大的利益。羅馬法公開宣布一項原則，繼承報酬時，同時要負起監護的職責。如果父親或直系血親的選擇無法提供有效的監護人，由城市的法務官或行省的省長提名，可以合法免除以下的人員：精神錯亂的患者或盲人；無知識或無能力的人；過去有仇或利益衝突的人；兒女眾多或已經負有監護責任的人；同意出任為大眾服務的工作，如官員、律師、醫生和教授而獲得豁免權的人。等到幼兒長大可以說話或思考，就由他的家庭教師擔任法定代理人。等受監護人到青春期，家庭教師的權威才告終止。沒有得到他的同意，學生的任何行為只要是使自己受

到損害都不發生效用，雖然可能強迫其他人做出有利於他的事。家庭教師
對學生的保護是自不待言，總是準備一些資料和帳目。如果他不夠勤快或
廉正，違犯神聖的委託，就會涉及民事或刑事的訟案。法學家把青春期很
草率的訂爲十四歲，但是心理才智的成熟比身體發育來得緩慢，因此要設
置一位代管人來管理羅馬青年的財產，避免這些年輕人缺乏經驗或任性而
爲。受託人最早是由法務官任命，來拯救一個家庭免於浪子或瘋子的盲目
揮霍。法律迫使未成年人要請求類似的保護，一直要到他滿二十五歲，所
有的行爲才算有效。婦女被判定要接受父親、丈夫或法定監護人永遠的監
護。女性只能討好和服從，永遠無法到達理性和經驗的成熟年齡。古代法
律表現出嚴苛和傲慢的精神，在查士丁尼時代之前，已經在不知不覺中變
得更爲通情達理。

九、羅馬法的「物」：財產權的建立、繼承和遺囑以及委託人的運用

最早的物權在於偶然或眞正的「先期占有」，法學家在這種基礎上非
常明智的建立有關概念。野蠻人挖空一根樹幹、木柄嵌上尖銳的石頭、彈
性的樹枝上裝一根弦，在非常自然的狀況下，很合理的成爲獨木舟、手斧
或弓的所有人。所有的材料只要他花時間和勞力，產生新的形式，就屬於
他所有。獵人靠著自己的體力和技巧，制服或是殺死森林裡的獵物，他那
饑餓的兄弟不能從他手裡強行索取，這種做法也沒有不公正的地方。要是
他有先見之明，能夠保有和繁殖馴良的動物，只要這些牲口天性上適合人
類豢養，那他就獲得永久使用的資格，可以讓牲口的無數後代服務他本
人，因爲它們靠著他的能力才能夠生存。要是他把一塊土地圈起來耕種，
生產食物供應牲口和他自己，使荒原成爲肥沃的農地，運用種子、肥料和
勞力創造新的價值，在周而復始的歲月裡辛勤工作，非常艱困的賺取所生
產的作物，這是他應得的報酬。在連綿不斷的社會，獵人、牧人和農夫要
保護他們的所有權，要是訴諸人類心靈的感覺，可以提出兩個理由：不論

他們享受什麼，都是自己努力的成果；任何人要是羨慕他們的幸福，可以
用同樣的勤勞得到同樣的收穫。實在說，這種狀況像人口不多的殖民地設
置在富饒的島嶼上，都能得到自由和豐收。但是殖民地會成長，而土地的
面積維持不變，人類應該平等繼承的公共權利，會被大膽而狡詐的分子所
獨占，這時猜忌的主人會用地標圍住土地和森林。羅馬法特別對這點加以
推崇，對於地面、空中和水裡的野獸，確定「首先占用」而別人不得染指
的權利主張。從原始的平等到最後的不公所經歷的過程，所有的步驟都毫
無聲息，之間的差距也很難感覺，絕對的獨占受到明確的法律和人為的理
由所保護。利己的原則具有積極進取和貪得無厭的特性，能夠供應生活的
技藝和勤勉的工資。等到民選政府和私有財產的制度建立，這些原則成為
人類各種族的生存所必需。除了斯巴達人很獨特的制度以外，極有見識的
立法者不同意土地法，認為是一項錯誤而危險的改革。

　　對於羅馬人，巨大不成比例的財富已經超越理想的限制，也就是過去
可疑的傳統和作廢的法規。按照傳統的法則，羅慕拉斯最貧窮的追隨者可
以獲得兩個尤格拉(jugera)*88永久繼承的產業；有一項規定限制最富有的
市民所擁有的土地為五百尤格拉，約為三百一十二英畝。羅馬最早的區域
只有沿著台伯河長達數哩的森林和草原，內部的交易無法增加國家的資
財。帶著敵意的第一個占領者可以合法據有外人或敵人的財富，戰爭成為
有利可圖的商業行為，使得城市更為富有。只要拿子孫的生命作代價，就
可以換取弗爾西人的綿羊、不列顛的奴隸以及亞洲那些王國的寶石和黃
金。早在查士丁尼時代之前，有些古老的法律用語不是意義改變就是被人
遺忘，像是將這些搶奪到手的戰利品，用「原主」(manceps)或「擔保」
(mancipium)的稱呼與其他的財物加以區別。無論他們將這些物品出售或
是釋放，買主必須獲得保證，這些財物是來自敵人而不是市民同胞所有。
市民只有很明顯的放棄行為，才會喪失他的所有權，對於價值很高的項目
和利潤，這種放棄行為不一定可靠。然而按照《十二銅表法》的規定，動

---

*88 [譯註]尤格拉又稱犁畝，約等於八分之五英畝。

產的時效獲得權是一年，不動產是兩年，就可以廢止古代主人的所有權，
如果實際的所有人經過公正的交易從某人處獲得，而他又相信那個人是合
法的物主[89]。像這種憑良心和誠信的不公正行為還是很合於理性，並沒有
混雜著欺騙或外力，對於一個小共和國的成員很少會產生傷害。查士丁尼
所決定的期限分別為三年、十年或二十年，更適合大帝國的範圍。只有提
到法定時效的年限時，法學家才會區別真正和個人的財物，他們所認定的
一般財產權觀念就是簡單、不變和絕對主權。有關使用、收益和役權這些
從屬的反對或例外，在運用時會讓鄰人在土地或房屋上受惠，法學教授對
這些有詳盡的解釋。同樣就是這些法學家用形而上的微妙方法，對財產的
主張權利進行研究，財產主權之所以發生改變，是出於資產的混淆、分離
和變質。

　　判定個人有資格成為首位業主只有死亡時，所有權並沒有任何改變的
現象，在非常平靜的狀況下由他的子女繼續擁有，成為事業的合夥人和財
產的共享者。不論是任何地區或時代的立法者，都會保護這種自然的繼承
權利，父親抱著澤被子孫的希望，堅持緩慢而長遠的改進，因為知道會有
綿衍不絕的後裔，可以享受他的奮鬥所創造的成果。世代相傳的繼承原則
放諸四海俱準，但是繼承人的順序有各種不同的設立方式，不論是為了方
便執行或是反覆無常，或是基於民族精神所設立的制度，或是一些偏頗的
例證，通常源於欺騙或暴力的決定。羅馬的法律體系看來已經背離自然的
平等原則，卻還勝過猶太人[90]、雅典人[91]或英國人的制度[92]。市民死亡

89　休謨從這種時效很短的狀況，推論出當時意大利的秩序和社會的穩定還不如現在
　　的韃靼地區。他的對手華萊士(Wallace)是位法學家，指責他忽略當時的條件，也
　　不是沒有道理。

90　在這些教長之中，凡是頭胎生的要享有一種神祕而屬靈的長子特權，在迦南
　　(Canaan)的土地上他有資格獲得雙份的繼承權。

91　在雅典，所有的兒子一律平等，但是女兒的地位很可憐，要經過兄弟的同意才能
　　得到遺贈。可以參閱伊昔烏斯(Isaeus)的答辯狀，威廉‧瓊斯(William Jones)爵士
　　有極為出色的譯文和註釋，他不僅是學者和律師，也是天才人物。

92　英格蘭只有長子繼承所有的田產，信奉正教的法官布萊克斯通(Blackstone, Sir
　　William, 1723-1780A.D.，英國法學家和歷史學家)說，這種法律只有年輕的弟兄會

時，所有的子孫都可以繼承他的所有權，那些解除父權關係的後代(女子出嫁和男子出售爲奴就喪失父權)除外。像是長子繼承權這種極不合理的規定從未聽過，兩性處於平等的地位，所有的兒子和女兒都有資格獲得一份相等的世襲財產。要是任何一個兒子已經先行過世，由活著的子女代表他本人分得應有的產業。要是沒有直系血親，繼承的權利就要轉移到旁系親屬。法學家制定親等[93]的計算，直系血親從己身向上下推數以一世爲一親等，旁系血親則數至同源的直系血親以求得其和，譬如父親是直系血親一等親，兄弟是旁系血親二等親，兄弟的兒女是旁系血親三等親，這個順序的其他人員可能出於自己的喜愛，或是出現在家譜上。這種計算的方式有一個很明顯的區別，對於羅馬的法律甚至制度產生很重大的影響：父方親屬(agnats)以最近的親等爲主，可以平分遺產，但女性不能對遺產有任何合法的權利要求，任何階層的母方親屬(cognats)都被視爲異鄉人和外國人，被《十二銅表法》規定沒有繼承的權利，就連母親和兒子的親密關係都毫無例外。

在羅馬人中，同宗的族人是用共同的族姓和家族的儀式結合起來，像是西庇阿或馬塞拉斯有不同的名字或綽號，可以辨別出來他們出自高乃留斯或克勞狄斯家族的旁支。如果有相同的族姓及名字，就再加入範圍更爲廣大的宗族名。在相同的名字之下，法律加強警覺，以維護宗教和財產永久的世系。《佛科尼安(Voconian)法》[94]也採取同樣原則，廢除女性的繼承權利。只要處女被收養成爲妻子，不論這種婚姻是許配或販賣，就喪失女兒的身分。自立不依靠他人的婦女獲得平等的繼承權，用來維持個人的自尊和奢華生活，可能將父親的財富轉移到外國的家族。就在加圖所堅持的規範受到尊敬時，他們期望將公正和德行的平凡生活，永久保持在每個

(續)─────────────────────

覺得不公平。但是就政策的著眼來看，可以鼓勵他們努力進取，另謀發展。

93 布萊克斯通的一覽表比較了民法、教會法和普通法。朱理烏斯·保拉斯(Julius Paulus)有一篇單獨的短文，經過刪節以後列入《民法彙編》。他統計到第七親等時，親屬的總和已有一千零二十四人。

94 羅馬建城584年制定《佛科尼安法》，小西庇阿當時只有十七歲，找到機會對母親和姊妹表達自己的慷慨。

家庭之中。到後來還是女性的甜言蜜語在不知不覺中獲得勝利，所有對個人有益的約束和限制，在偉大的共和國陷於人慾橫流之中而喪失殆盡。法務官的公平公正用來緩和十人委員會的嚴刑峻法，他們發布告示，恢復有解放奴身分或遺腹的子女獲得自然的權利。如果父方親屬產生錯誤和失策，他們就採用母方親屬的血統來爲同族的族人命名，這些資格和性質後來也逐漸被人遺忘。特塔里安和奧菲提安(Orphitian)的判決基於元老院的人道精神，建立母親和兒子的互惠繼承關係。查士丁尼假裝要恢復《十二銅表法》的法律體系，他的《御法新編》運用更爲公平合理的新繼承順序。男性的家系和女性的親屬混在一起，將直系血親卑親屬、直系血親尊親屬和旁系血親都嚴格界定。每個親等按照血統和感情的接近程度，繼承一位羅馬市民所遺留的所有權。

　　律定繼承的順序出於自然的關係，至少立法者要有充分和恆久的理由，不過這種順序通常會爲武斷和偏袒的遺囑所破壞，使立遺囑者在進入墳墓以後還能施展他的權力[95]。在架構簡單的社會，諸如此類在最後運用或濫用財產權的情況，很難得到允許和縱容。梭倫制定相關的法律引進雅典，《十二銅表法》認可一個家庭的父親能夠留下私人的遺囑。在十人委員會時代之前[96]，羅馬市民要當著三十個區部舉行的會議前面，表達自己的意願和動機。像這樣的立法機構可以用臨時通過的法案，暫時停止常用的繼承法。後來的做法是獲得十人委員會的同意，每個私人立法者當著五個市民宣布他的口頭或書面遺囑，這幾個人代表著羅馬人民的五個階層。第六個證人證實他們一致同意，第七個負責稱銅幣的重量，這是一個想像的買主所支付的金額，產業在形式的買賣和立即的轉讓下解除原有的所有權。這種特別的儀式使希臘人覺得怪異，還一直實施到塞維魯斯臨朝那個

95　泰勒(Taylor)是一位博學多才而又天馬行空的作家，他證明繼承是常態而遺囑是例外。在《民法彙編》第二卷和第三卷裡列舉的方式，可以說極爲荒謬，大法官達格索(Daquesseau)希望他的同胞多美特(Domat)能夠處於垂波尼安的地位。然而在繼承之前出現的契約，不一定就是敘述民法的自然順序。

96　前面舉出的遺囑案例可能都是多此一舉。在雅典只有無後的父親才能立遺囑。

時代。法務官已經批准更爲簡單的遺囑，只需要七個證人捺印或簽字，這
種合法的形式沒有例外，所有人員經過召集，專門來執行這個重要的程
序。一位家庭的君主掌握著子女的生命和財產，能夠按照他們對家庭的貢
獻和他的喜愛，分配每人應得的一份遺產。他同樣可以表示非常武斷的憤
怒，懲罰一個可恥或是得不到歡心的兒子，剝奪他的繼承權利，爲了表示
羞辱，甚至把繼承權給陌生人。這種不近人情的父母也讓人獲得經驗加以
制止，他們立遺囑的權力有必要受到限制。根據查士丁尼的法律，兒子甚
至女兒不得因保持沉默而喪失繼承權，他們被迫要指認罪犯，以及指明犯
罪的事實。

　　剝奪繼承權違犯自然和社會的第一原理，但是皇帝的公正要求列舉可
以正當違犯的理由[97]。除非合法的部分即財產的四分之一留給子女，否則
子女就有資格採取行動或是提出控訴說遺囑無效，從而認定他們的父親因
生病或年老而使理性受到損害，用尊敬的態度提出上訴，將父親嚴厲的決
定交給明智而審愼的官員做出最後的裁示。繼承的遺產和贈與的遺物在羅
馬法裡有很大的差別，繼承人整體承受遺產，或是立遺囑人資產的十二分
之一，以代表死者的社會和宗教地位，維護他的權益，履行他的義務，根
據他最後的遺囑，用遺物的名義支付友情或慷慨的贈與。但是一個瀕臨死
亡的人，有時會出於不愼或揮霍而耗盡遺產，只留下風險和負擔給他的繼
承人，因而繼承人獲得授權保留「佛西迪安(Falcidian)部分」，那就是在
付出遺物之前，先扣除四分之一自己應得的利益。他有足夠時間去衡量債
務與產業是否相稱，以決定接受遺囑還是加以拒絕。要是運用一份財產清
單來說明，債權人提出的要求不得超過資產的價值。市民的最後遺囑可以
在生前改變也能在死後撤消，他所列名的人選可能先他亡故，或者拒絕接
受繼承權，或者合法被取消資格。在考慮這些情況之後，他可以用第二位
和第三位繼承人來取代，據以更換在遺囑上的繼承順序。瘋子或是幼兒沒

97　查士丁尼只列舉出公眾和個人的罪行，兒子同樣可以剝奪父親的繼承權利。

有能力遺贈財產，可以運用類似的取代方式比照辦理[98]。立遺囑者的權利在遺囑被接受以後終止，每一個年齡成熟有自主能力的羅馬人，都從繼承獲得絕對的支配權，民法的簡化並沒有受到長久而複雜的限定繼承問題所困擾，不曾影響到未出生一代的自由和幸福。

征戰的後果和法律的拘束建立遺囑附件的運用。要是一個羅馬人在帝國遙遠的行省，怕死在異地而感到驚惶，可以寫一封短信給他合法或立在遺囑裡的繼承人。收信人重視榮譽就會履行他最後的要求，要是置之不理也不會受到任何懲處。奧古斯都時代以前的法官，沒有獲得授權要強制執行。一份遺囑附件可以使用任何格式或語文，但是要有五個證人的簽名同意，證明是出於立遺囑人之手的眞正文件。這種意圖不論多麼值得讚許，有時還是不符合法律的要求，為了調和正義的原則和成文法的規定，於是創設出委託的辦法。在希臘或阿非利加的外鄉人，可能是一個羅馬人的朋友或恩人，這個羅馬人無兒無女孤身一人，但是不是市民同胞就不可能成為繼承人。《佛科尼安法》廢止女性的繼承權，婦女的遺物或是遺產總額上限是十萬塞司退斯[99]。如果僅有一個女兒就會受到譴責，她住在父親的家裡如同是外國人。無論是熱烈的友誼還是父愛的親情，都會讓人聯想到玩弄花樣的欺騙行為，只有夠資格的市民才能列名在遺囑上，靠著祈禱或是命令，要他恢復死者眞正屬意人選的繼承權。這些委託人面臨困難的狀況，處理方式可以說是形形色色無奇不有，他們的職業曾經發誓要遵守本國的法律，但是榮譽激勵他們要違背自己的誓言。要是他們打著愛國的幌子追求個人的利益，就會為每位正人君子所不齒。奧古斯都的聲明解開他們的疑慮，對於祕密的遺囑和遺囑附件給予合法的批准，很溫和的除去共和國法律體系所要求的形式和施加的限制[100]。但是等到新的委託制度實施

---

98 現代民法的「託管物之接受」(substitutions fidei-commissaires)是接枝於羅馬法的封建思想，與古代的非遺產繼承人而由立遺囑人指定接受遺贈者的做法，並沒有多少相似之處。他們濫用新法第一百五十九項，一種帶有偏頗成見、內容複雜而重視辯護的法律，把對象任意延伸到「第四等親」。

99 笛翁·卡修斯特別記載是希臘錢幣，總額為兩萬五千德拉克馬。

100 孟德斯鳩精妙推論羅馬繼承法律的革新過程，有的地方難免異想天開。

以後，很快惡化變得極爲浮濫，要是根據特里貝利安(Trebellian)和佩格蕬斯的裁決，委託人保有四分之一的產業，或是將所有繼承的債務和訴訟，全部轉移到眞正繼承人的頭上。遺囑的解釋變得非常嚴格而且完全按照字面的意思，但是委託人和遺囑附件所使用的語言，能從法學家微妙和精確的術語中解救出來[101]。

十、羅馬法的「行爲」：承諾、利益和傷害

羅馬人根據公眾和私人的關係把人類的一般責任強加在身上，但是他們之間很特殊的義務，原因只有(一)承諾；(二)利益和(三)傷害。當義務爲法律所核定，發生利害關係的一方在法庭行爲之下被迫執行。基於這種原則，每個國家的法學家都已制定類似的法律體系，成爲理性和公正最完美的結論[102]。

羅馬人不僅在廟宇向誠信女神(有關人類和社會的誠信)獻祭，而且在家庭生活對祂頂禮膜拜。要是國家缺少仁慈和慷慨之類和善的特性，他們卻使希臘人感到驚奇，因爲他們用誠摯而單純的態度來履行沉重的承諾[103]。然而同樣就在這個民族之中，依據貴族和十人委員會所堅守的規範，一個沒有保證的協定、甚或是一個承諾或一份誓詞，除非用契約的合法格式經過認可，否則都沒有構成任何民事方面的義務。不論契約這個拉丁字眼的語源出於何處，都是在傳達著「肯定而不能撤回的合同」這個觀念，通常用問答的方式來表達。「你答應要付我一百金幣，是嗎？」這是

---

101 民法有關的繼承、遺囑、遺囑附件、遺產和委託，根據的原則非常確定，該猶斯、查士丁尼和狄奧菲盧斯的《法學初步》裡都有登錄，詳盡的細節在《民法彙編》中占有十二卷之多。

102 該猶斯、查士丁尼和狄奧菲盧斯的《法學初步》，都將義務區分爲四種，即「實有」(re)、「名義」(verbis)、「強制」(literis)及「承諾」(consensû)，但是我承認有個人的偏愛，才根據自己的論點來區分爲三種。

103 無論波利比阿斯所提出的證據是多麼冷酷和理性，總比含糊而雜亂的讚譽要好得多。

塞烏斯(Seius)提出正式的詢問。「我同意。」這是森普羅紐斯(Sempronius)
的答覆。森普羅紐斯的朋友要替他的能力和意願負責，塞烏斯可以選擇個
別控訴他們。於是利益的分配，或互惠行為的優先次序，逐漸背離契約的
嚴格理論。為了維持無償承諾的有效與合法，需要經過慎重思考的同意。
市民獲得合法的保障後，可能陷入詐欺的嫌疑，要因疏忽而支付所喪失的
財物。法學家運用他們的智慧，繼續努力將簡單的約定轉變為合於法定規
格的正式契約。財務官是社會信用的護衛者，認可自願或故意的行動所提
出的合理證據，在他的法庭產生公平的義務，據以要求履行法定行為或補
救措施[104]。

　　法學家將第二類的義務特別稱為「物篇」[105]，就是為了交付物品所簽
訂的契約。感激的歸還出於原主的恩情，無論何人被他人委託財產，就要
負起歸還的神聖責任。就出於友情的借用而言，慷慨的德行歸於出借者這
一方；接受者要負起保管的責任。出於「保證」的狀況下，以及其他在普
通生活中圖利自己的商業行為，這種恩惠要用等值物來補償，歸還的義務
可以加以修正，這由貿易的性質來決定。拉丁語很順利地用commodatum
和mutuum兩個字表示基本上的差異，我們的字彙比較匱乏，就全部混雜
在一起，很含糊而普遍使用「借出」這個詞。commodatum的意義是借用
人有義務要歸還同樣的特定物品，這個物品只是為了方便起見暫時提供使
用而已；mutuum是指定給借用者使用或消耗，要根據所估算的數目、重
量和尺寸，用等值的代用品負責完成相互的承諾。按照買賣合同，物品的
絕對處理權轉移給買主，對方要用適當數量的金銀償還應付的利益，這些
金銀代表塵世財產的價格和通用衡量標準。還有一種有關「場所」的契
約，所應盡的義務更為複雜。像是土地、房屋、勞務和才能，都可以租用

---

104 吉拉德・努特(Gerard Noodt, 1647-1725A.D.，荷蘭羅馬法學者)有一篇論文討論法
　　定行為的補救措施，令人感到非常滿意。我特別注意到，荷蘭和布蘭登堡的大學
　　在本世紀初葉，以最公正和自由的原則深入研究民法。
105 經過同意而成立的合同或合約，不僅格式完整而且適合各種不同項目，在《民法
　　彙編》中占有四卷的篇幅，這是值得英國學生多加注意的部分。

或雇用一段明確的期限，等到期滿，物品本身要歸還給原主，爲了獲得占
用或雇用的利益，還要加上約定的報酬。在這些以圖利爲目的合約中，有
時會加上合股與佣金，法學家有時設想物品的交付所出現的狀況，有時考
量合夥人的同意所發生的問題。實質的約定經過改進，要有可見的權利如
抵押或擔保。買賣的同意要有確定的價格，從訂約那刻開始，賺錢還是賠
本的機會全部要算在買主的帳上。一般而論，每個人都會爲自己的利潤做
最好的打算，也要爲自己的決定負責，如果他要接受交易帶來的好處，那
就要忍受買賣應付出的代價。

在這些極其複雜的題材之中，歷史學家特別提到土地與金錢的關係，
一方是要付出租金而另一方是收取利潤，對於農業和貿易的繁榮產生實質
的影響。地主經常必須預先付給農民存糧和工具，然後以能分享成果爲滿
足。要是虛弱無力的佃戶受到天災人禍的打擊，可以根據法律的公平要求
給予適當的救濟。租期按照習慣一般以五年爲準，不可能期望從農民手裡
獲得實質或增值的改進，因爲地主出售土地時，農民總是被拒於門外[106]。
高利貸是城市積習已深的苦難，《十二銅表法》予以制止[107]，在人民的疾
呼之下廢除。恢復高利貸是基於人民的需要和怠惰，謹慎的法務官也只有
容忍。《查士丁尼法典》做出最後的決定，地位顯赫的階層對於獲利應限
制年利率爲百分之四，普通而且合法經過宣布的標準爲百分之六，爲了便
利製造業和商業的周轉可以提升到百分之八。航運的保險可以到百分之
十二，明智的古代人就沒有判定上限。除非是極爲危險的行業，否則過
度的高利貸會受到嚴格的抑制[108]。最單純的利息都受到東部和西部教士

---

106 《民法彙編》和《御法集》對租賃契約有詳盡的釋義，五年期限一般是出於習慣
並非法律所規定。法蘭西所有的租約都是九年，這種有效期限的規定在1775年取
消，然而還流行在那片美麗而幸福的國土，就是允許我居留的地方，使我感到非
常遺憾。

107 塔西佗在《編年史》提到利息的計算方式，難道他會這樣的無知或愚蠢？然而明
智而重視德行的貴族爲了滿足野心，也許會放棄貪婪的念頭，也許會阻止令人討
厭的辦法。像這樣低的利息沒有人願意將錢借出去，這麼重的懲罰也沒有債務人
願意負擔。

108 查士丁尼並沒有自貶身價，讓高利貸在《法學初步》中占有一席之地，但是在

的指責[109]，但是互惠的體認戰勝共和國的法律，即使教會的諭令甚至人們的偏見，都用堅決的態度抗拒[110]。

　　自然和社會強加嚴格的義務以補償傷害，私人不公正行為的受害者獲得應有的權利和合法的行動。如果他人的財產託付給我們照顧，從獲得暫時的所有權以後，用心的程度按照利益會有高低，我們對無法避免的意外很少需要負起責任，但是出於故意的過失所造成的後果，通常會歸咎於始作俑者[111]。羅馬人用竊盜的民事行動來搜尋和追討被偷的財物，這些東西可能經過一連串清白無辜的手，但是沒有任何物品的時效少於三十年，只要在期限內就能擁有原始的要求權利。所有權的恢復可以根據法務官的判決，傷害可以獲得兩倍或三倍甚至四倍的損失賠償，暗中的欺騙和公開的搶奪都是犯罪的行為，可以從事實的揭發和隨後的偵察找出犯案的強盜。《阿奎利安法》用來保護市民有生命的財產，使他的奴隸和牛隻免於惡意或疏忽的打擊。家畜在死前這一年的任何時刻，都可以用當年最高價格來表示所具有的價值；任何其他能夠標出價格的財物，遭到毀損後所允許的限價期是三十天；個人傷害的程度要視時代的習性和個別的感受而定，語言或動手所帶來的痛苦或羞辱，很不容易用等值的金錢讓人感到滿意。十人委員會粗糙的法律將所有倉卒的侮辱一視同仁，只要不打斷對方的手臂，攻擊者要接受二十五個阿斯(asses)的普通處分。經過三個世紀以後，同樣的幣值從一磅銅減少到半個盎司。有錢的羅馬人無禮之極，竟將違犯和補償《十二銅表法》的條款當成最廉價的娛樂。維拉久斯(Veratius)跑

(續)——————————————————
　　　《民法彙編》和《御法集》中列入所需要的法規和限制條件。
109 神父都一致同意收取利息是罪惡的行為，像是西普里安、拉克坦久斯、巴西爾、克里索斯托、尼薩(Nyssa)的格列哥里、安布羅斯、傑羅姆、奧古斯丁都有這種看法，還要加上一大群參加會議的神職人員和詭辯家。
110 加圖、塞尼加和蒲魯塔克都大聲指責高利貸的盛行和浮濫。按照這個字的拉丁文及希臘文語源，都是指運用本金來孳生利息，所以莎士比亞會喊道：「無生命的金屬在繁殖」，要知道舞台迴響著公眾的聲音。
111 威廉‧瓊斯爵士對委託法寫下一篇機智和理性的隨筆。他可能是唯一精通下列主題的律師：西敏寺的年鑑、烏爾平的註釋、伊昔烏斯(Isaeus)的希臘文答辯狀，以及阿拉伯和波斯宗教法官的判決書。

過大街去打一　信差的臉，受辱者根本沒有冒犯他，於是引起群情騷動，追隨在他身邊的會計按照法律規定，馬上付出二十五個銅板，照現在的幣值不過一個先令而已[112]，使得大家無話可說，憤怒的情緒只有平息下來。法務官對於非常特別的指控，基於公平的原則要鑑定或評估完全不同的事實眞相。爲了裁定民事損失，官員有權考量時間、地點、年齡和地位這些不同的情況，這些可能會加重受害人的羞辱和痛苦。如果他認同運用罰鍰、刑責或警告這些辦法，等於侵犯刑法的範圍，雖然也可能填補這部分的缺失。

十一、羅馬法的「罪行和懲處」：刑法的概念、罪行的區分和量刑的標準

　　李維首次也是最後一次記述羅馬人使用殘酷的手段，處罰極爲暴虐的罪犯，就是抓住阿爾班的笛克推多以後，用八匹馬將他支解分屍[113]。但是這種主持正義的報復行動，是在勝利的激情時刻，大家聽從一個人的指使，施加在外國的敵人身上。自從元老院的賢明之士草擬《十二銅表法》，經過人民自由表決認可以後，對於羅馬人的民族精神提供更爲確切的證據。然而這種法律就像德拉可的成文法[114]，制定的時候帶有草菅人命的特性。他們贊同殘忍和嚴苛的報復原則，堅持以眼還眼、以牙還牙和以肢還肢，除非犯人願意以三百磅銅作爲罰鍰，求得赦免刑責。十人委員會對於輕罪寬大爲懷，施以鞭笞或苦役的處分。有九種罪行因爲情節不同，

---

112 奧拉斯・吉留斯從拉貝歐對《十二銅表法》的註釋借用這個故事。

113 李維的敘述立場嚴正而且很有分量，對於阿爾班的獨裁者施以酷刑，這是令人厭惡、有損榮譽的行爲，魏吉爾也無法自圓其說。海尼(Heyne)一直表現出高尚的品味，他說，即使是伊涅阿斯之盾，這個主題也太過恐怖。

114 約翰・瑪夏姆(John Marsham, 1602-1685A.D.，英國編年史家)爵士和科西尼(Corsini)考證出德拉可的年代。他在法律方面的貢獻，可以參閱敘述雅典政治的有關作品，主要的作者是西哥紐斯、繆爾修斯(Meursius, Joannes, 1579-1639A.D.，希臘學者和編輯)和波特(Potter)等人。

可以判處死刑：其一，任何叛國或謀逆的行為，或是與國家的公敵有通信連繫，用痛苦和羞辱的方式處死。這名墮落的羅馬人被布幕將頭部罩住，手臂扭到背後再綑綁，經過扈從校尉施以鞭刑後，釘死在十字架上放在廣場示眾，或是吊死在視為不祥的樹木上。其二，城市裡的夜間集會，不得有任何藉口，無論是歡樂或是宗教的原因，甚至就是出於公益也不行。其三，市民的謀殺案件，大眾的意見是要兇手抵命。下毒比起用刀劍更令人反感。從兩件罪大惡極的命案，我們很驚奇的發現，一個講求簡樸的共和國，竟會這樣早就出現如此精巧的邪惡行為，而且羅馬的貴婦人還能有這樣貞潔的德行[115]。弒親罪完全違犯天理人情，要裝在麻布袋裡，丟進河流或大海，同時要陸續將公雞、毒蛇、狗和猴子放進袋裡，當作罪人最好的伴侶[116]。意大利並不出產猴子，好像也沒有感到有此需要，一直到六世紀中葉才第一次發生弒親罪[117]。其四，惡意縱火罪，在舉行鞭打的儀式以後，將犯人用火燒死，唯有這種罪行讓我們的理智忍不住要稱許，這種報復很公正。其五，法庭偽證罪，對於道德敗壞和惡意陷害的證人，為了懲處所犯的過失，要把他從塔皮安(Tarpeian)斷岩的頂上丟下去摔死。刑事法嚴厲，書寫的證據不足，偽證的後果更為致命。其六，法官受賄罪，是接受賄賂而宣布不公正的判決。其七，毀謗和諷刺，粗俗的語氣有時會擾亂一個知識程度不高的城市，作者應得的懲罰是遭棍棒毆打，至於是否會被行刑手打到氣絕，那就無法確定。其八，利用夜間故意損毀或破壞鄰人

---

115 李維特別提到，有兩個時期發生轟動一時的重大惡行，一是有三千人被控下毒，一是有一百九十位貴婦人被判定下毒罪。休謨將羅馬人區分為兩個不同的時代，前者強調私德而後者重視公德。我認為這些是偶然發生的奇異事件，受到推波助瀾成為爆炸性的災難(這種狀況有點像1680年的法國)，在這個民族的行為習性方面並沒有留下任何痕跡。

116 《十二銅表法》和西塞羅只提到用麻布袋。塞尼加為了強化效果，特別加上一條蛇，朱維諾再加進可憐無辜的猴子。哈德良、摩笛斯提努斯(Modestinus)、君士坦丁和查士丁尼，都將弒親罪犯的陪伴動物全部列舉出來。但是這些出於幻想的處決在執行時應該已被簡化。

117 羅馬首次發生弒親罪的犯人是奧斯久斯(Ostius)，時間是在第二次布匿克戰爭之後。辛布里人入侵期間，瑪勒奧拉斯(Malleolus)犯下首樁弒母罪行。

的農作物，罪犯會被吊死，作爲奉獻給西瑞斯(Ceres)的犧牲。但是森林之神很會記仇，砍伐有價值的樹木要賠償，適度的罰鍰是二十五磅銅。其九，使用魔法詛咒，根據拉提安(Latian)牧羊人的意見，這些咒語會耗盡敵人的精力，絕滅他們的生命，把他們從所在地連根拔起以後再趕走。

提到《十二銅表法》對破產的債務人極其殘酷的處罰，我寧願採取古代條文字面上的意義，不願參考現代學者過於精巧的見解[118]。等到債務在法庭確定和宣布以後，負債的羅馬人獲得三十天的緩延期限，然後被置於市民同胞的權力之下，被關在私人監牢裡，每天的糧食是十二盎司的糙米，身上可能綑綁十五磅重的鎖鍊。他所處的不幸狀況要到市場去展示三次，懇求他的朋友和同胞給予憐憫和幫助。等到六十天的期限結束，要用喪失自由或生命來償付債務。破產的債務人不是處死，就是賣到台伯河以外，成爲異國的奴隸。如果幾名債權人同樣固執而且毫無惻隱之心，他們可以合法肢解他的身體，用可怕的分屍使報復得到滿足。野蠻法律的擁護者非常堅持，對於簽訂合約的債務要是無力支付，應該使用強硬的手段，來防止拖延不理和欺騙造假的行爲。但經驗顯示這種恐嚇並不能發揮作用，奪取生命和砍下肢體是無利可圖的罰則，沒有一個債權人願意執行。等到羅馬的風俗習性和生活方式變得更爲文雅，十人委員會的刑法因原告、證人和法官重視人性而遭到廢止，免於刑責成爲極端嚴苛的法條所產生的結果。《波西安(Porcian)法》和《華勒利安(Valerian)法》禁止官員處死自由的市民，也不能施以體罰，過去那些草菅人命的成文法都已作廢。他們把這些法律的制定歸罪於王政時代的暴虐風氣，用很技巧的手法讓貴族統治置身事外。

刑法不能發揮功能以及公權力的不彰，只能靠著市民的私法審判也就是投票定讞，來維持城市的和平與公正。罪犯使得監獄人滿爲患，大多數都是社會的被逐者，他們的罪行一般而言都歸之於無知、貧窮和殘酷的慾

---

118 賓克修克幾經努力提出證明，債權人要瓜分破產債務人的身價而不是身體。然而他的解釋很難讓人接受，只能說是一種譬喻而已，他不可能超越昆提良、昔西留斯(Caecilius)、菲孚紐斯(Favonius)和特塔里安這些羅馬權威的觀點。

念。一個卑劣的平民身為共和國的成員，依據神聖的身分獲得權利而加以濫用，產生的犯罪行為會同樣的窮兇極惡。但是，等到罪行已經證實或許僅是涉嫌，奴隸和外鄉人就會被釘上十字架，這種嚴峻而又即時的正義，對於羅馬絕大部分的民眾來說，在實施時幾乎不受任何約束。每個家族都設置法堂，與法務官不同的是，可以毫無限制審理家庭成員的外在行為：教育的紀律要求用來灌輸美德的原則和習慣，羅馬的父親支配著子女的生命、自由和繼承，而且沒有上訴的餘地，所以父親有責任要用自己的言行為子女做出榜樣。在某些緊急狀況之下，市民對於私人或公眾的侵權行為可以合法施以報復。猶太人、雅典人及羅馬人的法律都一致同意，可以殺死夜間的竊賊，然而在大白天，要是沒有充分的證據證明會帶來危險和重大損失，不能貿然殺害強盜。無論任何人在婚禮的床上發現姦夫而感到驚愕，可以不受約束實施報復[119]，最血腥或惡意的暴行由於無法控制的激怒而獲得赦免。在奧古斯都以前，丈夫毋須自慚要去衡量姦夫的階級地位，父母也不必因為犯罪者的誘姦而犧牲自己的女兒。

自從國王被驅逐之後，如果有野心的羅馬人竟敢僭用他們的頭銜，模仿他們的暴政，就會被人民拿來奉獻給地獄的神明，每個市民同胞都可以行使正義之劍。不管布魯特斯是多麼忘恩負義，魯莽的舉動有多麼讓人厭惡，但是國家裁定他的行為非常神聖[120]。和平時期攜帶武器的野蠻習慣[121]，以及用流血來顯示榮譽，羅馬人都聞所未聞。在兩個最純真的時代裡，從建立平等的自由權利到布匿克戰爭結束為止，羅馬從來沒有產生謀逆叛亂的騷動，也很少受到重大罪行的污染。當黨派的傾軋遍及國內外，激起各種惡行，逐漸感受到刑法已經喪失效用。西塞羅時代每個普通市民都能享

---

119 利西阿斯(Lysias)第一次發表演說，是為了替殺死姦夫的丈夫提出辯護。泰勒博士對羅馬和雅典的丈夫和父親所擁有的權利，曾經進行極具學術價值的討論。

120 李維和蒲魯塔克都注意到有關的法律問題，公眾的輿論對於凱撒的死都認為非常公正，蘇脫紐斯在帝制時代出版討論凱撒之死的著作。也可以閱讀西塞羅和馬提烏斯(Matius)來往的書信，時間是在3月15日以後幾個月。

121 修昔底德斯認為這種情況是文明社會的試金石，他應該會不恥於歐洲宮廷的野蠻作風。

受到無政府狀況下的特權，共和國每個行政首長都受到誘惑要掌握國王的權柄，他們的德性如同自然或哲理的天賜果實，有資格受到全民熱烈的稱譽。經過三年毫無顧忌的色慾、劫掠和酷虐以後，西西里暴君維理斯（Verres）只能被判決金錢賠償三十萬鎊，這樣一來使得法律、法官甚至原告[122]都感到滿意。維理斯等於只退還搜刮所得不過十三分之一而已，就能全身而退，過著奢侈豪華的放逐生活[123]。

笛克推多蘇拉（Sulla）最早想要恢復過去的狀況，使得罪行和懲罰能夠相稱，他運用勝利的血腥屠殺，極力約束羅馬人的放縱行為，並非壓迫他們的自由權利，只是他的作法不夠完善。他將四千七百名公民列入「公敵宣告名單」，感到自豪[124]。但是就立法者的角色而論，他尊重那個時代的傳統和偏見。對於強盜或兇手、背叛軍隊的將領或摧毀行省的官員，蘇拉並沒有處以死刑，僅僅用放逐的刑責來加重罪犯的金錢損失，要是用法律的語言，就是放逐期間「不得生火」和「不得洗浴」的禁止。《高乃留斯法》和以後的《龐培法》以及《朱理安法》，引用新的刑法體系。從奧古斯都到查士丁尼這些皇帝，都要隱瞞事實，不願成為嚴刑峻法的始作俑者，而是創造出「鞠躬盡瘁，死而後已」這類詞句並經常運用，盡量去擴張並且掩蓋專制政體的發展過程。要將功勳卓越的羅馬人定罪，元老院通常會準備混淆審判權和立法權，當然這是出於主子的示意。總督的責任是要維持行省的平靜，那就要運用專制和強硬的司法權。等到帝國向外擴展，城市的自由權利逐漸消失無蹤。西班牙有個罪犯聲稱自己擁有羅馬人的特權，伽爾巴（Galba）下令將他釘在十字架上，只是這個十字架製作得

---

122 他一開始估算西西里的損失是一千泰倫（八十萬鎊），後來減為四百泰倫（三十二萬鎊），最後同意三十泰倫（兩萬四千鎊）。蒲魯塔克沒有掩飾大眾的懷疑和傳聞。

123 維理斯在審判以後又活了近三十年，直到第二次三人執政，馬克·安東尼垂涎他的科林斯金盤，將他打入「公敵宣告名單」。

124 華勒流斯·麥克西繆斯在著作中記載這個數字，弗洛魯斯加以區別，認為是元老院議員和騎士共兩千人。阿皮安更為精確算出元老院階層的受害人是四十名，騎士階層的人員是一千六百名。

更精美、豎得更高而已[125]。有時皇帝會發布敕答，對嶄新或重大的問題做成判決，這些問題當然超出總督的權限和能力。流刑和斬首保留給地位尊貴的人員，卑賤的罪犯通常是絞刑、火刑、在礦坑裡活埋或是丟給競技場的野獸。武裝的強盜是社會的公敵，受到追捕和根除。把別人的牛馬趕回自己家裡，就犯下死罪[126]；單純的偷竊被認爲僅是造成公家或私人的損失。罪行的輕重和懲處的方式通常都由統治者自行決定，臣民對法律的危險一無所知，隨時都會陷身其中而喪失性命。

　　過失、錯誤或罪行，分別是神學、倫理和法律的題目。一旦三者的判斷一致，可以證實相互的觀點。但是在三者相異時，明智的立法者會按照對社會造成的傷害程度，來辨識罪行和懲罰。根據這種原則，即使膽敢攻擊一個普通市民的生命和財產，被判定沒有謀逆或叛亂的罪行那樣惡性重大，因爲謀逆或叛亂已經侵犯共和國的尊嚴。善於逢迎的法學家異口同聲宣稱，共和國包含在元首本身之內。歷任皇帝保持勤奮的工作精神，把《朱理安法》的鋒刃磨得銳利無比。兩性的淫蕩行爲可以視爲本能的衝動予以寬容，也可以當成社會混亂和腐化的根源予以禁止，但是丈夫的名譽、財產和家庭因妻子的通姦造成嚴重的傷害。見識高明的奧古斯都在抑制報復的自由之後，對於這種家庭事件施以法律的制裁。犯罪的姦夫淫婦在加重籍沒和罰金以後，在兩個分離的小島上施以距離遙遠和永久的放逐[127]。宗教對丈夫的不忠行爲同樣給予譴責，但是沒有伴隨類似的民事效果，因此妻子永遠不准對她的冤曲進行辯護[128]。教會法中對於簡單或雙

---

125 這是一名監護人毒死受監護人的案例，屬於惡性重大的罪行。蘇脫紐斯記載，這是少數幾件伽爾巴表示憤慨的刑案。

126 竊盜牽走一匹馬、或是兩匹母馬或牛，或五隻豬或十頭羊，都要接受死刑的懲罰。哈德良嚴厲譴責這一類的罪犯，用重典來制止惡風。

127 在舒爾廷斯(Schultens, Albert, 1686-1756A.D.，荷蘭東方學者和語文學者)的朱理烏斯‧保拉斯大作出版之前，一直以爲《朱理安法》用死刑對付姦夫，誤解源自於垂波尼安的欺騙或過錯。然而黎普休斯已懷疑塔西佗敘述的真實性，甚至奧古斯都的做法都值得商榷，在《編年史》中說他用叛國的過失加在女性親屬的身上。

128 在通姦的案件中，塞維魯斯限定只有丈夫有權可以公開控訴。這種特權不能說是

重通姦的區別，不僅經常見到而且非常重要，但是在《御法集》和《民法彙編》的有關法規中並未列入。

　　還有一種更爲可憎的惡行，羞於提到它的名字，爲自然所厭惡，我不能置之不理，只希望很快交代清楚。伊特拉斯坎人（Etruscans）和希臘人[129]好於此道，早期的羅馬人也受到影響和感染，瘋狂濫用繁榮和權力帶來的成果，認爲任何純眞的歡樂都乏味不夠刺激。《斯卡提尼安（Scatinian）法》[130]是運用暴力強行通過的法案，由於時光的消逝和罪犯的增多，在不知不覺中廢止。原來的條款規定，對於不知世事的年輕人施以強暴或誘騙，被當成對個人的傷害，只賠償很少的一萬塞司退斯或八十鎊。爲保護自己的貞操施以反抗或報復，可以殺死施暴者。我倒是相信，在羅馬和雅典，有些個性柔弱頹廢的人自願拋棄他的性別，墮落到置市民的榮譽和權利於不顧的地步[131]。輿論的嚴厲指責並不會嚇阻這種罪惡行徑，男子氣概受到難以洗刷的羞辱，有時會與私通和通姦這些較爲輕微的罪行混淆在一起。受害的男性或女性伴侶活在恥辱之中，但淫蕩的愛人反而不會丟臉。從卡圖拉斯（Catullus）到朱維諾，詩人指責和頌揚那個時代的墮落現象，法學家的理性和權威對這方面的改革有力不從心的感覺，直到最重視德性的凱撒，才將這種違反自然的罪孽看成傷害社會的罪行加以禁止。

十二、基督教對法律的影響及審判程序的確立

　　君士坦丁的宗教信仰爲帝國的法律制定帶來新的風氣，甚至連本身的錯誤也都受到尊敬。接受摩西的律法當成神最早的正義，身爲基督徒的君

（續）

　　　不公正，畢竟女性或男性的不忠引起完全不同的後果。
129 波斯人同樣有這種墮落的嗜好。我們大可以寫出一篇奇異的論文，介紹荷馬時代以後的雞姦行爲，在亞洲和歐洲的希臘人盛行一時，表現出激烈的感情，雅典的哲學家做爲消遣打發時間，用這種方式來保有德行和友誼，可以說收效甚微。
130 這項法規的名稱、日期和條款全部極爲可疑。但是我願意提出來說一下，誠實的日耳曼人把維納斯視爲大逆不道，文雅的意大利人不過表示厭惡而已。
131 可以參閱伊司契尼斯（Aeschines）起訴變倖提瑪克斯（Timarchus）的演說辭。

王要使自己制訂的刑法，能夠適用於道德和宗教各種程度不同的邪惡行
為。他們首先把通姦認定是重罪，脆弱的兩性所造成的過失視同下毒、謀
殺、魔法和弒親。雞姦的罪行無論是主動或被動都施以同等的懲處。所有
的罪犯無論是自由人還是奴隸身分，不是淹斃就是斬首，或是用報復的火
焰活活燒死。人類基於同情心，通常會赦免通姦者，但是起於宗教虔誠的
憤慨使同性的愛人受到窮追猛打。希臘人污穢的行為在亞洲城市非常流
行，僧侶和教士的獨身生活也會煽起同樣的罪孽。查士丁尼至少對於女性
的不貞已經減輕刑責，犯罪的配偶只被判處獨居和悔過，兩年以後，只要
丈夫願意原諒，又可以回到他的懷抱。但是同一位皇帝公開宣布，對於失
去男性氣概的色慾絕不寬恕，他殘酷的迫害行為不能因為動機純潔就不受
指責。他違犯法律公正的原則，頒布的詔書將犯罪行為回溯以往，對於自
白認罪和請求原諒的罪人，事先給予短期的緩刑。痛苦的死刑加在犯罪者
身上，那就是對犯罪的工具施以割除，或是把尖銳的蘆葦插進極為敏感的
洞孔或管道。只要罪犯被控褻瀆神聖並定罪，就砍掉雙手，查士丁尼將這
一類的執刑視為正當行為，提出辯護。在這種極為羞辱和痛苦的狀況下，
羅得島的以賽亞（Isaiah）和戴奧斯波里斯（Diospolis）的亞歷山大這兩位主
教被拖過君士坦丁堡的街道，同時有傳達員的聲音在警告同教的弟兄，要
他們觀看這可怕的教訓，不要使神聖的身分受到玷污。或許這些高級教士
根本就是清白無罪的人。經常會發現這種可恥的死刑判決，出於孩童或僕
役微弱或可疑的證據。法官為了要對綠黨、有錢人以及狄奧多拉的仇敵定
罪，如果實在找不到罪名，就用雞姦的行為來指控。有位法國哲學家大膽
指出，任何事情要保持祕密就值得懷疑，我們對罪惡自然而然感到恐懼，
就會被當成暴政的工具。但是同樣這位作者提出有說服力的言辭，備受稱
許，那就是立法者可以信賴人類的品味和理性，等到發現敗壞的風氣竟然
如此古老而且蔓延甚廣，他的言論就受到責怪。

　　雅典和羅馬的自由市民享有價值最高的特權，就是涉及所有的刑事案

件均由本國審理[132]。

其一，掌理司法部門是君主最古老的職權，是羅馬國王行使的權力，到塔昆繼位以後產生濫用的狀況，他不遵守法律或會議的規定就宣布專制的判決。最早的執政官繼承這種帝王的特權，但是在獲得神聖的上訴權以後，民選的官員立即喪失審判的權力，所有與公眾有關的案件由人民組成的最高法庭裁決。然而一種野性難馴的民主政體，只能在司法的形式上表現出優點，通常會否定主持正義的基本原則。專制政體的驕傲會被平民的嫉妒所毒害，雅典的英雄有時會讚許波斯人何其幸運，他們的命運只被一個善變的暴君所播弄。羅馬人的嚴肅和自制能夠發揮效果，定出若干有利的限制辦法，強加在人民的身上，使他們不能感情用事。起訴的權利掌握在官員的手裡。三十五個區部的投票表決只能決定罰鍰，百人連大會保有審理所有重大罪行的權力，這是根據基本法所成立的機構，地位和財產的份量可以確保在表決時占有優勢。大會一再運用發布文告或延長休會的手段來阻撓會議的進行，以便有足夠的時間來化解偏見的影響和憤怒的情緒，而且整個審判程序可能因為及時的徵兆或一位護民官的反對而取消，像這種全民的審判通常樂於定罪處罰，而不會贊同被告的清白無辜。但是把司法權和立法權合併在一起運用，被告這一方是否會獲得赦免或宣告無罪，就會讓人產生懷疑。為一位知名度很高的當事人擔任辯護，羅馬和雅典的演說家訴諸君王的策略和恩情來準備講稿，同時也訴諸君王的正義。

其二，召集市民參加每個罪犯的審判已經成為很困難的任務，尤其是市民和罪犯的人數愈來愈多，權宜的辦法是運用常設的官員或是特定的檢查官，代表人民行使審判權。早期這種問題非常少見，只有很偶然的狀況下才會發生，等到羅馬建城七個世紀的初葉才成為永久的編組。每年選出的四位法務官經過授權，負責審理叛逆、勒贖、盜用公款和賄賂等國是

---

132 有關羅馬的公共論點和判決這個重要題目，西哥紐斯用博學的內容和古典的風格加以解釋，在波福特(Beaufort, Louis de, 1720-1795A.D.，古物學家和懷疑論歷史學家)的《羅馬共和國》中可以發現非常有價值的摘要。如果有人意在深奧的法律，可以研究努特、海尼休斯和格拉維納的著作。

犯。蘇拉增加法務官的數目和新的罪行項目，以處理直接傷害個人安全的犯罪。這些檢查官負責準備和指導法庭的審判工作，也只是宣讀經大多數「法官」所同意的判決而已。這些法官雖然尊重事實，產生的偏見更多，已被比擬為英國的陪審團[133]。法務官擬定一份年度名單，列入人選都是年高德劭的市民，負起這些重要而讓人厭煩的工作。經過很多年憲法的奮鬥以後，從元老院、騎士階級和平民中間選擇相等的人數，有四百五十人被指定進行單一的表決。法官有不同的名單或是「十人組」，必須將上千位羅馬人的名字包括在內，這些人代表國家行使審判權。在每個特定的案件，都要從大甕中抽出足夠的法官人選，他們的公正要用誓詞來維護。投票表決的方式可以保證獨立行使職權，從原告和被告的相互盤問中，消除有所偏袒的疑慮。米羅(Milo)案*[134]的每邊法官減少十五人之多，由五十一位法官用口頭答應或透過投票板，投出開釋、有罪或可疑的決定[135]。

　　其三，在羅馬法的審判程序中，城市的法務官才是真正的法官，也可以算是立法者，等他下達指示要採取法律行動，通常就會交付給一個代表來查明事實真相。法律的訴訟程序一直增加，由他所主持的法庭是十人委員會所設置，獲得更大的份量和更高的聲譽。不管他是單獨行動還是聽從幕僚給他的建議，絕對的權力還是託付給一個官員，每年要由人民投票選出。在自由運用有關的法規和預防措施時，需要能夠自圓其說的解釋，專制政體的命令則簡潔而又無趣。在查士丁尼也或許是戴克里先時代之前，十人組的羅馬法官已經是虛有其名，只能像顧問一樣提出很謙遜的意見，法務官可能接受也可能置之不理。無論是民事法庭還是刑事法庭，都由一

---

133 不論是羅馬還是英格蘭，要把這個職務看成是偶然的責任，並不是本身應有的職權。但是陪審的裁決必須一致，這是我國特有的規定，因而使得陪審團成員遭到折磨，最後只好赦免罪犯。

*134 [譯註]羅馬在共和末期的社會混亂，尤其是克勞狄斯和米羅的爭權奪利造成多次暴動，結果克勞狄斯被殺，米羅受審被判有罪被流放。審判過程引起激烈的爭執，對政局產生極大的影響。

135 我們非常感激，能從佩笛努斯(Pedianus)的殘本中獲得如此貴寶的資料，他對西塞羅演說辭的註釋已經佚失，等於剝奪我們最有價值的歷史和法律知識。

位官員負責,他的就任或解職全部出於皇帝的意願。

十三、羅馬人自我放逐和了斷的精神以及對民法的濫用

一名羅馬被告受到指控犯下重大的罪行,會用自我放逐或了斷來阻止法律的宣判。直到他的罪名得到合法的證明,能夠恢復他的清白無辜以及個人自由。或是最後的百人連的投票已經統計和宣布,他可以和平的離開,前往意大利、希臘或亞細亞的聯盟城市[136]。這種民事訴訟的死亡可以保持他的名譽和財產,至少他的兒女不會受到影響;他也可能仍舊享受理性和感官的生活,只要心靈在習慣於羅馬那種野心和囂鬧之後,能夠忍受羅得島或雅典的單調和寧靜。需要不顧身家性命的努力才能逃脫凱撒的暴政,但是斯多噶學派的哲理使人熟悉這種努力,他們這些最勇敢的羅馬人就是很好的範例,那就是合法鼓勵自殺的行為。經過宣判已經定罪的罪犯,處死以後屍體要受到示眾的羞辱,也給兒女帶來最大的不幸,財產全部充公,處於貧窮的困境。但是如果提比流斯和尼祿的受害人,在君主或元老院的敕令下達之前先行了斷,他們的勇氣和死亡會獲得補償,就是公眾的讚揚、適當的葬禮以及遺囑的有效。極端貪婪和殘酷的圖密善,像是要將不幸的人最後的慰藉全部剝奪殆盡,甚至就是兩位仁慈的安東尼皇帝,仍舊不願讓人得到如此的恩典。涉及重大罪行的案件時,如果自願赴死的時機是介於起訴和定罪之間,等於是承認有罪,國庫就用不人道的手法,將死者的戰利品全部攫走。然而法學家通常會尊重市民的自然權利,就是放棄生命也包括在內。塔昆給死者帶來身後的羞辱[137],是為了防止臣民走上絕境,後世的暴君從沒有加以恢復或是效法。要是有人把死看成解脫,那麼世間的權力對他已經喪失作用,只有訴諸來生的宗教顧慮,才會使他自戕的手受到約束。魏吉爾在他的作品中將自殺列為不幸,並沒有視

---

136 帝國和羅馬城的勢力擴張,使得放逐者要找更遙遠的地點做為避難和退隱之用。

137 當塔昆強迫臣民像牛馬一樣辛勞興建卡庇多時,激起很多勞工自我了斷,塔昆將死屍釘在十字架上示眾。

爲犯罪[138]，這種地獄幽魂的詩意神話對人類的信仰或習性並沒有產生多大的影響。福音或教會的訓誨，終於還是把虔誠的奴性強加在基督徒的內心，要他們迎接疾病或劊子手的最後的一擊，而且必須毫無怨尤。

刑法在六十二卷《御法集》和《民法彙編》之中只占很少的部分，所有的法庭訴訟程序中，決定市民生死的案件，比起契約或繼承這些最普通的爭論，沒有那麼受到重視，也很少一直拖延不決。這種非常明顯的區別取決於刑法和民法的性質，雖然有時會爲了保衛社會的安寧而考量刑法的緊急需要。我們對國家的責任一般而言非常簡單而且始終不變。譴責罪犯的法條不僅刻在銅板或大理石上，而且印在罪犯的良心上，通常透過單一事實的證據就能夠確定他的罪行。然而我們與每個人的關係是變化多端而毫無限度，我們的義務之所以能夠產生、廢止或修正，全部來自傷害、利益和承諾。自願簽訂的合約和遺囑經常會受到欺騙或無知的指使，所以才需要加以解釋，也使法官獲得實用的練習和經驗而作出睿智的決定。廣大的領土和興旺的商業擴展每個人的事業，市民居住在龐大帝國遙遠的行省，不但有許多懷疑及耽擱，還無可避免從地區上訴到最高當局。

查士丁尼是君士坦丁堡和東部的希臘皇帝，也是拉丁牧羊人的合法繼承人，想當年羅慕拉斯把殖民地建立在台伯河的兩岸，在一千三百年這麼長的期間內，法律很勉強隨著政府架構和生活方式而改變。想要融合古老名稱與新制度的企圖值得嘉許，卻摧毀原有的和睦關係，曖昧而又不合常規的體系難免要自我膨脹。無論在任何情況之下，法律原諒臣民的無知，也就承認本身還不夠完美。羅馬法經過查士丁尼刪節以後，仍舊是神祕難解的學門，也是有利可圖的職業，極爲複雜的性質使得學習非常困難，加上從業人員私下運用各種手法，更是陷入十倍的黑暗之中。追求這門技術所付出的代價，有時會超過應得的報酬。申請者由於窮困或明智，就會放棄最美好的權利。獲得正義竟然如昂貴，或許可以減低訴訟的風氣，但是

---

138 橫死和早天有獨特的類似之處，使得魏吉爾混淆自殺的狀況，有的是年幼無依，有的出於愛情，也有人是受到不公平的待遇。就他的作品來說，海尼是最好的編纂者，但還是無法從羅馬詩人的觀念中推論出法律的正確情況。

在不對稱的壓力之下，只會增加富人的影響力，使得貧民的處境更爲悲慘。訟訴程序的進度緩慢而又耗費甚大，有錢的抗辯者居於極爲有利的地位，甚至不必寄望碰到貪污的法官。在經驗到一種惡習時難免引起憤怒之心，這也是我們的時代和國家無法避免的事，眞是恨不得拿我們精心炮製的法律體系，去交換土耳其宗教法官極其簡明快速的判決。我們平心靜氣想一下，爲了保護臣民的人身和財產，像這樣的形式和延遲確有必要。法官的深文周內是暴政首要的工具，一個崇尙自由的民族應該有先見之明，解決在權力和勤奮無限擴展以後所產生的問題。然而查士丁尼的政府把自由和奴役的缺失全部結合在一起，羅馬人在複雜多樣的法律和主子的任意專制之下，在那個時代受到更多的壓迫。

尼祿在巴拉廷山的華屋

尼祿為自己營建金碧輝煌的宮殿，
當然會引起公憤；
他為了過窮奢極侈的生活，
巧取豪奪大片土地，
後續幾位皇帝在位時期，
為了表現出與民同樂的高貴情操，
在上面蓋滿著圓形大競技場、提圖斯浴場、
克勞狄斯柱廊、和平女神神廟和羅馬守護神神殿。

第四十五章

賈士丁二世當政　阿瓦爾人派遣使者　定居在多瑙
河　倫巴底人奪取意大利　接受提比流斯二世為帝
意大利在倫巴底人及東正教徒控制下的狀況　拉芬
納的局面　悲慘的羅馬　教皇格列哥里一世的風範
（565-643A.D.）

一、賈士丁二世登極的始末及阿瓦爾人使臣來朝(565-566A.D.)

　　查士丁尼的晚年只虔誠沉思美好的天國，衰弱的心智完全忽略塵世的
事務。臣民對於他那綿長的壽命和無盡的統治感到難以忍受，然而所有人
都懷著憂慮，害怕在他過世的時刻，引起都城的暴亂與帝國的內戰。沒有
子女的國君有七個姪兒和姪孫，都是他的兄弟和姊妹的後裔，生下來就享
受皇家的榮華富貴，接受良好的教育，在行省和軍隊擔任很高的職位。大
家對他們的為人處事都很熟悉，各人都有一批熱心奉獻的追隨者，在一個
猜忌的時代要盡量延後指定接位的人選，使得每個姪兒都抱著繼承伯父的
希望。查士丁尼在統治三十八年以後逝世在皇宮（565年11月14日），維吉
蘭提婭（Vigilantia）[1]的兒子賈士丁靠著朋友的幫助，掌握決定性的機會。
午夜時分，他的家人被雷鳴般的打門聲音驚醒，得知來人是元老院的主要
成員就讓他們進入。這些受到歡迎的代表宣布最重要的機密信息，皇帝已

1　有關賈士丁二世登極的事蹟，我把科里帕斯（Corippus）所著《可敬的賈士丁》頭兩
　　卷的八百行韻文，譯成簡潔和易讀的散文。

經崩殂，據稱在臨終前的選擇是最受喜愛和讚許的姪兒。他們懇求賈士丁要預防群眾的動亂，同時他們也知道時機不再，稍有疏忽就會失去擁立之功。賈士丁的面容顯現驚愕和悲傷的神色，同時也表示謙讓的態度，在他的妻子蘇菲婭(Sophia)的規勸下，願意聽從元老院的安排。他很快而且安靜的進入皇宮，衛隊向新統治者致敬，接著舉行加冕大典，完成軍事和宗教的儀式。他從高階官員的手裡接受皇帝的服飾，穿著紅色的官靴、白色的上衣和紫色的長袍。有個幸運的士兵即時被授與護民官的職位，把象徵軍階的領圈套上在他的頸脖。他很安穩坐在一面盾牌上，由四名強壯的青年高舉起來，接受臣民的歡呼與敬賀。教長的祝禱表示批准他們的推選，把一頂皇冠加在信奉正教的皇帝頭上(565年11月15日-574年12月)。橢圓形競技場早已擁滿無數的群眾，等到皇帝出現在寶座上面，不分藍黨還是綠黨全部響起一片歡呼的聲音。賈士丁二世對元老院和人民發表演說，承諾要改進使前朝蒙羞的時弊，展現一個公正和仁慈政府的典範，同時宣布要用個人的名義和寬闊的胸襟，在元月1日(566A.D.)[2]接受羅馬執政官的頭銜。為了能夠立即償還他伯父所欠的債務，表達確實遵守誠信和慷慨的誓約，一隊挑夫背負成袋的黃金進入橢圓形競技場，使得查士丁尼原來毫無希望的債權人，接受這份自動發給的禮物當作應得的報酬。還不到三年的時間，蘇菲婭皇后不僅比照他的先例，有的地方還要做得更好。她將很多貧窮的市民從負債和高利貸的困境中解救出來，讓他們脫離不幸的苦海。這種慈善的行動獲得無比的感激，但是揮霍和欺騙的要求使君主的恩典很容易變得浮濫[3]。

　　賈士丁即位的第七天，接受阿瓦爾人使臣的覲見，整個場面經過布置，要讓蠻族感到震驚、尊敬和畏懼。從皇宮的大門開始，寬闊的內廷和綿長的柱廊配置成列的警衛，佩帶冠毛高聳的頭盔和金光閃閃的圓盾，手

2　帕吉怎麼想到要找出一種編年史，來反駁科里帕斯坦誠而又可信的原文，要把賈士丁出任執政官延到公元567年，真是讓人感到奇怪。

3　無論何時，只要昔瑞努斯和諾納拉斯純粹只是譯者，再要他們提出證言那就變得多餘。

執長矛和戰斧，比在戰場更顯得威風凜凜。伴隨著君王的軍官或是為了展
現皇家的權勢，全都穿著色彩鮮豔的服裝，按照軍職和文官的位階排列。
等到內殿的簾幕拉開以後，使臣可以看到坐在寶座上面的東部皇帝，位於
四根圓柱支撐的天篷或圓頂的下方，頂端裝飾著展翼欲飛的勝利女神雕
像。他們在一開始不禁大吃一驚，只有屈從於拜占庭宮廷奴性極重的跪拜
之禮，但是很快從地上站起來，首席使臣塔吉久斯(Targetius)表現出蠻族
的自由和傲慢。他在通事的翻譯之下，極口頌讚他們的領袖台吉的偉大，
他的仁慈允許南方的王國得以生存不致滅亡，他那戰無不勝的臣民越過錫
西厄冰凍的河流，無數的帳幕現在已經蔽蓋多瑙河的河岸。逝世的皇帝每
年提供價值高昂的禮物，與感激的國君建立深厚的友誼，羅馬的敵人也尊
敬阿瓦爾人的盟友。查士丁尼的姪兒在過去所受的教導，是要一成不變採
取審慎的作風，仿效他伯父慷慨的行為，從一個無法擊敗的民族手裡買到
和平的祝福，這個民族不僅喜愛戰爭的行為，而且擅長戰爭的訓練。現在
皇帝從基督教的上帝、羅馬的古老光榮事蹟以及查士丁尼新近獲得的勝
利，建立起堅定的信心，他的回答帶著高傲的口吻，擺出不惜一戰的姿
態。他說道：

> 帝國有數量龐大的兵員和馬匹，供應充足的武器防守邊界，懲罰膽
> 敢入寇的蠻族。你們聲稱要提供協助，卻又威脅採取敵對行動，我
> 們根本不把你們的敵意和幫助放在眼裡。阿瓦爾人的征服者懇求我
> 們要建立聯盟的關係，難道我們還怕他手下的敗將和逃兵[4]？我的
> 伯父所以賜給你們年金，是同情你們不幸的遭遇和謙卑的請求。現

4　這裡毫無疑問指的是阿瓦爾人的征服者突厥人，但是scultor這個字並沒有意義。
　　科里帕斯唯一的手稿，在第一版刊行以後就無法見到。最後的編者是羅馬的弗吉
　　尼(Foggini)，根據個人的臆測改為「諍友」(soldan)這個字。杜坎吉證明突厥人
　　和波斯人在早期使用這個頭銜，但是他提出的證據非常薄弱而且曖昧。我贊成德
　　比洛(D'Herbelot)的權威看法，他認為這個字是阿拉伯語或迦爾底語，時間大約是
　　十一世紀初葉，是巴格達的哈里發賜給馬合木德(Mahmud)，他是加茲納(Gazna)
　　的君主，也是印度的征服者。

在你們將從我這裡接受更爲重要的責任，也就是明瞭自己所具有的
弱點。覲見結束你們可以告退，使臣的生命會很安全，如果你們再
來懇求我的寬恕，或許會獲得我的恩惠[5]。

台吉聽取使臣的報告以後，因爲不了解羅馬皇帝的性格和謀略，對於
他那種堅定的態度感到畏懼，決定停止威脅東部帝國的行動，向貧窮和落
後的日耳曼地區進軍，目前這些地區臣屬於法蘭克人的管轄之下。經過兩
場難分勝負的戰鬥，他只好答應退兵，奧斯特拉西亞國王立刻供應穀物和
牛隻，解除營地所面臨的危機。阿瓦爾人一再吃閉門羹，使得士氣不振，
如果不是與倫巴底國王阿波因(Alboin)建立聯盟，使他的部隊有新的作戰
目標，疲累的群眾有永久的居留地，那麼他的實力就會在薩瑪提亞的曠野
消耗殆盡。

二、阿波因的英勇事蹟及吉皮迪王國的滅亡(566A.D.)

阿波因在他父親的旗幟下服務，戰場上遭遇敵方的吉皮迪王子，就用
長矛將對手戳死。倫巴底人欽佩他這樣早就建立英勇的名聲，以一致的歡
呼要求他的父親，既然年輕的英雄已分擔戰爭的危險，也應該享受勝利的
宴會。態度堅決的奧鐸因(Audoin)回答道：「你們不能疏忽祖先遺留的明
智習慣，無論一個王子建立多大的功勞，除非他從一位外國君王的手裡接
受武器，否則不能與他的父親同桌。」阿波因爲了尊重本國的制度，屈從
這個要求，挑選四十名隨從人員，毫無所懼去拜訪吉皮迪國王塔里桑德
(Turisund)的宮廷。按照古老的待客之道，塔里桑德擁抱和款待殺死兒子
的兇手。阿波因在宴會裡坐在被害年輕人的座位上，塔里桑德的內心油然
產生痛苦的回憶，帶著一聲嘆息，幾句話從憤恨不平的父親嘴裡脫口而

5　就這段充滿個性的談話，將科里帕斯的韻文和米南德(Menander, 342-292 B.C.，雅
　典喜劇作家)的散文作一比較，相異之處可以證明彼此並沒有模仿抄襲，至於類似
　的地方在於共同的來源。

出：「多麼令人難忘的那個位置！多麼可恨的那個人！」他那悲傷的表情
激起吉皮迪人同仇敵愾的惱怒。他還有一個兒子名叫庫尼蒙德
(Cunimund)沒有在戰場喪生，因為飲酒過多或是基於手足之情，引起衝
動要為兄弟報仇，於是這個粗魯的野蠻人說道：「倫巴底人不論是外形還
是氣味，都很像薩瑪提亞平原的母驢。」他們的腿上綁著白色的布條，所
以對方才拿這種粗俗的比喻來侮辱他們。一名膽大包天的倫巴底人回答
道：「還有一點很相像的地方，就是踢人的力量很強大。要是不信的話，
可以到阿斯菲德(Asfeld)平原去找你兄弟的骨頭看一看，這些屍骸已經與
最卑賤的動物混雜在一起。」吉皮迪人都是天生的戰士，聽到這話全站了
起來，毫不在乎的阿波因以及四十名隨員，都把手放在長劍上。年高德劭
的塔里桑德出面調停，總算平息一場騷動，拯救自己的榮譽和客人的生
命。在舉行莊嚴的敘爵式之後，流著眼淚的父親把染著兒子血跡的武器當
禮物，將這些外鄉人打發走路。阿波因凱旋歸國，倫巴底人讚譽他那無可
匹敵的大無畏氣慨，也不得不佩服敵人待客的熱誠和德行[6]。在這次非常
特別的訪問期間，他可能見過庫尼蒙德的女兒，庫尼蒙德後來很快登上吉
皮迪人的王座。蘿莎蒙德(Rosamond)這個名字以後用來稱呼美麗的女
性，為我們的歷史或傳奇帶來很多愛情故事。倫巴底國王(阿波因的父親
沒多久就過世)與克洛維斯的孫女訂有婚約，但是他抱著希望想要據有美
麗的蘿莎蒙德，就連誠信和政治的約束也棄之不顧，何況這樣做還會侮辱
她的家庭和整個民族。誘騙的伎倆沒有發生效果，焦急的愛人只有使用武
力和詐術，終於獲得他所圖謀的對象。接著就是他所預料的戰爭，而且他
也恨不得能夠徹底解決，可是倫巴底人無法抵抗吉皮迪人憤怒的攻擊，何
況他們還獲得一支羅馬軍隊的協助。想用婚姻來聯繫雙方感情，也遭到藐
視和拒絕，阿波因被迫放棄已經到手的獵物，身受他施加於庫尼蒙德家族
同樣的差辱[7]。

6　雖然只有草草幾筆，但是武尼弗瑞德對一個民族的行為習俗所做的描述，較之比
　　德和土爾的格列哥里更為生動和真誠。
7　這是騙子講的故事，但是他有本領將虛構的情節建立在廣為人知的事實上。

　　等到私人的仇恨攙雜到公眾的爭執之中，事態變得更加嚴重，衝突要是沒有產生致命和決戰的結果，就會帶來短暫的休兵，雙方繼續加強準備，重新開始進行接戰行動。阿波因發現他的實力難以滿足愛情、野心和報復的需要，只有放下身段懇求台吉給予強力的幫助，提出的理由充分表現出蠻族的計謀和策略。他說羅馬人是所有民族的共同敵人，也是台吉個人所仇視的對手，現在吉皮迪人與羅馬人結盟就是助紂為虐，應該加以攻擊，好絕滅這個民族。如果民族之間的爭執產生光榮的結果，使阿瓦爾人和倫巴底人的兵力聯合起來，可以保證獲得軍事的勝利，奪取價值無可估計的報酬：多瑙河、赫布魯斯河、意大利和君士坦丁堡無一處可以成為障礙，根本無法阻擋他們的武力。如果他們為了防止羅馬人惡意的行動，因而猶豫不決或是遲疑不為，雙方的合作精神就會受到打擊，到時候阿瓦爾人會被羅馬人追擊到地球的盡頭。台吉用冷淡和拒絕的態度，聽取這些似是而非的理由。他將倫巴底使臣監禁在他的營地，故意拖延談判的時間，同時放出話來說他沒有意願或能力，從事這樣重大的冒險行動。最後他告知建立聯盟所要求的代價，倫巴底人立刻要將全部牛群的十分之一送給他們當禮物，獲得的戰利品和俘虜雙方平分，不過吉皮迪人的土地要單獨成為阿瓦爾人世襲的領地。

　　阿波因的激情使他滿懷興奮接受這些嚴苛的條件，這時羅馬人也不滿意吉皮迪人的忘恩負義和反覆無常，賈士丁放棄這個任性的民族，讓他們去自生自滅，在這場一面倒的衝突中袖手旁觀不予理會。陷入絕境的庫尼蒙德還是很活躍，而且給敵人帶來危險。他接到消息知道阿瓦爾人侵入國境，仍舊保持堅定的信念，認為只要擊敗倫巴底人，這些外國的侵略者就會很容易趕走。他倉卒前去迎戰與他和他的家族勢不兩立的敵人，吉皮迪人的勇氣注定他們要光榮戰死，英勇的族人都在戰場喪生。倫巴底國王帶著高興的神色注視庫尼蒙德的頭顱，後來將頭蓋骨做為酒杯，滿足征服者的恨意，或許只有這樣才能符合這個民族的野蠻習俗[8]。在這次勝利之

8　斯特拉波、普里尼和阿米努斯‧馬西利努斯都指出，同樣的行為在錫西厄部落非

後，已經沒有障礙可以妨害聯盟部隊的進展，他們也忠實執行相互同意的
條款。那些地形開闊平坦的國度，像是瓦拉幾亞（Wallachia）、摩達維亞、
外斯拉夫尼亞和匈牙利位於多瑙河北岸的地區，在毫無抵抗的狀況下被一
群新來的錫西厄人占領。台吉的達西亞帝國發出耀目的光芒，存在的時間
長達兩百三十多年。吉皮迪人這個民族從此消失不見蹤跡。俘虜在分配以
後，有的人不幸成為阿瓦爾人的奴隸，當然比不上成為倫巴底人的夥伴。
倫巴底人用寬闊的胸襟收容驍勇善戰的敵人，他們這種開明的作法與冷酷
而有意的暴虐行為，根本格格不入。阿波因的營地堆放著分到的二分之一
戰利品，龐大的財富使一個蠻族根本無法加以計算。美麗的蘿莎蒙德被說
服或是逼著承認勝利的愛人所主張的權利，庫尼蒙德的女兒顯然已經原諒
這些罪行，災禍的起因可能要歸咎她那無可抗拒的魅力。

三、倫巴底人對意大利的征服及納爾西斯的逝世(567-570A.D.)

阿波因摧毀一個偉大的王國，建立起無敵的名聲。在查理曼大帝時
代，巴伐里亞人、薩克遜人以及其他使用條頓語的部族，對於英雄的事蹟
仍舊歌頌不絕，這些都要歸於倫巴底國王的英勇、慷慨和財富。但是他的
雄心壯志仍然無法滿足，吉皮迪人的征服者將他的目光，從多瑙河轉向波
河和台伯河更為富饒的兩岸。回想不到十五年之前，他的臣民參加納爾西
斯的聯軍，曾經到過意大利令人愉悅的樂土。在他們的回憶之中，對於山
脈、河流和道路都非常熟悉。聽到他們獲得成就的報告，或許是見到他們
獲得的戰利品，激起新生一代競爭和冒險的狂熱情緒。阿波因以積極進取
的精神和口若懸河的辯才，鼓舞族人對未來抱著莫大的希望。他在皇家的
宴會中拿出最美味的水果，這些都自然生長在世界最美好的花園，現在還
沒有主人，這番話說出大家的心聲。等他樹立自己的旗幟，日耳曼和錫西

(續)————————————————

常普遍。北美洲的頭皮同樣是印第安人英勇的戰利品。庫尼蒙德的頭顱在倫巴底
人的手裡保存兩百多年，瑞特契斯（Ratchis）公爵在一次高階的宴會中展示這個杯
子，保羅就是與會的來賓。

厄喜愛冒險的青年，前來參加他的陣營，增強他的實力。諾利孔和潘農尼
亞身體強壯的農夫，重新恢復蠻族的生活方式。吉皮迪人、保加利亞人、
薩瑪提亞人和巴伐里亞人的姓氏，在意大利行省仍然有明顯的痕跡可
循[9]。薩克遜人是倫巴底人最古老的盟友，有兩萬武士帶著他們的妻兒子
女接受阿波因的邀請。他們驍勇善戰，對他的成功大有助益，但是對於這
樣龐大的群眾，有些民族參加或離開也很難覺察出來。每種宗教都有各自
的信徒，都能夠自由的舉行儀式不受干涉。倫巴底國王接受阿萊亞斯異端
的教育，不過正統基督徒獲准在公開的禮拜活動中為他的改信而祈禱。這
時還有更為冥頑不靈的蠻族，用一隻母羊或是一個俘虜當作犧牲，奉獻
給祖先的神明[10]。倫巴底人和他們的盟軍聯合起來，全部追隨一位首領，
這個野性難馴的英雄人物，無論在美德和惡行方面都出人頭地。阿波因保
持高度的警覺，準備大批存量的攻擊和防禦武器供應遠征使用。倫巴底人
帶著輕便的財物伴隨行軍，樂於將土地放棄給阿瓦爾人，但是也經過莊嚴
的保證，這時無論授受雙方都不帶笑容，那就是倫巴底人如果征服意大利
失敗，可以恢復他們原來的所有權。

　　納爾西斯要是成為倫巴底人的對手，他們就會遭到失敗。那些久經戰
陣的武士，過去是他在哥德戰爭中獲勝的同伴，就會勉強出來迎擊他們所
畏懼和尊敬的敵人。拜占庭宮廷軟弱無能，蠻族的行動變得師出有名，皇
帝一度聽取臣民的抱怨，因而造成意大利的毀滅。納爾西斯的德性受到貪
婪的玷污，在統治行省長達十五年的期間，累積大量的金銀財寶，已經超
過私人財產應有的限度。他的政府運用高壓手段而喪失民心，羅馬代表團
用放肆的言辭表達他們的不滿，在賈士丁的寶座前面竟敢大膽宣稱，比起
希臘宦官的專制，他們還是情願容忍哥德君王的奴役。除非暴虐的統治者
很快被調走，否則他們為了尋求自己的幸福，要另外選擇一位主子。猜忌

9　保羅曾經詳盡敘述其他的民族。穆拉托里在離莫德納三哩的地方，發現一個巴伐
　　里亞人的村莊。
10　羅馬人格列哥里認為他們同樣敬拜這隻母羊，我知道有一個宗教把犧牲當神明一
　　樣看待。

和誹謗的聲音才剛戰勝貝利薩流斯的功勳，現在又異口同聲力言會有叛變
發生的憂慮。皇帝指派新太守隆柴努斯(Longinus)取代意大利的征服者。
將他召回的鄙下動機，從皇后蘇菲婭帶有侮辱的命令中可見一斑：「他必
須將軍事訓練的工作留給一個『男子漢』去做，回到皇宮的婦女中間有更
適當的職位，我們會將一根捲線桿再交到宦官的手裡。」逼得一位英雄人
物說出這樣的話來答覆，表示出氣憤和無可奈何的心情：「我會爲她紡出
這樣一根線，要想解開可不那麼容易。」他並沒有像奴隸或是犧牲者那
樣，出現在拜占庭皇宮的宮門前面，而是隱退到那不勒斯，從那裡(如果
可以相信當時的說法)邀請倫巴底人懲罰君主和人民的忘恩負義[11]。人民
的情緒會在暴怒以後發生變化，羅馬人很快想起勝利將領所建立的功勳，
或者是害怕他的憤恨產生不良後果，經由教皇出面斡旋，親自前往那不勒
斯負荊請罪。納爾西斯接受大家的悔改和歉意，表示出更溫和的面容和更
負責的言辭，同意將住處安置在卡庇多山。他的死亡[12]不得其時而且使人
有夭折之感，雖然他已經遠過古稀之年，沒有機會來改進晚年的過失，使
得一生的成就變得前功盡棄。傳出或真正發生陰謀事件，造成意大利人解
除武裝，分崩離析。士兵受到羞辱，極爲憤怒，對將領的過世感到哀傷，
他們不認識新的太守，隆柴努斯則不了解軍隊和行省的狀況。意大利在前
幾年爲瘟疫和饑饉摧殘得十室九空，心懷不滿的民眾把自然的災害歸咎
於統治者的罪惡或愚行[13]。

　　阿波因不論是否基於安全的著眼，既不期望也沒有在戰場遭遇羅馬的
軍隊。他登上朱理安・阿爾卑斯山，帶著輕藐的心理和無窮的欲望，向下

11　輔祭對納爾西斯的指控可能毫無道理，但是紅衣主教的答辯立場薄弱，受到傑出
　　學者像是帕吉、穆拉托里以及最後的編者賀拉久斯・布蘭庫斯(Horatius Blancus)
　　和菲利浦・阿吉拉都斯(Philip Argelatus)等人的責難。協助查士丁二世加冕的納爾
　　西斯顯然是另一個宦官。

12　保羅提到納爾西斯的逝世，然而我不相信阿格尼拉斯(Agnellus)說他活到九十五
　　歲，難道他所有的功勳都在八十歲時完成？

13　納爾西斯的企圖以及倫巴底人入侵意大利的陰謀，保羅輔祭在作品第一卷最後一
　　章和第二卷的前七章，原原本本全部揭露出來。

俯視肥沃的平原，他的勝利使這塊土地的名字和倫巴底人的稱呼永遠結合在一起。一位受到信任的酋長帶著挑選的隊伍，配置在茱利艾廣場（Forum Julii），就是現代的夫里阿利（Friuli），防守山區的隘道。倫巴底人顧忌帕維亞的實力，聽從翠維桑人（Trevisans）的祈求，行動緩慢而鈍重的大隊人馬，應該先占領維洛納的皇宮和城市。米蘭現在已從灰燼之中建立起來，在阿波因離開潘農尼亞五個月後，他的部隊把米蘭包圍得水泄不通。恐怖驅使人們望風而逃，他發現不論抵達或離開任何地點，都是杳無人煙，一片死寂。怯懦的意大利人認為這批蠻族所向無敵，根本沒有人敢嘗試進行抵抗。驚恐萬分的群眾逃到湖泊、山區或沼澤，把財產分開來埋藏，盡量拖延要過奴隸生活的時刻。保利努斯（Paulinus）是阿奎利亞的教長，把教堂和私人的財產全部遷移到名叫格拉多（Grado）的島嶼[14]。他的繼承者效法，建立早期最原始的威尼斯共和國，公眾的災難方興未艾，威尼斯得以不斷成長茁壯。霍諾拉都斯（Honoratus）登上聖安布羅斯的寶座，輕易接受投降條件，結果被違約的阿波因趕走，帶著米蘭的教士和貴族前往熱那亞，那裡有難以進入的防壁可以提供安全的庇護。沿著整個瀕海地區，居民的勇氣受到鼓舞，因為容易運來所需的供應，獲得救援的希望，以及保存逃脫的力量。但是從特倫特的山嶺到拉芬納和羅馬的城門，沒有經過一次會戰或是圍攻，意大利的內陸地區就成為倫巴底人的世襲產業。人民的降服使得蠻族具備條件以合法的統治者自居，毫無希望的太守只能被派去向賈士丁皇帝宣布：他的行省和城市很快失去，整個局勢已經無法挽回[15]。

只有一個城市經過哥德人加強防禦的力量，能夠抗拒新來侵略者的武力。正當倫巴底人用行動迅速的分遣部隊，征服意大利各地的時候（568-

---

14 格拉多從這次的遷徙獲得「新」阿奎利亞的稱呼，主教成為共和國最早的公民，但是他的寶座要到1450年才搬到威尼斯。他到現在才獲得頭銜和位階的尊榮，但是教會的精英已屈從國家的安排，統治這座天主教城市嚴格限定在長老階層。

15 保羅所敘述的意大利已經分為十八個區域。貝瑞提（Beretti）神父是本篤會的僧侶，在帕維亞擔任聖職，他的論文很有參考價值。

570A.D.)，皇家營地設置在提塞隆或稱帕維亞的東門之外，期間長達三年
之久。這種負嵎頑抗的勇氣會獲得一支文明軍隊的尊敬，卻只是激起野蠻
隊伍的憤怒。焦急的圍攻者為了鼓舞士氣，立下可怕的誓言：一旦城破，
無分男女老幼、階級身分，全部屠殺無一豁免。最後他靠著饑饉的幫助要
執行血誓，就在阿波因進入城門之際，他的坐騎突然顛躓倒地不起。有一
名隨從不知是激於同情的心理還是宗教的虔誠，把這種奇特的現象解釋為
上天的震怒。征服者躊躇片刻以後大發慈悲，將佩劍插入鞘內，下令停止
屠殺，保持平靜的態度在狄奧多里克的宮殿裡休息，然後向面無人色的群
眾宣布，他們只要服從就會保住性命。他對城市的情況感到非常滿意，尤
其是要吃盡苦頭才能獲得，更是感到驕傲萬分。倫巴底國君藐視米蘭古老
的光榮，有幾個朝代都把帕維亞當作意大利王國的都城。

四、阿波因被其妻蘿莎蒙德所害和後續的狀況(573A.D.)

創建者有光輝奪目的統治而為時短暫，阿波因在制定新的征戰之前，
淪為家庭陰謀和女性復仇的犧牲品。靠近維洛納有一處並非蠻族建造的宮
殿，阿波因用盛宴款待軍中的戰友。酗酒是英勇的報酬，國王自己為了嗜
好或虛榮，要顯示更好的酒量。在傾飲無數大杯雷蒂提亞或法勒尼安
(Falernian)美酒之後，他叫人拿來庫尼蒙德的頭蓋骨，這是餐具間最尊貴
的裝飾品。倫巴底酋長圍坐一圈，用恐怖的歡呼接受勝利的酒杯。喪失人
性的征服者吩咐：「把酒倒滿！將這杯美酒帶給王后，用我的名義請她和
她的父親一同享用。」蘿莎蒙德處於悲傷和狂怒的極大痛苦之中，盡力克
制自己的情緒後回答：「主上的意願必當服從。」她用嘴唇接觸酒杯，內
心發出無聲的詛咒，這種侮辱要用阿波因的血才能洗刷。要是她沒有違背
妻子的天職，淫蕩放縱的行為可能也是出於身為女兒的憤慨。她的仇恨已
經難以罷休，或說愛情已消失無蹤。意大利的王后離開寶座，不惜投身到
一個臣民的懷抱。赫爾米契斯(Helmichis)是替國王背負甲冑的隨從，成
為她獲得歡樂和從事報復的祕密情人。赫爾米契斯對於蘿莎蒙德提出的謀

殺建議，不能再以違背誓言和忘恩負義的顧慮爲藉口。事實上他考量到危險和所犯的罪行，難免感到戰慄恐懼，特別是他經常陪伴阿波因上戰場，知道國王是力量驚人和毫無畏懼的戰士。赫爾米契斯強迫倫巴底人中最勇敢的一個人物，共同完成這件驚人的壯舉，但是除了要英勇的皮瑞迪烏斯(Peredeus)承諾保守機密，對其他問題一概守口如瓶。蘿莎蒙德運用這種勾引的方式，顯示她對榮譽和愛情毫無羞恥之心。她有一個侍女受到皮瑞迪烏斯喜愛，就提供地點讓他們幽會，然後在黑暗和安靜之中進行圖謀，直到侍女告訴她的情人，他已經享受倫巴底王后的獻身，這種叛逆的通姦所產生的後果，不是他被殺就是阿波因的死亡。在這兩種選擇中，他決定成爲蘿莎蒙德的共犯，不要變成她的犧牲品[16]。她具有大無畏的精神，絕不會害怕和後悔。她在期待之中立刻發現一個最好的時機，當國王飲酒過多就會離開餐桌，開始午間的休息。他那不忠的配偶重視他的健康和睡眠，關上宮殿的大門，所有武器全部移走，侍從人員告退離開。蘿莎蒙德用溫柔的愛撫讓他平靜的安息，然後把寢宮的門打開，催促勉強的叛徒趕緊下手。國王這時有所警惕，就從臥榻上坐起，想拔劍來防身，豈不知蘿莎蒙德已經將劍鞘綁住，劍抽不出來。他唯一的武器是張小凳子，無法長久抵抗兇手所使用的長矛。庫尼蒙德的女兒含著笑容看他被殺，屍體埋葬在宮殿階梯的下面(公元573年6月28日)。倫巴底人心存感激的後代尊敬這個墳墓，對勝利的領袖懷念不已。

　　野心勃勃的蘿莎蒙德渴望用愛人的名義進行統治，維洛納的城市和宮殿都畏懼她的權力，有一幫忠誠的吉皮迪人準備對她的復仇高聲歡呼，支持她要成爲統治者的意願。但是那些倫巴底酋長，在開始發生混亂和驚愕之餘趕緊逃走，現在已經恢復勇氣集結力量，全體族人並沒有接受她的統治，反而發出異口同聲的怒吼，要向犯罪的配偶和謀殺國王的叛徒討回公

16　精通古代歷史的讀者，一定記得坎道列斯(Candaules)的妻子和他被殺的故事，在希羅多德的《歷史》第一卷中有恰當的描述。巨吉斯(Gyges)的選擇可以讓皮瑞迪烏斯用來做藉口，以婉轉迂迴的語氣暗示可憎的觀念，這種做法被古代最出色的作家加以模仿。

道。她逼得要向自己國家的敵人尋找庇護，太守自私自利的政策要保護世
人所痛恨的罪犯。蘿莎蒙德帶著可以繼承倫巴底王座的女兒、兩個情人、
值得信任的吉皮迪人以及維洛納宮殿的戰利品，沿著阿第傑河和波河順流
而下，一艘希臘船將他們轉運到拉芬納安全的港口。隆柴努斯帶著愉快的
神色，注視阿波因那美麗的孀婦和所帶的財寶，從她現在的處境和過去的
行為，即使是無法無天的建議都可能顯得正常。她欣然接受這位大臣的愛
情，就是在帝國衰亡的時刻，他也被當成國王一樣尊敬。殺害一名嫉妒的
愛人不僅容易，他也可以成為讓人感激的犧牲品。赫爾米契斯從浴室出
來，從女主人的手裡接受一杯致命的飲料，液體的味道加上他明瞭蘿莎蒙
德的個性，知道自己已經中毒而且很快發作。他拔出佩劍對準她的胸膛，
迫她飲下杯中剩餘的毒藥後不到幾分鐘就斃命。赫爾米契斯唯一感到慰藉
的地方，是她無法活著享受邪惡的成果。阿波因和蘿莎蒙德的女兒帶著倫
巴底人極為豐富的戰利品，乘船前往君士坦丁堡。皮瑞迪烏斯驚人的力量
使皇家的宮廷感到歡樂和畏懼，他的盲從和報復就像是參孫(Samson)冒
險事蹟的不完美翻版。在帕維亞的集會中，經過族人的自由選舉，克勒夫
(Clepho)是最高貴的酋長之一，被推出成為阿波因的繼承人(573年8月)。
不到十八個月的時間，第二次謀殺玷污倫巴底人的寶座，克勒夫被一名家
臣拔劍刺死。由於他的兒子奧薩里斯(Autharis)還未成年，王位虛懸達十
年之久。公爵階層的貴族統治形成三十僭主，使得意大利處於分崩離析和
高壓專制的局面。

五、賈士丁的軟弱及提比流斯二世的統治和德行(574-582A.D.)

　　查士丁尼的姪兒登極稱帝時，宣布要開始一個幸福和光榮的新時代。
賈士丁二世編年史顯示的特徵是國家在外遭到羞辱，國內悲慘不堪。羅馬
帝國在西部所受到的打擊是意大利的喪失、阿非利加的殘破和波斯人的入
侵。無論是在首都還是行省，已經不講公理正義。富人為他們的財產感到
戰慄不安，貧民唯一的希望是能保全性命，普通官吏缺乏治理的能力或貪

污腐敗，偶然會拿出整治的手段，表現的方式不僅武斷而且暴虐。立法者或征服者的名聲舉世讚譽，也不能平息民眾的怨恨。就一般輿論來說，會把每個時代所有的災難歸咎於君主，歷史學家不論基於事實的真相還是合理的成見，也都贊成這種意見。然而歷史學家的內心會產生誠摯的疑惑，因為賈士丁的情操不僅純真而且充滿仁慈，如果不是疾病使心智的才華受到損害，就不會在登上大寶以後還遭到指責。病痛使他不良於行，活動範圍只限於皇宮，對於人民的怨言和政府的惡行成為置身事外的陌生人。他到很晚才認清自己的虛弱無力，決心要放棄身著紫袍的重責大任，在選擇有為有守的接位者時，從顯現的徵象看來，他頗有識人之明，甚至具備顧全大局的氣慨。賈士丁和蘇菲婭唯一的兒子在幼年夭折，他們的女兒阿拉比婭（Arabia）是巴道流斯（Baduarius）的妻子。他負責督導皇宮的事務，後來成為意大利軍隊的主將，一直抱著虛榮的心理，渴望能透過婚姻的關係為君主收養。帝國已經成為達到欲望的目標，賈士丁在習慣上總是帶著猜忌和怨恨的眼光，來看待他的兄弟和堂表兄弟，把他們當作達成願望先要制服的敵手。他不可能要求他們感恩圖報，這些人把接受紫袍當成應有的補償，而不是貴重的禮物。在這些競爭者當中，有一個受到流放的懲罰，後來還被處死。皇帝自己對另一個施加殘酷的羞辱，要不是畏懼他的憤恨，就是藐視他的忍耐。這種家族產生的怨恨，使他要用寬闊的心懷找出一位繼承者，才能得到徹底的解決，那就是不從家族選擇而來自公眾推舉。

富於心機的蘇菲婭推薦提比流斯（Tiberius）[17]，這位衛隊隊長忠心耿耿，無論是德行和家世都受到皇帝的賞識，可能表現出皇帝明智選擇的成果。賈士丁晉升他為凱撒或是奧古斯都的位階，在皇宮的柱廊舉行盛大的典禮（574年12月），教長和元老院的議員全部出席。賈士丁拿出全副精力來主持，但是一般認為他的講話獲得上天的授意，顯示大家對他和那個時

---

17 在君王登極以前給予稱讚，不僅立場超然，說話也有分量。提比流斯接替賈士丁繼位稱帝時，柯里帕斯大力吹捧。然而就是一位衛隊的隊長，也會吸引流放阿非利加的人員高聲奉承。

代的評價都很低[18]。皇帝說道：

> 你看到代表最高權力的紋章服飾，這些不是從我的手裡得到，而是來自上帝。唯有用榮譽來維護最高權力，你才能從君主的職責獲得榮譽。對皇后要像母親一樣尊敬，以前你是她的家臣，現在是她的兒子。不可殘害無辜，戒絕報復心理。我曾經引起公眾的憤恨，這些行為要避免。要拿我這個前任的先例，當作可以斟酌的經驗。我是個凡人，曾經犯下罪行；我也是個罪人，即使在這一生也受到嚴厲的懲罰。但是這些國家的公僕（他指著那些大臣），濫用我的信任，煽動我的情緒，會與我一起出現在基督的最後審判。我一直為帝王冠冕所發射的光輝而眩惑迷亂：你一定要明智和謙恭，記得自己如何才能得到，更要記得如何可以保有。你現在看到自己的奴隸和兒女在圍繞著我們，你對他們有權威，但是要表現出慈愛和寬容，要愛民如己；要培養與軍隊的感情，也要維持軍隊的紀律；保護富人的產業，救濟窮人的生活[19]。

　　所有的在場者鴉雀無聲，流下眼淚，讚譽君王的教誨，同情皇帝的遺憾。教長覆誦教會的主禱文，提比流斯跪下接受王冠。遜位的賈士丁看來更能造福人群。他對新國君說出以下的話：「如果你同意，我就活下去。要是你下令，我可以去死。凡是我所忽略或遺忘的事物，祈請掌管天堂和塵世的上帝灌輸到你心中。」賈士丁皇帝最後又活了四年（578年10月5日），在不理世事的平靜生活中度過，他的良心不再因無法善盡職責而飽受折磨，提比流斯的孝心和感激證明他的選擇非常正確。

18　伊發格流斯增加賈士丁譴責大臣這一部分，認為這段演說是發生在提比流斯被授與凱撒位階的典禮上。狄奧菲尼斯等人則把這段演說延後到授與奧古斯都的敘任式，是在賈士丁逝世前不久。他們的表達方式較不嚴謹，應該不是明確的錯誤。

19　狄奧菲拉克特‧西摩卡塔（Theophylact Simocatta）公開宣稱，他要把賈士丁所發表的演說傳給後代子孫，完全不改正語法或修辭上的瑕疵。或許這個愛慕虛榮的詭辯家，自己沒有能力表達這樣高尚的情操。

在提比流斯二世(578年9月26日-582年8月14日)的德行之中，他的英俊(他是身材高、氣宇軒昂的羅馬美男子之一)可能使他獲得蘇菲婭的寵愛。賈士丁的孀婦聽從旁人的意見，認爲只有在這位更年輕的第二任丈夫統治下，她才能保持原有的地位和影響力。如果這個野心勃勃的候選人曾經忍不住去奉承和欺騙，現在也無能爲力去達成她的願望或他的承諾。橢圓形競技場的黨派帶著不耐煩的神色，要求知道新任皇后的名字。等到宣布阿納斯塔西婭(Anastasia)是提比流斯皇帝祕密卻合法的妻子，民眾和蘇菲婭都大吃一驚。爲了能夠減輕蘇菲婭的失望之情，她那孝順的養子想盡辦法，非常慷慨的贈予皇家的榮譽、宏偉的宮殿以及無數的僕役。他在莊嚴的場合裡總是護在恩主的寡婦身邊，並且詢問她的意見。但她的野心不屑於皇家虛有其表的外觀，母親的尊敬稱呼不能安撫受到羞辱的婦女，反而激起她的震怒。皇帝用關心和信任做出善意的表示，她很快接受並擺出有禮的微笑，但是孀居的皇后決定和她長久以來的敵人建立祕密的聯盟關係，利用日耳曼努斯的兒子查士丁尼作爲報復的工具。傲慢的統治家族對於支持外人獲得最高的權力感到很不甘心，而且這個年輕人已經建立備受讚譽的聲望。賈士丁過世以後，一個騷亂不已的黨派提到他的名字。他主動提供自己的項上人頭，加上金庫裡六萬鎊的錢財，或許可以解釋爲犯罪的證據，至少顯示他的畏懼。查士丁尼受到皇帝的赦免，並負責指揮東部的軍隊。他大舉進兵，使波斯國王趕緊逃走，在歡呼聲中凱旋班師回朝，公眾認爲他有資格穿上紫袍。他那善於權謀的幕後主使人選擇葡萄收成的季節，這時皇帝在很偏僻的鄉村避暑，要像臣民那樣過悠閒的生活。提比流斯聽到她有所圖謀的信息以後，很快趕回君士坦丁堡，採取堅定的立場鎮壓陰謀政變，把蘇菲婭濫用皇家的排場和榮譽，減少到比較適度的狀況，遣散侍從行列，截斷對外的通信連繫，指派忠誠的守衛加強監視。但是寬厚的君主認爲，查士丁尼的職務並不會加重他的刑責，經過一番溫和的申斥，赦免他的謀逆犯上和忘恩負義的行爲。一般人都相信，皇帝心裡存著解決的辦法，想要與威脅寶座的對手建立雙重的婚姻關係。有一位天使在提醒皇帝(這個神話廣爲流行)，他對國內的敵人一定會取得勝利，不

過提比流斯的心地善良而且慷慨，可以使自己的安全獲得更堅實的保證。

提比流斯這個名字引起反感，他採用更受民眾愛戴的名字君士坦丁，並且效法安東尼的德行。從歷史的記錄來看，這麼多羅馬君王是如此邪惡或愚昧，當然樂於聽到有一位眾望所歸的人物，具備仁慈、公正、謙和與剛毅的特質。大家可以看到這位國君在皇宮和藹可親，在教堂虔誠仁慈，在法庭公正無私，在波斯戰爭中獲得勝利，至少是他派遣的將領所達成。他的勝利獲得最光榮的戰利品，其中包括大量俘虜，他本著基督教英雄人物慈悲為懷的精神，善待這些俘虜，並且不要贖金將他們遣送返鄉。自己的臣民無論是建立功績或是遭遇不幸，都可以向他提出要求，蒙受他最大的恩惠，通常他的賞賜比所期望更要加多。這些行事的方式就託管人的立場，或許會危及國家的財政，但是就人道和公正的原則而論，可以取得回報達成平衡。這些原則給他帶來的教訓，是要厭惡從人民的眼淚中搜刮的黃金，將它視為毫無價值的賤金屬。人民經常遭受天災人禍，他採取積極的救濟行動，不僅急著豁免過去積欠的款項，同時要減輕未來稅收的需求。他堅決拒收臣下奉承討好的呈獻，他們會用十倍的壓榨來作為補償。提比流斯制定睿智和公平的法律，受到後來朝代的讚許和難以為繼的遺憾。君士坦丁堡盛傳皇帝發現一處寶藏，但是他真正的財源是以身作則的節約，防止所有重視排場和毫無必要的費用。要是上天願意恩賜禮物，這位愛國的皇帝能夠受到長遠的保佑，就會給東部的羅馬人帶來幸福。然而，賈士丁過世後不到四年，尊貴的繼承人罹患致命的疾病，好在留下足夠的時間交代後事，按照得到寶座的先例，把皇帝的冠冕託付給最夠資格的同胞。他從群臣中間選擇莫理斯(Maurice)，所做的判斷比紫袍還要寶貴。教長和元老院的議員被召集到垂死君主的床邊，他當面將女兒和帝國交給莫理斯，財務官用莊嚴的聲音宣布最後的遺言。提比流斯表示他的願望，要他的兒子和繼承人用德行來為他建立最高貴的陵寢，使過世的君王能為萬民所懷念。公眾的悲痛把對他的感激銘刻在心，但是新朝的動亂使最誠摯的哀悼逐漸消失，人類的目光和歡呼很快迎向初升的朝陽。

六、莫理斯的接位和統治以及意大利的悲慘情況(582-602A.D.)

　　莫理斯皇帝(582年8月13日-602年11月27日)的家世源於古老的羅馬[20]，但是他的親身父母定居在卡帕多西亞的阿拉比蘇斯(Arabissus)，還能有幸活著看到兒子登極稱帝，分享無上的尊榮與財富。年輕的莫理斯投身軍旅生涯，提比流斯拔擢他指揮一個新成立的軍團，由一萬兩千名聯軍組成，這個部隊很受皇帝的寵愛。他的英勇行為和統御能力在波斯戰爭中脫穎而出，回到君士坦丁堡接受應有的報酬，就是繼承整個帝國。莫理斯接位時正是四十三歲的盛年，在東部帝國統治二十多年，把野性難馴的狂野民主政體從心中驅走，建立理性和德行的完美貴族體制(這是伊發格流斯很奇特的說法)。有些可疑之處貶低這個臣民的證言，雖然他抗議說他在私下的讚美從未到達國君的耳中；有些過失似乎使得莫理斯的行事為人，比不上前任純潔無私的美德。他那冷淡而有所保留的態度或許可以歸之於傲慢，公正難免有時會失之殘酷，仁慈也有時出於軟弱，極度的節儉使他經常被譴責為貪婪。一位掌握絕對權力的國君，最合理的願望是使人民獲得幸福。莫理斯有見識和勇氣達成這個目標，他的政府遵從提比流斯的原則和典範。怯懦的希臘人推動一種政策，要讓國王和將領這兩種職務保持完全分離，一名普通士兵只要能夠穿上紫袍，就很少領軍，也不會再上戰場。然而莫理斯皇帝所享有的光榮，是幫助波斯國君復位。他的部將為了對付在多瑙河的阿瓦爾人，發起勝負難分的戰爭。他對意大利行省不幸和悲慘的境況，只能投以憐憫的眼光，完全於事無補。

　　聽到意大利悲慘的故事和對援軍的要求，歷代皇帝受到不斷的折磨，被迫只有羞辱承認自己的衰弱。羅馬的尊嚴正在淪亡之際，還能意氣風發表達出他們的怨言：「如果你沒有能力把我們從倫巴底人的刀劍下救出

20　保羅想要使莫理斯成為第一位希臘皇帝而揚名於世，這樣做也真是夠奇特的了。
　　在他之前的幾位皇帝都出生在歐洲的拉丁行省，可以將《希臘皇帝》這部作品用
　　來代表整個帝國，而非僅僅在敘述君王而已。

來，起碼也要讓我們免於饑饉的災禍。」提比流斯二世原諒他們的不敬，解救他們的災難，供應的穀物從埃及運到台伯河。羅馬民眾不對卡米拉斯（Camillus）而向聖彼得祈求，要把蠻族從他們的城牆外趕走。可是杯水車薪的救援並不足恃，危險不僅永遠存在，而且迫在眉睫。教士和元老院蒐集還剩餘的古老財富，總額大約有三千磅黃金，派遣大公潘夫洛紐斯（Pamphronius）將這批禮物和他們的訴求，送到拜占庭寶座的前面，使得宮廷的意願和東部的軍隊從波斯戰爭轉移過來。公正的提比流斯用這筆貢金，當成賞賜來防衛羅馬這座城市。他在辭退大公時給他最好的忠告，要他不妨去賄賂倫巴底人的酋長，或是出錢請法蘭西國王給予幫助。雖然有這番薄弱的杜撰之辭，但意大利仍在忍受痛苦，羅馬再度遭到圍攻，只離拉芬納三哩的克拉西（Classe）郊區，被斯波列托一名頭腦簡單的公爵帶領部隊縱兵劫掠並攻占。莫理斯接見第二個代表團，是由神職人員和元老院議員組成，帶來羅馬教皇的一封信函，教皇運用宗教的威脅辭句，極力敦促他要履行神聖的責任。派出的教廷大使是格列哥里輔祭，同樣有資格懇求上天和塵世的權柄。皇帝採用前任的處置方式，發揮更大的效果，就是說服一些實力強大的酋長與羅馬人建立友誼，其中有名溫和而忠誠的蠻族終生為太守賣命，直到死而後已。

　　阿爾卑斯山的通道開放給法蘭克人，教皇鼓勵他們，對於沒有信仰的人，要毫不猶豫的違背所立的誓詞和保證。克洛維斯的曾孫契爾德伯特（Childebert）被說服要侵入意大利，代價是五萬金幣，但是他過去看到有些拜占庭貨幣是一磅重的黃金，感到非常高興，因此奧斯特拉西亞國王要求，他接受的禮物應該很有價值，這些金幣的大小和成分都要合乎標準。倫巴底人經常侵犯實力強大的鄰居高盧人，使他們那些各自為政的公爵不得不提高警覺，擔心會引發報復的行動，只有放棄混亂而弱勢的獨立狀況。國王統治的政府具有團結合作、保守機密和活力充沛諸多優點，於是大家毫無異議的贊同。克勒夫的兒子奧薩里斯已經長大，成為身強力壯的知名勇士。大家團結在新任國王的旗幟之下，意大利的征服者連續抵抗三次侵略行動，其中一次是契爾德伯特親自領導，是墨羅溫家族最後一次從

阿爾卑斯山衝殺下來。第一次遠征被嫉妒的仇敵法蘭克人和阿里曼尼人擊
敗；第二次在一場血戰中被擊潰，他們建國以來從未遭到這樣大的損失和
羞辱。他們急著要報仇雪恥，第三次行動累積所有的力量，奧薩里斯屈服
於狂暴的怒流。倫巴底人的部隊和錢財分散在設防的城鎮，都位於阿爾卑
斯山和亞平寧山之間。一個民族不怕危險但不耐勞累和延誤，很快就對二
十個指揮官的愚行發出怨言。這些習慣北國氣候的體質，暴露在意大利驕
陽下，灼熱的空氣很容易傳染疾病，何況他們已經承受酗酒與饑饉的交替
折磨。他們的兵力不足以征服這個國度，但卻足以造成這個地區殘破不
堪，何況渾身戰慄的當地民眾無法分辨敵軍或救星。如果墨羅溫王室和拜
占庭皇家的兩支軍隊能夠在米蘭附近地區會師，或許可以顛覆倫巴底人的
王國。法蘭克人要求後延六天的時間，用一個縱火燃燒的村莊作為信號。
希臘人的軍隊浪費寶貴的光陰，用來攻取莫德納(Modena)和帕馬；阿爾
卑斯山的盟軍撤退後，這兩城宣告失守。勝利的奧薩里斯獲得統治意大利
的主權，他在雷蒂提亞阿爾卑斯山的山麓，克服科門(Comum)湖的一個
偏僻小島的抵抗行動，搜尋埋藏起來的國庫財富。等到抵達卡拉布里亞的
盡頭，他用長矛觸及豎立在雷朱姆海岸的石柱[21]，就用這個古老的陸標做
為王國固定不移的國境[22]。

　　意大利在長達兩百年的期間，區分為倫巴底王國和拉芬納太守轄區，
但是面積和實力並不相等。猜疑的君士坦丁大帝分設軍職和文職相互制
衡，任性的查士丁尼一世又將兩種職權合一。日益衰敗的帝國先後曾經任
命十八位太守，充分授與民政、軍政甚至教會的大權。他們獲得管轄地區
的直接審判權，以後奉獻出來成為聖彼得繼承人世襲的特權，轄區一直延
續到現代的羅瑪納(Romagna)、菲拉拉(Ferrara)和康瑪契奧(Commachio)

21　雷吉納(Rhegina)之柱位於美西納的法洛(Faro)最狹窄的部分，離開雷朱姆只有一
　　百斯塔德，古代的地理經常提到這個地方。

22　希臘歷史學家對於意大利戰爭只是含糊籠統提到一下，拉丁人則更確定，特別是
　　保羅‧武尼弗瑞德，他讀過塞康達斯(Secundus)和土爾的格列哥里更為古老的歷
　　史著作。巴隆紐斯提出教皇的一些信件。這個時代被帕吉和穆拉托里用精確的尺
　　度加以衡量。

的沼澤地或山谷[23]、從里米尼到安科納五個濱海城市，以及第二個內陸的
潘塔波里斯(Pentapolis)，位於亞得里亞海和亞平寧山的丘陵之間。把敵對
的地域從拉芬納轄區割讓出去以後，羅馬、威尼斯和那不勒斯成為三個次
一級的行省，無論是平時或戰時，全都承認太守的最高權力。羅馬公國包
括托斯坎、薩賓以及最早四百年在拉丁征服的城市，界線很明顯是沿著海
岸從契維塔・威克雅(Civita Vecchia)到特拉契納，以及台伯河的河道從阿
美里亞(Ameria)和納爾尼到奧斯夏港。從格拉多到基奧查(Chiozza)有無
數的小島，構成威尼斯早期的領土，但是在大陸比較容易接近的市鎮，都
被倫巴底人制服，他們帶著無可奈何的憤怒，觀看新的首府從波濤中興
起。那不勒斯公爵的權力受到限制，一邊是海灣和鄰近的島嶼，還有卡普
亞的敵對區域和亞馬菲的羅馬殖民地，後者有工作勤奮的市民，藉著航海
羅盤的發明，揭開世界的面貌。薩丁尼亞、科西嘉和西西里三個島嶼仍舊
歸屬帝國的統治，奧薩里斯獲得遙遠的卡拉布里亞以後，把陸標從雷朱姆
的海岸移到康森提亞(Consentia)的地峽。薩丁尼亞野蠻的山地人保有祖先
的自由和宗教，西西里的農夫卻被囚禁在肥沃的耕地上。羅馬受到太守極
為暴虐的高壓統治，有一名希臘人，或許是個宦官，侮辱已經殘破的卡庇
多，沒有受到任何處分。那不勒斯很快獲得自行推選公爵的特權，亞馬菲
的自主是商業發達的成果，自願歸附的威尼斯最後還是建立尊貴的地位，
能與東部帝國締結平等的聯盟關係。在意大利的地圖上，可以看到太守的
領地面積有限，但是所包括的財富、產業和人口占有的比例最大。那些忠
誠為國和身價最高的臣民逃開蠻族的桎梏，拉芬納新來的居民打著帕維
亞、維洛納、米蘭和帕度亞的旗幟，分別在他們的居地上迎風招展。倫巴
底人據有意大利剩餘的部分，他們的王國從首都帕維亞向著東方、北方和

23　教皇的擁護者札卡尼(Zacagni)和豐塔尼尼(Fontanini)也許會同意，康瑪契奧山谷
　　或沼澤屬於太守的轄區，但是要將莫德納、雷久(Reggio)、帕馬和普拉森提亞
　　(Placentia)也包括在內的野心，使得原來就可疑和含混的領地問題，變得更加複
　　雜。甚至就是為伊斯特(Este)家族服務的穆拉托里，也無法保持公正無私的立
　　場。

西方拓展，最遠與阿瓦爾人、巴伐里亞人、奧斯特拉西亞及勃艮地的法蘭
克人相鄰。要是用現代地埋來說明，就是當前威尼斯共和國的陸地部分、
提洛爾(Tirol)、米蘭、皮德蒙(Placentia)、熱那亞海岸、曼都亞
(Mantua)、帕馬和莫德納、托斯卡尼大公國、以及從珀魯加到亞得里亞海
的大部分教會領地。公爵存在的時間比君主政體要長，至少賓尼文屯公爵
及後來的國君統治時間比君主政體長，將倫巴底人的名義傳播開來，從卡
普亞到塔倫縢，占有現在那不勒斯王國的大部分地區，統治將近五百年
之久[24]。

七、倫巴底人的語言和習俗以及奧薩里斯的豪情(584-643A.D.)

　　比較人口當中勝利者和被征服者所占的比例時，語言的改變可以提供
最可能的正確推論。要是按照這個標準，意大利的倫巴底人和西班牙的西
哥德人，比起法蘭克人或勃艮地人的數量要少。同樣這些高盧的征服者，
也沒有薩克遜人和盎格魯人那麼多的群眾，所以不列顛人的方言才會遭到
幾乎根絕的命運。現代的意大利人是幾個民族的混合，在不知不覺中形
成，笨拙的蠻族很難靈活運用語尾變化和動詞變化，為了簡便起見就使用
冠詞和助動詞，條頓的名詞稱呼表達很多新的概念。然而大量最主要的術
語和普通用語還是起源於拉丁語[25]，要是我們熟悉古老意大利已經過時的
方言，或是農村和城市的一般用語，就可以追蹤很多單字的來源，這些字
可能不被羅馬精純的古典語言所承認。一個小民族可以組成兵力龐大的軍
隊，倫巴底人實力很快衰退，原因在於兩萬薩克遜人的撤離，他們厭惡寄
人籬下的狀況，經歷很多冒險犯難的事件以後返回原來的家園。阿波因的

24　我依據貝瑞提極為優異的論文敘述意大利的狀況。嘉諾內對於那不勒斯王國的地
　　理問題，完全聽從博學的卡米洛‧佩利格里尼所提出的論點。虛榮心很重的希臘
　　人在失去真正的卡拉布里亞以後，就用不怎麼光彩的稱呼布魯提姆來取代原來的
　　名字，這種改變是在查理曼大帝時代之前發生。

25　馬菲和穆拉托里基於民族立場極力主張意大利語，這兩位都是博學多才的正人君
　　子，前者出於愛國愛鄉的熱誠，後者保持審慎從事的態度。

營地範圍廣大使人生畏，但是營地的範圍不管多大，都可以安置在一個城市之內，好戰的居民必須稀疏散布在整個廣大國土上。當阿波因領著族人從阿爾卑斯山傾巢而出，指派他的姪兒擔任夫里阿利的首位公爵，指揮行省以及當地的民眾。謹慎的吉蘇夫（Gisulf）卻婉拒這個危險的職位，除非讓他從倫巴底的貴族當中，選出相當數量的家庭[26]，組成士兵和臣民的殖民區。在征服的進行過程中，同樣的權利不可能授與布里西亞（Brescia）、柏加摩（Bergamo）、帕維亞、杜林、斯波列托和賓尼文屯的公爵。但是這些公爵及同僚都帶著追隨的隊伍居住在指定的區域，他們戰時聚集在他的旗幟之下，平時參與法庭的審判。他們對國王的歸順能保持自由和榮譽，只要退還之前接受的禮物和賞賜，就可以把家庭遷移到其他公爵的領地。但是他們如果擅自離開王國，視同作戰逃亡可以判處死刑。第一代征服者的子孫在這片土地上紮根茁壯，基於利益和榮譽的動機，要善盡防護的責任。倫巴底人生而為國王或公爵的戰士，族人的平時集會要展示出正規軍隊的旗幟和稱呼。軍隊的費用和報酬取之於被征服的行省，阿波因去世後才開始分配錢財或物質，卻帶著邪惡的偏頗作風和掠奪行為，受到鄙視。許多最富有的意大利人不是被屠殺就是受到流放，剩餘的有錢人讓陌生人分享，將貢金的義務強加在大家身上，要把田地的收成支付三分之一給倫巴底人。不到七十年的時間，這種人為的制度受到廢止，遂行更為簡便而可行的永久土地權[27]。羅馬地主不是被蠻不講理的惡客所驅逐，就是將三分之一的年度地稅改進得更為公平合理，只要呈報適當比例的土地產值。這些外國的主子不重視農業，穀物、葡萄和橄欖樹的種植技術及勞力退化，這些農耕工作由奴隸和土著負責。懶散的蠻族愛好畜牧生活有關的職業，他們在威尼提亞肥沃的牧場，重新建立並改良馬匹的育種，行省過去

26　保羅使用條頓語的名字法拉斯（Faras）來稱呼這些家族或世代，同樣運用在倫巴底人的法律之中。謙卑的輔祭並不是不知道自己是高貴的種族。

27　洛薩里斯的法規在643年頒布，並沒有發現應支付三分之一的任何最小跡象，但是保存了意大利在那個狀況下很多奇特的儀式，還有倫巴底人的風俗習慣。

一度因而聞名於世[28]。意大利人看到外國品種的牛隻[29]感到甚爲驚奇。

倫巴底地區人口減少，相對增加森林的面積，可以在廣大的範圍之內享受狩獵的樂趣。他們有奇特的技術，可以訓練空中的飛禽聽懂召喚的聲音，服從主人下達的命令，聰明的羅馬人和希臘人過去對這方面一竅不通[30]。斯堪地那維亞和錫西厄出產最兇狠也最溫馴的獵鷹[31]，喜愛漫遊的居民騎馬到原野，對這些猛禽施以教練使之馴服。我們的祖先所喜愛的消遣是由蠻族引入羅馬的行省，意大利的法律尊重刀劍和獵鷹，高貴的倫巴底人把這兩樣東西看得同樣重要，認爲可以提高自己的身分[32]。

水土氣候和仿效習性發揮的影響力極爲迅速，第四代的倫巴底人看到祖先粗野的肖像，竟然驚懼得不敢置信[33]。他們將後腦部位剃得精光，濃密的長髮從前面垂到眼睛和嘴巴，留著很長的鬍鬚，展現出民族的聲名和特性。他們穿著寬鬆的上衣，有點像盎格魯－薩克遜人的型式，只是用各種顏色的條紋加以裝飾，下身包著緊身的長褲，穿上敞開的涼鞋，甚至在毫無安全的顧慮之下，也要在身側佩上長劍。然而這種奇特的服飾和恐怖的面貌，包含著溫和與慷慨的天性，戰場的狂怒會很快平息，勝利者的仁

---

28 敘拉古的戴奧尼休斯有很大的馬匹養殖場，多次在奧林匹克運動會中獲勝，使威尼提亞馬的名氣在希臘人中間傳播開來，但是這個品種在斯特拉波時代已經絕滅。吉蘇夫從他叔父獲得馬群，倫巴底人後來將野馬引進來改良品種。

29 水牛的原始生長地區是非洲和印度，歐洲除了意大利數量很多能夠運用以外，其餘地區都沒有見過。古人也不知道這種動物，亞里斯多德將它們描述成阿拉卓西亞(Arachosia)的野牛。然而我感到可疑，保羅怎麼會發生這種錯誤，竟然用通用的名字稱呼古代日耳曼的野牛。

30 他們對這件事不表示意見，可以證明不知道如何馴服獵鷹，甚至那些自命精通狩獵技術和動物歷史的人，好像都沒有任何印象。

31 特別是指白隼，這是一種體型較小的獵鷹。

32 「虔誠者」路易皇帝的第十六號條例對這方面有詳盡的規定，他的父親查理曼大帝在皇室的編制裡就有獵人和放鷹人。我參考洛薩里斯的法規，知道他們很早就提到馴鷹的技術。高盧在五世紀時，賽東紐斯·阿波利納里斯(Sidonius Appollinaris)特別稱許阿維都斯(Avitus)有馴鷹的才能。

33 德洛克托夫(Droctulf)的墓誌銘可以用在很多同胞的身上。這些倫巴底老人的畫像在蒙查(Monza)的皇宮可以見到，皇宮離米蘭有十二哩，是休笛琳達王后所修建。

慈有時會讓俘虜和民眾驚奇不已。倫巴底人的惡行出於情緒、無知和酗酒，但是德性確實令人欽佩。他們的社會交往不會出現偽善的習氣，更不會把法律和教育的約束強加在別人身上。

　　要是我敘述意大利征服者的私生活，也不算是離題太遠，所以我很高興提到奧薩里斯的豪俠行為，能夠真正表現騎士和浪漫的精神。奧薩里斯失去已經訂親的新娘(一位墨羅溫王室的公主)，就想娶巴伐里亞國王的女兒為妻，國王蓋里巴德(Garibald)接受意大利國王締結婚約的要求。熱情的愛人不耐煩緩慢的商議程序，離開皇宮加入使臣的行列，前去拜訪巴伐里亞的宮廷。在公開觀見時，這位無人認識的來客走到寶座前面，告訴蓋里巴德：派遣的使臣其實是國家大臣，也是奧薩里斯的朋友，受到託付很重要的任務，要將未來妻室的迷人魅力向他具實報告。休笛琳達(Theudelinda)受到召喚，前來接受事關緊要的探訪，在經過令人摒氣貫注的凝視以後，他用意大利王后的稱號向她致敬，然後提出謙卑的要求，按照他們族人的習慣，她要用一杯酒贈送給第一個新見到的臣民。她只有服從父親的命令，奧薩里斯接受她遞送的酒杯，在歸還給公主的時候暗中輕觸她的手，然後將自己的手指放在面孔和嘴唇，等於是表現愛意。休笛琳達在夜晚將陌生來客輕率的親密舉動告訴她的保姆，獲得保證，感到很安慰，知道這種大膽的行為只會來自身為國王的未來夫婿，他的英俊和英勇已經虜獲她的芳心。等到使臣告辭歸國，他們抵達意大利的邊界，奧薩里斯從馬上探身起來，向著一棵大樹投出他的戰斧，表現出無人匹敵的力量和技巧，對吃驚的巴伐里亞人說道：「只有倫巴底的國王能夠投出這致命的一擊。」等到法蘭西的軍隊進擊入侵，蓋里巴德帶著女兒在盟國的疆域避難，就在維洛納的皇宮舉行婚禮。過了一年奧薩里斯去世，但是休笛琳達[34]受到族人的愛戴，一致同意她有權授與他人意大利王國的權杖。

　　從這件事實以及其他類似的狀況[35]，知道倫巴底人擁有選舉君王的自

34　嘉諾內主持正義，指責薄卡丘(Boccaccio)的蠻橫無禮，他根本沒有權利，也找不到事實和藉口，就說虔誠的休笛琳達王后投入一個趕騾人的懷抱。

35　可以參考穆拉托里剛開始的數篇論文和嘉諾內的歷史著作第一卷，以了解意大利

由，而且不會經常運用這項危險的特權。正確運用土地促進的生產和公正
行為帶來利益，使得國家的歲入大幅增加。自主的公爵同意奧薩里斯登上
他父親遺留的王座，他們把各人的二分之一領地呈獻給國君，驕傲的貴族
渴望獲得在君主身邊服行賤役的榮譽。他對忠心的諸侯所賜與的報酬，是
恩俸和土地這些並不穩靠的禮物，並且用修道院和教堂富裕的基金，作為
戰爭受害者的補償。平時的法官就是戰爭的領袖，他從未篡奪所有的權
力，要成為唯一和絕對的立法者。意大利國王在帕維亞的宮殿召集全民大
會，有時會在附近的原野舉行，國務會議由家世和地位最崇高的人員組
成，下達的敕令能夠合法的執行，要依賴忠誠人民的認可，以及倫巴底人
幸運的軍隊給予支持。

意大利的征服過了八十年以後，傳統的習慣法改用條頓族拉丁文書
寫，獲得君主和人民的同意後頒行，為了適合當時的情況，採用一些新的
條例。洛薩里斯(Rotharis)的案例(647A.D.)讓賢明的繼承人視為規範，倫
巴底人的法律被視為缺點最少的蠻族法典。擁有勇氣可以保證自由，這些
舉止粗俗和行事倉卒的立法者，沒有足夠的才具平衡國家和憲法的權力，
或是討論政治體系較為深奧的原則。只有威脅國君生命和國家安全的罪
行，才值得定讞判處死刑，但他們的意圖主要限於保護臣民的人身和財
產。按照那個時代非常奇特的法學理論，殺人的罪行可以用罰金來抵贖，
然而付出的代價很高，一個普通市民是九百個金幣。次等的傷害像是殺
傷、骨折、重擊或是諷刺嘲笑的言辭，這種認定的方式很慎重，有時會反
覆查詢到非常荒謬的程度。立法者的明智在鼓勵接受比較羞辱的條件，用
金錢的賠償來交換榮譽和復仇，免得冤冤相報永不停息。無知的倫巴底人
不論處於異教或基督教的狀況，對於巫術和魔法能夠帶來惡運和不幸還是
深信不疑。十七世紀的法官可以從睿智的洛薩里斯獲得教導，心中還是有
所疑惑。洛薩里斯譏笑荒謬的迷信行為，從殘酷的民眾或法庭的迫害下，
保護那些當作犧牲品的可憐人，他們被控使用魔法[36]。勒特普朗德

(續)————————————
　　王國當時的狀況。
36 拉丁人用「斯垂迦」(Striga)來稱呼女巫，這是很純潔帶有古典意味的起源，從彼

(Liutprand)具有立法者的精神，超越那個時代和國家的標準，他帶著寬恕的態度指責決鬥的氾濫，這不僅是邪惡的行為，而且積習已深。他提到自己的親身體驗，不斷的暴力使得社會無正義可言。無論從倫巴底人的法律中發現哪些優點，都是蠻族重視理性所獲致的成果，他們從來不允許意大利的主教參加立法會議。國王的傳承著重德性和能力，他們的編年史記載很多不幸的事件，其中有很長一段和平、守法和幸福的歲月，在西部帝國衰亡以後所出現的王國之中，意大利人享受到最溫和與最公平的政府[37]。

八、羅馬所面臨的困境以及對使徒聖墓的崇拜(590-604A.D.)

在第六世紀即將結束之前，羅馬受到倫巴底人的武力威脅和希臘人的獨裁統治，我們再次探索它進入最悲慘時期的命運[38]。帝國中樞的轉移和行省先後喪失，公眾和私人的財源全部消耗殆盡。地球上那顆高聳的大樹，蔭影下曾棲息無數的民族，現在被砍掉枝葉，留下光禿禿的樹幹在荒涼的地面任其枯萎。奉有派令的大臣和傳送捷報的信差，再也不會在阿皮安或弗拉米尼亞大道上相遇，隨時都會遭到倫巴底人帶著敵意的襲擊，引起不斷的恐懼。在一個權勢極大而又安寧的首都，居民沒有焦急不安的心情，才會去遊覽鄰近地區的花園，並在想像中隱約繪出羅馬人的苦難狀況：他們渾身戰慄的打開或關上城門，從城牆上看到在燃燒中的房屋，聽到他們的同胞哀鳴的聲音，像狗一樣成對綁在一起，被拖著越過高山渡過大海，到遙遠的國度去當奴隸。農村生活處於這種時時緊張的狀況就沒有歡樂可言，更沒有心情從事農耕的工作。羅馬的平原很快變成可怕的荒野，只有貧瘠的土地、污穢的水流和充斥著傳染病的空氣。世界的首都不再吸引好奇和進取的民族前來此地，但是機遇或需要使得外鄉客漂遊而

(續)————————————————

　　特洛紐斯(Petronius, Arbiter, Gaius，一世紀羅馬神話劇的作者)的話，可以推論意大利人比蠻族更有偏見。

37　巴隆紐斯不願推崇偉大的教皇格列哥里，顯然與對他的抨擊產生矛盾，但是穆拉托里敢於暗示，這位聖徒過分誇大阿萊亞派和敵人的過錯。

38　格列哥里的講道辭詳述城市和國家的悲慘狀況，巴隆紐斯摘錄在《編年史》裡。

至，會帶著驚懼的心情觀望空洞而荒涼的城市，禁不住要問起元老院和人民在哪裡。

在雨水過多的季節，台伯河高漲溢過堤岸，洶湧的狂流沖過七山之間的谷地，洪水過後留下停滯的水坑就會產生時疫，傳染的速度真是驚人，在懇求上天賜福的莊嚴遊行隊伍中，一個時辰之內竟有八十個人當場死亡[39]。社會要是鼓勵結婚而且願意勤奮工作，很快可以補足瘟疫和戰爭造成的損失，但是大部分羅馬人陷入毫無希望的貧窮之中，逼得要過獨身生活，人口減少很快成為舉目可見的現象，就是熱心的人士也會產生悲觀的想法，害怕人類有一天遭到絕滅的命運[40]。然而市民的數量仍舊超過所能獲得的穀物，供應的食物來源不穩，完全靠西西里或埃及的收成。帝國一再發生饑饉，顯示皇帝對遙遠行省抱著事不關己的心態。羅馬的建築物面臨毀壞和傾圮，洪水、風暴和地震使腐朽的結構很容易倒塌，據有優勢地位的僧侶看到古代文物受到摧毀，感到幸災樂禍而得意忘形[41]。一般人都相信是教皇格列哥里一世破壞廟宇，毀棄都市裡的雕像，是這個蠻族下達命令，將巴拉廷圖書館燒為一片焦土，他那荒謬而可惡的宗教狂熱，李維的歷史記載可以拿來做為獨特的標誌。格列哥里的著作對於古典文化表現出難以克制的厭惡，有一位學識淵博的主教，曾經擔任過文法教授，研究拉丁詩人的作品，把朱庇特當成基督一樣來讚揚，他給予最嚴苛的批評。但是有關他那瘋狂破壞的行徑，證據不僅可疑而且到近代才出現。和平女神廟或是馬塞拉斯劇院經歷多少代的風吹雨打，才慢慢損毀。在沒有受到教會獨裁控制的地區，禁書的限制會使魏吉爾和李維抄本的銷路成倍增加[42]。

39　有一位輔祭報導洪水和瘟疫的消息，他的主教是土爾的格列哥里，為了聖徒的遺物被派往羅馬。這名機智過人的信差用誇張的辭句修飾他的故事，說在河裡出現一條巨龍，有一大群小蛇伴隨在旁邊。

40　羅馬的格列哥里提到聖篤本不可思議的預言。羅馬城遭遇一連串的災禍，後來融入真實的歷史，於是這種杜撰的說法成為事實的證據。

41　格列哥里的著作可以證實他不懂古典藝術和文學。

42　貝爾在一篇討論格列哥里一世的文章中引用非常有用的章節，像是建築物和雕像

要是羅馬無法受到一個重要原則的鼓勵，能夠重新恢復昔日的榮譽和權勢，就會像底比斯、巴比倫和迦太基一樣從地球上消失。眾人接受含意模糊的傳說，兩位猶太導師分別是漁夫和帳幕工匠，在尼祿的賽車場遭到處決，他們那不知眞假的遺骸五百年後成爲聖物，當作基督教羅馬的保護者受到頂禮膜拜。東部和西部的朝聖客紛紛來到聖地的門前，使徒的神龕爲奇蹟和畏懼所守護，虔誠的正統基督徒在接近崇拜的對象時，難免心中忐忑不安，觸摸聖徒的遺體就會喪生，多看一眼也會帶來危險。即使有人出於非常純正的動機，竟敢擾亂聖所的安寧，也會看到令人驚畏的幻象，甚至受到暴斃的懲罰。有位皇后提出無理的要求，想要奪走羅馬人最神聖的珍寶聖保羅的頭骨，羅馬人用無比厭惡的態度加以拒絕。教皇非常肯定的表示，包裹遺體的亞麻布都是聖物，身上的鐵鍊銼下來的鐵屑，無論弄不弄得到手，具有同樣神奇的力量[43]，這一切或許都眞實不虛。

九、教皇格列哥里一世的家世出身及教會統治的影響(590-604A.D.)

使徒的神蹟和德性像是具有生命的活力，存在於繼承人的胸襟之中。在莫理斯統治時期，格列哥里一直據有聖彼得的寶座，他不僅是第一人而且名聲最爲顯赫[44]。格列哥里的祖父菲力克斯(Felix)也是教皇，然而主教

(續)
　　就參閱在格列哥里歐(Gregorio)的普拉提納(Platina)，巴拉廷的圖書館就參閱索斯柏立(Salisbury)的約翰，李維就參閱佛羅倫斯的安東尼努斯，這三個人之中年紀最老的一位還活到十二世紀。

43 從格列哥里的書信和巴隆紐斯《編年史》第八卷，虔誠的讀者會收集神聖鐵鍊的碎片，嵌進黃金製作的鑰匙或十字架上，然後分送到不列顛、高盧、西班牙、阿非利加、君士坦丁堡和埃及。教皇的鐵匠手裡拿著銼刀，必須了解奇蹟運用的狀況，哪些是在自己權力控制之下繼續操作，哪些已經脫離掌握要加以拒絕，這種情況犧牲格列哥里的誠信，以減少宗教的迷信行爲。

44 除了格列哥里的書信，由杜平所編排，我們還有這位教皇的三本傳記，前面兩本分別是輔祭保羅和約翰在八世紀和九世紀寫成，包括很多原始的證據，有的讓人覺得可疑，第三本是本篤會編輯長年累月辛苦獲得的成果。巴隆紐斯的《編年史》是一本冗長而又偏頗的歷史鉅著，他對教皇的偏見被極有見地的弗祿里所中和，經過帕吉和穆拉托里的指責，能夠修正他的年譜。

受到獨身規定的約束，菲力克斯的妻子應該是在任職前過世。格列哥里的
雙親西爾維亞(Sylvia)和郭迪安(Gordian)是元老院最尊貴的議員及羅馬教
會最虔誠的教徒，他的女性親屬很多是聖徒和貞女。他有一幅與父母合繪
的家庭畫像[45]，贈送給聖安德魯修道院，保存近三百年之久。畫像的構圖
和色彩提供真實可靠的證據，意大利人在第六世紀開始培養繪畫藝術，但
是那個時代的品味和學識令人不敢恭維。格列哥里的作品諸如書信、布道
辭和對話錄，在當代的飽學之士中竟然無人出其右。家世和能力使他升為
城市的郡守，棄絕塵世的排場和虛榮使他享有崇高無比的聲譽。他奉獻巨
額遺產興建七座修道院[46]，其中一座在羅馬[47]，六座在西西里。格列哥里
的願望是今生沒沒無聞，來世獲得光榮。然而他誠摯奉獻給宗教的事業，
卻像狡猾而充滿野心的政治家所選擇走的道路。格列哥里的才能伴隨著隱
退所獲得的光采，獲得教會的喜愛和重用，培養出來的絕對服從更是做為
僧侶的主要職責。格列哥里被授與輔祭的職位，便遷到拜占庭宮廷，擔任
羅馬教廷的特使或公使，竟然大膽運用聖彼得的名義，擺出我行我素和神
聖不可侵犯的姿態，就是帝國最顯赫的俗家人物表現這種舉動，也會被認
為是犯罪而帶來莫大的危險。他回到羅馬，名聲更為響亮，奉行短期的修
院職責以後，在教士、元老院和人民一致的歡呼聲中，從修道院被推舉到
教皇的寶座。看起來只有他本人反對這次的擢升，他向莫理斯皇帝請願，
懇請皇帝拒絕羅馬人民的選擇，更使他在皇帝和公眾的眼裡提升到更高的
地位。等到重要的訓令發布以後，格列哥里獲得友好商人的幫助，將他裝

45　約翰輔祭敘述他們的模樣就像名目擊證人，安吉洛・羅卡(Angelo Rocca)是一位羅
　　馬古物學家，依據他的說明畫出圖像。他提到七世紀時教皇的一些馬賽克鑲嵌
　　畫，仍舊保存在羅馬的一些古老教堂之內。同面牆上出現格列哥里家人的畫像，
　　現在用聖安德魯的殉教圖來做為裝飾，等於是多米尼契諾(Domenichino)和基多
　　(Guido)家族進行高貴的競賽。

46　本篤會在統治時期盡力要減少格列哥里的修道院，但是說明很清楚的問題還會引
　　起懷疑，肯定是這些極有權勢的僧侶弄錯了。

47　這座主教府邸和修道院位於西利安(Caelian)山一側，正面對著巴拉廷山，現在被
　　卡瑪多利(Camaldoli)占有。聖格列哥里歐贏得勝利，聖安德魯只有退到一個小禮
　　拜堂。

在籃子裡運出羅馬的城門，在森林和山區裡很謙卑的躲了幾日。據說靠著
上天指引的光芒，才發現他藏身的地點。

　　偉大的格列哥里一世擔任教皇長達十三年六個月又十天(590年2月8日
至604年3月12日)*48，是教會史最開明的時代之一。他的德行甚至於他的
缺失，都奇特的混合著純樸和狡詐、傲慢和謙恭、理性和迷信，非常適合
他的地位和那個時代的特質。他的對手是君士坦丁堡的教長，他拿反基督
頭銜對這位全權主教加以譴責，事實上聖彼得的繼承者想擁有這種職權，
但是由於太傲慢而不敢承認，也由於實力太弱不敢僭越。格列哥里的宗教
裁判權只限於羅馬主教、意大利總主教和西部使徒這三重身分。他時常登
上講道壇，用淺顯而悲傷的言辭，激起聽眾的共鳴和熱忱，猶太先知的預
言經過解釋以後加以運用。人民遭遇當前的苦難，產生深受壓制的心情，
被引向無法見視世界的希望和恐懼。他用身教和言教所發揮的影響力來決
定羅馬禮拜儀式的程序[49]、教區的劃分原則、各種節慶和祭典的日期、遊
行隊伍的序列和編組、教士和輔祭的職務和工作、以及聖職人員的服裝規
定。直到他生命最後的日子，還在忙著完成彌撒的細部規範，整堂完成的
時間要達三個小時之久。格列哥里的聖詩[50]保存著劇院的聲樂和器樂，蠻
族的粗糙聲音想要模仿羅馬學校的旋律。經驗讓他了解到形式莊嚴和講究
排場的儀式所能發揮的效用，可以撫慰痛苦、堅定信仰、紓緩兇惡、以及
驅散世俗之人盲目的宗教狂熱，致於會促進教會階級和迷信行為的統治，
只能在所不惜。

　　意大利和鄰近島嶼的主教承認羅馬教皇是他們的都主教，甚至主教職

---

*48　[譯註]經查證他的登基日期是590年9月3日，並非原文所記590年2月8日，這才符
　　合統治的期程。

49　天父禱文包含六行經文，格列哥里的〈聖事奉獻〉和〈對唱經本〉可以充滿八百
　　八十頁的對開本，然而這些只能構成羅馬傳統儀式的一部分，馬比雍(Mabillon)
　　曾經詳加說明，弗祿里大力予以刪節。

50　我從都博斯神父那裡知道安布羅斯讚美詩很簡潔，限定在四個音階之內，然而格
　　列哥里讚美詩的和音更為完美，這種古老的音樂由八個音階或十五種和弦組成。
　　他特別提到只有行家才會欣賞格列哥里的聖事儀式、極為優美的序奏和其中許多
　　段落。

位的核可、合併或轉移，全由他獨斷的權力來決定。他對於希臘、西班牙
和高盧所屬行省的侵權行為獲得成功，為後面接任教皇的權利要求開創後
果更為嚴重的先例。他為了防止人民選舉權的濫用，親自出面干預，採取
審慎的作為來維持信仰和紀律的純正，身為使徒的牧人隨時督導所屬教區
在信仰和紀律方面的表現。在他的統治之下，意大利和西班牙的阿萊亞斯
教派和正統基督教會開始修好和解，征服大不列顛的榮譽大部分歸之於格
列哥里一世，凱撒的功勞只能占小部分。用船運到那個遙遠的島嶼是四十
個僧侶而不是六個軍團，嚴苛的任務使他無法親身參加危險的宗教戰爭，
教皇感到非常遺憾。在不到兩年的時間，他能夠向亞歷山卓的主教宣稱，
已經讓肯特國王和一萬盎格魯－薩克遜人受洗。羅馬的傳教士就像原創教
會的傳教士一樣，所使用的武器只有屬靈和超自然的力量。格列哥里的輕
信或明智使他永遠運用幽靈、奇蹟和復活的證據[51]，來堅定宗教的事實和
真理。後代子孫對他的功績極為推崇，不亞於他敬佩與他同時或前代人士
的德行。歷代教皇有權賜與天國的榮譽，但是格列哥里在他那個階級中，
是最後一位列入曆書的聖徒。

　　教皇的世俗權力是在那個時代的苦難中不知不覺產生，歐亞兩洲被鮮
血所浸染時，羅馬的主教必須以慈善與和平的使臣來進行統治。

　　其一，前面提過，羅馬教會獲得意大利、西西里和更遙遠的行省很大
部分的土地所有權，一般由副輔祭擔任代理人，對於地區的牧人和農民擁
有民事甚至刑事的審判權。聖彼得的繼承人就像提高警覺而又行事慎重的
地主[52]，處理他的世襲遺產。格列哥里的書信裡充滿各種有益人心的教
誨，像是不要從事結果可疑或令人煩惱的訴訟；對於收租使用的度量衡要
保持公正；同意任何合理的延誤；減少教會田地上奴隸的人頭稅，他們靠

51　有位法國學者為格列哥里胡說八道的《對話錄》大力辯護，杜平認為沒有人會為
　　這些奇蹟的真實性提出擔保，我很想知道他自己到底相信哪些奇蹟。

52　巴隆紐斯不願詳述有關教會財產的問題，以免讓人知道他們不是由「上帝的國
　　度」，而是由「世俗的農莊」所組成。法國的作者、本篤會的編輯和弗祿里不怕
　　涉入卑賤而有用的瑣碎事務，所以生性仁慈的弗祿里特別注意格列哥里的社會良
　　知。

繳交罰金來買得結婚的權利[53]。這些地產的租稅或收益，要由教皇出錢冒險運到台伯河口。在運用這些財富時，他要像教會或貧苦家庭的忠誠管家，盡量考慮各種開源節流的辦法，以滿足各方面的需要。他的收入和支付的帳冊非常繁複而且數量龐大，曾經在拉特朗大教堂保存三百多年，成爲基督教財務制度的典範。他依照四大節慶把每季的收入按比例分配給教士、佣人奴僕、修道院、教堂、墓地、善堂、羅馬的醫院以及教區其他的用途。在每個月的第一天，他根據不同的季節，發給窮人規定數量的穀物、酒、乳酪、蔬菜、油、魚、肉類、衣物和錢財，經常召喚負責財務和庫管的職員要使用他的名義，滿足貧苦家庭和績優人士的額外需要。無依病患、孤兒寡婦、外鄉旅人和朝聖香客的臨時災難，不論任何時候都能得到他的救濟。教皇經常將他簡單的飲食分給夠格與他同桌的子民，然後他才能安心食用。在那個艱困的歲月裡，羅馬的貴族和貴婦接受教會的恩惠，並不會感到羞愧。有三千名修女從她們的恩主手裡獲得食物和衣服。很多意大利的主教要逃避蠻族，躲進梵蒂岡好客主人的屋簷之下。格列哥里可以被民眾尊稱爲「國父」，始終保持惻隱之心和仁者的風範，只要看到街頭有倒斃的乞兒，他會難過得幾天無法從事聖職。

其二，羅馬的不幸遭遇迫得神職人員處理平時和戰時的事務，君王的缺席使他代行其職，究竟是出於虔誠還是野心，他自己都感到懷疑。格列哥里將皇帝從長期不聞不問的酣睡中喚醒，揭露東羅馬的太守和屬下大臣的罪行或無能，指控爲了保衛斯波勒托而抽調羅馬所有的老兵。他同時也鼓勵意大利人防守他們的城市和聖壇，以及在危機發生以後親自指派軍事護民官，必要時指揮行省部隊的作戰行動。但教皇的好戰精神受到人道思想和宗教信仰的制約，意大利戰爭期間採用徵收貢金的辦法，他毫不客氣指責是令人厭惡的壓迫行爲。有些怯懦的士兵出於虔誠的心理，拋棄軍旅生涯要出家成爲僧侶，他違反皇帝的詔書加以保護。要是我們相信格列哥

53　我一直感到懷疑，農奴的婚姻要交付金錢的罰鍰，產生有名的相關權利。一個美麗的新娘經過丈夫的同意，就可以投身到年輕地主的懷中來折償應付款項，這種出賣身體的謀利方式，將爲地區的暴虐行爲提供先例，雖然不是法律上的暴政。

里的說法，那就是他可以輕易利用倫巴底人的內部傾軋來造成他們的毀滅，不會留下任何一個國王、公爵和伯爵來拯救這個不幸的民族，能夠免於敵人的報復行動。他是基督教的主教，更願意執行有利於和平的職務，經過他的斡旋，平息武力的衝突，但是他很擔心，希臘人的權謀和倫巴底人的情緒很難達成神聖的承諾，無法遵守休戰協定的各項要求。他感到簽訂全面而持久的和約已經毫無希望，竟然想在沒有獲得太守和皇帝的同意之下，來拯救自己的國家。敵人的刀劍已經對準羅馬，靠著教皇溫和的辯才與及時的禮物，才能移走面臨的危險。格列哥里的功績受到拜占庭宮廷的譴責和羞辱，但是獲得心懷感激的人民真誠的敬愛，他像市民得到純真的報酬，也像君王得到優勢的權利。

第四十六章

克司洛伊斯逝世後波斯發生革命　其子霍爾木茲是暴君被廢立　巴哈朗篡位　克司洛伊斯二世經過鬥爭後復位　福卡斯的暴政　赫拉克留斯被擁立為帝　波斯戰爭　克司洛伊斯占有敘利亞、埃及和小亞細亞　波斯人和阿瓦爾人圍攻君士坦丁堡　波斯人遠征　赫拉克留斯的勝利和凱旋(570-642A.D.)

一、羅馬與波斯的爭雄以及諾息萬的征戰和逝世(570-579A.D.)

　　羅馬和波斯的衝突從克拉蘇之死延續到赫拉克留斯的統治。七百年的經驗教訓讓這兩個民族知道，只要超越底格里斯河與幼發拉底河這條要命的界線，就不可能維持征服的成果。然而亞歷山大的豐功偉業，激起圖拉真和朱理安的雄心壯志，想要一比高下；波斯的國君縱情於野心勃勃的願望，要恢復居魯士的帝國[1]。權力和勇氣所發揮的額外效果，會吸引後代子孫的注意，但是這些事件對民族的命運並沒有造成實質的改變，只是在歷史的記錄上留下微弱的印象。讀者一再看到重覆的敵對行動，發起不知原因，執行沒有榮譽，而且結局無法產生效果，唯一的感覺是使人厭煩。拜占庭的君主下很大的功夫培養談判的藝術，這是當年偉大的元老院和凱撒無法想像的事。歷史記載他們派出常駐的使臣，不斷送回冗長的報告，

1　塔西佗的《編年史》第六卷提到這段話，用阿薩昔德斯(Arsacides)的口氣說出來：我已一再宣示薩珊王朝的權利。

裡面的言辭充滿虛假和雄辯，可以看到蠻族的傲慢和無禮，納貢的希臘屬
國奴顏婢膝的姿態。我對這些貧瘠而多餘的史料感到嘆息，只有將這些無
趣的記錄用簡單明確的方式加以敘述。但是公正的諾息萬是亞洲國王中最
值得讚譽的楷模人物，他的孫兒克司洛伊斯懷有雄心壯志，準備在東方進
行改革，穆罕默德的繼承人很快用武力和宗教，完成這件偉大的工作。

　　希臘人和蠻族發生爭執，引起雙方君王的口角，相互指控對方違犯和
平條約，這是兩個帝國在查士丁尼逝世前四年所簽訂。波斯和印度的統治
者想要吞併葉門或阿拉伯[2]·菲利克斯(Arabia Felix)，使它成為自己的行
省(570A.D.)。這個盛產沒藥和乳香的遙遠國度，過去逃過東方征服者的
掌握，並沒有全力抗拒。等到亞伯拉哈在麥加的城下大敗而歸以後，他的
兒子兄弟之間反目成仇，給波斯人大開方便之門，波斯人追擊阿比西尼亞
的外來異族一直越過紅海。當地一位王子出身荷美奈特人這個古老的民
族，登上國王的寶座，成為偉大的諾息萬的諸侯或是總督[3]。但是查士丁
尼的姪兒宣布他的決定，同為基督徒的盟友阿比西尼亞國君受到羞辱，他
要進行報復的行動，使人想到是用適當的藉口，廢止每年向波斯提供貢
金，這已經很難使用賞賜的名義來掩飾。祆教祭司的宗教迫害行動欺凌帕
薩米尼亞(Persarmenia)的教會，他們在暗中向基督教的保護者祈求幫助，
等到用宗教做藉口謀殺地區的省長，叛徒竟然坦承是羅馬皇帝的同胞和臣
民而且受到大力支持，拜占庭宮廷對諾息萬的抗議置之不理。賈士丁二世
屈服於突厥人的強求不休，他們要建立聯盟關係對付共同的敵人。這樣一
來，波斯帝國立刻受到歐洲、衣索匹亞和錫西厄聯軍的威脅。東方的統治
者已年高八十歲，大可選擇享受和平的光榮與偉大，但是等到戰爭不可避

2　《世界史》的作者在一篇論文中，提到阿拉伯雖然有很多限制因素，還是非常武斷
　　的認定，這個地區一直處於獨立的狀況。唯有以實瑪利(Ishmael)的後裔受到神的
　　恩典，這個預言能不斷流傳，倒是一個奇蹟。學識淵博的盲信者難道不怕在脆弱
　　而不穩的基礎，會危及基督教的真理。

3　帕吉神父證實，波斯戰爭獲得十年的和平以後，在571年重啟戰端，繼續二十年之
　　久。穆罕默德生於569年，按照曆書應是象年，亞伯拉哈(Abrahah)在那年被擊
　　敗。從這個記載看來，征服葉門需要兩年的時間。

免，他卻以年輕人的敏捷親赴戰場；反觀身爲侵略者的賈士丁躲在君士坦丁堡的皇宮，聽到戰陣的聲音就嚇得發抖。

諾息萬或稱克司洛伊斯親自指揮圍攻達拉(572A.D.)，雖然這個形勢險要的城堡缺乏部隊和給養，但英勇的居民抵擋波斯國王的弓箭手、戰象和攻城器具，長達五個月之久。這時他的將領阿達曼(Adarman)從巴比倫進軍，橫越沙漠渡過幼發拉底河，襲擾安提阿的郊區，將阿帕米亞化爲一片焦土，向君王呈獻敘利亞的戰利品。君王在冬季期間不屈不撓，終於摧毀東部的防線。東部帝國的損失使行省和宮廷大爲驚愕，產生最直接的效果是賈士丁皇帝的懊悔無極和停止聽政，拜占庭的國務會議中呈顯蓬勃的生氣，提比流斯二世的審愼作爲獲得三年的停戰協定，及時爭取一段期間可以用來準備戰爭。謠言傳遍世界，說帝國的騎兵從阿爾卑斯山和萊茵河這些遙遠的地區、從錫西厄、瑪西亞、潘農尼亞、伊里利孔和艾索里亞等行省，獲得增援以後實力增加十五萬士兵。然而波斯國王毫無畏懼之心，或許是不信眞有其事，決定要阻止敵人的攻擊，再次渡過幼發拉底河，辭退提比流斯的使臣，很傲慢的指使他們到凱撒里亞等待他的到臨，這座城市是卡帕多西亞的首府。兩軍遭遇，發起美利提尼(Melitene)會戰，蠻族的箭矢遮天蓋日，延長戰線使得兩翼越過平原形成包圍之勢。這時羅馬軍保持較大的縱深和堅實的陣式，期望運用長劍和槍矛的力量發揮近戰的優勢。一名錫西厄酋長指揮右翼的騎兵，突然轉過敵軍的側翼，攻擊克司洛伊斯御駕所在的後衛，突入營地之內搶劫皇家的帳幕，褻瀆永恆的聖火，將亞洲的戰利品裝在成列的駱駝背上，從波斯人的隊伍中打開一條血路，掌著勝鼓回到友軍的戰線。其餘的羅馬軍浪費整日的時間，從事個別的戰鬥和難分勝負的前哨衝突。等到夜幕低垂，波斯國君想利用羅馬軍隊的分離狀況，掌握報復的機會，在快速和猛烈的攻擊之下，他們有一個營地被完全消滅。克司洛伊斯考慮到自己的損失，知道面臨危險的處境，下定決心立即撤退，等到行軍隊伍通過以後，縱火燒掉美利提尼這座空城，也不顧及部隊的安全，自己坐在戰象的背上泅水渡過幼發拉底河。經過這次沒有結果的戰役之後，可能是缺乏補給或是突厥人的入侵，使他不得不遣散

部分軍隊,並且疏散兵力以便糧草取得容易,留下羅馬人成為戰場的主人。主將查士丁尼進軍救援帕薩米尼亞的叛徒,將他的旗幟樹立在亞拉克西斯(Araxes)河的兩岸。偉大的龐培過去向著裏海遠征[4],只走了三天就停止前進,現在這個內海有一支敵對行動的艦隊在進行探勘,這是有史以來第一次[5]。七萬俘虜從海卡尼亞遷徒到塞浦路斯島,查士丁尼在次年春天又揮師進入亞述的肥沃平原,戰爭的火焰接近諾息萬的行宮。氣憤的國君患病身亡(579A.D.),遺言交代他的嗣君不要與羅馬人輕啓戰端。然而這種受辱的短暫經驗,在長期的光榮統治中逐漸遺忘,難以擊敗的敵人縱情於征服的美夢,再度要求從戰爭的災禍中獲得短期的休息。

二、霍爾木茲的繼位和暴政以及巴哈朗的功勳和篡奪(579-590A.D.)

克司洛伊斯・諾息萬的帝座由霍爾木茲(Hormouz)或稱霍爾米斯達斯(Hormisdas)接位(579-590A.D.),他是最年長或最受寵愛的兒子,統治波斯和印度的王國,繼承父親的名聲和典範,各階層都有明智和勇敢的官員在任職,行政管理已建立合適的體系,在時間和政治智慧的調和之下,要給國君和人民帶來幸福。皇家的年輕人獲得更有價值的運道,一位智者用友誼來負責他的教育,讓門生知道榮譽更勝於利益,利益更勝於嗜好。柏祖格(Buzurg)[6]一度主張的觀點,在希臘和印度的哲學家中引起爭論,那

4　龐培擊敗阿爾巴尼亞人的一萬兩千騎兵和六萬步兵大軍,然而會對一群有害人類的爬蟲心生畏懼之感。事實上這種說法很可疑,有點像他們的鄰居亞馬遜人(Amazons)一樣,不過是傳說而已。

5　在整個世界的歷史上,我只知道兩支海軍出現在裏海:其一是馬其頓的水師,在帕特洛克利(Patrocles)提督的指揮下,離開印度邊界,可能從阿姆河順流而下進入裏海,帕特洛克利是敘利亞國王塞琉卡斯(Seleucus)和安提克斯(Antiochus)的部將;其二是俄羅斯的海軍,彼得一世率領一支艦隊和軍隊,從莫斯科附近順著窩瓦河進入裏海,抵達波斯海岸。

6　柏祖格的個性和地位有點像東方的塞尼加,但是他的德行或過失不如塞尼加有名,看來這位羅馬人比較多嘴。這位波斯智者引進印度棋藝及皮爾佩(Pilpay)的寓言。他獲得智慧和德性的名聲,基督教徒認為他是福音書的信徒,伊斯蘭教徒尊敬柏祖格是最早的穆斯林。

就是一個人到了老年，覺得一生之中最悲慘的事，莫過於在德行方面毫無建樹。我們很坦誠的承認，有三年的時間柏祖格用這種原則來指導波斯帝國的御前會議。他熱誠工作所獲得的最大報酬，是霍爾木茲的感激和馴良，他認為對導師欠負之多更勝於對自己的父親。等到柏祖格極為明智的顧問身分，因為年齡的老邁和工作的繁重而受到損害，就退休離開宮廷，留下年輕的國君任憑自己的熱情和寵臣所擺布。世事的變化使人興起滄海桑田之嘆，帖西奉出現的狀況就像當年羅馬在馬可斯·安東尼死後的情景，那些諂媚和腐化的嬖倖被父王所驅逐，受到兒子的寵愛在登極後全部召回。諾息萬的友人接受罷黜和放逐的命運，這樣才能建立暴政。從霍爾木茲的內心、從國王的皇宮和他的政府，原有的德性已經開始喪失。忠心耿耿的特務成為國王專事打聽的耳目，向他報告社會混亂的各種狀況：行省的總督像兇狠的獅子和老鷹撲向獵物，出現各種巧取豪奪和貪贓枉法的行為，忠誠的臣民痛恨統治者的名字和權威。任何人要是敢提出規勸的諫言就會被處死，怨毒的耳語在城市之間傳播，發生的動亂被派出的軍隊殘酷鎮壓。君王和人民之間可以發揮調解作用的職權，全部被廢止和取消。

霍爾木茲帶有少不更事的虛榮心理，喜歡每天戴著冠冕大聲宣布，只有他是王國的法官和主宰。諾息萬的兒子不論一言一行都從父親的德性中腐化墮落。他用欺騙軍隊的手法來滿足貪婪的動機，拿猜疑善變的行為來貶低省長的權勢。在皇宮、法庭甚至底格里斯河的水中，到處受到無辜者鮮血的污染。有一萬三千人受到痛苦的刑求和處死，使得暴君極為愉悅。為了讓殘酷的行為找到藉口，有時他會用委曲的口氣提到，波斯人會因畏懼而產生仇恨，仇恨難免引起叛變。但是他忘記是自己的罪孽和愚行，才激起他所譴責的情緒，發生他所憂慮的事件。巴比倫、蘇薩和卡曼尼亞(Carmania)的行省，長期以來受到無窮無盡的壓榨，憤怒的省民高舉叛亂的旗幟；阿拉伯、印度和錫西厄的君王，拒絕向諾息萬那一無是處的繼承人進貢。羅馬軍隊用拖延時日的圍攻和經常發起的入侵，讓美索不達米亞和亞述的邊界飽嚐戰爭的痛苦。他們之中有位將領自認是西庇阿的門徒，有一幅神奇的基督像激勵士兵的狂熱，祂那溫和容貌不應該在戰線上出

現[7]。就在這個時候，可汗侵入波斯的東部行省，他率領三十到四十萬突厥人渡過阿姆河，孟浪的霍爾木茲接受他們奸詐而有力的幫助，柯拉珊和巴克特里納的城市奉命打開城門。蠻族向著海卡尼亞山區進軍，顯示突厥人和羅馬人的軍隊相互連繫密切，要聯合起來推翻薩珊王朝的寶座。

喪失在國王手裡的波斯被一位英雄所拯救，瓦拉尼斯(Varanes)或稱為巴哈朗(Bahram)在舉起反叛大旗(590A.D.)以後，霍爾木茲的兒子誣衊他是忘恩負義的奴隸，這種別有用心的指責是專制政體的特性，事實上他的家世源於古老的雷伊(Rei)王子[8]，是七個最有權勢的家族之一，過去為國家建立很大的功勳，獲得的特權使他們晉升到波斯貴族的領導地位[9]。在達拉的圍攻作戰，英勇的巴哈朗表現優異，為諾息萬親眼目睹。經過前後兩位國王不斷的拔擢，他成為軍隊的主將、米地亞的省長和皇宮的總管。人們預言他要成為波斯的救星，主要是根據他過去的勝利和出眾的形象。Giubin這個形容詞表示「乾木頭」性格，他的力氣和體形像個巨人，粗野的面孔很奇特的被比喻成花豹。就在舉國動亂不安的時候，霍爾木茲用疑惑的神色來掩飾他的驚怖，臣下在恐懼的面具後面隱藏著背叛，只有巴哈朗顯示出大無畏的勇氣和忠誠的態度。但是他立刻發現只有一萬兩千名士兵追隨他對抗敵人，於是他很明智的宣布，如果只有這樣少數的部隊，天國會為他的凱旋保留應有的榮譽。普勒‧魯得巴爾(Pule Rudbar)或稱海卡尼亞山岩，是一道狹隘的陡坡，成為軍隊唯一可用的通道，能夠貫

7　此後我會經常提到基督教的畫像，幾乎也可以說是偶像。如果我沒有弄錯，在神的製品當中這是最古老的東西，但是在爾後的一千年中已經氾濫成災。

8　托比特(Tobit)可疑的史書中提到過雷伊或稱拉吉(Ragae)，大約是基督公元前七百年左右，這個城市在亞述帝國顯赫一時，後來使用歐羅巴斯和阿薩西亞(Arsacia)兩個外國名字，位於裏海門戶的南邊約五百個斯塔德，在馬其頓人和安息人統治之下更為興旺。就是到了九世紀，城市的富麗堂皇和人口眾多，真是使人難以置信，戰爭和瘟疫卻使雷伊遭到絕滅的命運。

9　希羅多德的《歷史》第三卷談到七個波斯人的故事，此後經常提到他們那些高貴的後裔，特別是特昔阿斯(Ctesias)遺留的殘篇之中。然而奧塔尼斯(Otanes)的獨立是對專制政體採取敵對行動，七個家族經歷一千一百年的變革也不可能倖存。不過，這些家族後來可能用七個大臣的職位來代表，但是有些波斯貴族，像是本都和卡帕多西亞的國王，還是以身為大流士那七位勇敢戰友的後裔為榮。

穿雷伊地區和米地亞平原。從這個瞰制的高地上，一群最勇敢的士兵投射
無數的箭矢和石塊，成千上萬的突厥人毫無還手的能力，他們的皇帝和他
的兒子都被箭射傷，逃亡的人員無法得知狀況，也沒有食物的供應，留給
受傷害的民族對他們施加報復。波斯的將領摯愛他祖先的城市，激起愛國
的情緒。在勝利的時刻每名農夫都成爲士兵，而每名士兵都是英雄，他們
英勇的士氣受到亞洲戰利品的鼓舞，奢華的敵軍營地可以看到黃金製造的
床榻、寶座和餐桌。

　　即使是一位個性較不惡毒的國君，都不會輕易原諒他的恩主。有一份
捏造的報告，說巴哈朗在私下吞沒對突厥人勝利最貴重的成果，使得霍爾
木茲暗中懷恨在心。羅馬軍隊在亞拉克西斯河這面的進擊，迫得恨意難消
的暴君對他只有笑臉相迎，巴哈朗的辛勞獲得的報酬是允許接戰一支新的
敵軍，他們的技術和紀律比起烏合之眾的錫西厄人更要高明太多。巴哈朗
爲新近的成就而沾沾自喜，派遣一名使者前往羅馬軍營地下達戰書，要他
們指定會戰的日期，問他們是否願意渡河過來，或是開放通道讓波斯國王
的大軍過去，這兩種方式可以讓對方選擇。莫理斯皇帝的部將選擇較安全
的作法，當地的情況原本會增大波斯人的勝算，卻讓他們戰敗以後的損失
更大，也更難以逃脫。然而就霍爾木茲內心的考量，他個人仇敵所蒙受的
恥辱，勝過臣民的損失和王國的危險。等到巴哈朗剛剛集結和檢閱部隊完
畢，他就接到皇家信差送來侮辱的禮物，是一支梭桿、一個紗輪和一套婦
女衣服。他服從國君的意念，穿著這套可恥的衣服出現在士兵面前。大家
爲所受的譏諷而群情激昂，全軍發出叛變的叫囂，將領接受他們效忠的誓
言和報復的盟約。第二名信差奉命前來押解叛徒，要將他腳鐐手銬帶走，
結果被抓住後給大象活活踩死。同時軍中很快散布宣言，規勸波斯人爭取
自由，反抗可恨可厭的暴君。起義的行動很快風起雲湧，皇家的奴隸成爲
公眾憤怒的犧牲品，背叛的部隊投奔巴哈朗的旗幟，行省再度讚頌他是國
家的救星。

　　霍爾木茲認爲所有的關隘都有忠誠的部隊在守衛，再要計算仇敵的數
量只能證明自己有愧於心。在他遭遇不幸的時刻，每日都有人叛變，報復

他們所受的冤屈，或遺忘自己應盡的責任。他用驕傲的態度展示出皇家的標誌，但摩代因（Modain）的城市和皇宮已經逃脫暴君的控制。賓杜斯（Bindoes）是殘酷行為所產生的受害者，身為薩珊家族的王子被關進黑牢，一位敢做敢為的弟兄將他身上的枷鎖除去。他率領那些可以信任的警衛來到國王的面前，而這些警衛原是負責囚禁他的禁卒，必要時也可能是執行死刑的劊子手。囚犯竟然快速闖入，而且大膽斥責國王，霍爾木茲驚慌不已，但是環顧四周沒有人仗義直言，也得不到幫助，發現他的衛隊都遵從別人的命令，只有忍下一口氣聽從賓杜斯掌握的力量，被從寶座上面拖下來，關進用來處置賓杜斯的黑牢。在第一次動亂發生時，霍爾木茲的長子克司洛伊斯從城市逃走，賓杜斯用迫切而友善的請求說服他回去，保證讓他接替他父親所留下的寶座。這完全是賓杜斯懷著私心，利用這位毫無從政經驗的年輕人，想借重他的名義進行統治。在這方面毫無問題，那些幫助他的從犯不會放過霍爾木茲，更不想得到國王的赦免，每個波斯人都是暴君的法官和仇敵，所以他設置法庭進行公開的審判，這在東方歷史上是從無前例的事，以後也沒有人加以仿效。諾息萬的兒子被當成罪犯，押進貴族和省長所組成的大會[10]，要求為自己的行為進行辯護。他冗長述說秩序和服從的優點，革新帶來的危險。有些人相互鼓勵去踐踏合法和世襲的統治權，必然造成無可避免的混亂。大家帶著適度的注意力在傾聽，他帶著悲慘的聲調，乞求在座人士的仁慈。對於落得下台命運的國王，大家很難沒有憐憫之心。看到他神色可哀、面孔污穢、流著眼淚、戴著刑具、身上有經過鞭打的可恥傷痕，怎麼能夠忘記在沒多久之前，冠冕和紫袍裝飾出神聖的莊嚴。但等他竟敢強辯行為的正確和讚許統治的勝利，大會立刻升起一陣憤怒的不滿之聲；他在解釋身為國王所負的責任時，靜聽的波斯貴族現出藐視的笑容；當他膽敢詆毀克司洛伊斯的德行，大家燃起氣憤的怒火。誰知他還極為不智的提出意見，要將統治的權杖交給第二個

10　東方人認為巴哈朗召集會議並擁護克司洛伊斯二世，但是狄奧菲拉克特就這件事而論，交代得比較清楚，也更為可信。

兒子，等於是判處自己的罪行，使深受寵愛的人連帶成為無辜的犧牲品。
這個男孩和他母親血肉模糊的屍體，被展示在人民的面前，霍爾木茲的雙
眼被燒紅的鐵針刺瞎。父親接受懲處之後，接著是長子的加冕典禮。

三、克司洛伊斯二世獲得羅馬人的支持及其復位的進軍(590-603 A.D.)

　　克司洛伊斯二世憑著清白無罪登上寶座，經過一番努力，他的孝心終
於可以平息遜位國王的苦難，把霍爾木茲從黑牢中放出來，安置在皇宮的
套房裡，充分供應官能的歡樂使他獲得安慰，忍受他在憤恨和絕望之餘所
突然爆發的怒氣。克司洛伊斯可能輕視一位瞎眼而又不孚眾的國王的積
怨，但是想要保住搖搖欲墜的皇冠，那就要摧毀巴哈朗的勢力，或是獲得
他的友誼。巴哈朗表示堅定的立場，拒絕接受對這次變革的處理方式，他
和他的軍隊才是波斯人真正的代表，但是沒有人詢問他們的意見。巴哈朗
現在自認是上帝的朋友、世人的征服者、暴君的敵人、省長的領袖、波斯
軍隊的主將、頭銜上裝飾著十一項美德的王子。從他的信函得到的答覆，
是要宣布大赦，以及讓他成為王國第二號人物。他規勸霍爾木茲的兒子克
司洛伊斯，不要重蹈他父親的覆轍，已經解除鎖鍊的賣國賊還是要加以監
禁，將他篡奪的冠冕存放在神聖的地點，請求和藹的恩主原諒他的過失並
且接受一個行省的政權。叛徒可能不會驕傲，國王確定不會謙卑，但前者
意識自己的強大，後者了解自己的衰弱，甚至他的答覆都使用最溫和的語
氣，仍舊留下談判和修好的空間。克司洛伊斯率領皇宮的奴隸和都城的民
眾進入戰場，他們用恐懼的眼光觀看一支身經百戰的軍隊所高舉的旌旗，
戰術高明的將領包圍和奇襲他們。那些廢除霍爾木茲的省長，為他們的背
叛接受懲處，或者用第二次罪行更嚴重的謀逆，來為第一次的叛國贖罪。
克司洛伊斯的生命和自由獲得拯救，但是他被逼得乞求援助，或是在外國
的土地上獲得庇護。恨意難消的賓杜斯急著要保住無可指責的頭銜，倉卒

之中趕回皇宮，用弓弦結束諾息萬之子邪惡的一生(590A.D.)[11]。

　　克司洛伊斯趕忙處理撤退的準備工作，他與仍舊留在身旁的朋友商量，到底該躲藏在高加索山區的谷地，或是逃到突厥人的帳幕，或者懇求皇帝的保護[12]。阿塔澤克西茲和君士坦丁的繼承人經歷長期的競爭，使得他很不情願用懇求者的身分，出現在對手的宮廷之內。但克司洛伊斯衡量羅馬人的實力，同時也經過審慎的考量，敘利亞地區要逃脫極為容易，獲得援軍可以很快發揮功效。他將妻妾帶在身旁，只帶著三十名衛士祕密離開首都，順著幼發拉底河上行，橫越沙漠，在距離色西昔姆十哩的地方停下來。大約在夜間第三時辰，羅馬郡守接到他要蒞臨的信息，就在黎明引導皇家的陌生來客進入城堡。波斯國王從那裡被接待到位於海拉波里斯更為舒適的府邸，莫理斯沒有表露驕傲的姿態，而是展現仁慈的風度，用親筆的信函和特派的使臣來歡迎諾息萬的孫兒，謙虛表示命運的興衰無常和身為國君的共同利益，誇大巴哈朗的忘恩負義，是邪惡教條的代理人，同時提出虛有其表的論點，支持兩個國家使世界獲得平衡符合羅馬的利益，兩個偉大的太陽發揮巨大的影響力更能相得益彰。克司洛伊斯獲得保證，立時疑慮盡消，皇帝主張合於正義和忠誠的原則。然而莫理斯的行事非常謹慎，婉拒他們拜訪君士坦丁堡，認為不僅無用而且會耽誤時間。他為了表示自己是慷慨的恩主，將一頂精美的皇冠送給逃亡的君主，這是珠寶和黃金製作的價值連城禮物。

　　一支實力強大的軍隊集結在敘利亞和亞美尼亞的邊界，接受驍勇和忠誠的納爾西斯[13]指揮。這位將領是他的國人，也經過他的選用，奉令率領

11　狄奧菲拉克特把霍爾木茲的死歸罪他的兒子，說是克司洛伊斯指使手下人用棍棒將父親擊斃。我還是採用孔德米爾(Khondemir)和優提契烏斯(Eutychius，四世紀的安提阿主教，反對阿萊亞斯教派和尼西亞會議)比較溫和的看法，哪怕只要能找到一點證據，也不要將弒父的重罪加在任何人頭上。

12　法爾沙利亞(Pharsalia)會戰以後，龐培在盧坎也有類似的考量，他的打算是想找安息人幫忙，但是他的同夥憎恨這種有違常情的結盟。這種不利的偏見可能逼得克司洛伊斯和他的手下也要採取同樣的行動，他們非常激烈的表示，這要歸於西方和東方在法律、宗教和習俗之間的矛盾。

13　這個時代有三個將領的名字都叫納爾西斯，經常會讓人混淆：(1)是一位帕薩米尼

部隊越過底格里斯河，在使克司洛伊斯重登祖先遺留的寶座之前，絕對不會停止使用武力。復國大業雖然成就驚人，事實上並不如想像中那麼困難。波斯人已經悔恨他們行事太過孟浪，竟然將薩珊王室的繼承權力送給野心勃勃的叛逆臣民。祆教祭司堅持道德勇氣，拒絕承認巴哈朗的篡奪合於正統所具有的神聖地位，逼得他僭用皇室的權杖，對於國家的法律和傳統置之不顧，於是皇宮很快陷於叛逆的陰謀，城市陷於持續的動亂，行省陷於起義的行動。殘忍處決犯罪和涉嫌的人員，只能刺激而無法鎮壓公眾的不滿。等到諾息萬的孫子挺身而出，他與羅馬軍隊的旗幟越過底格里斯河，每天都有大群貴族和人民參加他的陣營，進軍途中他不停接受四面八方送來城市的鑰匙和敵人的頭顱。一旦摩代因當著篡奪者的面獲得自由，雖然米波德斯(Mebodes)只率領兩千人馬，忠於皇室的居民也立即服從降順的號召。克司洛伊斯接受皇宮裡神聖和貴重的飾品，當作他們值得信任的誓約，也是接近成功的徵兆。巴哈朗想要阻止皇家軍隊的會師，極力奮鬥還是徒然無用，最後只有在米地亞地區的札布(Zab)河兩岸，進行兩次決定性的會戰。羅馬軍隊加上波斯忠誠的臣民，總兵力約為六萬人，篡奪者的軍隊全部沒有超過四萬人。兩位將領都以英勇過人和才能卓越而著稱於世，但是勝利最後取決於兵力的優勢和紀律的嚴明。巴哈朗的軍隊被擊潰以後，帶著殘餘人員逃向阿姆河的東部行省。突厥人與波斯人有仇，所以才與巴哈朗重歸於好。但是沒過多久巴哈朗就被毒死，或許是被下毒而得到不治之病，只留下刻骨銘心的悔恨和失望，飽嚐喪失榮譽的苦果。然而現代的波斯人仍在頌揚巴哈朗的功勳，在他艱困和短暫的統治期間，還能制定一些優異的法規，可以長遠流傳下去。

　　克司洛伊斯的復位(591-603A.D.)用宴會和處死來大事慶祝，皇家盛典發出喜氣揚揚的音樂，受到將死或傷殘的罪犯悲慘的呻吟聲所干擾。最近的變革震撼整個國家的基礎，宣布大赦或許可以帶來安寧和平靜。然

(續)───────────

　　亞人，他是艾薩克(Isaac)和阿瑪久斯(Armatius)的兄弟，在與貝利薩流斯交戰以
　　後，背棄波斯國君投效羅馬帝國，後來參加意大利戰爭；(2)就是征服意大利的宦
　　官；(3)協助克司洛伊斯復位的將領，科里帕斯寫詩對他頌揚備至。

而，在把一切問題歸咎於克司洛伊斯嗜殺的性格之前，我們必須了解波斯人是否有這種習氣，畏懼國君的嚴酷而又鄙視他的軟弱。征服者用正義的名字和報復的手段，一視同仁懲處巴哈朗的叛亂和省長的謀逆。賓杜斯的功勞也不能洗淨雙手沾染皇家血腥的罪孽。身爲霍爾木茲的兒子，他不僅要認定自己的行爲清白無辜，還要辯明國王的神聖不可侵犯。羅馬的國力臻於頂點期間，前幾任凱撒的軍隊和權勢使得數位國君坐上波斯的寶座。但是對於他們從外國土地習染的惡行或德性，新近統治的臣民感到深惡痛絕。主權不穩引起民間的批評，東方奴隸任性多變的輕浮性格，對於羅馬人的選擇不論贊同或反對，同樣表現熱烈的激情。莫理斯的兒子和盟友的統治，不僅保持長久而且運道甚佳，使莫理斯獲得登峰造極的榮譽。約一千羅馬人組成的隊伍，繼續負責克司洛伊斯的個人護衛，表示他對外鄉人的忠誠給予最大的信任。等到他權勢成長到羽毛已豐，有能力辭退不孚眾望的支助，但是對再生之父始終保持感激和尊敬，直到莫理斯過世爲止，兩個帝國用誠信來維繫和平與聯盟。然而羅馬君王的友誼是爲了圖利，要用價昂而重要的禮物來換取。重建瑪提羅波里斯(Martyropolis)和達拉成爲堅強的城市，帕薩美尼亞人自願成爲帝國的臣民，東部的疆域擴展到前所未有的狀況，遠達阿拉克西斯河兩岸和裏海鄰近地區，甚至還懷著虔誠的希望，教會也與政府一樣在這場變革中贏得勝利。但是如果克司洛伊斯曾誠摯聽從基督教主教的意見，祆教祭司卻用熱烈的情緒和雄辯的口才，將這種不利的印象完全擦去。要是他出於不以爲意的態度，身爲 一位被逐的國君，使得他的信仰或是他的職權能適合當時的景況，這也是無可厚非的事。波斯國王所以出現想像中的宗教改變，那是他基於迷信的考量，在當地對色吉烏斯表示尊敬[14]，這位安提阿的聖徒似乎在夢中聽到他的祈禱。克司洛伊斯對神龕奉獻大量的金銀，歸功於肉眼看不見的守護神保佑

---

14 色吉烏斯和他的好友巴克斯(Bacchus)曾經受到馬克西米安(Maximian)的宗教迫害，在法蘭西、意大利、君士坦丁堡及東方獲得神聖的榮譽。他的墓地在拉沙菲(Rasaphe)，因神蹟聞名於世，這個敘利亞的小鎮得到光榮的名字色吉歐波里斯(Sergiopolis)。

他的軍隊能夠成功，使最受他寵愛的妻子西拉(Sira)懷孕，她是虔誠的基督徒[15]。西拉或稱斯奇琳(Schirin)[16]，以她的美麗、機智和音樂的才華，在東方的歷史或傳奇中極為著名，她的名字用波斯語表示的意義是「甜美和文雅」，他的稱號「帕維茲」(Parviz)是指她的皇家愛人所具有的魅力。然而西拉從未享受她所誘發的激情，豔福無窮的克司洛伊斯一直為嫉妒和猜疑所苦，他獲得她的身體，而她的芳心卻另有所屬[17]。

四、阿瓦爾人的虎視眈眈及柏伊安台吉的權術和謀略(570-600A.D.)

當羅馬人姓氏所代表的威嚴在東方恢復時，展望歐洲的未來，很難讓人感到歡樂和光榮。倫巴底人的離去和吉皮迪人的絕滅，破壞多瑙河地區的權力平衡，阿瓦爾人擴展永久的主權，從阿爾卑斯山的山麓直抵黑海的海岸，柏伊安(Baian)的統治是王國最光輝的時期。他們的台吉據有阿提拉樸素的宮殿，似乎沿用他的作風和政策[18]，但同樣的情景在較小的範圍

---

15 伊發格流斯和狄奧菲拉克特曾經保有克司洛伊斯的原信，用希臘文書寫，簽上自己的名字，刻在黃金製作的十字架和板面上，存放在色吉歐波里斯的教堂。後來這些資料被送給安提阿主教，他也是敘利亞的總主教。

16 希臘人提到西拉，只說她的父母是羅馬人，自己是基督徒。在波斯和土耳其的傳說中，認為她是莫理斯皇帝的女兒，讚譽科什羅(Khosrou)對斯奇琳的愛情，以及斯奇琳對菲哈德(Ferhad)的熱戀，而菲哈德是東方最英俊瀟灑的青年。

17 有兩名當代的希臘人提到霍爾木茲的暴政、巴哈朗的叛亂以及克司洛伊斯的逃亡與復位等等重大事件，其中伊發格流斯寫得比較簡略，狄奧菲拉克特的記載流傳很廣。後來的作者像是諾納拉斯和昔瑞努斯，只是引用資料加以改寫和整理而已。身為基督徒的阿拉伯人優提契烏斯和阿布法拉杰斯(Abulpharagius, Gregory, 1226-1286A.D.，雅各比派的東方總主教，神學家和歷史學家)，他們的作品顯然參考過很特別的回憶錄。十五世紀著名的波斯歷史學家密克漢德(Mirkhond或Mirchond或Mir Khwand, 1433-1498A.D.，波斯歷史學家)和孔德米爾，就我所知也不過摘錄什卡德(Schikard)、特克西拉(Texeira)和司蒂芬的著作，弗爾蒙特(Fourmont)神父和德比洛曾經翻譯一份突厥文手稿。我對這些作品的權威感到滿意，只是希望東方的資料能夠再豐富一些。

18 從米南德和狄奧菲拉克特(Theophylact)的作品，對於台吉的自負和權勢才有一點概念，狄奧菲拉克特的八卷著作最有價值的地方，是使後人了解阿瓦爾人的狀況，不僅是記述羅馬君主的豐功偉業而已。柏伊安的祖先已享受到羅馬的慷慨大

之內重複出現，這種仿效並沒有多大的代表性，原有的偉大和新奇已經喪失無遺。高傲的蠻族使自負的賈士丁二世、提比流斯二世和莫里斯變得更為謙虛，蠻族很容易造成戰爭的損害，本身卻比較不會嘗到戰爭的苦果。如同亞洲經常受到波斯人的威脅一樣，歐洲為阿瓦爾人危險的入侵和高價的友誼而苦不堪言。當羅馬使者要前去晉見台吉，接到指示停留在帳篷的門口，有時會等上十到十二天之久，才像是給他們面子那樣獲得允許。要是傳達的信息無論是內容還是稱呼，讓台吉認為受到冒犯，很快會或真或假的發起脾氣，侮辱使者或是君主的尊嚴。他們所帶的行李受到搶劫，只有答應更豐富的禮物和更尊敬的書信，才能保住自己的性命。

　　然而台吉的使臣在君士坦丁堡可以橫行霸道胡作非為，一直糾纏不休的吵鬧，要求增加貢金和物品，遣返俘虜和逃兵，帝國的尊嚴被怯懦的順從弄得無地自容，有時為了逃避無禮的需求，只有用欺騙和畏懼的藉口。台吉從未見過大象，但是在一幅畫上看到這種讓人感到驚異的動物，即使這幅畫出於想像，也使他產生強烈的好奇心。在他的要求之下，皇家馬廄最大的一頭象裝飾豪華的挽具和配件，伴隨人數眾多的行列，前往匈牙利平原國王居住的村莊。他帶著驚奇、厭惡和害怕的神色打量這頭巨大的野獸，嘲笑羅馬人不辭辛勞的虛榮心理，為了獲得這種無用的罕見珍物，竟會到陸地和海洋的盡頭去探險。他想要在一張金床上休息，希望能由皇帝花錢去辦理，君士坦丁堡的財富和工匠的技術，可以很快滿足任性的要求，但是等到這項工作完成以後，他又帶著藐視的態度加以拒絕，認為這種禮物有辱一位偉大國王的威嚴。像這些偶然發作的衝動都是出於自豪的心理，但是台吉對財物的貪婪倒是很穩定而且溫和，能夠定期獲得數量相當豐碩的絲質衣物、家具擺設和金銀器皿，這是初步把藝術和奢侈引進錫西厄人的帳幕。印度運來的胡椒和肉桂使他們的食慾受到刺激[19]。年度津

(續)────────────────

　　　　方，而他本人活得比莫里斯的統治更久。阿瓦爾人在台吉領導下入侵意大利是在
　　　　611年，他可能是柏伊安的兒子或是孫兒。

　19　台吉就是在戰場也喜歡使用各種香料，他要求用東方的胡椒、肉桂、豆蔻當作禮
　　　　物。比起現代更為精緻的食物，野蠻時代的歐洲人無論是在肉類和飲料，都要消
　　　　耗更多的香料。

貼或貢金從八萬金幣增加到十二萬，每次敵對行動造成支付的中斷以後，
償還積欠的款項和驚人的利息，成為簽訂新的和平協定最重要的條件。

在蠻族的語言之中沒有「欺詐」這類的詞句，阿瓦爾人的君王假裝
抱怨希臘人毫無誠信可言[20]，然而他在精進自己的騙術和背叛這方面，比
起文明進步的民族並不遜色。色米姆(Sirmium)是伊里利孔行省最古老的
城堡，也是整個地區的屏障，台吉自認是倫巴底人的繼承者，公開宣稱對
於這座重要城市擁有主權[21]。阿瓦爾人的馬群滿布在下匈牙利平原，用赫
西尼亞森林的木材建造巨大的船隻編成一支艦隊，可以在多瑙河順流而
下，或是航行到薩維(Save)河載運架橋的材料。辛吉都儂(Singidunum)有
強大的守備部隊，控制兩條大河的匯流口，可以截斷蠻族的通道，妨害到
企圖的達成。台吉用莊嚴的誓詞祛除他們的憂慮，說他對帝國沒有採取敵
對行動的意圖。他拔出長劍代表向戰神起誓，絕不會像羅馬的敵人那樣在
薩維河上構建一座橋樑。膽識過人的柏伊安繼續說道：「如果我違背誓
言，讓我自己和整個民族都死於刀劍之下，讓天國的神明降火在我們的頭
上！讓森林和山嶺崩裂將我們埋葬在其中，讓薩維河抗拒自然的原則產生
逆流的洪水，將我們捲入憤怒的狂濤！」在發出野蠻的詛咒以後，他很平
靜的詢問，對基督徒而言哪種誓言最神聖而古老，哪種偽證罪會招致最危
險的報復。辛吉都儂主教拿出福音書，台吉很虔誠而恭敬的接受，他說
道：「我對著這本聖書裡上帝的話發誓，我既不會說謊也沒有背叛的念
頭。」等他發完誓站起來，馬上加速完成橋樑的架設，然後派遣一名使者
去通知對方，說他毋須再隱瞞自己的意圖。不守信義的柏伊安說道：「通
知皇帝讓他知道色米姆被圍得水泄不通，勸他要識時務撤走市民和他們的
財物，這座城市得不到援救也無法防守，只能放棄。」色米姆在失去救援
的希望以後，還是繼續抵抗一直延長三年之久，城牆仍能保持完整未被攻
破，但是饑饉的災難無法抗拒，蠻族同意仁慈的投降協定，讓深受饑餓之

20　希臘歷史家承認他的指責很公正也很有道理。

21　米南德提到柏伊安的偽誓食言以及色米姆的開城投降，有關圍攻的記載已經喪
　　失，我們無法見到，狄奧菲拉克特非常讚許這篇作品。

苦的市民不帶一物離開。

　　距離在五十哩外的辛吉都儂，經歷到更為殘酷的命運，建築物都被推平，被征服的人民受到奴役或放逐的懲處。然而色米姆的遺址已無法尋覓，辛吉都儂據有優越的位置，很快吸引斯拉夫人前來建殖民地，薩維河與多瑙河的匯流口仍舊為貝爾格勒的防禦工事所捍衛，這個地點又稱「白城」，基督徒和土耳其人雙方的大軍不斷在此進行頑強的抗爭[22]。從貝爾格勒到君士坦丁堡的距離是六百哩，這條路線的特徵是不斷蔓延的戰火和血流遍地的屠殺，阿瓦爾人的鐵騎能交替在黑海和亞得里亞海洗浴。羅馬教皇接獲更為野蠻的敵人即將趨近的警告[23]，只能私下盼望倫巴底人成為意大利的保護者。有一名失望的俘虜因為國家不願將他贖回，就將製造和運用投射器具的祕密洩露給阿瓦爾人[24]，但是在首次的攻擊中，只有粗陋的機具和笨拙的操作，戴克里先諾波里斯(Diocletianopolis)、貝里亞(Beroea)、菲利浦波里斯和哈德良堡的抵抗，很快耗盡圍攻者的技巧和忍性。柏伊安採用韃靼人的作戰方式，然而內心可以反映出仁慈和慷慨的情緒，他赦免安契拉斯(Anchialus)不致遭到毀滅，因為這裡的溫泉使最受寵愛的妃子恢復健康；羅馬人也承認這個仇敵的寬洪大量，讓饑餓的軍隊獲得糧食然後再予遣散。他的帝國涵蓋匈牙利、波蘭和普魯士，從多瑙河口延伸到奧德河[25]，征服者的猜疑政策將新的臣民分散開來，驅趕到不同的地區去墾殖[26]。日耳曼的東部在汪達爾人遷徙以後形成一片空虛，

22　君士坦丁‧波菲洛吉尼都斯(Constantine Porphyrogentius)在十世紀，提及貝爾格勒這個斯拉夫人取的名字。法蘭克人在九世紀初葉使用拉丁人的稱呼，是阿爾巴‧格里卡(Alba Graeca)。

23　保羅‧武尼弗瑞德敘述阿瓦爾人入寇夫里阿利的狀況，也提到他的祖先成為俘虜，那個時候大約是632年。斯拉夫人渡過亞得里亞海，在西潘圖姆(Sipontum)地區定居下來。

24　狄奧菲拉克特說他們甚至可以製造活動的攻城木塔。

25　台吉的部隊和盟友到達西部海岸附近，離君士坦丁堡有十五個月的行程。莫理斯皇帝與來自遙遠國度的巡迴豎琴師談過話，會不會弄錯了，像這樣落後的民族怎麼會有這種樂師。

26　這些是博學的布瓦伯爵極可信的推測之辭。發現特茲契人(Tzechi)和塞比人(Serbi)始終在一起，無論是靠近高加索山脈，還是在伊里利孔，或是在下易北河

運用斯拉夫人移民前去補充，同樣的部族也出現在亞得里亞海和波羅的海的周邊。由柏伊安自己命名，像是尼斯(Neyss)和黎薩(Lissa)這些伊里利孔的城市，再度出現在西利西亞(Silesia)的腹地。台吉在部署和運用他的軍隊和行省時，讓他的諸侯在第一線先行攻擊，他並不顧慮這些人的性命。等到敵人遭遇英勇的阿瓦爾人，他們的刀劍都已殺得捲口。

五、阿瓦爾戰爭與軍隊的叛亂以及莫理斯的被弒(595-602A.D.)

波斯人的盟友重整東部的軍隊用來防禦歐洲，莫理斯忍受台吉的粗野無禮已有十年，宣布他的決定要御駕親征對抗蠻族(595-602A.D.)。有兩個世紀的時間，狄奧多西的繼承人沒有在戰場現身，怠惰的生命全部浪費在君士坦丁堡的皇宮。希臘人根本不清楚，皇帝這個稱呼最早是指共和國的軍隊主將。莫理斯好武的熱情被眾人所反對，包括元老院表情嚴肅的奉承之辭、教長生性怯懦的迷信行為，以及康士坦提娜皇后忍不住的眼淚，大家一致勸他將辛勞而危險的錫西厄戰役，委交位階較低的將領去執行。皇帝對於規勸和懇求充耳不聞，英勇前進[27]到達離開首都七哩的地方。神聖的十字架標誌展示在隊列的前面，莫理斯用充滿自負的神情，校閱武器鮮明人數眾多的百戰雄師，這些部隊曾渡過底格里斯河完成征戰的任務。在水陸兼進的行程中，安契拉斯成為最後的目標。他在夜間的祈禱要求給予奇蹟的答覆，沒有任何成效，接著寵愛的馬匹突然死亡、遇到一頭野豬、受到大雷雨的襲擾、以及畸形嬰兒的出生，這都使他的內心感到迷惑和不安。然而他卻忘卻最好的預兆，就是拔出佩劍來保護自己的國家[28]。皇帝藉口要接見波斯使臣，又轉回君士坦丁堡，明顯改變喜愛戰爭的念頭，他的規避戰陣和選擇將領使得公眾大感失望。

(續)——————————————

地區。甚至就是波希米亞人最野蠻的傳統，都使他的假說帶上可信的色彩。

27 如果狄奧菲拉克特是有天分或是有品味的作家，可能是用文雅的反嘲來加以諷刺，事實上他並沒有傷人之意。

28 《伊利亞德》用崇高和敬仰的詩句，讚許英雄的精神和哲人的理性能夠結合在一起，證明荷馬的見識已經超越他所處的時代和國家。

莫理斯的兄弟彼得同樣可恥之極，竟然逃離當面的蠻族、領導的士兵和羅馬城市的居民。皇帝用召回晉升給予赦免，這是只講手足之情的盲目偏袒行為。要是我們記得類似的名字和情況，這個要放棄的城市就是聲威遠震的阿茲穆提姆(Azimuntium)[29]，曾經單獨擊退阿提拉雷霆萬鈞的進犯。英勇好戰的年輕人拿來做為榜樣，已經延續幾代的時光，他們從賈士丁一世或二世獲得榮譽的特權，能夠保持傳統的戰鬥精神，只用來保衛自己的家園。莫理斯的弟兄打算不理會這種特權，要把一支愛國的隊伍與他營地裡的傭兵混雜在一起。他們退到教堂裡，他對這個神聖不可侵犯的地點毫無敬畏之心。民眾看到這種情況就揭竿而起，關上城門把人員配置在防壁上，他們發現彼得的怯懦竟然不亞於他的傲慢和偏袒。康門提奧拉斯(Commentiolus)的勇氣連最低賤和最通俗的資格都不具備，在軍事方面的名聲是諷刺和喜劇的目標，與嚴肅的歷史倒是沒有多少關係。他舉行盛大的軍事會議、擬定很奇特的部隊運動方式、下達不為人知的命令，所有的作法都好為他的逃走或拖延找辯護的藉口。要是他朝著敵人進軍，對面希繆斯山令人心曠神怡的山谷，竟成為無法克服的阻礙；但是在他撤退時抱著膽小而畏懼的好奇心理，盡量要探求最困難和無人使用的路徑，甚至連當地最年長的人士都已經記不清楚。他唯一發生的流血事件，不知是真的生病還是裝出患者的樣子，讓外科醫生用放血針給他治療；他的健康非常敏感，只要蠻族接近就發生病痛，經過冬營期間安全的休息就自然痊癒。

一位君主擢升和支持這樣無能的寵倖，即使他的同僚普里斯庫斯(Priscus)靠著運氣獲得功勞，君主當然談不上有什麼光榮可言。普里斯庫斯在連續五次會戰中，似乎憑著高明的戰術和堅定的決心，俘虜一萬七千兩百名蠻族，將近六萬人包括台吉的四個兒子被殺。趁著吉皮迪人在阿瓦爾人的保護下安然入睡時，將領對這個平靜無事的地區發起奇襲，使他能夠在多瑙河與特斯(Teyss)河的兩岸，建立羅馬帝國最後的勝利紀念碑，

29 關於這件事的證據，我並沒有什麼印象，明智的讀者可以參閱前面的三十四章第五節，曾經提到阿茲穆斯(Azimus)或阿茲穆提姆的沒落。到了下一個世紀，愛國的精神和忠勇的氣節都可以廉價出售。

自從圖拉眞過世以後，帝國的軍隊在古老的達西亞還沒有突入如此深遠。然而普里斯庫斯的成功只是曇花一現，他很快就被召回，因爲顧慮柏伊安有大無畏的精神和新徵召的部隊，準備開到君士坦丁堡城下爲作戰的失敗進行報復[30]。

　　凱撒和圖拉眞的營地對戰爭原理的熟悉，比不上查士丁尼和莫理斯的時代[31]。托斯卡尼或本都的鋼鐵經過拜占庭工匠的技術，所製造的兵器硬度很高極爲鋒利；爲數眾多的倉庫儲存種類繁雜的攻擊和防禦武器；對於船舶、機具和工事的構建和運用，蠻族讚譽這個民族掌握優勢的創造能力，即使蠻族經常在戰場獲得壓倒性勝利。有關陣式、操練、運動和戰略這些古老的兵法，希臘人和羅馬人都著書立說加以研究；但是行省的隔絕或衰落無法支持在君士坦丁堡的這樣一群人，他們不能執武器在城牆上防守，不能駕駛船隻在海上作戰，不能在戰場把兵法化爲勇敢而具體的行動。貝利薩流斯和納爾西斯的將才是無師自通，以後也沒有傳人及身而絕。無論是榮譽感、愛國心還是宗教的迷信，都不可能激起奴隸和外鄉人毫無生氣的肉體，來繼承軍團的光榮傳統。皇帝只有在軍營中才能施展專制的指揮，然而他的權威也只有在軍營裡受到抗拒和侮辱。他用金錢來安撫或刺激無法無天的軍人，但是部隊的惡行是與生俱來習性，獲得勝利倒是偶然的成就，軍隊的維持要消耗國家的財富，無法保國衛民是最大的浪費。經過長期的縱容和遷就產生有害的影響後，莫理斯決心要剷除暮氣已深的積習，但是草率的行動不僅送掉自己的性命，病入膏肓的情狀也更形惡化。

　　改革者必須免於圖利自己的疑惑，他爲了糾正錯誤發出的呼籲應該獲得認同和尊敬。莫理斯的部隊傾聽勝利領導者的聲音，不屑於政客和詭辯

30　從狄奧菲拉克特所著《莫理斯皇帝傳》第一、二、六、七、八等卷，可以知道阿瓦爾人戰爭的細部狀況。他寫這本書是赫拉克留斯在位時，沒有必要對逝世的皇帝加以奉承，但是他的鑑別和判斷能力不足，無關的瑣事顯得實在冗長，重大的情節反而過於簡略。

31　莫理斯自己對戰爭的藝術寫了十二卷書，現在還流傳存世，約翰・霞飛(John Scheffer)把它放在阿里安《論戰術》一書的後面，1664年在阿普薩爾出版。

家的勸說，當接到詔書要從獲得的報酬中扣錢，用來支付他們的兵器和衣物時，他們大聲咒罵君土的貪婪，無法感受到他們所遭遇的艱辛和危險，因爲皇帝本人已經臨陣逃脫。亞洲和歐洲的軍營裡浪潮湧洶，持續發起狂暴的叛變。駐防埃笛莎的士兵氣憤填膺，用斥責的言辭、威脅的行動和帶血的傷口，追趕著渾身顫抖的將領。他們推倒皇帝的雕像，對著基督顯現奇蹟的畫像丟擲石塊，不是拒絕接受民法和軍法的約束，就是創設「自願隸屬」的危險模式。君王遠離發生情況的現場，有時還受到欺騙和隱瞞，無法在危機發生時很快加以安撫或是阻止。他害怕發生一場全面的叛變，對於任何勇敢的行動或忠誠的表示，都很樂意接受，當成引起眾怒的贖罪行動。原來宣布的改革要盡快放棄，不僅不能處罰或是限制部隊，反而要用感激的聲音宣布赦免和獎勵，使他們驚喜。但士兵接受延遲而且勉強的禮物，毫無感激之意，等到發現皇帝的軟弱和自己的實力以後，對於偏執的精神感到意氣風發，就會激起相互的仇恨，不會再有寬恕的信念與和好的希望。

那個時代的歷史學家採用世俗值得懷疑的看法，認爲莫理斯要在暗中摧毀他所苦心重建的軍隊，康門提奧拉斯的不當處置和受到重用可以證明這種毒惡的陰謀。無論在任何時代都可以譴責莫理斯的凶狠或貪婪[32]，只爲了不願支付微不足道的六千金幣贖金，就任憑台吉屠殺手上的一萬兩千名俘虜。他還要火上加油引起大家的憤怒，下達給多瑙河駐軍的一紙命令，他們必須節約運用行省的軍需物質，將冬營建立在阿瓦爾人充滿敵意的地區。他們感到受夠了委曲，公開宣布莫理斯失去統治的資格，對於那些忠誠的擁護者不是驅逐就是殺戮。福卡斯(Phocas)不過是一名百夫長，部隊在他的指揮之下迅速回師，向著君士坦丁堡地區進軍(602年10月)。經過很長時期的合法傳承以後，第三世紀軍人篡奪的混亂狀況又再度出現，然而這種謀逆的情勢與過去最大不同之處在於，叛徒因他們的倉卒起

---

32 莫理斯的詭計和貪婪，狄奧菲拉克特和狄奧菲尼斯似乎一點都不知情。這些指控大爲損害皇帝的形象，最早提到的是《帕斯加爾編年史》的作者，諾納拉斯加以引用，昔瑞努斯對於要求的贖金有另外的算法。

事而感到害怕。他們遲遲不願將紫袍授與深受愛戴的人物，同時拒絕與莫理斯本人進行談判，但是與他的兒子狄奧多西以及日耳曼努斯保持友善的連繫，日耳曼努斯是這名年輕人的岳父。福卡斯過去的一切可以說是沒沒無聞，皇帝對於這名敵手的姓名和性格毫無印象，但是很快知道百夫長發起勇敢的叛變，面對危險卻怯懦不前。意志消沉的國君大聲說道：「唉呀！如果他是一個懦夫，那倒是會成為殺人不眨眼的兇手。」

然而只要君士坦丁堡表現堅定和忠誠，這個兇手只能對著城牆發洩怒氣，行事謹慎的皇帝等叛軍的實力耗損以後，就可以獲得和解的機會。他前往賽車場參觀比賽，一再擺出異乎尋常的壯大排場。莫理斯用充滿自信的笑容掩飾內心的焦慮，非常客氣的請求黨派向他喝采和歡呼，為了滿足他們那種狂妄的心理，從他們選出的護民官手裡接受一份名單，上面有九百個藍黨和一千五百個綠黨的名字。他用尊敬的口吻說，這些人是帝座最堅實的基石。這種虛有其表或軟弱無力的支持，只能顯出他已落於窮途末路的處境，加速他的垮台和滅亡。綠黨是叛軍在暗中的同謀，藍黨大聲呼籲羅馬弟兄的鬩牆之爭要能寬恕和節制。莫理斯嚴苛和吝嗇的性格早已使臣民離心離德，當他赤足在宗教的遊行隊伍中行走，遭到人民用石塊無禮的攻擊，逼得侍衛用權標來保護他不受傷害。一名狂熱的僧侶帶著出鞘的長劍跑過街上，用上帝的天譴和降災來對他大聲指責。還有一個賤民裝扮他的面貌和衣飾，騎著一頭驢子，後面隨著一群咒罵的群眾[33]。皇帝懷疑深得民心的日耳曼努斯，會跟士兵和市民合在一起對他不利，他感到畏懼就加以威脅，但是拖延斷然處置的打擊手段。大公逃到教堂的聖所去避難，民眾揭竿而起保護自己的安全，守備部隊放棄守城的任務，夜間的暴民在喪失法紀的城市到處縱火大事劫掠。命運乖戾的莫理斯帶著妻室和九名子女，乘坐一艘小帆船逃到亞細亞海岸，暴風迫得他們在卡爾西頓附

---

[33] 反對莫理斯浪潮洶湧的呼聲之中，君士坦丁堡的民眾把他貼上馬西昂教派的標籤，認為他是個異端，不知是用來表示含糊的譴責，還是皇帝真正聽從古老諾斯替教派的教導？

近的聖奧托諾繆斯(St. Autonomus)教堂登陸[34]，從那裡他派遣長子狄奧多西前往懇求波斯國君，基於感激和友情給予援手。他自己拒絕逃走，肉體因坐骨神經而疼痛難忍[35]，心情受到迷信的影響而衰弱不堪，他只有忍耐等待這場革命的結局，同時對全能的上帝提出公開而誠摯的祈禱，為他的罪孽願意在今世而不是來生受到懲罰。

　　莫理斯退位以後，兩個黨派為了推舉皇帝發生爭執，但是藍黨的選擇因為對方的猜忌而受到拒絕。日耳曼努斯在群眾催促之下，趕到離城七哩外的赫布多蒙(Hebdomon)皇宮，急著向百夫長福卡斯的最高權威致敬。福卡斯很謙遜的表示要將紫袍授與位高功大的日耳曼努斯，然而他本人最後的決定是婉拒，非常的堅持而且態度很誠懇。元老院和教士都服從他的召喚，教長很快證明他的正教信仰，在施洗者聖約翰教堂為成功的篡賊舉行奉獻儀式。到了第三天，福卡斯在舉止輕率的群眾歡呼聲中，坐著四匹白馬拖曳的車輛公開進入城市。叛亂的部隊獲得大批賞賜作為報酬，新統治者在巡視皇宮以後，坐在競技場的寶座上觀看比賽的節目。兩個黨派要爭奪優先的位置，他那偏袒的態度完全向著綠黨，對方發出惡意的回響：「別忘記莫理斯還在，我們走著瞧！」藍黨這種極不謹慎的叫囂對殘酷的暴君產生刺激和警告。負有執行處死任務的人員被派到卡爾西頓，將皇帝從聖所拖出來。當著悲痛萬分的父母面前，莫理斯的五個兒子逐一被殺死。每一刀都像是砍在他的心上，他不斷發出語句短促急不成聲的祈禱：「啊！正直的神，你的判決使公義得以伸張。」在最後的時刻，他還要堅實的依附真理和正義，向士兵洩露奶媽虔誠的掉包事件，她用自己的兒子來替換皇家的嬰兒[36]。最後以處死皇帝來結束這個血腥的場面，他的統治

---

34 聖奧托諾繆斯(我對這位聖者一無所知)教堂離君士坦丁堡約一百五十斯塔德，吉留斯提到莫理斯和他的兒子在優特洛庇斯(Eutropius)港被謀殺，這是卡爾西頓兩個海港之一。

35 君士坦丁堡的居民通常為風濕所苦，狄奧菲拉克特也隱約提到，如果不是與歷史的原則相矛盾，他應該指出醫藥上的原因。然而他根本說些風馬牛不相關的東西，像是探究尼羅河的定期氾濫，還有就是希臘哲學家對這個問題的看法。

36 高乃依(Corneille)經過努力的創作，寫出情節非常複雜的悲劇《赫拉克留斯》。

有二十年，時為六十三歲(602年11月27日)。父親和五個兒子的屍體投入大海，頭顱送到君士坦丁堡示眾，受到大家的侮辱或憐憫，還沒有等到出現腐爛的跡象，福卡斯默許為這些地位崇高的遺骸私下舉行喪禮。莫理斯的錯誤和過失隨之埋葬在墳墓之中，他的下場讓人難以忘懷。過了二十年後，狄奧菲拉克特(Theophylact)詳盡記述這段歷史，慘痛的故事使聽眾情不自禁流下眼淚。

六、福卡斯的暴虐和絕滅以及赫拉克留斯的舉兵和稱帝(602-642 A.D.)

福卡斯的登極非常平靜，獲得東部和西部行省的承認，在他的統治之下(602年11月23日-610年10月4日)，民眾只能在暗中流淚，同情就是犯罪的行為。皇帝和他的妻子李奧提婭(Leontia)的畫像，受到羅馬元老院和教士的敬仰，特別陳列在拉特朗大教堂，後來存放在凱撒的皇宮，掛在君士坦丁和狄奧多西的畫像之間。做為一個臣民和基督徒，格列哥里的責任是要默認已經建立的政府，但是他祝賀兇手的好運時竟然興高采烈的歡呼，這種難以洗刷的羞辱玷污聖徒的人格。使徒的繼承人對於這種血腥的罪行，應該用相當堅定的態度施以諄諄的教誨，兇手要誠心的悔過贖罪。然而他同意大事慶祝人民得到解救和壓迫者的垮台，福卡斯虔誠和仁慈榮獲上天的恩典，能夠擢升到皇家的寶座使他極為歡愉，祈求福卡斯用鐵腕對付所有的敵人，表示出願望和預兆會有長久而勝利的統治，福卡斯的王國會從塵世轉變到永恆。我已經追循革命的發展途徑，照格列哥里的意見，無論是天國和世間都是如此的愉悅。福卡斯的運用權力不應比起追求權力更讓人可恨。一位立場公正的歷史學家用筆詳盡描繪出這個怪物的全貌[37]：他的身材矮小而且畸形，濃黑的眉毛連成一線，有紅色的頭髮和光

(續)————————————————————
　　要想了解來龍去脈，僅一個劇本根本無法說明清楚，尤其是劇情的發展前後相隔年代久遠，就是作者本身都會混淆。

37　福卡斯的雕像都已摧毀，即使出於敵人的惡意，也必須忍受他的一副畫像或諷刺

潔無鬚的下頷,一個可畏的疤痕使面頰破相而且醜陋不堪,大字不識也不
懂法律和軍事。他身居高位放縱於帝王的特權,不僅性好女色而且濫飲無
度,獸性的歡樂傷害臣民的榮譽也侮辱自己的尊嚴。他無法履行君王的職
務,放棄身為軍人的責任,福卡斯的統治使歐洲飽嘗喪權辱國條約的痛
苦,亞洲陷於水深火熱的戰爭,成為一片荒漠。他的情緒激動就會發作蠻
橫的脾氣,要是感到畏懼就更形冷酷,要是受到抗拒或譴責必定暴跳如
雷。狄奧多西逃到波斯宮廷的途中被快速的追兵趕上,或者是受到偽造信
息的欺騙,結果就近在尼斯被斬首身亡。宗教的撫慰和自認清白無辜,使
年輕的王子在臨死前感到問心無愧。然而他的幽靈在篡奪者休息時作祟,
東部流傳耳語說莫理斯的兒子仍舊活著。

　　人民對於為他們報仇的人抱著期望,過世皇帝的孀婦和女兒願意接
受,將世間最卑賤的人當成她們的兒子和兄弟。在這次皇室家庭的大屠殺
中[38],福卡斯出於憐憫或是審慎,特別赦免這幾位不幸的婦女,她們經過
適當的安排,被監禁在一座私家住宅。康士坦提娜(Constantina)皇后保持
勇氣,仍舊思念她的父親、丈夫和兒子,渴望獲得自由和報仇。她在深夜
逃到聖索非亞大教堂的聖所,但是她的眼淚和聯盟的日耳曼努斯所提供的
黃金,不夠激起叛亂的活動。在她一生當中無法報仇,也得不到正義,但
是教長獲得誓言可以保證她的安全,一所修道院當作關她的監獄,莫理斯
的孀婦接受並且濫用兇手所賜予的仁慈。她還是要伺機而動,福卡斯發現
或是懷疑有第二次的陰謀事件,取消他所給予的諾言,並且激起更大的怒
火。能在人類中博得尊敬和同情的貴婦人,是皇帝的女兒、妻子和母親,
竟像最下賤的罪犯一樣受到嚴刑逼供,要她招出圖謀不軌和涉案的人員。
康士坦提娜皇后和三個無辜的女兒在卡爾西頓被斬首,就是她的丈夫和五
個兒子赴死流血的同一地點。

(續)──────────
　　　　畫逃過被焚燒的下場。

38 杜坎吉提及莫理斯的家庭,他的長子狄奧多西在四歲半時,就登上皇帝的寶座,
　　經常與他的父親同時接受格列哥里的致敬。他的女兒信奉基督教,除了安娜斯塔
　　西婭和狄奧克特斯特(Theocteste),還發現有一位使用異教徒的名字,竟然稱為克
　　麗奧佩特拉,真是令人大為驚異。

　　像這樣的案例發生以後，地位較低的犧牲者的姓名和苦難眞是不勝枚舉，定罪很少經過正式的審判程序，所受的懲罰是精心改進酷刑帶來的痛苦：眼睛被刺瞎，舌頭被連根割除，四肢被砍斷，有些人死於鞭刑，也有人被火活活燒死，還有一些人被箭射成刺蝟。想要速死成爲大發慈悲之舉，倒是不容易獲得這種恩惠。橢圓形競技場是羅馬人的娛樂聖地，人們在這裡獲得各種自由的特權，現在被滿地的頭顱、四肢和撕裂的屍體所污染。就是福卡斯的同夥也深有同感，即使被他所重用或是盡心服務，也無法保證可以從暴君的手裡得到倖免。看來帝國早期的喀利古拉和圖密善，可以把他當成相與匹敵的對手。

　　福卡斯只有一個女兒，許配給大公克里斯帕斯(Crispus)[39]，新娘和新郎的皇家雕像很不謹愼的放在賽車場，位於皇帝的旁邊。身爲父親當然期望後代能夠繼承罪孽的成果，但是過早爭取民望的聯想便會觸怒國君。綠黨的護民官把罪過全部推到雕刻師身上，他們被判定有罪要立即處死。他們的性命因全民的懇求而獲得饒恕，但是克里斯帕斯非常懷疑，像他這樣被認爲是競爭者的無心之失，猜忌的篡奪者是否會原諒或遺忘。綠黨產生離間的心理被福卡斯疏遠，主要是他的忘恩負義和綠黨喪失特權所致。帝國每個行省的叛亂時機都已成熟。赫拉克留斯(Heraclius)是阿非利加的太守，兩年以來一直不願聽命於百夫長也拒絕繳納貢金，認爲憑兇手的身分是侮辱君士坦丁堡的帝座。克里斯帕斯和元老院都派出密使，懇求自立自主的太守拯救並且統治這個國家，但是他的年齡不允許再有旺盛的野心，於是把這個危險的任務交付給他的兒子赫拉克留斯，以及他的朋友和部將格列哥里的兒子尼西塔斯(Nicetas)。兩個冒險進取的年輕人整備阿非利加的武裝力量，同意其中一人指揮艦隊從迦太基航向君士坦丁堡，另外一人率領軍隊從陸地經過埃及和亞細亞，辛勞和成功的報酬就是皇家紫袍加身。他們已經動手的不確定謠言傳到福卡斯的耳中，認爲年輕的赫拉克留

39　有些作者的作品以及有關的手抄本中，對於普里斯庫斯和克里斯帕斯這兩個人分不清楚，讓我差一點將福卡斯的女婿當成是對阿瓦爾人作戰獲得五次勝利的英雄。

斯還有母親和妻子,當成信任的人質可以確保安全,但是奸詐成性的克里斯帕斯,為了減輕遠距離航行所冒的危險,對於所承諾的防備工作不是疏忽就是拖延。暴君還在怠惰的安眠之中,阿非利加的艦隊已經在海倫斯坡海峽下錨。逃亡和流放的人員在阿拜杜斯(Abydus)參加陣營,他們渴望報仇雪恨。赫拉克留斯所有的船隻,在高聳的桅桿上面裝飾著宗教的神聖標誌,順著勝利的水道通過普洛潘提斯海。

　　福卡斯從皇宮的窗內看到接近的敵人,明瞭他已面臨無法逃避的命運。綠黨受到禮物和承諾的引誘,對登陸的阿非利加人施以薄弱而無效的抵抗;人民甚至衛隊作出決定,要隨著克里斯帕斯發動及時的起義。一個仇人勇敢闖進寂靜的皇宮將暴君抓住,剝去他的冠冕和紫袍,換上賤民的衣服,戴起腳鐐手銬,用一條小舟將他運到赫拉克留斯的皇家戰船。赫拉克留斯譴責他那令人厭惡的統治真是罪孽深重,萬念俱空的福卡斯留下最後的話:「那你的統治又能有多好?」在歷經各種侮辱和酷刑的痛苦之後,他的頭被砍下來,血肉模糊的屍身被丟到火裡(610年10月4日)。篡奪者愛慕虛榮的雕像和綠黨反叛的旗幟,全都受到同樣的待遇。教士、元老院和人民異口同聲,盛讚赫拉克留斯的純潔無私,一生毫無罪惡和羞辱的行為,應該登極稱帝。經過一番謙讓和猶豫,他終於順從大家的請求(610年10月5日-642年2月11日),在他的妻子優多克西婭(Eudoxia)陪伴之下,共同舉行加冕典禮,他們的後裔統治東部帝國延續達四代之久。赫拉克留斯的航行順利又快速,在鬥爭獲得決定性的結果之前,尼西塔斯還沒有完成冗長而艱辛的行軍,但是他對朋友能夠身登大寶,毫無怨言表示心悅誠服。尼西塔斯的善意值得嘉許,感激的回報是為他樹立騎馬的銅像,將皇帝的女兒嫁給他為妻。克里斯帕斯的忠誠很難讓人信任,新近建立的功勞獲得的酬庸是指揮卡帕多西亞的軍隊。他的傲慢態度激怒新接位的國君,這也可能做為不守信用的藉口。福卡斯的女婿在元老院接受譴責,得到的處分是在修道院過僧侶生活。赫拉克留斯認為這個判決很公正,根據他那極有分量的說法,一個人要是背叛他的父親,怎麼會對朋友忠誠。

七、克司洛伊斯奪取埃及和東部各行省國勢已臻頂點(603-616A.D.)

　　福卡斯的罪行即使在他死後還是給國家帶來痛苦，因為他給恨意難消的仇敵提供最虔誠的理由，引起長期的戰爭。拜占庭和波斯的宮廷保持友善和平等的關係，當然要將他登極稱帝的大事通知對方，派遣的使臣利利烏斯(Lilius)曾經把莫理斯和他兒子的頭顱呈獻到福卡斯面前，更有資格來描述這個悲劇場面的情節[40]。不論是虛構的故事還是文飾的辯術，克司洛伊斯把滿腔怒火從兇手轉移到使臣的頭上，認為使臣的身分不明先關起來，拒絕承認篡奪者的權利，公開宣布要為父執和恩人雪恥復仇。波斯國王表現出悲傷和憤恨的感情，可以獲得仁慈和榮譽的名聲，在這種情況下能夠爭取更大的利益，尤其是祭司和省長帶有民族和宗教的成見，使他變成最大的贏家。過去他們藉著言論的自由和奉承的語氣，竟敢批評他對希臘人過分的感激和友善，即使已經締結和平條約或聯盟協定，這樣的行為都會給國家帶來危險。希臘人的迷信缺乏真理和公正，因為他們犯下滔天大罪，非常邪惡的謀殺自己的國君，所有的作為已經沒有德性可言。就一個野心勃勃的百夫長現在所犯下的罪行，會給受他壓迫的國家帶來懲罰，那就是戰爭的災難和痛苦，但是過了二十年後，同樣的禍患加倍報復在波斯人頭上[41]。

　　羅馬將領納爾西斯協助克司洛伊斯復位，仍舊坐鎮在東部，他的威名

40　狄奧菲拉克特是埃及人，曾經出任都城的郡守，大約在628年寫出莫理斯的傳記。福提烏斯輕描淡寫加以指責，認為寫作的風格太過於做作，而且說教的氣氛很濃厚，所以他大幅刪改和修正。他的序言是哲學女神和歷史女神的對話，她們都坐在篠懸木下面，後者手裡撫著七弦琴。

41　對於有些時代而言，我們不要理會當時的歷史學家，毋須著眼於修辭的裝腔作勢，寧願屈就於編年史和節本的簡潔。狄奧菲尼斯和尼西弗魯斯根據這種原則，寫出波斯戰爭的本末和大事記要。當然有的地方還不夠完整，對任何額外增加的史實，我引用非常權威的資料。狄奧菲尼斯生於748年，曾經擔任廷臣，後來成為僧侶。尼西弗魯斯是君士坦丁堡的教長，死於829年，比狄奧菲尼斯年輕。所以他們兩人最大的問題，是沒有親身經歷這場戰事，很多說法難免出於想像。

遠震,使亞述地區的母親用來嚇唬兒童。要說當地的臣民鼓勵他們的君主
和朋友,解救和據有亞洲的行省,當然是有可能。更可能是克司洛伊斯為
了激勵部隊的士氣特別提出保證,他們所畏懼的納爾西斯不會動手,而且
如果他要用兵,會對他們有利。英雄人物不能依賴暴君的信用,暴君自己
很清楚沒有什麼地方值得英雄的服從。納爾西斯被調離指揮的職位,他就
在敘利亞的海拉波里斯豎起自主的旗幟,後來受到引誘,為欺騙的承諾所
出賣,在君士坦丁堡的市場被活活燒死。失去唯一受到畏懼或尊敬的軍事
首長,這支長勝軍兩次敗在蠻族的手裡,他們被騎兵所擊潰、被戰象所踐
踏、被箭矢所貫穿。勝利者的判決使大量俘虜在戰場被斬首,這些反叛的
傭兵可以說是受到公正的懲罰,莫理斯的死亡他們是始作俑者或幫兇。在
福卡斯的統治之下,麥丁(Merdin)、達拉、阿米達和埃笛莎的城堡工事,
相繼受到波斯國君的圍攻,失陷以後全部被摧毀。他渡過幼發拉底河,占
領敘利亞的城市海拉波里斯、卡爾契斯、貝里亞或稱阿勒坡,很快率領無
敵大軍將安提阿圍得水泄不通(611A.D.)。勝利的狂潮洩露帝國的衰弱、
福卡斯的無能和臣民的不滿。一個騙子前往克司洛伊斯的營地,說他是莫
理斯的兒子[42],要合法繼承羅馬帝國,這也使克司洛伊斯得到最適用的藉
口,引起東部各城市的降服或叛變。

　　赫拉克留斯接到從東部傳來安提阿失陷的最初消息[43],這個古老的城
市經常為地震所摧毀和為敵人所劫掠,無論是金錢或人命的損失已經無足
輕重。波斯人奪取卡帕多西亞的首府凱撒里亞,不僅同樣成功而且機運更
佳,等到他們前進越過邊疆的防壁,也是古老戰爭的國界,一路上如入無

---

42 波斯歷史家本身都被欺騙,但是狄奧菲尼斯把這些謊言和錯誤歸咎於克司洛伊
　斯。優提契烏斯相信莫理斯的兒子從兇手那裡被救出來,後來成為僧侶,終其一
　生都留在西奈山。

43 優提契烏斯把帝國在福卡斯統治下,所有重大的損失都詳細記錄日期,發生一次
　錯誤倒是能夠挽救赫拉克留斯的榮譽,說他率領艦隊不是從迦太基而是從薩洛尼
　卡(Salonica),裝載蔬菜前來救濟君士坦丁堡。其他的東部基督徒,像是巴赫布里
　斯(Barhebraeus)、伊瑪辛(Elmacin, Georgius,撒拉森人的歷史學家)、阿布法拉吉
　斯,對於史實的記載都更真誠而且正確。波斯戰爭的發生時間和重要事項,在帕
　吉的年代記都有詳盡的資料。

人之境，得到的收獲更爲豐碩。大馬士革座落在令人愉悅的谷地，每個時代都裝點得花團錦簇，成爲皇家的城市，羅馬帝國的歷史學家到這時還不認識名聲未彰的幸福之地。但是克司洛伊斯攀登利班努斯(Libanus)的山嶺，或是侵入腓尼基海岸的城市之前，他的軍隊在大馬士革這個樂園休養生息秣馬厲兵。諾息萬念念不忘耶路撒冷的征服[44]，他的孫子靠著宗教熱忱和貪婪欲望終於達成使命，祆教祭司宗教迫害的精神極力敦促，要毀滅基督教最感自豪而又永垂不朽的聖地。同時克司洛伊斯爲了進行神聖的戰爭，徵召一支兩萬六千猶太人的軍隊，他們具有狂熱的傳統成見，可以彌補勇氣和紀律之不足。等到奪取加利利以後，看來約旦河對岸地區的抵抗可以延長都城的命運，耶路撒冷最後還是在強攻之下失守(614A.D.)。

　　基督的聖墓以及海倫娜和君士坦丁宏偉的教堂，都毀滅在大火之中，再不然也受到嚴重的損壞。三百年虔誠的奉獻器物，在褻瀆神聖的一天之中被搜刮一空，教長撒迦利亞(Zachariah)和眞十字架都被運到波斯。有九萬基督徒遭到屠殺，這要歸咎於猶太人和阿拉伯人，他們加入波斯人的行軍行列，使得秩序混亂不堪。約翰總主教慈善爲懷的精神，使巴勒斯坦的難民在亞歷山卓受到良好的照應。他在無數聖徒之中以賙濟者[45]的名號而著稱於世，教堂的收入加上金庫的三十萬鎊，全部還給原來的施主，就是不論國籍或教派的窮人。但是埃及是從戴克里先以來，唯一免於國內或國外戰爭的行省，這時再度爲居魯士的後裔所征服(616A.D.)。佩魯西姆是這個難以進入國家的關鍵要點，被波斯的騎兵奇襲占領。他們毫無損失通過三角洲數量繁多的渠道，搜索漫長的尼羅河谷地，從曼非斯(Memphis)的金字塔抵達衣索匹亞的邊界。亞歷山卓原本可以從海上獲得增援和救助，但是總主教和郡守乘船逃到塞浦路斯，克司洛伊斯進入帝國第二大

44　征服耶路撒冷是對教會極關重要的事件，可以參閱優提契烏斯的《編年史》，以及僧侶安提阿克斯的悼辭，他有一百二十九篇講道辭仍舊存世，是否有人再去閱讀，已經無關緊要。

45　李奧久斯(Leontius)是當時的主教，他爲人品崇高的聖徒寫出平生的傳記。這部作品有益世道人心，我發現巴隆紐斯和弗祿里經常摘錄加以引用。

城,餘留的製造業和商業仍舊保存相當的財富。他在西方的戰勝紀念碑
沒有建立在迦太基的城下[46],而是任的黎波里地區。塞林(Cyrene)的希臘
殖民地最後終於絕滅,征服者追隨亞歷山大的腳步,通過利比亞沙漠勝利
班師。在同一次戰役裡,另外有支軍隊從幼發拉底河向著色雷斯・博斯普
魯斯前進,卡爾西頓被長期圍攻,只有投降(616A.D.)。波斯人的營地設
置在君士坦丁堡的當面,維持的時間長達十年之久。本都海岸、安卡拉
(Ancyra)城和羅得島是波斯國王最後征服的目標。如果克司洛伊斯建立海
上武力,他那永無邊際的野心會把奴役和毀滅擴展到歐洲的行省。

　　從底格里斯河與幼發拉底河雙方爭戰不已的河岸,諾息萬的孫子把他
的統治區域,突然延伸到海倫斯坡海峽和尼羅河,這是波斯帝國古老的邊
界,但是在這中間所形成的行省,經過六百年的時間,已經習慣羅馬政府
的惡行和德性,只能勉強忍受蠻族加之於身的桎梏。共和國的觀念活生生
的存在於希臘人和羅馬人的制度之中,至少也還能夠保存在著作裡,赫拉
克留斯的臣民所受的教育能夠運用自由和法律的語言。東方君王的自負和
政策,則是要展示至高全能的頭銜和屬性,譴責奴隸民族連帶眞正的姓氏
和卑屈的狀況,並且以殘酷和無禮的威脅,運用絕對的權力強制執行嚴苛
的法律。拜火教徒以及善惡兩元論的邪惡信條被東部的基督徒所憎恨,祆
教祭司比起主教在宗教方面同樣不寬容,有些波斯土著背棄瑣羅亞斯德的
宗教[47],成爲殉教者,可以很清楚看出這是嚴厲而全面宗教迫害的前奏。
杳士丁尼頒布強制的法律,凡是反對教會者就是國家的敵人。猶太人、聶
斯托利教派以及雅各比教派聯合起來,對於克司洛伊斯的成功有很大的貢
獻,同時他偏祖各教派的信徒,激起正統教會教士的仇恨和畏懼。波斯征
服者也感覺到他們的仇恨和畏懼,就用嚴刑峻法的鐵腕統治新的臣民。似

46　巴隆紐斯所產生的錯誤,以及很多人提到克司洛伊斯進軍迦太基,而不是卡爾西
　　頓,主要是希臘文的兩個城市的拼音非常相近,才會張冠李戴,在狄奧菲尼斯的
　　本文裡,有時會因抄寫員和學者弄錯而引起混淆。

47　聖安納斯塔休斯眞正的法案是在第七次大公會議中公布,巴隆紐斯和布特勒
　　(Bulter)得到他們的記錄。神聖的烈士背叛波斯來到羅馬的軍隊,後來在耶路撒冷
　　成爲僧侶,詆毀祆教的禮拜儀式,當時已經傳播到巴勒斯坦的凱撒里亞。

乎他對主權的穩定有所懷疑，於是用超高的貢金和任意的搜刮來耗盡他們
的財富，掠奪或是摧毀東部的廟宇，把亞洲城市的黃金、白銀、名貴的大
理石、藝術品和工匠，全部運到他所繼承的國土之內。在這幅隱約可見的
帝國災難圖中，很不容易辨識克司洛伊斯所扮演的角色，很難分辨他及部
將的行動，也很難在一片光榮與偉大中肯定他個人的功績。他喜歡誇耀勝
利所獲得的成果，經常會從艱苦的戰爭回到皇宮享受奢侈的生活。

　　但是在二十四年這麼長的時間之內，迷信或憤怒使他避免靠近帖西奉
的城門。他所喜愛的住處是阿提米塔（Artemita）或稱達斯特傑德
（Dastagerd），位於底格里斯河對岸，在都城的北方約六十哩。鄰近的草原
布滿牛馬和羊群，狩獵的樂園就像一座大公園，裡面放養雉雞、孔雀、鴕
鳥、麋鹿和野豬，高貴的動物像是獅子和老虎，有時會釋放出來供應最勇
敢的追獵。九百六十頭大象用來作戰或是維持萬王之王壯觀的排場；載運
他的御帳和行李進入戰場，要使用一萬兩千頭大型駱駝和八千頭體型較小
的品種[48]；皇家馬廄飼養六千匹騾和馬，其中有喜布迪茲（Shebdiz）和巴萊
德（Barid）幾個品種，以疾馳的速度或外形的美麗著稱於世。皇宮大門前
面有六千衛士不斷騎著馬巡行，後宮有一萬兩千名奴隸執行各種服務工
作，還有三千名處女都是亞洲的佳麗，一些幸運的嬪妃能夠服侍她們的主
子，靠著她們的年輕或是西拉的不以為意。各種財寶像是黃金、銀塊、寶
石、絲織品和香料，儲存在上百個地窖之中。他的寢宮Badaverd代表風送
來的意外禮物，原來是赫拉克留斯的戰利品，結果飄流到他敵手在敘利亞
的港口。奉承的聲音或許是杜撰的故事，提到掛在牆上用來裝飾的織毯
時，竟會神色自若的說有三萬條；有四萬根銀柱或大理石柱及貼金箔的木
柱，用來支持皇宮的屋頂；有一千個金球懸掛在圓頂下面，用來模擬行星
的運動或是指出黃道十二宮的群星[49]。當波斯國君在沉思他的才能和權勢

48　兩種駱駝的不同在於是一個駝峰還是兩個，雙峰駝的體型較大，來自土耳其斯坦
　　（Turkistan）或巴克特里納，單峰駝生長的地區限制在阿拉伯和阿非利加。
49　希臘人敘述達斯特傑德的沒落，而波斯人讚美它的光彩奪目，但前者所講是目擊
　　者看到的樸素狀況，後者是來自聽到的模糊報導。

所造成的奇蹟時，接到麥加一個沒沒無聞市民的來信，要求他承認穆罕默
德是神的使者。他拒絕這項請求並且撕掉來函。阿拉伯的先知喊道：「因
此神就會撕裂這個王國，拒絕克司洛伊斯的乞求[50]。」位置正好在東方兩
個偉大帝國的邊緣，使得穆罕默德暗中很高興看到他們相互毀滅，同時在
波斯人的凱旋之中他竟敢預告，不用過多少年，勝利會再回到羅馬人的旗
幟之下[51]。

八、赫拉克留斯的怠惰以及激起積極的進取精神(610-622A.D.)

　　就在這個預言宣告時，要想完成羅馬人的夢想真是遙遙無期，因為赫
拉克留斯即位的前面十二年，帝國面臨將要解體的局勢。如果克司洛伊斯
有純正的動機而且重視榮譽，他應該在福卡斯死後終結雙方的爭執，把這
個幸運的阿非利加人當成最好的盟友，因為已經替他的恩主莫理斯報仇雪
恨。戰爭的進行顯示出蠻族真正的習性，赫拉克留斯派遣乞和的使臣，前
去懇求他大發仁慈之心，其實他可以原諒對方並且接受貢金，讓世界獲得
和平，然而他用無言的藐視或無禮的威脅加以拒絕。敘利亞、埃及和亞洲
的行省被波斯的大軍征服；這時的歐洲，阿瓦爾人在意大利的戰爭無法使
殺戮和搶劫得到滿足。從伊斯特里亞的疆界到色雷斯的邊牆，受到暴虐的
壓迫而動盪不安。阿瓦爾人在潘農尼亞神聖的原野冷酷屠殺男性俘虜，留
下婦女和孩童成為奴隸，那些貴族家庭的處女供蠻族滿足雜亂的淫慾。尋

---

50 穆罕默德的歷史家阿布爾菲達(Abulfeda或Abu al-Fida, 1273-1331A.D.，阿優布王
　朝在哈蘭姆的王公，歷史學家和地理學家)和加尼爾(Gagnier, John, 1670-
　1740A.D.，英國的東方學家和歷史學家)，記錄這次派遣使節的時間是回教公元第
　七年，也就是628年5月11日。他們的年代記發生錯誤，因為克司洛伊斯死於同年
　的2月。布蘭維利耶(Boulainvilliers, Henri de, 1658-1722A.D.，法國文學家、歷史學
　家和玄學家)經過計算，把時間定為615年，就是在克司洛伊斯征服巴勒斯坦以
　後。然而穆罕默德不敢那麼快就輕舉妄動，事實上也沒有那種能力和必要。

51 誠實而博學的譯者薩累(Sale)很詳盡的敘述穆罕默德的臆測、猜想和打賭，但是
　布蘭維利耶帶著邪惡的意圖，花費很大心血要對未來的事件建立很明顯的預言，
　照他的意思是要困惑基督教的爭論者。

求愛情的貴婦私自溜出夫里阿利的城門，在皇家情人的懷抱裡渡過短促的良宵，羅米達(Romilda)在次日夜晚被迫與十二名阿瓦爾人發生關係，第三天倫巴底的公主被處以刺刑，可以讓對方營地很清楚的看見，這時台吉帶著殘酷的微笑表示，她的淫亂和不貞只有受到這種懲處，才能讓她的丈夫找回公道。

　　赫拉克留斯在東西兩面都受到深仇大恨敵人的羞辱和圍攻，羅馬帝國的實力限制在君士坦丁堡之內，疆域只剩下希臘、意大利和阿非利加殘留的地區，以及亞洲海岸從泰爾到特里比森德的濱海城市。等到喪失埃及以後，都城飽受饑饉和瘟疫之苦，皇帝沒有能力抵抗，也毫無救援的希望，決定將他的人員和政府遷移到更安全的城市迦太基。安排好的船隻已裝載皇宮的財物，但是他的逃走被教長所阻止，這時教長正要動員宗教的力量來防守國家，領著赫拉克留斯到聖索非亞大教堂的祭壇，逼他立下莊嚴的誓言，絕不離棄上帝託付他照顧的人民，要與城市同生死共存亡。台吉在色雷斯的平原上紮營，隱瞞奸詐背信的圖謀，要求與皇帝在赫拉克利附近見面。為了慶祝雙方的和好，舉行馬術表演和比賽，元老院議員和人民都穿上鮮豔的服裝，喜氣洋洋參加和平的盛會。阿瓦爾人看到羅馬的奢華，難免引起羨慕和貪念。突然之間，橢圓形競技場被錫西厄騎兵團團圍住，他們乘著暗夜祕密進軍，台吉的長鞭響起可怕的聲音，發出攻擊的信號。赫拉克留斯用手臂抱住皇冠，靠著疾馳的快馬，在極端危險之下逃過一劫。阿瓦爾人的追擊非常迅速，幾乎隨著飛奔的群眾衝進君士坦丁堡的金門。郊區受到洗劫，成為陰險和欺騙行為的報酬，阿瓦爾人抓到二十七萬俘虜運過多瑙河。

　　在卡爾西頓的岸邊，皇帝與比較信守榮譽的敵人舉行安全的會談，赫拉克留斯離開他的座艦，身著紫袍，受到尊敬也引起同情之心。波斯將領薩因(Sain)表示友善，提供機會親自引導使節團去覲見萬王之王，羅馬人非常感激的接受。禁衛軍的統領、都城的郡守和教長主座教堂的首席執

事[52]，用謙卑的言辭懇求原諒與和平，但是克司洛伊斯的部將犯了致命的錯誤，不了解主子的意圖。亞洲的暴君說道：「我要的不是使節團，而是要把五花大綁的赫拉克留斯押到我的腳前，除非他們棄絕遭受磔刑的神，信奉我們的宗教崇拜太陽，否則我絕不讓羅馬皇帝得到和平。」按照他們國家毫無人道的行為，薩因受到活活剝皮的懲罰，所有的使臣施以隔離和冷酷的監禁，這不僅違犯萬國的法律，也沒有信守原來的約定。然而六年的經驗終於說服波斯國君，放棄奪取君士坦丁堡的意圖，接受羅馬帝國每年的貢金或賠償：一千泰倫黃金、一千泰倫銀塊、一千件絲袍、一千匹戰馬以及一千名處女。赫拉克留斯簽署可恥的條約，要從貧窮的東部收集這些財寶，使他獲得足夠的時間和空間，全部用來加強準備，好發起大膽而孤注一擲的攻擊。

在歷史上著名的人物中，赫拉克留斯的性格不僅極為特殊，而且非常矛盾。在長期統治的早年和晚期，皇帝看起來像是成為怠惰、歡樂和迷信的奴隸，對於國家的災難漠不關心，有如置身事外的旁觀者。晨間和薄暮停滯的濃霧，被正午明亮的陽光所驅散，阿卡狄斯的宮殿成為凱撒的軍營，六次冒險犯難的戰役建立舉世欽佩的功勳，恢復羅馬和赫拉克留斯的榮譽和權勢。拜占庭歷史學家有責任找出他之所以懶散和振作的原因，我們處於這樣的距離，只能臆測他發揮天賦的個人勇氣更勝於政治考量；或者推想他為姪女瑪蒂娜(Martina)的魅力和手段所迷而不能自拔，優多克西婭逝世後，他與姪女締結亂倫的婚姻；同時他可能屈服於法律顧問卑劣的意見，請求他遵守基本法的規定，皇帝身繫國家的安危不能輕易出現在戰場。

他的覺醒可能是波斯征服者最後提出無禮的要求，但是在赫拉克留斯裝出英雄氣概的重要時刻，羅馬人只能從命運無常獲得僅有的希望，對於克司洛伊斯驕傲的後裔形成威脅，處於最消沉的狀況可能托天之幸得以否

---

52 有些最原始的片斷資料，像是羅馬使臣的講稿或書信，同樣可以構成《帕斯加爾編年史》的主要優點。這本書可能在亞歷山卓寫成，正當赫拉克留斯統治時期。

極泰來。皇帝最關心的事務，是供應戰爭所需的費用，為了如數收到貢金，他請求東部行省大力的捐助。歲入無法從常用的來源獲得，一位專制君主的信用會隨著權力而消滅，赫拉克留斯首次展現勇氣，竟敢向教會借用奉獻的財富，立下莊嚴的誓言要連同高額的利息一起償還。教士顯然對國家的災難非常同情，雖然沒有像這樣褻瀆神聖的先例，亞歷山卓生性謹慎的教長願意幫助他的國君，說是得到奇蹟的啟示及時發現一處祕密的財富[53]。追隨福卡斯叛亂的士兵，後來只有兩名逃過時間和蠻族的打擊而倖存在世[54]，即使損失這些叛變的老兵，赫拉克留斯供應的新兵仍嫌不足，聖所的黃金就在同一營地，與東方和西方的姓氏、兵力和語言結合在一起。他對於阿瓦爾人的中立感到滿意，用友好的態度要求台吉扮演護衛者的角色，而不是帝國的敵人，伴隨這番言辭是二十萬個金幣，能夠具有更大的說服力。復活節過了兩天以後，皇帝把紫袍換上悔罪者和戰士的簡單服裝[55]，發出離開的信號(621A.D.)。赫拉克留斯把他的子女託付給他所信任的人民，民政和軍事的權力交付到最可靠的人士手中，要是因他不在遭受優勢敵人的壓迫，是戰是降授權教長和元老院便宜處置。

九、赫拉克留斯的攻勢準備和對波斯的遠征行動(622-625A.D.)

　　卡爾西頓鄰近的高地滿布帳幕和陣地，要是赫拉克留斯率領新徵的軍隊魯莽發起攻勢，從君士坦丁堡可以看到波斯的勝利，這也將是羅馬帝國的末日。他們向著亞洲行省的進軍務必審慎從事，只留下數量龐大的騎兵用來截斷敵人的運輸，繼續騷擾波斯的後方造成兵力的倦勞和混亂。希臘

---

53 巴隆紐斯很嚴肅的提及這次的發現是神蹟的轉變，木桶裡裝的不是蜂蜜而是黃金，然而償還債務是不可避免的事，由士兵負責去收集，奉令留給亞歷山卓教長的金額不得高於一百磅黃金。尼西弗魯斯在兩百年以後，提到捐獻時情緒還是非常惡劣，他認為君士坦丁堡的教會仍然感到痛心。

54 這種情況已經不會使人感到驚奇。即使在承平時期，一個團的官兵人員名冊全部更新，也要二十或二十五年。

55 他把紫袍換成黑色，厚底官靴以波斯人的鮮血染成紅色。

人仍舊主宰海洋，一支艦隊由戰船、運輸船和軍需船組成，在港口集結可以讓蠻族部隊登船。穩定的陣風將他們送過海倫斯坡海峽，小亞細亞西邊和南邊的海岸在他們的左方，首長積極進取的精神在暴風雨中表現無遺，甚至在隊伍中的宦官拿他們的主子做榜樣，能夠忍受各種辛苦努力工作。赫拉克留斯指揮部隊在斯坎迪隆（Scanderoon）灣登陸，位於敘利亞和西里西亞的邊界，海岸線從此急轉指向南方[56]。他有優秀的戰略能力，能夠選擇這樣重要的位置[57]，分散在濱海城市和山地的守備部隊，可以從四面八方很迅速而安全集中到皇家的旗幟之下。

西里西亞的天然阻障保護赫拉克留斯的營地，甚至還可以獲得隱蔽，他的營地靠近伊蘇斯（Issus），亞歷山大在此地擊敗大流士的軍隊。皇帝占有頂角的位置，深入指向亞細亞、亞美尼亞和敘利亞所屬各行省犬牙交錯的廣大地區，對於圓周上的各點他都可以施以直接的攻擊，也很容易掩飾自己的行動，預防敵軍可能的企圖。羅馬將領在伊蘇斯的營地，要改進老兵訓練怠惰和不守秩序的習性，教育新兵熟悉和遵行軍人武德。展現基督充滿神蹟的肖像，神聖的祭壇受到拜火教徒的褻瀆，他催促大家要報復這種奇恥大辱，用兒子和兄弟這種親愛的名字向他們稱呼，對於國家在公私方面所犯的錯誤深感悲痛。國君的臣民被說服要為自由而奮戰不息，用同樣的熱情與外國的傭兵溝通，須知他們對於羅馬和波斯的利益全都漠不關心。赫拉克留斯具有一名百夫長的技巧和忍性，不厭其煩教導有關的戰術，辛勤訓練士兵熟悉所運用的武器，以及戰場的勤務和接敵的運動。騎兵和步兵根據鎧甲的輕重區分為兩個單位，角號位於中間位置，用來下達

---

56 皮西底亞的喬治指出敘利亞門和西里西亞門這兩個要點的位置。色諾芬在一千年以前經過這裡，曾經用高雅的筆調加以敘述。一條三個斯塔德長的狹窄隘道，在高聳而陡峭的山岩和地中海之間通過，兩端建有很堅固的城門，形勢險要，從陸地上根本無法進攻，只能從海上接近。這個要地離塔蘇斯是三十五個帕拉沙（譯按：古代波斯的長度單位，相當於三或四哩）或里格，到安提阿是八到十里格。

57 赫拉克留斯可能寫信給一位朋友，引用西塞羅所說的話。伊蘇斯在色諾芬那個時代是個富裕而繁榮的城市，等到海灣另一邊的亞歷山卓或斯坎迪隆興起以後，才逐漸沒落下去。

行軍、衝鋒、撤退或追擊的信號，無論是正面隊形或斜交隊形，無論是加大縱深的方陣或是延長正面的方陣，都用模擬的戰鬥來演練真實的作戰。皇帝要求部隊完成辛苦的工作，同時也以身作則嚴格要求自己，他們的勞動、飲食和睡眠，全部要符合紀律無可變更的規則，教導士兵不要輕視敵人，對於自己的勇氣和領袖的智慧要有絕對的信心。

西里西亞很快被波斯大軍包圍，但是他們的騎兵不願進入陶魯斯(Taurus)山的狹谷，赫拉克留斯的戰術機動使對方的騎兵受阻，他在正面排成會戰隊形時，要使敵軍後衛在不知情的狀況下受到攻擊。他實施欺敵運動像是要威脅亞美尼亞，逼得對方違犯自己的意願要採取積極的行動。他的營地故意顯得混亂不堪用來引誘敵軍，但是等到波斯人展開發起會戰，地面的狀況、太陽的位置以及預期兩軍接戰的地點，都對蠻族不利。羅馬人在戰場繼續實施一連串的戰術作為[58]，這一天的戰爭向世人宣布波斯人並非所向無敵，身著紫袍的皇帝的確是一位英雄人物。赫拉克留斯的勝利和名聲使得實力更為強大，他大膽翻越陶魯斯山的高地，行軍直接穿過卡帕多西亞的平原，在哈里斯(Halys)河的河岸建立安全和供應無缺的營舍，使部隊在此度過寒冷的冬季[59]。他的心靈不像君士坦丁堡人那樣愛慕虛榮，為一次未獲得決定性戰果的勝利而大喜若狂，不過皇帝親臨戰場有絕對必要，可以安撫阿瓦爾人急躁不安和任性善變的習性。

自從西庇阿與漢尼拔爭奪霸權的時代以後，再也沒有像赫拉克留斯這樣大膽的冒險行動，完成拯救帝國的任務[60]。他讓波斯人在這個時候繼續

58　弗吉尼(Foggini)懷疑波斯人為伊利努斯(Aelianus, Tactucus，二世紀希臘戰史作者)所騙，伊利努斯所敘述的軍隊做出非常複雜的螺旋狀運動。而且弗吉尼特別提到，皮西底亞的喬治在敘述有關軍事行動時，會引用李奧所著的《戰術學》。

59　皮西底亞的喬治是當代的一名證人，寫出三章敘事詩來描述赫拉克留斯的第一次遠征。這首詩於1777年在羅馬出版，使用的讚美之辭非常含蓄，充滿雄辯的氣勢，很難符合帕吉、丹維爾等人的要求。

60　狄奧菲尼斯的敘述要言不煩，提到赫拉克留斯進軍亞美尼亞的行動極為神速；尼西法魯斯雖然分不清楚兩次遠征，但是他認為整個行動只限於拉齊卡行省；優提契烏斯說他只帶五千人，還有就是配置在特里比森德的守備部隊。

壓迫行省,毫無顧忌凌辱東部的都城,羅馬皇帝通過黑海[61]和亞美尼亞的山區,採取最危險的路線貫穿波斯的心臟地區[62],逼得萬王之王召回軍隊防守元氣大傷的國土。

赫拉克留斯率領精選的五千人馬,從君士坦丁堡航向特里比森德,在本都集結兵力度過多季,然後從費西斯河的河口進入裏海,鼓勵他的臣民和盟友高舉虔誠和勝利的十字架旗幟,要與君士坦丁的繼承人一起進軍。當盧庫拉斯和龐培的軍團首次渡過幼發拉底河,輕易獲得對亞美尼亞土著的勝利,他們並不覺得是一件光彩的事。但是長期的戰爭經驗強化一個柔弱民族的心靈和身體,他們所表現的宗教狂熱和作戰英勇,從服務一個衰微的帝國可以獲得證明,他們憎恨和畏懼薩珊家族的篡奪行為,記得宗教迫害帶來的災難,永遠懷恨基督的敵人。亞美尼亞將部分領土割讓給莫理斯皇帝以後,國界已經延伸到亞拉克西斯河,這條河的水流湍急,只有一座橋樑[63]。赫拉克留斯踏著馬克·安東尼的足跡,向著陶里斯(Tauris)或稱甘札卡(Gandzaca)[64]進軍,這是米地亞一個行省古老和現代的首府。克司洛伊斯率領四萬人從同樣距離的遠征行動中回師,要來阻止羅馬軍隊的進展,但是他的撤退完全出於赫拉克留斯的接近,不願立即做出講和或會

---

61 從君士坦丁堡到特里比森德,順風只要四到五天,接著到艾斯倫是五天,再航行十二天到葉勒凡(Erivan),最後到陶里斯又要十天,總共需要三十二天。以上是塔浮尼爾(Tavernier, Jean Baptiste, 1622-1686A.D.,神學家)的旅行行程,他對於亞洲的道路狀況非常熟悉。圖尼福與一位帕夏同行,從特里比森德到艾斯倫花了十到十二天的時間。夏爾汀提到葉勒凡到陶里斯的精確距離是五十三個帕拉沙,每個帕拉沙是五千步(是哪個國家使用的步?)。

62 丹維爾以圖文並茂的方式敘述赫拉克留斯在波斯的遠征,運用高明的技巧和淵博的學識,確定甘札卡、塞巴瑪和達斯特傑德的位置,但是對624年為人所知不多的戰役,也就避而不提。

63 亞拉克西斯河的水流奔騰、湍急、喧囂,挾帶著溶雪浮冰,威力勢不可當。就是最堅固和巨大的基座都會被洪流沖毀,古老城鎮朱爾法(Zulfa)附近留下很多拱門結構的殘址,可以證明這條河流的破壞力量。

64 夏爾汀與東方人一樣,把陶里斯或特布里斯(Tebris)的奠基歸功於佐貝德(Zobeide),她是阿拉謝德(Alrashid)哈里發的妻子。但是這個城市還要古老得多,它的名字不論是甘札卡、蓋札卡(Gazaca)還是蓋札(Gaza),都表示是皇家金庫的所在地,一般估計人口有一百一十萬人,但夏爾汀認為只有五十五萬居民。

戰的決定。陶里斯在索非斯(Sophys)統治的時代有五十萬居民，現在整個城市不到三千戶人家，但是儲存在這裡的皇家財寶，價值因古老的傳統而增大，這些都是克洛伊索斯(Croesus)的戰利品，是居魯士從沙德斯(Sardes)的要塞裡運過來。赫拉克留斯快速的征戰到冬季就停頓下來，基於審慎或是迷信的動機[65]，決定撤退路線沿著裏海的海岸到達阿爾巴尼亞行省，他的帳幕可能紮設在莫根(Mogan)平原[66]，這是東方的君王最喜愛的宿營地點。在他成功入侵的過程之中，凸顯出一個基督教皇帝的宗教熱忱和報復行動，士兵在他的指使之下熄滅受到崇拜的聖火，摧毀祆教祭司的廟宇。克司洛伊斯渴求神聖榮譽所建立的雕像，全部被投入火中燒毀。瑣羅亞斯德的出生地塞巴瑪(Thebarma)或奧米亞(Ormia)[67]，全部受到破壞，成為一片焦土，對於聖墓的損傷是報復也是贖罪。宗教能夠表示真正的博愛精神，在於解救和釋放五萬名俘虜。赫拉克留斯獲得的報酬是感激的眼淚和歡呼，這種明智的措施使他仁慈的名聲遠播，相比之下在波斯人當中激起不滿的怨言，反對他們的君主何其傲慢和固執。

　　赫拉克留斯在後續戰役所獲得的光榮(623-625A.D.)，拜占庭的歷史家和後人都無法知曉[68]。皇帝離開阿爾巴尼亞廣闊而肥沃的平原，順著海卡尼亞山脈的走向，從山地進入米地亞或伊拉克(Irak)行省，率領勝利的

65　赫拉克留斯打開福音書，隨便翻到其中一節，運用或解釋阿爾巴尼亞的名字和位置。

66　莫根荒原位於居魯士河與亞拉克西斯河之間，有六十個帕拉沙長和二十個帕拉沙寬，地勢開闊，水草豐富，後來帖木兒曾在此紮營，奈德沙王(Nader Shah)也在此登極稱帝。

67　塞巴瑪和奧米亞靠近斯保達(Spauta)湖，丹維爾證明是同一個城市，按照波斯人的說法，成為瑣羅亞斯德的出生地而知名於世。在佩農‧丹奎特爾(Perron d'Anquetil)所著的《阿維斯陀聖書》(Zendavesta)中，有的章節是瑣羅亞斯德的手筆，確保這種傳統獲得最大的尊敬。

68　狄奧菲尼斯提到薩爾班(Salban)，以及匈奴人地區內的塔倫滕，它們的位置我都沒有發現，而且丹維爾也沒有打算要找出來。優提契烏斯是一名知識不夠淵博的作者，只是提到阿斯發罕(Asphahan)這個名字，不能認為就是伊斯巴罕，而卡斯賓可能就是薩坡爾(Sapor)這個城市。從陶里斯到伊斯巴罕的行程是二十四天，卡斯賓正好位於半途。

軍隊到達遙遠的皇家城市,卡斯賓(Casbin)和伊斯巴罕從未感受羅馬征服
者接近帶來的威脅。克可洛伊斯接到警報,知道王國陷入危險之中,已經
從尼羅河與博斯普魯斯海峽召回全部兵力。皇帝在遙遠而充滿敵意的土地
上,被三支實力強大的軍隊所包圍。聯盟的柯爾克斯人準備脫離他的陣
營,最勇敢的老兵也感到畏懼,毫不掩飾他們無言的絕望。大無畏的赫拉
克留斯說道:

> 不要害怕數量龐大的敵人,靠著上天的幫助,一個羅馬人可以戰勝
> 一千個蠻族。我們如果為拯救自己的同胞而犧牲性命,就能獲得殉
> 教者的冠冕,上帝和我們的後裔會使我們的榮名永垂不朽。

　　英勇的部隊和作戰的行動能夠支持高尚的情感,他擊退波斯人三倍兵
力的進攻,利用敵軍處於分離的狀況,實施一連串協調良好的行軍、撤退
和成功的作戰行動,最後把波斯人從戰場趕到米地亞和亞述設防的城市。
到了嚴寒的冬季,沙巴拉札(Sarbaraza)守在薩爾班(Salban)的城牆之內,
感到非常安全,結果被行動積極的赫拉克留斯所奇襲。他把部隊分散編
組,在夜間銜枚疾走。城裡的房舍都是平頂,用來抗拒羅馬人的標槍與火
炬,根本不能發生功效。波斯的貴族和省長、他們的妻妾和子女,以及好
勇善戰年輕人的精英分子,不是被殺就是成為俘虜。沙巴拉札見機不對趕
快逃走,他的黃金鎧甲成為征服者的獎品。赫拉克留斯的士兵享受財富和
休息,這是他們拚命應得的報酬。
　　等到春季到來,皇帝花了七天時間橫越庫德斯坦(Curdistan)的山地,
毫無阻擋渡過底格里斯河湍急的水流。羅馬大軍受到大量戰利品和俘虜的
拖累,暫停在阿米達城下。赫拉克留斯派人將成就和安全通知君士坦丁堡
元老院,他們在圍攻的部隊撤走以後,大致也知道狀況已經好轉。幼發拉
底河上的橋樑為波斯人破壞,但是皇帝很快發現一個徒涉點,當面的敵人

只有火速撤退，在西里西亞依靠薩魯斯(Sarus)河[69]實施防禦。這條河大約有三百呎寬，中間是無法渡越的激流，橋樑建有堅固的角樓，用來加強防守的力量，在河岸上部署成列的蠻族弓箭手。激烈的血戰一直打到黃昏，羅馬人的攻擊占到上風。一個波斯士兵有魁梧的身材看起來好像是巨人，被皇帝親手所殺然後將屍體投入薩魯斯河中。敵軍遭到擊潰，已經毫無鬥志，赫拉克留斯發起追擊，到達卡帕多西亞的塞巴斯特(Sebaste)。經過三年的時間，這場漫長而勝利的遠征在歡呼聲中，又重新回到黑海海岸原來的地點[70]。

十、阿瓦爾人和波斯人對君士坦丁堡的圍攻鎩羽而歸(626A.D.)

兩位國君為了爭奪東部帝國，不願在邊境纏鬥，想對敵手的要害施以致命的一擊。二十年的行軍和戰鬥損耗波斯軍隊的實力，很多老兵經歷兵刀和天候的危險還能倖存於世，仍舊留在埃及和敘利亞的城堡中賣命。克司洛伊斯的野心和報復卻使得王國精疲力盡，這時他把新徵召的臣民、異族和奴隸編成為三個實力強大的戰鬥團隊[71]：第一支軍隊是精兵，共有五萬人，特別賜給光榮的稱呼「金矛軍」，保持機動，專門用來對付赫拉克留斯；第二支軍隊配置在要點，阻止赫拉克留斯和他弟弟狄奧多西的部隊會師；第三支大軍負責圍攻君士坦丁堡，必要時支援台吉的作戰。波斯國王與阿瓦爾人簽訂聯盟條約，要瓜分東部帝國。薩巴(Sarbar)是第三支軍隊的主將，貫穿亞洲的行省到達卡爾西頓眾所周知的營地，焦急等待錫西厄友軍到達博斯普魯斯海峽的對岸，以破壞亞洲城市近郊的神聖建築物或

69　色諾芬在《遠征記》第一卷提到，年輕的居魯士離開塔蘇斯約十個帕拉沙，渡過寬度有三百呎的薩魯斯河。

70　赫拉克留斯進行三次對抗波斯人的戰役，都能發揮堅忍不拔的勇氣，皮西底亞的喬治表示極度的欽佩。

71　有五位波斯將領被陸續派來對付赫拉克留斯，佩塔維斯(Petavius, Denis, 1583-1652A.D.，學者、耶穌會教士、翻譯家和編輯)將他們的姓名和行動都加以辨別和敘述。

異教廟宇自娛。阿瓦爾人的前鋒有三萬蠻族,在6月29日突破漫長的邊牆,把雜亂成群的農夫、市民和士兵趕進首都。在台吉的旗幟下有八萬人[72],包括本國的臣民,以及成爲附庸部族的吉皮迪人、俄羅斯人、保加利亞人和斯拉夫人,隨著一起前進。他們花費一個月的時間用來行軍和談判。整個城市被圍是在7月31日,從佩拉(Pera)和蓋拉塔(Galata)的郊區一直到布拉契尼(Blachernae)和七塔,居民帶著恐怖的神色看到歐洲和亞洲海岸出現火光信號。

就在這個時候,君士坦丁堡的官員還在努力,不惜付出任何代價能讓台吉退兵。派出的代表團卻受到拒絕和侮辱,台吉故意讓大公站在寶座的前面,波斯的使者穿著絲質長袍坐在他的身邊。傲慢的蠻族說道:

> 你們看,這可證明我與萬王之王有良好的合作關係,他的部將要選出三千勇士編成隊伍,派到我的營地來作戰。不要再想用那麼一點贖金就能收買你們的主子,你們的財產和城市都是我囊中之物。我對你們網開一面會讓你們離開,除了內衣褲別的都要留下。經過我的懇求,我的朋友薩巴不會拒絕你們通過他的防線。你們的國君遠離都城,甚至現在已經成爲俘虜或難民,留下君士坦丁堡面對不幸的命運。你們逃不出阿瓦爾人和波斯人的掌握,除非能變成會飛的鳥或是潛入海中的魚[73]。

阿瓦爾人連續十天對都城發起攻擊,技術方面有很大的進步。他們用堅固的龜甲陣提供掩護,前進到城牆的基座去挖掘,或是用攻城撞車衝擊;他們運用數量繁多的投射器具,不停發射下落如雨的石塊和投矢;建

---

72 皮西底亞的喬治特別提到兵力有八萬人,他的詩篇很肯定的指出年老的台吉,在赫拉克留斯統治期間還一直活在世上,他的兒子和繼承人是一個外國母親所生。然而弗吉尼對這些詩文做出別的解釋。

73 錫西厄國王將一隻鳥、一隻青蛙、一隻老鼠和五支箭送給大流士,要考驗他的智慧。君士坦丁堡的元老院和人民,要是看到台吉所傳遞的訊息,是否會大笑不已,這點倒是使我很感興趣。

造十二座高聳的木塔，可以讓士兵在與防壁同樣的高度進行戰鬥。赫拉克留斯的精神鼓勵元老院和人民高昂的士氣，他派遣的增援部隊有一萬兩千重裝步兵；希臘火和機具的運用使君士坦丁堡的防禦，在技術方面占有莫大的優勢；他們的兩層和三層槳戰船控制博斯普魯斯海峽，使波斯人難以越雷池一步，只能坐視他們的盟友在戰場失利。阿瓦爾人的攻擊被擊退，斯拉夫人用獨木舟所組成的船隊，在港口全部被擊沉。台吉的附庸和諸侯威脅要脫離他的陣營，糧食已經消耗殆盡，他把全部投射機具付之一炬，然後發出信號緩慢而且毫無所懼的撤退。羅馬人非常虔誠將獲得解救的信號，歸於無垢聖母施展法力。然而對他們冷酷謀殺波斯的使者，耶穌的母親一定會譴責，要是使者無法受到萬國公法的保護，也有資格獲得人權的保障[74]。

十一、赫拉克留斯的進軍和尼尼微會戰的勝利(627A.D.)

赫拉克留斯的兵力分散以後，基於謹慎的著眼退到費西斯河岸，發揮守勢作戰之利來對抗波斯五萬金矛軍。君士坦丁堡的獲救使他消除心中的憂慮，他的兄弟狄奧多西獲得勝利更能鞏固他的希望。羅馬皇帝與突厥人建立有用而互利的盟約，用來對付克司洛伊斯和阿瓦爾人充滿敵意的聯合部隊。在他大力邀請之下，卓查人(Chozars)[75]整個旗把他們的帳幕從窩瓦河的平原移到喬治亞的山地，赫拉克留斯在特夫利斯(Teflis)附近接見他們。要是我們相信希臘人的話，說是可汗和貴族下了座騎，全部趴俯在地上向身著紫袍的凱撒致敬。皇帝對於自願的效忠和重要的支助真是感激萬分，取下自己的皇冠放在突厥君王的頭上，賜與義子的稱呼，給予熱烈的

74　《帕斯加爾編年史》對君士坦丁堡的圍攻作戰和獲得解救，有非常詳盡的記載，而且極為可信。狄奧菲尼斯增加一些情節，皮西底亞的喬治也解開若干疑點，他寫出一首詩來慶祝極其幸運的事件。

75　卓查人的權勢在第七、八、九這三個世紀盛極一時，希臘人和阿拉伯人對他們都有幾分認識，中國人將他們稱為「吐蕃」(Kosa)。

歡迎。奢華的宴會完畢以後，他把皇家餐桌上的金盤和器具、各種寶石和絲織品，送給齊貝爾(Ziebel)當禮物，同時親手將貴重的珠寶和耳環分贈新的盟友。在一次私下的會面中，他拿出女兒優多西婭(Eudocia)的畫像[76]，親口答應蠻族讓他娶到美麗而又尊貴的新娘，於是立即獲得四萬騎兵的援軍，同時議定突厥人的大軍轉用到阿姆河的當面[77]。波斯人看見狀況不利，只有匆忙撤軍。赫拉克留斯在埃笛莎的營地，校閱羅馬人和外來異族所組成的軍隊，共有七萬人馬，他花費幾個月的時間陸續收復敘利亞、美索不達米亞和亞美尼亞的城市，全力整修城堡工事，總算差強人意。薩巴仍舊保有卡爾西頓這個重要的據點，但是克司洛伊斯的猜疑或赫拉克留斯的詭計，很快使勢力強大的省長離心離德，要背棄他的君王和國家。羅馬人攔截到一名信差，以及下達給副將的命令，要立即處決有罪或不幸的將領，將頭顱火速送到寶座的前面，不得稍有延誤。副將是營地僅次於薩巴的第二號人物，而命令的真假也難以辨明。羅馬人將這件公事遞送給薩巴本人，看到要將他處死的判決，他也玩弄手段將四百名軍官的姓名附在上面，然後召開軍事會議，質問副將是否準備執行暴君的命令。波斯人一致同意，公開宣布克司洛伊斯喪失統治的資格，就單獨與君士坦丁堡政府議和。如果薩巴考慮到榮譽與政策，無法加入赫拉克留斯的陣營，皇帝仍然確定，對於達成勝利與和平的目標，也不致造成妨害或中斷。

　　喪失盟友的強力支持，懷疑臣民的忠誠信念，克司洛伊斯的偉大已經受到損害，仍然顯得極為突出不容忽視。說有五十萬人馬當然是東方式的比喻，還是有為數眾多的人員和武器、騎兵和戰象，配置在米地亞和亞述，用來對付赫拉克留斯的入侵行動。然而羅馬人大膽從亞拉克西斯河向

76　伊庇法尼婭(Epiphania)或稱優多西婭，是赫拉克留斯和第一位妻室優多西婭唯一的女兒。她在611年7月7日生於君士坦丁堡，同年的8月15日受洗，10月4日加冕(在皇宮的聖司蒂芬小禮拜堂)。這時她大約十五歲，正要嫁給突厥人丈夫時，傳來他死亡的消息，只有中止聯姻的行動，無法達成所望的企圖。

77　伊瑪辛提供很多奇特但有可能的史料，但是所說的數目實在太大，像是集結在埃笛莎的羅馬人有三十萬人，在尼尼微被殺的波斯人有五十萬人。即使這些數字能省去一個零，都很難讓人接受。

著底格里斯河進軍，怯懦而謹慎的拉札特斯（Rhazates）只敢尾隨，迫不得已用強行軍通過荒無人煙的國度，直到他接獲嚴格的命令，要冒險將波斯的命運付諸一場決戰。在底格里斯河以東，摩蘇爾（Mosul）的附近有座橋樑，偉大的尼尼微過去建立在它的一端[78]，這個城市甚至就是古老的遺跡，長久以來已經湮滅無蹤[79]，空曠的原野成為兩軍交鋒的寬闊戰場。但拜占庭的歷史家忽略這次作戰，他們像敘事詩和傳奇故事的作者，把勝利歸於受到喜愛的英雄人物，不是他的指揮才能而是個人的作戰勇氣。

在這個值得紀念的日子（627年12月1日），赫拉克留斯騎著戰馬法拉斯（Phallas），比他手下的武士更為驍勇無敵。他的嘴唇被長矛刺穿，座騎的大腿也受傷，但是還能載著主人穿越蠻族的三重方陣，獲得勝利安然歸營。在這場激戰之中，有三位驍勇的酋長連續被皇帝的佩劍和長矛所殺，其中包括拉札特斯在內。他像戰士那樣戰死，但等波斯人看到他的頭顱，在大驚失色的陣列之中出現憂愁和絕望的氣氛。拉札特斯的鎧甲是純金製成，盾牌使用一百二十塊金片，加上佩劍和劍帶，以及馬鞍和胸甲，全部用來裝飾赫拉克留斯的凱旋。如果不是他對基督和祂的母親有虔誠的信仰，這位羅馬的勇士會向卡庇多山的朱庇特神殿，奉獻第四次最豐盛的戰利品[80]。尼尼微會戰的激烈戰鬥從破曉打到夜間十一時，除了撕毀和損壞不算，從波斯人手裡奪取二十八面軍旗，他們的軍隊大部分陣亡，勝利者為了隱瞞自己的損失，整夜留在戰場，沒有歸回營地。羅馬人知道在當前狀況之下，殺死克司洛伊斯的士兵比起擊敗他們要較為容易。他們就留在

---

78 特西阿斯記述尼尼微的周長是四百八十個斯塔德（大約三十二哩），約納斯（Jonas）說繞一圈要花三天時間。先知認為這個城市有十二萬人無法分辨善惡，古老的都城當時約有七十萬居民，在基督紀元前600年完全消失，不見蹤跡。位於西邊的郊區仍舊存在，阿拉伯人開始設立哈里發的時代曾經提及，使用的名字是摩蘇爾。

79 尼布爾（Niebuhr, Carsten, 1733-1815A.D.，德國探險家和科學家）經過尼尼微毫無感覺，其實他錯過那古老的防壁，全部是用磚砌或泥土堆成，他誤以為是一列小山。據說防壁有一百呎高，側面聳立著一千五百座塔樓，每座高度都有兩百呎。

80 如果瓦羅（Varro, Narcus Terentius，公元前一世紀，羅馬將領、學者和諷刺詩人）能用敞開的胸懷同意賜予豐碩的戰利品，即使是給一個殺死敵軍國王或將領的普通士兵，那麼這種榮譽就會廉價和常見得多。

戰友的屍體之中，離開敵人不到兩個弓程，波斯騎兵的殘餘人員堅持不退，一直嚴陣以待直到夜間七時。大約在八時他們退回未遭受搶劫的營地，等把行李收拾好，在喪失秩序和無人指揮的狀況下一哄而散。

　　勤奮的赫拉克留斯運用勝利的成果，值得稱道，在二十四小時行軍四十八哩，他的前衛奪取大札布河與小札布河上的橋樑，亞述的城市和宮殿第一次讓羅馬人進入。真是世事難料，他們竟然攻入皇家的中樞要地達斯特傑德，雖然有很多財寶已經搬走，花費用去的數量更是不少，但是剩餘的錢財仍舊超過他們的期望，甚至可以滿足他們的貪念。那些無法搬運的東西全部毀於縱火，這些都是克司洛伊斯不理民生的疾苦，從帝國的行省搜刮所得，巨大的損失可能使他極為痛心。如果破壞的對象只限於供君王享受的奢侈，如果民族的仇恨、軍隊的放縱和宗教的狂熱沒有用同樣的暴行來對付無罪臣民的住所和寺廟，那才真正是正義的行為。收回三百面羅馬軍隊的旗幟，解救埃笛莎和亞歷山卓無數的俘虜，這才是赫拉克留斯運用武力真正獲得的光榮。他離開達斯特傑德的宮殿，繼續向摩代因或帖西奉追擊前進，不過僅前進數哩的距離就在阿爾巴(Arba)河的河岸停頓下來，基於渡河的困難、寒冷的季節，或許還有都城固若金湯的名聲。有一座城市在現代稱為社蘇爾(Sherhzour)，因為皇帝的回師而著名。赫拉克留斯非常幸運，能在大雪封山之前越過札拉(Zara)山脈，否則會連續降雪達三十四天之久，迫得甘札卡或陶里斯的市民要友善接待士兵和馬匹[81]。

十二、克司洛伊斯的遜位被弒以及羅馬與波斯恢復和平(627-628 A.D.)

　　當克司洛伊斯的野心未遂、逼得他只有保衛世襲王國的時候，榮譽的熱愛或羞愧的感覺，應該敦促他要在戰場迎擊不共戴天的敵手。在尼尼微

81　狄奧菲尼斯敘述赫拉克留斯最後一次遠征行動，無論是事實、地點和日期，都非常精確而且可信。他必定是根據皇帝所發的書信作為最基本的資料，在《帕斯加爾編年史》裡保存一件很奇特的樣本。

的會戰中，他的勇氣應該可以教導波斯人擊敗敵人，或者是陣亡在羅馬皇帝的長矛之下獲得不朽的榮名。居魯士的繼承人寧願選擇在安全的距離之外，期待最後的結果，收集被擊敗的遺骸，或是在赫拉克留斯發起追擊以後，用整齊的步伐撤退，直到帶著嘆息看到達斯特傑德心愛的建築物。無論是他的朋友和敵人，都認為克司洛伊斯的意圖是要葬身在城市和宮殿的殘址之下。在雙方都不利於他逃亡的狀況下，亞洲的國君帶著西拉和三個嬪妃，在羅馬人到達前九天，從城牆的一個洞裡脫身離開（627年12月29日）。過去他用緩慢而莊嚴的行列，向趴俯地面的群眾展示帝王的權威，現在變成快速而祕密的趕路。第一夜他住在農夫的茅屋，萬王之王很少會進入那樣簡陋的木門。他的畏懼還是勝過迷信，第三天很高興抵達防備森嚴的帖西奉，卻仍舊懷疑是否安全，直到底格里斯河已經擋住羅馬人的追擊。他的逃走被人發現以後，達斯特傑德的皇宮、城市和軍營激起恐懼和動亂。所有的省長感到猶豫難決，不知是統治者還是敵人使他們更加畏懼。後宮的婦女能有機會見到外人，覺得驚奇而又歡愉，有三千妻妾的嫉妒丈夫再度將她們監禁在遠地的城堡。達斯特傑德的軍隊在他的指揮之下，撤退到新的營地，阿爾巴河可以用來掩護正面，有一條戰線配置兩百頭大象，部隊從遙遠的行省陸續抵達，連國王和省長最卑賤的僕役，也都徵召入伍用來保衛君主的寶座。克司洛伊斯仍舊有權可以決定合理的和平，赫拉克留斯的信使不斷向他表示，不要再犧牲臣民的性命，也不要讓一個仁慈的征服者，非要在亞洲最美麗的國土大動兵刀。但是這名波斯人的自負沒有因運道不佳而減弱，皇帝的撤退更使他獲得剎那之間的自信。他為亞述的皇宮受到摧毀而流淚，發出徒然無益的狂怒。長久以來他對國內倍增的不滿毫不在意，人民抱怨他們的生命和財產為固執的老人白白犧牲。這位可憐的老人為身心的痛苦而倍受煎熬，自己感覺已經接近暮年，決定把皇冠安放在默達札（Merdaza）的頭上，這是他最喜愛的兒子。

克司洛伊斯的意願不再受到尊重，昔羅伊斯（Siroes）從母親西拉的地位和美德獲得尊榮，心生不滿，開始結黨圖謀，要確保長子繼承的權利。二十二個省長自稱是愛國人士，為新統治朝代承諾的財富和職位所勾引。

克司洛伊斯的嗣子答應增加士兵的薪餉，基督徒有宗教信仰的自由，戰俘可以獲得釋放或服務的報酬，對於自己的國人是永久和平與降低稅賦。陰謀分子的決定是讓昔羅伊斯穿著皇家的服飾出現在軍營，要是爭奪寶座的行動失敗，他的逃走可以說是宮廷的陷害。新君受到萬眾異口同聲的歡呼，克司洛伊斯的逃走(然而他能逃到哪裡？)很粗魯的受到阻止，當著他的面有十八個兒子被屠殺，他被關進地牢，只多活了五天(628年2月28日)。希臘人和現代波斯人都曾詳細敘述，克司洛伊斯在毫無人性的兒子指使之下，如何遭受侮辱、饑餓與酷刑，他的兒子在這方面比起父親所做的榜樣，有青出於藍的成就。但是克司洛伊斯去世時，何嘗有人敢提及弒父之事？又有誰能透視黑暗的高塔？按照基督教敵人虔信而又仁慈的說法，他落入黑暗的深淵之中，毫無被救的希望[82]，這是無可否認的事，無論任何時代或教派的暴君，都有資格拿地獄當作永久的住所。薩珊王朝的光榮隨著克司洛伊斯二世的生命一起終結，他那形同禽獸的兒子也只享受八個月罪惡的成果。在四年之內有九位候選人僭用帝王的名號，他們用刀劍和匕首爭奪一個民窮財盡王國所分裂的領地。波斯每一個行省和城市，都出現獨立、混亂和血腥的場面。無政府的狀態長達八年之久，直到這些黨派為阿拉伯的哈里發所統治和約束，才安靜下來願意團結合作[83]。

十三、赫拉克留斯的勝利和凱旋以及羅馬帝國的隱憂(628-629A.D.)

等到山區可以通行以後，皇帝接獲極受歡迎的消息：繼位陰謀的成

---

82 克司洛伊斯逝世的謠言剛傳出來，皮西底亞的喬治所寫兩個詩章的《赫拉克勒德》(Heracliad)，立刻在君士坦丁堡出版。一個教士或是詩人對於國家公敵的不得善終，當然可以大喜若狂，但是這種卑鄙的報復心理，對於一個君主或是征服者就不太適合。我很遺憾在赫拉克留斯的書信中，看到很不光彩的迷信舉動，他幾乎要讚許昔羅伊斯的弒父是虔誠和公正的行為。

83 優提契烏斯的作品就東方人的觀點而言，是敘述薩珊王朝後期幾位國王最佳的歷史記錄，他對昔羅伊斯的弒父罪行略而不提。參見德比洛和阿昔瑪尼(Assemanni)有關的資料。

功、克司洛伊斯的死亡和他的長子登上波斯的寶座。赫拉克留斯促成波斯的變革，他在陶里斯的宮廷或營地展現出這種態度，接著是昔羅伊斯的使臣帶來主子的信函，送給他的「兄弟」羅馬皇帝[84]。他的語氣就像每個時代的篡位者一樣，把他的罪行歸之於天命，在沒有貶低自己身分的狀況下，他提議讓兩個長期抗爭的國家重歸於好，簽訂沒有期限的和平與同盟條約（628年3月）。條約的款項容易確定而且忠實執行。在歸還落在波斯人手裡的軍旗和俘虜時，皇帝仿照奧古斯都的先例，重視國家的尊嚴爲當時的詩人所讚譽，只是皮西底亞的喬治想要與賀拉斯的作品相比，其間的差距不能以道里計，足證那個時代的天才已經隕滅。赫拉克留斯將他的臣民和教友從迫害、奴役和放逐中解救出來，不過君士坦丁的繼承人不斷要求歸還的是神聖的眞十字架，而不是羅馬的鷹幟。勝利者沒有擴充疆域的野心去增加帝國的弱點，克司洛伊斯的兒子毫無遺憾放棄父親征服的成果，波斯人從敘利亞和埃及的城市撤走，很順利的回到邊界。戰爭對兩個國家造成致命的傷害，到頭來原來的疆界和雙方的關係並沒有發生改變。赫拉克留斯從陶里斯回到君士坦丁堡，帶來永垂青史的凱旋，在獲得六次光榮戰役的勝利以後，辛勞的身體可以享受安息日的寧靜。經過長久焦急的等待，元老院議員、教士和人民帶著橄欖樹枝和無數燈火，用眼淚和歡呼前去迎接他們的英雄。皇帝乘坐用四頭大象拖曳的戰車進入都城，一旦從公眾歡樂的喧囂中脫身，立即眞正滿足於母親和兒子溫暖的親情[85]。

隨後一年，不比尋常的勝利更顯得光耀奪目，就是將眞十字架歸還給聖地。赫拉克留斯以個人身分到耶路撒冷去朝聖，那是奇蹟的遺物經過謹愼的教長鑑定無誤[86]，就用每年一度的節慶來舉行盛大的奉獻典禮。皇帝

84　《帕斯加爾編年史》所引用的昔羅伊斯書信，很可惜是在他進行謀和行動之前所寫，對於條約的執行要看狄奧菲尼斯和尼西弗魯斯的歷史著作。

85　高乃依在所著悲劇中唱出的疊句，很能表現出當時的情況。可以參閱狄奧菲尼斯和尼西弗魯斯對赫拉克留斯的凱旋所做的描述。皮西底亞的喬治證實他的母親仍然在世，而且他很愛他的兒子。拜占庭的基督徒經常使用安息日的隱喻，有時會帶著不敬的意味。

86　裝眞十字架的木箱外面的封印沒有損壞的現象，保管得如此良好要歸功（是神的旨

在踏上這片神聖的土地之前，接受勸告換下皇冠和紫袍，因為那代表著塵
世的奢華和虛榮。但是根據教士的意見，對猶太人的宗教迫害很容易與福
音書的教誨相吻合。他再度登上寶座，接受法蘭西和印度使臣的祝賀。赫
拉克留斯大帝的光榮事蹟，就公眾的評論已經使摩西、亞歷山大和海克力
斯的名聲大為失色[87]，然而東方的解救者已經處於貧窮和虛弱的狀況，在
波斯獲得的戰利品大部分已經充做戰爭的費用，還要當成犒賞分配給士
兵，有的遭遇不幸的暴風雨埋葬在黑海的波濤之中。皇帝深感他有責任要
歸還教士的財富，是他借來作為防衛國家的費用，需要一筆經常費用來滿
足立場堅定的債權人。行省雖然因波斯人的刀兵和貪婪而山窮水盡，被迫
要支付第二次同樣的稅款。只為了一名普通市民的拖欠債款，大馬士革的
財務官被處以十萬金幣的罰鍰。二十萬士兵在戰場喪生[88]，在歷時長久和
盡情毀滅的戰爭之中，比起技藝、農業和人口的損失和沒落，還不會帶來
最致命的影響。雖然在赫拉克留斯的旗幟之下組成一支常勝的軍隊，但是
那些違背自然的奮鬥不是鍛鍊而是耗盡他們的實力。當皇帝在君士坦丁堡
或耶路撒冷感到得意揚揚的時候，敘利亞邊界有一個不知名的小鎮受到撒
拉森人的洗劫，一支軍隊前去救援，被殺得片甲不留。這樣普通而又尋常
的事件，不大像是重大變革的前奏。這些強盜都是穆罕默德的門徒弟子，
他們從沙漠之中激發宗教狂熱的高昂鬥志。赫拉克留斯在統治的最後八
年，將原來打敗波斯人所光復的行省，全部落到阿拉伯人手裡。

(續)

意)西拉皇后對信仰的虔誠。

87 我不理會丹尼爾、提摩修斯(Timotheus)等人很無聊的比擬，他們把克司洛伊斯和
阿瓦爾人的台吉當作伯沙撒(Belshazzar)、法老王和古老的撒旦，然後大張撻伐。

88 二十萬人這個數字是蘇伊達斯提出來，但應該不是波斯戰爭而是艾索里亞戰爭，
而且不是赫拉克留斯皇帝。

哈德良的宮殿成為海關大樓

哈德良用公共紀念物來裝飾帝國的每個行省，

不僅按照他的命令來執行，

更要在親自監督下施工建造。

他喜愛藝術，

也是一位藝術家，

在這方面的作為更能增進君王的榮耀。

第四十七章

神學史上「道成肉身」的教義　基督的人性和神性
亞歷山卓和君士坦丁堡的主教相互敵視　聖西里爾
和聶斯托利　以弗所第三次神學會議　優提契斯的
異端思想　卡爾西頓的第四次神學會議　政教之間
的爭執　查士丁尼的不寬容作為　「三章」的爭論
東方諸教派的狀況(412-1663A.D.)

一、基督「道成肉身」的爭論及各教派所秉持的觀點

　　異教絕滅之後，基督徒在和平與虔誠之中原本可以獨享勝利的成果，
然而在他們的內心仍舊滋長著爭執的本質，只是全力探索宗教創始人的本
質，並沒有奉行他的律法。我在前面提到過「三位一體」的爭論，現在繼
之而來是「道成肉身」的辯駁，同樣對於教會的名譽有損，對於國家的和
諧有害，論及事件的起因更加微不足道，產生惡劣的影響則更為深遠。我
計畫在本章敘述的要點，是長達兩百五十年的宗教戰爭，包括東部各派系
在教會和政治上的分裂，運用研究原創教會各種教義的成果，介紹彼此之
間喧囂而血腥的鬥爭[1]。

1　要是我堅持每種史實或臆測都要有證據加以支持，每種線索都要有一大串的證
　　詞，每個註釋都能擴大成為一篇重要的論文，那麼我應該用什麼工具去完成這項
　　調查工作，能夠定出它的限制和範圍？我已經讀過大量古代的作品，這些都經過
　　佩塔維斯(Petavius)、勒‧克拉克、博索布勒(Beausobre, Isaac de, 1659-1738
　　A.D.，神學家和歷史學家)和摩斯海姆(Mosheim)的編纂、摘要和闡釋；我要敘述
　　這麼細微而遙遠的主題，個人最感滿意之處，是能獲得這些明師的指導，對於能

(一)伊比奧派的神學思想和對基督的崇敬

　　為了使最早的改信者獲得應有的榮譽,這件事一直受到教會的關切,
所以才贊同他們的信念、希望和意願,伊比奧派(Ebionites)或至少是拿撒
勒派(Nazarenes)之所以不同於其他教派,只是他們堅持摩西的儀式,始
終不肯變通而已。他們的教堂已經消失,書籍受到焚毀,信仰的自由失之
寬大,經歷三百年的宗教狂熱或謹慎恐懼,就連過於軟弱的幼稚信條,也
呈現出不同的面貌。然而,即使是毫無成見的批評必須否認,這些教派對
於基督純淨而正統的神性能有幾分了解。他們在猶太人的學派接受教育,
習於先知和偏見,從來沒有被教導要提升自己的希望,能夠超越人類和
塵世的彌賽亞[2]。國王穿著平民的服裝出現,還是有人能夠鼓起勇氣向他
歡呼;只有上帝別出心裁,拿凡人的姓名和外貌掩蓋住神性,人們更大
的恐懼是無法將祂識別出來[3]。拿撒勒的耶穌那些相互熟悉的夥伴,把他

(續)─────────────

　　借用強力望遠鏡的幫助,除了感激之外,毫無不好意思的地方。其一,佩塔維斯
　　的《神學理論》,這部作品所花費的精力和敘述的範圍真是令人不敢置信,僅僅
　　有關「道成肉身」的部分就分為十六冊,第一冊是它的起源和歷史,其餘各冊都
　　是辯解和教義。這位耶穌會教士的學識不僅博大精深,而且正確無誤,拉丁文的
　　表達非常純正,敘述的方式很明確,提出的論點有精闢的見解,而且從無矛盾之
　　處。但是他是神職人員的奴隸,異端分子的剋星,更是真理和誠信的大敵,只要
　　是不利於正統教會的任何狀況,他都挺身而出表示反對。其二,亞美尼亞人勒·
　　克拉克不受任何拘束和限制,寫出最早兩個世紀的《教會史》,他的理念很清晰
　　但是思想很狹隘,對於那個時代的理性或愚行,用個人的判斷來降低所應達到的
　　標準。他反對神職人員,有時因此加速建立公正無私的觀念,有時反而造成不利
　　的影響。其三,博索布勒的《摩尼教的歷史批判》是古代哲學和神學的寶庫。學
　　識淵博的歷史學家用不可思議的手法和有系統的論點完成這本大作,使他輪替成
　　為聖徒、智者或異端。然而他的作品太過於高雅,以致曲高和寡,淺露出仁性的
　　袒護現象,通常會站在弱者的一方。就在他極力防範誹謗時,還不讓迷信行為和
　　宗教狂熱有反擊的餘地。一份冗長的作品目錄使讀者清楚他在各方面的觀點。其
　　四,提起摩斯海姆,他的深奧不及佩塔維斯,自主不及勒·克拉克,明智不及博
　　索布勒,但從他的作品《君士坦丁前的基督教之謎》(De Rebus Christianis ante
　　Constantinum),可以知道這位歷史學家的完美、理性、正確和節制。
　2　這是猶太人特里豐(Tryphon)用他同胞的名義所說的話。現代有少數猶太人的思想
　　從金錢轉向宗教,仍舊保持他們的語言,要求對先知的話按字面詮釋。
　3　克里索斯托和阿泰納休斯不得不公開聲明,基督或使徒都很少提到他的神性。

當成朋友和同胞在一起談天說地，耶穌過著塵世的生活，所有的行動都很合理而且自然，看起來跟他們完全一樣都是同種的人類。他從幼年到青年以至成人，生長的過程一樣是身材的增高和智慧的成熟，後來經歷身體和心理的慘痛，終於喪命在十字架上。耶穌的出生和逝世是爲了拯救人類；其實蘇格拉底的平生和赴死，也都是爲了獻身於宗教和正義的使命。雖然無論是斯多噶學派信徒或是英雄人物，私下藐視耶穌謙卑的德性，但是他爲朋友和國家流出的眼淚，可以做爲人道主義最有說服力的證據。福音書的奇蹟不會使猶太民族感到驚異，他們有無畏的信念，見過摩西律法更爲神妙的徵兆，上古的先知治癒病人的痼疾，能夠使死者復活，分開深邃的海水，停止太陽的行程，駕著光輝奪目的車輛升天。希伯來人用比喻的風格來描述聖徒和殉教者，可能採用「上帝之子」的頭銜。

　　然而在拿撒勒派和伊比奧教派並不嚴謹的信條之中，倒是可以隱約看到兩者的差異，一邊是信奉邪說的異端，把基督的下世和普通人的出生混淆在一起；另外一邊是罪孽較小的分裂派系，他們尊敬母親的童貞，排除塵世父親的功能。拿撒勒派的疑點可以拿顯而易見的情節作證，像是耶穌的出生、名義上的父母約瑟和馬利亞合法的婚姻、有權直接繼承大衛的王國和猶大的遺產。但是根據聖馬太[4]的敘述，有幾本福音書轉錄這段祕密而可信的歷史，這些教派用希伯來原文[5]長期保持這些記載，作爲他們的信仰唯一留存的證據。約瑟身爲丈夫知道自己的守貞，必然產生的懷疑被

4　伊比奧派使用的《聖經》在〈馬太福音〉部分缺少前兩章，他們所堅持的信條不夠完整，普里斯特利(Priestley, Joseph, 1733-1804A.D.，英國神學家和科學家)博士最後刪除幾段，包括奇蹟受孕。

5　最早的福音書很可能是供猶太人改信者使用，所以用希伯來文或敘利亞文寫成，很多的神父都可證實此事，像是佩皮阿斯(Papias)、伊里納烏斯、奧利金、傑羅姆等人。正統教徒都用虔誠的態度表示相信，就是卡索朋(Casaubon, Isaac, 1559-1614A.D.，古典文學家和神學家)、格羅秀斯和艾薩克‧佛休斯(Isaac Vossius)這些新教的學者都可以接受。但是希伯來文的〈馬太福音〉是無法估計的損失，這可以歸咎於原創教會的不夠勤奮或忠誠，他們情願採用無名希臘人未經認可的譯本。伊拉斯繆斯和他的追隨者，把希臘文的原文當成最原始的福音書，雖然他們公開宣布福音書是使徒的作品，等於把所有的證據全部丟掉。

夢中的保證所驅散：他的妻子懷孕著「聖靈」。歷史學家不可能親眼目睹一個距離遙遠的家庭，竟然出現這樣的怪事，他所聽到的同樣聲音，必然曾告知以賽亞未來會有處女產子。處女的兒子是從無前例或難以比擬的造物，來自「聖靈」極為玄奧的作用，無論身體和心靈遠優於亞當的子孫。自從希臘或迦爾底的哲學[6]傳入這些觀念，猶太人[7]全都相信靈魂的先驗存在、輪迴和永生。有一種學說可以證明天國的實有，那就是人類因禁在塵世的牢籠，要洗淨前世的玷污和羞辱[8]。然而純潔和敗壞所能區分的程度幾乎無法衡量，只能做出合理的推測，對於馬利亞和聖靈的後裔耶穌，人類當中至善至美的精神將灌輸到他的體內[9]。他的降格是出於自願選擇所產生的結果，須知他的使命所要達成的目標，不是洗清自己的罪孽，而是要使全世界得到淨化。等他回到位於天上的故鄉，會因他的盡責而獲得巨大的報酬，那就是彌賽亞的永恆王國。過去先知曾在暗中預言，會按照塵世的意象，達成和平、征服和統治的要求。全能的上帝使得基督的人性光輝可以擴展到神的職位。在古人的言語之中，上帝的頭銜並沒有嚴格限制只能給予我們天上的父親。衪那無可倫比的輔佐和絕無僅有的獨子，要求在從屬的世界獲得第二順位的宗教禮拜，應該是毫無僭越之處。

6　西塞羅和泰爾的麥克西繆斯從雜亂無章的《對話錄》，使形而上的靈魂獲得解脫。對於研究柏拉圖的讀者來說，這本書對他們而言，有時會產生樂趣，但是經常會帶來困惑。

7　耶穌的門徒被說服，相信人在出生前已經有罪，法利賽人(Pharisees)堅持善良的靈魂可以轉生。一位現代的拉比(猶太教的法師)謙遜的宣稱，赫爾密斯(Hermes)、畢達哥拉斯和柏拉圖的形而上理論，源於他那光輝奪目的同胞。

8　有關人類靈魂的起源出現四種不同的見解：(1)靈魂不滅而且帶有神性；(2)創造出來以後的靈魂，在與肉體結合之前，存在於分離的狀態；(3)靈魂從人類的始祖亞當傳承下來，亞當也與他的後代子孫一樣，包容在心智和肉體的根源之中；(4)每個人的靈魂在受孕那一剎那才偶然被創造出來，並且能夠成為有形的肉身。最後這種看法像是流行於現代，人類的心靈歷史在成長的過程並非那樣崇高，而且也不容易理解。

9　這段話被當成奧利金的十五種異端邪說之一，被他的護教者所否認。有些拉比認為亞當、大衛和彌賽亞的肉身是同一個靈魂。

(二)幻影派的神性本質和永存不朽的肉體

　　信仰的種子在朱迪亞(Judea)多石而又磽薄的土壤中慢慢發芽茁壯，等到完全成長以後，就移植到氣候更為宜人的非猶太教地區。羅馬或亞洲的外鄉人從來沒有見過基督的面目，就更會接受他的神性。多神教的信徒和哲學家、希臘人和蠻族都很容易想像得到，一長列無窮無盡的天使、或是魔鬼、或是精靈、甚至於是永恆或元氣，從光明的寶座中放射出來。在這些永恆中的首位稱為「邏各斯」(Logos)也就是「道」，與聖父同質，將會降臨到世間，好把人類從罪惡和過失中解救出來，引導他們走上生命和不朽的道路，說到這些倒是無足為奇，也不至於難以盡信。但是，當時有種流行的觀點，那就是永恆存在和與生俱來的敗壞性質，使東部的原創教會受到污染。非猶太教的改信者之中有很多人拒絕相信，一個神性的靈魂會與污穢而又邪惡的肉體結合起來，何況這個神性的靈魂還是第一本質不可分割的部分。同時他們狂熱信仰基督的神性，因而用虔誠的態度拋棄他的人性。正當基督的寶血流在髑髏地的山頭[10]，亞洲有一個人數眾多而又學識淵博的教派名叫幻影派(Docetes)[11]，他們創造出奇幻體系，後來由馬西昂派(Marcionites)、摩尼教派及各種不同名目的諾斯替異端所傳播。即使他們在敘述馬利亞的懷孕、基督的降生、以及傳教前三十年生活時，也完全拒絕承認福音書的真實與可信。他們說耶穌開始出現在約旦河畔，已經是一個成年人的模樣，卻只是形狀而非實體，全能上帝的手模仿人的功能和行為，創造出來的人類形象，要在他的朋友和敵人的感官之中，產生一個永恆的幻覺。清晰的聲音震動門徒的耳朵，保留在視神經的面貌，要規避觸覺更為堅實的驗證。他們為上帝之子的精神存在而歡欣不已，對

10　幻影派在全世界獲得太多人的相信，正在滋長的錯誤理論，使伊格納久斯用書信傳達給西麥那教會的觀念讓人無法接受，就連聖約翰所傳播的福音也受到毀棄。

11　基督公元200年前後，伊里納烏斯和希波利都斯要駁斥三十二個教派，等到伊壁費紐斯時代增加為八十個。現存的伊里納烏斯五卷作品都使用粗俗的拉丁文，但是原本可能在希臘的修道院裡找得到。

於肉體是否存在根本不予理會。猶太人的暴怒對於不動感情的幻影，全都是產生不了作用的浪費。基督的蒙難和死亡、復活和升天的神祕景象，都是爲了使人類獲得恩惠，才在耶路撒冷這個劇院上演。要是有人認爲，這些都不過是理想的模擬和有意的欺騙，配不上眞實的上帝，那麼幻影派和許多正統教派的弟兄一樣，都同意用虔誠之名行虛假之事。在諾斯替異端的體系之中，以色列人的耶和華是塵世的創造者，一種反叛甚或無知的精神甚囂塵上：上帝之子來到世間是爲了消滅祂的廟宇和律法，要想達成這樣一個崇高的目標，運用非常技巧的手法，將世俗的彌賽亞所主張的願望和預言，轉移到自己的身上來向世人宣告。

摩尼教的徒眾之中有位思想縝密的辯論家，曾經提出非常危險和令人難堪的論點，認爲基督教的上帝曾經處於人類胚胎的狀態，九個月以後才從女性的子宮中出生。他的對手是信仰虔誠的基督徒，聽到這些謬論在驚愕之餘極力反駁，完全避開懷孕和生育與肉體有關的情節，維持原有的說法，就是神性通過馬利亞就像光束穿過玻璃，非常肯定的提到她在成爲基督母親一刹那仍舊保持處女之身。但是這種讓步實在是過於魯莽，使幻影派產生更爲溫和的情緒，說基督不是幻象，而是外面用不動感情也不會腐化的肉體加以掩飾。實在說，在更爲正統的體制之中，認爲無論中介物質的密度有多大，只要毫無阻擋或損傷的通過，從復活開始就已經獲得這一切，而且必然會始終據有。這些中介物質的基本屬性完全付之闕如，也就可以避免肉體的徵候和弱點。胚胎要是能從目不能見的小點孕育到完全成熟，那麼嬰兒不能從正常的來源獲得營養也能長大成人，根本不需要從外界供應物質補充每天的消耗，還是能夠繼續生存。耶穌可能與門徒分享飲食，倒是不會有饑渴的感覺，他也不會因本能的性慾需要而使童貞受到污染。面對結構如此奇特的肉體，難免要問最初的目的何在？是用什麼工具和材料造成？有一個答案不見得必然出於諾斯替的觀點，倒是會讓我們原本可靠的神學也會大爲驚駭，是說這個奇特的肉體不論是形式和內涵都來自神的本質。純粹和絕對精神的概念是現代哲學的精髓，古人將具體的本質歸之於人類的靈魂、神性的存在、甚至於上帝的本身，並不排除空間延

伸的觀念。他們的想像滿足於空氣、火或以太這些極爲微妙的性質，與粗俗的物質世界相比顯得更爲完美。如果我們想要確定上帝的位置，就必須描繪出祂的相貌。我們的經驗或是虛榮，只能表現出理性和德行的力量，這些都涵蓋在人的形象之下。擬人派(Anthropomorphites)*12的信徒人數眾多，在埃及的僧侶和阿非利加的正統教徒中隨處可見，可以拿出聖書來大聲宣告，人是按照創世主的形象製造出來。德高望重的塞拉皮恩(Serapion)是尼特里亞(Nestia)沙漠的聖徒，不知流下多少眼淚才放棄原本喜愛的成見，像嬰兒那樣爲改變宗教的不幸而深感哀悼。他的上帝已被偷走，內心沒有留下任何有形的對象可以做爲信仰和奉獻的目標。

(三)塞林蘇斯的兩種性質及對基督人性的肯定

以上就是幻影派飛逝而過的信念。亞細亞的塞林蘇斯(Cerinthus)[13]竟敢反對最後一位使徒，企圖提出較爲複雜卻更實際的假說。他本人置身於猶太人和非猶太人的世界之中，公開宣稱這位大家承認的彌賽亞，就是人和神超自然的結合，用來調解諾斯替派和伊比奧派不同的看法。神祕的教義經過奇妙的修改，被卡勃克拉特(Carpocrates)、巴西里德(Basilides)和華倫廷(Valentine)[14]這些眾多的埃及人異端所採用。在他們的眼中，拿撒勒的耶穌不過是個普通人，是約瑟和馬利亞合法的兒子，但是他在人類之

---

*12 [譯註]擬人派的主張是賦予神以人形或人性。《舊約聖經》〈出埃及記〉第三十三章十一節：「耶和華與摩西對面說話，好像人與朋友說話一般。」

13 聖約翰和塞林蘇斯偶而在以弗所的浴場相遇，但是使徒趕快從異端身邊逃走，以免建築物倒塌在頭上。密德頓(Middleton)拿出波利卡普(Polycarp)的證據，用來譴責這個愚蠢的故事，然而這種說法何嘗不適合塞林蘇斯那個時代和所居住的環境。這種過時卻或許有可能的事實，可以參閱〈約翰一書〉第四章三節，在暗指最早的異端具有雙重性質。

14 華倫提尼安派贊同一個複雜而毫無條理的系統。(1)基督和耶穌雖然有不同的等級，但都是永恆，一位扮演有理性的靈魂，另一位是救世主的神靈；(2)在受難的時候，兩個角色全部告退，只留下有感覺的靈魂和凡人的身體；(3)甚至身體都輕盈異常，可能明顯表示要上升天國。以上都是摩斯海姆用盡心力所得的結論。但是我懷疑拉丁文譯者是否明瞭伊里納烏斯的本意，還有就是伊里納烏斯和華倫提尼安自己是否明白。

中不僅最優秀也最明智，被選來作為最適合的工具，恢復世間對真正最高神明的崇拜。當耶穌在約旦河受洗時，基督這第一個永恆也就是上帝的兒子，化做一隻鴿子降落在他身上，進駐他的心靈之中，到了他布道的時期指導所有的行動。當彌賽亞被交到猶太人手中時，基督這位萬世不朽而又不動感情的生命，拋棄在塵世的軀殼飛回pleroma即屬靈的世界，留下耶穌獨自受苦、怨恨和死亡。但是這種絕裂的過程使得正義和慈愛受到強烈的質疑，無辜殉教者遭遇的命運，開始被神派遣的伴侶所逼迫，最後被這位伴侶所遺棄，或許會激起異教徒的憐憫和氣憤。有些教派採用或修正塞林蘇斯的雙重體系，拿出很多辦法使怨言慢慢平息下來。據說耶穌被釘在十字架上時，他的心靈和肉體經過神奇的作用，變得極為冷漠，對於外表的痛苦實際毫無感覺。還有人更為肯定的表示，即使真正有痛苦也會很快消失，而且會得到莫大的補償，那就是保留給彌賽亞的新耶路撒冷王國，在塵世的統治將有千年之久。這也就是在暗示，要是他在受苦也是命中注定，人性從來都不是絕對完美，約瑟的兒子和上帝之子神祕結合之前，十字架的苦難也許可以洗掉耶穌一些輕微的過失[15]。

(四)阿波利納里斯主張「道成肉身」的神性

有人相信靈魂的非實體性，這是一種陳義甚高的教條，根據現有的經驗，必須承認心靈和物質存在著無法理解的結合。還有一種相類似的結合，對象是更高或最高程度的睿智，並非必定產生無法相容的現象。一種永恆或天使長的化身，雖然創造的靈魂已達到最完美的程度，並不能歸之於實質的矛盾或存在任何荒謬之處。在信仰自由的時代，也就是尼斯宗教會議的決定，基督的崇高地位由個人的判斷來衡量，依據聖書、理性或傳統那些向無限制的規定。但等到耶穌純正的神性在阿萊亞斯教義的廢墟上

---

15 異端分子濫用「我的神！我的神！為什麼離棄我？」激情的呼喊，盧梭(Rousseau)以雄辯的氣勢就基督和蘇格拉底提出很不禮貌的對比，忘記將死的哲學家口裡沒有吐出一句急躁絕望之辭。這種情緒只會表現在彌賽亞的身上，然而像這種不當試探的用辭，可以解釋為讚美詩和預言的適當運用。

建立起來以後，正統基督徒的信仰卻在懸崖的邊緣戰慄，已經沒有退卻的可能，站立不動非常危險，掉落下去更是萬劫不復。他們的信條有很多礙難之處，加上神學理論有崇高的信念，使得問題變得更爲嚴重。他們不願冒不大韙宣布：那就是上帝本身是平等而又同質的三位一體的第二位，透過血肉之軀彰顯[16]；那就是一個瀰漫在宇宙的生命，曾經容納在馬利亞的子宮之中；那就是他永恆持續的時間，被當成一個活在世上的人用日、月、年來計算；那就是全能的上帝受到鞭打並釘在十字架上；那就是他毫無知覺的本質也會感受到痛苦和煩惱；那就是他的全知無法免於無知；那就是生命和不朽的源泉在髑髏地的山頭絕滅。這麼多令人驚異的結果，拉奧狄西亞(Laodicea)主教阿波利納里斯(Apollinaris)，一位教會中極爲傑出的人物，全都直截了當毫不羞愧的承認。阿波利納里斯的父親是一位博學的文法家，身爲他的兒子所以精通希臘所有的學門，就把自己著作中極爲突出的口才、知識和哲學，全部用很謙恭的態度拿來爲宗教服務。他是阿泰納休斯的莫逆之交，也是朱理安的強硬敵手，與阿萊亞斯派和多神教徒進行難分難解的鬥爭。雖然他愛好驗證幾何學定理的嚴謹，他的評論卻透露《聖經》具有文學和寓言的風格。經過他長期堅持到底的努力，把一種神祕的觀念限定在技術性的形式之內，須知民眾的信仰一直非常放任自由，這種神祕觀點就長期飄浮其間。

　　阿波利納里斯首先提出「基督一性化」令人難忘的說法，直到目前爲止，在亞洲、埃及和衣索匹亞的教堂，這種觀點仍舊引起敵對情緒的叫囂。他提出的理論是上帝的神格和人的身體聯合或混合在一起，永恆的智慧「邏各斯」在血肉之軀中取代靈魂的位置和功能。然而這位學問深奧的神學家常爲自己的冒失感到煩惱，難免會說些含糊不清的詞句，用來表達

16　聖保羅的話(〈提摩太前書〉三章十六節)已經證明確實有這種強烈的表示，但是我們受到現代《聖經》的欺騙，有一個希臘原文「誰」被改爲「神」，這是六世紀初葉在君士坦丁堡發生的事，真正的文本可以在拉丁文和敘利亞文的譯本中見到，仍舊存在於希臘及拉丁神父的論證之中。這種謬誤和聖約翰的三個證人，很高興能被牛頓爵士發現。我很重視在這方面的爭論，願意聽從首位哲學家的權威，他對鑑定和理論的研究具有極爲高明的技巧。

自己的歉意或者想有所解釋。希臘哲學家過去對人的靈魂用理性和感情所做的區分，阿波利納里斯對於他們抱持默認的態度，這樣他就可以保留邏各斯用於智慧的功能，而將人類的從屬性質比擬動物生活的低等行為。他有點像溫和的幻影派信徒，把馬利亞尊為精神而非肉體的基督之母，耶穌那不動感情和永不腐化的肉體來自上天，或者是吸取或轉化為神的本質。阿波利納里斯的神學體系受到亞洲和敘利亞神學家的猛烈抨擊，這些學派與巴西爾、格列哥里和克里索斯托有密切的關係，藉著他們的名望受到當代人士的尊敬，當然也會受到狄奧多魯斯、狄奧多爾和晶斯托利的牽連，而被大眾所唾棄。但就年邁的拉奧狄西亞主教本人來說，他的品德和尊嚴並沒有受到任何的侵犯，他的對手雖然沒有待人寬厚的弱點，難免會對他那新奇的論點感到驚愕不已，因而對正統教會的最後裁決，表示出缺乏信心的立場。教會的判斷最後傾向贊同他的對手，阿波利納里斯的異端邪說受到譴責，他的門徒在各地與正統教會分離的集會，受到皇家法令的取締。他的教義仍舊在埃及的修道院中私下流傳，狄奧菲盧斯和西里爾陸續成為亞歷山卓的教長，阿波利納里斯的敵人還會感到這兩位教長的憤恨。

(五)正統教會的神學見解和言辭辯論

乞憐的伊比奧派和著迷的幻影派受到排斥被人遺忘，由於阿波利納里斯產生錯誤，最近出現狂熱反對的現象，似乎使正統基督徒和塞林蘇斯的雙性論取得協議。他們沒有成立暫時和偶然的聯盟，而是進而制定一個完美的上帝與完美的人，產生實質、堅固和永恆的聯合，是三位一體的第二位與一個理性靈魂和人類肉體的聯合，這種狀況直到現在還得到我們的贊同。在五世紀初葉，兩種性質的結合是教會盛行一時的理論。每方面都公開宣稱，這兩者的共存模式是我們的頭腦所無法想像，我們的言語所無法表達。有些人極其擔心基督的神性和人性會混淆不清，又有些人極其害怕基督的神性和人性會彼此分離，然而在這兩類人之間，存在著祕密不為人知而又無法消除的歧見。他們為宗教的狂熱所迫，急著要避開原來的錯誤，雙方都認為這種錯誤有害於真理和得救。他們對於兩個性質的聯合與

區分，不論在哪一方面都想極力保全，更要盡心盡力去辯護，為了消除懷
疑和誤解，要發展語言的形式和學理的符號。他們鑑於觀念和用語的貧
乏，只有努力從藝術和自然中尋找所有可用的比喻，每種比喻在解釋一個
無與倫比的神祕論點時，又會誤導他們原有的想像。在引起爭論的顯微鏡
下，一顆原子放大成為一個怪物。每一邊都盡量運用手法從對方的理論和
原則之中，硬要逼出荒謬和褻瀆的結論，然後再加以渲染和誇大。他們相
互之間避不見面，曲折繞越黑暗和僻遠的樹叢，直到他們帶著極其驚愕的
神色，看到塞林蘇斯和阿波利納里斯可怕的幽靈，守護在神祕迷宮的出
口。他們在看到理念和異端的曙光那一剎那，就大吃一驚停了下來，接著
慢慢縮回腳步，再度陷入正統教義無法透視的幽暗深處。他們犯下不可寬
恕的錯誤，為了滌清罪孽或免除譴責，矢口否認原來獲致的論點，重新解
釋他們主張的原則，原諒自己的輕率和魯莽，一致同意發出齊心協力和信
仰虔誠的呼聲。然而一個隱匿幾乎無法看見的火花，仍舊埋藏在爭論的灰
燼之中，只要颳起偏見和憤怒的陣風，很快燃起漫天的火焰，東部各教派
那些咬文嚼字的爭論[17]，已動搖教會和國家的基礎。

二、亞歷山卓教長西里爾的宗教信念和強勢作為(412-444A.D.)

　　亞歷山卓的西里爾，這個名字在教會的爭論史上非常出色，帶著聖徒
的頭銜，表示他的見解和他的派系獲得最後的勝利。他的叔父是總主教狄
奧菲盧斯，在一起生活使他感受薰陶和教誨，願意致力於正統教會的熱忱
和統治，後來在鄰近尼特里亞沙漠的修道院中，度過青春年華的五年時

17　我對這些問題訴諸兩位東方高級教士的自白，格列哥里‧阿布法拉吉斯是東方的
　　雅各比派總主教，伊利阿斯(Elias)是大馬士革的轟斯托利派都主教，因而不論是
　　東方正教、雅各比派、轟斯托利派，可以獲得一致的結論：那就是他們同意現有
　　的經典，差異在於表達的方式。對於博學和理性的神學家而言，像是巴納吉‧勒‧
　　克拉克、博索布勒、拉‧克洛茲(La Croze, Matnurin Veyssiere de, 1661-1739A.D.，
　　東方學者和歷史學家)、摩斯海姆和賈布隆斯基(Jablonski)，他們歡迎這種寬容的
　　裁決，但是佩塔維斯難免勃然大怒，以至於溫和的杜平只能在一旁竊竊私語。

光，對他有很大的裨益。他在塞拉皮恩院長的教導下，不辭辛勞全力進行
神學研究，僅是一次通宵不睡，他已讀完《聖經新約全書》的四福音書，
八卷的普通書信集*18和〈羅馬書〉。他非常討厭奧利金(Origen)，但是對
克雷門斯(Clemens)、狄奧尼休斯、阿泰納休斯和巴西爾的著作卻愛不釋
手。教義和實踐的辯論，使他的信仰更為堅定，他的機智更為銳利，他將
富於學術價值的神學理論，從自己的住所像蛛網一樣向四周擴展，不斷沉
思和推敲寓言和形而上學的作品，現在還餘留七卷冗長的對開本，毫無聲
息放在對手的身邊。西里爾在沙漠裡祈禱和齋戒，但是他的思想仍然留戀
塵世(這是一位朋友對他的指責[19])。狄奧菲盧斯召喚他到喧囂的城市參加
宗教會議，渴望的隱士立即同意前往。他獲得叔父的認可接受教職，成為
頗有名氣又受到歡迎的傳道士。他那風度翩翩的姿態使得講道更為生動，
清脆悅耳的聲調在大教堂吸引更多的聽眾，他的朋友安排在適當的位置，
好引起或附和大家的掌聲。書記用倉卒的記錄保存他的講道辭，可以就效
果而非文采與雅典的演說家一比高下。狄奧菲盧斯的過世，使身為姪子的
西里爾更能擴展勢力和實現理想。亞歷山卓的教士分裂成兩個陣營，士兵
和將領支持副主教的權利要求，但是那批勢不可當的群眾，用聲音和雙手
支持受到敬愛的教士，經過漫長的三十九年時光，西里爾終於坐上阿泰納
休斯的寶座(412年10月18日-444年6月27日)[20]。

　　就當時的狀況而論，西里爾的野心已經獲得應有的獎賞，遠離宮廷的
掌握，身為重要首府的領袖，現在的頭銜是亞歷山卓的教長，逐漸篡奪行

---

*18 [譯註]「普通書信」是指《新約聖經》書信中確定是保羅寫的十三卷以外的書
　　信，共有八卷，分別是〈希伯來書〉、〈雅各書〉、〈彼得前、後書〉、〈約翰
　　一、二、三書〉和〈猶大書〉。

19 佩魯西姆的伊西多爾所寫的信件並非最可靠的證物，蒂爾蒙特不像波拉達斯派
　　(Bollandists)信徒那麼虔誠，他對這位西里爾是狄奧菲盧斯姪兒一事，始終抱持懷
　　疑的態度。

20 雷納多(Renaudot, Eusebe, 1646-1720A.D.，歷史學家和東方學者)神父從塞維魯斯
　　的《阿拉伯史》找到一些材料，塞維魯斯是十世紀時赫摩波里斯‧瑪格納
　　(Hermopolis Magna)的主教，他本人並不值得信任，除非整個事件的內部證據逼
　　得我們只有贊同不可。

政長官的地位和權勢。城市的公立或私立慈善機構全部由他掌握，只要一句話就可挑起或平息民眾的情緒，人數眾多和宗教狂熱的帕拉波拉尼(parabolani)[21]全都盲目服從他的命令，這些人因為職務的關係，見慣死亡的場面。這些基督教主教的世俗權力之大，使得埃及各地的行政首長都感到畏懼或憤怒。西里爾對於迫害異端極為熱中，為了能順利展開他的統治，大力鎮壓諾瓦提亞派(Novatians)信徒(413-415A.D.)，這是最無辜而又無害於人的教派。他禁止他們舉行宗教儀式，在他看來是合乎正義和至當的行為；沒收他們神聖的器具，根本不在乎犯下褻瀆神聖的罪行。獲得特權和寬容的猶太人，現在已經增加到四萬人，過去曾經得到保證，分別是凱撒和托勒密王朝所制定的法律，以及自亞歷山卓建城以來長達七百年的禁令。沒有任何法律的判決和皇室的命令，教長竟在一天清晨率領暴民攻打各處的猶太會堂。猶太人沒有武器也毫無準備，根本無法抵抗，他們用來祈禱的聖堂全部夷為平地，這位身為主教的武士將搶來的物品賞給部隊以後，把殘留下來還未信仰基督教的猶太土著，全部趕到城外。西里爾或許可以為自己的行為提出辯護，說是猶太人因為富有而變得傲慢無禮，他們對基督徒抱著同歸於盡的仇恨，在不久以前一次惡意安排的動亂中，當然也可能是偶發事件，他們讓基督徒流血喪命。這樣的罪行理應受到行政官員的譴責，但是在任意殘殺的暴行中，無辜的民眾和罪犯混雜在一起，結果失去一群富有而勤奮的移民，使得亞歷山卓變得貧窮不堪。

西里爾的宗教狂熱已經犯下《朱理安法》所列舉的罪行，但是軟弱的政府和迷信的時代卻使他逍遙法外，甚至還受到大眾的讚揚。歐里斯特斯(Orestes)曾經提出控訴，但是公正的訴狀很快為狄奧多西的大臣所遺忘，只有一個教士把這段仇恨銘記在心，表面裝出要原諒這位埃及的行政長

21　亞歷山卓的帕拉波拉尼是一個慈善組織，設立在高連努斯(Gallienus)時代黑死病流行期間，用來照顧病患和埋葬死者，組織逐漸擴大，濫用和售賣從出任神職獲得的特權。在西里爾統治之下產生的暴虐行為，激怒皇帝剝奪教長對他們的提名權，把整個組織的人數限制在五、六百人，但是這些辦法只是權宜之計，不能發生效用。

官。當歐里斯特斯的座車經過街頭時,遭到五百名尼特里亞派(Nitrian)僧侶的攻擊,衛兵看到這群沙漠的野獸只有逃跑。他認為自己是一位基督徒也是正統教會的信徒,對他們的行動提出抗議,得到的回答是投擲一陣石塊,歐里斯特斯被打得滿臉鮮血淋漓。亞歷山卓忠心的市民趕來救援,正義很快得以伸張,用手打傷他的僧侶當場受到制裁,阿摩紐斯(Ammonius)死在扈從校尉的杖下。西里爾下達命令將阿摩紐斯的屍體抬起來,用莊嚴的行列送到大教堂,並且將名字改為義士索馬修斯(Thaumasius),他的墳墓裝飾著殉教紀念碑,教長登上講壇,為這名兇手或暴徒發表感人的賀詞。類似這樣表示敬意的舉動,可能會激勵忠誠的信徒加入他的陣營,聽從聖徒號召去勇敢戰鬥和從容起義。很快在他的指使和推動之下,讓一名處女白白犧牲性命,這名女性信奉希臘的宗教,與歐里斯特斯建立很好的友誼。海帕蒂婭(Hypatia)是數學家塞昂(Theon)的女兒,從小接受父親的教導,能夠撰寫見解精闢的註釋,有助於闡明阿波羅紐斯(Apollonius)和戴奧菲都斯(Diophantus)的幾何學,同時她分別在雅典和亞歷山卓,公開教授柏拉圖和亞里斯多德的哲學。個性溫柔的少女不僅美麗大方而且思想開明,拒絕男女之情,只願教導門徒向學求知,許多知名之士迫不及待前來拜訪這位女哲學家。西里爾看到成群的馬匹和奴隸擁擠在學院的門口,心中感到極為嫉妒。在基督徒中間流傳一種謠言,提及行政長官與總主教無法和解,問題出在塞昂的女兒,因此這個障礙很快就被排除。在四旬齋神聖的節期內一個可怕的日子,海帕蒂婭被人從車子裡拉出去,剝光衣服拖進教堂。讀經師彼得帶著一幫狂熱的信徒,用非常野蠻而殘酷的方式將她殺死。他們用鋒利的貝殼[22]將她的肉從骨頭上刮下來,還在抽搐的手足被肢解下來丟進火裡。公正的調查和定罪的懲處因為送禮行賄而中止,但是海帕蒂婭的謀殺案,對於亞歷山卓的西里爾而言,

---

22 凱撒里姆一帶海灘到處都散布著貝殼,所以我贊成原文的字義,但是也不反對迪瓦羅伊(de Valois)使用「屋瓦」這個隱喻的譯法。兇手用這種方式是否要讓受害人活著受罪,這點我不知道。

在品德和宗教上都留下無法洗刷的污點[23]。

三、君士坦丁堡教長聶斯托利異端思想的形成(428-431A.D.)

迷信償還一位處女的血債，可能比放逐一位聖徒收效更大。西里爾陪伴他的叔父前往橡樹嶺，參加行事極爲偏頗的宗教會議。當克里索斯托受到懷念和崇敬獲得平反時，狄奧菲盧斯的姪兒領導一個即將滅亡的派系，仍舊堅持自己的意見，認爲過去對克里索斯托的判決非常公正，經過冗長的拖延和頑固的反抗都沒有發生效用以後，勉強認同正統基督徒世界的普遍看法[24]。他仇視拜占庭大主教完全基於利害關係，倒不是一時的情緒衝動。他始終羨慕這個職務的有利地位，能夠與皇家宮廷建立直接的來往，同時又害怕他們有傲慢自大的野心，要壓迫歐洲和亞洲的各大都市，侵入安提阿和亞歷山卓所在的行省，用帝國的邊界來定出教區的範圍。阿提卡斯(Atticus)是個性溫和的篡奪者，在接替克里索斯托的寶座以後，長期以來保持寬厚仁慈的作風，能夠暫時緩和東部這些教長的敵對情緒。但是對西里爾而言，有一位更值得尊敬和仇視的對手現在受到擢升，終於喚起他要採取行動。經歷君士坦丁堡主教西辛紐斯(Sisinnius)短暫而混亂的統治以後，皇帝總算決定最好的人選，能夠安撫教士和民眾的派系，對這件事的處理在於聽從輿論，破格任用才能卓越的陌生人(428年4月10日)。聶斯托利(Nestorius)是安提阿的僧侶，出生在日耳曼尼西亞(Germanicia)，他的生活非常嚴謹而且講道的口才極佳，於是受到推薦。他第一次到講壇爲信仰虔誠的獲奧多西宣揚教義，卻顯出宗教狂熱的苛刻和暴躁。他大聲疾呼：「啊！凱撒！給我一個清除異端邪說的地球，我會用天國來回報。請

23　蘇格拉底記下聖西里爾所建立的功勞，最令人側目而視之處，是這位歷史學家對於海帕蒂婭的謀殺案抱著冷酷的態度。在提到受害者姓名的時候，我很高興看到即使巴隆紐斯都現出羞愧的樣子。

24　君士坦丁堡的阿提卡斯(Atticus)及佩魯西姆的伊西多爾請求幫助時，西里爾擺出一副裝聾作啞的模樣，只有聖母親自説項，才會使他讓步。然而他晚年仍一直抱怨，覺得約翰‧克里索斯托罪有應得。

你跟我一起去消滅異端，我就會與你去消滅波斯人！」好像他們眞的簽好
協定一樣，君士坦丁堡的教長在五天以後，對所發現的阿萊亞斯派祕密集
會場所，展開奇襲和攻擊的行動。這些教徒寧死也不屈服，絕望中所點燃
的大火，很快延燒到鄰居家中，聶斯托利的勝利被按上「縱火者」的名
字。在海倫斯坡海峽的兩岸，主教的氣勢和精力強加在信仰和紀律上，成
爲嚴苛的冷酷公式，對於復活節的日期按照年代記載推算的錯誤，當做違
犯教規和國法的罪人加以懲處。利底亞、卡里亞、沙德斯和米勒都斯
(Miletus)這幾個地方，所以能夠洗淨他們的罪孽，全部靠著頑固的十四日
派(Quartodecimans)*25信徒流出的鮮血。皇帝的詔書也可以說是教長的指
示，對於異端的罪行和懲罰列舉二十三種等級和宗派。但是這把宗教迫害
的利劍，被聶斯托利拿在手裡瘋狂舞動，很快要指向自己的胸膛。宗教不
過是一種藉口，要是依據當時一位聖徒的研判，主教戰爭的眞正動機完全
出於個人的野心。

聶斯托利屬於敘利亞學派，受到教導要對混淆兩種性質的邪說保持憎
恨的態度，必須精細區分「上主」耶穌的神性和「人主」基督的人性。他
把神聖的處女尊爲基督的母親，自從與阿萊亞斯派的爭論開始以來，她無
形中被加上「上帝之母」26的頭銜，被很冒昧的採納接受，聽起來眞是刺
耳。教長的一位朋友，後來甚至連教長本人，都在君士坦丁堡的講壇上，
一再反對使用或濫用這個名詞27。何況這個稱呼使徒根本沒聽過，教會也

---

*25 [譯註]小亞細亞的教會從二世紀起，認定復活節在尼散月(即猶太教的1月，在公
   曆的3、4月間共三十天)的第十四天，這樣才符合逾越羔羊的教義，並不贊同尼
   西亞教條的規定，說復活節在每年春分後第一個星期日。於是這一派的信徒被稱
   爲十四日派，被視爲異端而受到迫害。

26 使用「上帝之母」這個希臘原文，就像我們在動物學中經常提卵生和胎生動物一
   樣。很不容易知道是誰最先使用這個字，拉‧克洛茲認爲是凱撒里亞的優西庇烏
   斯和阿萊亞斯派信徒。西里爾和佩塔維斯提出正統教義方面的證詞，但是聖徒說
   話的眞實讓人感到可疑，「上帝之母」這個稱呼，很容易溜進一份正統教會的手
   抄本之中。

27 巴納吉在《教會史》這本極具爭議的作品中，用血統和身世來證明上帝之母。但
   是這份希臘文的手抄本，要想獲得一致的同意那還差得太遠。敘利亞文的譯本還
   保留基督家世最早的稱呼，甚至聖湯瑪士在馬拉巴海岸的基督徒都使用這些版

沒有認可，只會使膽怯的人感到驚慌，單純的人受到誤導，不信的人拿來消遣，好像可以拿來對比，證明奧林帕斯眾神的古老譜系非常正確[28]。聶斯托利在平靜的狀況下也會承認，只要兩種性質的結合能夠在選擇的「用語」[29]上說得通，倒也無可厚非。但是最使他無法容忍的事，在於否定一個新生的嬰兒，就是禁止對幼年上帝的崇拜；使他更為氣惱的做法，是從生活的婚姻或社交的伴侶中，去尋找那並不適宜的對比，並且把基督的人性當成神性的袍服、工具或帳幕。褻瀆上帝的聲音使得聖殿的大柱發生震動，聶斯托利那些無法取勝的對手，不管是基於虔誠的信仰還是個人的情緒，要發洩他不當言辭所引起的憤怒(429-431A.D.)。拜占庭的教士私下對一個外鄉人的闖入極為不滿。無論多麼迷信和荒謬的事物，都可以要求僧侶的保護，只要把一切榮譽歸於主保聖母，就會使人民感到興趣。主教的布道演說及聖壇前的禮拜儀式，總是受到叛亂叫囂聲的干擾；一些另有打算的會眾拒絕承認他的權威和道理，帝國只要掀起任何風潮總要帶來爭論；戰鬥者在劇院發出驚天動地的聲音，就會引起巴勒斯坦和埃及修道院小室的回響。西里爾有責任要教化眾多的僧侶，使他們免於宗教的狂熱和無知，他在亞歷山卓的學校裡，受到一性論肉身成聖的啟迪並且完全承認。

阿泰納休斯的繼承人在運用武力對付另一種阿萊亞斯派時，只考慮自己的虛榮和野心，殊不知這位敵人在教會階級中居於第二位，比起阿萊亞斯派勢力更大罪孽更深。敵對的高級教士保持一小段時間的連繫，他們的通訊用尊敬和仁慈等極為空洞的言語，來掩飾相互之間的仇恨。過沒多久亞歷山卓的教長向君王和人民、東部和西部，公開譴責拜占庭的主教犯下滔天大罪。他從東部特別是安提阿，獲得的回應是寬容和沉默極其曖昧的

(續)

　　本。聶斯托利派和一性論者出於妒忌，保護他們原本不能失去純正的性質。

28　埃及的異教徒已經譏笑基督教新出現的西布莉(Cybele)女神，用海帕蒂婭的名義偽造的信件，對殺害她的兇手所尊奉的神學，表現出輕視和嘲弄的態度。在〈聶斯托利〉這篇文章中，貝爾(Bayle, Pierre, 1674-1760A.D.，哲學家和學者)對聖母馬利亞的敬拜散布一些並不成熟的哲理。

29　按照希臘的原文，這個字的意義包括「文字」或「財產」的相互借用或交換，不僅限於人，可以擴展到神明之間。佩塔維斯的《神學理論》對這個非常精細的項目訂出十二條規則。

建議,雖然同時向雙方提出,實際上偏向於聶斯托利。梵蒂岡張開雙臂歡迎來自埃及的信使,這種懇求正好迎合切萊斯廷一世(Celestine I)*30的虛榮心。一個僧侶的偏頗觀念竟會決定教皇的信仰,何況這位教皇和他的教士,對於希臘人的語言、藝術和神學根本是一竅不通。切萊斯廷召開意大利的宗教會議,權衡雙方說辭和整個情況,贊同西里爾提出的信條,斥責聶斯托利的心態和人品,黜免異端分子的主教職位,給他十天時間發表皈依和悔改的聲明,並且將這個草率和非法的判決交給他的敵人去執行。亞歷山卓的教長發出天神霹靂一擊的時候,暴露出凡夫的過失行為和執迷不悟,他那十二條破門律[31]仍在折磨一些身為正統基督教徒的奴隸,他們敬重這位聖徒的所作所為,但是沒有失去對卡爾西頓宗教會議的忠誠。這些難以滌清污點的大膽言論,難免沾染阿波利納里斯異端邪說的色彩,但是聶斯托利嚴肅而又真誠的表白,使現代更為明智而且立場公正的神學家感到滿意[32]。

四、第一次以弗所大公會議引起東方教派的反對(431A.D.)

然而,無論是東部的皇帝還是大主教,都不願服從一個意大利教士的命令,一致要求召開正統基督徒的宗教會議,也可以說是希臘教會的宗教會議,認為是唯一可以平息或解決神學爭論的辦法。水陸交通極為便利的以弗所被選為會議地點,開會日期訂於聖靈降臨節*33(431年6月-10月)。

---

*30 [譯註]切萊斯廷一世是意大利籍教皇(422-432A.D.),判處聶斯托利是異端,將他逐出教會,引起基督教的分裂,死後被封為聖徒。

31 十二條破門律並沒有獲得教會正式的批准,佩塔維斯在《神學理論》第六冊好像是要引起熱烈的討論,我對這種憤怒和詭辯的激情演出不禁產生憐憫之心。

32 這些神學家像是理性的巴納吉和拉·克洛茲,都是世界公認的學者。拉·克洛茲出自內心的批判之辭,得到他的朋友賽布隆斯基和摩斯海姆的肯定。要找到三位更受尊敬的公正之士就很不容易。阿昔曼(Asseman)是個博學而又溫和的奴隸,對於聶斯托利派的罪行和錯誤不大可能辨識得清楚。

*33 [譯註]聖靈降臨節也稱五旬節、降靈節,是基督教重大節日,在每年復活節後第七個星期日,也就是第五十天。

開會通知送到每座大城市，派出警衛來保護這些神父，並且限制他們的行動，非到上天的祕密和世間的信仰獲得解決，否則全部不准離開。聶斯托利的光臨不像是罪犯倒像是法官，不是靠著跟來高級教士的人數，而是靠他們所具有的份量，他的身邊都是強壯的奴隸，來自宙克西帕斯浴場，全副武裝可以用打擊敵人或者保護他自己。但他的敵手西里爾無論是精神或肉體的武器，力量顯得更為強大，五十位埃及主教在後面追隨，對於皇家的會議通知，無論是文字內容還是實際意義，全部不予理會。這些主教都在期待教長的點頭示意，讓大家知道他已經獲得聖靈的感召。西里爾早已與以弗所的門農(Memnon)主教結成關係密切的同盟；這位亞洲的專制總主教在私下安排，僅他這部分就有三十到四十張主教票不會投給聶斯托利。大批農民是教堂的奴隸，湧入城市，要用打鬥和叫囂支持形而上的爭論。聖母的遺體安葬在以弗所的城牆之內[34]，這份榮譽也激起人民的宗教狂熱。從亞歷山卓開航的船隊裝載西里爾和埃及的財富，隨船帶來大批水手、奴隸和宗教狂熱分子，他們盲目追隨聖馬可和上帝之母的旗幟。參加會議的神父和警衛看到這些戰鬥的隊伍，都感到大吃一驚。那些反對西里爾和馬利亞的敵手在街頭遭到侮辱，或是在住處受到威脅。西里爾的雄辯和慷慨使追隨他的人數與日俱增，這位埃及人很快估計可能有兩百名主教聽從他的召喚和驅使[35]。但是十二條破門律的始作俑者，不僅預見也害怕安提阿的約翰會加以反對。安提阿的約翰這時正帶著人數較少的隊伍，包括各大城市受尊敬的主教和神職人員，從遙遠的東部首府一路緩行過來。

　　西里爾等得非常心急，認為這是故意的拖延行為，應該受到譴責[36]，

---

34 最早四個世紀的基督徒根本不知道馬利亞的過世和埋葬。以弗所的傳統獲得宗教會議的認可，然而耶路撒冷提出合理的要求，取代以弗所的地位。朝聖客只能參拜一座空墓，因而產生復活與升天的神話，希臘和拉丁的教會都很虔誠的默認。

35 埃及的主教對教長那種盲從和冥頑的奴性姿態，卡爾西頓的決議呈現一幅活生生的圖畫。

36 安提阿的主教受到市政或教會事務的影響，一直延宕到5月18日才成行。以弗所的距離是三十天的行程，發生意外或是休息要多花十天的時間。色諾芬行軍經過同樣的地區，計算的距離是兩百六十帕勒桑或里格。在古代和現在的旅行路線上有同樣的標示，要是我能比較軍隊、會議和商隊在行進時所要求的速度，這個里程

於是宣布在聖靈降臨節後的第十六天開始會議。聶斯托利完全靠著東部的
朋友到場幫忙，就像他的前任克里索斯托一樣堅持原則，否定敵手有下達
指示的權力，更不聽從開會的通知。敵人匆忙安排對聶斯托利的審判，而
由原告坐在主審官的座位上。在六十八位主教中，二十二位兼有大主教的
職稱，提出溫和而自制的抗議，爲他的案子進行辯護，結果被同教的弟兄
趕出會場。康迪德安(Candidian)用皇帝的名義要求會議延後四天，這位
褻瀆神聖的官員受到侮辱，聖徒的集會用暴力把他驅逐出去。整個重大事
件在夏季的一個白天完全處理完畢(6月22日)，主教個別發表意見，但是
這種表態雷同的格調，可以顯示出有人在暗中指使，不僅發揮影響力，還
進行操控。這個主謀的行爲受到指責，因爲他的惡例，使得作證和簽名無
法取信於人。大家毫無異議認爲，西里爾的書信符合尼西亞教條以及神父
的教義。但是他們從聶斯托利的講道辭和書信中，斷章取義摘錄若干詞
句，夾以革出教會和破門律的詛咒，因此免除這個異端分子的主教職位，
剝奪他的聖職榮譽。把聶斯托利當成新猶大所惡意簽發的判決書，張貼在
以弗所的街頭並且大聲宣布。那些疲憊不堪的高級教士從上帝之母的教堂
裡走出來，被當作爲祂衝鋒陷陣的勇士，受到大眾的歡呼。爲了慶祝祂的
勝利，那個夜晚真是燈火通明、歌聲四起、人潮洶湧。

到了第五天(6月27日)，東部主教的抵達和氣憤填膺的表情，使西里
爾的勝利大爲失色。安提阿的約翰在旅社的房間裡，來不及揮去鞋子上的
塵土，便匆忙接見皇帝的大臣，康迪德安提到他企圖預防或阻止埃及人一
意孤行，現在已經完全失敗。同樣是倉卒行事和一意孤行，五十位主教參
加東部的宗教會議，他們罷黜西里爾和門農的主教職務，並且在十二條破
門律中，譴責阿波利納里斯異端是絕對惡毒，並且把亞歷山卓的大主教描
繪成惡魔，從出生到接受教育都是爲了要毀滅整個教會[37]。他的寶座過於
遙遠無法接近，但是對於以弗所的羊群，可以立即賜福給他們找一位虔誠

(續)—
　　數就會發揮計時的作用。蒂爾蒙特勉強同意洗刷安提阿的約翰受到懷疑的名譽。
37　約翰和西里爾聯盟以後，忘懷他們之間曾經大肆抨擊。相互敬仰的敵手要是惺惺
　　相惜的話，雄辯的風格和真正的感情不應該混淆不清。

的牧人。門農保持高度的警覺，發現狀況不對就關起大門，讓一支強大的守備部隊進駐主座教堂。軍隊在康迪德安的指揮下立即發起進攻，外圍的哨兵很快被擊退，有的死於劍下，但是整個教堂固若金湯。圍攻的人員開始撤退，結果受到猛烈的追擊，損失乘騎的馬匹，很多士兵被棍棒和石塊打成重傷。以弗所這個聖母之城陷於暴亂、騷動、叛逆和殺戮之中。敵對的宗教會議指使他們的御用機構，向對方宣判破門罪和開除教籍的處分。

　　在敘利亞和埃及兩個派系相互攻訐和各說各話的陳述中，狄奧多西的宮廷混淆不清，無法辨別是非。在那極為忙亂的三個月裡，皇帝竭盡諸般手段，想要調停這一次的神學爭執，其實最有效的辦法是置之不理和表示藐視。他試想使用一般的審判方式，做出有罪或無罪的判決，用來除去或恐嚇雙方的領導人物；他對派往以弗所的負責官員授以極大的權限及軍事力量；他要兩派各選出八位代表到首都附近集會，遠離可以感染群眾狂熱的地區，開誠布公討論雙方的歧見。但是東方的人士拒絕屈服，正統基督教會認為人數眾多還有拉丁同盟，反對接受聯合或寬容的條款。最後個性溫和的狄奧多西忍無可忍，在震怒之中解決主教所產生的動亂，經過十三個世紀漫長歲月以後，誰知第三次基督教聯合會議又出現這種古老的場面。虔誠的君王說道：「上帝可以作證，我沒有引起這場混亂。上天知道誰是罪人，必定對他施加處罰。你們回到行省以後，只有靠著自己的德行，來補救這次集會所造成的災難和羞辱。」他們回到各自的行省，但以弗所大公會議帶來不安的情緒，現在瀰漫到整個東部世界。經過三次堅持到底和勢均力敵的戰役以後，安提阿的約翰與亞歷山卓的西里爾，終於解釋清楚，可以握手言和，但是這種外表的再度聯合，歸於雙方都需審慎從事，並非理性考量的結果，只能說是雙方都已困倦不堪，而不是教長能發揚基督教仁慈為懷的精神。

五、宗教戰爭下西里爾的勝利和聶斯托利的放逐(431-435A.D.)

　　拜占庭大主教為了詆毀埃及對手的人格和行為，早在皇帝的耳邊灌輸

種種帶有偏見的言辭。隨著開會的通知附上一封滿是威脅和抨擊的書信，指責他是鑽營、無禮和猜忌的教士，混淆人們簡樸的信仰，擾亂教會和國家的安寧，運用權謀分別給狄奧多西的妻子和妹妹寫信，這種行為可以明確認定，是為了在皇室內部散布不和的種子。奉到君王嚴格的命令，西里爾來到以弗所，他在那裡遭到行政官員的抵制、威脅和囚禁，這些官員應聶斯托利和東部人士的要求，已經在利底亞和愛奧尼亞集結軍隊，要鎮壓教長那批充滿宗教狂熱而又不遵法度的隨員。西里爾毫不考量皇帝會賜予恩典，逃過警衛的看守匆忙上船，拋棄已經四分五裂的宗教會議，退回安全而又自主的教長城堡。他那兩名手腕高明的使者在派往宮廷和都城以後，竭力平息皇帝的怒氣，懇求他的寬容，都能得到善意的回應。阿卡狄斯的兒子個性軟弱，受到妻子、妹妹、宦官和宮中婦女相互矛盾的影響，立場始終搖擺不定，她們的情緒受到迷信和貪婪的控制。身為正統教會的頭目，在前面這個問題上極力危言聳聽，還要盡力滿足後面這個問題的需要。

君士坦丁堡和近郊修建多所修道院，地位聖潔的院長達瑪久斯（Dalmatius）和優提契斯（Eutyches）[38]，早已將宗教的熱忱和忠心奉獻給西里爾的理想、馬利亞的崇拜和基督的統合。他們從僧侶生活的第一天開始，就不與塵世打交道，也不願踏上城市污穢的土地。然而自從教會出現可怕的危機，他們的誓言被極為崇高而又絕對必要的責任所取代，於是帶領一大隊僧侶和隱士，手裡拿著點燃的蠟燭，口中唱著頌揚「上帝之母」的讚美歌，從他們的修道院奔向皇宮。這個前所未有的壯舉使人民極為興奮和激動，害怕得發抖的君王傾聽聖徒的祈禱和訴求。他們提出大膽宣告，要求皇帝接受阿泰納休斯的繼承人並且贊同他的信條，否則就沒有希望獲得上帝的救贖。就在這個時候，對通往帝座的每條道路都展開「金錢攻勢」，用「頌辭」和「祈福」這些說得通的名義，所有廷臣無論性別，

---

38 西里爾提到優提契斯時非常尊敬，把這位異端的首腦視為朋友和聖徒，是全力以赴的信仰衛護者。他的兄弟達瑪久斯修院院長，同樣被雇來約束皇帝和他的寵倖。

按照他們的權勢和貪念，得到數目不一的賄賂。他們無饜的需求，卻等於把君士坦丁堡和亞歷山卓的聖所洗劫一空。教長的權威也無法壓制教士的抱怨，為了支付可恥的腐敗伎倆所需的費用，已經負下六萬鎊的債務[39]。帕契麗婭（Pulcheria）使她的弟弟免於承受帝國的重擔，是正統教會最堅固的支柱。宗教會議的雷霆之聲和宮廷的竊竊私語，產生如此密切的利害關係，西里爾能夠保證弄走一個宦官，換上一個還是會得到狄奧多西的重用。然而，這位埃及人還是無法吹噓自己能獲得光榮和最後的勝利。皇帝表現出乎尋常的堅定氣概，要信守諾言保護無辜的東部主教。西里爾盡量軟化心意不要下達破門律，在他能對不幸的聶斯托利展開全面的報復行動之前，只能用曖昧不清和勉為其難的態度，承認基督的雙重性質。

聶斯托利生性魯莽固執，一直到宗教會議結束，始終受到西里爾的壓迫、宮廷的辜負和東部朋友微弱無力的支持。恐懼或氣憤的情緒使他想要趁著時機未晚，能夠很風光的自願退位。他的願望或至少是他的請求獲得允許，盛大的隊伍將他從以弗所護送到安提阿，進入早期修行的古老修道院。留下的職位空了很短一段時間，他的接班人馬克西米安（Maximian）和普洛克拉斯（Proclus），相繼成為君士坦丁堡合法的主教。但是，那位被黜免的主教在孤寂的斗室之中，再也無法適應普通僧侶的清靜與安寧。他對過去感到遺憾，對現在表示不滿，對未來心懷憂慮也不是沒有道理。東部的主教相繼把他列為不受歡迎的人物，排除在一切活動之外；分裂的派系把聶斯托利尊為信仰堅定的聖者，現在人數已經日益減少。他在安提阿居留四年以後，狄奧多西簽署一份詔書，把他列為術士西門（Simon）之流的人物，取締他的言論和追隨者，譴責他的著作收集起來燒毀，先是把他流放到阿拉伯的佩特拉（Petra），最後送到利比亞沙漠的一處綠洲，等於身處孤島一樣[40]。

39　一封奇特和原始的信函中提到送錢的事，這是西里爾的副主教寫給他所支持的傀儡，也就是君士坦丁堡新上任的主教，很意外的保存在拉丁文的譯本之中。聖徒的假面具已經掀開，用坦誠的語言提到利益和共謀。

40　莊嚴的法學家拿島嶼來做比喻，這個美好的地點有清涼的水流和青蔥的綠地，與

　　這位放逐者雖然已經與教會或世界喪失接觸，偏頗的見解和戰鬥的意識所引起的怒氣仍舊縈迴心頭。一個布雷米斯人(Blemmyes)或努比亞人的遊牧部落，入侵那個監禁他而又非常偏僻的地點，離開時留下一批無用的俘虜。等到聶斯托利剛抵達尼羅河的岸邊，他就發現狀況不妙，不如離開一個有正統教會的羅馬城市，寧願到蠻族去過較為溫和的奴役生活。他的逃走被當作一項新的罪行受到懲治。教長的精神影響力對埃及民事和教會的權勢人物產生激勵作用，行政官員、士兵和僧侶基於虔誠的信仰，要折磨基督和聖西里爾的敵人。在遙遠的衣索匹亞領土，這位異端分子不停的被押送進去接著又召喚回來，反覆的旅程極其艱困而又勞累，衰老的身軀實在是無法忍受。然而他的心靈仍舊鬥志高昂保持獨立的見解。蒂貝伊斯市長為他寫給信徒的牧函而驚訝不已，亞歷山卓的正統教會暴君去世時他還健在，經過十六年的流放之後，卡爾西頓的宗教會議或許會恢復他在教會的職位，至少也應該讓他重回過去的生活。聶斯托利的逝世無法接受他們衷心歡迎的召喚[41]，然而疾病的傳聞帶著惡意中傷的色彩，說他的舌頭是褻瀆的工具，竟然被蟲子吃掉。他的遺體埋葬在上埃及名叫契姆尼斯(Chemnis)或潘諾波里斯(Panopolis)或阿克敏(Akmim)的城市，但是雅各比派信徒永不消失的怨毒之心，仍舊保持數代之久，一直對著他的墳墓丟石頭，到處散播不經的傳聞，說是上天對於正直和邪惡的人遍撒雨露，雨露卻從來沒有落在他的墳上[42]。惻隱之心使人難免要為聶斯托利的不幸下

(續)—————————

利比亞的沙漠有天淵之別。三個地方使用綠洲這個常用的名字：(1)朱庇特‧阿蒙(Jupiter Ammon)神廟所在地；(2)位於中部的綠洲，在萊柯波里斯(Lycopolis)西邊約三日的路程；(3)聶斯托利放逐的地點，有非常宜人的氣候，離努比亞的邊界只有三日的路程。

41　邀請聶斯托利參加卡爾西頓的宗教會議，美利提尼主教撒迦利亞(Zacharias)，以及海拉波里斯主教著名的捷納烏斯或菲洛克西努斯(Philoxenus)，他們兩人都曾經提到此事，但是伊發格流斯和阿昔曼加以否認，拉‧克洛茲堅決表示確有此事。事實如何已經講不清楚，然而一性論者散布引起反感的傳聞，對他們有利。優提契烏斯很肯定的表示，聶斯托利死於放逐以後第七年，也就是卡爾西頓大公會議舉行之前十年。

42　接受優提契烏斯(Eutychius)和格列哥里‧巴爾－赫布里烏斯(Gregory Bar-Hebraeus)或阿布法拉吉斯的說法，就代表著第十和第十三世紀那種輕易相信的態度。

場流淚嘆息，正義之士也可以清楚看出，他所極力贊同而且施加於別人
的迫害使他自己身受其苦[43]。

六、優提契斯的異端邪說和以弗所第二次大會(448-449A.D.)

亞歷山卓大主教在統治三十二年以後過世，任憑正統基督徒發洩宗教
的狂熱和濫用勝利的特權。在埃及的教會和東部的修道院中，定出嚴格的
規定，只能宣揚一性論(monophysite)的教義(只有一個神性的化身)。唯
有得到西里爾的認可，阿波利納里斯的原始信條才能獲得保護。優提契斯
是受到他尊敬的朋友，這個名字用來稱呼一個派系，始終與晶斯托利的敘
利亞異端針鋒相對絕不相讓。他的敵手優提契斯是修道院的院長，或是兼
管幾個修道院的方丈，也可能是三百位僧侶的監督。要不是拜占庭大主教
弗拉維安(Flavian)的冒失或氣憤，像這樣的醜聞就不會呈現在整個基督教
世界的眼前，那麼思想簡單而又大字不識的隱士所提出的意見，就會消失
在他躺臥達七十年的斗室之中。本派的宗教會議立刻召開，會議程序受到
囂鬧和陰謀的阻撓，年紀已老的異端分子在驚愕之餘，只有承認基督的肉
身並非來自處女馬利亞的實體。優提契斯提出單方面通過的信條，要訴諸
大公會議的議決，他的作為得到教子克里桑菲斯(Chrysaphius)，以及幫兇
戴奧斯柯魯斯(Dioscorus)的大力支持，克里桑菲斯是皇宮最有權勢的宦
官，而戴奧斯柯魯斯則繼承狄奧菲盧斯姪兒的寶座、信條、才華和罪惡。

狄奧多西特別發出開會通告，以弗所第二次大公會議(449年8月8日-
11日)的安排非常用心，包括東部帝國的六個大教區，每個教區出席十位
都主教和十位主教，額外邀請受到重用和才德出眾的人士，參加人數增加
到一百三十五人。敘利亞的巴蘇瑪斯(Barsumas)是僧侶的領袖和代表，參
加開會，和使徒的繼承人一起投票。作風專制的亞歷山卓教長再度對自由

43　我們感謝伊發格流斯摘錄矗斯托利的一些書信，但是他受到冷酷頑固的狂熱信徒
　　給予羞辱和迫害，像一幅生生的圖畫呈現在大家的面前。

辯論施加壓力，從埃及的軍械庫中再度拿出同樣的精神和物質武器。來自亞洲的老兵是一隊射手，聽從戴奧斯柯魯斯的命令加入戰爭。勢力強大的僧侶不可理喻又無惻隱之心，圍攻主教座堂的門戶。一般看來，神父發出不受約束的聲音，接納西里爾的信念甚至開除教會的詛咒，對於一些最有學問的東方人所倡導的雙重性質邪說，指名道姓連同他們的作品進行嚴正的指責：「趕快用刀將那些分割基督的人劈成兩半吧！把他們剁成肉醬！把他們活活燒死！」這些就是基督教宗教會議所表現的慈悲心腸。優提契斯的清白和神聖不可侵犯的權利沒有受到留難，獲得認可，有些高級教士特別是來自色雷斯和亞洲地區，卻不願因為他行使或濫用合法的審判權，就廢除他們的教長目前保有的職位。戴奧斯柯魯斯站在寶座的踏板上，擺出一副盛氣凌人姿態。這些主教跪下抱住他的膝蓋，懇求他饒恕一位神職弟兄的過失，讓他保留一點顏面和尊嚴。冷酷無情的暴君怒吼道：「你們要造反不成？誰在這裡負責？」話還沒說完，就有一大群僧侶和士兵，手裡拿著棍棒、刀劍和鍊條湧進教堂，面無人色的主教躲在聖壇後面或條凳底下，這些人都沒有殉教的熾熱情緒，先後在一張空白羊皮紙上簽名，然後再寫上譴責拜占庭大主教的詞句。弗拉維安在這個折磨心靈的競技場上，立即落入一群野獸的手中，這些僧人在巴蘇瑪斯作出榜樣的刺激之下，紛紛要為基督所受的傷害報仇雪恥。據說亞歷山卓的教長大聲咒罵君士坦丁堡的同教弟兄，將他打倒在地以後還用腳踐踏。毫無疑問，受害者還沒有到達流放的地點，在第三天就因受到內傷死於以弗所。有人士持公道，把第二次大公會議稱為強盜和兇手的集會。然而，那些控訴戴奧斯柯魯斯的人，一定會誇大他的暴行，好為自己怯懦和前後矛盾的行為脫罪。

七、卡爾西頓的大公會議和基督教信條的建立(451A.D.)

埃及的信仰贏得壓倒性的勝利，但是失敗的教派卻得到一位教皇的支持，他對於阿提拉和堅西里克的敵意毫無所懼。李奧的神學理論以及名聲響亮的鉅著《書信集》，裡面闡明天主降臨及道成肉身的奧祕，以弗所的

大公會議對這件事未予理睬。他和拉丁教會的權威使他們派出的使者受到
侮辱，這些人逃脫苦役和死亡，回來以後敘述戴奧斯柯魯斯的暴虐行為，
還有弗拉維安殉教的悲慘故事。李奧召開行省的宗教會議，廢除以弗所不
合規定的議事程序，然而他本身的作法也未能盡合規定，於是要求在意大
利自由信奉正統教義的行省，召開一次全國宗教大會。羅馬主教成為基督
徒的領袖，坐在獨立的寶座上發號施令，毫無危險。普拉西地婭
(Placidia)和她的兒子華倫提尼亞，一字不易在他的命令上簽字，拿來告
訴在東部的君主，應該恢復教會的和平與統一。但是東部皇室的戲碼受到
那個手法高明的宦官所操縱，狄奧多西可以毫不猶豫的宣稱，聶斯托利點
燃的大火在受到公正的懲罰以後已經熄滅，教會已獲得最後的和平與勝
利。要不是皇帝的座騎有幸踏地不起，希臘人或許還與一性論的異端邪說
牽扯不清。

　　狄奧多西二世逝世後，身為正統基督徒的姊姊普契麗婭，以及有名無
實的丈夫共同登上帝座。克里桑菲斯被定罪用火燒死，戴奧斯柯魯斯罷黜
下台，流放的人員無罪開釋，東部的主教開始預約李奧的鉅著。然而教皇
對心儀的計畫感到失望，拉丁的宗教會議沒有如期召開。他對於主持希臘
的宗教會議感到不屑為之，何況還要很快在俾西尼亞的尼斯召開。他派出
的代表團用很專橫的口氣，要求皇帝御駕親臨。在馬西安和君士坦丁堡的
元老院議員監督之下，疲憊不堪的神父被轉送到卡爾西頓。離開博斯普魯
斯海峽約四分之一哩的地方，在一個坡度平緩而又地勢高起的山頂興建聖
優菲米亞(St. Euphemia)大教堂。整個建築的三重結構可以稱之為藝術和
工程的奇蹟，視野開闊寬廣無垠的海陸景色，使得信徒在內心產生寧靜的
情緒，默思上帝和宇宙的奧祕。六百三十位主教按照位階排列在教堂的正
廳，但是東部的教長前面是代表團，其中第三位只是一位普通的神職人
員。最尊貴的位置保留給二十位俗家人員，都是執政官和元老院議員的位
階。大廳的正中央放著裝飾得非常華麗的福音書，教皇和皇家的主要官員
還在仔細推敲有關信念的規章，使得卡爾西頓大公會議的第十三次會期呈

顯一片祥和之氣(449年8月8日-11日)[44]。他們的干預使得放縱的叫喊與咒罵靜寂無聲,雖然可以維持教會的尊嚴,但是做法還是有欠偏頗。

代表團提出正式的控告以後,戴奧斯柯魯斯被迫走下寶座,成爲階下之囚,審判官已經將他視爲罪犯。那些仇視西里爾更甚於聶斯托利的東部人,都把羅馬人看成自己的救星:色雷斯、本都和亞細亞這些地方,對於謀殺弗拉維安的兇手極爲憤恨,君士坦丁堡和安提阿的新任教長,靠著犧牲他們的恩主保住自己的職位。巴勒斯坦、馬其頓和希臘的主教原來擁護西里爾的信仰,現在面對宗教會議極爲熾熱的戰鬥,這些領導人物連同聽命的隨員都從右翼轉到左翼,像這樣及時發生的反正事件決定勝利的歸屬。從亞歷山卓乘船前來的十七名副主教當中,有四名受到引誘改變效忠的對象,另外十三名趴在地上嘆息哭泣,請求宗教會議大發慈悲,並且很可憐的宣稱,如果他們現在屈服,等回到埃及一定會被憤怒的民眾殺死。戴奧斯柯魯斯的同謀獲得恩准,要用長期的悔罪來消除所犯的罪孽和過失。他們的罪過全部累積在他一個人的頭上,戴奧斯柯魯斯既不要求也不希望得到赦免,那些懇請給予大赦人員的溫和聲音,被勝利和報復的叫聲所淹沒。過去追隨他的人爲了挽救自己的名聲,費盡心機故意找出他個人的過錯,說戴奧斯柯魯斯將教皇革出教會是魯莽而且不合法的行爲,還有他的個性倔強拒絕參加宗教會議(那時他是受到監禁的囚犯);很多證人出面爲他的傲慢、貪婪和殘酷作證;神父帶著厭惡的神情聽到教會的施捨款項浪費在舞女的身上,他的府邸甚至他使用的浴場,完全對亞歷山卓的妓女開放,下賤的潘索菲婭(Pansophia)或是伊里妮(Irene)成爲教長的侍妾,受到公開的款待。

戴奧斯柯魯斯犯下可恥的罪行,不僅受到大公會議的制裁,也被皇帝

---

44 卡爾西頓大公會議的裁決包括以弗所宗教會議的內容,後者則再度將弗拉維安控制的君士坦丁堡宗教會議包括在內,特別注意要分辨雙重的牽扯關係。伊發格流斯和利比拉都斯提到,有關優提契斯、弗拉維安和戴奧斯柯魯斯的整個宗教事務。我再次也可以說是最後一次,訴求勤奮的蒂爾蒙特伸出援手,巴隆紐斯和帕吉的編年史將繼續伴我走上漫長而辛苦的旅程。

所流放，但是他的純正信仰受到神父的肯定和默許。他們出於審慎，不願公開舉發優提契斯是異端，所以他從未被法庭召喚。當一名大膽的一性派信徒把西里爾的作品丟到他們的腳前，根據這位聖徒所提出的教義，質問他們為什麼不將他逐出教會，他們侷促不安坐在那裡，沒有任何表示。要是我們抱著公正的態度，仔細閱讀正統教會記錄卡爾西頓會議的經過[45]，會發現大多數主教贊同基督的結合這個論點，至於他的形成「由於」或「來自」兩種性質，也只不過含糊籠統表示讓步，可能在暗指過去的存在或後來的混亂，或從人的受孕到神的轉化那段危險的過渡期間。羅馬神學非常積極和精確，採用基督存在於兩種性質的說法，使埃及人聽來倍感刺耳，像這種極為重要的用辭(不一定讓人了解卻容易記住)，幾乎使正統教會的主教產生分裂。李奧的鉅著獲得許多人的恭維和誠摯的贊同，但是他們在連續兩次辯論中提出抗議，根據聖書和傳統的規定，在尼斯、君士坦丁堡和以弗所設定的神聖地標，要想逾越是既不切實際也不合法。最後他們對主人不斷的請求只有屈服，但是他們制定絕對正確的信條，經過慎重的投票和激烈的宣示獲得批准以後，受到代表團和東部朋友的反對又被推翻。附和主教的群眾不斷發出喊叫：「神父的解釋合於正統教義，絕對不能更改！異端分子總算現出原形了！把聶斯托利革出教門！要他們離開大公會議！讓他們滾回羅馬！」即使這樣也沒有效果。代表團到處施加威脅，皇帝又保持超然的地位，於是由十八位主教準備新的信條，迫使大會只有非常勉強的接受。運用第四次大公會議的名義，向基督教世界宣布，基督是一個人兼有兩種性質：在阿波利納里斯的異端和聖西里爾的信

45 要是有人尊敬宗教會議，認為他們絕無謬誤，可以試著去探求參與人員的感受。身居領導地位的主教，有一群居心叵測或粗心大意的祕書或抄寫員追隨在旁，他們把很多文件散布到全世界。現存的希臘文抄本有很多的謬誤，還有被禁止的文句受到修改的痕跡，就是教皇李奧一世相當可信的譯文，看起來也像是沒有全部完成。現在的《拉丁文聖經》與古老的譯本有很多重大的差異之處，這是羅馬的一位教士魯斯提庫斯(Rusticus)(550A.D.)，用最好的手抄本加以校訂所獲得的成果。這份手抄本保存在君士坦丁堡「永不睡眠的護衛者」手裡，這是拉丁、希臘和敘利亞名聲最響亮的一所修道院。

仰之間，劃出一條看不見的分界線。通往天堂之路就像鋒利如剃刀的橋
樑，任憑神學藝術家極爲奇妙的雙手，懸空架設在無底深淵的上面。在信
仰盲從和思想奴化的十個世紀裡，歐洲按照梵蒂岡的神諭決定他們的宗教
觀點。有些古代早已銹蝕不全的學說，被那些反對羅馬教皇最高權威的改
革分子，沒有經過討論就納入他們的教條之中。卡爾西頓大公會議仍然在
新教教會占有優勢，但是爭論所產生的騷動已經平息，今天即使是最虔誠
的基督徒，對於與信仰有關的「道成肉身」問題，不是毫無所知就是漠然
視之。

八、東部的混亂局面以及「和諧論」和「三聖頌」(451-518A.D.)

在李奧一世和馬西安正統基督教義的統治之下，希臘人和埃及人的心
情大不相同。虔誠的皇帝用軍隊和詔書的強制力量作爲信仰的象徵，五百
位主教憑著良心和榮譽宣稱，卡爾西頓大公會議所制定的信條，已經獲得
合法的支持，必要時爲之流血犧牲亦在所不惜。正統教會很滿意的提及，
同樣的宗教會議讓聶斯托利派和一性論者都很厭惡[46]，但是聶斯托利派並
不怎麼惱怒，何況他們沒有強大的實力作後盾，一性論者的習性頑固而且
情緒狂暴，東部爲之動亂不安。耶路撒冷爲僧侶組成的軍隊所占領，他們
打著一性化身的幌子，搶劫、縱火和殺戮無惡不作，基督的墳墓爲鮮血所
玷污，暗囂的叛徒防守城門對抗皇帝的軍隊。戴奧斯柯魯斯受到黜免和流
放以後，埃及人仍然把他當成精神的父親懷念不已。對於卡爾西頓的神父
所安排的繼承人，他們視爲篡奪者而深表痛恨。普洛提流斯(Proterius)的
寶座有兩千士兵給予支持和保護，他發動一場歷時五年的戰爭來對付亞歷

---

46 福提烏斯在一篇引經據典的文章中，承認用似是而非的言辭，攻擊教皇李奧和他
的卡爾西頓大公會議。他發動戰爭來對抗教會的兩個敵人，用對手李奧投出的標
槍，總會使其中一位仇敵受傷。爲了對付聶斯托利派，他好像是要引進一性論者
的混亂和疑惑；而爲了對付優提契斯，他鼓勵聶斯托利派要堅持完全不同的立
場。教會辯護者的主張是對聖徒要有善意的解釋，要是同樣用這種態度對待異
端，所有的爭論都會消失於無形。

山卓的人民，等到一傳出馬西安死亡的信息，他便成為民眾宗教狂熱的犧牲品。復活節的前三天，教長被包圍在主座教堂，最後在洗禮室受害。支離破碎的屍體投進烈焰之中，骨灰被風吹散帶走：傳言有一位天使用幻像來激勵此一正義的行動。有名充滿野心的僧侶用「貓人」提摩太（Timothy）的稱呼[47]，繼承戴奧斯柯魯斯的職位和觀念。這種為禍甚烈的迷信偏見受到報復的信念和衝動的刺激，又在兩派之間燃起漫天的火焰，為了堅持形而上的爭端，竟然有數以千計的人員被殺。無論是哪一階層的基督徒，都被剝奪社交生活的實質享受，失去洗禮和聖餐的無形利益。當時有個光怪離奇的神話，對於那些相互殘殺或傷害自己的宗教狂熱分子，或許可以掩蓋受到隱喻的真相。一位態度嚴肅的主教說道：

> 溫南久斯（Venantius）和息勒爾（Celer）出任執政官的那一年，亞歷山卓和全埃及的人民，都陷入奇異和殘暴的瘋狂狀態。無論是官員或平民、奴隸或市民、僧侶或教士，以及本地人士，只要反對卡爾西頓的大公會議，都喪失說話和思考的能力，像狗一樣狂吠不停，用牙齒撕裂自己手臂上的肉。

三十年（451-482A.D.）的動亂終於產生季諾皇帝的「和諧論」（Henoticon），在他和阿納斯塔休斯的統治期間，東部所有主教都簽名支持，要是有人違犯或破壞此一有益全民的基本法，將會受到免職和流放的懲處。教士看到一個俗家人物不自量力，竟敢闡釋有關信仰的條文，只能在下面偷笑或是發出幾聲嘆息。然而要是他願意屈就受人羞辱的工作，內心盡量避免個人偏見或利害關係的影響，而且官員的權威要獲得人民的通力合作才能維持下去。在教會的歷史記錄中，季諾的地位沒有受到藐視。阿納塔休斯用開闊的胸襟說過：「皇帝要尊重自己的身分，不要去迫害基

47　「大貓」這個綽號來自他夜間的冒險活動，在黑暗的掩護之下，他爬過修道院的小室，向熟睡的弟兄低聲傳達天啓的指示。

督的崇拜者和羅馬的市民。」我也沒有發覺其中有摩尼教派或優提契斯派
的罪行。埃及人對「和諧論」最感興趣,然而我們那些正統基督教會的學
者,他們心懷成見和猜忌,也不可能發現其中有任何差錯之處。和諧論能
夠精確代表正統教會「道成肉身」的信念,沒有採用或接受敵對教派的特
殊用語或教義。發布嚴正的宣告要將聶斯托利和優提契斯從教會開革,也
要用來對付所有的異端邪說,他們分割基督、混淆基督或是將他說成一個
幻影。聖西里爾的純正體系以及尼斯、君士坦丁堡和以弗所的信仰,並沒
有將「性質」這個字眼限定數量和條件,他們對這方面秉持肯定的態度。
但是這個題目並沒有屈從第四次大公會議,就算在卡爾西頓或任何地方提
出過,仍然受到一切敵對理論的譴責和排斥。在這種曖昧不清的狀況下,
上一次宗教會議的敵人和朋友,在沉默中獲得了解又聯合在一起。最重理
性的基督徒默許這種寬容的模式,然而他們的理性顯得軟弱無力而又搖擺
不定,順從的態度被激昂的同教兄弟視為怯懦和奴性的表現。

　　在壟斷人類的思想和言語這種問題上,要想保持嚴格的中立極其困
難,一卷書、一篇布道辭或是一段祈禱,都會點燃爭論的火焰,主教的私
人仇恨不斷在割裂又接起教會內部的紐帶。從聶斯托利到優提契斯那段空
間,被一千種不同的語言和意見所填滿。埃及的平等派(Acephali)和羅馬
的教皇雖然勢力懸殊,倒是有同等的勇氣,分別據有神學等級的兩個極
端。平等派沒有國王和主教,脫離亞歷山卓教長的管轄已有三百年,沒有
受到卡爾西頓大公會議的譴責,亞歷山卓後來又接受君士坦丁堡的聖餐儀
式。不過這件事並沒有獲得該次大公會議的正式批准,君士坦丁堡的教長
被教皇施以革出教門的處分。他們這種毫不妥協的專制作風,使得最正
統的希臘教會也罹患精神傳染病,否定或懷疑他們領受聖體的合法性[48]。

48　他們提出一種藥物來證明希臘教會所患的疾病,在羅馬醫生抵達之前已有多人喪
　　生。君士坦丁堡教皇自傲而苛酷的脾氣,蒂爾蒙特感到震驚。他們現在很高興懇
　　求安提阿的聖弗拉維安和耶路撒冷的聖伊利阿斯,要是根據他的說法,過去拒絕
　　將這兩位聖徒視為在世上的教友。但是紅衣主教巴隆紐斯很像聖彼得的岩石,立
　　場堅定而又強硬。

有三十五年的時間，他們煽動著東部和西部的分裂，直到最後刪除了對四
位拜占庭教長的回憶，這些教長竟敢反對聖彼得的最高權威[49]。在那段時
間之前，君士坦丁堡和埃及不穩定的休戰協定，被敵對高級教士的宗教狂
熱所破壞。馬其頓紐斯(Macedonius)被疑為聶斯托利派異端，受到免職和
流放，卻還能肯定卡爾西頓大公會議的成果，然而西里爾的繼承人花了兩
千磅黃金的賄款，買通大家來推翻會議的決議。

　　在那個宗教狂熱的時代，一個字詞的意義甚或發音都會擾亂帝國的安
寧，三聖頌(Trisagion)[50]是指「神聖、神聖、神聖，上帝是萬民之主」，
希臘人認為這是各級天使在上帝的寶座前面，永遠不停反覆念誦的讚美
詩，大約在五世紀中葉神奇透露給君士坦丁堡教會。虔誠的安提阿很快加
上「祂為我們釘在十字架上受苦」這句感恩的話，無論單單對基督還是整
個三位一體，都合乎神學的規定，逐漸為東部和西部的正統教會所採納。
但是這種做法出自一位一性論主教的理念[51]，像這樣來自敵人的貢獻，從
開始就認為是低級的褻瀆行為而加以拒絕，極為魯莽的革新幾乎使阿納斯
塔休斯喪失帝座和性命[52]。君士坦丁堡的民眾對於自由的理性原則一無所
知，他們拿著賽車時各黨派的顏色或是學校裡神祕組織的旗幟，當作合法
叛亂行為所高舉的象徵之物。「三呼神聖」不論有沒有帶上討厭的附加
句，在主座教堂中被兩個敵對的唱詩班高聲歌頌，等唱到聲嘶力竭的時
候，就使用棍棒和石塊這些更為實際的辯論武器。首先開打的一方會受到

49　他們的名字從教堂的記事板上擦去，要知道教會的記錄代表著一生的傳記。

50　佩塔維斯和蒂爾蒙特敘述「三聖頌」的歷史和教條，從以賽亞到聖樸洛克盧斯的
　　男孩，十二個世紀的時間已經過去，現在這個男孩比主教和君士坦丁堡的人民，
　　都要先進入天堂，知道所唱的讚美歌還有改進的必要，因為男孩聽到天使在唱：
　　「神聖的上帝！神聖的大能！神聖的永恆！」

51　漂布者(他把這個行業引進修道院)格納菲烏斯(Gnapheus)是安提阿的教長，帕吉
　　的編年史提到他一生冗長的事蹟，迪瓦羅伊曾編輯伊發格流斯的作品出版，就把
　　為格納菲烏斯寫的一篇論文放在後面。

52　阿納斯塔休斯在位期間產生的問題，維克托、馬西利努斯和狄奧菲尼斯的編年史
　　都有記載。狄奧菲尼斯的編年史在巴隆紐斯的時代還沒有出版，身為批評家的帕
　　吉詳加註釋，並且修正很多錯誤。

皇帝的處罰，卻得到教長的保護。像這樣重大爭執所引發的事件，關係到皇冠和教皇禮冠的得失。街道上立時擁擠著無數的男子、婦女和兒童，組織嚴密的僧侶排成正式的作戰隊伍，他們一心一意想要前進、吶喊和搏鬥。「教友們！基督徒成為殉教烈士的時機已經來到，我們絕不能拋棄精神的父親，要將摩尼教派的暴君革出教門，他不配當我們的君主！」這些就是正統基督徒的呼叫聲。阿納斯塔休斯的戰船在皇宮前面停下划槳，一直等到教長接受他的悔罪，緩和群情激昂的怒潮。勝利的馬其頓紐斯很快受到放逐，但他的群眾又一次被同樣的問題激起宗教的狂熱情緒：「三位一體中的一位是否被釘上十字架？」

在這個關鍵時刻，君士坦丁堡的藍黨和綠黨都暫停爭吵，民政和軍事的力量在他們的面前遭到毀滅。城市的鑰匙和衛隊的旗幟都送到君士坦丁廣場，那裡是虔誠教徒主要的據點和營地。他們不分日夜唱著榮光上帝的讚美詩，或是拷問和殺害為君王服務的人士。受到皇帝重用的僧侶，也是神聖三位一體之敵的朋友，頭顱被插在矛尖上高高舉起。投向異端教派建築物的火把，將毫不留情的烈焰蔓延到正統教會的房屋。皇帝的雕像被砸得粉碎，自己也只有躲在郊區，一直等到過了三天以後，才敢出來請求臣民的憐憫。阿納斯塔休斯取下皇冠，裝出懇求者的姿態，出現在賽車場的寶座上。正統基督徒當著他的面在排演三呼神聖，等到他要傳令官宣布退位時，大家感到極為欣喜。他們傾聽他的勸告，既然所有人都不夠資格統治，那麼他們事先應選出一位君主。他們接受處死兩位不孚眾望的大臣來贖罪，身為主子毫不遲疑將大臣定罪丟給獅子。這場猛烈而短暫的叛亂受到維塔利安的成功而大獲鼓舞，他率領匈奴人和保加利亞人組成的軍隊，這些人大部分都崇拜偶像，竟然宣稱自己是正統基督教信仰的保護者。他在這場虔誠的反叛行動中，使色雷斯的人口因殺戮而減少，對君士坦丁堡進行圍攻作戰，消滅六萬五千名同教兄弟，直到他獲得召回主教的權力，心滿意足當上教皇，發起卡爾西頓大公會議，迫得臨死的阿納斯塔休斯簽署一份正統教義的協議書，由查士丁尼的叔父忠實執行。這便是使用上帝的和平這種名義，由教會的信徒所發起的第一次宗教戰爭(508-

518A.D.)[53]。

九、查士丁尼的神學思想和正統教會的創立及宗教迫害(519-565
　　A.D.)

　　前面提到查士丁尼成為君王、征服者和立法者的各種面貌，但是並未
提到他還是一位神學家，或許大家帶著成見好像不以為然，事實上他的神
學就本人的形象而言，占有非常突出的地位。他的臣民極為尊敬活著或去
世的聖徒，國君對於臣民這種心理非常同情，他的《法典》特別在《御法
新編》這一部分，全都肯定並擴大教士的特權。凡是僧侶和俗人之間發生
任何糾紛，偏袒的法官都傾向於認定，無論是真理、清白和正義都在教會
這邊。皇帝在公開或私下做禮拜時，都很虔誠足為模範，不管是祈禱、守
夜還是齋戒，都像悔罪的僧侶那樣嚴格；他的想像總抱著希望或信念，相
信可以得到神靈的啟示；他已經肯定獲得聖母和天使長聖米迦勒的保佑；
有一次病危康復要歸功於殉教聖徒科斯瑪斯(Cosmas)和達米安(Damian)的
奇蹟出現。都城和東部的行省到處裝飾著他的宗教紀念物，雖然耗資巨大
的建築大部分在於他的愛好和炫耀，不過皇家建築師滿懷宗教熱忱，可能
也基於對上天的恩主抱著敬愛和感激之情。在推崇皇帝偉大的頭銜之中，
他認為「虔誠」兩字最為悅耳，增進教會在世俗和精神上的利益是他畢生
最嚴肅的工作，作為國家之父的責任通常比不上保護信仰。當時的各種爭
論與他的性格和認識都能意氣相投，神學教授對於一個外行為了專心他們
的技藝而忽略己身的工作，一定會在暗中加以訕笑。一個大膽的陰謀分子
對他的同謀說道：「對這樣一個頑固的暴君還有什麼好怕的？整夜不睡也

53　從卡爾西頓大公會議到阿納斯塔休斯之死這段時期的史實，可以在利比拉都斯的
　　祈禱書、伊發格流斯的歷史著作第二卷和第三卷、狄奧多爾作為審稿者的兩本摘
　　要、宗教會議的裁定和教皇的書信等有關資料中找到。還有就是蒂爾蒙特的《教
　　會記錄》，其中的第十五大冊和十六大冊包括一序列雜亂的史料。我必須在此告
　　別這位無法取代的嚮導，雖然他成見很深，卻具備詳實、公正、嚴謹等優點。他
　　的企圖是要完成六世紀時教會和帝國的歷史，後來因為逝世而未能達成目標。

沒有人保護，只會坐在小房間裡跟鬍鬚灰白的老頭討論問題，翻閱那些又
厚又重的教會書籍。」苦讀不輟的成果在很多會議中表現出來，查士丁尼
成爲說話有分量而且思慮周詳的辯論家，顯得光采奪目，在很多講道辭以
及使用詔書和信函的名義，向帝國宣布國君的神學思想。就在蠻族入侵行
省，以及勝利的軍團在貝利薩流斯和納爾西斯的旗幟下前進時，身爲圖拉
眞的繼承人不理軍營事務，以能領導宗教會議進行征服而感到滿足。要是
查士丁尼在這些會議上，曾經邀請不講利害而又富於理性的觀衆，那麼他
可能明白下列幾個要點：

> 首先，宗教爭論是傲慢和愚昧的產物；其次，最值得讚許而又眞實
> 不虛的虔誠，只能靠沉默和順從來表達；第三，對個人本性毫無所
> 知的人，根本不應妄圖探尋神的性質；最後，我們只要知道權柄和
> 仁慈全部歸於上帝[54]。

　　寬恕並不是那個時代的美德，要說縱容叛徒，君王更缺少那種雅量。
等到皇帝降格成爲心胸狹隘、脾氣暴躁的爭辯者，很容易在被激怒的狀況
下，運用全部的權勢以彌補理論之不足，對於那些故意閉眼不加理會的頑
固分子，毫不憐憫施以無情的處罰。查士丁尼的統治雖說一成不變，還是
想出很多不同的迫害辦法，在巧立名目和執法從嚴方面，遠勝前代那些懶
散的皇帝。他規定所有的異端分子，要在短短的三個月期限內改變原有的
信仰，要不然就施以流放的處分。要是他默許這些人勉強留下來，那麼在
他的鐵腕統治之下，他們不僅喪失社會所有的福祉，同時被剝奪成爲人和
基督徒的天賦權利。
　　在過了四百年以後，弗里基亞的孟他努派（Montanists）仍舊運用聖靈
的特殊器官，受到男性和女性使徒的激勵，追求完美和預言的宗教狂熱情

54　對於這種明智和謙遜的情操，阿里曼努斯（Alemannus）的序文對樸洛柯庇斯痛加答
　　責，把他列爲玩弄政治手腕的基督徒，聲稱那些醜陋的無神論者，竟然教導凡人
　　要效法神的憐憫。

緒。正統教會的教士和士兵接近時，他們異常敏捷的抓住殉教的桂冠。聚
會所和會眾在烈焰中化為灰燼，即使是在暴君死去三百年後，這種最原始
的狂熱分子卻還是沒有完全絕滅。受到哥德同盟軍的保護，阿萊亞斯派在
君士坦丁堡的教堂勇敢面對嚴苛的法律，教士富有奢華的程度可比元老
院。查士丁尼貪婪的手所攫取的金銀財寶，或許可以說是合法從行省和蠻
族獲得的戰利品。異教的殘存人士仍然藏匿在人類生活最高雅和簡樸的環
境之中，激起基督徒的憤怒情緒，或許是極不願有局外人成為他們內部爭
執的見證。有位主教以宗教的檢察官而著稱於世，經過他的努力工作，很
快發現在城市和宮廷裡，還有官員、律師、醫生和老師堅持希臘的迷信。
他們立刻接到嚴厲的通知，必須立即就願意惹火朱庇特還是查士丁尼做出
選擇，再也不可能在冷漠或褻瀆的面具後面，用可恥的行為隱藏對福音的
反感。僅有福提烏斯大公決心要像祖先一樣的活著或死去，他用短劍一擊
獲得解脫，好讓暴君鞭屍示眾聊感安慰。他那些意志薄弱的弟兄只有屈服
於塵世的君王，他們全部接受洗禮的儀式，盡力用宗教的狂熱洗刷偶像崇
拜的嫌疑或罪行。荷馬的故鄉和特洛伊戰爭的現場，仍然保留他的神話所
激起的最後火花，還是那同一位主教的關照，在亞細亞、弗里基亞、利底
亞和卡里亞，一共發現七萬異教徒都要改信基督教。為了這些新入教者興
建九十六所教堂，亞麻法衣、《聖經》、金銀製的聖餐器具和各種法器，
全部由虔誠而慷慨的查士丁尼供應[55]。

　　早已逐漸剝奪豁免權的猶太人，現在受到更為困擾的法條所壓迫，規
定他們必須與基督徒在同一天過復活節[56]。他們可能有抱怨的理由，因為
正統基督徒也不同意君王用天文推算的日期。君士坦丁堡的人民把四旬齋

55　約翰是亞細亞的一性論主教，對於查士丁尼的處理方式是最可信的證人，他自己
　　就為皇帝效力。

56　這方面的論點，可以比較樸洛柯庇斯與狄奧菲尼斯的著作。尼斯大公會議全部託
　　付給亞歷山卓的教長，或說是當地的天文學家，訂出正確的日期，發布年度的復
　　活節告示。我們仍然可以看到聖西里爾《帕斯加爾書信集》很多相關的資料，當
　　然看不到也沒有關係。自從一性論者在埃及盛行以後，正統教會由於愚蠢的偏見
　　而困惑不已，就是在新教徒中間，提到接受格列哥里曆法也抱持反對的態度。

的開始日期，比官方的規定日期向後延遲一周，他們很高興有七天的齋
戒，但是皇帝以時間已過為由下令要販賣肉類。巴勒斯坦的撒馬利亞人是
一個混雜的種族，也是一個思想曖昧難以分辨清楚的教派，異教徒把他們
看成猶太人加以排擠，猶太人認為他們是宗教的分裂分子，基督徒更把他
們當成偶像崇拜者。可厭的十字架早在他們神聖的加里齊姆(Garizim)山[57]
豎立起來，但查士丁尼的迫害政策給他們的選擇只有受洗或叛變。他們選
擇拿起武器揭竿而起，在一位奮鬥到底的領袖指揮之下，這一個無力自衛
的民族竭盡可能，用他們的生命、財產和廟宇做為代價來尋求報復。撒馬
利亞人最後還是被東部的正規部隊所鎮壓，兩萬人被殺，還有兩萬人被阿
拉伯人賣給波斯和印度的非基督徒，這一可憐的民族所留下來的殘餘民
眾，落入偽善的處境以補償反叛的罪名。估計在撒馬利亞戰爭有十萬羅馬
臣民被害[58]，過去繁榮的行省變成赤地千里的荒野。然而在查士丁尼的信
條中，殘害異教徒不適用謀殺罪，他非常虔誠的努力工作，要用火與劍來
建立唯一的基督教信仰。

　　查士丁尼帶著這種情緒，至少有責任要永遠保持正確的信仰。在他統
治的最初幾年，非常熱情的表示自己是正統基督教會的門徒和庇主。希臘
人與拉丁人重歸舊好，使得聖李奧的鉅著成為皇帝和帝國的信條。聶斯托
利派和優提契斯派無論在那一邊，都遭受到雙重的迫害行動。在尼斯、君
士坦丁堡、以弗所和卡爾西頓分別召開的大公會議，經過立法者批准以後
成為正統教義的法典[59]。雖然查士丁尼致力於維護宗教信仰和禮拜儀式的
統一，他的妻子狄奧多拉就惡行與虔誠而言倒是非常相稱，這個時候還是

57　撒馬利亞人在古代和現代的中心位置，西康(Sichem)、尼亞波里斯(Neapolis)、納
　　普魯斯(Naplous)座落在一個山谷裡，北方是受到詛咒的山脈，即貧瘠的伊保
　　(Ebal)，南方也是受到詛咒的山脈，即富饒的加里齊姆，離耶路撒冷只有十到十
　　一小時的路程。

58　我記起一個說法，其中一半出於哲理一半出於迷信，那就是被查士丁尼的宗教偏
　　見所摧毀的行省，伊斯蘭教徒從這些地方滲透進帝國。

59　在查士丁尼統治的頭幾年，巴隆紐斯與皇帝都保持愉悅的心情，而且一直對教皇
　　表示好感，這種狀況到皇帝將他們置於權勢之下才停止。

聽從若干一性論教師的訓誨，因而教會公開或暗中的敵人，就在仁慈女保
護人的微笑中獲得恢復和發展。都城、皇宮以及婚姻關係，會因心靈的不
和而產生撕裂，然而皇家配偶的眞誠是如此可疑，以至於很多人把外表的
對立，看成是一種惡意的陰謀，用來對付人民的宗教和幸福[60]。極爲出名的
爭論(532-698A.D.)只要幾行字就可說完，在全書裡塡滿三章[61]的篇幅，便
可以充分透露這種微妙和詭詐的精神。

　　奧利金[62]的軀體到現在爲止被蛆蟲吃掉已經有三百年之久，他認爲能
先世存在的靈魂已落入創造者的手裡。在他的作品中，查士丁尼銳利的眼
光發現十多處形而上學的錯誤，這位原創時代的博學之士，與畢達哥拉斯
和柏拉圖一起，被教士送進永恆的地獄烈火，而他在過去根本就否認會有
此事。在這個先例的掩飾之下，對準卡爾西頓的大公會議給予陰狠的一
擊。對於摩蘇艾斯提亞(Mopsuestia)的狄奧多爾[63]所發出的讚許之辭，這些
神職人員耐心傾聽，他們公正或縱容的態度使得賽拉斯(Cyrrhus)的狄奧
多里特和埃笛莎的伊巴斯(Ibas)，都能恢復教會領聖體的恩典。但是這幾
個東部主教的品德都玷染異端邪說的惡名，這裡最前面那位是晶斯托利的
老師，其餘兩位是朋友。他們最可疑的文字曾在「三章」這個大標題之下
受到指控，要是譴責到生前的事蹟，必然會涉及一個大公會議的榮譽，它

60　要是教會人員從來沒有讀過樸洛柯庇斯所寫的《秘史》，他們所抱持的懷疑態
　　度，至少可以證明大家普遍存著恨意。

61　有關「三章」這個主題，最早的行動起於君士坦丁堡的第五次大公會議，可提供
　　雖然可信卻毫無用處的認知。身爲希臘人的伊發格流斯，比起三位有宗教狂熱的
　　阿非利加人法康達斯(Facundus)、利比拉都斯和編年史的作者維克托・塔奴尼西
　　斯(Victor Tunnunensis)，不如他們那樣著作等身而且正確無誤。《主教政令彙
　　編》(Liber Pontificalis)或阿納斯塔休斯是意大利人最原始的證據。現代讀者從杜
　　平和巴納吉獲得一些相關資料，然而後者下達堅定的決心，要貶低教皇在這方面
　　的權威和所扮演的角色。

62　奧利金經常模仿那些古老哲學家的精微和詭詐，他的論點過於謙遜，有違教會的
　　宗教狂熱，因而用異端邪說爲理由將他定罪。

63　對於摩蘇艾斯提亞的狄奧多爾是否有罪還是無辜，巴納吉能夠公正的衡量。如果
　　他寫出一萬卷作品，就會產生同樣數目的錯誤，需要給予仁慈的寬容之心。在異
　　端創始者所有的後續作品目錄裡，只有將他列入，而他的兩位同道沒有涉及，爲
　　這種判決進行辯護是阿昔曼的責任。

的盛名無論受到真誠或虛假的尊敬,早已傳遍整個正統基督教的世界。不
管這些主教是否清白還是有罪,如果在死亡的沉睡中被消滅得屍骨全無,
那也不會在一百年以後,被他們墳頭上的喧鬧所吵醒。要是他們已落在魔
鬼的毒牙之中,任何人的努力也無法減輕或加重他們的痛苦。要是他們已
經與聖徒和天使為伍,享受虔誠的報酬,那麼對於那些滿懷無能為力的憤
怒,而又仍舊在地球上爬行的神學蟲豸,必定會微笑以對。在這些蟲豸的
前列是羅馬皇帝,也許根本不清楚狄奧多拉和她那些教會派系的真正動
機,就在那裡發射毒針噴出毒液。犧牲品不再在他的權勢之內,他的詔書
只能用暴烈的作風給他們定出罪名,號召東部的教士加入譴責和詛咒的大
合唱。整個東部帶著幾分遲疑態度,勉強同意他們的君王所定出的音調。

在君士坦丁堡召開的第五次大公會議(553年5月4日-6月2日),有三位
教長和一百六十五位主教參加,「三章」的創作者和辯護者全從聖徒的行
列中除名,用嚴正的態度把他們交給邪惡的魔王。拉丁教會更加羨慕李奧
和卡爾西頓的大公會議所獲得的榮譽,要是他們仍如以往在羅馬的旗幟下
作戰,就會使理性和人道的大業獲得優勢的地位。不過他們的領袖是被敵
人抓在手裡的俘虜,聖彼得的寶座一直為買賣聖職所玷污,現在為怯懦的
維吉留斯(Vigilius)出賣,他在經過長期反覆的鬥爭以後,終於屈服於查
士丁尼的專制和希臘人的詭辯。他的叛教行為激起拉丁人的憤怒,現在找
不到兩位以上的主教,願意對他的輔祭和繼承人貝拉基斯(Pelagius)舉行
按手禮。然而,教皇的堅毅在不知不覺中將教會分裂分子的稱呼,轉移到
他們對手的頭上。伊里利孔、阿非利加和意大利的教堂,全部受到行政和
教會勢力的壓迫,軍隊的力量也不是沒有效果。遙遠的蠻族照抄梵蒂岡的
信條,只要一個世紀的時間,「三章」引起的分裂在威尼提亞行省一個偏
僻的角落宣告結束[64]。意大利人在宗教方面的不滿,卻有助於倫巴底人的

---

64 教皇霍諾流斯在公元638年,對於競爭阿奎利亞教長職位的主教進行協商,但是他
  們之間再度發生爭執,教會的分裂要到698年才獲得最後的解決,雙方停止對立的
  行動。西班牙教會在十四年之前(624A.D.),用保持沉默的侮慢態度,不理會第五
  次大公會議的決議事項。

征服行動，羅馬人一直習於懷疑拜占庭暴君的信仰，厭惡自己的政府。

查士丁尼爲了堅定自己和臣民那種輕浮善變的宗教觀點，其間的過程非常微妙，事實上他的作爲難免產生矛盾也無法始終如一。他在年輕的時候，對任何偏離正統路線的微小過失都會氣憤不已，等到了老年以後，自己卻邁越異端所容許的限度。他公開宣稱基督的肉體是金剛不壞之身，祂的人生經歷不會遭受匱乏和疾病之苦，那是每個凡夫俗子與生俱來的煩惱。雅各比派對這種說法所感到的驚訝，不亞於正統基督教徒。諸如此類異想天開的觀點都在查士丁尼最後幾道詔書中宣布，就在他及時離開的時刻，教士拒絕簽字副署，君王準備進行迫害，民眾決定忍受苦難或者加以反抗。特列夫(Treves)的一位主教，安全位於皇帝的勢力所不及之處，以權威與慈愛的語氣寫信給東部的君主：

> 仁慈的查士丁尼，請記住你的洗禮和信條，不要讓你在年老的時候蒙受異端邪說的惡名，請從流放地召回被你放逐的神父，把你的追隨者從絕境中解救出來。相信你會知道，意大利和高盧、西班牙和阿非利加已經爲你的墮落感到悲傷，大家都在詛咒你的名字。除非你立即摧毀那些要頒發的告示，除非你大聲宣布：「我錯了！我有罪！要把轟斯托利革出教門！要把優提契斯革出教門！」否則你就會將自己的靈魂投入烈焰之中，跟他們一樣接受永恆的懲罰。

他逝世時並未作任何表示[65]。就某種程度而言，他的死亡恢復了教會的平靜，在後來的四位繼承人賈士丁二世、提比流斯二世、莫理斯和福卡斯的統治期間，出現最突出的狀況，就是東部的教會史有幸成爲一片空白[66]。

---

65 特列夫主教尼西久斯(Nicetius)就像大多數高盧的高級教士一樣，因爲拒絕譴責「三章」，被迫與四個教長脫離教友的關係。巴隆紐斯幾乎要公開宣布查士丁尼的詛咒之辭。

66 提到查士丁尼最後的異端和他的繼承人發布詔書之後，伊發格流斯著述的歷史作品中，提到的人物都跟民事有關，不涉及教會的事務。

十、「一志論」的爭論與後續各次大公會議的成就(629-681A.D.)

　　天賦的才華與理性最不能自行運作，眼睛無法透視的地方可以用靈魂去考量。然而我們的思想甚至於感覺所獲得的結果，就一個良知良能的人類而言，「一個意志」最爲重要也是行爲的唯一原則。當赫拉克留斯從波斯戰爭班師以後，正統基督教的英雄詢問他的主教，他所敬拜的基督是一個人身但是具備兩種性質，那麼倒底是受到單一還是雙重意志的驅使。他們的回答是單一意志，皇帝獲得很大的鼓勵，希望埃及和敘利亞的雅各比派，藉著表白一種無害而又正確的教義，因爲連聶斯托利派本身也如此教導，雙方能夠捐棄前嫌合好如初。這個嘗試沒有效果，面對精明而又大膽的敵人只有退卻，怯懦或暴烈的正統教會還是予以譴責。堅持正統教義的派系(占有優勢的地位)對於言辭、辯論和解釋想出新的模式：他們認爲不論是基督哪一種性質，應該毫無疑問可以運用一種適當而明確的能量；但是只要承認人的意志和神的意志完全相同而且不變，其間的差異就再也無法識別。疾病會伴隨著習見的徵候，希臘的僧侶卻像是已經厭煩「道成肉身」沒完沒了的爭論，就將一種治療的辦法灌輸給君王和人民。他們宣稱自己是一志論者(monothelites)(明確表達基督有單一的意志)，然而在談論這個字眼會賦予新的意義，認爲問題多此一舉，建議運用宗教的沉默，這種處理方式最合於福音的審慎和仁慈。赫拉克留斯的「闡釋」(639A.D.)和他的孫兒康士坦斯二世的「預示」(648A.D.)，就是陸續在兩個朝代中強制運用沉默的法條。

　　羅馬、君士坦丁堡、亞歷山卓和安提阿的四位教長，無論是很快的附合還是勉強的答應，都在皇帝的詔書上面副署表示同意。只有耶路撒冷的主教和僧侶大聲提出警告：無論從希臘人的語言還是沉默之中，拉丁教會查出一種潛在的異端思想。教皇霍諾流斯順從君主的指示和要求，他的繼承人完全是出於無知才收回成命並且加以責難。他們駁斥一志論者是受到詛咒和極其惡劣的異端，想要恢復摩尼(Manes)、阿波利納里斯和優提契

斯的謬論邪說，於是他們在聖彼得的墳墓上簽署逐出教門的判決書；墨水
裡攙合聖餐使用的葡萄酒，代表著基督的寶血；同時掌握各種典禮和儀式
的機會，使迷信的心理充滿恐懼和驚嚇。馬丁教皇和拉特朗宗教會議成為
西方教會的代表，嚴辭譴責希臘人奸詐和有罪的沉默，一百零五位意大利
的主教大部分都是康士坦斯二世的臣民，竟敢拒絕他那邪惡的預示和他祖
父那褻瀆的闡釋。他們駁斥一志論的始作俑者和附和的人，連帶二十一名
聲名狼藉的異端分子，這些人都是背叛教會的變節者，也是魔鬼的爪牙和
工具。像這樣的侮辱在一個最聽話的統治時代，不可能逃得掉懲罰與報
復，馬丁教皇在陶里克・克森尼蘇斯(Tauric Chersonesus)荒涼的海岸終其
餘生，他的代言人麥克西繆斯(Maximus)院長受到最不人道的刑責，被割
去舌頭和砍下右手[67]。但還有一些永不屈服的頑固分子，在康士坦斯的繼
承人登極以後倖存於世，新近的挫敗在拉丁人獲勝以後能報一箭之仇，也
能洗刷三章所帶來的恥辱。即位不久的君士坦丁四世是赫拉克留斯的後裔
子孫，參加在皇宮召開的君士坦丁堡第六次大公會議(680年11月7日-681
年9月16日)，完全肯定羅馬宗教會議的作為。皇室的宗教改變使拜占庭的
教長和大多數主教採取追隨的行動[68]，異議分子以安提阿的馬卡流斯
(Macarius)為主腦，被指責接納異端思想，要身受來生和現世的痛苦。

　　東部只有低聲下氣容忍西部的教訓，最後還是要決定大家接受的信
條，等於教導每個時代的正統基督徒，基督的兩種意志或能量與他的位格
完全和諧一致。西部派遣兩位教士、一位輔祭和三位主教，代表教皇和羅
馬宗教會議的最高權威，但是這些名聲並不顯赫的拉丁人沒有武力作為後
盾，無法用金錢來實施賄賂，也不能用辯才來加以說服。我不知道他們使
用哪些手段，使高高在上的希臘皇帝下定決心，放棄他在幼年時期所學習

67　馬丁和麥克西繆斯不幸的遭遇，在他們最早的信件和判決中，敘述的文字極為簡
　　潔，令人生出憐憫之情。然而他們違抗命令所接受的懲處，已經用康斯坦斯的典
　　型方式先行宣布。

68　優提契鳥斯最大的錯誤，是認為到羅馬參加宗教會議的一百二十四個主教，結果
　　被帶到君士坦丁堡，再加上一百六十八位希臘人，就有二百九十二位神父組成第
　　六次大公會議。

的教義問答,迫害先帝所信仰的宗教。或許是君士坦丁堡[69]的僧侶和人民心儀拉特朗的信條,實在說這在兩種規定的內容中最不合理性,尤其是希臘教士那種不自然的溫和態度讓人產生懷疑,很顯然是在爭執之中發現自己的弱點。就在宗教會議發生爭論時,一名宗教狂熱人士提出一個簡單的決議:讓死者復活。高級教士參加試驗並且承認失敗,但可以顯示熱情和偏見的群眾不會倒向一志論者的陣營。在下一個朝代開始以後,馬卡流斯的門徒把君士坦丁四世的兒子趕下帝座再加以殺害,嚐到復仇和掌權的味道。第六次大公會議的形象和功能遭到破壞,早期的法案全部付之一炬。但是到了第二年,他們的贊助人李奧久斯從寶座上一頭栽下來,東部的主教不必爲求得教義的統合而受到約束,巴達尼斯(Bardanes)的正統教會繼承人表示堅定的態度,要移植羅馬的宗教信仰,對圖像的崇拜引起大眾極表關懷的爭論,涉及有關「道成肉身」這個很微妙的問題倒是被人遺忘。

十一、希臘與拉丁教會的分合以及各教派的狀況

　　道成肉身的信條原來只限於羅馬和君士坦丁堡,在七世紀結束之前,已經傳播到遙遠的島嶼不列顛和愛爾蘭[70]。所有的基督徒在舉行禮拜儀式時,無論是用希臘語還是拉丁語,內心都存有這種觀念,口裡誦讀同樣的辭句。要是就人數和華麗的排場來看,獲得正教基督徒的稱呼還是太過於勉強。但在東部,非常顯著之處在於使用並不光彩的名字,稱爲東正教徒

69　當一志論的僧侶無法施展奇蹟,人民就大聲呼叫示威,但這只是很自然的短暫反應,我很怕後者是君士坦丁堡的一群好人,他們對正統教義懷有期待的心理。

70　羅馬長久以來對狄奧多爾抱著很大的期望,但他以能掌握哈特菲(Hatfield)的行省宗教會議(680A.D.)而感到滿足,在會中他接到馬丁教皇的教令和第一次拉特朗大公會議對付一志論者的決議。狄奧多爾是西里西亞行省塔蘇斯的僧侶,被維塔利安教皇指派爲不列顛的總主教,主要是看重他的學識和虔誠,然而對他的籍貫產生疑慮,覺得有些地方對他無法信任。這位西里西亞人從羅馬被派到坎特柏立,在一位阿非利加人的指導下加強學習。他全盤接受羅馬的教義,「道成肉身」的信條從狄奧多爾傳到現代的總主教,在說法上還是一成不變,他們有深刻的了解,但可能很少探究此一奧祕。

(Melchites)或保皇分子(Royalists)[71]，這些人的信仰並非以《聖經》、理性和傳統為基礎，而是建立在塵世君王的專制權力上，這種狀況一直維持到現在。他們的敵人可能會斷言，說是君士坦丁堡的神父所提出的主張，這些人自認是國王的奴隸。同時他們會懷著惡意很高興的提到，馬西安皇帝和他那處女新娘激勵並改進卡爾西頓信條。處於優勢地位的派系一定會勸告大家要盡服從的本分，那些異議分子力主自由的原則免於各種約束，這也是很自然的事。處於宗教迫害的權勢之下，聶斯托利派信徒和一性論者淪為叛賊和逃犯。羅馬那些最古老和最能發揮作用的盟友，受到訓誨不要認為皇帝是基督徒的首領而應該是仇敵。語言是使人類的種族形成結合或分離的首要因素，出現一種特殊而又長久的標誌，拋棄溝通的工具和復交的希望，很快可以用來區分東部的各種教派。

　　希臘人有歷史悠久的統治權，建立很多殖民地，加上雄辯的技巧，使他們能傳播語言，毫無疑問這是人類所能創造最完美的技藝。然而還是有一些民族，特別是敘利亞和埃及的居民，仍舊保持故有的傳統，使用本國的方言。不過，差別在於科普特語(Coptic)限於住在尼羅河畔粗魯無禮和大字不識的農夫使用，敘利亞語[72]使用的範圍是從亞述的山地到紅海地區，適合詩文和辯論這些層次較高的題材。希臘語的辭句或學識傳播到亞美尼亞和阿比西尼亞，他們那種蠻族的腔調，羅馬帝國的居民聽到也無法了解，但是現代歐洲的學習風氣在恢復古老的蠻族語言。敘利亞語、科普特語、亞美尼亞語和衣索匹亞語都用在各自的教堂，成為神聖的工具。不論是《聖經》還是最孚眾望的神父，都使用國內的譯本[73]，使得神學的理

<hr>

71　這種稱呼的起源似乎來自敘利亞，要到十世紀才被人弄清楚，是雅各比派杜撰出來，聶斯托利派和回教徒很熱誠的採納，但是正統教會也毫不羞愧的接受，優提契烏斯的編年史也經常運用。

72　當地的土著把敘利亞語尊為最古老的語言，可以分為三種地方語：(1)阿拉米安語(Aramoean)限於埃笛莎和美索不達米亞地區各城市；(2)巴勒斯坦語使用於耶路撒冷、大馬士革和敘利亞其餘地區；(3)納巴錫安語(Nabathoean)是亞述山地和伊拉克農村所使用的粗俗方言。只有一名學者抱有成見，認為敘利亞語優於阿拉伯語。

73　我不會因為運用西蒙(Simon)、瓦頓(Walton, Brian, 1600-1661A.D.，主教和聖經學

論和辭彙更爲豐富。經過一千三百六十年這麼長一段時期以後，聶斯托利的一篇講道辭所點燃的爭論火花，仍舊在東部的腹地燒起一場大火，相互敵對的教友依然尊奉創始者的信仰和戒律。聶斯托利派信徒和一性論者，處於無知、貧窮和奴役的極爲悲慘境地，拒絕承認羅馬在信仰和靈性方面的最高權力，興高采烈接受土耳其主子的宗教寬容和自由。這樣一來他們可以施加革除教門的詛咒，一邊是對聖西里爾和以弗所的宗教會議，另一邊是對李奧教皇和卡爾西頓的大公會議。

他們對於東部帝國的滅亡產生哪些重大的影響，值得我們特別加以注意，讀者也會樂於明瞭形形色色的景象，包括其一，聶斯托利派；其二，雅各比派[74]；其三，馬龍派；其四，亞美尼亞人；其五，科普特人；其六，阿比西尼亞人。前面三個教派通常都使用敘利亞語，後面的民族都使用本國的方言而有所區別。但是現代的亞美尼亞和阿比西尼亞土著，都無法與他們的祖先交談。埃及和敘利亞的基督徒拒絕阿拉伯人的宗教，但是採用他們的語言。時間的流逝有助於保持僧侶的行業，在東部跟在西部一樣，用已經廢棄的語句來讚美上帝的恩典，大多數會眾根本不知所云。

(一)聶斯托利派向亞洲各地傳教的成效和影響(500-1663A.D.)

不論是在他出生還是擔任主教的行省，不幸的聶斯托利所主張的異端

(續)——————
者)、密爾(Mill)、威茲庭(Wetstein, Johann Jacob, 1693-1754A.D.，日耳曼神學教授)、阿昔曼努斯(Assemanus)、盧多法斯和拉·克洛茲的研究成果，而使自己變得更爲無知。我參考這些資料有兩點理由：其一，所有受到神父和教職人員讚許的版本中，流傳到現代時，能否保持最早的純眞正直倒是讓人感到懷疑。其二，那些敘利亞文的譯本最有分量，東方教派的贊成就是最好的證據，顯示早在教會的分裂之前就已經存在。

74 我非常感激約瑟夫·西蒙·阿昔曼努斯(Joseph Simon Assemanus)所提供的專論，記載有關一性論者和聶斯托利派的狀況。這位學識淵博的馬龍派教徒，在1715年被教皇克雷芒十一世(Clement XI)派到埃及和敘利亞，拜訪當地的修道院，搜尋各種手稿。他的四卷對開本巨著在羅馬出版的時間是1719到1728年，主要內容是一項範圍廣泛而又極具價值的計畫，但作品只包括其中最有價值的一部分。他是個土著和學者，精通敘利亞的文學和語言。雖然他是羅馬的追隨者，但希望對各教派的敘述能盡量保持節制和坦誠的態度。

邪說，很快被消除得毫無痕跡可尋。東部的主教在以弗所當面抗拒西里爾的傲慢，他用拖延時日的讓步來撫慰他們的情緒。就是這些高級教士或他們的繼承人，在卡爾西頓的裁決上面簽字的時候，難免口裡發出喃喃的怨言。一性論者所獲得的實力，基於一致的熱情和利益以及逐漸產生的信心，能夠與正統教會達成和解，最後只有爲「三章」進行辯護時，他們無可奈何才發出嘆息的聲音。那些表示異議的弟兄，態度雖然不怎麼溫馴，倒是非常誠摯，全部在刑事法的壓制下化爲齏粉。早在查士丁尼統治的時代，羅馬帝國的疆域內很難找到屬於聶斯托利派的教堂。越過帝國的邊界，他們發現一個新世界，激起自由和迫切的希望要去征服。在波斯雖然受到祅教祭司的抗拒，基督教還是札下很深的根基，東部的民族能在有益身心的蔭影下面休憩。總主教居住在首府，有所屬的宗教會議和教區，以及都主教、主教和教士，形成外表壯觀而且秩序井然的教階制度。他們對新入教者人數的增加而欣慰不已，這些信徒從《阿維斯陀聖書》轉變爲接受基督的福音，還有人要脫離塵世過寺院生活，而且他們要面對一個手段高明而又勢力強大的敵人，更能刺激強烈的宗教狂熱情緒。

　　敘利亞的傳教士建立波斯教會，他們的語言、紀律和教義與最早期的組織架構緊密交織。總主教由所屬的副手和主教選出後直接任命，但是他們對安提阿教長非常尊敬和順從，這可從東方教會的宗教法規證實此事[75]。在埃笛莎的波斯學派[76]之中，繼起的世代用虔誠的態度吸取聶斯托利派的神學用語，摩蘇艾斯提亞的狄奧多爾有敘利亞文譯本一萬卷，可以供他們學習之用，他們尊敬使徒的信仰和神聖的殉教者，以及一脈相傳的門人聶斯托利。等越過底格里斯河以後，那邊的民族對於聶斯托利派的狀

75　尼斯的大公會議制定不超過二十種教規，從希臘教會的宗教會議蒐集到其餘的七十到八十種。瑪魯薩斯(Maruthas)編纂的敘利亞文版已經絕跡，阿拉伯文譯本的特色是後來發生很多添加和竄改之處。然而這些法典包括很多教會的戒律，也是非常奇特的神聖遺物，可能完成在聶斯托利派和雅各比派分裂之前，因此到現在仍舊同樣受到東方所有教友的尊敬。

76　審稿者狄奧多爾注意到埃笛莎的波斯學派。阿昔曼尼對古代的光輝和兩個敗亡的時代(431和489A.D.)，進行非常詳盡的討論。

況和語言全不知曉。埃笛莎的伊巴斯主教首先使人難以忘懷的課程,是教
導他們要獻忠埃及人,因為西里爾在以弗所的宗教會議,用非常不虔誠的
方式混淆基督的兩種性質。大師和學者曾經兩次從敘利亞的雅典被趕走,
一群傳教士隨之分散各地,很快激起宗教和復仇的狂熱。在季諾和阿納斯
塔休斯統治期間,團結合作的一性論者已經占領東部的寶座,激怒他們的
對手在一塊自由的土地上,公開宣布基督的兩個位格是精神而非肉體的結
合。自從最早宣講福音書的教義以來,薩珊王朝的國王用懷疑的眼光看這
群外來人和叛教者,他們不僅接受本國世仇大敵的宗教,甚至還贊同他們
的侵略行為。皇家的命令禁止他們與敘利亞的教士建立危害國家的通信連
繫,基督教發生分裂的進展使猜忌和傲慢的佩羅捷斯感到滿意,所以聽得
進一位頗富心機的高級教士大展如簧之舌,把聶斯托利描述成波斯的朋
友,可以利用他來確保國王的基督教臣民有忠誠之心,因為羅馬暴君寧可
將聶斯托利派當成犧牲品和仇敵。聶斯托利派在教士和人民之中占有人數
居多數的優勢,他們受到專制君王微笑優容的鼓勵,認為在面臨刀劍加身
時不惜兵戎相對,然而想到要與基督世界斷絕原本已經鬆懈的關係,有很
多軟弱的同教弟兄感到驚慌,加上七千七百名一性論者或正統教徒的流血
犧牲,確定波斯教會信仰和紀律的一致。基於理性的開明原則甚或是策略
的需要,他們的教會制度與過去有很大的區別,嚴苛的修院教規已經放寬
和逐漸遺忘,慈善機構拿捐獻的房屋用來養育孤兒和棄嬰。

　　波斯的教士不理守貞的教規,這在希臘人和拉丁人而言要強制推行。
波斯教士、主教甚至教長舉行公開或重複的婚禮,使得選出的人數不斷增
加。打出符合自然和宗教自由的旗幟,東部帝國的各個行省有數以萬計的
流亡分子前來效命,工作勤奮的臣民大量遷徙,使思想觀念狹隘的查士丁
尼受到懲罰。他們把平時和戰時所需的技藝傳入波斯,對這些有貢獻的人
員,有識人之明的國君予以重用或擢升。走投無路的教派對於諾息萬和他
那兇狠的孫兒,在重整軍備的時候提供意見、金錢和部隊,他們潛伏在東
部從小生長的城市,宗教狂熱的報酬是把正統教派的教堂當成送給他們的
禮物。但等到這些城市和教堂被赫拉克留斯光復以後,受到公開指認的叛

徒和異端分子，被迫只有到外國盟友的疆域裡尋找庇護。雖然聶斯托利派在表面上看來平靜，卻通常會面臨危險的局勢，有時會面臨毀滅的命運。他們會涉入東方專制體制常見的惡行之中，即使他們對羅馬始終帶有敵意，也無法使信仰福音書一事經常獲得赦免。一個殖民地有三十萬雅各比派教徒，都是阿帕米亞和安提阿的俘虜，獲得同意可以面對總主教建立一個敵對的祭壇，完全靠著宮廷的優容。查士丁尼在他的最後一份和平條約中，對於在波斯的基督教加上若干條件，傾向於擴大或加強給予他們的寬容。皇帝還不知道良心的權利，無法對異端教派表示憐憫和尊敬，而這些人抗拒神聖宗教會議的權威。但是他只有自我安慰，認爲他們慢慢就會感覺到與帝國和羅馬教會的聯合所產生的現世利益，要是他無法讓他們生出感激之情，僅存的希望是他們的國君受到激怒而忌恨在心。大部分基督教國王的行事都基於迷信和策略，在以後的時代，路德信徒在巴黎被判處火刑燒死而在日耳曼獲得保護。

　　基督教的教士無論在哪個時代，爲了使上帝獲得靈魂和教會獲得臣民，總會激起最大的工作精神。他們從波斯的征服開始，帶著宗教的武器向北方、東方和南方前進，簡樸的福音沾染流行一時的敍利亞神學色彩。六世紀時根據一位聶斯托利派旅行家[77]的報告，基督教成功傳播給貝克特里亞人、匈奴人、波斯人、印度人、伊拉邁特人(Elamites)、米提人和帕薩米尼亞人。從波斯灣到裏海有數不盡的蠻族教堂，他們在近代的信仰更爲虔誠，表現也極爲突出，由僧侶和殉教者的數量和神聖不可侵犯的地位可見一斑。馬拉巴的胡椒海岸與大洋的索科特拉(Socotra)島和錫蘭島，居住著人數眾多而且急速增加的基督徒，這些偏僻地區的教士和主教從巴比倫的正統教會獲得聖職任命。在接續而來的時代裡(500-1200A.D.)，聶斯

77　旅行家科斯瑪斯的作品由蒙福康神父於1707年在巴黎出版，其中一些奇特的摘要，可以在福提烏斯、提夫諾和法比里修斯的著述中見到。作者的意圖是要駁倒邪惡的異端，他們認爲地球是球體，不像《聖經》所說是橢圓的平板。但是僧侶的胡說八道與旅行家從現地獲得的知識混雜在一起，他的航行時間是522年，書籍在亞歷山卓出版是547年。博學的編輯不知道科瑪斯信奉聶斯托利教義，被拉·克洛茲查明眞相，受到阿昔曼尼的肯定。

托利派的宗教熱忱能夠邁越當前的範圍，希臘人和波斯人的野心與好奇卻
受到限制。巴爾克(Balch)和撒馬爾罕的傳教士一無所懼，追隨遊牧的韃
靼人前進的腳步，用曲折迂迴的方式到達位於伊繆斯山山谷和塞林加河兩
岸的營地。他們向不識字的牧民解說形而上的信條，對於嗜殺的武士規勸
他們要仁慈和安靜。然而有一位可汗說要從他們的手裡接受洗禮的儀式，
甚至還有聖職任命的儀式，當然他們為了虛榮起見，故意誇大他的權勢，
約翰長老[78]的名聲長久以來在嘲笑歐洲輕易相信傳聞。遷就皇家的改變信
仰，就使用一個可以移動的祭壇，但是可汗派遣一名使者去見教長，詢問
在大齋節期間如何戒絕肉食，不生產穀類和酒的沙漠如何舉行聖餐儀式。

聶斯托利派用海陸並進的方式進入中國，在廣東的海港和西安的北部
居住區[*79]。中國的官員不像羅馬的元老院議員，羅馬的議員會見祭司和占
卜這類人物時會面帶笑容，中國的官員在公開場合裝出哲學家道貌岸然的
樣子，私下對流行的迷信不論哪種方式都表現出虔誠的態度。他們雖然混
淆巴勒斯坦和印度的神明卻推崇備至，基督教的傳播喚醒這個國家的猜忌
心理，經過短時期變幻無常的命運安排，外國的教派先是受到恩寵，接著
面臨迫害，終於在無知和遺忘中消滅殆盡[80]。在哈里發的統治時期，聶斯
托利派的教堂從中國散布到耶路撒冷和塞浦路斯島，他們的人數加上雅各
比派的信徒，遠超過希臘和拉丁的全體教友。他們有二十五位都主教所組
成的教階制度，但其中有幾位免除出席宗教會議的責任，因為路程非常遙

---

78 在前往摩蘇爾、耶路撒冷和羅馬的漫長路程，約翰長老的故事全都在奇異的無稽
之談中消失殆盡。有些情節是借用西藏的喇嘛，經由葡萄牙人無知的傳給阿比西
尼亞皇帝。然而很可能在十一和十二世紀時，在克拉特人(Keraites)的營地據稱
出現聶斯托利基督徒。

*79 [譯註]唐貞觀五年即公元631年，波斯人阿羅本將聶斯托利派的經書傳入長安，
唐太宗准許建寺傳教，中國稱為景教，唐武宗會昌五年即公元845年與佛教一併
被禁。

80 從七到十三世紀這段期間，中國有基督徒已經獲得確切的證明，中文、阿拉伯
文、敘利亞文和拉丁文的資料可以印證此事。西安府的碑銘敘述聶斯托利派教堂
在華建立的興盛狀況，時間是從開始傳教的公元636年到當時的781年，後來受到
指控說是拉·克洛茲、伏爾泰(Voltaire)等人所偽造，他們怕受到耶穌會教士的欺
騙，反而因自己的狡詐而自食惡果。

遠又危險，在比較容易的條件下，每六年要向巴比倫的總主教或是教長，證實他們有虔誠的信仰和絕對的服從，有一個不明確的稱呼還繼續用在塞琉西亞、帖西奉和巴格達的皇家席次。這些遙遠的分支經過長時間的發展已經枯萎，古老教長所形成的軀幹現在分為幾個部分：摩蘇爾的以利亞幾乎是直系後裔，是真正和原始的繼承代表；阿米達的約瑟已經與羅馬教會和解；還有就是凡恩(Van)或奧米亞(Ormia)的西米恩(Simeons)，在十六世紀時，被波斯的索非斯激起帶領四萬戶家庭的大規模叛變。聶斯托利派的整個團體有三十萬人，名義上是迦爾底人或亞述人，經常會與東部古代最博學和最有勢力的民族混淆而分不清楚。

根據古代的傳說，聖湯瑪士在印度宣揚福音[81]。九世紀末葉(883 A.D.)，他那位於馬德拉斯(Madras)附近的神龕，阿爾弗雷德(Alfred)的使臣用虔誠的態度前往拜訪，帶回一船的珍珠和香料，用來酬謝英國國君的宗教熱忱，其實阿爾弗雷德急著想要完成貿易和發現的重大計畫[82]。葡萄牙人首先打開前往印度的航路時，聖湯瑪士的基督徒定居在馬拉巴海岸已有很多世代，他們的特徵和膚色所產生的差異證明是混血的外國種族，無論是武力、技藝或是品德都優於印度斯坦的土著。農夫栽種棕櫚樹，商人因香料貿易而致富，士兵的地位要高於馬拉巴的貴族。交趾(Cochin)的國王與札摩林(Zamorin)本人基於感激或畏懼，對他們的繼承特權都非常尊敬。他們承認印度的國君，然而就統治而言，基於塵世的考量，全部歸於

---

81 名聲響亮的印度傳教士聖湯瑪士是使徒、摩尼教徒或是亞美尼亞商人。不過，發生這件事是早在傑羅姆時代。馬可波羅(Marco Polo)提到，在馬阿巴(Maabar)城或稱麥利坡(Meliapour)，他獲知聖湯瑪士就在當地殉教。這個城市離馬德拉斯只有一里格，葡萄牙人在那裡建立一所以聖托米(St. Thome)為名的主座教堂，聖徒每年都會行使奇蹟，直到英國人成為瀆聖的鄰居以後，不再發生顯靈之事。

82 在十二世紀時，無論是《薩克遜人編年史》的作者還是曼茲柏立(Malmesbury)的威廉，都沒有能力杜撰這種特別的事實，他們也無法解釋阿爾弗雷德的動機和採用的方式，草率的告知只會激起我們的好奇心。曼茲柏立的威廉認為著手冒險的行動極為困難，我懷疑英國使臣在埃及購買貨物及傳聞。皇家的作者無法像一次斯堪地那維亞半島的航行那樣，能用前往印度的遠航來使他的奧羅修斯(Orosius)變得富有。

安加瑪拉(Angamala)的主教。他仍然堅持自己古老的頭銜是印度的都主
教,眞正的審判權則由一千四百所教堂執行,有二十萬人的心靈和信仰要
委託給他照顧。他們憑著宗教認爲可以獲得堅實而興奮的盟友葡萄牙
(1500A.D.),但是宗教法庭檢察官很快洞悉狀況,認爲聖湯瑪士的基督徒
犯下異端和分裂不可饒恕的罪惡。羅馬教皇這位地球上精神和世俗的君
王,並不被他們承認,他們還是像祖先那樣,堅持要成爲聶斯托利派教長
的教友。主教在摩蘇爾接受聖職,要越過危險的海洋和陸地抵達他們在馬
拉巴海岸的教區。他們自古沿用敍利亞禮拜儀式,用虔誠的態度推崇狄奧
多爾和聶斯托利的名字,將基督的兩個位格結合起來舉行禮拜。「上帝之
母」的頭銜對他們而言是一種冒犯,對於聖母馬利亞所給予的譽榮極其吝
嗇,就拉丁人的迷信看來,卻幾乎將她提高到女神的位階。當她的畫像首
次出現在聖湯瑪士門徒的面前,他們非常氣憤的叫道:「我們是基督徒,
不是偶像崇拜者!」那種極其單純的虔誠只要有古老的十字架就能滿足。

　　自從分開以後不知道西方世界的進步或是墮落已經有千年之久,他們
的信仰和行爲從五世紀以來保持穩定不變的狀態,懷有偏見的羅馬天主教
徒或是新教徒會同樣感到失望。羅馬來使最關心的事情是要截斷他們與教
長所有的連繫管道,有幾位主教斃命在神聖職位所設置的監獄裡,葡萄牙
的武裝力量、耶穌會修士的陰謀鬼計、果阿(Goa)總主教阿里克斯·德·
美尼杰斯(Alexis de Menezes)視察馬拉巴海岸,再加上他的宗教狂熱,一
起來攻擊沒有牧羊人的群眾。他土持丹普爾(Diamper)的宗教會議,用來
完成再統一的神聖工作,要把羅馬教會的教義和戒律用嚴苛的方式強加在
他們的身上,連他們對神父的祕密懺悔都不放過,這也是教會施用酷刑最
強有力的工具。他們詆毀狄奧多爾和聶斯托利生前所建立的名聲,無論是
教皇或是總主教的統治之下,再就是耶穌會修士在侵入安加瑪拉或克朗加
諾(Cranganor)的教區以後的統治。這些都讓馬拉巴受到欺凌壓榨,變得
民不聊生,含辱負重忍耐六十年(1599-1663A.D.)的奴役和僞善。荷蘭人
的勇氣和勤勉動搖葡萄牙帝國的基礎時,聶斯托利派的信徒就靠著活力有
效維護祖先的宗教。耶穌會修士無法保有他們已經濫用的權勢,四萬名基

督徒組成的大軍指向正在沒落的暴君，印度副主教暫時僭用主教的職權，
直到巴比倫的教長派來新接任的主教以及敘利亞的傳道士。自從趕走葡萄
牙人以後，聶斯托利派的信條能夠自由在馬拉巴海岸宣布。荷蘭和英格蘭
的貿易公司是擁護宗教寬容的友人，但是如果壓迫只是帶來藐視而並非屈
辱，聖湯瑪士的基督徒也有理由抱怨，他們的歐洲弟兄為什麼這樣漠不關
心到冷淡和沉默的程度。

(二)雅各比派在敘利亞和埃及建立堅固的基礎

　　基督一性論者的歷史沒有聶斯托利派那樣曲折離奇而又饒有趣味，在
季諾和阿納斯塔休斯的統治之下，他們那些手段高明的領導人物使君王感
到非常驚愕，竟能篡奪東部的寶座並且制服土生土長敘利亞人的教派。一
性論信仰的規則是由安提阿的塞維魯斯教長制定，需要極端的審慎才能明
辨所包容的範圍。他運用「和諧論」的風格譴責聶斯托利和優提契斯相對
立的異端邪說，仍舊反對後者有關基督肉身真實性的論點，壓制希臘人把
他視為騙子的看法，認為只有他講的話是真理[83]。但這種相近似的概念沒
有辦法減少引起暴怒的激情，盲目的敵手對於如此微小的差異竟然會爭辯
不已，每個派別都感到極為驚異。敘利亞的暴君逼迫臣民要相信他的信
條，他的統治沾染三百五十位僧侶的鮮血，這些人並不是沒有激怒他或實
施反抗，全部在阿帕米亞城牆下被殺[84]。阿納斯塔休斯的繼承人將正統教
派的旗幟移植到東部，塞維魯斯逃到埃及。他的朋友即那位口若懸河的捷
納阿斯(Xenaias)[85]，在避開波斯的聶斯托利派信徒以後，被帕夫拉果尼亞
的東方正教基督徒絞殺在流亡途中。五十四位主教被迫下台，八百位聖職

83　雷納多特提到過塞維魯斯的東方報告，他的真實教條見約翰的書信。約翰是安提
　　阿的雅各比派教長，寫給他的兄弟亞歷山卓的門納斯(Mennas)，時間是十世紀。
84　聖薩巴斯的勇氣可以用來證實讓人置疑之事，這些僧侶的武力不僅用於精神方
　　面，也不限於防衛。
85　敘利亞的海拉波里斯主教捷納阿斯或菲洛克西努斯，他的事蹟被塞維魯斯寫進編
　　年史裡，受到阿昔曼尼和拉·克洛茲的認同。捷納阿斯是極其卓越的敘利亞語文
　　大師，也是《新約》譯本的作者或編輯。

人員關進監獄[86]。雖然狄奧多拉隱約表示包庇之意,然而東方的羊群在失去牧羊人以後,必定逐漸陷入挨餓或被毒斃的下場。

遭遇到宗教迫害的悲痛,瀕臨絕滅的教派能夠復甦、團結和永存,全靠一名僧侶的努力不懈。詹姆斯‧巴拉迪烏斯(James Baradaeus)[87]的名字以雅各比的稱呼永垂不朽,而這個熟悉的發音會使英國讀者聽來感到吃驚。神聖的悔過信徒在君士坦丁堡的監獄之中,接受埃笛莎主教的權力,成為東部的使徒,經過他任職的主教、輔祭和教士有八萬多人,都來自這個取用不盡的來源。阿拉伯一位信仰虔誠的酋長提供快速的單峰駱駝,使傳教士的宗教狂熱很快蔓延開來,雅各比派的教義和紀律在查士丁尼的疆域內祕密建立,每個雅各比教徒迫得違犯法律的規定,以及憎恨羅馬的立法者。那些塞維魯斯的繼承人藏匿在女修道院或村莊,他們的生命已經失去法律的保護,只有在隱士的洞穴或撒拉森人的帳蓬裡才能獲得安全。然而他們堅決表示擁有無法撤消的權利,就是安提阿教長的頭銜、位階和特權,直到今天仍然如此。在非教徒比較溫和的控制之下,他們居住在離麥汀(Merdin)約一個里格的地方,那裡有一個環境優美的札法蘭(Zapharan)修道院,修行小室、供水渠道和農場一應齊全。再次一級也是很榮譽的位置,由長老充任,位於摩蘇爾,公然反抗聶斯托利派的總主教,要爭取基督教在東部最高的職位。教長和長老這個位階之下,無論是哪個時代的雅各比派教堂,都有一百五十位都主教和主教,但是他們的教階制度已經取消,變得雜亂無章,教區的主要部分都限於幼發拉底河與底格里斯河的周邊地區。教長經常巡視阿勒坡和阿米達這幾個城市,居住著有錢的商人和勤勞的工匠。一般群眾每日辛苦所得不敷溫飽,貧窮如同迷信一樣被強加

86　五十四名被賈士丁放逐的主教,狄奧尼休斯的編年史記載著他們的姓名和職稱。塞維魯斯被召喚到君士坦丁堡,利比拉都說是為了審判,而伊發格流斯說他的舌頭被割掉。謹慎的教長並沒有留下來查問不同的狀況,帕吉認為教會的改革發生在公元518年9月。

87　詹姆斯或賈可布斯‧巴拉迪烏斯(Jocobus Baradaeus)或稱占札拉斯(Zanzalus),他那鮮少人知的歷史為優提契烏斯、雷納多特和阿昔曼努斯所蒐集,希臘人對他幾乎毫無認識。雅各比派教徒寧可從使徒聖詹姆士繼承姓名和譜系。

於過度的齋戒：每年有五次大齋期，教士和民眾不僅禁食肉類和雞蛋，甚
至就是酒類、食油和魚肉都不得嚐用。他們現有的數量預估大約有五萬到
八萬人，是勢力龐大教會的殘餘分子，經過十二個世紀的壓迫，人數已經
減少。

　　然而在這樣漫長的期間之內，一些外來移民改信一性論的教義，有位
猶太人就是阿布法拉吉斯的父親[88]，曾經身任東部的總主教，無論生前死
後表現都極為卓越。他在生前是位文辭優美的作家，能說敘利亞語和阿拉
伯語，是詩人、醫生和歷史學家，也是思想敏銳的哲學家和性格溫和的神
學家，死後連他的敵手聶斯托利派教長都來參加葬禮。還有一群希臘人和
亞美尼亞人，全都忘掉他們之間的爭論，在他的墓地為這位可敬的對手流
下悲痛的眼淚。阿布法拉吉斯的德行使教派獲得尊榮，然而從外表看來，
對於聶斯托利派的同教弟兄已經甘拜下風。雅各比派的迷信行為表現得更
為低俗，他們的齋戒更為嚴苛[89]，內部的爭論也更為猖獗，他們的法師
（就我的看法已經毫無意義）超過理性的範圍也更遙遠。有些事物經過一再
的斟酌，可能要考量一性論神學理論的嚴苛要求，還有更多是出於僧侶的
職位所產生的優勢影響力。在敘利亞、埃及和衣索匹亞的雅各比派僧侶，
可以從嚴苛的苦行及荒謬的傳說加以區別。他們把生存或死亡都看成上帝
賜與的恩惠而頂禮膜拜，年邁的主教和教長都用雙手執著牧杖，他們負起
統治世人的責任，然而充分顯現修院的習慣和偏見[90]。

(三)馬龍派的「一志論」觀念及在東部的奮鬥

　　在東部基督徒所具有的型態中，無論哪個時代的一志論者都稱為馬龍

---

88 阿布法拉吉斯的父親極為著名，無論是他本人還是他的作品，在阿昔曼努斯的文
　獻裡都是最熱門的項目。拉‧克洛茲諷刺西班牙人帶著偏見，反對有猶太血統的
　人士，說他們褻瀆他們的教堂和國家。
89 拉‧克洛茲指責極為過分的斷食和禁慾，甚至就是敘利亞人阿昔曼努斯都如此表示。
90 阿昔曼努斯在論文第二卷的開頭，對一性論的狀況有非常出色的說明，僅這一卷
　就有一百四十二頁。格列哥里‧巴爾－赫布里斯(Gregory Bar-Hebraeus)或阿布法
　拉吉斯的《敘利亞編年史》，同時探討聶斯托利派的總主教和雅各比派的長老。

派信徒[91]，這個名字是在不知不覺中從隱士加在修道院頭上，再從修道院拿來稱呼一個民族。馬龍(Maron)是五世紀的聖徒或是蠻漢，在敘利亞展現出宗教的瘋狂性格。相互敵對的城市阿帕米亞和伊美莎爭著要供奉他的遺骸，在他的墓地興建一所宏偉的教堂，他有六百個門徒在奧龍特斯河岸，把個人苦修的小室連成一片。在有關「道成肉身」的爭論中，他們保持在聶斯托利和優提契斯的教派之間，用非常精巧的方式平安穿過正統教義的界限。但是不幸的難題出在「一個意志」上面，也就是基督對兩種性質的運用，完全是窮極無聊才會產生這種誤會。赫拉克留斯皇帝是個改信者，被當作馬龍派信徒，被拒止在伊美莎城牆之外，他在同教弟兄的修道院找到庇護，他們的神學課程得到天賜的禮物，那就是廣大而富裕的領土。這所古老學院的名字和教義傳到希臘人和敘利亞人中間，安提阿的馬卡流斯教長表現出他們的宗教熱忱，在君士坦丁堡的大公會議中宣稱，他只要在基督的「兩個意志」教義上簽字，就會被砍成幾塊丟進大海[92]。同樣用比較不那麼殘酷的迫害方式，很快就使平原地區沒有抵抗能力的臣民改變信仰，這時在利班努斯(Libanus)山區強壯的土著，用勇敢的行動維持馬代特(Mardaites)[93]或「俠盜」這個光榮的頭銜。約翰·馬龍是位學識淵博而又最孚眾望的僧侶，擅自僭占安提阿教長的職位，派遣他的姪兒亞伯拉罕率領馬龍派信徒，保護他們的民政和宗教的自由，對抗東部的暴君。正教基督徒君士坦丁的兒子用虔誠的仇恨心理說服一群士兵，他們配置在帝國的城堡裡，就是為了對付基督和羅馬的共同敵人。

---

91 優提契烏斯證明這兩個字是同義語，經過系統化處理以後在波柯克製作的表格中，可以看到很多類似的文章。他並不是受任何偏見所激起，這在十世紀的時候用來對付馬龍派的教徒。我們可以相信一位東正教徒，他的證詞受到雅各比派和拉丁人的肯定。

92 君士坦丁是住在阿帕米亞的敘利亞教士，他用堅定的態度和巧妙的手法支持一志論者的傳教事業。

93 狄奧菲尼斯和昔瑞努斯都提到這些「俠盜」的豐功偉業；拉·洛克(La Roque)對這個名字有所解釋；帕吉確定事件的時間，甚至就是約翰·馬龍教長微不足道的身世，都調查得一清二楚，可以說明從686到707年，發生在利班努斯山區所有的問題。

　　一支希臘人的軍隊入侵敘利亞，聖馬龍的修道院被戰火所毀滅，那些
最勇敢的首長受到出賣而被謀殺，一萬兩千名追隨者被運送到亞美尼亞和
色雷斯遙遠的邊區。然而馬龍派這個謙卑的宗派，比起君士坦丁堡的帝國
生存得更為長久，他們受到土耳其主子的統治，仍舊享有宗教自由和已經
緩和的奴役生活。他們從古老的貴族中選出自己的總督，在卡諾賓
(Canobin)修道院的教長仍舊幻想自己坐在安提阿的寶座上，九個主教組
成他的宗教會議，下面有一百五十位教士，保留結婚的自由，受到委託要
照顧十萬信徒的靈魂。他們的國度從利班努斯山區的山脊延伸到的黎波里
海濱，在一塊很狹隘的空間，逐漸傾斜的地勢提供各式各樣的氣候和土
壤，神聖的雲柏生長在積雪的高地[94]，下方是種植著葡萄、桑樹和橄欖的
山谷。馬龍派在十二世紀時棄絕一志論的謬誤，與安提阿和羅馬的拉丁教
會修好，建立友善的交往[95]，出於教皇的野心和敘利亞的災難，就是過去
的同盟關係通常也可以恢復。但是依據合理的推測仍然可以提出質疑，他
們的聯合是否非常完美而且確實具有誠意。羅馬教士團有博學的馬龍派信
徒，他們想要祖先所犯異端邪說和分裂教會的罪名獲得赦免，使盡一切辦
法還是白費力氣[96]。

(四)亞美尼亞處於羅馬和波斯之間的宗教信仰

　　打從君士坦丁在位開始，亞美尼亞人[97]決心要依附基督徒的宗教和帝

94　上個世紀還留存二十棵大香杉，現在只有四或五棵。這種樹木在《聖經》中極為
　　有名，對於濫伐甚至用處以破門罪來加以保護，不能用製造小十字架來作藉口。
　　每年在樹蔭下舉行彌撒來慶祝，敘利亞人將樹枝舉起來好清除積雪。有關利班努
　　斯山的天候狀況，不要太相信塔西佗的話，他有的只是很大膽的比喻。

95　泰爾的威廉所提出的證據被傑克·德·維特拉(Jacques de Vitra)所仿效或證實，但
　　是這種不合情理的聯盟，隨著法蘭克人的勢力一起煙消雲散。阿布法拉吉斯認
　　為，馬龍派是一志論者的教派。

96　我在拉·洛克的著作中發現有關馬龍派歷史的描述，提到古代的部分他襲用奈隆
　　(Nairon)的偏見，再加上羅馬其他馬龍派信徒的說法。阿昔曼努斯對於羅馬的馬
　　龍派信徒，要是否認則感到害怕，要是支持則感到羞愧。此外還可以參考尼布爾
　　和賈布隆斯基的作品，尤其是見識高人一等的伏爾尼(Volney)更為出色。

97　拉·克洛茲很簡單的敘述亞美尼亞的宗教，他參考蓋拉努斯(Galanus)的名著《亞

國。他們的國家一直動亂不已，加上不懂希臘語文，使得他們的教士沒有
參加卡爾西頓的大公會議，所以會在冷漠和停頓的狀況下，隨波逐流有八
十四年之久[98]，直到哈里卡納蘇斯（Halicarnassus）的朱理安所派遣的傳教
士，最後將他們空虛的信仰完全據有爲止。朱理安流放到埃及時，他的對
手塞維魯斯是安提阿的教長，這位一性論者發揮辯論或影響力將朱理安擊
敗。只有亞美尼亞人真正是優提契斯的門徒，這位不幸的父老竟被大部分
屬靈的後代所拋棄。亞美尼亞人還保留這種信仰的觀點，認爲神性和永不
腐朽的物質創造出成年的基督，或者是毋須創造就能存在。他們的仇敵譴
責亞美尼亞人崇拜一個幽靈，爲了反駁這種指控，他們就嘲笑和咒罵褻瀆
上帝的雅各比派，說他們把肉體最卑劣的弱點，甚至營養和消化這些自然
的本能，都歸到神的身上。亞美尼亞人的宗教不可能從知識或權勢獲得更
多的光榮。他們的皇族隨著最初的教會分裂而絕滅，那些身爲基督徒的國
王是拉丁人的部從，或是土耳其蘇丹朝廷設在伊科尼姆（Iconium）的諸
侯。他們在十三世紀興起和衰落，國土只限於西里西亞地區，毫無希望的
民族很少有機會享受奴役生活的安寧。從最早的年代到現在，亞美尼亞一
直是不斷上演戰爭的舞台。索菲斯王朝的政策極爲殘酷，消滅從陶里斯到
葉凡勒（Eviran）這片土地上的人口。數以萬計的基督徒家庭被迫遷移到波
斯遙遠的行省，有的遭到滅亡的命運，少數能夠繁殖綿延下去。受到高壓
的權威統治，亞美尼亞人的宗教狂熱會熾烈燃燒而且義無反顧，寧可戴上
殉教者的冠冕，也不要穆罕默德的白色頭巾，保持虔誠的信仰，痛恨希臘
人的謬誤思想和偶像崇拜。他們與拉丁教會的短暫聯合並不是欠缺誠信的
問題，否則他們的教長也不會將數以千計的主教呈獻在羅馬教皇的腳前。
亞美尼亞人的教長居住在艾克米辛（Ekmiasin）修道院，距離葉凡勒只有三
里格。四十七位總主教每位有四到五位副主教，爲了獲得絕對的服從，由

（續）
　　美尼亞史》，對於亞美尼亞的狀況有良好的印象。能夠受到拉·克洛茲的讚譽，
　　證明這位耶穌會教士的作品的確有很多的優點。
98　亞美尼亞的宗教分裂，一般認爲發生在卡爾西頓大公會議後八十四年，經過十七
　　年才全部完成，公元522年爲亞美尼亞紀元的開始。

總主教授與聖職，但是大部分高級士都是掛名的榮譽職位，簡樸的言行使他們在宮廷觀見和供職時顯得更爲尊貴。他們在舉行禮拜儀式以後還要耕種田地，我們的主教聽到一定會覺得不可思議，那就是位階愈高，愈要過嚴苛的苦修生活。在他們屬靈的宗教帝國之內有八萬個城鎮或村莊，教長接受每個年齡在十五歲以上人員自願繳納的少量稅款，每年的歲收大約是六十萬克朗，仍不足以供應慈善事業和貢金從無間斷的需索。自從上個世紀初葉以來，亞美尼亞人在東部的貿易和商業占有舉足輕重的分量，每年的贏利極多。等他們從歐洲回歸時，商旅隊通常會在葉凡勒附近稍做停留，在祭壇上奉獻他們辛勤工作的豐碩成果。優提契斯的宗教信念在巴巴利（Barbary）和波蘭的會眾中宣講[99]。

(五)埃及人與科普特人所面臨的宗教動亂狀況(537-661A.D.)

在羅馬帝國的其餘部分，專制的君王用令人憎惡的信條來撲滅其他的教派，至少也要使他們保持沉默。埃及人的個性極爲剛愎，始終反對卡爾西頓的大公會議，查士丁尼的策略就是期待他們的鬩牆，並且要抓住機會來排除異己。亞歷山卓的一性論教會[100]被腐朽和不會腐朽的爭執所撕裂，等到教長過世後，兩個黨派支持各自的候選人：蓋伊安（Gaian）是朱理安的門徒，狄奧多西（537-568A.D.）是塞維魯斯的弟子。前者對接位的要求獲得僧侶、元老院議員、城市和行省的贊同；後者靠著聖職任命的時間在先、狄奧多拉皇后的重用以及宦官納爾西斯的武力，這些部隊原本可運用於更爲榮譽的戰爭之中。最孚眾望的候選人被放逐到迦太基和薩丁尼亞，使得亞歷山卓激起狂怒的火焰，在發生分裂一百七十年以後，蓋伊安派的徒眾仍舊尊敬創始人的事蹟和教義。雙方分別靠著數量和紀律的實力，發

99　在外旅遊的亞美尼亞人都是處於有利地位的旅行家，從君士坦丁堡到伊斯巴罕的大道兩旁，都有他們教會所屬的教堂。目前的狀況可以參考奧勒流斯（Olearius）、夏爾汀、圖尼福的作品。最出色的人物是塔浮尼爾，他是到處漫遊的珠寶匠，雖然讀書有限，但是見多識廣。

100　雷納多寫出有關亞歷山卓教長的歷史鉅著，從戴奧斯柯魯斯到班傑明爲止。優提契烏斯的《編年史》第二卷也有詳盡的敘述。

生互不退讓的血腥衝突，街道上滿布市民和士兵的屍體，信仰虔誠的婦女爬上自己房屋的屋頂，把尖銳或沉重的器具投向敵人的頭上。納爾西斯最後的勝利要歸功於蔓延的大火，毀滅在羅馬世界規模和人口位居第三的首府。查士丁尼的部將卻沒有辦法用這種方式征服一種異端邪說，狄奧多西自己也很快受到免職，倒是沒有產生事故。塔尼斯(Tanis)的保羅是一位正統教會的僧侶(538A.D.)，擢升到阿泰納休斯的寶座。他濫用政府的權力，任意派用或更換埃及的公爵和護民官，戴克里先時代核定的麵包津貼被扣留，教堂無法維持都要關門，一個因宗教分裂的民族被剝奪精神和實質的糧食。等輪到他下台時，狂熱和報復的人民將暴君革出教門，除了奴性深重的東方正教教徒以外，沒有人把他尊為一個人、一個基督徒或是一個主教。然而，像這樣的做法都是盲目的野心作祟，當保羅受到謀殺罪的起訴而被驅逐，他用七百磅黃金作為賄款，乞求能恢復受到痛恨和羞辱的職位。

　　保羅的繼承人阿波利納里斯排出作戰隊形，進入帶有敵意的城市，看來既能祈禱也可以立即戰鬥。他的部隊全副武裝，分布在所有的街道，主教座堂的大門有人守備，一小隊精選的衛士配置在大廳的高壇，用來保護首領的人身安全。等到他巍然在上，站立在寶座前面，把武士的上衣丟在一邊，很快出現在群眾眼中的是穿著袍服的亞歷山卓教長。大眾在驚愕之餘只有啞口無聲，但是等到阿波利納里斯開始誦讀聖李奧的鉅著，馬上就有一大堆咒罵、讚責和石塊發射出來，攻擊皇帝和宗教會議那討厭的走狗。使徒的繼承人毫不客氣的發起反擊，士兵涉過血流成河的街頭，據說有二十萬人倒在刀劍之下。就是把當天的殺戮延伸到阿波利納里斯長達十八年的統治，這種數字也是難以置信。後面兩位接任的教長優洛吉斯(Eulogius)(580A.D.)[101]和約翰(609A.D.)，盡一切力量要與異端分子對話

101　優洛吉斯是安提阿的一名僧侶，無論是文采和辯才都極為出名。他提出很多證據說明蓋伊安派和狄奧多西派都是信仰之敵，他們之間不應該復交和好。同樣的見解從聖西里爾的嘴裡說出來就是正統思想，要是塞維魯斯也這麼講就會變成異端邪說，聖李奧持反對的主張同樣是至理名言。優洛吉斯沒有傳世的作品，福提烏

溝通，武力和辯論比起福音書的表白更能發揮作用。優洛吉斯的神學知識都表現在許多卷著作上，用來誇大優提契斯和塞維魯斯的謬誤，期望將聖西里爾語焉不清的論點，能與李奧教皇和卡爾西頓神父所制定的正教信條，取得立場和內容一致的共識。慷慨好施的約翰基於迷信、仁慈或策略，下達指示要著手各項慈善事業和救濟行動，曾經自己出錢維持七千五百名窮苦無依人員的生活。等到他接任以後，發現教會的金庫有八千磅黃金，他從古道熱腸的虔誠教徒那裡募到一萬磅，然而這位總主教能夠在他的遺囑裡誇耀，個人身後的錢財還不到三分之一個價值最低的銀幣。亞歷山卓的教堂全部移交給正統教會，一性論的信仰在埃及受到查禁和取締，恢復一項法律使這些身為異端的土著，不能享受國家的榮譽和薪俸。

　　教長更為重要的工作就是要征服埃及教會的賢明之士和領導人物。狄奧多西以使徒或狂熱信徒的精神，抗拒查士丁尼的威逼利誘。教長答覆：

> 誘惑者為了展現塵世的王國才運用這樣的誘騙手段，但是我的靈魂對我而言遠比生命和權力更為重要。教會落在一位君王的手裡，他能夠殺害我的肉體，但是拿我的良心無可奈何。無論是放逐、籍沒還是入獄我都在所不惜。以前那些神聖的教長阿泰納休斯、西里爾和戴奧斯柯魯斯，我會堅持追隨他們的信仰。詛咒李奧的作品和卡爾西頓的大公會議！詛咒對他們制定的信條完全接受的人！詛咒他們從現在直到永遠！我赤裸裸離開母親的子宮來到世上，必然會赤裸裸進入墳墓，願那些敬愛上帝的人，跟隨我一起獲得救贖。

　　讓他的教友獲得安慰以後，他搭船前往君士坦丁堡，忍受皇帝無可反駁的壓力，連續進行六次談話。他對神學的見解無論是在皇宮還是城市，獲得人們內心的好感。狄奧多拉發揮影響力保證他的安全，讓他能夠得到公正的處理，不傷顏面的去職。他雖然沒有在寶座上逝世，倒底還是長眠

（續）
　　　斯抱著小心翼翼的態度節錄他的文章，就感到非常滿意。

在自己的故鄉。阿波利納里斯接獲他亡故的消息，竟然非常無禮的宴請貴族和教士，但是要重新舉行選舉的報導也使他笑顏頓失。就在他享用亞歷山卓財富時，他的對手管理蒂巴伊斯修道院，獲得人民的自由奉獻而維持下去。教長的永久繼承權因狄奧多西的去世獲得認可，敘利亞和埃及的一性論教會，用雅各比派的名義和共同的信仰而聯合起來。這樣的宗教信仰原來只限於敘利亞一個範圍很狹窄的教派之內，但現在擴展到埃及或科普特民族的大多數人中間，他們幾乎一致反對卡爾西頓大公會議的裁決。

自從埃及的王國滅亡以後，一千年的時間轉瞬而過，亞洲和歐洲的征服者一直騎在這樣一個民族的頭上。他們在過去的古老智慧和權力，已經超越歷史的記錄。他們的民族精神被宗教狂熱和迫害的衝突重新點燃火花，於是棄絕希臘的習俗和語言，並且把它當成來自外國的異端邪說。在他們的眼裡，每個東方正教基督徒都是陌生人，雅各比派信徒都看成是自己的市民。教士不得結婚和舉行葬禮儀式，違者視為犯下最重的罪過。當地的土著拒絕承認對皇帝的忠誠和效命，只要離開亞歷山卓還有一段距離之內，皇帝的命令要在軍事武力的強制之下才會服從。這個民族盡最大努力來恢復埃及的宗教和自由，六百所修道院培養數以萬計的神聖武士，就他們來說生有何歡而死又有何懼。不過經驗能夠區別主動與被動的勇氣，狂熱的信徒接受拷問架和火刑的荼毒，不會發出一聲呻吟，等到面對全副武裝準備接戰的敵軍，就會渾身戰慄趕快逃走。埃及人的性格怯懦，僅有的希望是更換主人。克司洛伊斯的軍隊減少地區的人口數量，然而雅各比派信徒在波斯人的統治之下，倒是享受短暫也不算穩定的休養生息。赫拉克留斯的勝利不僅恢復宗教迫害而且變本加厲，教長再度離開亞歷山卓到沙漠避難。班傑明(Benjamin)(625-661A.D.)逃走時聽到激勵士氣的聲音，囑咐他要等待下去，再過十年就會獲得一個外來民族的協助，這個民族就像埃及人一樣舉行古老的割禮儀式。解救者的狀況和解救的性質以後會詳加說明，我必須跨越十一個世紀的間隔，敘述埃及的雅各比派信徒目前的慘狀。人煙稠密的大城市開羅提供住處或是庇護所，給貧窮的教長及剩餘的十名主教，阿拉伯人入侵以後還留下四十所修道院。科普特民族遭

遇到奴役和背教的迫害過程，使人口衰減到剩下兩萬五千到三萬個家庭[102]
極爲可恥的局面，都是一群不識字的乞丐，只有更爲不幸的希臘教長和數
量更爲稀少的會眾，對比起來能給他們一點安慰[103]。

(六)阿比西尼亞人的宗教問題和耶穌會的建樹(530-1632A.D.)

科普特的教長無論是凱撒的叛徒或是哈里發的奴隸，仍然以卑躬屈膝
服從努比亞和衣索匹亞的國王爲榮。教長以誇大他們的貢獻來宣示效忠，
同時厚顏無恥的斷言，他們能率領十萬名騎士以及相同數量的駱駝進入戰
場，可以投鞭阻斷尼羅河的水流[104]。教長的祈禱使得埃及甚至整個世界獲
得和平與富足。狄奧多西流亡到君士坦丁堡時，向他的女保護人毛遂自
薦，從北回歸線到阿比西尼亞國境，使努比亞的黑人民族改信基督教[105]。
信奉正教的皇帝對女皇的企圖產生懷疑，同時要一爭高下，派遣敵對的傳
教士分別是東方正教和雅各比派的信徒，讓他們同時搭船前往。但基於愛

---

102 這個數字來自埃及官方的資料，比起吉米利・卡瑞理(Gemelli Carreri)提到科普
特人在古代有六十萬人而現代只有一萬五千人，總要合理得多。西里爾・盧卡
(Cyril Lucar)是君士坦丁堡的新教教長，非常感慨的談到這些異端的數量，比起
信奉正教的希臘人多出十倍都不止。

103 科普特人的歷史、宗教和習俗，可以在下述作品中找到：雷納多神父一部很混雜
的作品，既不是譯本也不是原作；還有一位雅各比派信徒彼得的《東方編年
史》；亞伯拉罕・伊契倫西斯(Abraham Ecchellensis)的兩本譯作1651年在巴黎出
版；以及阿昔曼努斯的作品。這些史籍的時間最晚沒有晚於十三世紀，前往埃及
的旅行家可以提供近代的資料。上個世紀有位開羅人約瑟夫・阿布達克努斯
(Joseph Abudacnus)，在牛津出版一本很簡要的《雅各比教派史》，只有短短的
三十頁。

104 這個說法並不正確，卻傳到埃及和歐洲，原因是科普特人的詭計多端、阿比西尼
亞人的狂妄自大、土耳其人和阿拉伯人的膽小如鼠和不學無術。衣索匹亞的雨量
會使尼羅河的水位上漲，並不會考慮到統治者的意願。河流在靠近納帕塔
(Napata)的地點，距離紅海只有三天的行程，開闢一條運河來改變河道的方向的
確有這種需要，但是已經超過凱撒的能力。

105 阿比西尼亞人仍舊保存著阿拉伯人的容貌和膚色，等於提供一個證據，那就是兩
千年的時間不足以改變一個民族的外觀。努比亞人是阿非利加的原住民，這個種
族與塞內加爾和剛果的純種尼格魯黑人並無差別，有著扁平的鼻子、厚厚的嘴唇
和鬈曲的頭髮。古人對這種奇特的現象不怎麼在意，不像現代的哲學家和神學家
反而非常重視。

情或畏懼的動機，女皇的命令被更有效地執行。正統教會的教士為蒂貝伊斯省長所扣留，這時努比亞的國王和他的宮廷很快受洗，皈依戴奧斯柯魯斯的教義內容和禮拜方式。查士丁尼派出的使者到達的時間遲緩，覲見國王受到禮遇以後被打發歸國。但是當使者指控埃及人犯下異端和背叛的罪行時，黑人改信者受到教導後知道如何答覆，因此說知道他是卡爾西頓大公會議派來的使者，絕不會為帶來迫害的人而放棄他的弟兄，這些都是有真正信仰的教徒。經過很多個世代，努比亞的主教由亞歷山卓的雅各比派教長命名和授與聖職，一直晚到十二世紀，還是基督教在那個地區占有優勢的地位。有一些儀式及殘留的若干遺跡，在森納（Sennaar）和敦古拉（Dongola）[106]那些落後的村莊仍舊可以見到。然而努比亞人還是惡運難逃，又重新恢復偶像崇拜，當地的水土氣候需要沉溺於一夫多妻的習性，他們最後還是背離十字架，讓《古蘭經》獲得勝利。一個形而上的宗教對於黑種民族的能力而言，可能顯得過分的精微和高雅，然而黑人或鸚鵡經過教導後，還是可以重複唸出卡爾西頓或一性論者的信條。

基督教在阿比西尼亞帝國有更根深柢固的基礎，雖然相互的連繫經常受到干擾，這段時間也有七十到一百年之久，但是就亞歷山卓的母會來說，還是保留這個殖民地成為永久的門徒。只要有七個主教就可以組成衣索匹亞宗教會議，等到主教人數增加到十位，能夠選出一位獨立的總主教。衣索匹亞有位國王出於自己的野心，就晉升他的兄弟坐上教會的寶座。預判會有這種狀況發生，所以反對增加主教的數目。主教的職位也逐漸加以限制，只能由擁有「阿布納」（abuna）[107]頭銜的人士擔任，這些人都是阿比西尼亞教士階級的領導人物和創始人。教長用埃及僧侶來補充空出的職位，這位陌生人的外表在人民的眼中看來是年高德劭，對於國君也

106　經過伊迪里西（Edrisi）族長的證實，基督教傳入努比亞是在1153年，只是名字誤植在努比亞的地理學家身上，他表示努比亞人是信奉雅各比派的民族。雷納多特的作品閃耀著歷史的光芒，他認為傳入的時間還要更早。

107　拉丁人將「阿布納」尊為教長的頭銜並不得當。阿比西尼亞人只承認四位教長，他們的首長頂多不過是都主教或全國的總主教。雷納多特提到的七位主教，是存在於1131年的狀況，但是所有的歷史學家都不知道有這回事。

不會帶來危險造成威脅。

　　在六世紀(530A.D.)埃及的宗教分裂已成定局時，敵對雙方的首腦以及他們的保護人查士丁尼和狄奧多拉，相互之間努力競爭，要在征服遙遠和獨立的行省方面勝過對手。皇后用勤奮的工作態度再度贏得勝利，虔誠的狄奧多拉在僻遠的地區建立教會，灌輸雅各比派的信仰及紀律[108]。衣索匹亞人的宗教使他們在敵人四周環繞的狀況下，將近沉睡了近一千年之久，已經忘懷整個世界，也被世界所遺忘。葡萄牙人在繞過非洲的南端，出現在印度和紅海以後(1525-1550A.D.)，好像是從遙遠的星球降臨地面將他們驚醒。經過初次的交談，羅馬和亞歷山卓的臣民觀察到信仰方面的類似而非相異之處。兩個民族都期望經由基督教同宗弟兄的聯盟，獲得更為重要的利益。衣索匹亞人處於孤獨和隔離的狀況，幾乎再度墮落到野蠻生活之中。他們的船隻過去曾赴錫蘭從事貿易，現在竟然很難得敢在阿非利加的河流中航行。阿克蘇美的遺跡被這個民族放棄，大家都分散在村莊裡。皇帝成為虛有其表的頭銜，無論是平時或戰時，能居住在固定的營地就感到滿意。阿比西尼亞人知道自己非常貧窮，想出合理的計畫要輸入歐洲的才智和技藝[109]。他們的使臣接受教導，要在羅馬和里斯本提出懇求，希望獲得一群鐵匠、木匠、瓦匠、泥水匠、印刷工人、外科醫生和內科醫生，供應他們的國家來使用。但是發生緊急的危險狀況，有必要給予武器和兵員這些立即和有效的援助，用來保護不好戰的民族免於野蠻的侵略，使這個內陸國家不致受到蹂躪，這時土耳其人和阿拉伯人用強大的部署從海岸前進。四百五十名葡萄牙人拯救衣索匹亞，他們在戰場發揮歐洲人天生勇敢果決的精神，加上滑膛槍和火砲難以抗拒的威力。皇帝在極為驚恐的時刻，答應要讓自己和臣民恢復正統基督徒的信仰，一位拉丁教長代表

---

108 狄奧多拉派遣傳教士到努比亞和衣索匹亞傳播福音一事，我不知道阿昔曼努斯為什麼要表示懷疑的態度。很少有人注意到阿比西尼亞，一直要到1500年，雷納多特從科普特人的作者獲得的資料，才將此事宣揚出去。在盧多弗斯的內心，這部分可以說是一片空白。

109 現在最需要的技藝由猶太人施展，對外貿易則掌握在亞美尼亞人的手裡。歐洲的勤奮成為格列哥里最讚許和羨慕的原因。

教皇至高無上的權威[110]。帝國的疆域擴大到十倍,生產比美洲更多的黃金來支持,是要運用貪婪和狂熱最具野心的希望,建立一個完全順服為基督徒所有的非洲。

　　然而被痛苦所迫立下的誓約,在身體復原以後就被遺棄。阿比西尼亞人仍舊堅持不撓,遵從一性論的教義,相互的爭辯使虛弱無力的信仰激起反抗的怒火。他們把拉丁人烙上阿萊亞斯派和聶斯托利派的標誌,把這一切都歸罪於他們崇拜「四」個神,這是分離基督的兩種性質而形成。夫里摩納(Fremona)是分配給耶穌會的傳教士用來舉行禮拜儀式的地點(1557 A.D.),也可以說是拿來供流放之用。這些傳教士精於文理科學和工匠技藝,他們的神學知識和端莊有禮的行為,只是受到尊敬,卻無法達成傳教的作用。他們並沒有被上天賦予奇蹟,要有歐洲軍隊增援的盼望也歸徒然。經過四十年的忍耐和努力,終於獲得更為有利的觀見,阿比西尼亞的兩位皇帝被說服,羅馬會使獻身的修士得到塵世和永恆的幸福。最早改變信仰的皇帝喪失寶座和生命,「阿布納」赦免叛軍,認為他們的行動是替天行道,大聲威脅要將叛教者革出教門,也使臣民不再受效忠宣誓的束縛。蘇斯尼烏斯(Susneus)憑著勇氣和運氣,用塞古伊德(Segued)的名義登極稱帝,替札登吉爾(Zadenghel)的命運和氣數報仇,用更為積極的態度來執行親戚未能達成的宗教大業。在耶穌會修士和他那些不識字的教士之間,展開無法勢均力敵的戰鬥,皇帝產生很大的興趣,宣布自己是信仰卡爾西頓信條的改宗者,認為他的教士和人民都會毫不遲疑的贊同君王的宗教。在自由選擇之後緊接著強制的法律,只要相信基督有兩種性質,就要接受痛苦的死刑。阿比西尼亞人被禁止在安息日工作和嬉戲。塞古伊德面對歐洲和非洲,公開宣布要與亞歷山卓教會斷絕一切關係。

　　耶穌會修士阿方索‧明迪茲(Alphonso Mendez)是衣索匹亞的正統教會

110　約翰‧柏繆迪茲(John Bermudez)的著述於1569年在里斯本出版,由普查斯(Purchas)譯成英文,再由拉‧克洛茲轉譯成法文。這部作品很奇特,作者好像要對阿比西尼亞、羅馬和葡萄牙大施騙術。他自稱有教長的頭銜,這完全是毫無根據和無中生有的事。

教長(1626A.D.)，以烏爾班八世的名義接受悔罪者的效忠，以及他發誓棄絕異端的行動。皇帝跪在地上說道：「我承認教皇是基督在人間的代理人，聖彼得的繼承者，也是統治全世界的君王，我發誓對他要絕對服從，我要把我自己和我的王國奉獻在他的腳下。」他的兒子、弟兄、教士、貴族甚至宮廷的婦女都要立下同樣的誓詞。他把位階和財富授與拉丁教長，傳教士在帝國最重要和最便利的位置興建教堂或城堡。耶穌會修士自己譴責他們的首領不智，犯下致命的錯誤，忘掉福音的寬大爲懷和自己所下達的政策，在倉卒之間運用暴力推行羅馬的禮拜儀式和葡萄牙人的宗教法庭。他譴責古老的割禮，然而這是基於健康而並非迷信的緣故，才首先於衣索匹亞發明，這地區就氣候而言有其必要。新的洗禮儀式和新的授與聖職典禮給當地土著帶來痛苦，就是最神聖的死者在墳墓裡也不得安寧，而最顯赫的人物被外國的教士革出教門，這使他們感到恐懼而戰慄不已。阿比西尼亞人爲了保衛他們的宗教和自由，只有激起狂熱的情緒，帶著不惜犧牲的精神揭竿而起。五次叛亂遭到撲滅，使得舉事者血流遍地，兩位主教在會戰中陣亡，整個軍團橫屍戰場或是窒息在洞穴之中。所有人員無論階級、地位和性別，只要是羅馬的敵人，就難逃羞辱的死亡。但是勝利的國君最後還是屈服，那是因爲這個民族以及國君的母親、兒子和最忠誠的朋友，能夠發揚堅持到底的決心。塞古伊德聽到憐憫、理性或許畏懼的聲音，他基於良知所發布的詔書很快就揭露出耶穌會修士的暴虐和軟弱。巴西里德(Basilides)在他的父親過世以後將拉丁教長趕走(1632A.D.)，恢復全民的意願和埃及的信仰和修行方式。一性論者的教堂回響著凱旋的歌聲，「現在已經把衣索匹亞的綿羊從西方的鬣狗口裡救出來，」孤寂的王國永遠關上大門，排斥歐洲的技藝、科學和宗教狂熱[111]。

111　盧多弗斯、該迪斯(Geddes)和拉·克洛茲這三位新教的歷史學家，從耶穌會找到最主要的史料，特別是特勒茲(Tellez)的《通史》，1660年以葡萄牙文在孔布拉(Coimbra)出版。我們也許對他們坦率不諱感到非常驚奇，但那些罪大惡極的行爲和宗教迫害的精神，在他們的眼裡是最值得炫耀的德行。盧多弗斯了解一點衣索匹亞語，所以比較方便，能與格列哥里進行個人的談話。格列哥里是位思想自由的阿比西尼亞僧侶，從羅馬受邀前往薩克遜－哥達(Saxe-Gotha)的宮廷。

禁衛軍營區的圓形劇場

波吉烏斯對於圓形競技場表示驚訝之餘，
忽略一座磚石建造的小競技場，
很可能專供禁衛軍使用。

AMPHITHEATRUM CASTRENSE

Fig. II

A. Walled-up arches
B. Remains of the second story
C. Modern wall
D. City wall

Piranesi Archit. dis. inc.

羅馬帝國歷代皇帝年表

一、西羅馬帝國：從奧古斯都到西部帝國滅亡

B.C.27-14	奧古斯都（Augustus）
14-37	提比流斯（Tiberius）
37-41	該猶斯（Gaius）即喀利古拉（Caligula）
41-54	克勞狄斯（Claudius）
54-68	尼祿（Nero）
68-69	伽爾巴（Galba）
69	奧索（Otho）
69	維提留斯（Vitellius）
69-79	維斯巴西安（Vespasian）
79-81	提圖斯（Titus）
81-96	圖密善（Domitian）
96-98	聶爾瓦（Nerva），97-98與圖拉眞共治
98-117	圖拉眞（Trajan）
117-138	哈德良（Hadrian）
138-161	安東尼・庇烏斯（Antoninus Pius）
161-180	馬可斯・奧理流斯（Marcus Aurelius），161-169年與盧契烏斯・維魯斯（Lucius Verus）共治，177年起與其子康莫達斯共治。
180-192	康莫達斯（Commodus）
193	佩提納克斯（Pertinax）
193	德第烏斯・鳩理努斯（Didius Julianus）
193-211	塞提米烏斯・塞維魯斯（Septimius Severus），自198年與其子卡拉卡拉以及209年與其子傑達共治。
211-217	安東尼（Antoninus）即卡拉卡拉（Caracalla），211-212年與弟傑達（Geta）共治。
217-218	麥克林努斯（Macrinus），自218年與子笛都米尼努斯（Diadumenianus）共治。
218-222	安東尼（Antoninus）即伊拉迦巴拉斯（Elaghabalus）

222-235　塞維魯斯‧亞歷山大(Severus Alexander)

235-238　色雷斯人馬克西明(Maximinus the Thrax)

238　　　郭笛努斯一世(Gordian I)，郭笛努斯二世(Gordian II)，帕皮努斯‧
　　　　麥克西繆斯(Pupienus Maximus)及巴比努斯(Balbinus)

238-244　郭笛努斯三世(Gordian III)

244-249　阿拉伯人菲利浦(Philip the Arab)，247-249年與其子菲利蒲共治。

249-251　狄西阿斯(Decius)

251-253　崔波尼努斯‧蓋盧斯(Trebonianus Gallus)與其子弗祿昔努斯
　　　　(Volusianus)共治。

253-260　華勒利安(Valerian)與子高連努斯共治。

260-268　高連努斯(Gallianus)

268-270　哥德人克勞狄斯二世(Claudius II Gothicus)

270-275　奧理安(Aurelian)

275-276　塔西佗(Tacitus)

276　　　弗洛里努斯(Florianus)

276-282　蒲羅布斯(Probus)

282-283　卡魯斯(Carus)

283-284　卡瑞努斯(Carinus)與其弟紐米倫(Numerian)共治。

284-305　戴克里先(Diocletian)，305年退位。

286-305　馬克西米安(Maximian)，305年退位。

305-311　蓋勒流斯(Galerius)，在不同時期與他共同統治的君主，有康士坦
　　　　久斯一世克洛盧斯(Constantius I Chlorus)、塞維魯斯二世(Severus II)
　　　　、黎西紐斯、君士坦丁一世、馬克西米努斯‧達查(Maximunus Daza)，
　　　　在309年共有六位奧古斯都。

311-324　君士坦丁一世(Constantine I)與黎西紐斯(Licinius)共治。

324-337　君士坦丁一世

337-340　君士坦丁二世(Constantine II)，康士坦久斯二世(Constantius II)，
　　　　及康士坦斯(Constans)共治。

340-350　康士坦久斯二世與康士坦斯共治。

350-361　康士坦久斯二世

361-363　朱理安(Julian)

363-364　傑維安(Jovian)

364-375　華倫提尼安一世(Valentinian I)與華倫斯(Valens)共治，自367年起

加上格里先(Gratian)。

375-378　華倫斯、格里先與華倫提尼安二世(Valentinian II)共治。

378-395　狄奧多西大帝(Theodosius the Great)於378-383年與格里先，華倫提尼安二世共同統治；於383-392年與華倫提尼安二世，阿卡狄斯(Arcadius)共同統治；從392年起至死與阿卡狄斯、霍諾流斯共同統治。

395　帝國被劃分爲東西兩部，自霍諾流斯至羅慕拉斯・奧古斯都拉斯均統治西羅馬帝國。

395-423　霍諾流斯(Honorius)

423-455　華倫提尼安三世(Valentinian III)

455　彼特洛紐斯・麥克西繆斯(Petronius Maximus)

455-456　阿維都斯(Avitus)

456-461　馬約里安(Majorian)

461-465　利比烏斯・塞維魯斯(Libius Severus)

467-472　安塞繆斯(Anthemus)

472　奧利布流斯(Olybrius)

473-474　格利西流斯(Glycerius)

474-475　朱理烏斯・尼波斯(Julius Nepos)

475-476　羅慕拉斯・奧古斯都拉斯(Romulus Augustulus)

二、東羅馬帝國：從狄奧多西王朝的分治到君士坦丁堡陷落

狄奧多西王朝

395-408　阿卡狄斯(Arcadius)

408-450　狄奧多西二世(Theodosius II)

450-457　馬西安(Marcian)

李奧王朝

457-474　李奧一世(Leo I)

474　李奧二世(Leo II)

474-491　季諾(Zeno)

491-518　阿納斯塔休斯(Anastasius)

查士丁尼王朝

518-527　　　賈士丁一世(Justin I)

527-565　　　查士丁尼一世(Justinian I)

565-578　　　賈士丁二世(Justin II)

578-582　　　提比流斯二世(Tiberius II)

582-602　　　莫理斯(Maurice)

602-610　　　福卡斯(Phocas)

赫拉克留斯王朝

610-641　　　赫拉克留斯(Heraclius)

641-668　　　康士坦斯二世(Constans II)

668-685　　　君士坦丁四世(Constantine IV)

685-695　　　查士丁尼二世(Justinian II)(被廢)

695-698　　　李奧久斯(Leontius)

698-705　　　提比流斯三世(Tiberius III)

705-711　　　查士丁尼二世(復辟)

711-713　　　巴達尼斯(Bardanes)

713-716　　　阿納斯塔休斯二世(Anastasius II)

716-717　　　狄奧多西三世(Theodosius III)

艾索里亞(Isaurian)王朝

717-741　　　李奧三世(Leo III)

741-775　　　君士坦丁五世科普羅尼繆斯(Constantine V Copronymus)

775-780　　　李奧四世(Leo IV)

780-797　　　君士坦丁六世(Constantine VI)(被母后伊里妮剜目後殺害)

797-802　　　伊里妮(Irene)

伊索里亞王朝終結後稱帝者

802-811　　　尼西弗魯斯一世(Nicephorus I)

811　　　　　斯陶拉修斯(Stauracius)

811-813　　　米迦勒一世(Michael I)

813-820　　　李奧五世(Leo V)

弗里基亞(Phrygian)王朝

820-829　　　米迦勒二世(Michael II)

829-842　　　狄奧菲盧斯(Theophilus)

842-867　　　米迦勒三世(Michael III)

馬其頓（Macedonian）王朝

867-886	巴西爾一世（Basil I）
886-912	李奧六世（Leo VI）與亞歷山大（Alexander）共治。
912-959	君士坦丁七世波菲洛吉尼都斯（Constantine VII Prorphyrogenitus）
919-944	羅馬努斯一世勒卡皮努斯（Romanus I Lecapenus），與君士坦丁七世共同稱帝至944年，其子君士坦丁八世（Constantine VIII）在924年圖謀篡位。
959-963	羅馬努斯二世（Romanus II）
963	羅馬努斯寡后狄奧法諾（Theophano）為其子巴西爾二世（Basil II）和君士坦丁八世（Constantine VIII）攝政，尼西弗魯斯・福卡斯（Nicephorus Phocas）娶狄奧法諾後稱帝。
963-969	尼西弗魯斯二世（Nicephorus II）（被約翰一世所弒）
969-975	約翰一世齊米塞斯（John I Zimisces）
976-1025	巴西爾二世保加洛克托努斯（Basil II Bulgaroctonus）
1025-1028	君士坦丁八世
1028-1934	羅馬努斯三世阿吉魯斯（Romanus III Argyrus）
1034-1041	帕夫拉果尼亞人米迦勒四世（Michael IV the Paphlagonian）
1041-1042	米迦勒五世卡拉法提斯（Michael V Calaphates）
1042	佐耶（Zoe）與狄奧多拉（Theodora）兩位女皇共治，摩諾馬克斯（Monomachus）娶佐耶後稱帝。
1042-1055	君士坦丁九世（十世）摩諾馬克斯（Constantine XI（X）Monomachus）
1050	佐耶去世。
1055-1056	狄奧多拉
1056-1057	米迦勒六世斯特拉提奧提庫斯（Michael VI Stratioticus）馬其頓王朝終結

康南尼（Comnenian）王朝前期

1057-1059	艾薩克一世康奈努斯（Isaac I Comnenus）（被廢）
1059-1067	君士坦丁十世杜卡斯（Constantine X Ducas）
1067-1071	羅馬努斯四世狄奧吉尼斯（Romanus IV Diogenes）
1071-1078	米迦勒七世杜帕拉皮納西斯（Michael VII Parapinaces）
1078-1081	尼西弗魯斯三世波塔尼阿特斯（Nicephorus III Botaniates）

康南尼王朝

1081-1118	阿里克蘇斯一世康南努斯（Alexius I Comnenus）

1118-1143　　約翰二世卡洛約哈尼斯(John II Calojohannes)

1143-1180　　馬紐爾一世(Manuel I)

1180-1183　　阿里克蘇斯二世(Alexius II)

1183-1185　　安德洛尼庫斯一世(Andronicus I)

安吉利(Angeli)王朝

1185-1195　　艾薩克二世(Isaac II)(退位)

1195-1203　　阿里克蘇斯三世(Alexius III)

1203-1204　　艾薩克二世(復辟)與阿里克蘇斯四世(Alexius IV)共治。

1204　　　　阿里克蘇斯五世杜卡斯‧木茲菲烏斯(Alexius V Ducas Murtzuphius)

1204　　　　第四次十字軍占領君士坦丁堡，成立拉丁王國。

東羅馬帝國在尼西亞(Nicaea)的流亡政權

1204-1222　　狄奧多魯斯一世拉斯卡里斯(Theodorus I Lascaris)

1222-1254　　約翰三世杜卡斯‧瓦塔澤斯(John III Ducas Vatatzes)

1254-1258　　狄奧多魯斯二世拉斯卡里斯(Theodorus II Lascaris)

1258-1261　　約翰四世拉斯卡里斯(John IV Lascaris)

1259-1282　　米迦勒七世帕拉羅古斯(Michael VII Palaeologus)

1261　　　　收復君士坦丁堡重建東羅馬帝國

帕拉羅古斯王朝

1261-1282　　米迦勒八世帕拉羅古斯(Michael VIII Palaeologus)

1282-1328　　安德洛尼庫斯二世(Andronicus II)

1293-1320　　米迦勒九世(Michael IX)，處於無政府狀態。

1328-1341　　安德洛尼庫斯三世(Andronicus III)

1341-1376　　約翰五世 (John V)

1341-1354　　約翰六世康塔庫齊努斯(John VI Cantacuzenus)

1376-1379　　安德洛尼庫斯四世(Androcicus IV)

1379-1391　　約翰五世復辟

1390　　　　約翰七世(John VII)

1391-1425　　馬紐爾二世(Manuel II)

1425-1448　　約翰八世(John VIII)

1449-1453　　君士坦丁十一世德拉迦斯(Constantine XI Dragases)

1453　　　　穆罕默德二世(Mohomet II)攻占君士坦丁堡，東羅馬帝國滅亡。

英文索引簡表

D

中文索引簡表

【十七畫】

【十八畫】

聯經經典

羅馬帝國衰亡史　第四卷

2006年11月初版　　　　　　　　　　　　　定價：新臺幣580元
2018年10月初版第五刷
有著作權・翻印必究
Printed in Taiwan.

著　　　者　Edward Gibbon
譯　　　者　席　代　岳
叢書主編　莊　惠　薰
校　　　對　張　瀞　文
　　　　　　李　隆　生
封面設計　蔡　婕　岑

出　版　者　聯經出版事業股份有限公司　　總編輯　胡　金　倫
地　　　址　新北市汐止區大同路一段369號1樓　總經理　陳　芝　宇
編輯部地址　新北市汐止區大同路一段369號1樓　社　長　羅　國　俊
叢書主編電話　(02)86925588轉5318　　發行人　林　載　爵
台北聯經書房　台北市新生南路三段94號
　　　　電話　(02)23620308
台中分公司　台中市北區崇德路一段198號
暨門市電話　(04)22312023
郵政劃撥帳戶第0100559-3號
郵　撥　電　話　(02)23620308
印　刷　者　世和印製企業有限公司
總　經　銷　聯合發行股份有限公司
發　行　所　新北市新店區寶橋路235巷6弄6號2F
　　　　電話　(02)29178022

行政院新聞局出版事業登記證局版臺業字第0130號

本書如有缺頁，破損，倒裝請寄回台北聯經書房更換。　　ISBN　978-957-08-3083-5 (精裝)
聯經網址 http://www.linkingbooks.com.tw
電子信箱 e-mail:linking@udngroup.com

國家圖書館出版品預行編目資料

羅馬帝國衰亡史 第四卷/
Edward Gibbon著．席代岳譯．
--初版．--新北市：聯經，2006年
560面；17×23公分．--（聯經經典）
ISBN 978-957-08-3083-5（精裝）
[2018年10月初版第五刷]

1.羅馬帝國-歷史-公元前31-公元476年
2.羅馬帝國-歷史-中古（476-1453）

740.222   93017874